国家出版基金项目
NATIONAL PUBLICATION FOUNDATION

中国社会科学院近代史研究所中华民国史研究室

总编 李 新

中华民国史

大事记

第二卷

(1916—1921)

韩信夫 姜克夫 主编

中 华 书 局

编著者名录

1905—1910 年　韩信夫　刘明逵

1911 年　郭永才　王明湘　齐福霖　范明礼

1912 年　张允侯　张友坤　章伯锋　胡柏立
　　　　　耿来金　刘寿林　钟碧容

1913 年　胡柏立　耿来金

1914 年　章伯锋　张允侯

1915 年　钟碧容

1916 年　郭永才　王明湘

1917 年　韩信夫　范明礼

1918 年　刘寿林　钟卓安　章伯锋

1919 年　张允侯　张友坤

1920 年　钟碧容

1921 年　齐福霖

1922 年　陈　崧　王好立

1923 年　朱信泉　任泽全

1924 年　蔡静仪

1925 年　韩信夫　丁启予　陈永福

1926 年　严如平　柏宏文

1927 年　吴以群　罗文起

1928 年　查建瑜　韩信夫

1929 年　娄献阁　白吉庵

1930 年　李静之　张小曼

1931 年　任泽全

1932 年　石芳勤　徐玉珍

1933 年　江绍贞

1934 年　熊尚厚

1935 年　吴以群　刘一凡

1936 年　郭　光

1937 年　郭大钧　王文瑞　李起民
　　　　　李隆基　常丕军　刘敬坤

1938 年　陈道真　韩信夫

1939 年　李振民　张振德

1940 年　梁星亮

1941 年　陈仁庚　梁星亮

1942 年　董国芳

1943 年　李振民　张守宪

1944 年　梁星亮　张振德

1945 年　齐福霖　王荣斌

1946 年　查建瑜　任泽全

1947 年　陈　敏　章笑明　汪朝光

1948 年　卞修跃　贾　维　陈　民

1949 年　江绍贞　朱宗震

审　订　李　新　韩信夫　姜克夫　齐福霖　吴以群
　　　　　（以下按姓氏笔划为序）
　　　　　王学庄　江绍贞　刘敬坤　朱宗震　朱信泉
　　　　　孙思白　汪朝光　李振民　严如平　杨天石

		杨光辉	邱权政	张允侯	陈铁健	郑则民
		尚明轩	周天度	查建瑜	贾　维	梁星亮
		章伯锋	曾业英			
校	阅	王述曾				
修	订	韩信夫	江绍贞	齐福霖	孙思源	

目　录

第二卷

1916 年(民国五年)

1 月

1月1日 袁世凯建元,以是年为洪宪元年。大典筹备处是日通告,即日起"所有奏咨暨一切公牍,只署洪宪元年某月某日"。

△ 中华民国护国军政府在昆明正式成立,云南取消将军行署、巡按使署,改为都督府。举唐继尧为中华民国军政府都督。

△ 昆明民众举行拥护共和纪念大会。

△ 唐继尧、蔡锷、李烈钧联名发表讨袁檄文,历数袁世凯"叛国称帝"等二十大罪状,宣布要约五条:一、"凡属中华民国之国民,其恪遵成宪,翊卫共和,誓除国贼";二、"改选中央政府,由军府召集正式国会,更选元首,以代中华民国";三、"罢除一切阴谋政治所发生,不经国会违反民意之法律,与国人更始";四、"发挥民权政治之精神,实行代议制度,尊重各级地方议会之权能,期策进民力,求上下一心,全力外交之效";五、"采取联邦制度,省长民选,组织活泼有为之地方政府,以观摩新治,维护国基"。

△ 袁世凯将原总统府改称新华宫,府内收发处改为"奏事处",府内总指挥处改为"大内总指挥处"。

△ 袁世凯公布"洪宪元年度总预算",岁入 4.71946710 亿元;岁

出 4.71519436 亿元。

△　袁世凯申令提高警权,以维秩序,力保公安。

△　袁世凯令孔令贻仍袭封"衍圣公",并加郡王衔。

△　袁世凯申令"立国根本在乎教育",着教育部筹议整理扩充各省师范学校。

△　袁世凯任命徐时震为都护副使分充科布多佐理员。

△　丹麦在哈尔滨设领,由驻哈俄领代办。

△　北京环城铁路竣工,正式通车。

1月2日　戴戡奉蔡锷派遣,率部前往贵州策应独立。24 日抵贵阳。

△　袁世凯令外交次长曹汝霖仪同特任,以酬其庸。按:仪同特任者,系予以特任待遇。

1月3日　袁世凯以凡书"洪宪元年"之对外文件均被退回,遂令对外仍暂用民国名义,对内则书"洪宪",暂时不加"帝国"字样。

△　广西将军陆荣廷、巡按使王祖同为掩护广西独立活动,是日致电政事堂,请袁"早正大位,以定人心"。18 日又电政事堂称:"近日沪上《中华新报》载有广西独立之耗,似此造谣煽乱,殊堪痛恨。"

1月4日　统率办事处举行军事会议,决定分三路进兵云南:川湘两路暂由第三师全部,第六、七师各一部编成,以曹锟为总司令,马继增为第一路司令,由湖南经贵州进兵云南,张敬尧为第二路司令,由四川向云南前进;粤桂两军合组之桂边一路军,以龙觐光为总司令,由广西百色向云南攻击。

△　黄兴复函彭丕昕,称蔡锷"军事优长,亦负众望,指挥如意,所可断言"。表示与美政界接洽,以为"财政之一助"。

△　袁世凯决定派农商总长周自齐为赴日赠勋特使,以大总统所佩之同等大勋章一座颁赠日皇,是日由外交部电令驻日公使陆宗舆通知日本政府。

△　岑春煊抵上海,与梁启超密晤。

△ 江苏将军冯国璋领衔联络各省军政长官 42 人,电请政事堂及统率办事处转请袁颁令讨伐唐(继尧)任(可澄)。

△ 安徽将军倪嗣冲、巡按使李兆珍电请袁世凯"早正大位,以定名分,而安人心"。7 日奉天段芝贵,湖南汤芗铭、沈金鉴,9 日浙江朱瑞、屈映光,山东靳云鹏、蔡儒楷,陕西陆建章、吕调元,上海杨善德、卢永祥,山西阎锡山,10 日湖北王占元、段书云,江西李纯、戚扬,广西陆荣廷、王祖同,11 日四川陈宦,13 日张勋等,先后电请袁"早登大位",并对云南实行讨伐。

1 月 5 日 护国军第一军总司令蔡锷通电讨伐袁世凯,并告誓全民四事:一、与全国国民戮力拥护共和国体,使帝制永不发生;二、划定中央地方权限,图各省民力之自由发展;三、建立名实相副之立宪政体,以适应世界大势;四、以诚意巩固邦交,增进国际团体上之资格。

△ 袁世凯颁令讨伐唐继尧、任可澄、蔡锷,"着近滇各省将军巡按使一体严筹防剿,毋稍疏忽",并派虎威将军曹锟督师待命。

△ 袁世凯申令各省长官晓谕人民"分别顺逆",勿受蔡锷等"煽惑"。

△ 驻日公使陆宗舆访日外相石井菊次郎,征询日政府对袁世凯行帝制之意向。

1 月 6 日 广东中华革命党人朱执信及陈炯明等,相继在惠州等地举事讨袁,朱部号称中华革命军,陈部为护国军。是日,两军分别攻占九龙新城盐田税关和淡水(属宝安县),旋因兵力不敌,均被驻军击退。

△ 云南都督府委朱德充步兵第十团团长。所部旋改编为护国军第一军第三梯团第六支队,朱任支队长。

1 月 7 日 护国军第一军总司令蔡锷函劝北方各师旅团营长,效鲁仲连之力拒强秦,取消帝号,法华盛顿之争取天赋人权,建树共和,共同讨伐袁世凯。

△ 袁世凯申令龙济光、张勋、冯国璋等简拔精锐,听候调用。

△　参政院议决驳复贵州巡按使龙建章"艳"(上月 29 日)电所请另行表决国体问题,谓再付国民公决说、元首宣言取消说均不能成立。

△　护国军第一军总司令蔡锷密电四川将军陈宧、师长刘存厚,请一致反对帝制,速为策动。

△　政事堂以云南护国军实行讨袁,是日特通电各省切实查报地方治安情形。

1月8日　外交部电驻日公使陆宗舆,告以赴日赠勋特使周自齐准 24 日抵东京,希知照日外部。

△　袁世凯任命王金镜为陆军第二师师长;特任王占元为襄武将军,督理湖北军务。

△　中华革命党江苏司令长官周应时,苏州司令吴江左,清江司令臧在新计议起义讨袁,因镇江机关为敌侦破而失败。是日臧在新在阜宁被捕,旋被杀害。

△　党人 50 余人袭击上海漕河泾警察分所,黄得余等七人被捕,解松沪护军使署讯办。

△　护国军第一军总司令蔡锷致电南洋华侨筹饷,并函请柏文蔚任南洋筹饷总代表。

△　教育部公布《国民学校令施行细则》、《高等小学校令施行细则》,突出修身、读经,强调涵养儿童孝悌忠信诸德,注重《论语》、《孟子》大义。

1月9日　唐继尧之代表李宗黄抵达上海,次日访陈其美商讨袁事宜,并托转寄唐致孙中山函,内称"如蒙训示,当由李君就近趋候,禀承一切"。

△　孙中山以日本政府派青木中将来华抵沪调查各派反袁势力,为争取日本援助,是日复电上海中华革命党人,称:"日府派青木中将来沪调查,而后定方针,宜秘密间接图利之。"

△　袁世凯任命吴敬修为肃政史。

△　内务部令江苏将军转饬所属,各报应改用洪宪纪元,"如再沿

用民国五年,不奉中央政令,即照报纸条例,严行取缔,停止邮递"。

1 月 10 日　俄驻英大使访英外交大臣葛雷,并递交照会,以袁世凯将行帝制,建议协约国予以承认,以免陷于被动,致招煽动"党人"起事反袁嫌疑。葛雷即表同情,并于次日将照会内容转告驻英日使上达日政府。12 日,日外相石井答驻日英使称:无必要因德奥等国承认帝制而改变态度。此时,日使日置益亦报告本国,谓英、法、俄驻北京公使认为,若袁行帝制,应在适当时机予以承认,以免中国政局继续"动乱"。

△　护国军第一军右纵队先遣队董鸿勋支队离昆明,向四川进发。

△　都护使驻库伦办事大员陈箓电政事堂称,外蒙官府所有公文均已遵用"洪宪"年号。

1 月 11 日　湖南长沙教育会长叶德辉等电请袁世凯"早登帝位",并指责蔡锷、唐继尧、任可澄"扰已定之国基,树人民之公敌",吁请"大张天讨"。

1 月 12 日　河南巡按使田文烈等奏请将前明蓟辽督师袁崇焕从祀关岳庙。

1 月 13 日　外蒙古博克多哲布尊丹巴呼图克图特派那旺那林、扎木彦多尔济,由库伦启程进京向袁世凯呈送礼品。

△　哈尔滨双合盛火磨以 20 万卢布买妥俄商地列金火磨,继续生产红鸡牌面粉。

1 月 14 日　贵州巡按使龙建章借出巡之名,潜离贵州。

△　海军总长刘冠雄赴上海及长江一带视察。

△　袁世凯任命李炳之为陆军第十三混成旅旅长。

1 月 15 日　日本外相石井菊次郎急电日置益公使,令拒绝庆贺日皇加冕特使周自齐赴日。16 日,日置益照会外交部,请周暂缓赴日。

△　云南都督唐继尧与任可澄致书梁启超,谓"长江下游一有动摇,全局立可解决",盼速定策发谋,并请策划外交及建国问题。

△　袁世凯以贵州巡按使龙建章滇乱未平,率行请假,"实属有意规避",令着先行离任,付文官高等惩戒委员会依法惩戒,遗缺特任刘显

潜署理。

1 月 16 日　蔡锷率云南护国军第一军主力部队，由昆明出发向四川纳溪、泸州进发。

△　驻日公使陆宗舆电外交部，称日政府"此次拒绝周使，即是蔑视元首之发端。其机关报口气图画，已不以友谊相待"。

△　江苏南汇县张江栅等地饥民，反对屯田缴价，聚众起事，向富户索钱米。19 日后，斗争蔓入上海、川沙两县，旋因力量分散，被军警击散。

1 月 17 日　护国军第一军第一梯团刘云峰部邓泰中、杨蓁两支队在新场附近首战告捷，攻克燕子坡。18 日占横江。19 日渡江直捣安边。20 日进克柏树溪。敌军望风哗溃。

△　贵州省绅商农工各界数千人在省议会集会反对帝制，要求贵州"亟谋自主"，并公推刘显世为都督。

△　驻日公使陆宗舆电外交部，极力主张延缓帝制，使"乱事无从蔓延"。

1 月 18 日　孙中山致书康德黎夫人，吁请英国官员停止与袁合作迫害党人。指出："香港、上海及新加坡之英国官员，居然与袁世凯合作而热衷于迫害我爱国同胞……此种行径，必贻英国政府以不良之后果。"

△　驻沪国会议员谷钟秀、孙洪伊等致电各国公使，谓袁僭称皇帝，已失其元首资格，凡有对外交涉均属一人之私图，我全国国民断无承认余地。

△　袁世凯申令废除各省例贡及清末年节寿期贡献。

1 月 19 日　新华宫发现图谋刺袁事件，宫内查得炸弹 50 余枚。京师警察厅督察长袁英被捕，内史沈祖宪、内尉瞿克明等人亦有牵连。

△　蔡锷致函河内法总督，言明护国军起兵以后，袁世凯无代表国家资格，并望对护国军表同情之谊。

△　曹锟奉袁命，离岳州西上入川督战。

　　△　日本内阁会议通过警告袁政府不得忽视南方动乱而实行帝制之决议。

　　△　袁世凯批准察哈尔地方官员得置买蒙荒。

　　△　中华革命党总理孙中山委郑绍本为三宝垄支部长。

　　1 月 20 日　中华革命党总理孙中山委陈伯豪为宿务支部长。

　　△　孙中山致函邓泽如,告以反袁斗争计划,并嘱其积极筹款。谓:"云、贵独立后,鄂、赣、苏、杭等处均准备发动","刻下决注全力于粤省,旁及福建。闽、粤一下,与云、贵打成一片",一俟"南方军械补足,即图大举北伐"。

　　1 月中旬　广东陆军第一师师长龙觐光奉令攻滇,率部进入广西。

　　1 月 21 日　蔡锷所部入川护国军刘云峰部攻占叙州(今宜宾)。

　　△　日公使日置益以护国战争爆发,要袁世凯延期实行帝制。同日,日外相石井通知陆宗舆:"若北京政府无视各国劝告及国内动乱情况,实行帝制,日本政府决不承认。""若至国交中止,殊为二国前途忧虑。"

　　△　外交部通告各国驻华公使,袁世凯暂缓登极;并电驻日公使陆宗舆,声称:"现因戡平滇乱,政务殷繁,元首不肯正位。二月初旬登极之期现已作罢。此间已密告驻使,希密与外部接洽。"

　　△　袁世凯令准贵州巡按使龙建章请辞男爵。

　　1 月 22 日　《民国日报》在上海创刊。该报系中华革命党为反对袁世凯复辟帝制而创办。邵仲辉(邵力子)任经理,叶楚伧任主笔。

　　△　护国军第一军朱德支队离昆明北上,兼程奔赴泸州前线。

　　1 月 23 日　日海军中将青木宣纯奉令来中国"调查"政局,是日抵上海。次日与梁启超晤面。

　　△　蔡锷电促川军第二师师长刘存厚速作准备,克日发动。

　　△　京张、张绥铁路归并办理,改名京绥铁路。

　　1 月 24 日　都护使驻库伦办事大员陈箓、电报会议委员郭世荣同俄国驻库伦总领事密勒尔签订《自治外蒙古电线合同》,凡 15 条。

1月25日　袁世凯以蔡锷所部进川,川南重镇叙州失守,急令"附近各将军及统兵大员分途进剿"。

△　蔡锷电劝四川将军陈宧发动讨袁。

△　梁启超致书广西将军陆荣廷,敦促早日起义讨袁,谓"权谋不可不用,然亦不能久用;利害不可不审,然亦不可太审"。

△　奉天省宽甸县乡民聚集万余人抗税,捣毁税局,殴打税局局长。

1月26日　护国军第一军第一梯团司令官刘云峰命邓泰中支队开赴叙北宗场迎战伍祥祯旅,29日战于斗牛岩,激战两昼夜,敌向自流井溃走。

△　第十六混成旅旅长冯玉祥率部由泸州进犯叙州。

△　戴戡在贵阳绅商农学工各界欢迎会上演说,表示与袁决一生死。

△　孙中山自东京复函神户杨寿彭,告捐款3000元收到,并称:"现在各省活动渐臻成熟,军需所急,端在巨款,尊处鼎力鼓舞,其结果当不让南洋、美洲各埠","务望竭力相助,以资进行"。

△　袁世凯令陆军第十一师改为第九师,以黎天才为师长;张永成署第十一师师长,陈光远兼署第十二师师长。

1月27日　贵州宣布独立,原护军使刘显世称都督,以戴戡任护国军第一军右翼总司令。另以王文华为东路军总司令,出兵湖南,以拒入湘北军。

△　刘显世布告贵州都督府成立,并令委何麟书为民政厅长,张协陆为财政厅长,胡曜为军法局长,李映雪为军警局长。

△　欧事研究会成员程潜等10余人,由香港抵昆明,与唐继尧等共商讨袁事宜。4月30日,程赴湖南靖县组织讨袁军事力量。

△　袁世凯任命王懋赏为陆军第六混成旅旅长。

1月28日　梁启超致函日人犬养毅,综述反袁情形,并派周善培往见,"期于患难相扶"。

△ 袁世凯以惠州反袁军被龙济光击退,加封龙郡王衔。

1 月 30 日 广惠镇守使、广东陆军第一师师长龙觐光到达南宁,准备向云南进攻。

1 月 31 日 川军第二师师长刘存厚响应反袁护国,率部进驻纳溪。

△ 护国军第一军董鸿勋支队占领四川永宁(今叙永)城。

△ 护国军刘云峰部杨蓁支队在叙东白沙场与冯玉祥第十六混成旅遭遇,大战三昼夜,冯被击溃,率部遁去。

是月 护国军第二军总司令部在昆明成立,以李烈钧为总司令,何国钧为总参谋长。

△ 中华革命党党务部长居正奉孙中山命抵青岛,策划山东讨袁军事。

△ 中华革命党讨袁军美洲华侨敢死先锋队在加拿大成立,队员300 余人。2 月,分三批抵达日本横滨,扩充至 500 余人。5 月初由夏重民率领入山东潍县,改编为中华革命军东北军华侨义勇团,受东北军总司令居正指挥。

△ 孙中山致书拥袁各将领,劝勿助逆,"倡树义帜,拥护共和"。

△ 叶友才等在上海开设"华生电器厂",初造小件电器用品,嗣后增资制造各种电风扇和电动机等。

△ 王芝舫在汉口创立汉昌烛皂厂无限公司,制造肥皂、洋烛,资本 2.4 万元。

2 月

2 月 1 日 川军第二师师长刘存厚在纳溪宣布独立,改称护国军四川总司令,率兵反攻泸州。

△ 中华民国四川讨逆第一军临时司令余成龙率众攻入隆昌县城。

△ 袁世凯公布《著作权法注册程序及规费施行细则》。

2月2日 护国第一军右翼总司令戴戡发布讨袁通电。次日率部队由贵阳向四川进发。

2月3日 贵州护国军分兵三路攻入湖南西部。是日,东路军总司令王文华部占领晃县(今新晃侗族自治县)。

△ 《春声》杂志在上海创刊。姚锡钧编辑,文明书店发行。

2月4日 护国第一军总司令蔡锷率第二梯团由永宁进驻纳溪。

△ 中华革命党总理孙中山委郑成功为檀香山及希炉筹饷局长。

2月5日 护国军第一军董鸿勋支队会同护国川军刘存厚部陈礼门支队会攻泸州。6日,董支队攻克泸州对岸战略要地蓝田坝、月亮岩。

△ 护国第一军王文华部吴传声团克黔阳,次日克洪江。

△ 朱执信率党人数十人潜入广东番禺石湖村,指挥谢细牛部绿林数百和民军4000余人,解除福军和乡团武装。7日进攻石湖村兵工厂。8日遭龙济光军千人围攻。9日龙济光续派炮队增援,朱执信乃下令撤退。

△ 吉林省密山、富锦、虎林等县(今属黑龙江省)乡民万余人反对盐务缉私马队敲诈勒索,与警兵对抗。17日,赫哲族500人直扑缉私马队驻地,歼灭盐警数百人。

2月6日 护国第一军邓泰中、杨蓁两支队击破袁军陈宧部于叙州,袁军四路窥叙计划失败。

△ 曹锟部吴佩孚旅王承斌团到达泸州。

2月7日 袁世凯命第八师师长李长泰率部前赴四川,加强守备。

△ 袁世凯令汤芗铭、马继增调拨军队分途进攻蔡锷护国军。

△ 中华民国政治顾问莫理循会见袁世凯,劝其放弃帝制。3月21日,莫理循呈递《关于放弃帝制的备忘录》。

2月8日 袁世凯下令查办刘显世,免其贵州护军使职,以唐尔锟为贵州护军使,暂署督理贵州军务;2月14日复令革夺刘显世官爵勋章,并派各路军队"进剿",严拿惩办。

△　护国军董鸿勋部渡江取小市,进迫泸州。

△　云南交涉员徐之琛电蔡锷,报告"越政府(指河内法总督)暨本省外人对我态度及言论均极友好"。

△　袁世凯特任龙觐光为临武将军、云南查办使。

2 月 9 日　守泸州袁军旅长熊祥生率所部二营和驻川北军李炳之旅一营渡江占营盘山,10 日拂晓向蓝田坝刘存厚部发起攻击,午后 6 时占领蓝田坝、月亮岩。护国军团长陈礼门退至纳溪斑竹林自戕,刘存厚退江安。

△　孙中山自东京致电中华革命党上海总机关部,嘱与到上海活动之日本青木中将联络。

2 月 10 日　袁军旅长吴佩孚及所部团长王承斌进攻中兴场,李炳之旅直趋泰安场。12 日,熊祥生、李炳之两部占领江南泰安场等要地,泸州围解。

△　墨西哥华侨发表宣言,反对袁世凯恢复帝制,表示"不恤任何牺牲",以维护共和制度。

△　袁世凯令准都肃政史庄蕴宽辞职,遗缺由张元奇继任。

△　中华革命党总理孙中山委马安良为甘肃省司令长官,张宗海为军事筹备委员及陆军师长。

2 月 11 日　袁世凯任命葛光廷兼充陕西陆军第四混成旅旅长。

△　川军第三混成旅暂编第三营在副官王先导和连长瞿豹岑率领下,于开往建昌抵御护国军途中之越隽起义,自称四川护国讨逆第二军,继被镇压。

2 月 12 日　孙中山在东京与梁启超所派代表周善培及岑春煊商谈反袁事宜。旋又与周善培及岑之代表多次商谈。

△　袁世凯以四川师长刘存厚"潜引滇军,袭扰泸州",下令褫刘军职,夺革官爵,并饬前方军队拿获正法。

△　陆军第二十七师师长张作霖到京商出兵湖南。

△　袁世凯任命张镇芳督办河南六河沟煤矿公司事宜。

△　奉天省锦县辟为商埠。

2月13日　袁世凯任命蒋雁行为驻宁专员，是日蒋奉派由京抵宁，名为协办防务，实则衔命就近监视冯国璋。

△　护国第一军右翼总司令戴戡抵松坎。次日分五路进攻，先后占领九盘子、赶水、青羊寺、东溪等要隘。

△　中华革命党总理孙中山委杨广达为檀香山支部长。

△　江苏南县饥民300余人至七团镇"闹荒"，被防军击散。

2月14日　广西将军陆荣廷为团结内部讨袁，是日召集所部将领20余人宣誓："一德一心，驱逐国贼。保卫民生，保障共和。"

△　护国第一军东路军司令王文华亲率袁祖铭第一营，在王天培部增援下，占领湖南沅州（即芷江）。团长吴传声阵亡。

△　中华革命党总理孙中山特派冯自由前往南洋、澳洲等地，筹募讨袁军饷。

△　袁世凯以贵州护军使刘显世"附滇有据"，令革夺官爵勋章，并着各路军队一体进剿，严拿惩办。

2月16日　谢兆鸾集合民军千余人在四川合州（今合川）成立中华民国革命军四川第一支队，自任司令官，黎握中为参谋，活动于合州、酆都（今丰都）、万县、云阳一带。

△　护国第一军东路军司令王文华部攻克湘西重镇麻阳。

2月17日　唐继尧之代表李宗黄持唐致冯国璋函是日与冯密商共同讨袁，冯以环境扞格未作表示。后复作第二次晤谈，冯始允严守中立。

△　朱德率部自昆明抵纳溪，代替董鸿勋任第二梯团第三支队支队长职务。旋率部开赴棉花坡参加战斗。

△　滇军华封歌支队抵松坎，协同护国第一军右翼戴戡部作战。

2月18日　武昌中华革命党人蔡济民等联络南湖马队起事，被防军王占元部击败。

△ 蔡锷以罗佩金为护国第一军左翼总指挥,石陶钧暂代参谋长。

△ 根据日本临时阁议决定,日本驻俄公使本野一郎向俄国外交部提议将中东铁路哈尔滨至长春段转让与日本,日本允向俄国供应武器,与俄订立同盟。

△ 中华革命党总务部长陈其美致函孙中山,报告广东、湖北、湖南、江苏、安徽、上海等地讨袁情形。

2 月 19 日 蔡锷全军分三路反击:一路由禄国藩率一营由黄土坡向蓝田坝反攻;一路由何海清率两营由永宁河右岸向双河场进攻;一路由朱德率两营由棉花坡向菱角塘进攻。刘存厚以一部担任纳溪城内外及其附近市街之警戒及掩护,一部北渡长江,对龙透关急作佯攻。22日起各路暂取攻势防御,休整待命。

△ 袁世凯设临时军务处于统率办事处内,负责调配防务,对付滇黔护国军。

2 月 20 日 护国第二军总司令李烈钧率部自昆明出发,向滇桂边挺进,抵御袁军广东陆军第一师师长龙觐光部进袭。

△ 夜,长沙党人李唐、金东舒等图狙杀湖南将军汤芗铭被侦探发觉,掷弹拒捕,同归于尽。

△ 外交部奏准在英属北婆罗洲(今马来西亚沙巴地区)设置总领事。25日派谢天保署理总领事。

2 月 21 日 湖南中华革命党人杨王鹏等率领百余人攻袭长沙将军署失败。杨等数十人被捕遭杀害。殷之辂等进攻西长街,也失败被捕,40 余人遇难。

△ 蔡锷致电唐继尧要求补充弹药,未获答复。3 月 24 日再电唐,要求将滇所储弹药悉数饬解毕、永分存,并"月拨送补充兵五百至千人"。

2 月 22 日 陆荣廷之代表唐绍慧及唐继尧之代表李宗黄在上海晤梁启超,邀梁赴广西。

△ 中华革命党总理孙中山委陈其美为江浙皖赣四省总司令,并

负责联络湘鄂两省。

2 月 23 日　袁世凯宣布延期实行帝制，申令"从缓办理"，并不许呈递"吁请早正大位"文电。

△　袁世凯下令兴建水利工程，以兴农业而辟利源。

2 月 24 日　袁世凯任命范国璋为陆军第二十师师长。

△　袁世凯下令扩充北京师范学校，调集各省学生入学，大省 20 名，中省 16 名，小省 12 名，以培育优良师资。

2 月 25 日　袁世凯下令晓谕商民各安生业，"毋得轻听谣言，自受损失"，并着各省"严查造谣奸徒，立即拿究"。

△　中华革命党发布第二十号通告，指出云、贵举义以来，全国"几有登高一呼，众山响应之势"。号召国内外爱国同胞，"各竭财力，尽匹夫之责，成救亡之功"。

2 月 26 日　袁军第六师师长兼第一路司令马继增以连遭败北，于湘省辰溪服毒自杀，全军残溃。3 月 19 日，袁世凯派周文炳继任第六师师长。

△　教育部委汪济丹为国立武昌商业专门学校校长。

2 月 27 日　广西将军陆荣廷电请袁世凯速拨饷械，以备攻滇。

△　辛亥时期四川保路同志军首领吴庆熙在温江召集旧部响应云南起义，自称"四川护国军"。

△　袁世凯申令规划全国道路，着内务部迅即拟订修治道路条例奏办。

2 月 28 日　袁世凯申令提前于本年 5 月 1 日为立法院议员召集期，并令以国民会议复选当选人为立法院议员复选当选人。

△　袁世凯特派曹汝霖兼充外交官领事官资格审查委员会委员长。

△　袁世凯下令于北京设立高等警官学校，以培育高等警察人才。

2 月 29 日　袁军张敬尧派劲兵两团进袭纳溪，被护国军何海清支队消灭殆尽。

△ 护国军第一军总司令蔡锷致电唐继尧、刘显世等详告军情，称："今昨两日，举全力猛攻，逆军阵线已成锐角形，其正面尚依然未动，良以地形艰险，守易攻难。现决心继续猛攻……如再无进步，为全军计，只有另择阵地扼守，一以伺敌以制胜，一以迁延时日，用待时变。"

△ 参政院代行立法院宣告闭会。

△ 袁世凯令将四川陆军第一师改为陆军第十五师，以原任一师师长周骏为师长仍兼重庆镇守使，并令将四川陆军第一混成旅裁撤，归并该师。

△ 龙觐光率部进驻百色，与滇军李烈钧部相持。

2 月下旬 龙觐光分兵五路进攻云南。第一路以广东陆军第一混成旅旅长李文富为司令，出百色攻滇边剥隘；第二路以虎门要塞司令黄恩锡为司令，间道入广南，相机会攻剥隘；第三、四路两路分别以桂林司令张耀山、田南道尹吕春珼为司令，作为后援；第五路以朱朝瑛为司令，趋黔边以阻滇省护国军南下，以保后路。

△ 曹锟部第一路司令马继增、第二路司令张敬尧，相继率领陆军第三师、第六师、第七师及安武军等，分途进入湖南辰沅宝庆之间和四川泸州一线，进攻护国军。

是月 日本政友、国民、同志、中正等各政党议员，国民外交同盟会、对支联合会、浪人会等团体，以及企业、新闻各界人士召开"对支有志大会"，通过倒袁决议，并发表宣言斥袁称帝。

△ 虞畊霞等在上海创立三友实业社股份有限公司，机器制造棉线、烛芯，资本银三万元。

3 月

3 月 1 日 日海军中将青木宣纯往访梁启超，商讨袁事，约以提供交通便利，助梁离沪赴桂。

△ 袁世凯派肃政史王瑚、夏寿康、蔡宝善、徐沅分往各省考察经

征情形，如发现有浮收巧取苛罚等弊，立即陈奏惩办。

　　△　孙毓蕃与日人佐佐江嘉吉在内蒙东部开办钱家店农场，占耕地 4.8 万余亩。

　　3 月 2 日　晨，临武将军、云南查办使龙觐光所属第一路司令李文富部陷云南剥隘。

　　△　冯玉祥率第十六混成旅再犯叙州。护国第一军刘云峰部以三营兵力在催锅山、光斗山和吊黄楼一带进行顽强抵抗，因众寡悬殊，遂于 2 日主动撤往横江。

　　△　袁世凯公布《外交官、领事官官制》，凡 18 条。

　　3 月 3 日　冯玉祥第十六混成旅攻陷叙州。7 日占领纳溪。蔡锷率部移驻大洲驿。

　　△　袁军第一路司令周文炳是日起自辰溪分三支队向麻阳反攻。6 日，麻阳失陷。13 日，花园、武阳相继失陷。未几，绥宁、洪江、黔阳、怀化、芷江皆失。

　　△　留沪国会议员孙洪伊等在沪发表通告各友邦书，谓"袁世凯叛国称尊"，国民"决心除此残贼"，望各国亲善民国政府，"弃绝背叛之独夫"。

　　△　司法总长章宗祥通饬总检察长及各审检厅长查察审判衙门承发吏、检验吏、录事、庭丁、司法警察等积习，谓："近来此项吏役因犯诈欺取财等罪，检举者时有所闻，而被告诉告发迹涉嫌者，尤实繁有徒。假公职以逞私图，情节较常人为重，自非从严惩办，不足以清积弊。"嗣后"各该吏役宜戒慎自矢，该管长官尤宜防微杜渐，免蹈从前吏胥积习而维法庭威信。"

　　△　日军舰 11 艘由佐世保驶抵青岛。

　　3 月 4 日　梁启超应陆荣廷密约，偕同唐绍慧等乘日轮离沪前往广西，4 月 4 日抵达南宁。

　　△　赵钟奇、黄毓成所部应李烈钧之请，分别于是日及次日自贵州黄草坝、兴义出发，南下会攻百色龙觐光军。

△ 袁世凯申令国人"捐除一己之意见,融化一党之畛域,屏绝私人之感情,协力维持,以保国保种为唯一之天职"。

3 月 5 日 袁世凯批准以国民会议复选当选人为立法院复选当选人之施行办法。

△ 交通部、财政部与比利时铁路电车公司签订陇海铁路七厘国库券合同,借款比金 1000 万佛郎,以该铁路财产收入作担保。

3 月 6 日 广东中华革命军在黄埔分袭"肇和"舰及长洲、鱼珠炮台。铁血团团长李天德攻下炮台后,即由马伯麟率铁血团成员成创周、温生及华侨"决死队"进袭"肇和"舰,旋即失败,成创周、温生等多人遇难。

3 月 7 日 袁世凯特派陆荣廷为贵州宣抚使,进兵贵州,以陈炳焜兼护督理广西军务。11 日,陆率部由南宁至柳州,停师不前,策划反袁,并联络滇军,潜师围攻百色龙觐光军。

△ 日内阁开会研讨中国局势和确定对华方针,决定乘袁世凯失势之际,"确立在华优势",使袁"引退";于适当时机承认护国军为"交战团体";并以民间形式出面,支持中国国内反袁活动。21 日,外相石井特派森田宽藏前往中国,向驻华日使及有关领事转达上述决定。

△ 袁世凯以冯玉祥攻叙"功劳卓著",特封为三等男爵。

3 月 8 日 张敬尧部刘湘团进驻江安。次日占南溪。13 日,袁世凯为此特授刘湘为陆军少将,勋五位。

△ 教育部呈准《管理留美学生事务规程》,并改设留美学生监督。

3 月 9 日 孙中山在东京同久原矿业株式会社社长久原房之助签订借款合同。借款额 70 万日元。用作反袁经费。

△ 龙济光密遣龙体乾回滇联络土匪,陷个旧、扰蒙自、围临安。21 日被滇军击溃。滇军收复个旧,临安围解。

△ 袁世凯申令:"现叙州先经克复,纳溪大股悍寇亦经溃败,当不难指日荡平";张敬尧等"督兵苦战,卒得克捷",晋授张敬尧勋三位,升授旅长熊祥生、吴佩孚、吴新田为陆军中将。

　　△　上海淞沪警察厅饬属严禁"乱党在沪组织共和维持会"。

　　3月10日　护国第一军东路军司令王文华调集铜仁、晃县、芷江一带兵力近万人反攻麻阳，激战数昼夜未下。

　　△　江苏将军冯国璋宣布"政躬渐就平复，自即日起销假视事"。

　　△　袁世凯公布《洪宪元年六厘内国公债条例》，发行总额 2000 万元。

　　△　袁世凯特派熊希龄为湘西宣慰使。旋熊希龄复电拒绝受命。

　　3月11日　护国第二军第一梯团张开儒部驰防皈朝，旋与龙觐光第一路军李文富部血战七昼夜，大败龙部。

　　△　袁世凯公布《颁爵条例》，凡 12 条。明订世爵、世职之等分及俸给。世爵自亲王、郡王、一等公以至三等男，凡 17 等，岁俸自二万圆、一万圆、五千圆至一千圆不等；世职自一等轻车都尉至恩骑尉，凡六等，岁俸自八百圆至二百圆不等。其子孙承袭之原则为：先嫡后庶，先长后幼。

　　△　袁世凯特派曾鉴为川南宣慰使。

　　3月12日　陆荣廷、李烈钧所部及护国军赵钟奇部进攻百色。次日将龙觐光军包围，勒令缴械投降。

　　△　四川护国军第一支队王维纲部进攻长寿。16日由临江庙出发攻酆都（今丰都），次晨入城，杀县知事许石生。

　　△　孙中山复电陈其美，允汇款 20 万元作为江浙革命活动和运动第二舰队反正费用。

　　△　湘西大庸罗剑仇等联络地方团队 300 余人，在永顺松柏场起义讨袁，成立中华革命军湘西独立军，自任司令官。19日克永顺。24日占桑植。

　　△　袁世凯公布《传染病预防条例》，凡 25 条。

　　3月13日　孙中山通告冀、鲁、晋各省中华革命党人，特派居正为中华革命军东北军总司令，"统筹直隶、山东、山西革命军进行事宜"。嗣后居正即赴山东青岛活动。

△　孙中山电告居正各地讨袁军事形势,并望山东方面月内起事,夺取济南。

△　松沪护军使署在上海西炮台杀害图攻徐家汇警署之党人王知、戴光太、薛得胜、许荩臣。次日又杀党人吴金生、邬德胜、汤阿二、李永如。

3 月 14 日　袁世凯颁立法院议员单选选举日期令;中央特别选举会之单选举于 4 月 10 日举行;蒙藏青海联合选举会之单选举于 4 月 15 日举行。

3 月 15 日　广西宣布独立,陆荣廷为都督,梁启超为总参谋,并组军队进攻湖南。同日,陆荣廷通电宣布"誓除专制之余腥,重整共和之约法"。联合云贵声罪致讨,"诛彼独夫,载宣国威"。

3 月 16 日　护国第二军第二梯团方声涛所率朱德、毛本良两营及张怀信警卫大队一个中队与黄恩锡部血战三昼夜,是日占领石洞、龙潭。龙觐光悬五色旗,遣使请暂停战。

3 月 17 日　袁世凯召梁士诒入府商撤销帝制。袁以案上各省速请取消帝制,日本政府决派兵进驻中国要地及袁军战况失利之文电交梁阅看,且谓"事已至此,吾意决矣,今分数段进行,撤销帝制后,中央政事由徐菊人(世昌)、段芝泉(祺瑞)任之,安定中原军事,由冯华甫(国璋)任之"。并嘱梁电陈宧与蔡锷议和。

△　蔡锷所部发起总反攻,是日朱德第三支队收复纳溪等地。北军张敬尧所部受挫,退守泸州。

△　龙觐光被迫缴械投降,并通电各省,宣布"辞云南查办使责任,赞助共和,以谢天下"。

3 月 18 日　陕西中华革命党人王绍文、南南轩、杜守信等 18 人,因密谋讨袁,事泄被捕,在西安被陆建章杀害。时"党人"郭坚、耿直、曹世英、高峻等人,在渭北宣布护国,讨袁逐陆,连克同官(今铜川)、宜君、洛川等 10 余县。

△　湖南巡按使沈金鉴致电政事堂和统率办事处,称广西独立,致

湖南"四路受敌"，"湘危则大局益不可收拾"，请速"以全力注意湘省，添调重兵"。

　　△　唐继尧照会英、法、俄、美、日公使及驻滇各国领事，声明："本军政府起义以后袁政府所发之公债，以及中国、交通两银行所发之纸币，所收入之存款，均认为与袁世凯个人之交涉行为，本政府概不承认。"

　　△　教育部通知各省酌办露天学校。

3月19日　袁世凯任命周文炳为陆军第六师师长。

　　△　北京统率办事处电饬上海军政各机关查禁党人著作之书籍。

　　△　汤化龙电劝袁世凯退位，谓现已"举国成仇"，"急为退位之图，犹是自全之计"。

　　△　中华革命党总理孙中山电请陈其美兼任江苏司令官。

3月20日　岑春煊、章士钊、张耀曾在东京与日商竹内维彦签订借款日金100万元合同，作为护国军行政费用。

　　△　袁世凯特任龙觐光督理云南军务兼署云南巡按使。

　　△　袁世凯特派凌福彭、蔡乃煌、李翰芬帮办广东防务。

　　△　南洋兄弟烟草公司上海分公司开幕。

3月21日　袁世凯特任徐世昌为国务卿，准陆徵祥辞去国务卿，专任外交总长。

　　△　袁世凯特任李厚基为建武将军，仍督理福建军务。

　　△　江苏将军冯国璋、江西将军李纯、长江巡阅使张勋、山东将军靳云鹏、浙江将军朱瑞联名密电袁世凯，要求取消帝制，以平滇黔之气。

　　△　康有为致书劝袁世凯早让权位是为上策。

　　△　留沪国会议员孙洪伊等布告，誓除国贼袁世凯。

　　△　四川中华护国军第三支队卢师谛部占石柱。

3月22日　袁世凯被迫下令撤销"承认帝位案"，仍称大总统。令曰："着将上年12月11日承认帝位之案即行撤销，由政事堂将各省区推戴书一律发还参政院代行立法院转发销毁。所有筹备事宜，立即停止。"并谓："本大总统有统治全国之责，亦不能坐视沦胥而不顾也。……嗣后文武百官，务当痛除积习，黾勉图功，凡应兴应革诸大端，各尽职守，实力进行。"

△　袁世凯下令召集参政院代行立法院临时会。并宣告于本月23 日起开会。

△　山东肥城县农民反对清查田赋，举行暴动，焚毁县署及四乡丈量局。东平、东阿、平阴、新泰等县农民也继起举事。旋遭驻军镇压。

3 月 23 日　袁世凯下令取消"洪宪"年号，仍以本年为中华民国五年。按：自"洪宪"建元始至是日，袁世凯称帝凡 83 天。

△　袁世凯以黎元洪、徐世昌、段祺瑞之名义致电蔡锷、唐继尧、刘显世、陆荣廷等，要求停战，派代表至北京商议善后。略谓："帝制取消，公等目的已达，务望先收干戈，共图善后。"

△　袁世凯令准冯国璋辞去参谋总长，仍督理江苏军务；特任段祺瑞为参谋总长。

△　参政院代行立法院开临时会议，因人数不足而散。

3 月 24 日　云南都督唐继尧致电广西都督陆荣廷等，主张迫袁世凯退位。谓依旧约法及大总统选举法，袁氏犯罪当然丧失总统资格，应由副总统黎元洪继任，而不容其姑以取消帝制为敷衍目前之计，仍觍颜就总统职。

△　两广护国军总司令陆荣廷、总参谋梁启超檄告广东军民，谓："广东将军龙济光、巡按使张鸣岐竟昧天良，甘心从逆。本总司令、总参谋……今已统率劲旅，合围省垣。济光、鸣岐若能悔罪投诚，自当予以更新之路。倘犹执迷拒命，势亦难逃渠首之歼。"

△　袁世凯以康有为、伍廷芳、唐绍仪等为调人，出面致电蔡锷，谓："帝制取消，诸公目的已达，请从此罢兵息民，共维大局。"

△　江苏巡按使齐耀琳奉令电饬上海政警各署"严行查禁《中华革新报》"。

3 月 25 日　袁世凯电令四川将军陈宧与护国军第一军司令蔡锷

商议停战。

△　参政院代行立法院开临时会议，国务卿徐世昌代表袁世凯出席并致词。谓时事急迫，盼各参政为国宣劳。会议达成三项议案：一、咨请政府撤销国民代表大会公决之君主立宪案。二、取消参政院为国民代表大会总代表名义案。三、咨请政府恢复因帝制失其效力之民国法令案。

△　司法总长章宗祥通饬各省司法机关切实办理假释，饬各省检察厅长、审判处长"查明在监者，有无实心悛改可以假释之人，从前出狱者有无再犯之虞，应予以销假释之事，分别造具清册报部，以凭考核"。

△　留沪国会议员谷钟秀、孙洪伊等50人通电各国公使，表示"誓除袁氏，以靖乱原，断不取一时姑容，永贻后患"，并望各国"同情"。

△　江苏公民袁希洛等电袁世凯，要求"速将总统职务交由副总统摄行，静待国民组织特别法庭，听受裁判"。

3月26日　孙中山致电上海革命党人，促早日发难。

△　李烈钧电袁世凯，指斥其取消帝制托人调停，乃"欲以市井无赖之口，矢约于义军之前，以再售其使贪使诈之术"。

△　唐绍仪电劝袁世凯退位，指出云南"此次举义，断非武力所可解决"，退位为"唯一良策"。

3月27日　袁世凯下令恢复因帝制失其效力之民国法令。

△　陈宧致电蔡锷，要求即日停战，妥筹善后，同时密遣雷飚至大洲驿晤蔡，面告"将一致倒袁，行联邦制，而举冯、段、徐为总统"，并称已得湘鄂赣三省赞同。

△　陆荣廷命朱超群率部向广东廉州灵山县进发，迫该县于次日宣布独立。

△　四川旅沪公民朱伯为等1583人致电袁世凯，称袁已成为"政治上之罪犯，应由副总统暂摄事权，即日退位，静候国民裁判"。

△　粤军驻潮州团长莫擎宇率部占领潮州城，宣布独立。30日，汕头警卫军响应独立，潮汕各界推莫擎宇为潮汕护国军总司令。

△　交通部、财政部与华俄道胜银行签订《1916 年中华民国政府滨黑铁路五厘息金借款》合同，借款金额 5000 万卢布，挪作行政费用。规定以该路财产、收入作担保。

3 月 28 日　梁启超电复陆荣廷，谓"今日之事，除袁退位外，更无调停之余地"。

△　广东钦廉镇守使隆世储宣布钦州、廉州独立。

△　袁世凯申令追赠前第六师师长马继增为陆军上将。

△　上海兴华银行开幕，资本 100 万元，总理张瀛亭。

3 月 29 日　袁世凯令总统府焚毁帝制公文 800 余件。

△　袁世凯任命陈树藩兼充陕西陆军第二混成旅旅长。

△　蔡元培、吴玉章、李石曾、汪精卫、吴稚晖、张静江与法人欧乐、穆岱等人，在巴黎召开"华法教育会发起会"，并推选干事，拟定会章，举蔡元培、欧乐为会长，汪精卫、穆岱为副会长。规定以"发展中法两国之交通，尤重以法国科学与精神之教育，图中国道德知识经济之发展"为宗旨。6 月 22 日，该会召开成立会。

3 月 30 日　袁世凯以政事堂、统率办事处名义，致电蔡锷、唐继尧等，要求"罢兵"停战，称"在诸君目的已达，帝制永无复活之期"，"若以爱国始，而以祸国终，诸君明达，当不其然"。

△　贵州都督刘显世电唐继尧、陆荣廷等，主张由桂、滇、黔三省联衔通电迫袁世凯退位，请黎元洪代行总统职权，并根据约法及大总统选举法，选举正式大总统。

△　北京统率办事处以"党人聚沪日多，谋变日急"，电饬江苏巡按使齐耀琳"防缉"。

3 月 31 日　蔡锷电复陈宦同意所率滇、黔护国军自即日起至 4 月 6 日停战一周。

△　护国军四川总司令刘存厚部占领四川南溪。

△　日陆军参谋本部次长田中义一密令关东军支持宗社党在东北加紧策划"满蒙独立"，由黑龙会骨干川岛浪速等人参与活动，拟于 6 月

间在庄河、复州（今复县）、辽阳、本溪湖等地举行暴乱，旋因袁世凯毙命作罢。

　　是月　第十六混成旅旅长冯玉祥与护国军第一军左翼第一梯团长刘云峰部达成局部停战协定，共同讨袁。为暂时防止误会冲突，商定刘军不过安边县，冯军不过柏树溪，双方不越金沙江沿江之两岸。

　　△　中华革命党总理孙中山致书东北军总司令居正，嘱着意经营山东。

　　△　陕西、湖北、安徽、江西、山西、河南、云南、贵州、广东、广西、浙江、江苏、直隶、奉天、湖南、山东、福建、甘肃、四川 19 省公民并勿幕等 41 人联名主张以武力迫令袁世凯退位，拥护黎元洪副总统代行民国大总统职权。

　　△　北京政府财政部印刷局 200 余名工人要求增加工资，举行罢工，与警察发生冲突。

　　△　奉天鞍山日中合办振兴铁矿无限公司成立，集资 14 万元开发鞍山附近铁矿，中日出资各半。

　　△　前清肃亲王善耆与日财阀大仓喜八郎男爵议订借款日金 100 万元，作为宗社党策划"独立"之军事费用，并约定事成后，以吉林、奉天省内松花江一带森林采伐等各项权益，作为双方合办事业，委与大仓经营。

4　月

　　4 月 1 日　袁世凯下令国民会议与立法院之组织及其议员选举，"应恪遵各该本法所定程序"，分别办理。

　　△　袁世凯咨复参政院，在立法院尚未成立以前，仍以参政院代行立法院职权。

　　△　黎元洪、徐世昌、段祺瑞致电唐继尧等，谓袁世凯"业经宣布取消帝制，诸君志愿已达，尚望共济时艰，和平解决"。

△ 陕西第一军总司令郭浤、第二军总司令焦子静传檄讨袁,先后占领朝邑(现并入大荔县)、邰阳(今合阳)、韩城和富平、蒲城、白水等县。

△ 卢师谛四川护国军第三支队进入忠县,县知事附义独立。

4 月 2 日 政事堂奉袁世凯明令,公告参政院代行立法院撤销国民总代表名义及君主立宪国体案。

△ 护国第一军总司令蔡锷电复黎元洪、徐世昌、段祺瑞,力主袁世凯"洁身引退"。称:"国是飘摇,人心罔定,祸源不靖,乱终靡已。默察全国形势,人民心理尚未能为项城曲谅。"4 日,唐继尧亦复电黎元洪等指出:袁倘"真诚悔祸",即应"毅然引退"。

△ 蔡锷致电云南都督唐继尧等,称:"冯玉祥两次派人来言,渠已决心效顺,其主张在倒袁以推冯,并担任联络北军。……其部曲亦多识大义,现已嘱令速举。"

4 月 3 日 潮汕护国军总司令莫擎宇分兵两路向梅县进发,守军闻风逃窜,旬日间潮梅地区悉为莫部所占领。

△ 内务部呈准改川边怀柔县为瞻化县。

△ 法国巴黎华法教育会、留法勤工俭学会合办华工学校,是日开学,学生 24 人。该校办学目的,"意在选吾国工人之较有知识者,授以普通知识及中法文,使得分赴各工厂为译人,并以工余转为华工"。

△ 山东曲阜"经学会"成立,孔祥霖为会长,聘"讲师"六人,常年讲经。

4 月 4 日 广东"江大"、"江固"、"宝璧"三舰宣布归附反袁军。

△ 孙中山致函中华革命军东北军总司令居正,指示"必占济南,则东北全局可迎刃而解"。并谓:"现在弟认济南为至重要地点,若济南一得,弟当亲来。大约得济南,则两师之军械,一二百万以上之现款,俱可于此间筹取。持此以往,足能号召天下,幸勿忽视。"按:居正统筹直隶、山东、山西讨袁军事。

△ 北京统率办事处密令松沪护军使杨善德、副使卢永祥,"切实

防范"党人在沪起事。

4月5日　孙中山是日及7日先后致电指示上海革命党人"相机而动"。

4月6日　督理广东军务龙济光被迫宣布广东独立,改称都督。次日,发表独立通电。"欲求保民息战,惟有由各省要请退位,否则各省独立,使袁知人心全去,不敢相持,自可得和平解决。粤省宣布独立,即本此意"。

△　上海广肇公所董事伍廷芳、唐绍仪等电广东都督,请速电京,"止派北军赴粤,并杀蔡乃煌以谢粤人"。

△　护国第三军赵世铭支队、第二军马为麟支队收复滇东竹园,8日收复十八寨,12日又收复弥勒和丘北,龙体乾、黄恩锡部相继败退。

4月7日　蔡锷通令续行停战一月,并命令罗佩金等"饬所属前线各部队,于原有阵地扩张强固工事,严密防守,不得稍有疏虞","并加意教练新兵,整理一切"。

△　护国第二军总司令李烈钧致电唐继尧等反对与袁议和,称"停战之约,于袁有大利,于我则不利";望"奋志扫除妖孽,建立新猷,永奠邦基,以解时危,以餍民望"。

△　广西都督陆荣廷电请北京政府,依据约法请袁世凯"速行宣告退位"。

△　财政部代表顾维钧与美国李·希格金逊公司于华盛顿订立《六厘金币库券合同》,借款美金500万元,作为军政费用。

4月8日　陆荣廷、梁启超应龙济光与讨袁民军之请,率桂军约万人,由南宁启程赴粤,13日抵梧州。

△　松沪护军使署据报,沪上党人定于"即晚起事",特颁临时紧急戒严令。公共租界亦派捕"严行防范"。

4月9日　四川将军陈宧所派议和代表刘一清、雷飚到达永宁,接受蔡锷所提停战规约四条:一、两军暂守防线,不得进出步哨线外一步,如违约冒进,格杀勿论;二、军使及信差出入,以两军高级军官所指定之

道路为限；三、凡有着便服，携带器具，徘徊于两军步哨线之间者，准予
射击擒捕；四、此次停战自 4 月 7 日起至 5 月 6 日夜半止。

　　△　据吉林榆树县呈报：该县黄天教徒发表反对清丈"传文"，斥袁
横征暴敛、出卖主权、复辟帝制等罪行，号召乡民"凡有身家者，皆宜操
戈直向清丈所"。

　　4 月 10 日　孙中山致函邓泽如等，认为帝制取消后，袁世凯必倒，
"自取消帝制以来……顾我等责任，则由此益形重大，此盖鉴于辛亥之
往事，以倒袁为成功者，实与往日以倒满清为成功者，同一比例，非真民
党，不能任维持共和，振兴民国，一般官僚复活，即与第二第三袁氏无
异……故吾辈须不避艰巨，努力赴之"。

　　△　中华革命军四川司令部成立，石青阳为司令。次日，以石青阳
名义誓告国人称："自今伊始，本军当贯彻唯一之主义：一、推翻专制政
府；二、恢复完全民国；三、启发人民生业；四、巩固国家主权，以期大憝
元凶殄而后已。扶持国体，生死同之。"

　　△　袁世凯特任张勋兼署督理安徽军务，倪嗣冲为长江巡阅副使。

　　△　《护国军纪事》在上海创刊，曾毅主编。同年 12 月停刊，共出
五期。

　　△　日陆军参谋本部次长田中义一电令关东都督府次长西川虎次
郎，声称此时应向张作霖"表示日本之真意，使他独立"，并将"尽力供给
兵器、资金等"。

　　4 月 11 日　驻日公使陆宗舆向日政府递交照会，要求对袁世凯
"给予友谊的扶助"，并表示将切实加强"两国亲善提携"。日政府表示
拒绝。

　　△　华侨联合会致电袁世凯，谓侨众皆不认袁"仍为代表国家之元
首，请速退职，以免辱国殃民"。

　　4 月 12 日　浙江宣布独立。先是驻省城旅长童保暄等谋求独立
不成，遂于是晨率部围攻军署，将军朱瑞逃走。各界公推原巡按使屈映
光为都督，屈不就，允仍以巡按使名义兼总司令。旋屈密通袁世凯事

发,被迫辞职。

△　是晚,陈其美在沪约陆军发动起义未果。次日约海军先发动,又未成。

△　广东各界在广州海珠召开善后会议,筹商反袁军与龙济光合作等事宜。旋因意见分歧,发生冲突,梁启超代表汤觉顿和陆军少将谭学夔当场被龙部警卫军统领颜启汉击毙。警察厅长王广龄及护国军中路司令吕仲铭亦受伤未及救治而亡。是为"海珠之变"。

△　四川陆军第二旅旅长钟体道在南充宣布独立。

△　参政院参政杨度、孙毓筠、张镇芳呈准辞职。

△　孙洪伊致函冯国璋,请其从速宣布独立。谓"若再迟疑,望之切者或将为苛责之论"。

4月13日　蔡锷等致电北京政府,谓袁世凯"违反约法,自召兵戎",虽除帝号,"复据总统",战事无法调停,应速行宣告退位。

△　浙江嘉湖镇守使吕公望等宣布与袁世凯脱离关系,与护国军取一致行动。

△　宁波独立旅旅长周凤歧宣布独立,旋派兵两营开进杭州,逼屈映光交出政权。屈被迫宣布正名为都督。

△　袁世凯令任命驻德特命全权公使颜惠庆兼驻瑞典特命全权公使。

△　旅沪豫省同乡1284人电促袁世凯退位,称"倘仍顽抗执迷不悟",国人"自有最后手段"。

△　护国桂军和护国黔军游击队占领湘南新宁县。

4月14日　浙江巡按使屈映光伪示独立,是日袁世凯特发布命令,称屈"识略冠时,才堪应变","功在国家,极堪嘉尚",着加将军衔兼署督理浙江军务。

△　蔡锷致电四川将军陈宧,促其从速宣布独立,并派代表陈光勋赴成都与陈商谈。

△　袁世凯特任黄国瑄署理四川巡按使。

△　唐继尧致书张继,请从速筹备召集国会,谓"需用旅费津贴及一切会中用耗,滇自当妥拟办法接济"。

4 月 15 日　海军总长刘冠雄率"海容"、"新裕"等舰轮由塘沽启航运兵赴闽。22 日至温州海面,舰轮相撞,官兵 700 余人死亡,余部在福建登陆。

△　黄兴自纽约致电唐绍仪、伍廷芳、张謇、梁启超等,重申反袁到底,称:"不去袁逆,国难无已,望力阻调停,免贻后累。"

△　胡汉民自日本返沪,助陈其美策划讨袁。

△　吉林省设宝清县(现属黑龙江省)。

4 月 16 日　江苏中华革命党人攻袭江阴,逐走守备军旅长方更生,宣布独立,公推尤民为护国军总司令。旋被驻军冯国璋部击退,尤民被捕遇害。

△　冯国璋电劝袁世凯"尊重名义,推让治权"。

4 月 17 日　冯国璋、齐耀琳通电各省,提出调停时局大纲八条,其要旨为:一、袁仍居民国大总统地位;二、重开国会;三、惩办奸人;四、仍用民国元年约法;五、各省将军巡按使仍旧;六、大赦党人。

△　冯国璋、齐耀琳电恳袁世凯仍任大总统,"勿因报纸之谰言,遽乖初志"。

△　袁世凯令准汪大燮辞去参政院副院长及参政本兼职务。

△　安徽中华革命党人联络大通陆路警察,占领榷运局,旋被驻军击退。

4 月 18 日　滇、黔、桂、粤四省都督唐继尧、刘显世、陆荣廷、龙济光等以护国军军政府名义发表第一、二号宣言,谓袁世凯"犯谋叛大罪",现据民国元年《临时约法》,由副总统黎元洪接任大总统资格,并领海陆军大元帅职。

△　陈宧致电黎元洪等,表示由于滇、黔两省拒绝承认袁世凯仍为总统的议和条件,他"实难独膺"调停之任。

△　钮永建派江苏护国军第一队队长何嘉禄等由沪往吴江发动水

巡队起义,是日占吴江县署,宣布独立。22 日,被冯国璋派兵击败。23 日,水巡队长殷培六等被捕。

　　△　党人伏龙等由沪往南通发动起事,乘轮抵南通港时被捕,次晨被害。

4 月 19 日　龙济光抵广东肇庆(今高要),同陆荣廷等协商军政事宜,并议定成立两广都统府、以岑春煊为都统、暂留龙济光都督地位、处死蔡乃煌、从速北伐等五项妥协案。

　　△　岑春煊偕温宗尧、章士钊、李根源、周善培、杨永泰等由上海绕道香港,转抵肇庆。

4 月 20 日　伍廷芳致书袁世凯,劝其退职。

　　△　向瑞琨擅以全国商会联合会总事务所名义通电全国商会征求意见,挽留袁氏,请勿退位。23 日,全国商会联合会总事务所发表声明书,通函各报否认,要求"查究更正"。

　　△　宗社党善耆等人,在日人支持下,募集"勤王军"千余人,以日军人和浪人为骨干,在旅顺营城子练兵,伺机骚乱。

4 月 21 日　袁世凯申令宣布恢复内阁制,依约法制定政府组织令,委任国务卿总理国务,组织政府,各部总长皆为国务员,同负责任。同日,公布《政府组织令》,凡七条。

　　△　唐继尧致函梁启超,筹商倒袁善后事宜和军务院设置等问题。

　　△　唐继尧致电各国公使,声明"誓不承认"袁世凯与美国所订借款新约。

　　△　袁世凯任命萨福楙为中国银行总裁,原任李士伟开缺另候任用;同日特派周自齐督办中国银行事宜。

　　△　江西庐山林业股份有限公司奉准改组为中国第一林垦股份有限公司,兼营农业。

4 月 22 日　袁世凯准徐世昌辞国务卿,特任段祺瑞继任,组织内阁。次日任命段祺瑞兼陆军总长,陆徵祥为外交总长,王揖唐为内务总长,孙宝琦为财政总长,刘冠雄为海军总长,章宗祥为司法总长,张国淦为教育总长,金邦平为农商总长,曹汝霖为交通总长,王士珍为参谋总长。段祺瑞新内阁宣告成立。

△　袁世凯特任倪嗣冲署理安徽巡按使,张作霖为盛武将军;次日又令张作霖暂署督理奉天军务兼代理巡按使。

△　袁世凯特任钱能训为平政院院长。

△　孙中山电告美国三藩市《少年中国报》,决意 27 日离日归国,东京本部及横滨交通部由谢持、谢心准分别主持。

4 月 23 日　袁世凯特任庄蕴宽为审计院院长。

4 月 24 日　孙中山决意回国主持讨袁,是日致电檀香山吴铁城,嘱转告黄兴"直乘原船到沪相会"。

△　江西革命党人占领玉山、广丰,宣告独立。27 日进据上饶。旋被驻军击退。

△　党人在江苏金山县策动军警起事,占领县署,宣告独立,旋即失败,士兵洪杏生、王更生等人被捕,29 日被杀害。

△　龙济光因四省禁烟督办蔡乃煌效忠袁世凯,反对广东独立,策划海珠事件,引起各界不满,被迫于是日将蔡枪毙。

4 月 25 日　冯国璋通电未独立各省,主张"各省联络,结成团体,各保疆土,共维公安,扩充实力,责任同肩",以便对于独立四省和袁世凯可以"左右为轻重",然后审度国情,妥定方针,"融洽双方";"四省若违众论,自当视同公敌","政府若有异同,亦当一致争持"。

△　袁世凯任命冯德麟帮办奉天军务。

△　袁世凯任命财政总长孙宝琦兼盐务署督办。

4 月 26 日　冯国璋致电黎元洪、段祺瑞、徐世昌劝袁退位,称:"财政之困窘,军心之懈怠,外交之困难,物议之沸腾,事实昭然","若察时度理,见为无术挽回,无宁敝屣尊荣,亟筹自全之策。"

△　湖南零陵镇守使望云亭在永州(今零陵县)宣告独立,自任"湘南护国军总司令"。

△　党人由沪赴太仓策动军队揭旗独立,旋即失败,七人被捕。

△ 袁世凯任命王揖唐督办京都市政事宜。

4月27日 唐继尧闻知冯国璋提出八项调停办法,是日复电声明袁必须退位,称:"项城一去,诸事立即解决,否则绝无解决之望。"

△ 龙济光率段尔源、郑开文、李嘉品等人与陆荣廷联名电奉岑春煊为两广护国军都司令。

△ 孙中山由日本启程返沪,廖仲恺、戴季陶同行。

△ 前清邮传部大臣盛宣怀在上海病卒。

△ 沪招商局因运送北军被人掷弹炸毁门窗墙壁,炸伤三人。

4月28日 梁启超致电独立各省,主张成立军务院,设于广东,由唐继尧、岑春煊分别担任抚军长、副长。

△ 奉天桓仁县知事王济辉联合革命党人邵兆中等,率众起事,宣告独立,并组成"辽东护国军",以邵兆中为总司令,发表讨袁檄文,号召东三省军人义士共同举义,讨平叛逆,保卫共和民国。5月1日攻占蒲石河,旋进至长甸与防营交战失败,退入安东(今东沟)日租界地,被日警解除武装。

△ 在许兰洲策动下,黑龙江省宣布独立,举许为督军,朱庆澜被迫辞职。

△ 冯国璋致电独立各省,要求"共念时艰,早作罢兵之计"。

△ 冯国璋致电肇庆梁启超,"望命驾回沪,俾得就近商酌一切"。

4月29日 山东将军靳云鹏电劝袁世凯"辞职让贤"。

4月30日 萧德明于四川大竹宣布独立,自称中华护国军四川东路总司令。

是月 奉天、吉林、黑龙江三省农民掀起反抗"清丈地亩"运动。海龙县乡民3000余人,持械包围县署,清丈被迫中止。东丰县乡民聚众数千人,散发传单,揭露官吏"借端苛敛",呼吁各乡坚持斗争,不达目的不止。绥中县斗争尤烈,抗丈群众千余人,夺取保卫团枪械,围攻县城。阿城、盖平、岫岩、兴京(今新宾)等县农民,也展开规模较大的抗丈斗争。5月,"反抗清丈风潮,无县无之"。三省当局被迫中止清丈。

5 月

5 月 1 日 两广护国军都司令部在广东肇庆成立,以岑春煊为都司令,梁启超为都参谋,李根源为副都参谋,章士钊为秘书长。

△ 冯国璋就 4 月 17 日所拟"调停大纲八条",重加参酌,提出解决时局修改办法八条,通电各省,反对黎元洪继任总统,主张以袁世凯为过渡总统。

△ 袁世凯特任郭宗熙署理吉林巡按使。

△ 中华革命党浙江司令长官夏尔屿由陈其美派赴杭州起事,是晨在杭城站旅馆被屈映光逮捕,当日在梅花碑被杀害。

△ 四川广安、岳池独立。

△ 北京政府向日本横滨正金银行借款 10 万日元,用作留日学生学费。

△ 汤芗铭应日本等国领事"特请",自是日起,相继在湖南湘潭、益阳、安化、宝庆(今邵阳)、常德、岳阳、平江、澧县、衡阳、桂阳、沅陵、辰溪、会同、新化等县成立"华洋诉讼处"。

5 月 2 日 唐绍仪等以 22 省旅沪公民名义发表宣言,反对冯国璋所提八条解决时局办法,指斥冯电"庇护帝制罪魁祸首,嫁祸革命党人"。

△ 袁世凯特任范守佑署理湖北巡按使,原任段书云免职。

5 月 3 日 岑春煊、梁启超致电黎元洪及南方独立各省,称舍袁退位外,更无弭兵之望,黎元洪依法继任总统,大局即可迎刃而解。

△ 袁世凯特任毕桂芳署督理黑龙江军务兼巡按使,未到任前由许兰洲暂行护理。

△ 袁世凯令许兰洲帮办黑龙江军务。

△ 四川将军陈宧电劝袁世凯退位,并称"应如何优待条件,宧与各省疆吏,亦必力争以报"。

　　△　湖南中华革命党人刘重等占领湘乡,宣布独立,7 日进据新化,旋因安武军进攻,于 9 日退据衡山。

　　△　湖南保靖(今属湘西土家族苗族自治州)农民驱逐县知事,响应反袁护国。

　　5 月 4 日　居正所部中华革命军东北军及夏重民等人率领的加拿大、美国等地华侨"讨袁敢死先锋队"进攻山东潍县,同北军第五师张树元部展开激战。

　　△　是日,中华革命军东北军吴大洲、薄子明部攻占周村,宣布独立,另立旗号,改称山东护国军,吴自任山东护国军都督。

　　△　梁启超致电国务卿段祺瑞,要求迫袁世凯退位,称"项城不退,虽公不能挽今日之局",并称"能自退,则身名俱泰,最上也"。

　　△　梁启超自肇庆抵香港,拟往上海。经驻港日领事劝阻和撮合,次日赴广州与龙济光会商广东善后等事。

　　△　袁世凯特任蓝天蔚为达威将军,蒋作宾为翊威将军。

　　5 月 5 日　冯国璋抵蚌埠密晤倪嗣冲。次日冯、倪同赴徐州,与张勋策划召开南京会议。旋由三人联名电请袁世凯和未独立各省派代表赴宁,"开会协议,共图进止"。

　　△　熊克武旧部龙少伯联络川军于四川隆昌独立。

　　△　护国桂军进入湖南宝庆。次日占据武冈。

　　△　上海中华革命党人在吴淞口图袭"策电"舰,未成,姜永清等20 余人先后被捕。

　　△　河北易县山北社千余人起义,抗阻清丈地亩,反对苛捐杂税,进攻县署、经界局。冀中十几县奋起响应,其中固安县斗争坚持到 9月,卒以兵力不敌,被军警击散。

　　5 月 6 日　陆荣廷电告岑春煊,准于 7 日由南宁督师出发,进攻湖南。陆于是月上旬率广西护国军攻入湖南,在衡州(今衡阳)、宝庆一线同北军周文炳师激战。6 月初,周师以湖南独立,自行撤离。7 月 10日,陆由衡州班师回桂。湘南讨袁战事遂告结束。

△ 湖南新化锡矿山工人罢工,并夺取新华昌公司矿警连枪支,宣布工厂独立,悬挂护国军旗帜。旋因力量不敌,被驻军击败,大部工人投党人刘重所部。

△ 护国第二军总司令李烈钧率部自广西百色出发到达南宁。12日抵广东肇庆。

△ 袁世凯令准福建巡按使许世英辞职,以李厚基兼署福建巡按使。

△ 袁世凯任命王式通为国务院秘书长。

△ 年初,梁士诒、叶恭绰依法使康悌建议,指派梁汝成、李兼善等与法国军部代表左治·陶履德上校订立在华招工合同,筹办惠民公司。是日,梁汝成等就此事呈报外交部立案,并将招工事宜悉归该公司专办。

5月7日 护国第一军总司令蔡锷与四川将军陈宧达成协议,继续停战一月,自是日起至6月6日止,两方饬令所部,非奉命令不得前进。

△ 滇、黔、桂、粤四省都督以护国军军政府名义公布《军务院组织条例》,并宣布:为统一对袁军事和策划建国方策,特暂设一军务院,直隶大总统,统筹全国军事,施行战时及善后一切政务,俟国务院成立,军务院即当撤废。

△ 蔡锷致电唐继尧等反对设置军务院,称"桂、粤议组政府,推举首长,实与现势不协"。同日又发一电,表示:"现接任公所草各宣言书及军务院条例全文,将大总统之推举及军务院之设立,移花接木,联为一贯,亦尚说得过去。"

△ 驻沪国会议员256人致电滇、黔、粤、浙,反对停战,敦促"大举进攻,扫除凶逆"。

△ 袁世凯令准熊希龄开去参政。

5月8日 滇、黔、桂、粤四省在肇庆成立护国军军政府军务院,以唐继尧为抚军长,岑春煊为抚军副长摄行抚军长,梁启超为政务委员长,唐继尧、刘显世、陆荣廷、龙济光、吕公望、岑春煊、梁启超、蔡锷、李烈钧、陈炳焜为抚军。

　　△　护国军军政府宣布依法拥戴黎元洪继任中华民国大总统。

　　△　袁世凯令改政事堂为国务院,为国务总汇之所。

　　5月9日　孙中山在上海发表第二次讨袁宣言,主张"尊重约法",一致讨袁。指出此次斗争"不徒以去袁为毕事","袁氏未去,当与国民共任讨贼之事;袁氏既去,当与国民共荷监督之责,决不肯使谋危民国者复生于国内"。

　　△　黄兴由美国抵日本横滨,电促袁世凯悔罪引退。

　　△　护国军军务院通告各国公使,以后中央外交事务,一概改由军务院办理。

　　△　陕南镇守使陈树藩在蒲城宣布陕西独立,自任陕西护国军总司令。16日率部进据西安。18日就任陕西都督,迫陆建章离省。

　　5月10日　程潜就任湖南护国军总司令。

　　△　袁世凯裁撤采金局。该局事务,改归农商部办理。

　　△　湖南革命党人占领乾城(今乾州镇),宣布独立,以张学济为湘西护国军总司令。

　　△　中华革命军山东东北军第三支队司令吕子人克高密。

　　5月11日　军务院发布第一、二号布告,称"力求于国法不抵触之范围内,暂设此机关,以应事实上要求"。"此次举义之真精神,一言以蔽之,曰:拥护国法而已",号召各省国会议员迅速筹备恢复国会。

　　△　孙中山电促滇黔桂浙粤五省都督及各军司令一致讨袁。

　　△　抚顺东乡煤矿工人500余名,罢工三日,要求释放无故被扣押工人。

　　△　殖边银行上海分行发生挤兑,16日宣告停止营业。

　　5月12日　梁启超于肇庆致电冯国璋,坚持袁世凯退位、黎元洪继任大总统之主张,称"若退位继任两问题相持不决,则恐和平克服,永无其期"。

　　△　黄兴通电全国，号召各界一致讨袁。谓"此次讨逆，出于全国人心，本无党派意见，更无南北区域之可言"，务希"协力策进，贯彻主张，速去凶顽，共趋正轨"。

　　△　陈宧再电袁世凯，促请即日退位。谓退位为一事，善后为一事，二者不可并为一谈，请即日宣布退位。

　　△　川军第二混成旅旅长钟体道于四川南充宣布独立，自任川北护国军总司令，并劝陈宧即日宣布独立。

　　△　国务院下令中国、交通两银行暂停兑现；并令各省"派军警监视"。

　　△　中国银行股东联合会召集全体股东集议保全上海中国银行，规定"全行事务悉归股东联合会主持，以后政府不得提用款项"。

　　△　北京政府与日本大仓洋行签订华宁公司库券合同，借款日金100万元。以该公司所采江宁凤凰山铁矿作担保。后改以国库券作担保。

　　5 月 14 日　上海中国银行拒绝执行国务院停兑付现命令，宣布继续兑现。

　　△　天津惠民公司与法国军部代表签订招募华工20万赴欧参战合同，并于是日起至次年8月止，相继在天津、香港、浦口、青岛附设招工机构。此后，俄、英两国亦援例分别在哈尔滨、威海卫等地招送华工。

　　5 月 15 日　南京会议因代表未齐延期举行，同日，袁世凯电饬冯国璋等，谓"切实讨论，随时与政府会商妥定办法"。

　　△　唐绍仪等13971人联名致书冯国璋，驳斥其通电所提八项调停办法，认为"解决时局，于今日惟有袁氏引退，黎副总统依法继承"。17日又发宣言，揭其"直欲推翻宪法上继任总统，仍留袁氏以为傀儡，藉便私图"，必须以武力"扫除国家之障害"。

　　△　黄兴致电在沪国会议员，望速驱袁，"根据约法，解决一切"。同日电告唐继尧等，表示愿为反袁斗争"补助进行一切"。

　　△　第五师师长张树元被迫与中华革命军东北军总司令居正签订

退出潍县议和条件 15 款。

　　△　居正所部中华革命军东北军与山东护国军吴大洲所部,于是日、25 日和 6 月 4 日袭击济南,卒以兵力不支,均被防军击退。

　　△　上海汇丰、麦加利等外国银行决定筹银 200 万元贷与中国银行,以为兑换钞票支付存款之准备。

　　△　《民彝杂志》在东京创刊。8 月 12 日第二号在上海发行。

　　5 月 16 日　上海总商会分电国务院、外交、财政、交通、农商各部及中、交两行管理处,告以已先将交通(银行)钞票定期兑付,请速会商公使团转恳上海麦加利等添借 70 万元,以救危局。

　　5 月 17 日　外交总长陆徵祥辞职未准,袁世凯令暂给假一月;特任曹汝霖兼署外交总长。

　　△　梁启超离肇庆,20 日到上海。

　　△　北京政府交通总长曹汝霖与美商裕中公司签订建造铁路合同,议定湖南衡州至广西南宁、山西丰镇至甘肃宁夏(即银川市)、甘肃宁夏至兰州、广东琼州至乐会、浙江杭州至温州各铁路,由裕中公司承造。经费由裕中公司借垫,并由该公司发行股票,总数不得逾美金 1000 万元。合同签订后,承造铁路起止地点,限于湖南株洲至广东钦州。

　　5 月 18 日　南京会议正式开会。与会 15 省代表,多数赞成袁世凯退位,冯国璋以事关重大,未可冒昧表决,宣告散会。

　　△　中华革命党总务部长陈其美在上海萨坡赛路寓所,被袁世凯派人刺杀。

　　△　湖南湘西镇守使田应韶在凤凰县宣布独立,自任湘西护国军总司令。

　　△　章太炎欲以赴津治病为名逃离北京未果,被袁之暗探拥至巡警总厅。

　　5 月 19 日　南京会议举行第二次会,倪嗣冲自蚌埠率三营卫队参加,倪在会上首先发言,主张不宜变更元首,在倪威胁下,多数代表转变态度,竟赞成袁暂不退位,会议未达成协议。

△　黄兴致函居正,询山东战况,并告陈其美在沪被刺,望暂抑哀情,仗义杀贼,以慰诸先烈之灵。又谓:"中山先生此次宣言,闻国人甚为欢迎。弟意惟赴沪太早,今英士遭难,于进行不无妨碍。"

△　湘南镇守使汪学谦在衡阳宣布独立。

5 月 20 日　护国军第一军总司令蔡锷电令刘云峰率何海清支队应陈宧之请赴叙州,以便策应陈宣告独立。

△　南京会议举行第三次会,冯国璋提出"袁总统本应退位,惟宜向国会辞职,本会碍难建议"。旋以此意拟稿通电各省,讨论电稿时,又有反对意见,冯决意取消由国会解决之说,代以分电独立各省,遣派代表前来开会,共商善后之解决,各代表皆表示赞成。

△　袁世凯特任周自齐署理财政总长。

5 月 21 日　蔡锷致电罗佩金、陈宧,告以雷、刘两梯团归陈宧指挥调遣,以助其独立。

△　上海总商会分电北京国务院、江苏将军冯国璋,请敦促袁退位。

5 月 22 日　陈宧被迫宣布四川独立,改任都督,通电宣称:"自今日始,四川省与袁氏个人断绝关系,袁氏在任一日,其以政府名义处分川事者,川省皆视为无效。至于地方秩序,宧有守土之责,谨当为国家尽力维持,俟新任大总统选出,即奉土地以听命,并即解兵柄以归田。"

5 月 23 日　居正所部占领潍县,张树元率部退走。至此,山东中华革命军和护国军已分别攻占邹平、临淄、淄川、即墨、高密、安丘、莒县、诸城、平度、日照、昌乐等 10 余县。

△　中华革命党总理孙中山致电田桐、居正、朱执信,要求"一切事宜务求与讨袁各派协同进行,以收群策群力之效",并一律沿用五色旗,与云贵讨袁军一致。

△　孙中山致电两广都司令岑春煊,请约束龙济光部勿复与广东革命军生衅,"庶几同心戮力,共伸天讨"。

5月24日　袁世凯令陈宦开缺,迅即进京"筹商善后"。特任重庆镇守使周骏为崇武将军,督理四川军务,曹锟督办四川防务,张敬尧帮办四川防务。

△　袁世凯特任刘体乾署理四川巡按使兼理财政厅事务。原任署四川巡按使黄国瑄、财政厅长马汝骥开缺,入京另候任用。

△　袁世凯令内务、财政两部:暂停近畿清丈及清查田亩各项事宜;各省有奉前令举办清丈、清厘田赋者,也一律从缓办理。

5月25日　蔡锷致电陆荣廷等,推梁启超为独立各省总代表,"借联声气而资统筹"。

△　中华革命军东北军总司令居正发表宣言,称:"本军以袁世凯背誓叛国,违法殃民,认为国民公敌,特与西南各省护国军互相呼应,一致讨贼。""本军尊重民国元年约法⋯⋯遵用五色国旗。"

△　福建中华革命党人吴适等攻占连江,宣布独立。旋因兵力不敌,被驻军击败。

△　袁世凯亲信阮忠枢函告张勋,谓:南京会议必无良好结果,即商请倪嗣冲"迅约各省代表,汇集徐州,结成团体,预备各种抵制宁垣之法"。"结成团体,即可联盟签约,推其中一二人为盟长副盟长","专以挽留"袁世凯"勿遽退位为惟一之根本主旨"。

△　张勋不满南京会议,通电称袁世凯"万无退位之理",如和不成,必出以战,"勋虽不敏,愿任其难"。

5月27日　张作霖自奉天车站迎接日本关东都督中村归途中,遭日陆军预备少尉三村丰持炸弹袭击,死伤警兵10余人,张幸免。

△　中华革命党山东东北军第二支队李长乐入诸城,驻日照与莒县之袁军沂州防营及安邱袁军一营来攻,均被击退。

5月28日　军务院致电江苏将军冯国璋,拒绝调停,谓"非项城退职去国,时局断无从解决"。

△　巴布扎布在喀尔喀河阿木古郎吐祭告天地,聚众发誓讨袁,自称拥戴"大清",改元"宣统"。

5 月 29 日　袁世凯特颁告令,宣布所谓帝制案始末。

△　湖南将军汤芗铭被迫宣布湖南独立,改称都督。

5 月 30 日　山东将军靳云鹏自济南走避天津,袁世凯特任张怀芝为济武将军署督理山东军务。

△　梁启超自沪电肇庆岑春煊等,请辞抚军、都参谋、政务委员长各职。

△　冯国璋召集第四次南京会议,并在会上发表讲话,称对张勋主战,"不敢赞同","南省又未一致复电",建议将会议暂时解散。各省代表多不赞成解散。未几,张勋复电赞成解散,而南方独立各省则拒绝与会,冯遂宣告解散南京会议。同时致电北京,陈述三项办法:"第一,或宣告退位,尚可继续开议;第二,或另订办法,以求转机;第三,如仍无相当手续,国璋能力只可维持江苏秩序,不至紊乱,其他未能兼顾。"

△　蔚丰厚票号上海分号改组为蔚丰商业银行上海分行,经理冀寿伯,总行设北京,资本定额 300 万元。

5 月 31 日　长春"义成公司"代表周冕与俄采办处代表达聂尔签订招募华工二万名赴俄合同。

5 月下旬　滇桂粤护国联合军组成,直隶军务院,共九个军,由岑春煊直接指挥。

是月　廖仲恺奉孙中山派到青岛,慰问中华革命军东北军。

6 月

6 月 1 日　岑春煊率两广军事将领致电独立各省,提出解决时局四原则:一、袁世凯不退位,绝无调停可言;二、袁氏退位,恭承继任黎大总统正式就职;三、在此之前,决不停止军事进行;四、拥护约法,保障国会。

△　袁世凯下令宣布中国、交通两银行所发行之纸币,"与现金无异,政府负完全责任",务当依旧行使,用便流通。

　△　奉天革命党人杨子元等率众 400 余人,在西安县小孤山起事,杨自称"东三省护国军北路司令",发表讨袁檄文。后遭驻军镇压而失败。

　△　湖南武冈农民暴动,破县城,释囚犯,获胜而归。

　△　江苏吴县各机户因减少工价,举行罢工。

6 月 3 日　护国第二军总司令李烈钧奉令自肇庆率师北伐,是日发布出师布告称:"奉军务院命,誓师援赣","只知有法,罔识其他。有蔑法者,视与贼等。"

　△　军务院通告,戴戡、罗佩金所部军队在二师以上,"自应遵依条例为军务院抚军"。

　△　袁世凯令加督理山东军务张怀芝陆军上将衔。

6 月 5 日　岑春煊致电独立各省,告以滇桂粤护国联合军成立,由滇军(第二军)、桂军(新编第三军)、肇军(新编第四军)、谭(浩明)军、林(虎)军、济军(第一军)、潮军(莫擎宇师)、程(子楷)军、张(习)军编成,直属军务院,由岑直接指挥,按期分道次第出师北伐。同日,发布《滇桂粤护国联合军北伐布告》。

　△　滇桂军入赣先锋部队张开儒、申葆藩、江永隆各率所部由肇庆出发。

6 月 6 日　袁世凯在北京病逝。

　△　段祺瑞公布袁世凯"遗令",宣布依新约法(即民国三年约法),"以副总统黎元洪代行中华民国大总统职权"。

　△　北京政府特任章宗祥兼署农商总长。

　△　晨,日英法俄意比等六国驻京公使以袁世凯病危,齐集日本使馆谋划对策,决定袁死后由黎元洪继任大总统。午后 1 时,六国公使往见段祺瑞,告以上述决定,并要段留任总理,迅发正式通告。

　△　日政府以袁死黎任大总统,急电日置益公使速见黎元洪,要求"采取日中亲善政策",并与南方妥协,消除动乱祸根,恢复国内和平,则日本将给予"直接或间接之援助"。同日,日外务大臣电饬驻上海、南

京、广东、云南等地领事,迅将以上内容通知张继、冯国璋、岑春煊、唐继尧等,务请"支持黎元洪,努力收拾时局"。11 日又电令日置益会见段祺瑞,转达上述对华方针。

6 月 7 日 副总统黎元洪继任大总统。其就职令称"惟有遵守法律,巩固共和,期造成法治之国"。同日颁布命令:"所有京外文武官吏仍旧供职。"

△ 梁启超由上海致电独立各省,谓"收拾北方,惟段是赖"。宜竭力援助段祺瑞,"毋令势孤","致生恶感",即对袁世凯亦"不妨表相当之哀悼"。同日,梁并致电段祺瑞称:"扶危定倾,惟公之责。愿当机立断,宏济艰难。"

△ 黄兴致函中华革命党本部负责人谢持,主张从根本上扫除袁世凯余孽,称:"大憝虽去,余孽犹存,吾人不于此时并智竭力,为根本上之扫除,贻患将无已时。"

△ 陕西都督陈树藩宣布取消独立,服从中央。

△ 章太炎作书请见黎元洪,并求解禁。8 日章被释。25 日由京赴津转轮南下,30 日抵沪。

6 月 8 日 军务院抚军副长、摄行抚军长岑春煊致电独立各省,称"黎大总统出承大位,本国法程序之所当然,决非袁世凯一人之私法所得傅会";"若依据后起不正之法改为摄权,不仅于义军信誓有背,而大局或因此别生纷扰",此为"生死存亡之点,急待磋商"。11 日,汤芗铭复电同意电呈黎元洪,请颁令废止袁擅改之约法。

△ 唐绍仪电请黎元洪遵照《临时约法》,"迅速召集国会,以决国是";国会未开前,国务总理暂由段祺瑞代理。

△ 陈宦宣布四川取消独立,服从中央命令。

△ 梁启超致电黎元洪,请以明令规复旧约法,克期召集国会,委任段祺瑞组织新阁,惩办帝制祸首。

△ 梁启超电告蔡锷,主张蔡及戴戡、陆荣廷与段祺瑞、冯国璋、王士珍直接会晤,以"解决时局"。

　　△　天津各界代表严修等电请黎元洪取消中交两行停止兑现阁令。

　　6月9日　黎元洪致电汤化龙转商旅沪国会议员,推举数人来京会商善后事宜。

　　△　孙中山发表规复《临时约法》宣言,略谓:"文志在共和,始终不贰。曩以袁氏叛乱,故誓为民国剪灭巨凶,今兹障碍既除,我国人当能同德一心,共趋政治之正轨,文亦将尽国民一分子之义务,为献替之刍荛。"又谓:今求治无他,一言以蔽之曰,"规复约法,尊重民意机关,则惟一无二之方。"同日并电请黎元洪"规复约法,尊重国会"。

　　△　孙中山以"袁死,内外情势大变",电令山东居正"按兵勿动",候商黎元洪解决。10日、13日和26日,复分电广东、福建、四川朱执信等人照上述电令办理。

　　△　黄兴致电黎元洪,主张以明令规复临时约法,"除去袁氏一切伪造之法律","从速召集旧国会,组织内阁,严惩帝制祸首"。

　　△　张勋邀集出席南京会议部分代表在徐州开会,并提出解决时局"要纲"十条,主要内容为:"尊重优待前清皇室各项条件";保全袁世凯"家属生命财产及身后一切荣誉";催促独立七省"取消独立",否则"仍以武力解决";"绝对抵制迭次倡乱一般暴烈分子参与政权"。经议决后,即日通电发表,会议结束。

　　△　蔡锷以滇黔护国军名义通电全国,呼吁各省蠲除成见,拥护中央,于最短期内解决善后诸事。

　　△　黎元洪任命田中玉署理察哈尔都统。

　　△　黎元洪令暂行委任吉林、黑龙江、安徽、湖北、福建、四川各省巡按使均监督各该省司法行政事务。

　　△　龙济光宣布广东"即日取消独立,服从中央命令"。

　　△　黎元洪接见外国顾问莫理循、有贺长雄、韦罗贝、精奇等人,莫理循表示希望外国顾问的才能能够得到发挥。

　　△　张作霖向日本朝鲜银行奉天支店借款日金100万元。以奉天

电灯厂、电话局资产及商埠地产等作担保。

6 月 10 日　黎元洪下令裁撤陆海军大元帅统率办事处,所有原办事宜,分归陆军部、海军部、参谋本部办理。

△　黎元洪任命陈树藩为汉武将军督理陕西军务兼署巡按使。

△　军务院抚军长唐继尧电请黎元洪恢复民元《临时约法》,速开国会,补选副总统,组织正式国务院,撤退各路北军,召集特别军事会议,解决善后军事问题,并重申俟正式国务院成立,军务院即行撤销。

△　旅沪国会议员致电黎元洪请明令恢复《临时约法》及民国二年大总统选举法,废除袁世凯"自造新制"。

△　护国军驻沪军事代表钮永建致电独立各省,称"黎大总统虽依法就任,帝制祸首依然盘踞军政财政","此间公议办法:一、回复旧约法;二、召集参、众两院;三、依法组织内阁;四、惩治帝制祸首",请电军务院与北京"协议"。

6 月 11 日　黎元洪电复孙中山 9 日电,表示请"左提右挈,共济艰难"。

△　梁启超电滇、黔、桂、粤、浙五省,建议由五省提出六项善后办法:一、复旧约法;二、召集国会;三、惩治祸首;四、南省北军撤还;五、废将军巡按官制,一律改称都督;六、双方要人在南京或武昌开善后会议直接晤商。

△　梁启超致电蔡锷,请勿轻许入阁,以督蜀为宜。

△　旅沪浙省议员电请黎元洪"严除伪制,规复临时约法"。

6 月 12 日　陆荣廷电独立各省,指出段祺瑞 6 日通告援引经袁世凯修改之伪约法,倡黎元洪代行总统职权,"显系包藏祸心",宜由岑春煊"主稿领衔辟其谬妄"。

△　中华革命军东北军总司令居正电责山东将军张怀芝违令"进袭临朐,复窥安邱",要求"退驻原防,毋启战端"。

6 月 13 日　岑春煊、陆荣廷、汤芗铭、陈炳焜致电黎元洪重申四事,力请施行:一、黎大总统为继任,非代行职权;二、护国军拥护《临时约法》,非民国三年约法;三、恢复国会;四、组织新内阁,交由国会同意。

　　△　孙中山致电黄兴,征询解决时局意见,谓黎元洪如能恢复临时约法,召开国会,"当息纷争,事建设"。次日黄兴电复赞同,并望主持一切。

　　△　黎元洪任命徐树铮为国务院秘书长。

　　6月14日　蔡锷致电黎元洪,要求恢复临时约法,召集国会,改组正式内阁;召开军事会议,惩办帝制余孽。同日致电张敬尧,称"独立各省亟应宣布取消独立"。

　　△　孙中山答上海《民意报》记者徐朗西问,称:"袁党依然盘据要津,国会议员尚未正式集会,完全责任内阁又未成立。斯时之民军,正未能从此息肩而即云国是已大定也。"

　　6月15日　冯国璋、齐耀琳电请黎元洪恢复《临时约法》,续行召集国会,速定宪法。

　　△　部分旅沪国会议员致电黎元洪,请明白宣告废除袁世凯"自造新制",遵守《临时约法》,"否则从前讨逆战争将一变而为约法战争"。

　　△　中华革命军东北军总司令居正电请黎元洪严电约束张怀芝部,称张"违命作乱,掠我临朐,继陷安邱,屠戮二百余人"。

　　△　留日中国学生"学术研究会"所办《民铎》杂志,在日本东京创刊。

　　6月16日　黎元洪下令停战,所有派出军队"克期撤退"。

　　△　黄兴致电旅沪国会议员,称:"北京召集各省代表议约法,意在破坏旧约法及国会,请沪同人择定安全地方早开国会,并速电请独立各省不派代表。"

　　6月17日　黎元洪电请孙中山派代表北上赴京筹商善后。23日,孙中山复电,谓已派萧萱、叶夏声前往会商。

　　△　梁启超电刘显世,谓恢复《临时约法》、召集国会已成"舆论",万不可倡议临时议会说;且独立各省不可与中央"太取对抗形式",目前全权总代表不宜选派,善后会议也无召开必要。

△ 程潜等力请蔡锷督湘,是日蔡以"川情复杂,未能即离,本军善后事宜亦须亲为部署,以全始终",复电辞谢。

△ 居正再电济南张怀芝,请归还临朐、安丘,以维大局。

△ 俄公使库朋斯齐卸任归国。是日,新任公使库达摄夫向黎元洪呈递国书。

6 月 18 日 黎元洪致书孙中山,派郭同来谒,"凡军国大计,统希指陈一切"。

△ 广东北江战事爆发。是日,龙济光密令韶连镇守使朱福全炮击韶州城外李烈钧部,激战两日,李部攻占韶州。

△ 旅沪安徽省议员管鹏等以倪嗣冲杀害党人张友烈等 10 余人事致电黎元洪,请"迅予解释",并电肇庆军务院,请"电诘北京政府明白解释"。

6 月 19 日 孙中山再电黎元洪,促规复约法,尊重国会。称:"约法停废、国会解散俱系前人越法行为,今日宣言承认遵守,不过以适法之命令,变更不法之命令……愿公无复顾虑";并对张怀芝违令屠戮临朐、安邱事,请严电惩究。

△ 黎元洪令撤京畿军政执法处。

△ 驻北京各国公使分别觐见黎元洪祝贺就任大总统。

6 月 20 日 张勋通电反对惩办帝制祸首,声称:"君主民主,主张虽有不同,无非各抒己见,岂能以成败为衡?""落井下石,既非大丈夫所为,而止沸扬汤,究与大局何益?"

△ 黄兴致电黎元洪,重申恢复旧约法、召开旧国会之必要,谓"凡百建设鸿猷,当以此两事为最急切",并派代表李书城入京表达此意。

△ 段芝贵、江朝宗在陆军第二、三、六、七、八师将校支持下,于北京发起组织"军人同德会",主张《临时约法》恢复后,国会应速定宪法,选举段祺瑞为正式大总统。

△ 段芝贵奉准辞去督理奉天军务兼署奉天巡按使等职。

6 月 21 日 黄兴函促段祺瑞恢复民元约法,并命李书城代表赴京联络。7月4日，段复函称："约法国会，已定明令，大局一定，猜议冰释。"

△　黎元洪特任龙济光兼署广东巡按使；准免税务处督办、参政院参政梁士诒本职。

△　山东将军张怀芝部炮袭诸城，居正再电责张置停战令于不顾。

6月22日　段祺瑞通电各省，托辞政府不宜以命令"变更法律"，拒绝恢复《临时约法》。

△　黎元洪授黑龙江巡按使朱庆澜为卓威将军，次日策令开去原缺，留京供职。

6月23日　日朝鲜总督寺内正毅秘派西原龟三来中国"调查"政情。是日西原抵北京，旋即与日置益等研讨对华政策，并同曹汝霖、陆宗舆等人密相往来。7月11日西原离京返日，到达东京后，即向寺内提交"目前对华经济措施纲要"，主张组织财团，"实行对华实业投资"，提供借款，使北京政府得以整理中央及各省财政和进行币制改革，发行金本位货币，以"促进日中货币混合并用"。

△　孙中山致书段祺瑞，劝其规复约法，尊重国会，"不为莠言所惑，重陷天下于纷纠"。

△　段祺瑞致电驻沪国会议员，请讨论约法问题。驻沪议员复电称："临时约法为民国所由成，议会、总统皆由兹产出，其效力至尊无上。""今日以命令废止三年约法，乃使从前违宪之行为归于无效，更无所谓以命令变更法律。"

△　国务院秘书长徐树铮与吴光新等，在国务院召开拥段会议，并要求张勋、倪嗣冲、冯国璋、李纯、王占元、张作霖等予以支持。

△　黎元洪令准署财政总长周自齐辞职，特任陈锦涛为财政总长。

△　黎元洪令毕桂芳着加将军衔督理黑龙江军务，仍兼该省巡按使。

6月24日　黎元洪特任蔡锷为益武将军，督理四川军务兼该省巡按使；任命曹锟会办四川军务。

△ 黎元洪电令周骏来京另候任用,所辖军队交王陵基接管。同日,任命王陵基为重庆镇守使。

△ 梁启超致电唐继尧、任可澄,称:"时局变幻不居,虽未能确定何种办法,要在四省巩固其团结,蓄力观变。已进之兵宜勿退,未进者亦不可遽猛进,免授人口实。对此不必多所主张,免资人利用。"

6 月 25 日 驻沪海军总司令李鼎新、第一舰队司令林葆怿、练习舰队司令曾兆麟联合发表宣言,加入护国军,宣称:"非俟恢复元年约法,国会开会,正式内阁成立后,北京海军部之命令概不承受。"

△ 陈宧离川赴京,所部退出成都。27 日,周骏率部进据,自任都督。

△ 唐绍仪、梁启超、伍廷芳等联电驳斥段祺瑞 22 日电民三约法不可废除之主张,称:民三约法"绝对不能认为法律,而此次宣言规复绝对不能认为变更";并称国务院为"元年约法之机关,三年约法所未尝有也。三年约法若为法,元年约法定非法,公所长之院何由成立?"

△ 梁启超致电刘显世等,以军院行将解散,嘱严拒李鼎新加入抚军。

6 月 26 日 孙中山以龙济光"在粤三年,无恶不作",电请黎元洪明令罢斥。

6 月 27 日 梁启超致电陆荣廷、陈炳焜速撤军务院,称"其时机当在约法既复、国务总理既任命之时,请联各抚军一致主张"。

△ 蔡锷致电独立各省,赞同推举梁启超、唐绍仪为护国军全权代表,尽速解决"善后一切","临时内阁与军务院对立,本非所宜"。

△ 中华革命军东北军总司令居正致电张怀芝,诘责所部劫掠昌乐,请"严行查办"。

6 月 28 日 旅沪国会议员代表张继、王正廷、谷钟秀等六人北上与黎元洪等就商善后。

△ 梁启超通电独立各省,称"军务院宜亟图撤废"。

△ 黎元洪任命徐恩元兼署中国银行总裁,原任萨福楙免职。

6月29日　黎元洪申令遵行《临时约法》；续行召集国会，速定宪法；裁撤参政院及平政院所属之肃政厅；撤销有关立法院、国民会议各项法令；民国三年5月1日以后所有各项条约继续有效，其余法令除有明令废止外，一切仍旧。

△　黎元洪特任段祺瑞为国务总理。

6月30日　黎元洪令准各部总长辞职，特任国务总理段祺瑞兼任陆军总长，唐绍仪为外交总长，许世英为内务总长，陈锦涛为财政总长，程璧光为海军总长，张耀曾为司法总长，孙洪伊为教育总长，张国淦为农商总长，汪大燮为交通总长。唐绍仪未到任以前由陈锦涛兼署理，张耀曾未到任以前由张国淦兼署。

△　黎元洪令准驻日公使陆宗舆辞职，以章宗祥继任。

△　岑春煊宣布接受海军司令李鼎新为军务院抚军。

△　厚生纱厂在沪建成，穆藕初、薛宝润创办，资本120万两，纱锭1.6万枚。

是月　黄兴向日本三井洋行订借日金10万元，作为讨袁军费。

△　广东商办粤汉铁路广州至韶关段通车，长224公里。该段铁路自1906年动工，工程时兴时停，至是始完工。

△　李樵石、铃木敬亲等在天津创立中和人寿保险股份有限公司，资本银100万元。

7　月

7月1日　梁启超致电唐继尧、岑春煊等称："我辈要求已达，军院宜立即宣言撤废"。2日，浙省都督吕公望通电响应，主张"请即由唐抚军长用军务院全体抚军署名，宣告撤销军务院"。

△　内务部通告，兹依《临时约法》续行召集国会，定于本年8月1日起继续开会。特通告各议员自7月10日起报到，并催促在籍及旅居各省区之议员，迅速来京。

△ 萨镇冰抵沪,奉北京政府命劝李鼎新取消独立。3日李谓萨曰:"恢复旧约法召集国会次第实行,本可消释,惟既加入护国军,当与军务院一致行动,似难单独取消。"

△ 黎元洪申令死刑非经司法部复准回报,不得执行。所有关于执行死刑之咨转呈请批准等程序,均应废除。

△ 黎元洪电聘梁启超为总统府秘书长。6日,梁电辞不受。

△ 库伦举行册封典礼,都护使驻库伦办事大员陈箓代表大总统将印册授与博克多哲布尊丹巴呼图克图,并读册文。哲布尊丹巴率官员领受。

△ 巴布扎布匪部3000余人,在日本陆军参谋本部与黑龙会策动下发动叛乱,是日由日本骑兵大尉青柳胜敏指挥,自黑龙江省呼伦贝尔地区喀尔喀河(即哈拉哈河)畔出发,向洮南窜扰。24日陷奉天突泉,26日为洮南镇守使吴俊陞所部击败,向郭家店(今属吉林梨树县)逃窜。

7月2日 唐继尧致电独立各省,主张召开军事会议,解决军队编配及饷项问题。

△ 钮永建致电黎元洪、段祺瑞,称:"上海北军林立,为人浮动之原,商务进行大为障碍",请"迅饬撤回杨、卢两师,以靖地方,而顺民意"。

7月3日 日驻俄大使本野一郎与俄外交大臣沙查诺夫在圣彼得堡签订第三次"协定"和第四次"密约"。两国相互承认"双方重要利益须中国不落在任何第三国之政治势力之下",如遇第三国危及两国任何一方在中国之"重要利益"时,双方得协力阻止,以至共同采取军事行动。

△ 李烈钧所部滇军攻占广东源潭,桂军攻占三水,龙济光所部振武军退守广州。21日,桂军进占佛山,两军在广州附近激战。

△ 章太炎致电岑春煊,称:"近闻道路传言,有取消军务院计划,斯事若行,则民气挫折,而奸回得志,元首等于赘旒,国会受其蹂藉。"

7月4日　居正、吴大洲各派代表至济南与山东将军张怀芝会议停战条件。8月5日,居、吴至济南与张怀芝代表商定:中华革命军东北军与山东护国军改编。山东讨袁战事至此结束。

△　晚,湖南都督汤芗铭在护国军逼迫下逃离长沙,转至岳州。当经省议会决定由湖南第一军总司令曾继梧代理都督。6日,程潜率军进入长沙,7日改举地方绅士刘人熙代理都督。16日,黎元洪特任刘人熙代理湖南督军。

△　中华革命军东北军整编山东部队,总司令居正令将第一本队及第五、六支队合编为东北军第一师;次日又令第三支队改编为东北军第二师。11日任命吕子人为第二师师长。13日,任命朱霁青为第一师师长。

△　黎元洪申令特赦前四川都督尹昌衡。

7月6日　黎元洪令废止《颁爵条例》、《惩办国贼条例》、《附乱自首特赦令》和《纠弹法》。

△　黎元洪申令各省督理军务长官改称督军,民政长改称省长,所有职权组织暂仍其旧。

△　黎元洪任命各省督军、省长:奉天督军兼省长张作霖,吉林督军孟恩远、省长郭宗熙,黑龙江省长毕桂芳兼督军,山东督军张怀芝、署省长孙发绪,河南督军赵倜、省长田文烈,山西督军阎锡山、省长沈铭昌,江苏督军冯国璋、省长齐耀琳,安徽督军张勋、省长倪嗣冲,江西督军李纯、省长戚扬,福建督军李厚基、省长胡瑞霖,浙江督军兼省长吕公望,湖北督军王占元、省长范守佑,湖南督军兼省长陈宧,四川督军兼省长蔡锷,陕西督军兼省长陈树藩,广东督军陆荣廷、省长朱庆澜,广西督军陈炳焜、省长罗佩金,云南督军唐继尧、省长任可澄,贵州督军刘显世、省长戴戡,直隶省长兼督军朱家宝,新疆省长兼督军杨增新,甘肃省长兼督军张广建。

△　黎元洪特派龙济光督办两广矿务,并令在陆荣廷未到粤前,暂署广东督军。

△　黎元洪令授李烈钧勋二位陆军中将并加上将衔。

△　黄兴自日本门司启程回国，是日抵上海。

△　蔡锷电告梁启超，同意提前撤废军务院。

△　军务院派代表高尔登、方声涛进京谒黎元洪，陈述军院拥护政府，希望：一、肃清帝制余孽；二、内阁良莠不齐，应摒去不肖分子。

△　内务部通咨各省区解禁上海《时事新报》、《民国日报》、《中华新报》、《民信日报》、《民意报》、《共和新报》，一律允许自由行销。

7 月 7 日　唐继尧复电梁启超，重申军务院俟国务院正式成立始得撤销。

△　黎元洪特任周树模为平政院院长，原任钱能训准予免职。

7 月 8 日　黎元洪令废止《文官官秩令》。

△　陆荣廷致电独立各省，同意速撤军务院。

△　黎元洪令兼署湖南省长陈宧未到任前特任陆荣廷兼署。

△　内务部通知各省、区，旧金山《中华民国公报》、《民国杂志》、《少年晨报》，仰光《觉民日报》，日本《民国月报》，香港《观象日报》、《泰东日报》应准予邮寄。上海《五七报》、《公论报》、《甲寅》杂志、《正谊》杂志、《爱国报》、《爱国晚报》、《救亡报》、《中国白话报》、《中华革新报》，广东《兢业日报》，四川《醒群报》，贵州《铎报》，云南《国是报》、《共和滇报》等报刊解禁。

7 月 10 日　梁启超致电独立各省，反对俟国务院成立始撤军务院，称："现危机四伏，似不宜久留此空名，以资口实。"

△　黄兴出席留沪国会议员欢迎大会，并致谢词，强调伸张民权。指出："凡一国民权被制于恶劣官僚者，其国必危弱；民权伸张，官邪扫荡，其国必强盛。"并谓："望诸君本前次奋斗之精神，引国家于轨道……兄弟不敏，愿竭诚尽愚，以随诸公之后。"

7 月上旬　黄兴在沪对《民意报》记者徐朗西谈称："北京当局是否与吾民相见以诚，尚属疑问"；"武力准备，实为不可缺少者。"

7 月 11 日　黎元洪令裁撤全国经界局，未竟事宜归并内务部办理。

△　陆荣廷、陈炳焜联电唐继尧等,请"领衔联名通电京省,将军务院刻日撤销,使国权统一,恢复和平"。

△　袭击"策电"兵舰在沪被捕之党人 20 余人,是日获准"取保开释"。

△　黎元洪任命李进才为陆军第十三师师长。

7 月 12 日　黎元洪申令释放政治犯,"所有本年 7 月 12 日以前,因政治犯罪被拘禁者,应即一律释放,其通缉各案亦一律撤销,但触犯刑事罪名者不在此限"。

△　黎元洪特任孙洪伊为内务总长,范源濂为教育总长,许世英为交通总长。孙洪伊未到任前以许世英兼署。

△　唐继尧电岑春煊、陆荣廷,反对速撤军务院。

△　惠民公司所招首批华工 1698 人,由天津大沽口乘船出发开赴法国。从是月起至次年 12 月止,赴法华工 25 批,共 31656 人。至第一次世界大战结束,赴欧华工总计约 20 余万人。

7 月 13 日　黄兴在沪汇中饭店设宴欢送驻沪议员北上复会,孙中山、章太炎、唐绍仪等应邀作陪。孙中山即席演说,重申"共和政体","主权在民",勉励北上议员"无所畏避"。黄兴致词,望议员"仍尊重责任之观念,勿轻背神圣之职守"。

△　梁启超复陈炳焜、陆荣廷电,称:"军院闻滇忽主缓撤,不解何故。中央举措虽多不满人意处,然各方面利用军院名义,行种种罪恶者,实大有人在。望两公更以己意警告冀公(唐继尧)勿代人受过。"

△　黎元洪令准免汪大燮交通总长;特任李厚基暂行兼署福建省长。

△　驻沪法总领事释放《爱国报》总理徐建侯。

7 月 14 日　唐继尧、岑春煊、梁启超、刘显世、陆荣廷、陈炳焜、吕公望、蔡锷、李烈钧、戴戡、李鼎新、罗佩金、刘存厚联名通电全国,谓"今约法国会次第恢复,大总统依法继任,与独立各省最初之宣言适相符合",宣布撤销军务院,"其抚军及政务委员长、外交专使、军事代表,均一并解除,国家一切政务,静听元首、政府、国会主持"。次日,唐继尧等将此事通知北京公使团。

△　黎元洪令惩办杨度、孙毓筠、顾鳌、梁士诒、夏寿田、朱启钤、周自齐、薛大可等洪宪帝制祸首。

△　李鼎新通电取消海军独立。

△　湘省各界人士程潜、曾继梧、陈复初等联名致电黎元洪、段祺瑞,力请黄兴督湘。黄辞不就。

7 月 15 日　驻沪粤籍议员假尚贤堂茶会欢迎孙中山,孙中山发表关于实现民权之演说。指出:"吾人今既易专制而成代议政体……故今后国民,当奋振全神于世界,发现一光芒万丈之奇采,俾更进而底于直接民权之域。……如是数年,必有一庄严灿烂之中华民国发现于东大陆,驾诸世界共和国之上矣。"

△　黎元洪任命管金聚为陆军第十五混成旅旅长,原任贾德耀准予免职。

△　中华民国政治顾问莫理循向黎元洪呈递关于中国加入协约国的备忘录。

7 月 16 日　黎元洪特任刘人熙暂行代理湖南督军。

△　黎元洪令准免帮办四川防务张敬尧职。

△　黎元洪申令废止《报纸条例》。

△　陆荣廷、陈炳焜通电全国称:"嗣后桂省军政民政,均一体服从中央命令,协心翊赞,共矢忠诚。"

7 月 17 日　孙中山在上海邀请参、众两院在沪议员及各界名流于张园开茶话会,孙在会上演说《地方自治制》,主张学习美国,建立地方自治,谓"地方自治者,国之础石也,础不坚则国不固,观五年来之现象可以知之,今后当全力于地方自治",应视为今后"建设方针"。

7 月 18 日　黎元洪电促在上海两院议员速赴北京。

△　黎元洪申令废止《官吏犯罪特别管辖令》、《官吏犯赃治罪法执行令》、《徒刑改遣条例及施行细则》、《清查地亩诉讼变通办法》、《简任

法官预保办法》、《道署暂设上诉机关易咨条例》。

△　李鼎新致电黎元洪，称海军加入军务院业于 14 日通电撤销，自应卸责，请即派员接洽。20 日，黎复电称："所请派员接洽一节，已交部办理。"

7 月 19 日　蔡锷致电唐继尧等表示引退，称"锷处地位，纯系带兵官，战事既了，即可奉身而退"，并推罗佩金继任。

△　黎元洪令四川督军兼署省长蔡锷电呈因病暂难赴任，着给假一月，就近调养。

△　黎元洪特任罗佩金护理四川督军兼省长，陈炳焜兼署广西省长。

7 月 20 日　孙中山在上海金星保险公司等欢送参、众两院议员大会上演说"采用五权（即立法、司法、行政、监察、考试五权）宪法之必要"。谓："今以外国输入之三权（按：立法、司法、行政），与本国固有之二权（按：监察、考试），一同采用，乃可与世竞争，不致追随人后，庶几民国驾于外国之上也。"

△　周骏、王陵基部退出成都，刘存厚部入城维持秩序。

7 月 21 日　黎元洪申令嘉许撤销军务院，并称"大局虽宁，殷忧未艾"，"来日之难倍于往昔"，勉内外各官"同心协力，感致祥和，以成未竟之功"。

△　湖北督军王占元派汉口镇守使杜锡钧在汉口与中华革命党、革命军、护国军三大反袁组织代表议定给资解散办法。

7 月 22 日　黄兴在上海报界欢送国会议员北上茶话会上发表演说，呼吁"舍私见而谋国政"。

7 月 23 日　代理湖南督军刘人熙宣布湖南取消独立。

△　日本青木中将、有吉总领事在沪举行"中国国会议员欢送会"，张继、王正廷、谷钟秀诸议员及孙中山、黄兴等到会。有吉致欢送辞，要求"诸君赴京，切勿忘中日亲善一事"。

7 月 24 日　湖北省长范守佑病故，黎元洪特任王占元兼署。

7 月 25 日 中华革命党通告国内外各支分部征求改组意见,并称:"袁贼自毙,黎大总统依法就职,应令各省党军停止进行。今约法规复,国会定期召集。破坏既终,建设方始,革命名义已不复存,即一切党务亦应停止。"

△ 黎元洪特任刘人熙暂兼代湖南省长。

7 月 26 日 黎元洪申令开复留任绥远都统潘矩楹上将衔陆军中将原官,并销去褫职处分。

△ 詹大悲自沪西牢被释出狱。

7 月 27 日 黄兴答《民国日报》记者问,指出:"吾国今后教育为立国第一要者……其次则为实业。"

△ 安徽报灾,谓自 6 月 21 日阴雨兼旬,山洪暴发,沿淮河霍邱、颍上、寿县、凤台、盱眙、怀远、凤阳、五河等县河堤漫溢,田禾庐舍尽被淹没,为四五十年未有之大水。是日黎元洪令财政部拨款救灾。

7 月 28 日 黎元洪以新任平政院长周树模未到任以前,令张一鹏代理平政院长,张于本日就任代理平政院长职。

7 月 29 日 蔡锷自泸州抵达成都接任四川督军兼省长职,旋因病委罗佩金暂行代理。8 月 9 日离成都去上海,月末赴日本就医。

△ 黎元洪特任李根源为陕西省长,未到任前仍由陈树藩兼署。

△ 黎元洪公布《公文程式》,凡六条,计分公文为大总统令、国务院令、各部院令、任命状、委任令、训令、指令、布告、咨、咨呈、呈、公函、批 13 类。

7 月 30 日 驻法特命全权公使胡惟德致电黎元洪、参众两院及国务院,条陈治理五事:一、永保共和政体,于宪法中确定之。二、速颁民、刑、商法,实行司法独立。三、划分国税、地方税,实行地方自治。四、普通教育经费由国库开支,实行普及强迫之法,又体育应与德育、智育并重,以造成胆略强健之国民。五、力筹经济活动,应付世界潮流,提倡科学,开广富源。

△ 日本军舰"嵯峨号"驶抵广州珠江水面,声称:"广东现有战争,

特来保护本国侨民",遭到广州及全国各地人民反对,外交部亦向日使提出抗议。10 月 10 日,日舰撤离广州。

△　荣宗敬、丁梓仁于上海创办福新第四面粉厂,资本 12 万元。

7 月 31 日　张勋、倪嗣冲、张怀芝、赵倜、孟恩远、杨善德通电全国,责难李烈钧滇军在广东进攻龙济光振武军,要求北京政府由江西、福建派兵入粤止乱。

△　黎元洪特任毕桂芳为黑龙江督军,张国淦为黑龙江省长。

△　中华革命军东北军总司令居正自潍县赴北京商洽善后,总司令职务由许崇智代理,并以蒋介石为参谋长。

△　汉口、汉阳铁路巡警勾结帮会暴徒聚众纵火抢劫。当夜,在汉口华景街、汉阳东门外及鹦鹉洲等处同时纵火、抛掷炸弹,乘乱抢劫,焚去数百家,商民损失颇巨。

是月　农业储蓄银行于山东威海卫成立,资本 50 万元,于烟台、上海设分、支行。

△　中日合资鸭绿江制材无限公司在吉林省城设分公司,资本 100 万日元,其中日资占四分之三,经营管理权悉归日人。

△　邵振青(邵飘萍)于北京创办新闻编译社,为我国自办通信社之始。

8　月

8 月 1 日　国会复会举行第二次常会(国会于 1914 年 1 月 10 日被袁世凯解散至是日复会)。参、众两院议员到会者 368 人。黎元洪、段祺瑞及各部总长均出席开幕式。黎元洪于会上宣誓就任总统职。

△　黎元洪特任谷钟秀为农商总长。

△　四川陆军第一师师长周骏应召入京,所部交钟体道节制。

△　奉天财政厅与日本朝鲜银行签订 200 万日元借款合同,以该省烟酒契税为担保,名充救济奉省金融,实则用作军政费用。

△ 中国银行上海分行向汇丰、麦加利、华俄道胜、横滨正金、东方汇理、华比、有利、台湾等银行借款 200 万元,作兑换准备金。

△ 倪德修在哈尔滨开设东兴实业有限公司,生产肥皂、蜡烛、牙粉等。资本 80 万卢布。

8 月 2 日 广东龙济光在滇桂军进攻下,是日电请段祺瑞派兵解围。4 日段复电,谓李烈钧等"违令进攻","不顾大局","除以武力铲除外,别无良法,日前已电令赣闽星急出师,分道进攻,以救全粤"。

△ 各省军政长官纷电国务院指斥李烈钧违令扰粤。江苏督军冯国璋电请迅饬闽赣两省立解粤围;湖北督军王占元电请"申其罪状","共除公敌";陕西督军陈树藩电称李"藐视中央,破坏大局",请电龙李停止战争,听候处分。

△ 陆荣廷通电全国,谓广东振武军炮轰驻韶关李烈钧滇军,激起三省义军公愤,故起战争,非为"扩张势力"。

△ 黎元洪令司法总长张耀曾未到任前,该部部务暂由次长江庸代理。

△ 黎元洪任命陆军第五师师长张树元帮办山东军务。

8 月 3 日 黎元洪特任谭延闿为湖南省长兼督军,原任陈宧准予免职。

△ 京兆尹公署令大兴等 20 县于 9 月 15 日以前,设立注音字母传习所,培育注音字母师资。

8 月 4 日 黎元洪以都护使驻库伦办事大员陈箓因病呈请辞职,任命陈文运为都护使驻库伦办事大员。俄公使库达摄夫借口简派驻库伦办事大员须先征得俄国同意,反对陈出任,直至 1917 年 4 月始改任命乌里雅苏台参赞陈毅出任此职。

△ 孙中山再电居正收缩军事。

△ 山西督军阎锡山、省长沈铭昌致电国务院调停粤事,要求中央命令李烈钧停战,龙济光裁编所部,候陆荣廷赴粤交卸。

△ 交通部与德华银行签订 95 万元借款合同,作拨付德华银行短

期借款本息用,以京汉铁路余利担保。

8月5日　四川督军兼署省长蔡锷调整川省军事:北军各师长陆续复员离川;周道刚继周骏任川军第一师师长;护国川军复员,编为川军第二师,刘存厚仍兼师长;钟体道部恢复川军第三师名义;陈泽霈、卢师谛收编之护国军编为川军第四师;熊克武新收招讨各军编为川军第五师;驻川滇军赵又新、顾品珍两梯团改编为驻川滇军第一、第二两军。

8月6日　黎元洪令废止《觐见条例》及觐见礼;同日颁行谒见礼。

△　岑春煊电请大总统、国务院严饬龙济光约束部队,停止攻击李烈钧部,静候陆督军解决。

8月7日　俄公使库达摄夫照会外交部要求北京政府将外蒙古议员取消。外交部以外蒙为中国领土,"选出国会议员,此系当然之权利",严词拒绝。

△　重庆镇守使王陵基辞职,黎元洪令所辖军队由蔡锷派员接管,遗缺由熊克武继任。

8月8日　黎元洪任命谢远涵兼督办京都市政事宜。

△　农商部准周厚坤华文打字机专利五年。

8月9日　黎元洪任命贵州省长戴戡会办四川军务;贵州省长未到任前暂由刘显世兼署。

△　国务院委任陆军中将曲同丰赴山东办理军事善后。

△　财政部与美商花旗银行在京签订《垫款购买银条合同》,每月约购银条150万盎斯至200万盎斯,款由花旗银行垫付,作为天津、广州造币厂向美国熔炼公司购买银条之用,以国库证券为担保。

8月上旬　张勋致电黎元洪并各省督军、省长,提出国会开会之前,应将议员中"附和帝制"及参与二次革命反袁党人"概予罢免","以昭公允";并攻击国会议员在上海开会等活动为"违法行为",要求黎元洪速交有关机关对议员资格"详加厘剔","处分悉当"。

8月11日　黎元洪令桂、滇双方停战。令曰:"龙济光未交卸以前,责在守土,自应约束将士,保卫治安。李烈钧统率士卒,责有攸归,着即严勒所部,即日停兵。"

△ 黎元洪特派萨镇冰为粤闽巡阅使。

△ 黎元洪特任毕桂芳兼署黑龙江省长,原任张国淦准予辞职。

8 月 12 日 浙省督军吕公望电邀孙中山莅浙,并派参谋张群往迎。

△ 江苏水灾,北运河堤工出险,高邮、宝应、兴化、盐城、东台等县灾重。

8 月 13 日 奉天郑家屯(今吉林双辽)日人吉本因买鱼殴打中国儿童,驻军二十八师士兵出面劝阻,引起争执。事后日军结队至驻军某团团部寻衅,开枪攻击,双方互有伤亡。日军立即由公主岭、铁岭等地向郑家屯大量增兵,逼令当地驻军撤出城外 30 里,某团被迫撤出。辽源县知事赴日营协商被扣,次日始释。21 日,日关东都督照会奉天督军张作霖,要求将四平街至郑家屯沿线 30 里内中国军队全行撤退,经交涉无效,沿线奉军被迫撤出。

△ 黎元洪令各省严禁鸦片。

8 月 14 日 黎元洪令各省省议会于 10 月 1 日由各省行政长官依法召集。

8 月 15 日 北京教育会致函参众两院议员,要求将义务教育列入宪法,以巩固国本,发扬共和之精神。

△ 黎元洪令授罗佩金为陆军中将并加陆军上将衔。

△ 李鼎新宣布撤销上海临时海军总司令部,舰队静听中央调遣。

△《晨钟报》于北京创刊,李大钊为总编辑。该报为宪法研究会机关报。

△《旅欧杂志》于法国都尔创刊,蔡元培、李石曾等任主编。该杂志"以交换旅欧同人之知识,及传布西方文化于国内为宗旨",为宣传留法勤工俭学早期刊物之一。

△ 巴布扎布匪部在奉军追剿下,是日退据南满铁路线梨树县郭家店,洮南镇守使吴俊陞部将该地包围。奉天军事顾问日人菊池公开

出面干涉。经交涉以巴布扎布匪部遣散归旗为条件,奉军即不加追剿。8月16日,关东都督府参谋长西川虎次郎与黑龙会头目会商决定,指示巴布扎布退出南满地区。

△　日商在上海开设东亚制麻株式会社,有纺锭 3040 枚,麻袋织机 85 台,麻布织机 62 台。

8月16日　孙中山由上海抵杭州,次日出席督署欢迎会,发表讲演,指出"建设以修治道路为第一要着"。

8月17日　护国第二军总司令李烈钧通电解职离粤,将所部滇军交由参谋长成桄、师长张开儒、方声涛统辖。27 日李抵肇庆。9月5日,滇军自广州附近退驻源潭,防地由桂军接管。陆荣廷、龙济光就接交广州事进行交涉。

△　黎元洪任命周道刚为四川陆军第一师师长。

△　湖北沔阳县北乡农民要求缓征堤垸保护费,遭县署拒绝,并派警队强迫催征,乡民聚众 3000 余人,持农具抗拒,警队逃遁,堤工局被捣毁。

8月18日　程潜宣布取消湖南护国军总司令部,所部改编为湖南陆军第四师。11 月 15 日,该师又编入湖南第一师。

△　黎元洪令嘉慰海军中将李鼎新将海军归隶中央。

8月19日　黎元洪令各省军民两署划清陆军和巡防营管辖权限,陆军归督军管辖,警备巡防各营队归省长管辖。

△　日本驻华公使林权助向黎元洪呈递国书。

8月20日　孙中山由杭州抵绍兴。同日出席浙江省议会,发表演说《办理地方自治是人民之责任》,指出:人民欲巩固国家,须先将地方自治建设完备,欲建设真正的共和国家,政府有政府之责任,人民亦有人民之责任。同日在陆军同袍社演讲《采用五权分立制以救三权鼎立之弊》。

△　自是日至 9 月 11 日交通部向中日实业公司先后三次电话借款计 300 万日元,以北京、武昌、汉口、汉阳电话局全部财产及收入和营

业权作担保，用以偿付津浦、京汉两路借款本息及购买电话器材。

8 月 21 日　众议院追认段祺瑞为国务总理，23 日参议院亦通过此案。

△　黎元洪专函聘请孙中山为高等顾问，是日孙复函辞谢不就。

8 月 22 日　国会复会，原进步党议员分别组成以汤化龙、刘崇佑为首的"宪法讨论会"，以梁启超、林长民为首的"宪法研究会"，后两会合并为"宪法研究会"，即所谓"研究系"。

△　孙中山抵宁波，在各界欢迎会上发表演说，指出地方自治欲求有效，必须"振兴实业"、"讲求水利"和"整顿市政"。

△　新疆精河县兵民捕灭蝗蝻，黎元洪令准酌发食粮，由仓储项下开支造报。

8 月 23 日　松沪护军使杨善德、副使卢永祥公布《资遣党人简章》，遭党人群起反对。次日，韩恢等致函松沪护军使署，指斥该《简章》"立意既属荒谬，措辞尤觉离奇"，要求"速函报馆更正，以释群疑"。

△　汉冶萍煤铁公司与日商安川敬一郎签订《合办九州制钢厂合同》，并附《合办九州制钢厂生铁供应合同》。规定钢厂在日本九州创设，资本 1000 万日元，中日各半；汉冶萍公司保证供给钢厂生铁"以每年六万吨为最少限度"，铁价以伦敦市价八五折计算，半年一定。

8 月 24 日　上海漆业工人 7000 余人为增加工资举行同盟罢工。至 11 月 14 日，店帮同意工人要求，罢工结束。

△　山东昌乐乡民抗税，与驻军冲突，乡民多人被杀。

8 月 25 日　黎元洪令粤闽巡阅使萨镇冰严重监视广东龙（济光）、李（烈钧）军队限期撤退，分别交卸。

8 月 26 日　黎元洪于是月内两次专函聘请黄兴为总统府高等顾问，黄兴均辞不受。是日，黄兴致函何成浚重申此意。

△　山东周村民军司令吴大洲用武力强迫解散步兵两团，发生激战，被解散之军队携械败逃。

△　教育总长范源濂电巴黎蔡元培，促归国任北京大学校长。

8月27日　李烈钧抵肇庆谒岑春煊商善后。同日电告北京政府,因病不克入京。

8月28日　中华工商研究会刊布宣言及章程,该会"以改良工艺、振兴商业为宗旨",会长杨晟,会所设上海,分会设国内外各处。

8月29日　陕西旅沪公民徐朗西等致电参众两院陕西议员,反对张敬尧军队开赴西安,称:"张军祸蜀著名,何得再以祸陕?""去陈(树藩)用张,亦等逐虎进狼。"

8月30日　内务总长孙洪伊因与徐树铮积不相能,愤而呈请辞职,是日黎元洪指令慰留。

△　黎元洪任命陆裕光为广西陆军第一师师长。

△　日本黑龙会骨干分子川岛浪速等前往奉天郭家店犒赏巴布扎布,并部署撤退事宜。日本关东都督中村觉以监视执行停战协定为名,公开由铁岭派日军一支队开赴郭家店。

8月31日　孙中山致函中华革命军东北军陈中孚、朱霁青等人,指示鲁军应当遵照通告,和平解决,尤应服从居正主张,急办收束,不得固执己见。

△　马君武等在北京成立丙辰俱乐部,会员以旧同盟会员为中坚,居正、田桐、叶夏声均加入。

△　黎元洪特派谷钟秀充全国水利局总裁。

△　农商部令本部各员不准兼充各商业公司职员。

△　川边康定驻防川军两营哗变,肆意抢劫。川边镇守使殷承瓛将变兵缴械,组织军法会审,于11月19日判处营长傅青云等41人死刑,另39人罚充苦役。

8月下旬　河南贾鲁河修复工程竣工。

是月　俄国哈尔哈拉、哈拉湖地方哈萨克等族牧民为反抗沙俄政府征兵举行暴动。沙俄政府派兵镇压,各族牧民纷纷越界进入新疆境内。至1916年底,前后逃至伊犁、塔城、阿克苏、喀什等地俄民不下30万人。新疆督军杨增新一面与驻新俄领交涉,严阻俄兵越境追捕,商讨处置办法;一面命各地方当局妥善安置,免生意外。1917 年 1 月开始陆续分批遣返,至 8 月大部返回俄境。

　△　荣宗敬、荣德生在上海创办申新纺织无限公司,规定资本 30 万元,实收 20.7 万元,纺锭 1.224 万枚。是月正式开工。1917 年改称申新一厂,创设布厂,有布机 350 台。

　△　姚东彦、王锡彤、赵从藩、张琐、孙多森等在天津创办华新纺织公司,先后在天津、通县、正定、青岛、郑县等地设厂。

9　月

9 月 1 日　众议院通过北京政府咨送全体国务员任命案。国务总理段祺瑞出席说明追认唐绍仪为外交总长、陈锦涛为财政总长、程璧光为海军总长、张耀曾为司法总长、孙洪伊为内务总长、范源濂为教育总长、许世英为交通总长、谷钟秀为农商总长之理由,咨请同意。4 日,参议院亦通过此案。

　△　山东军事结束。山东督军、省长派遣代表与中华革命军东北军总司令居正、民军司令吴大洲等人在济南会商善后,达成结束山东军事协议,民军改编,即由会办军务曲同丰协同督军、省长等赴潍县、周村点验。

　△　《青年杂志》自第二卷第一号改名《新青年》,是日发行,发表李大钊《青春》一文,号召青年“冲决过去历史之罗网,破坏陈腐学说之囹圄”,大胆向封建主义进攻,“新造民族之生命,挽回民族之青春”,为创造一个不断更新的青春的新国家而斗争。

9 月 2 日　驻京日公使林权助向北京政府外交部提出郑家屯事件八项要求,其要旨为:惩罚第二十八师师长,承认日本在南满及东部内蒙古必要地点派驻警察,聘请日本军事顾问、教官,奉天督军亲往关东都署及奉天总领事署“谢罪”,对于被害者予以相当之“慰藉金”。

　△　安徽督军张勋通电指责司法总长张耀曾“贩土营私,丧权辱

国"，要求将张驱出内阁。13 日，张勋、倪嗣冲、张作霖、赵倜等 15 人由张勋领衔联名通电攻击张耀曾。要求即予罢斥，交法庭公审。

　　△　巴布扎布率残部在日军掩护下自奉天郭家店撤出，沿途烧杀抢掠。次日行至吉林怀德县朝阳坡，为当地驻军包围。日军出面干涉，并借口驻军枪弹射穿日本国旗，开枪挑衅。4 日，驻辽阳日军 500 余人开赴朝阳坡，当地驻军被迫撤离该地。

　　△　日俄第四次密约签订后，两国即就转让长春至吉林省境松花江南岸段中东铁路事相互进行试探。俄国欲以出卖此段铁路，换取日本经济和军事上的援助；日本企图乘机扩张和巩固其所谓"满蒙特殊利益"。是日，日外务大臣石井菊次郎电示驻俄大使本野一郎，正式向俄国政府提出中东路及松花江航行权问题。12 月 7 日，俄驻日大使库朋斯齐照会日本政府表示同意就上述两问题进行谈判并提出具体条件。谈判延续至 1917 年 11 月 22 日始达成协议并秘密换文。

　　9 月 3 日　黎元洪派全国水利局副总裁潘复前往江苏一带会勘运河，统筹疏浚事宜。

　　△　祝大椿发起组织中国电业公司联合会，是日在上海开成立会，祝任会长。

　　9 月 4 日　云南督军唐继尧、省长任可澄通电同意苏督冯国璋有（25 日）电论列民选官吏八弊，略谓："继尧、可澄迭更事变，稍习国情，于冯督军通电所言绝对同意，以事关安危大计，不惮费词，所望政府国会权衡至当，勿动浮言。"

　　△　俄国干涉外蒙古内政，驻库伦俄领借口蒙古官吏多系喇嘛出身，有害俄蒙国民亲睦，要求罢免现居要职之喇嘛官员。外蒙政府严词拒绝。

　　9 月 5 日　参、众两院开宪法会议，宪法起草委员会将 1913 年宪法草案（即"天坛宪草"，凡 11 章 113 条）提交大会，由起草委员说明宪法条文。8 日、13 日继续开会，议决将宪法草案提交审议会审议。

　　△　广西督军陈炳焜因不满当局袒护龙济光，是日电请辞职，请以

陆荣廷调任广西督军。

  △ 黎元洪特任唐继尧暂兼代云南省长,并令云南省长任可澄赴京。

  △ 海军部训令第一、二舰队及练习舰队司令,将该管区域划分地段,派舰轮流梭巡,以卫行旅。

  △ 农商部调查旅居海外之华侨人数,计 8677000 人。

9 月 6 日 四川省议会议长朱大钟致电黎元洪,否认主张军民合治,声称此项提议系"奸人窃用省议会及各法团名义致电中央"。

  △ 黎元洪令陕西财政厅拨款二万元赈济该省蝗雹水灾。夏间,该省渭河南北蝗灾,农田损失甚巨。随后蒲城、渭南、富平、华县、大荔、三原、韩城、郃阳(今合阳)、岐山、栒邑(今旬邑)、永寿、镇安、保安(今志丹)、镇巴 14 县被雹被水,毙伤人畜,居民失所。

9 月 7 日 北京政府举行祀孔,由教育总长范源濂恭代行礼,废跪拜仪式。

9 月 8 日 孙中山致函段祺瑞、孙洪伊,称派胡汉民、廖仲恺代表北上商洽国事。

  △ 黎元洪任命王文华为暂编贵州陆军第一师师长;熊其勋为暂编贵州陆军混成旅旅长。

9 月 9 日 原国民党议员张继、居正、田桐、谷钟秀、孙洪伊等为对抗"宪法研究会",在北京组织成立"宪法商榷会",原国民党议员多参与该会活动。

  △ 黎元洪任命周树模兼任文官高等惩戒委员会委员长。

  △ 日公使林权助至外交部,就"郑家屯事件"再次提出谢罪、抚恤、处罚责任者、合办警察、东蒙南满军队聘用日本顾问等要求。外交部按条拒驳。

  △ 琼崖公民陈玉台、王清锦等联名电黎元洪等拒龙济光赴琼,称"中央许其率军五千,移驻琼岛,民等闻之,不胜惶恐","龙氏所部凶恶成性,所过为墟,区区岛地,何堪蹂躏"。

△　财政部、农商部与日本兴亚公司在京签订 500 万日元借款合同,以中日合办湖南水口山铅矿和安徽太平山铁矿为条件。嗣因国会及湖南、安徽两省民众反对及英、法、俄、德四国抗议,遂于本月 25 日改订契约,借款额不变,改以制钱精炼之利益偿还。此项借款主要移充军政经费。

9 月 10 日　广东前督军龙济光将督军印信交省长朱庆澜转交陆荣廷,并收束军队,广东纷争解决。

△　黎元洪任命陶祥贵署陆军第三混成旅旅长。

△　孙中山通告中华革命党党员自由储金救国。

9 月 11 日　孔教会总干事陈焕章等上书参、众两院,请在宪法上"明定孔教为国教"。

△　黎元洪任命童保暄为暂编浙江第一师师长,张载阳为第二师师长,俞炜为混成旅旅长。

△　松沪护军使署公布《办理在沪党人善后事宜简章》,并成立办理在沪党人善后事务所,由党人吴忠信、柏文蔚等八人任审查会审查员。

9 月 12 日　驻汉口德领事借口"保商"要求汉口华景街警察权,遭当地商民激烈反对。德领事被迫于 10 月 28 日自动撤回此项要求。

△　湖南省长谭延闿电大总统、国务总理、各部总长,声明水口山铅矿万无与日人合办理由。16 日再电反对与日人正式签约。

△　著名客属华侨实业家张振勋在荷属东印度巴达维亚(今印尼雅加达)公寓病逝。

9 月 13 日　黎元洪令:四川督军兼省长蔡锷再给假三个月,安心调养。所请开缺,应毋庸议。

△　黎元洪特任罗佩金暂署四川督军,戴戡暂署四川省长仍兼会办军务。

9 月 14 日　交通总长许世英以铁路经营不善,亏损甚巨,是日训令各铁路局所刷厉精神,切实整顿,力求减少支出,增加收入。

9 月 15 日   宪法审议会开会,20 日开二次会议,议决:将宪法草案所有重大问题先行讨论。

△   黎元洪任命范一惠为正蓝旗蒙古都统。

△   《旅欧杂志》第三期发表蔡元培《对送旧迎新二图之感想》一文,指出:"袁氏之罪恶,非特个人之罪恶也,彼实代表吾国三种之旧社会:曰官僚,曰学究,曰方士。"

9 月 16 日   黎元洪任曹锟为直隶督军。

△   教育部向比国义品公司借款 20 万元,用作北京大学校舍建筑费用。

9 月 17 日   江苏县议员联合会电请北京内务部,请速颁明令,恢复县会及各级自治;又推代表赴宁面见省长齐耀琳,陈请回复县会及各级自治。

9 月 18 日   黎元洪指令教育部分别废止或修改袁世凯 1915 年颁行之各种教育法规。

△   巴布扎布率部在长岭县喇嘛苍与驻军冲突,25 日进攻瞻榆(今通榆)等地,被击溃。

9 月 19 日   黎元洪重申烟禁前令,如有蔑视禁令者,"惟有执法以绳其后"。

9 月 20 日   孙洪伊为整顿内务部,裁减部员 60 余人,被裁汰者祝书元等在徐树铮鼓动下,向平政院控孙违法。是日平政院裁定:"撤销内务部原令,准被解职人员仍回内务部供原职。"

△   《时报》发表康有为《致总统总理书》,要求"以孔教为大教,编入宪法,复祀孔子之拜跪"。

9 月 21 日   安徽督军张勋、省长倪嗣冲召开第二次徐州会议,山东、奉天、吉林、黑龙江、河南、直隶、浙江、江苏、湖北、江西、绥远、察哈尔、热河 13 省区督军和代表出席,组成所谓"十三省区联合会",以巩固北洋团体、反对南方国民党势力为号召,联名致电北京政府,反对唐绍仪等参加内阁。会议至 25 日结束。

　△　湖南各界激烈反对北京政府为向日本兴亚公司借款,以中日合办湖南水口山铅矿为抵押条件。要求废除契约,"以固国体"。是日,长沙成立"公民保矿会"。

9 月 22 日　宪法审议会开始正式审议宪法草案条文。会议继续审议至 1917 年 5 月。在审议过程中争议最大、冲突最烈者,为孔教应否定为国教及省制加入宪法两大问题。

　△　英法俄德四国银行团向财政部提出质问,谓中国与日商新订借款条约,有背善后借款条约第十七条。财部答称此项借款系实业借款,与该约不相违背。

　△　交通部令准柳江煤矿铁路(直隶省临榆县柳江村至汤河)通车营业。

　△　教育部规定高等小学以上学生一律穿着制服。

9 月 24 日　旅沪湘民 200 余人召开保矿大会,谭人凤痛陈"政府违法签约丧权辱国",议决电请北京政府取消借约,收回成命。

9 月 25 日　张勋等 34 人通电反对外交总长唐绍仪。天津亦发现以绅民名义诋毁唐之传单。

　△　黎元洪任命齐燮元署理陆军第六师师长。

　△　交通部通告称:粤汉铁路本月 15 日通车,广九、广三铁路一律开通。

9 月 27 日　四川新津驻防川军发生兵变,抢掠后结队逃逸。川边镇守使殷承瓛于泸定地方围捕变兵,11 月 25 日,32 人被处死。

　△　教育部通咨各省,呼吁维持教育经费,力求恢复教育原状,称:"今日政局重新,推求国本,非先注重教育,断不足以救危亡。"

　△　黎元洪令:特加吴光新、陈光远陆军上将衔。

9 月 28 日　黎元洪令财部拨款八万元赈济淮扬水灾。苏省入夏以来霪雨连绵,淮扬各属尽成泽国。8 月迭经骤雨,人口牲畜漂没无算,上游以淮阴、淮安、涟水、泗阳、宝应等县,下游以高邮、兴化、东台、盐城、江都、江浦、六合等县为最。

△　财政部令禁所属收受回扣，称："在官人员本食国给薪俸，即应为公服劳，何可滥为染指。"嗣后应得回扣，须涓滴归公，不准私相授受，其他凡与外商交接款目事项，概从此例，违者重惩不贷。

9 月 29 日　黎元洪训令禁止军人越权干政，谓"国势颠危，有如累卵"，惟少数人"每囿一偏之见，或阻众集议，凌轶范围，或隐庇逋亡，托名自固，甚至排斥官吏，树植党援，假爱国为名，实召亡之渐"。次日，段祺瑞亦通电各省督军、护军使、各师长，谓"于国家用人行政，自不应越权参预"。

△　宪法审议会审议《宪法草案》第四章"国会"，以多数票通过两院制主张。

△　黎元洪令准唐绍仪辞外交总长职。

△　黎元洪申令禁树植党援，越权干政。

9 月 30 日　孙中山在上海张园欢宴慰问华侨讨袁敢死先锋队全体队员，演说指出"心坚则不畏大敌"。

△　北京政府将广西省南宁、镇南两道所属忠州等 10 土司改置镇结、龙茗、思乐、绥渌四县。

是月　云南议员李燮阳在众议院提出查办张勋案，指斥张"力主复辟之邪说，身作复辟之保障。叛国逆贼，延为上宾，帝制余孽，悉成佳士，今日之徐州，竟成帝制之巢窟。阴谋会议，志存乱国"。

△　黄兴接见《民国日报》记者，告以今后将致力于实业和兴办教育。

△　韩恢在沪发表宣言，恢复中华民国工党。后改名"中华工党"，韩任总理。

△　奉天营口各染房工人 2000 余人要求增加工资，举行罢工。

△　郭子彬、郑培之等在上海创办鸿裕纺织公司，是月开工，纱锭 43900 枚，布机 240 台。1918 年为永安公司收买，改称永安第三厂。

△　中日合资 50 万元，于吉林延吉创办天宝山公司（采掘银、铜矿）。

　△　杨宗锡等集资五万卢布,在双城县开设兴华火柴公司。

10　月

10 月 1 日　湖北、安徽、江西、贵州、河南、吉林等省议会复会。

　△　陈独秀于《新青年》第二卷第二号发表《驳康有为致总统总理书》,指出:定孔教为国教,不但违反思想自由之原则,而且违反宗教信仰自由之原则。

10 月 3 日　众议院否决黎元洪所提拟任陆徵祥为外交总长案。

10 月 4 日　张勋、倪嗣冲、姜桂题、王占元、李纯、曹锐、朱家宝、张作霖、孟恩远、毕桂芳、许兰洲、赵倜、田文烈、张怀芝、张树元、张广建、田中玉、潘矩楹、杨善德等 13 省区督军省长致电黎元洪,请提议于国会,"照旧定孔教为国教,保存郡县学官及其学田祭田,设奉祭生,行跪拜礼,编入宪法,永不得再议"。

　△　前两广护国军都司令岑春煊已将军政事务移交完毕,是日离肇庆返桂西林原籍。

10 月 5 日　黎元洪令浙江台州镇守使移驻宁波,改称宁台镇守使。

　△　俄国政府拨款补助俄皇家地理学会组织蒙古探险队,是日该队由彼得堡出发。

10 月 6 日　外交总长陈锦涛与日公使林权助就"郑家屯事件"正式开始谈判。

　△　龙济光率所部振武全军退出广州,开往琼崖驻扎。

　△　日商上海纺织株式会社二厂 2000 工人罢工。

10 月 7 日　黎元洪通令改良赋税,严杜中饱,并减免地方苛细杂捐。

　△　黎元洪公布修正勋章令及颁给勋章条例。

　△　黎元洪特任孙发绪为山西省长,张怀芝兼署山东省长,原任山

西省长沈铭昌辞职照准。

△ 黎元洪任命蒋雁行为绥远都统,原任潘矩楹调京另候任用。

△ 巴布扎布残部在热河林西县附近袭击当地驻军。次日攻林西县城,巴布扎布被击毙,余部退回呼伦贝尔地区,1917 年为黑龙江督军收编。

10 月 8 日 黎元洪特任刘承恩署理广西省长。

△ 黎元洪令特加张作霖、谭延闿、吕公望、陈炳焜、马福祥陆军上将衔;授陈树藩、柏文蔚为陆军中将,并特加陆军上将衔。

△ 上海地方自治研究会成立,以李右之为会长。

△ 法国在沪招募华工 600 名,是日乘法公司巴尔勒加邮船离沪。

10 月 9 日 黎元洪特授孙中山大勋位。同日授蔡锷、唐继尧、陆荣廷、梁启超、黄兴、岑春煊勋一位;授段祺瑞、王士珍、冯国璋一等大绶宝光嘉禾章。

△ 黎元洪令抚恤民国五年以来死难将士。

△ 司法部通令整饬司法风气,告诫司法官员"崇尚风节,屏绝纷华,一志澄心,为民造福"。

△ 教育部公布修正《国民学校令》,并呈准废止《预备学校令》。

10 月 10 日 北京南苑举行国庆阅兵礼。黎元洪亲诣大阅,段祺瑞陪阅,各部总长、陆军部、海军部高级军官、参众两院议长议员等,均应邀莅临参观。商民一律悬旗庆祝。

10 月 11 日 黎元洪令山西省长孙发绪未到任前,着政务厅长孙世伟暂行护理。

△ 黎元洪特授世续勋一位。

△ 日俄英法四国驻京公使以新订中美铁路合同所载路线有碍各国权利,是日向外交部提出抗议。

10 月 12 日 众议院决定各特别行政区域之监督权仍属原省议会。

△ 全国教育联合会在北京开第二次大会,到会各省代表 50 余人。25 日闭会,通过注意贫民教育、请设女子高等师范学校、速颁国歌

等提案。

10 月 13 日　黎元洪特派冯国璋兼督办浦口商埠事宜,原任刘恩源免职。

10 月 14 日　广东督军陆荣廷自佛山率桂军进入广州,龙济光率振武军退虎门陆续乘船开赴海南岛。广东滇桂军与粤军战事至此终止。

△　财政部通电各省,以 7 月 1 日至次年 6 月末日为会计年度。

10 月 15 日　黎元洪令广东惠潮嘉镇守使一缺改为潮梅镇守使,以莫擎宇充任。

△　中国棉业联合会在沪成立,选沈润挹为会长。

10 月 16 日　奉天财政厅与日本东京大仓组订立 150 万元借款展期契约,自是日起展期一年。

10 月 17 日　众议院否决黎元洪所提拟任汪大燮为外交总长案。

△　法代理公使玛太尔照会北京政府,要求将天津老西开划为"法租界",撤去中国警察,限 48 小时内答复,否则采取自由行动。北京政府请求暂缓实行,法使不允,并于 20 日晚 8 时由法驻天津领事带领兵警至老西开,拆毁中国警局,捕去警察九名,以武力强占老西开。

10 月 18 日　黎元洪任命赵恒惕为暂编湖南第一师师长,陈复初为暂编湖南第二师师长。

△　黎元洪派江朝宗督办安徽筹赈事宜。

△　日公使林权助至外交部,面交关于派警问题之说帖,声称:"日本政府拟设警察官驻在所于南满及东蒙内地,系根据领事裁判权,其趣旨不过为完全保护日本臣民,并使各该处之中日两国官民之关系圆满良好,两国经济关系得以渐次发达而已",请中国政府从速承认此要求。

10 月 19 日　国务总理段祺瑞呈请黎元洪罢免内务总长孙洪伊,遭黎拒绝。

10 月 20 日　宪法审议会讨论"省制加入宪法"案。原国民党议员焦易堂、吕复、宋渊源等认为"宪法草案仅规定中央政府,独于地方政府付之阙如"，甚为不妥，主张学习欧美各国，将地方制度订入宪法，给予各省地方政府以一定自治地位，省长民选。宪法研究会汤化龙等反对。经多次讨论无结果。11 月 29 日投票表决，赞成票反对票数均不足三分之二，宣布延会再议。

△ 德公使辛慈照会北京外交部，抗议法国在华招工，谓此举"违背中立"。11 月 8 日，外交部以华工系往法从事农业为由驳复。

10 月 21 日 天津市民数千人齐集商务总会开"维持国权国土会"，声讨法国武力强占老西开，表示誓死保卫"国权国土"，并议决派代表进京，请政府严重交涉。

△ 贵州省议会通电各省督军、省长、省议会，力陈省长民选之弊，称此制若行，"近之阻碍政务之进行，远之破坏国家统一"。

10 月 24 日 直隶议员王玉树就国务总理径自呈请罢免国务员是否合法问题，在众议院向段祺瑞提出质问。

△ 黎元洪令准免陈锦涛署外交总长兼职，以外交次长夏诒霆代理部务。

10 月 25 日 孙中山复函郭标，指出："今日巩固共和，端赖吾党，故凡百事业，须从整理党务入手。"并说明整顿党务办法，谓："现方编订党纲及重订规程，所有党纲未寄到以前，请以国民党名义招人入党，其手续则参酌中华革命党各章程办理，而不用中华革命党之名耳。"并告本拟应黎元洪邀请入京商榷要政，因忙于"规复党务，筹办实业"等事，未克成行。

△ 天津市民 8000 余人集会成立公民大会，一致通过六项决议：一、通电全国与法断绝贸易；二、不使用法国银行纸币；三、解散惠民公司，不准招募华工；四、中国货不售与法国；五、严厉处治为法人作侦探者；六、致电驻法公使要求法国政府撤换驻京公使与驻津领事。

△ 黎元洪令北京中国银行现已实行兑现，北京交通银行之兑换券从速开兑。

△ 黎元洪令开复前四川都督尹昌衡陆军中将暨陆军上将衔，并

给还勋位勋章。

10 月 26 日 外交部抗议日俄两国无视中国主权,违背中东铁路约章,私相授受长春至第二松花江以南之铁路段。

△ 天津法汉学校全体学生因老西开事件于是日起罢课,继有老西开高小、中学校罢课。

△ 农商部致函驻英法等国公使及总统府、各部院等机关,推介安徽祁门新茶,以期增加出口,挽回利权。

10 月 27 日 总统选举会通告定 10 月 30 日补选副总统。

△ 青岛日军要求在高密胶济路附近租借民地。

△ 江南造船所向英商汇丰银行借款 30 万银元,以盐税余款及国库证券作担保。

10 月 28 日 外交部次长代理部务夏诒霆赴津处理老西开事件,天津市民代表质问对法如何交涉,夏答以"尽力对待,如办不好不办"。群众大为不满,于次日召开市民大会,齐集天津交涉公署要求公开答复。夏与直隶特派交涉员王麟阁等态度蛮横,群情愤怒,捣毁交涉公署,夏、王越墙逃遁。

△ 松沪护军使署布告通知在沪党人"早日回归乡里"。

10 月 30 日 国会参、众两院选举江苏督军冯国璋为副总统。

△ 上海总商会以正副会长宋汉章、陈作霖辞不就职,是日特别选举朱葆三为正会长,沈联芳为副会长。

10 月 31 日 黄兴在上海福开森路寓所病故。11 月 1 日大殓,由孙中山领衔组成治丧委员会,其他主丧友人为唐绍仪、蔡元培、柏文蔚、李烈钧、谭人凤。

△ 俄国在黑龙江富拉尔基等地擅筑炮台多处。地方当局与俄人交涉无效。是日,黑龙江督军毕桂芳电请外交部并驻俄公使提出严重交涉。

△ 吉林省各界成立"各团体联合会",并派代表面见督军、省长,坚决反对日本借口郑家屯事件肆意提出新的侵略要求;同时分函全国

各省区一致力争。全国各地纷纷通电响应。

　　△　财政部和北京中国银行向汇丰、东方汇理、华俄道胜、横滨正金四银行签订 80 万银元借款合同,以盐税余款作担保。该项借款用作兑换准备金。

　　是月　众议院议员邹鲁联合十数人在众议院提出查办张勋案,列举张私组军人团体,对抗中央,破坏统一;破坏制度,紊乱宪法;干涉内阁阁员任免,图谋颠覆政府;肆意攻击国会,违反共和精神等四大罪状。

　　△　蔡元培、吴稚晖、张一麐、黎锦熙等在北京发起成立国语研究会,会章规定"以研究本国语言,选定标准以备教育界之采用"为宗旨,主张"言文一致","国语统一"。黎锦熙、彭清鹏等人著文提倡。

　　△　内务部通咨各省区劝禁妇女缠足。

　　△　内务部咨行各省严令查禁猥亵图画书籍,务期根株尽绝,用维风化。

11　月

　　11 月 1 日　孙中山通告中华革命党各支分部悼念黄兴逝世。指出黄兴"自创同盟会以来,与之同事奔走,艰难迄于今日"。"遽此凋谢,为国为友,悼伤百端"!

　　△　副总统冯国璋复电国务院,表示:"必当竭尽愚诚,遵守国宪,遥赞中枢密勿,永励共和精神。"

　　△　地质调查局呈准改为地质调查所,是日农商部令派丁文江为所长。

　　△　黎元洪特派顾维钧、狄谷为中美国际公会会员。

　　△　陈独秀在《新青年》第二卷第三号发表《宪法与孔教》文,驳斥《宪法草案》中关于"国民教育,以孔子之道为修身大本"之规定。

　　11 月 2 日　天津公民大会召开第二次大会,到会万余人,由国会代表报告北京政府对法交涉情况。群众认为"法使允为暂时恢复原状"，"仍属空洞"，再次电请北京政府照原案要求条件"严重交涉"。各省商会纷纷响应天津公民大会决议，抵制法货。

△ 黎元洪明令褒扬黄兴。令曰："勋一位、陆军上将黄兴，缔造共和，首创义旅"，"功在国家，薄海同瞩。""本大总统患难与共，夙资匡辅，骤闻溘逝，震悼尤深！着派王芝祥前往致祭，特给治丧费二万元。"

△ 内务部通咨各省，人民结社集会应呈报该管警察官署查核批准。

△ 陕西督军陈树藩指使王砺廉等纠合百余人，假借"公民"名义闯入省议会，迫议会致电北京政府反对李根源为陕西省长，遭拒绝。王等遂率众搜打议员，捣毁议会。7日，参、众两院议员咨请北京政府查办陈树藩。

△ 俄兵在开原与胡匪冲突，俄兵多人被杀，俄公使库达摄夫向外交部提出交涉。

11月3日 黎元洪特任冯国璋领江苏督军事。

11月4日 新疆省长兼署督军杨增新致电黎元洪，反对省长民选。

△ 周震鳞上书孙中山，报告国会党派之变化，请孙北上领导，略谓各党分裂变幻，"不外群龙无首，指挥之作用全无，乌合之众，不堪任战。长此不改，则议会之精神将无形丧失，政局前途益不堪设想矣"。

11月5日 湖南省长兼署督军谭延闿前电请由第一师长赵恒惕代行督军职务，政务厅长范治焕代行省长职务，是日国务院复电准如所请。

11月6日 孙中山致函黄德源、饶潜川等，指出政局变动非常，"我辈正须固结党员团体，益谋多吸集党员，扩张党势，以收他日有事时之效果"。并指示办法，谓"如有欲入党者，可照中华革命党旧章，用国民党名义收之，以便延揽人才。国内本部，亦当不久建立，届时再将修正之党章、各支分部规则寄上照行"。

△ 英公使朱尔典以英、日、俄三国公使名义，出面调停中法天津

老西开问题交涉,提出中法共管老西开。15 日,朱尔典离京回国,"调停"亦遂中止。

11 月 7 日　日本擅自在厦门设立警察处,福建特派交涉员向驻厦门日领事提出交涉,日方置之不理。12 月 18 日,外交部照会日使林权助提出抗议,日使以根据 1842 年《南京条约》日本有权在厦门设警为词拒绝。

△　孙多森等在天津发起创办中孚银行,资本 200 万元,并于北京、上海、汉口等地设分行。

11 月 8 日　前云南都督、四川督军兼署省长蔡锷在日本福冈医院病逝。

△　蔡元培自法回国抵沪。

11 月 10 日　黎元洪明令褒恤故前四川督军兼署省长蔡锷。令曰:蔡锷"年来奔走军旅,维护共和,厥功尤伟","遽闻溘逝,震悼殊深"。给银二万元治丧。

△　黄钺、李书城、许崇智、邓铿、朱执信、刘世均等前因参加讨袁,致遭褫夺官勋,是日,黎元洪令准开复黄钺、李书城等原官原衔。

△　江西督军李纯通电力陈省制入宪、官吏民选之弊。略谓:"近闻议会有主张省制加入宪法、官吏民选之说,宁、皖、鄂、豫、滇各督及黔省议会已先后通电,剀切痛陈,力揭其弊。公言谠论,足征大多数心理之同,以纯之愚,亦期期以为不可。"

△　司法部召开全国司法会议,会间通过改良监狱等四项决议。

△　奉票挤兑风潮愈演愈烈。张作霖为平息挤兑风潮,是日将勾结日人进行挤兑活动之兴业银行副经理刘鸣岐等五人处决。

△　日人在东三省郑家屯、昌图、盖平、掏鹿、八面城、农安等处擅设警察派出所。

11 月 11 日　黄兴致祭仪式在上海举行。主祭官王芝祥代表黎元洪致祭,孙中山等中外来宾分别致祭。

△　黎元洪令准免江苏省长齐耀琳淮南垦务督办兼职。

　△　财政部汉口造纸厂与中日实业公司签订 200 万日元借款合同,名为扩建工厂,实则拨付军政各费。

11 月 12 日　天津法租界工人一千六七百人为反对法侵占老西开,自是日起罢工,直至次年 2 月。在工人罢工影响下,法租界华警全体罢职,商人罢市,商店和居民纷纷迁出租界,为辛亥革命以来最大的一次有工人参加的群众反帝斗争。

　△　参、众两院坚持定孔教为"国教"之议员 100 余人,在北京发起成立国教维持会,并通电吁请各省督军省长给予支持。

　△　黎元洪任命谭浩明为暂编广东第一师师长,马济为暂编广东第一混成旅旅长,莫荣新为暂编广东第二混成旅旅长。

　△　黎元洪任命刘世珑、党仲昭分别为陕西第一、第二混成旅旅长。

11 月 13 日　黎元洪特任伍廷芳为外交总长。

11 月 15 日　内务、财政两部以漕运局于 6 月停办后,京畿一带粮价腾贵,呈请复设漕运局,转运米粮,供应京津地区,是日黎元洪指令照准。

　△　黎元洪令准丁宝铨、冯煦开去江淮筹赈督办、会办职。

　△　浙江督军兼署省长吕公望电陈省官制意见,主张仍以二年度颁布之制为宜。

　△　陕西督军陈树藩通电力陈省长民选之弊。

11 月 16 日　10 月间日本政府向驻日公使章宗祥透露:希段祺瑞"派一适当的人来日本","进一步磋商改善日中关系具体办法",并示意以曹汝霖"最为适宜"。段祺瑞遂决定借赠日皇大勋章为名,以曹为赠勋专使赴日活动。是日,段电告章宗祥就此事与"日本外交当局接洽"。

　△　财政部与美国芝加哥大陆商业储蓄银行签订 500 万美元实业借款合同,期限三年,以烟酒公卖税为抵押。

　△　中华国货维持会在沪召开常年大会,选王文典为会长,伍廷芳为名誉会董。

11 月 17 日　日本东京各界人士数千人在芝区青松寺举行黄兴追悼大会,犬养毅致悼词。赵伸(云南省议会议长)代表中国友人述谢词。

11 月 19 日　政学会于北京江西会馆开成立会,国民党议员 300多人到会,选出张耀曾、谷钟秀、李根源、杨永泰、李肇甫、郭椿森等 13人为干事。该会骨干分子多系原欧事研究会成员。

△　黎元洪令广东水灾善后有奖义会克日停办,称该义会"以二成五充振,五厘为经费,七成开彩,是直假慈善之名,行赌博之实,两年以来,流弊滋多","应与各项赌博一律禁止,以端风俗"。

△　上海拥护孔教会成立,以陈润甫为理事长。

△　天津法领事释放前在老西开拘捕之华警九名。

11 月 20 日　黎元洪下令免去孙洪伊内务总长职,以内务次长谢远涵代理部务。

△　黎元洪任命马玉仁为江苏陆军第一混成旅旅长。

△　《新申报》在上海出版,由席裕福创办。

11 月 21 日　是日及 23 日众、参两院举行秘密会议通过中美实业借款案。北京《公言报》将合同全文泄露。

△　黎元洪指令《发还党人抄产办法》准予施行。

11 月 22 日　英法俄日四国银行团为中美订立借款合同事向财政部提出抗议书,声称中美实业借款带有政治性质,侵害银行团之权利。12 月 1 日,英、法驻京公使复提抗议,称是项借款以烟酒税为抵押,损及英法利益。

△　黎元洪令准国务院秘书长徐树铮辞职,遗缺以张国淦继任。

△　教育、内务二部通咨各省长、都统续修各省县志。

△　北京《公言报》因揭载北京政府拟向美秘密借款消息,被控泄密,发行人黄希文、编辑王德如被捕。

11 月 23 日　黎元洪令准财政部将各省烟酒厘税归并公卖,统一征收。

△　是日起上海全国烟酒联合会迭开紧急会议,反对财政部以烟

酒公卖两税抵借"中美实业借款",迭电北京政府,要求"取消公卖税,以苏商困"。

△　黎元洪令准云南省他郎县更名墨江县,休纳县更名玉溪县。

11 月 24 日　北京政府拟以任可澄继任内务总长,是日众议院予以否决。

△　许崇智、蒋介石、吴忠信、杨庶堪等上书孙中山,请以 12 月 5 日,即"肇和"兵舰起义之日为烈士祭日。

△　农商部咨请山东、奉天、直隶、江苏、浙江、广东、福建、广西沿海各省酌设水产试验场,研究渔捞制造及养殖新法。

11 月 25 日　安徽省长倪嗣冲代表省议会致电黎元洪,挽留国务总理段祺瑞,称"前阅报载,段总理近萌退志",请电达"力任艰难",并请"勿任辞职"。

△　韩恢在沪发表中华工党总部恢复组织宣言。

△　上海江南造船所工人 1000 余人全体罢工,反对厂警搜身并污辱殴打工人。该所总办刘冠南被迫取消搜身制,将有关警员撤职。

11 月 26 日　国务院电驻日公使章宗祥,拟派曹汝霖为专使,呈递赠与日皇之勋章。章接电即访本野一郎外务相,说明派使诚意;翌日得复,称已奏明日皇,深愿欢受。

△　全国公民大会在北京江西会馆开成立大会,并通电全国坚决反对法帝国主义侵占天津老西开。

△　奉天召开公民大会,抗议日本挑起"郑家屯事件"。

11 月 28 日　黎元洪令追赠蔡锷为陆军上将。

△　意大利驻京公使阿略第向黎元洪递交国书。

11 月 29 日　黎元洪令加陈炯明陆军上将衔。

△　孙吉孚、陈保钦在上海创办物华丝厂,资本 16 万元。

△　日本住友银行上海分行开幕,支配人笠原正吉,总行设大阪,资本 750 万日元。

11 月 30 日　黎元洪特派王芝祥为四川检察使。

是月　内务部令禁《绣榻野史》、《浪史奇观》,称此项奇情小说及浪史"意旨文词,备极猥亵"。

△　内务部为整理祖典行政,分别调查各孔子庙、关岳庙、忠烈祠、官有坛庙、公有祠宇,令京兆尹转饬所属详细填报。

△　内务部令京兆尹及京师警察厅分饬所属调查寺庙。

△　内务部以基督教活动范围日广,信徒日多,令京兆尹及京师警察厅转饬所属调查基督教会。

△　哈尔滨、齐齐哈尔、长春等地成立"人群共进分会",号召抵制俄币。

△　教育部召开教育行政会议,通过推广国民学校办法咨询案等多项议案。

△　孙尧卿等在北京创立开源矿务股份有限公司,经营矿业,资本银 30 万元。

12　月

12 月 1 日　黎元洪令内务次长代理部务谢远涵,执行平政院关于"内务部违反法令擅退部员"一案应予取消之裁决。

△　陈独秀在《新青年》第二卷第四号发表《孔子之道与现代生活》一文,主张抛弃封建时代之旧道德旧礼教。

12 月 2 日　黎元洪令惩办河南省失职官员。省长田文烈经查明无溺职情事,免予置议。政务厅长陶珙检束不严,着即免职。卸任财政厅长顾归愚,办理捐税,多涉繁苛;警务处长王景福,各项报销,任意浮滥,待核明收支各款,有无侵蚀情弊,再行呈明办理。

△　直隶议员温世霖等以段内阁六项违法四项失职,在众议院提出弹劾段祺瑞案。

△　黎元洪令加刘存厚陆军上将衔。

12 月 3 日　中国留日学生陈启修、王兆荣、周昌寿等人发起成立丙辰学社。后于 1920 年 10 月在上海设总事务所;1923 年 6 月改名中华学艺社。该社以"研究真理,昌明学艺,交换知识,促进文化"为宗旨。

△　日商三人私赴内蒙采伐林木,遇匪被劫,一人毙命。是日驻郑家屯日领向当地政府提出交涉。

12 月 4 日　黎元洪派松沪护军使杨善德迎祭蔡锷灵榇。5 日,由"海容"军舰护送"新铭"轮船运载蔡锷灵枢抵上海,各界迎榇者数千人。

△　林森自北京上书孙中山,报告北京政局变化情形。称:"在京政客之趋向,悉视驻沪各要人为转移。""政局多变,亦缘未有雄大政党操提全局之故。是以在沪既决以大党为补苴,迅望奋励促成,以副众望。"

△　平政院所属之肃政厅,已于 6 月 29 日裁撤,黎元洪令裁缺原任肃政史王瑚、夏寿康等 16 人,交国务院存记。

12 月 5 日　国会通告本届常会会期延长至第三届常会召开之前一日。

△　中日改订吉长铁路草约,借款日币 650 万元,偿期 40 年。在借款期内,委托"满铁"代为指挥经理,俟清偿后交还。

12 月 6 日　哈尔滨英商所办滨江物产出口有限公司门卫与中国工人发生冲突,公司召俄兵干涉,开枪击毙中国工人四名,伤七名。是日,驻哈尔滨外交部特派交涉员就此事向英、俄两国领事提出交涉。

△　交通部训令邮政总局,洋员回国所遗之缺,毋再添用洋员。

12 月 7 日　黎元洪严令预防参议院议员改选营私舞弊。

△　交通总长许世英诚勉所属职员敬业守法,称:"交通行政,多为世病,道路传闻,充站长至纳费数千;包饭车,竟赠贿巨万。其他工程之敷设,材料之购买,交易之出入,无不用其回扣,物腐虫生,穴空风至,耻孰甚焉。""如有涉及前项情事,定即移送法庭或交付惩戒。"

12 月 8 日　宪法审议会继续讨论省制加入宪法问题,是日表决"省长由大总统自由任命,地方制度加入宪法"提案,赞成票差四张不足三分之二。益友社(原国民党议员组成)议员指责宪法研究会投票舞

弊,致起冲突,会场墨盒坐椅纷飞,双方被打伤多人。事后宪法研究会
与益友社先后通电全国,相互诋毁。

△　奉天人民为愤郑家屯事件组"铁血团"反抗日本侵略,奉天督
军公署逮捕其领袖等数十人下狱。

△　河南巩县兵工厂落成,次年1月开工生产。

12 月 9 日　段祺瑞派曹汝霖赴日内幕事泄,参、众两院议员激烈
反对派曹为赴日特使。段被迫改派熊希龄为特使。是日段电告驻日公
使章宗祥"转商日外部"。次日章经西原龟三向日本内阁总理大臣寺内
正毅透露此意。寺内等认为熊代曹来日"毫无意义"予以拒绝,"希望中
国重新考虑"人选。

△　财政部以日商兴亚公司三月届满,辅助大借款未成立,声明解
除中日借款条约担保责任。

△　沪抗、沪宁两铁路接轨通车。12 日售票营业。

12 月 10 日　孙中山分函中华革命党海外各支分部,通告讨袁战
役中华侨从军经过及遣散情形。

△　戴戡在渝宣布就任四川省长。未到省前,省公署文件由政务
厅长尹昌龄代拆代行。

12 月 11 日　宪法协议会、宪政讨论会、平社、苏园、宪政会、丙辰
俱乐部、衡社、韬园、静庐九政团协商宪法审议会冲突事件善后办法,决
议由各政团共同拟定地方制度草案,经研究会、益友社同意后,提交宪
法审议会表决。

△　财政部颁行《银行稽查章程》,凡四章 18 条。

12 月 12 日　日本改筑南满铁路为双轨,任意侵占民田,奉天地方
当局向日本提出交涉。

△　驻日公使章宗祥电国务院,称:"顷见本野外相,当将改派特使
事婉达。""窥其语气,似改派亦可接待,应请迅即明发命令,并转致熊
君,预定日期,以便转达。"

12 月 13 日　黎元洪令改派熊希龄前往日本呈递大勋章于日皇。

　△　孙中山电黎元洪及国务院,建议定云南起义日期为国庆日。

12 月 14 日　日本内阁总理大臣寺内正毅决定再次派西原龟三前来中国进行活动,"与中国要人及日本在华官宪商谈,以求打开局面"。18 日,西原由东京启程。

　△　中华革命军东北军在山东潍县、高密、昌乐等县部队,先后编遣就绪,是日居正通告取消东北军名义。

12 月 15 日　德华银行代表柯达士致函交通总长许世英,商议订立《德华银行津浦铁路北段垫款凭函》,垫款金额英金 900424 镑 6 先令 4 便士,到期由津浦铁路进款余额项下提付,不敷之数由交通部担任。21 日,交通总长许世英书面承认《凭函》所载各条件。

12 月 16 日　日外务相本野一郎面交驻日公使章宗祥节略,反对以熊希龄为赴日专使,称:"关于熊氏任命,中国国内已有将发重大异论之状,即日本对于熊氏怀恶感者亦殊不少。……日本国民一般对于熊氏来使,倘或不以热诚同情相待,以至中日亲善之至要使命不但不能举其实效,反招两国国民相互不快之感触,此实不能无危疑之点也。"

　△　安徽省议会反对繁昌县裕繁铁矿与日人合办。

12 月 17 日　宪法协议会等九政团联合函请宪法会议议长续开宪法审议会,先行审议地方制度以外各问题,计有"定孔教为国教","清室优待条件加入宪法问题"等四项问题。

12 月 18 日　黎元洪令公布《国葬法》,凡八条。

　△　国务院通令全国各机关,嗣后各官署兼职兼俸各员,一概不准兼领俸薪。

　△　黑龙江省公署以俄领抗议人群共进会言论"损害俄罗斯帝国",是日下令查禁。

12 月 19 日　黎元洪令军人不得置身党会。

　△　北京政府裁撤塔尔巴哈台参赞一缺,改设道尹于塔城县,加副都统衔,归新疆管辖。

　△　财政部与全国商会联合会组织之保利银公司订立《收炼制钱

合同》。财部向公司借款 500 万元,许予收炼制钱之权利。

12 月 21 日　黎元洪令公布《民国纪念日修正案》,国会开幕日及云南首义日列为民国纪念日。

12 月 22 日　黎元洪明令国葬故勋一位陆军上将黄兴、蔡锷。

△　是日冬至,祀天典礼奉准暂缓举行。

△　西原龟三第二次来华,是日抵北京,次日与曹汝霖、陆宗舆会晤。西原自称此次来华目的系就"日中两国密切合作的根本问题",进行充分交换意见。25 日,段祺瑞会见西原龟三。

12 月 23 日　黎元洪令财政部拨银折美金 2.5 万元,赈济在墨被难华侨,并令切实保护,毋任失所。

△　黄兴灵柩自沪发引,由"长安"轮运载赴汉转湘。次年 4 月 15 日安葬于长沙岳麓山。

12 月 25 日　全国各地庆祝云南护国纪念,黎元洪特颁祝辞。

12 月 26 日　浙江督军兼省长吕公望将警务厅长夏超免职,引起浙江军警界反对。是日新任厅长傅其永到职,被警务厅官吏殴成重伤。杭州警察相约罢岗,督军署参谋长周鸣岐、副参谋长董绍祺、浙军师长张载扬、旅长韩绍基、宁台镇守使顾乃斌等相继提出辞职。杭州四处张贴反对吕公望传单。吕被迫于 27 日电黎元洪,称病请辞。

△　众议院通过政府所提拟任张国淦为内务总长案。29 日,该案遭参议院否决。

△　四川督军罗佩金电揭川汉铁路股款积弊,并称:"总理时霖暨各职员均情虚潜逃,现正着手清理。"

△　黎元洪任命蔡元培为北京大学校长。

12 月 27 日　兼领江苏督军冯国璋等 21 省军民长官联名通电忠告总统"任贤勿贰,去邪勿疑",屏斥离间府院之政客;劝总理早定军政、财政、外交大计,收拾残局;并呼吁国会勿"越法侵权,陷国家于危亡之地"。

△　宪法会议审议会讨论国教问题,议员王敬芳等提议于宪法草

案中加入"国教"一章,法定孔教为国教,但仍许信教自由。何雯等部分议员反对。

△ 宪法研究会及益友社致函宪法协议会等九政团,表示大体赞同九政团所拟地方制度草案。

12月28日 西原龟三在京与交通银行总经理曹汝霖及陆宗舆议定第一次500万日元交通银行借款。

△ 上海黄兴、蔡锷追悼大会在斜桥湖南会馆举行,到千人。

12月29日 黎元洪派齐耀琳兼充淮南垦务局督办。

12月30日 黎元洪令财政部拨银二万元抚恤奉省巴匪扰害地方。

12月31日 道德学社在北京开成立会,标榜以"阐明圣学,敦崇道德,实行修身"为宗旨,社长王士珍。该社采用讲学、星期讲演会等方式,宣扬孔孟之道。1917年1月印行《道德学志》(旬刊)。1918年1月10日道德学社南京分社成立,江苏督军李纯任社长,并出版《道德浅言》月刊。

△ 外交部接新疆省长兼督军杨增新电告:俄国发生内乱,逃入新疆之哈萨克人日众,俄兵越境追捕,请政府交涉制止。

是月 奉天黑山县爆发反清丈斗争,乡民各持枪械,将清丈委员公所捣毁。

△ 日本在奉天铁西开办"南满洲制糖有限公司",资本1000万日元。

△ 张益亭、张行五在哈尔滨开办"广源盛面粉无限公司",资本25万元。

△ 周缉之、周志辅、周志俊等在无锡创立广勤纺织股份有限公司,资本银70万两。

△ 《丙辰杂志》在沪创刊。

是年 "救世军"传入中国,开始在北京"传道",随后扩展至天津、济南、太原、包头、张家口等地。按:"救世军"为基督教派之一,1878年创立于英国,组织形式模仿军队,宣称以"救济贫困"为宗旨。

△ 俄国为供应欧战需要,在东三省北部各地设立采办处,以贬值俄国纸币大量掠夺军需物资。仅哈尔滨一地商民所受损失即达 2000 万元以上。

△ 美国基督教会设立之岭南学堂成立文理科大学。

△ 陶明浚在沈阳创办《新亚日报》,宣传三民主义。

△ 财政部制作五年七月底(1916 年 7 月 31 日)债款报告。计:一、长期外债,约合银元 14.17679528 亿元 8 角 8 分;二、短期外债,约合银元 2700.2807 万元 6 角 5 分;三、内债各款:1. 内国公债,计银元 7088.2120 万元;2. 短期内债,约合银元 1198.6888 万元 4 角 9 分;3. 财政部各银行往来款,约合银元 4391.5054 万元 2 角;4. 各局署垫款,计银元 205.4820 万元。内国公债、短期内债暨各银行局署往来垫款,共计约 1.28838882 亿元。

1917 年（民国六年）

1 月

1 月 1 日　各省督军由冯国璋领衔联电北京政府，拥护段祺瑞内阁；并指责国会自恢复以来，"既无成绩可言，更绝进行之望。近则侵越司法，干涉行政"。"设循此不改，越法侵权，陷国家于危亡之地，窃恐天下之人，忍无可忍，决不能再为曲谅矣"。

△　段祺瑞往晤徐世昌，表示誓决解散国会，声称："二十二省及三特别区之通电已显含解散国会之意，既有各省为我后盾，我料黎元洪将来亦无可如何。"

△　浙江省督军兼省长吕公望通电，历述因病请辞未准，承各界坚留，声明自即日起"力疾供职"。

△　黎元洪令准浙江督军兼署省长吕公望辞职；特任杨善德为浙江督军，齐耀珊为省长。

△　黎元洪特任范源濂兼署内务总长。

△　《新青年》第二卷第五号出版发行，载有胡适《文学改良刍议》一文，提倡白话文体。提出文学改良八事："一曰，须言之有物。二曰，不摹仿古人。三曰，须讲求文法。四曰，不作无病之呻吟。五曰，务去烂调套语。六曰，不用典。七曰，不讲对仗。八曰，不避俗字俗语。"

1月2日　浙省军警长官及省议会、教育总会、总商会分别集会，议决电请中央收回杨、齐任浙成命。

△　四川德阳县城被匪 200 余人抢劫，杀警兵数人，县署及民居商店多遭焚掠，旋即遁去。

1月4日　杭州各界 4000 余人开公民大会，要求浙人治浙，一致拒绝杨、齐，并公推章太炎等为代表，分赴南京、北京请愿。

△　贵州省议会、商务总会、省农会等团体通电为川省议会反对戴戡长川事辩诬，谓川省议会"称戴长黔时，贼民贪赃……不惟反诬戴君，抑且欺罔黔人"。

△　黎元洪任命张志潭兼督办京都市政事宜。

1月5日　日公使林权助与外交总长伍廷芳晤谈郑家屯事件，坚持于满蒙派驻警官。

△　台湾南投发生大地震，波及全岛，是日至 7 日上午，连续发生数次，房屋倒塌约千余户，死 54 人，伤 87 人。

1月6日　黎元洪任命卢永祥为松沪护军使。

△　梁启超由上海抵北京，调和各方政见，当即与黎元洪、段祺瑞详谈。

1月7日　"宪法促成会"在北京成立，举吴琴荪为会长。

△　巴布扎布余党巴拉金，率众 2000 余人，攻陷呼伦贝尔，将全城焚掠一空，旋向索伦山逃窜。

1月8日　宪法会议审议会讨论以孔教为国教问题。众议员王葆真发言反对，指出若将孔教列入宪法，"将来仍恐难免帝制问题发生"。投票结果赞成孔教列入宪法者未获三分之二多数，被否决。

△　黎元洪令准内务部暂行适用民国元年官制。

△　全浙公民大会致电黎元洪，坚阻杨善德派军队入浙。

△　黎元洪任命达寿为镶白旗汉军都统。

1月9日　张勋与各省督军代表在徐州开第三次会议，谋对付黎元洪与国会。段祺瑞派徐树铮、靳云鹏等与会。会议提出解散国会、修改约法、改组内阁及改组总统府等四项所谓解决时局主张。

△ 日本内阁会议通过对华方针,提出"在南满洲和内蒙古东部,帝国政府将按既定方针逐步扩大、增进帝国的特殊利益";"山东问题,应俟和平恢复后再求其最后解决。当前的问题,是设法使德国战前在该省所享有的一切权利归于帝国所有"等项侵华策略。

△ 众议院三读通过保利银公司借款合同及收炼制钱合同案。16日,参议院亦通过两合同案。

△ 司法总长呈请整理各省司法机关,首从恢复原状入手,并请追认川黔湘粤浙等省独立期内所设各种司法机关。是日黎元洪指令照准。

△ 新疆省长兼督军杨增新致电北京政府,以俄国军官皮其考甫擅自越境到我温宿县捕人,请政府同俄方交涉。

△ 抗法黑旗军首领刘永福在广东钦州(今属广西)病逝。2 月 3日,黎元洪令拨银 2000 元治丧。

1 月 10 日 宪法审议会一读会结束。自上年 9 月以来,宪法审议会共开会 24 次,讨论宪法原案 14 项:通过者八项,删除者一项,未决者五项;议员提议增加者九项:通过者四项,否决者三项,未决者二项。其余无疑义之草案各条勿须讨论,皆付二读。26 日开二读会。

△ 驻京俄公使库达摄夫照会外交部,要求取消外蒙古选派国会议员。

1 月 11 日 外交部答复美公使芮恩施上年 12 月 21 日照会,对美总统提议欧战讲和深表同情。

△ 黎元洪任命杨祖德署陆军军官学校校长。

△ 抚顺煤矿大山窑瓦斯爆炸,900 余名矿工惨死。

1 月 12 日 黎元洪邀梁启超、汤化龙、孙洪伊、吴景濂、王家襄、王正廷等入总统府共餐,会商于国会第三期开会前完成宪法。

△ 杨善德不顾浙人反对,拥兵入浙,是日在杭州就任浙督,吕公望卸职。24 日,齐耀珊到省接印视事。

　△　众议院通过恢复地方自治案。

　△　法公使康悌照会外交部,抗议云南地方德人煽惑"排法"运动。

　△　外交部拒绝5日日使要求,对日在南满已设之警所不予承认。

　△　黎元洪令准免齐耀琳淮南垦务督办兼职。

　△　黎元洪指令将北京故宫端门、午门一带地方拨归教育部设置京师图书馆。

1月13日　步兵统领江朝宗派兵围搜前内务总长孙洪伊寓所,毫无所得。孙于日前离京,逃往南京托庇于冯国璋。

　△　上海"中华自由党"总部开选举大会,以孙中山不兼主裁职,公推夏芷芳为理事,万世铎为临时主裁。

1月14日　广东省议会通过省长朱庆澜向荷兰商人保文氏借港洋300万元借款合同。

　△　段祺瑞派吴光新同日公使林权助密谈,吴告诉林权助:"段曾拟认真与日本合作",特派曹汝霖赴日,"其目的即就有关中日亲善的方法,与日本有关当局会谈"。

1月15日　徐世昌大宴议员,要求将优待清室条件订入宪法。

　△　吴光新拜访日本天津驻屯军司令官石光真臣,谓"(段)深知中日两国亲善为当务之急",希望日方谅解其苦衷,并予以相当帮助。石光据此向日本陆军参谋本部次长田中义一报告:"吴一心为段谋与帝国接近,正向各方积极努力。"

　△　汉口水电公司与日本东亚兴业会社签订日金100万元借款合同。

1月16日　孙中山在上海寓所举行接受黎元洪所授大勋位仪式。黎元洪所派代表陆军中将高佐国将大勋位授予孙中山。居正、廖仲恺、朱执信等10余人出席。

　△　冯国璋致电国务院,以制药为由,敦促政府收买上海洋商公所存土(鸦片烟),并建议在江苏、广东两省销售。

1月18日　国务院通过国内交通公债条例草案,总额二亿元。

△　冯国璋等以民元六厘公债、契债及印花税担保,向英商上海鸦片康采恩借规平银 1000 万两,是为江苏收购存土借款。

1 月 19 日　黎元洪令内务部迅分别厘订地方自治制度及举行自治一切事宜。

△　黎元洪特任李烈钧为桓威将军,胡汉民为智威将军,柏文蔚为烈威将军,陈炯明为定威将军,李鼎新为曜威将军,吕公望为怀威将军,周骏为翔威将军,陈宧为毅威将军,汤芗铭为信威将军。

△　四川省议会议决反对戴戡出任四川省长,应即电大总统及参众两院等,宣布戴之罪状,要求正当解决。

△　西原龟三离京回国。

1 月 20 日　交通银行与日本兴业、台湾、朝鲜三银行签订借款 500 万日元合同。此为"西原借款"之开端。

△　司法部公布北京朝阳大学、中华大学、明德大学、中国公学大学部、中央政法专门学校、化石桥法政专门学校为审核认可之私立大学。

1 月 22 日　中日郑家屯交涉案解决。外交部与日公使林权助互换照会,双方达成如下协议:一、申饬第二十八师师长;二、酌惩有责任之中国军官;三、于日本臣民杂居区域内,出示告谕军民对日人礼遇;四、奉督向日方表示歉意;五、给日商吉本 500 元恤金。俟上述五项全部实行后,日本将撤退因郑家屯事件增派到四平至郑家屯一带之日军。27 日,交涉案经国会通过。

△　黎元洪令地方官吏实力振兴教育,以固国本。

1 月 24 日　湘、鄂、赣、皖、豫、苏各省地震。鄂省最烈,阳新县大鸡山煤矿工匠 40 余人埋入矿内。2 月 22 日,武汉、安庆又有地震。

△　成都滇军第二十三团因索饷哗变,彭县、什邡、灌县均受变兵骚扰。

1 月 25 日　福建同安县,浙江定海、建德、寿昌等县,广西贺县地震。次日,上海地震。

△ 驻福建晋江县北军第十八团与警备队因赌起衅,是晚开枪激战,并抢劫县署商店民居,挟赃逃窜,伤毙人民百余人,兵士互相击毙30余人。

1月26日 交通总长许世英呈准周(河南周家口)襄(湖北襄阳)铁路归美商裕中公司承修,由株钦局长兼办,全长200英里。

△ 外交部照会葡公使,抗议葡舰在澳门未定界约之谭仔湾停泊。

1月27日 孙中山复函中华革命党陕西支部长宋元恺,谈改组政党事,赞成组织政党,但因自身不欲入政界,表示决不加入。并谓:"所有办党之事,悉已委之唐少川(绍仪)君。唐少川君本拟将旧国民党重行收集,立一新大政党……尊处同志将来宜加入该派,以收指臂之效。"

△ 黎元洪任命田中玉为察哈尔都统。

△ 黎元洪令准云南大关县治分设盐津县。

△ 北大校长蔡元培提议改革大学学制。大学专设文理二科,其法、医、农、工、商五科另立独立之大学,并重定大学年限。

△ 京师图书馆(位于北京安定门大街方家胡同)开幕。

△ 英日谈判中国参战问题,日外相本野要求承继德国在山东及赤道以北太平洋各岛之权利。

1月28日 冯国璋与上海洋药商行签订《收买存土合同》。规定收购2100箱,每箱银8200两上海纹银,以中国政府六厘债券偿还。

△ 国会各政团开宪法协商会议,22团体莅会,讨论宪法第十九条第二项(即国民教育以孔子之道为修身大本)。主张维持第十九条第二项原案不赞成定孔教为国教者,有宪法协议会等七政团;赞成维持第十九条第二项并赞成定为国教者,有研究会等四政团;反对第十九条第二项并反对定为国教者,有宪法商榷会、丙辰俱乐部;宪友会、民彝社反对定孔教为国教,对第十九条第二项主服从多数;政学会等三政团无定见。

△ 山东民军首领吴大洲在北京被捕,5月26日判处无期徒刑。

△ 废清庆亲王奕劻在青岛病死。

△　章士钊主办《甲寅》日刊在北京出版。2 月 17 日改为周刊。

1 月 30 日　外交部密函沿江、沿海及东北各省督军、省长,外人来华招工,由地方商会出面办理,以免引起交战国一方之诘难,有碍中立。

△　黎元洪任命王丕焕为绥远陆军混成旅旅长。

△　《甲寅》日刊发表李大钊《孔子与宪法》一文,指斥宪法草案中规定"国民教育以孔子之道为修身大本"为"怪诞之事实"。

△　上海公共租界纳税外人选皮尔斯等九人为工部局董事。3 月 22 日新董事会选皮尔斯为总董。

1 月 31 日　黎元洪令改以 7 月 1 日至次年 6 月末日为会计年度。

△　德国拟厉行无限制潜艇战争。是日,驻德国公使接德外交部照会,望中国政府务先警告中国船只勿到限定区域之内,免生危险。

是月　张作霖致电北京政府,指责国会议员"排挤"段祺瑞,扬言对此"誓不能容"。

△　冯国璋致电段祺瑞,请裁全国镇守使。

△　中华佛教会上书国会,为避免"宗教战争"在中国重演,请勿定孔教为国教。

△　杨翰西、周学熙在无锡创办广勤纺织公司,资本 100 万元。

2　月

2 月 1 日　《新青年》第二卷第六号出版发行,载有陈独秀《文学革命论》一文,指出"今欲革新政治,势不得不革新盘踞于运用此政治者精神界之文学",呼吁"推倒雕琢的、阿谀的贵族文学;建设平易的、抒情的国民文学;推倒陈腐的、铺张的古典文学;建设新鲜的、立诚的写实文学;推倒迂晦的、艰涩的山林文学;建设明了的、通俗的社会文学"。

△　《新青年》第二卷第六号发表吴虞《家族制度为专制主义之根据论》一文,指斥儒家学说。

2 月 2 日　德公使辛慈递送外交部关于德国新潜艇计划之照会,

略谓德国将于 2 月 1 日以后采用海上封锁政策,对于中立国轮船航行于一定区域内,概有危险。

△　日人在柳河县设警所,奉天省公署令交涉员向日本领事交涉。

2 月 3 日　参议院讨论福建省议会关于日人在厦门违约设警事件,议决以原案咨达政府。6 日,众议院复咨大总统,请政府与日本严重交涉。20 日,外交部就此事向日使林权助提出口头抗议。

△　黎元洪令准解除辛亥以后因改革政治、拥护共和被难诸人罪名,用示昭雪。

2 月 4 日　美公使芮恩施照会外交部劝与美采一致行动,对德绝交。越三日,芮恩施再次往访段祺瑞促其作复。

△　黎元洪任命许兰洲为黑龙江陆军第一师师长。

2 月 5 日　交通部以川汉铁路股款为胡骏、施愚、顾鳌等所侵蚀,特派员彻查该路股款账目。

2 月 6 日　黎元洪指令段祺瑞,查办陕西督军兼省长陈树藩案,因与事实不符,免予置议。

△　教育部下令重申禁止学生加入政党。

2 月 7 日　张勋、倪嗣冲以宪法会议审议会未能通过国教案,再电北京政府及各省,要求将孔教列入宪法。8 日张作霖,9 日曹锟、卢永祥,27 日陈炳焜、刘承恩亦通电同此主张。

△　段祺瑞电嘱驻日公使章宗祥密探日本对华参战意见。9 日,章复电称:顷晤小幡酉吉,谓“美既劝告,自以与美取同一态度为宜”。

△　谭人凤、章太炎自上海致电黎元洪、国务院、参众两院,反对参战,谓“欧人交战各有利害,我无与焉”,要求“勿以国家为孤注”。

2 月 8 日　总统府会议,因段祺瑞、梁启超、汤化龙等之主张,决对德之潜艇作战提抗议。

△　驻陕西武关陆军一连哗变,勾结土匪陷商南县。

2 月 9 日　外交部复照德公使辛慈,就德国实行海上新潜艇政策提出严重抗议。

△ 外交部复照美公使芮恩施,赞同美 4 日对德国颁行新潜艇封锁政策之通牒,与美共采一致态度。

△ 驻日公使章宗祥就中国对德潜艇袭击公海商船提出抗议事,征询日本政府意见。是日,日外务大臣本野一郎召见章,表示"中国仅提抗议,于中国地位似非得计,不如即行宣布断绝国交,并不必俟抗议回答"。

△ 国务院电嘱驻日公使章宗祥探询日政府对于中国参战之意旨及一般舆论。是日,章复电告以晤日外务省政务局长小幡酉吉,彼答称:"美既劝告,自应与美取一致态度为宜。"

△ 日外务大臣本野一郎召见英、法、俄三国驻日大使,表示:日本改变以往反对中国参战之立场,支持中国政府对德绝交。

△ 粤汉铁路武昌—蒲圻段竣工通车。9 月通车至岳阳。

2 月 10 日 段祺瑞在参众两院会议上报告政府对德抗议理由。两院一致赞同政府对德方针。

△ 中法合办之中法振业银行开幕,资本 200 万元。

2 月 11 日 国务会议通过冯国璋《收买存土合同》。

△ 段祺瑞致电章宗祥,令其探询日本政府对于万一中德绝交有何意见。同日,章使复电,称本野外务大臣深望"断绝国交后再进一步,加入联合战团"。

△ "征兵学会"在北京成立,公举陆军总长王士珍为会长。

2 月 12 日 国会各政团开联合会议,议决成立国民外交后援会,以研究对德通牒后外交之进行。

△ 冯国璋电国务院,不以对德抗议为然,主张仍守中立。

△ 日本使馆参赞芳泽谦吉往晤段祺瑞,告以日本政府希望中国迅速对德绝交。越二日,外交部电告章宗祥谓绝交事"政府现已决定,可不俟德国回答",希日本政府对中国将向各国提出酌加关税及缓解庚子赔款事给予支持。

2 月 13 日 万国改良会在上海开千人禁烟大会,通过致国会电,反对冯国璋收买存土。

　　△　日本总理大臣寺内正毅派西原龟三第三次来华活动，16 日抵京。17 日，西原与曹汝霖、梁启超密谈，极力劝诱中国对德绝交。21 日复与段祺瑞密谈。

　　△　日外务大臣本野一郎与各国驻日大使商中国对德问题，要求继承德人在山东权利。

　　2 月 14 日　国务会议决议，如德潜艇再袭击中立船只时即与德国绝交。

　　△　汪精卫、王宠惠自北京往南京，谒冯国璋商对德绝交事。

　　2 月 15 日　驻日公使章宗祥往晤日外务大臣本野，要求中国绝德后，日本给予财政援助，并请日本及有关各国同意提高中国关税税率和延期偿还庚子赔款。次日，外交总长陆徵祥亦向芳泽参赞提出同样要求。

　　△　曾贯吾等在沪发起中华国民禁烟会。18 日推于右任为筹备会主任，发表《宣言书》，宣称以"请愿国会敦促政府取消收买存土之约"为宗旨。

　　2 月 16 日　"全国禁烟联合会"会长柏文蔚致电北京政府，以沪上外商抬高存土售价，吁请政府派员切实调查。

　　△　段祺瑞力主加入协约国，黎元洪表示反对。

　　△　驻南京日领事高尾亨访晤冯国璋，谈中国对德绝交事。冯主慎重从事。

　　△　英国驻日大使葛林照会日外务大臣本野一郎，称英国政府保证和会中"援助日本要求割让德国在山东及在赤道以北各岛屿之领土权利；并经谅解，日本政府亦以同样精神，援助英国要求在赤道以南之德国岛屿"。

　　△　国务院外交委员会成立。

　　△　山东潍县民军王贯忱团被鲁督张怀芝缴械，王被捕。所部2000 余人于 19 日遣散回籍。

2 月 17 日 云南省兰坪县一带朱天王以反对禁止种烟聚众数千,号称"天主皇帝",占据县城。是日,唐继尧电告中央,经大理驻军剿办,业已平息。

△ 日本促中国早日对德绝交。是日,日本外务大臣本野一郎对驻日公使章宗祥表示,日本对中国要求加税及缓解赔款两事表示赞成,惟"必中国与德断绝国交后,日本方易向各国启口代为周旋"。

△ 上海商团筹备处决定发起组织外交后援团。

2 月 18 日 国会部分议员在北京发起成立"外交商榷会"。

△ 驻粤滇军第三师第三十一团第二营在南雄哗变,抢劫商店数十家,伤毙警兵商民 10 余人,旋被第三师师长南韶连派军镇压。

△ 蔡元培、梁启超、严修等在北京发起成立中华民国国语研究会。

2 月 19 日 "两院各政团宪法协商会"讨论宪法第二十一条,一致赞成两院制。当日并交宪法会议审议会通过。

△ 日本外务大臣本野一郎照会法俄驻日大使,要求在媾和交涉中,"割让德国战前在山东及在太平洋赤道以北各岛屿之领土及特殊利益"。次日及 3 月 1 日,俄、法大使分别复照本野,允于和会中援助日本之山东领土要求。

△ 德国政府通知中国驻德公使颜惠庆,拒绝中国政府 2 月 9 日抗议。

△ 宗社党人在"北满"组织黑风会,黑龙江省当局严令查禁。

2 月 20 日 众议院开会质问政府收买存土案。越二日,参议院开会继续质问。

△ 段祺瑞挑唆督军团要求黎元洪罢免总统府秘书长丁世峄。是日,丁提出辞职书。25 日,黎元洪批准丁辞职,以夏寿康继任。

△ 参众两院会议公决,拒绝逮捕宪法会议斗殴伤人议员。

△ 孙中山批中华革命党加拿大支部长陈树人函,指出"无政府主义之说,乃发生于最黑暗之专制国"。"无政府主义实不能行于今日"。

2 月 21 日　孙中山在沪写成《社会建设》(又名《民权初步》)一书。自序指出:"今后民国之安危如何,则全视民权之发达如何耳。……民权何由而发达? 则从团结人心,纠合群力始;而欲团结人心,纠合群力,又非从集会不为功。是集会者,实为民权发达之第一步。"

2 月 22 日　冯国璋以副总统府名义宣布:收买存土案经国务会议议决,由政府派员与外商磋商收购条件后定约签字,并称:"与其听其借词自销……不如政府收买。"按:自收买存土合同签订,截至本月 23 日,各省电冯反对者达二百数十起。

△　陆徵祥访协约国各公使商对德绝交条件。

△　内务部呈准合并广西向武、都康、上映三土州,改设向都县(今天等县)。

△　黎元洪指令准内务部创设警官高等学校。

2 月 23 日　冯国璋抵北京。即日会晤黎元洪、徐世昌。晚段祺瑞招宴,席间段向冯谈绝德内情。

△　张勋联合 16 省区督军、省长致电北京政府,要求"速定孔教为国教",否则即应"以简当手续直接取决于多数民意",或者"另组制宪机关,作根本之解决"。

2 月 24 日　农商部公布《实业协进会章程》,凡八条。该会以"联合全国有实业上之学识经验者,共同尽力促进实业之发达为目的"。农商总长兼该会会长。

△　曹汝霖访晤西原龟三,希望日本政府以援助之好意在中国政府公布对德宣战以前,保证三事:一、延期偿还对协约各国之庚子赔款;二、永远撤销对德、奥之赔款;三、将关税按实价改定为成品按七分五厘、未成品按五分抽税。此外,作为宣战之预备金,希望贷款日金 2000万元。西原表示将此意电告日本外务、大藏两大臣。28 日,西原分别接到大藏大臣可接受贷款 2000 万日元及外务大臣关于宣战三保证之回电,当即通知曹汝霖。

△　法公使康悌代表协约国各使通知外交部,如对德正式绝交,允

考虑中国所提改订关税、延付庚子赔款之条件。

△　内务部申明县知事回避本籍定章,是日黎元洪指令照准。

2 月 25 日　冯国璋、段祺瑞、徐世昌、王士珍会议绝德宣战事。一致同意对德绝交并加入协约国。

△　中华国民禁烟会在上海开千人禁烟大会,一致通过致北京政府及各省要求立即废约电,并举代表北上请愿。章太炎、唐绍仪被推举为该会正、副主任。

△　国民外交后援会在京开发起会,章程宣称该会"以研究外交,匡助政府为宗旨"。

2 月 26 日　冯国璋致函众议院,请将优待清室条件列入宪法。

△　冯国璋于昨今两次会晤黎元洪,进言加入协约国,黎均持维持中立主张,并表示:"即使辞去总统,亦不能承认。"

△　英在山东招募华工 9000 人赴欧参战。

2 月 27 日　黎元洪特派汪大燮前往日本向日皇呈递大勋章。

△　黎元洪答记者问,称"不可以冒险投机之精神加入战争","对于此事之真正决断,必出之于人民"。

△　日本外务大臣本野约见陆宗舆,称:"中国苟毅然实行(绝德),联合战团自表同情。中国希望之事,自有商量余地。今中国乃各处试探,又故意迟延,恐大陷于失策,望速下决心,勿使日本政府为难。"

△　黎元洪令准平政院院长周树模辞职,特任熊希龄为院长。

△　日本于热河特别行政区域赤峰(今属内蒙古自治区)设立领事馆。

2 月 28 日　国务院全体阁员谒黎元洪说明对德应由绝交而宣战,再加入协约国。黎主先征国会同意,认为绝交宣战尚非其时。

△　国会议员马君武等 300 余人通电全国,反对对德绝交,加入战团。

△　国务院以湘省迭报搜查出宗社党与沪上往来密函多件,训令松沪护军使卢永祥严密侦察,据实呈报。

　　△　新疆省长杨增新致电北京政府报告俄国回民因反抗俄征兵起见，自民五以来逃入新疆伊犁、塔城、阿尔泰、乌什、喀什者不下 20 万人，已"严饬所属文武极力防范，地方幸尚安静"。

　　是月　祝大椿在上海创设恒昌源纺织有限公司，并开始营业。

　　△　美商在上海开办安迪生中国电料公司，资本 65 万美元。

3 月

　　3 月 1 日　全国财政会议在北京开幕，讨论规定国家税与地方税、中央与地方互相协济之政费等六项要案。17 日闭会。

　　△　法日换文，法国同意日本继承德国在山东权利，日本允许中国对德参战。

　　△　法舰"亚多斯号"被德潜艇击沉，死华工 500 余人。

　　△　《太平洋》杂志在上海创刊，李剑农任主编。

　　3 月 2 日　段祺瑞向国会外交委员会报告对德外交关系问题。

　　△　黎元洪废止文官任职令。

　　△　黎元洪任命载涛为镶黄旗蒙古都统。

　　3 月 3 日　国务会议通过对德绝交案及《加入协约国条件节略》。

　　△　国民外交后援会在北京开第一次会，刘彦、梁启超、蔡元培等演说，主张对德参战。

　　3 月 4 日　段祺瑞辞国务总理职。段请黎元洪核准致驻日公使嘱令向日本政府磋商绝德后加入战团条件之电稿，黎以须经国会同意而未准，段遂愤而辞职，即日赴天津。

　　△　上海总商会等 10 团体致电北京政府及各省，以加入协约国"有百害而无一利"，请"始终中立"。

　　△　奉天交涉员马廷亮、二十七师参谋长马恺赴旅顺，为"郑家屯事件"向日关东都督道歉。

　　△　山东、浙江等 16 省尊孔会社在沪代表发起组织"各省公民尊

孔会"，以"要求定孔教为国教列入宪法为宗旨"，陈焕章为会长。设总事务所于上海。

　　△　章太炎在上海发起成立亚洲古学会，是日开第一次大会。该会以"欲联同洲之情谊"，"沟通各国之学说"，"研究亚洲文学、联络感情"为宗旨。

　　3 月 5 日　黎元洪邀冯国璋、徐世昌、王士珍协商内阁事。黎请徐任国务总理，王任陆军总长。徐、王婉辞。冯等三人主段复职。黎被迫请冯、徐赴津劝段回京。

　　△　国会各政团协商时局问题，议决共举代表赴津留段（祺瑞）等三项解决办法。

　　△　日俄换文，俄允在和会中赞助日本继承德国在山东之权利及太平洋赤道以北德属岛屿。

　　△　北京中国公学大学部以上海吴淞中国公学停办，呈教育部核准分办，改名中国大学。

　　3 月 6 日　段祺瑞回北京复任。冯国璋曾与黎元洪商订段复任条件：一、阁定外交方针总统不加反对；二、阁拟命令总统不拒盖印；三、阁训电各使、各督军省长，总统不加干预。徐世昌、王士珍据此已先电告段。

　　3 月 7 日　段祺瑞就复任事密电各省及各驻外公使，称阁议对外方针，黎表赞同，政府既定对德方针，"切勿再生异议，致碍进行"。

　　△　北京政府电驻协约各国公使，向驻在国政府声明，中国已决定对德绝交，赞助协约国方面，并磋商条件。

　　△　梁启超致函段祺瑞，陈述目前对外切要之事，提出即日将德、奥商船捕获，同时宣布绝交。

　　△　张作霖赴驻奉日总领署，为"郑家屯事件"向日领道歉。

　　△　吴稚晖、蔡元培、张继等在上海《中华新报》发表留法俭学会缘起及会约，鼓励青年留学法国。

　　3 月 8 日　国务院宴请国会政团领袖及反对加入战团之议员，交换对德问题意见，百余名议员出席。段祺瑞报告对德交涉经过及政府主张，允诺"尊重"国会意见，决定将此案提请国会议决。次日，复宴请国会议员，汤化龙要求议员支持政府方针。

△　国务院致电章宗祥，提出对协约国三项希望条件，令面交本野，"托其格外应援"。三条件大要为：一、庚子赔款德奥方面永远撤销，协约方面展缓十年偿还；二、现行进口关税值百抽五，改正价表后值百抽七点五，裁厘后值百抽十二点五；三、解除《辛丑条约》中国于天津周围二十里内不得驻兵，并解除各国驻兵使馆及京津铁路之约束。20日，本野对章使表示：中国参加战团，则联合战团必须好意相商，若"抱有交换之隐衷"，必"无良好结果"。

△　梁启超致函段祺瑞，续陈内部整理之事，提出任陆徵祥为外交总长，若国会不以为然，则由总理兼代；宜设临时国际政务委员会，以为总理补助，由总理任会长，聘请朝野名流为委员；作速筹备新国会选举。

3月9日　孙中山电参众两院，反对加入协约国，望"勿以中国投之不测之渊"；并电英首相劳合·乔治，盼勿怂恿中国加入协约。

△　段祺瑞宴国会议员于北京迎宾馆，疏通对德绝交意见。

△　日人在济南贩卖制钱，华警查验运钱车辆车捐，日人开枪击伤警察，捕去巡长，当由交涉员向日领署交涉。我国旋允将截获之制钱，交还日人，并定二个月后禁止收买。

3月10日　众议院表决通过对德国绝交。次日，参议院亦表决通过。

△　德公使辛慈致外交部复牒德政府，拒绝中国政府2月9日抗议通牒，称"碍难取消其封锁战略"。

△　上海总商会电请国务院对欧战保守中立。各地商会随即纷电响应。

3月11日　冯国璋离北京返南京。

3月12日　俄国发生二月革命，推翻沙皇，15日建立临时政府。

29 日,外交部照会俄公使,正式承认俄国新政府。国会亦电俄国会致贺。

△ 广东省政府向日本台湾银行订借日金 300 万元,以该省士敏土厂作抵。

△ 外交部致电驻德公使颜惠庆,中德绝交后,所有驻德、驻比馆务,及侨民、学生等事务,托丹麦国照料保护。

△ 唐文治、王丹揆、吴稚晖等在沪发起组织"扶持民德社",是日发表简章,声称该社"以发达国民道德心为目的"。

3 月 13 日 国务院成立政务评议会,以段祺瑞为会长,伍廷芳副之。另聘王士珍、陆徵祥、熊希龄、曹汝霖、汪精卫、汪大燮等 10 余人为评议员。该会以研究对德绝交后之外交事项为目的。是日,开首次评议会。

△ 张勋函邀杨度到徐商议国是。是日杨度复函称:"今日时局,内政不修,外交轻率",劝张趁此"既绝交而未宣战之间……亟谋内政之改革","挽此将亡未亡之局"。

3 月 14 日 黎元洪布告即日起与德绝交。同日,外交部照会德公使辛慈,令其出境。25 日,德使启程回国,驻各地领事先后出境。

△ 外交总长伍廷芳与协约国驻京公使谈判对德绝交后之条件,各使意极冷淡。

△ 教育部改订大学制年限,定预科二年,本科四年,设文理二科,其法、农、工、商、医等科另设。

△ 财政部通告各省及各地税务处停付德款,暂存中国银行。

△ 厦门交涉员罗昌接收德国商船"姜维号"。同日,驻沪海军接管德国泊沪商轮。

△ 上海总商会致电北京政府请保护工商业,勿使日本之进出口免税。

△ 海军编为巡洋、长江、练习三舰队,以林葆怿、饶怀文、曾兆麟分任司令,分驻上海、南京、福建。

3月15日　湖北省奉命收回汉口德国租界,次日直隶亦收回天津德租界,更名为特别区。

△　荷兰公使贝拉斯照会外交部,表示愿代理德国在华事务。

△　荣宗敬、祝大椿、刘伯森发起组织之华商纱厂联合会在沪成立。华商纱厂代表会议致电北京政府,请坚拒日本之棉花免税。

△　陆军部将中德断交后对德人临时检查办法及德国在华财产有关军用者处理办法电知各省区。

△　黎元洪指令黑龙江省索伦山宣抚局改为设治局。

3月16日　四川万县开为商埠。

△　荷兰公使贝拉斯照会外交部,请展限济南德领撤离期限。同日,外交部致电各省交涉员,称德领出境,要求展限时,可通融办理。

3月17日　驻上海法代总领事那齐以"防范德人"为名,派警将同济医工学堂解散。旋经教育部派佥事沈彭年到沪与该校董事协商,收归华人自办,更名同济医工专门学校,并于同月31日将学校迁至吴淞中国公学旧址。

3月18日　废清陕甘总督升允在青岛进行复辟活动,是日访晤驻青岛日守备军司令官大谷,探询日本对复辟之态度,并要求给予支持。

△　财政部致电各省,通告停付德款,另款存储,不得挪用。

3月19日　英、法、日、俄、意、比、葡七国驻京公使致外交部觉书,劝中国加入协约国。

△　中华工党总部致书万国工党总会,表示"甚愿得我友邦工人之助,并愿加入贵总会"。

△　奉天第五十三旅汤玉麟部在新民屯哗变。张作霖撤销汤玉麟旅长、刘景双营长职务,并派第五十四旅旅长孙烈臣率兵包围新民,监视汤、刘交卸。汤率所部偕"老二哥"、"钻天燕子"等股匪千余人奔广宁投冯德麟。

3月20日　内务部拟定《德国在中国财产处理办法》,通电各省查照办理,并咨外交部。

　　△　上海松沪护军使卢永祥公布《保护德侨办法》，凡六条。对在沪德侨居住、财产、职业以及出入境等均作规定。

　　△　川军军官电北京政府，要求川、滇军待遇一视同仁，或解督军罗佩金职。

　　3 月 21 日　协约国驻京各公使照会外交部，谓中国加入协约国后，各国将以善意与中国商量所提条件。

　　3 月 22 日　广州、武汉总商会分别致电北京政府，反对加入协约国，以免贻害商业。

　　3 月 23 日　全国商会联合会组织之保利银公司宣告解散。自国会讨论保利借款以来，众议院对于收炼制钱合同多所修改，于公司不利，商人多撤回股款，保利银公司为之解体。是日，该公司发出宣言，说明解散真相。

　　△　湖南公民龙璋、刘重等人致电国会，请准将湘省公矿仍归地方公有，反对中央接收。

　　3 月 24 日　外交部照会荷兰公使贝拉斯，准德领事馆下级官员留华协助处理在华事务。

　　△　驻沪法代总领事那齐布告，令沪法租界德侨"恪遵取缔章程"。

　　△　上海商务印书馆印刷、排字两部工人 200 余人为争取结社集会自由，反对无理解雇工人，举行罢工。越三日，罢工波及中华书局，人数增至 700 名。

　　3 月 25 日　德公使辛慈离京南下，27 日抵吴淞，乘荷兰邮船"莱姆白兰特号"回国。

　　△　交通部与日公使林权助订立《胶州湾租借地邮电暂行办法》。5 月 4 日换文。

　　△　中华工党四川支部在成都开会，到 50 余人，宣布恢复活动，推萧植筠、袁践方为理事。

　　3 月 26 日　广东督军陆荣廷入京，筹商广东军事、财政事宜。

　　△　梁启超致函国际政务评议会，主速对德奥宣战。29 日，章太

炎、谭人凤致电北京政府,斥梁参战主张。

　　△　日本外务大臣本野约见章宗祥商谈中国参战条件,声称日本对中国并无野心,中国"果有信用日本之意,不妨将真意告知",不必提出希望条件,"方可诚意接洽"。

　　△　日本陆军大臣大岛训令驻青岛日军守备司令官大谷转达升允,谓清室复辟"目下尚非其时"。

　　3月27日　众议院议决咨请政府不得收买存土,越二日,参议院亦通过该议决案。

　　△　外交部致函驻京瑞典公使,请该国政府代为保护照料中国在比国利益。31日瑞使复照外交部,表示"本国政府极愿照办"。

　　△　靳云鹏、李国筠等联合平社、澄社、宪政会、新民社、衡社、静庐、正社、友仁社、宪法协议会、苏园、尚友会11政团组织"中和俱乐部"。

　　3月28日　国务会议议决德国领事裁判权由荷领代理。

　　3月29日　陆军部致函外交部,称已择定安置德国在京军人于海淀附近之朗润园收容所,于4月2日午前在中华门内集合,听候中国军官点收后引导前往。

　　△　直隶公民协会致电大总统、国务院,反对对德宣战,并通电各省省长督军等"通电力争,共救危亡"。

　　△　第五次中日铁道联络会议在东京举行。

　　3月30日　中华革命党通告海内外党员,准备恢复国民党。

　　△　法公使康悌照会外交部抗议美商敷建株钦铁路。

　　△　四川督军罗佩金请假赴北京请训,其职务以韩凤楼暂代。

　　3月31日　黎元洪令准都护使充驻扎库伦办事大员陈文运辞职,遗缺任命李开侁继任。

　　△　康有为致书黎元洪、段祺瑞,反对对德宣战。

4 月

4 月 1 日 以中英禁烟条约禁绝鸦片之期届满,上海工部局收回租界烟土售卖执照,即日起各土栈烟膏店闭歇。上海禁止烟土入口。

△ 经中东路回国之俄军在绥芬河、一面坡等地大肆抢掠,伤毙人命,是日吉林省长郭宗熙电请外交部交涉。

△ 黎元洪任命杨桂堂为陆军第十六混成旅旅长。原任冯玉祥调京另候任用。

△ 全国警务会议在北京开幕。5 月 8 日闭幕。

△ 江皖水利联合研究会在上海开成立会,选韩国钧、柏文蔚为理事长。该会以研究治水学术和联络督促苏、皖两省水利规划进行为宗旨,会所设于南京。

4 月 2 日 中国驻比利时馆员及华侨 40 余人撤往瑞士。

△ 法国新任驻沪代总领事魏尔登抵沪,次日到任,16 日代行法租界公董局临时委员会主席职。24 日,卸任法驻沪代总领事那齐回国。

△ 广东省政府为解决士敏土厂营业资金,以该厂全部财产为担保,续与日本台湾银行签订日金 300 万元借款合同。

4 月 3 日 美孚公司请停办陕西延长油矿,由熊希龄呈请废约。

△ 鞍山炼铁厂破土动工。

4 月 4 日 荷兰公使贝拉斯致牒外交部,抗议收回德国在华租界,谓中德虽经绝交,并未宣战,不能适用敌国之待遇,遽将租界收回。

△ 黎元洪令免陆军第十二混成旅旅长黄国梁职,以孔繁霈继任。

△ 法国在沪招募之华工首批 100 名放洋。25 日,第二批 100 名启航。

4 月 5 日 旅沪各省公民张人杰等致电北京政府,请勿对德宣战。

4 月 7 日 荷兰公使贝拉斯照会外交部,询问中国政府待遇在华德侨情形。

4月8日 冯国璋电北京政府,反对加入协约。

△ 驻日公使章宗祥与日外务大臣本野一郎再商中国参战条件。

4月9日 段祺瑞电召各省督军到京商外交大计。

△ 驻汉口、济南、天津、厦门德国总领事等由沪乘荷兰邮船回国。22日,驻川德总领事由沪启程回国。

△ 四川省议会上书国会弹劾曹锟,列举曹勒索款项、纵容军队强迫服役等罪状,请即要求政府调查。

4月10日 黎元洪特派陆荣廷为两广巡阅使,陈炳焜署广东督军,谭浩明署广西督军。

△ 段内阁会议讨论对德宣战问题,无结果。

△ 北京政府以行政处分与法律案有别为由,将国会议决之取消购买存土案退回。

△ 冯国璋致电北京政府,告以将派代表参加全国军事会议,"所有中央计划自应遵照一致进行"。

4月11日 冯国璋通电各省,主加入战团。

△ 美公使芮恩施通告外交部,美国于4月6日向德宣战。

△ 荷兰公使贝拉斯为中国审理德人刑事诉讼暂行章程事,照会外交部提出严重抗议。

△ 川军师长刘存厚、周道刚、钟体道、陈泽霈、熊克武联名电黎元洪、段祺瑞,指控川督罗佩金调集滇军,"于资、简一带,以钳制川军第一师;一方集兵力于成都附近,以进迫川军第二师,俨若大敌当前,准备征战"。

4月12日 是日及15日蔡锷、黄兴国葬典礼先后于湖南长沙举行。

△ 外交部照会荷兰公使贝拉斯,告以停发德人在内地游历护照原由,称中德断交,德人任便游历,诚恐致生意外危险。

△ 赴法华工800名自浦口放洋。

4 月 13 日 日军撤离郑家屯。

△ 外交部照复荷兰公使贝拉斯,声明中国对待德侨及其财产,悉照国际公法办理。

△ 荷兰公使贝拉斯致函外交部,要求将德使辛慈回国通行券之限期取消。德国以扣留驻德公使颜惠庆等为质。

4 月 15 日 川督罗佩金假裁军名义,指挥滇军袭击成都川军第四师,师长陈泽霈、师参谋长周绍芝被俘,全师官兵被缴械遣散。

△ 陆荣廷不愿参加段祺瑞之军事会议,离京回粤。

4 月 17 日 国务会议议决取消收买存土合同。

△ 川军旅长刘湘、卢师谛、但懋辛等联名通电,抨击罗佩金偏私,因裁兵朦电中央,强力去刘存厚、陈泽霈,并勒令四师解散,请中央公平处置,以定川局。

4 月 18 日 财政总长陈锦涛、次长殷汝骊为炼铜厂事受贿案,被黎元洪令免本职交付法庭依法办理。

△ 驻成都川、滇军队开战。按:罗佩金奉北京政府令裁编驻川各军,靳云鹏将罗裁兵计划秘密泄与川军第二师师长刘存厚,引起刘的反对,衅端遂启。

△ 李石曾在上海《中华新报》发表《移民意见书》,主张利用欧洲大量招收华工之际,办理移民事业。

4 月 19 日 川军师长刘存厚围攻督署,通电宣布与"罗督军脱离关系",并作正当防卫。是夜,刘军纵火焚烧成都皇城周围商民数百家,火势延烧三日之久。

△ 阮忠枢(张勋代表)自北京密函张勋,略谓倪嗣冲之计划,"皆欲假手于我公,是利用我公",并"于利用之中,且隐有倾陷之意",建议张勋可派一代表"周旋其间",而不必来京赴会。

△ 张勋派商衍瀛到天津与张镇芳、雷震春密商发动复辟、控制北京计划。

△ 交通总长许世英为津浦铁路正副局长购买机车舞弊案引咎请

辞。次日,黎元洪致意挽留。

　　△　黎元洪指令停办国史馆。

4月20日　宪法审议会二读结束。二读期间会议讨论宪法草案共89条,原案通过者53条,原案否决者八条,修正案通过者13条,悬搁未决者一章15条。

　　△　黎元洪令免去罗佩金四川督军职,任罗为超威将军;免去刘存厚川军第二师师长,任刘为崇威将军;戴戡暂行兼代四川督军;另任刘云峰为陆军第二师师长。24日,唐继尧与滇省议会分别通电反对。

　　△　驻成都英、法、日领事邀督军、省长及刘存厚三方代表在法领事署会商调停办法,议定停战一日,黔军开驻川、滇军队防区之间,使双方脱离接触。

4月22日　戴戡会同领事团及川省巨绅,邀集川、滇军队代表在省署会议调解办法,双方签订停战协定,约定川、滇两军三日之内退出城外。25日,滇军开始撤离成都,次日川军亦退出城外,省城战事乃告止息。

　　△　国务院查复参众两院咨请查办前四川将军陈宧案,称"经查明被揭各款,或传闻失实,或无事佐证,本日呈奉大总统免予置议"。

　　△　津浦铁路局长童益临以购车舞弊交法庭惩戒。

4月23日　黎元洪任命王人文为四川查办使,张习为查办副使;同日并令川、滇两军停战。

4月24日　参议院开会,段祺瑞出席报告三案处理情形,略谓收买存土案已电南京设法取消,财政部受贿案已交法庭办理,交通部租车案合同已令取消。

　　△　黎元洪指令委任各省长、都统监督司法行政事务。

　　△　黎元洪以刘存厚违抗停战命令,令着即免去崇威将军,听候查办,并令成都川、滇两军开拔出城,不得再滋事端。

　　△　川、滇两军又在四川简阳发生冲突。国务院旋据川军第三师师长钟体道电告经过,即电饬戴戡查明阻止。

△　云南省议会通电痛陈川事,请大总统收回 4 月 20 日成命,仍令川滇两军停战,听候彻底查办。并称刘存厚叛政,"倘再姑息,祸不堪言"。

4 月 25 日　段祺瑞召集督军团在北京开全国军事会议,讨论对德参战事,各省督军、省长及都统曹锟、孟恩远、王占元、李纯、阎锡山、张怀芝、赵倜、倪嗣冲、田中玉、蒋雁行及督军代表杨宇霆等 26 人到会,陆海军总次长、参谋总长列席。次日通过对德宣战案。

△　中孚银行上海分行举行开幕式。资金 200 万元,经理孙元方,总行设于天津,分行设北京、上海、武汉等处。

4 月 26 日　外交商榷会通电各省议会、商会、农会等,反对对德宣战。

4 月 27 日　段祺瑞电驻日公使章宗祥,令将各省督军赞成对德宣战案通知日本。

△　黎元洪任命曾继贤为陕西陆军第二混成旅旅长。

△　湖南常宁县水口山矿工千余人要求加发红奖举行罢工。次日,矿当局被迫宣布加发红奖,罢工乃停。

4 月 28 日　黎元洪令驻川滇军一师着编为陆军第十四师,任顾品珍为师长。

△　川籍国会议员李肇甫、孙镜清等 10 余人晤段祺瑞,请以岑春煊督川。

4 月 29 日　刺杀宋教仁案要犯洪述祖因德商韦尔债案被控,在沪被公共租界会审公堂逮捕。

4 月 30 日　荷兰公使贝拉斯照会外交部,抗议中国陆军部颁定《关于离华德人办法》及《保护现在中国之德国商人教士办法》,称其中规定显然违反条约中最惠国条款。

△　陕西郭金榜等聚众攻陷宜君、延长两县。

△　交通银行自去年 5 月间停兑后,是日上海、苏、浙分行恢复兑现。

是月　蔡公时等在北京创办之民国大学开学。

△　四(平)郑(家屯)铁路开工修筑,由"满铁"承包。11月竣工。1918年1月开始临时营业。

△　华宝谦记煤矿公司创设于天津,经营山东泰安矿区,资本100万元。

5　月

5月1日　国务会议通过对德宣战案。旋由段祺瑞率同阁员面请黎元洪核准,黎谓"一俟通过国会,即将命令盖章"。

△　日公使林权助访晤黎元洪,警告中国政府:若议会否决参战案,将有使政局发生纷扰之危险。

△　财政部向法国中法实业银行借款1125万法郎,以钦渝铁路库券为担保,是为财政部中法资金库券借款。同日,又签订41万法郎钦渝息款垫款借款。

△　日商为操纵湘省金融,攘夺矿权,在长沙开设"中日银行",资本10万元,发行钞票竟达200万元,是日强行开幕。后因湘人反对,旋即宣告暂停营业。

△　哈尔滨中东铁路机械总工厂中俄工人联合附近货栈、商店、作坊工人,聚集于秦家岗(今雨岗)教堂前,隆重纪念"五一"国际劳动节,会后整队游行。

5月2日　黎元洪特任李经羲为财政总长。

△　四川省议会致电北京政府,请饬滇军离川出境。

△　京师东路警备队司令高清山率警备队300余名哗变,向蓟州(今河北蓟县)盘山逃去。旋在芦台缉获。

5月3日　段祺瑞宴请国会议员疏通参战案,要求议员认清世界大势,予以赞同。倪嗣冲等亦纷宴议员,为段疏通参战案。

△　倪嗣冲率督军团张怀芝等谒黎元洪陈述对德宣战问题,黎责倪擅离职守,干涉外交。

　　△　奉天省议会及商工农学各界代表集会,一致反对对德宣战,并议决致电北京政府阻止。

　　△　黎元洪以津浦铁路租车、购车两案经派员查明确有弊端,责成交通部将前合同迅即取消,并将津浦铁路管理局局长王家俭、副局长盛文颐一并交法庭归案办理。

　　△　黎元洪令准交通总长许世英辞职,以代交通次长权量暂行代理部务。

　　△　四川省议会致电北京政府及各省,通告戴、刘之争始末及祸川惨状。据红十字会调查,七日之内,成都人民伤亡达 5000 以上。

　　△　内务部呈准恢复山西清源(今清徐)、平顺县治。

　　△　外交部致俄公使库达摄夫节略,同意成立中俄委员会,协商收回逃入新疆之俄国回民办法。

　　5 月 4 日　督军团宴请国会议员,为段祺瑞疏通宣战案,出席者 300 余名。李厚基代表各督军演说,以“为国民请命”自诩,扬言“不惜一时之名誉”,主张对德宣战,要求议员“务谅政府之方针进而赞助”。

　　△　高等检察厅逮捕许世英,旋即保释。次日,国务会议以许无罪证竟被任意逮捕,指责检察长杨荫杭滥用法权,议决令其停职查办。

　　△　江苏省嘉定县遭雹灾。是日,农民 3000 余至县署请愿,要求知县下乡踏勘,竟遭警士开枪捕人,群情愤极,拥入警署,被捕农民获释。旋知县许以惩凶、踏勘,农民始散。

　　5 月 5 日　旅沪各省公民团夏芷芳等 2600 余人致电北京政府,声明“宁死不欲宣战”,并请国会“勿予通过”。

　　△　江西省议会通过弹劾省长戚扬案,并致电北京政府,谓戚“枉法蠹政之罪,罄竹难书”。

　　5 月 6 日　国务院致电戴戡,挽留兼任代理川督。

　　△　丙辰俱乐部议决反对对德宣战。

　　△　中华职业教育社在上海开成立大会,通过章程,推定王正廷、黄炎培等九人为临时干事。

5 月 7 日　国务院对德宣战案咨送众议院。

△　国会政余俱乐部在北京成立。推定王正廷、胡汉民等人为总务干事。

△　北京政学会、益友社、讨论会、平社各政团讨论对德宣战问题。益友社反对宣战,其他政团主张交全院委员会。

△　日本陆军参谋次长田中义一来华抵青岛,旋赴徐州、南京往晤张勋、冯国璋,18 日到上海并参观兵工厂。6 月 5 日,田中到北京,次日晤黎元洪。

△　著名京剧表演艺术家谭鑫培在北京病逝。

5 月 8 日　众议院开秘密会议讨论对德宣战案。段祺瑞出席敦促投票表决,结果议决提交全院委员会审查。

△　梁启超发表《外交方针质言》一文,在众议院门前散发,主张对德奥宣战。

△　在京各督军议定,如全院委员会不通过对德宣战案,当积极进行解散国会。

5 月 9 日　政学会开会否决宣战案。

5 月 10 日　北京公民请愿团围攻众议院。上午 10 时起,陆续有"公民"数千人麇集院门,各揭"陆海军人请愿团"、"五族公民请愿团"、"政学商界请愿团"、"学军商界请愿团"、"北京学界请愿团"、"北京市民请愿团"等白布旗,在陆军部人员指挥下,散发传单,迫令议员赞成政府宣战案。在场军警不予阻止,致有反对宣战之议员 10 余人被暴徒殴伤,议员被围困达 10 小时之久,至晚段祺瑞始派马队将"公民团"驱散。

△　谷钟秀为"公民团"围攻国会事件愤而请辞农商总长职。次日,张耀曾、程璧光分别辞司法、海军总长职。外交总长伍廷芳亦微行出京,至是内阁仅剩段祺瑞一人。

△　黎元洪令准吉林省增设勃利县(现属黑龙江省)。

5 月 11 日　黎元洪令司法部将"公民团"滋事人交法庭依法究办,并责成内务部饬警妥为防护。

△ 孙中山、岑春煊、章太炎等致电黎元洪,请严办"公民团"。

△ 孙中山就段祺瑞派员到沪疏通宣战案一事复段书,重申反对参战理由,坚持反对加入战团。

△ 直隶省长朱家宝及张镇芳、雷震春等认为目前政局动荡,为复辟大好时机,派谢介石持密函至徐州劝张勋乘机复辟。

△ 广东中国银行分行以该省盐税剩余金担保,与日本台湾银行签订日金 150 万元借款合同。

5 月 12 日 荷兰公使贝拉斯照会外交部,转达德国政府仍盼了解中国政府对待德侨及德产之意向,再请特别声明。

△ 中华革命党总务部长陈其美遗体在沪法租界举殡。18 日,归葬湖州碧浪湖。

△ 兼代四川督军戴戡率黔军熊其勋旅到成都。滇军撤出成都,屯集简阳、仁寿。川军第二师撤至成都西门外。成都局势平静。

5 月 13 日 川省议会提出罗佩金弹劾案,称罗督川,"横暴阴险,较之陈宧尤甚",并电请北京政府勒令滇军克日退出川境。

5 月 14 日 督军团宴请协约国公使,李厚基致词表示政府愿加入战团,俟议会疏通即可表决。

△ 孙中山、岑春煊、唐绍仪、章太炎、温宗尧再电黎元洪,请严惩滋扰国会暴徒之主使者陆军部咨议张尧卿等六人及国务院参议陈绍唐。

△ 宪法审议会否决"孔教"为国教,将《宪法草案》有关条文撤销,并将第十一条改为:"中华民国人民有尊崇孔子及信仰宗教之自由,非依法律不受限制。"陈焕章就此发表《敬告全国同胞书》,唆使孔丘信徒"抵死力争,务使宪法规定孔教为国教而后止"。

5 月 15 日 是日及 16 日,段祺瑞先后两次咨请国会从速议决对德宣战案。

△ 督军团又宴请国会议员,为段祺瑞疏通维持内阁,实现对德宣战案。

△　日首相寺内致意段祺瑞，先稳固自己地位，再图参战。

△　川督罗佩金通电指斥国务院挑拨川军之事实，以听舆论。

△　金城银行开幕。周作民任总经理。总行设天津，于北京设立分行，并设分庄于上海办理汇兑事宜。资本 200 万元，实收 50 万元。

5 月 16 日　孙中山致电政学会等三政团并国会议员，力促否决宣战案。

△　张作霖致电段祺瑞，坚持宣战主张，表示"无论作何地步"，誓将"执鞭弭以从公后"。

△　内务部呈准黑龙江设立龙门（今海伦县）、绥楞（今绥棱）、通北（今并入北安）、泰来、漠河五县。按：该五县均由设治局改县。

5 月 17 日　黎元洪令财政部迅即拨银 10 万元赈抚四川兵灾。

5 月 18 日　英文《京报》刊登该报主笔陈友仁《出卖中国》一文，揭露段祺瑞与日本商议中日借款一亿元密约。次日，陈被警厅逮捕，旋以"妨害公务"罪处以徒刑四个月。6 月 4 日，黎元洪令特赦陈友仁。

△　督军团代表张怀芝竭黎元洪，请解散国会。黎不允。

△　黎元洪派范源濂赴津请徐世昌入京调停督军团干政，被徐拒绝。

△　法国在沪招募之第三批华工 100 名于沪上放洋。24 日，第四批华工 100 余名亦由沪赴法。

5 月 19 日　众议院以现内阁仅剩总理一人，不足信任，决定宣战案俟内阁改组后再议。

△　督军团借口宪法会议通过之宪法条文，将导致"议会专制"，陷内阁于"颠危之地"，呈请黎元洪即日解散国会，改制宪法。

△　孙中山致电国会议员，忠告两院应先否决宣战案，然后再议内阁存否。

△　外交部照会荷兰公使贝拉斯，抗议德国扣留中国留德学生及留比京学生。

5 月 20 日　张勋致电督军团支持解散国会，声称"勋当力持正义，为诸公后盾"。

△　湖南绅士在长沙召开公民大会,成立金融维持会,举陈炳焕为会长。24 日,该会致电北京政府,请与驻京日使严重交涉,并咨行湘省长封闭"中日银行"。

5 月 21 日　黎元洪召见孟恩远、王占元,告诫督军团切勿干涉宪法。

△　督军团呈请解散国会未遂,各省督军相率出京,赴天津、徐州等处开会。

△　段祺瑞访王士珍,请其代理总理职务,王推辞不就。

△　升允自南京到上海,晤郑孝胥等,商议复辟事。

5 月 22 日　孙中山与岑春煊、章太炎、唐绍仪联名致电段祺瑞及参众两院议员,要求政府"遵守大法,消弭战争","若与政客交换条件,使少数人得被擢用,而以国家为牺牲,无论官僚、民党,悉为国人之所不容"。

△　山东省议会议长及绅商学界代表面诘张怀芝不该联名呈请解散国会,干预宪法,并称:"督军倘再赴徐州会议,发出种种违法之通电,我鲁省绅民即不复承认公为本省督军"。

5 月 23 日　黎元洪令免段祺瑞国务总理职,着伍廷芳暂代;任王士珍为京津一带临时警备总司令,江朝宗、陈光远为副司令。同日,黎通电各省阐明段免职原因,并派员赴津敦请徐世昌出任总理。

△　段祺瑞通电各省不承认免职令,声称免职令未经其本人副署,"将来地方及国家因此生何影响,祺瑞一概不能负责"。越二日,伍廷芳通电声明免职令符合约法规定。

△　张勋召集督军团开第四次徐州会议,10 余省督军及督军代表与会,段祺瑞派徐树铮等参加。议定由津浦、京津、京汉三路进攻北京。张勋在会上提出复辟问题,各督军均表赞同。

△　黎元洪令派陆军部次长张士钰暂代部务。

△　云南督军唐继尧致电北京政府及各省,反对督军团武力干政,

宣布拥护国会。

5 月 24 日　张勋致电黎元洪陈述徐州会议各督军反对免段职令，声称"凡任免官吏，向由国务院发出，非经国务总理副署，不能发生效力"，并以"如无持平办法，必将激生他变"相威胁。

△　吴笈荪、饶汉祥奉派到津促徐世昌出任国务总理，徐以"杜门谢客，不能入京"为辞，拒不见面。

△　川滇军复起冲突，戴戡电京请辞四川省长兼代督军职。

△　湖南省议会致电北京政府，反对督军团解散国会言行。

△　黎元洪任命王承斌为直隶陆军第一混成旅旅长。

5 月 25 日　黎元洪至王士珍私宅，劝王出任国务总理。王婉言谢绝。

5 月 26 日　陕西砖坪县奉准更名岚皋县。

5 月 27 日　黎元洪电请梁启超入京，梁复电谢绝。

△　英国在沪招募华工第四批 200 名放洋。按：前三批华工共 400 名已先期启航。

5 月 28 日　黎元洪特任李经羲为国务总理。

△　张作霖致电黎元洪，要求解散国会及段祺瑞复任，否则即与北京政府"断绝关系"。

△　蒙匪巴布扎布余部 8000 余人陷呼伦贝尔，副都统胜福弃城潜避。

△　四川懋功县察都和尚若巴僭称帝制，是日登极，伪号"大清"，改元"通志"，设立伪官。6 月 10 日，伪皇帝发布招降川边 22 土司诏，妄称"推翻民国，重建大清"。据地数百里，拥众数万。经川省当局派兵进剿，至 11 月始平。

5 月 29 日　安徽省长倪嗣冲通电宣告安徽独立，宣布"自今日始与中央脱离关系"。旋下动员令，并截留津浦路车辆，运兵北上。

△　河南督军赵倜、省长田文烈致电黎元洪宣告河南独立。

△　张作霖再次通电要求"解散国会"，删定宪法，组织"良好内

阁"，否则"当率辽奉子弟，直捣京师"。旋于 6 月初，派第五十三旅旅长张景惠率同奉天独立军混成一旅向滦州进发，并令驻锦州第五十六旅开赴山海关。

△ 安徽督军张勋致电杨善德、齐耀珊，敦促浙江宣布独立，声称"此事既经发动，决无游移，务祈克日进行，以期一致"。次日，杨、齐宣告浙江独立。

△ 张嘉璈等在上海创办《银行周报》，诸青来等任编辑。

5 月 30 日 冯国璋在南京召集军事会议，对于时局取旁观态度。

△ 王士珍在北京召集军事会议，曹锟、李纯与在京高级军官出席，议决致电倪嗣冲等主张和平解决时局。

△ 奉天督军张作霖通电声明"与中央脱离关系"。

△ 滇黔桂粤等省督军力诋倪嗣冲等叛乱行为。湘督谭延闿通电各省督军省长请"合力调融，用奠危局"。

△ 日商开办大连交易所钱钞信托株式会社，资本 300 万元。

5 月 31 日 众议院议长汤化龙辞职，吴景濂当选为议长。

△ 毕桂芳、许兰洲致电黎元洪，要求收回免段职令，否则"江省亦惟有取各省自保治安之法，一致进行"。

△ 黎元洪通电冯国璋及各督军省长等，指斥倪嗣冲等倒行逆施，分裂割据。

△ 陕西督军陈树藩通电攻击"国会专制"，宣布陕西将"与皖、鲁、豫采取同一行动，与中央脱离关系"。

△ 山东督军张怀芝致电黎元洪，要求解散国会，重组内阁，否则山东将"对中央脱离关系，与奉、皖、豫、浙、秦等省为一致行动"。

△ 驻岳军总司令吴光新通电称独立各省"已相继自由行动，与中央脱离关系"，宣布岳阳"自本日起，一律戒严，所有地方行政、财政、司法、交通、金融各机关，应移居于司令官监督保护之下"。

是月 日商在大连开办满洲制麻株式会社，资本 100 万元。

6　月

6月1日　黎元洪令召安徽督军张勋入京共商国是。

△　直隶督军曹锟、省长朱家宝等通电宣告直隶独立,并令驻涿州混成旅移驻长辛店。次日,复派驻保定第二十师七十七团连夜开赴良乡,威逼京师。

△　王占元、卢永祥分别致电黎元洪,要求解散国会。

△　驻河南洛阳第七师师长张敬尧发出通告,声称:部分军队即开抵郑州,"静候徐、皖、鲁、直约定日期",出师北上。

△　冯国璋致电各省,力主"调停"。

△　陆荣廷同两广督军省长联衔电请冯国璋,"解出菜难,以固共和"。

△　李烈钧通电黎元洪、参众两院及各省,吁请"护法卫民"。

△　唐继尧致电黎元洪,促李经羲即日就职,组织内阁。

△　上海总商会以皖浙独立,商业恐慌,呈请护军使并电冯国璋等,要求"迅赐消弭,以救危殆"。次日,京师总商会、全国商会联合会通电各省,吁请悯商民之痛苦,和平解决时局问题。

△　伍廷芳、黄炎培等44人在上海发起成立"中华职业教育社",发表宣言及组织大纲。

6月2日　徐树铮策划独立各省在天津成立"各省军务总参谋处",以徐世昌为大元帅,雷震春为总参谋长,并宣布另立"临时政府"、"临时议会"。

△　黎元洪提出解决时局五项条件,4日派钱能训赴津面告徐世昌。5日,徐亦提出解散国会等四项答复条件。

△　张勋电黎元洪,以解散国会为罢兵交换条件。

△　安武军"北伐总司令"倪毓棻奉命率队进攻北京,是日自蚌埠出发开赴天津附近之良王庄。

△ 黎元洪以教育总长兼署内务总长范源濂因病请辞,给假"调理",令张志潭、袁希涛两次长分别代理内务、教育部务。

△ 研究系国会议员蒲殿俊、林长民等60余人,致书两院议长,声称反对派议员借"外患之起转为内讧之媒",提出辞职。

△ 广西省议会致电北京政府及各省,要求严惩倪嗣冲,以遏乱萌。

△ 总统府顾问哈汉章、总统秘书黎澍、军事顾问金永炎等三人辞职离京赴津。

6月3日 副总统冯国璋致电参众两院提出辞职。8日,黎元洪电冯及各省,以约法规定,副总统未代行总统职权之前,"仅属荣名,无职可辞",予以慰留。

△ 王士珍通电各省,转告黎元洪解决时局办法:"解散国会,即筹适当手续。至总统地位,决不留恋",要求各省速饬已动之军队,暂驻现至之地;未动之军队,仍行驻扎原处。

△ 代总理伍廷芳电请督军团派代表入京商榷和平解决办法。

△ 冯国璋派警察厅长王桂林赴徐往晤张勋,提出改组国会等三项解决时局办法。张勋表示:复辟是"一劳永逸"之解决办法。

△ 山东督军张怀芝派旅长徐凤宾率一支队开赴天津附近之独流镇、良王庄一带。

△ 日本首相寺内正毅派西原龟三第四次来华,8日秘密抵天津。西原此行目的,在于促进段祺瑞重新控制北京政权。

6月4日 黑龙江省督军毕桂芳、师长许兰洲以胁迫黎元洪下罪己令,解散国会未遂,是日通电宣布黑龙江省独立。

△ 晨,海军总长程璧光入见黎元洪,告以张勋复辟之严重性,促黎"急离京暂避其锋,免为要挟"。黎未决。

△ 绥远口北司令兼旅长王丕焕致电北京政府称,绥远都统蒋雁行请假,自任都统,并宣布独立,与同中央脱离关系之各省取一致行动。

△ 热河都统姜桂题致电黎元洪、王士珍,主张解散国会,以去纠

纷,并宣布即日赴京调停。13日,姜抵达北京。

△　王士珍派员赴津与"总参谋处"磋商调停办法。参谋处称:各省开出之军队"万难折回",并要求总统迅速退位。

△　曹汝霖入京往晤日公使林权助,告以:昨日(3日)曾在天津和督军代表等详细商讨,结果决定:"一、废除约法;二、使黎元洪退位,给予相当优待;三、在北京组织中华民国军政府,以徐世昌为大元帅(徐已承诺);四、召集临时参议院制定宪法,选举总统。"并谓:"此时绝对不实行复辟,目前正在说服张勋。"

△　日本外务大臣本野约见驻日公使章宗祥,表示徐世昌出山即能"收大局重谋建树",并称应先消灭现政府,再谋建新政府。

△　黎元洪任命李思浩兼署中国银行总裁。

△　自1日起,北京《民国新闻》、《共和新闻》等八种报纸先后停版。是日《中华新报》亦以时局濒危,纵言无益,宣布停刊。

6月5日　黎元洪拟辞职,电请冯国璋代理大总统,冯不允。

△　海军总长程璧光反对督军团干政离京,9日抵沪,谒孙中山。孙促即出师讨逆。

△　倪嗣冲复电王士珍,要求"严惩奸谀,解散国会,另组议宪机关,起用老成硕望总理阁员,除帝制嫌疑各人罪名";并宣称其举兵系"为民请命"。

△　鲍贵卿致电卢永祥,告以"昨奉命赴津,与军务处接洽,请各军暂勿前进,东海(徐世昌)愿出维持。候绍轩(张勋)北来,共商良策"。

△　绥远都统王丕焕致电冯国璋及各省,反对共和,主仿效英国实行君主立宪。

△　交通部致电天津"总参谋处"及独立各省,要求维持交通命脉,请勿扣车、截款及阻碍邮电。

△　升允致函张勋,谓"今贼党内乱方剧,以足下宗旨素定,正宜建立龙旗,宣言复辟……将共和政体一概铲除",否则"机会一失,身败名裂……悔之何及!"

△　美公使芮恩施照会外交部,声称:"中国对德开战抑或仍守与德绝交之现状,乃次要之事件","美国尤为深切关心者,在中国之维持中央统一与单独负责之政府"。

6 月 6 日　张勋致电独立各省,宣布 7 日"挈队入京,共商国是",要求,"各省业经出发军队,均望暂屯原驻处所,勿再进扎"。

△　山东督军张怀芝通电各省,坚持"解散国会,重订宪法,组织责任内阁,芟除府中宵小",反对另组政府。

△　孙中山、章太炎致电陆荣廷及西南各省督军省长,主张讨逆救国,指出"中立"实为"窃地拒命",作"谋叛各省之屏蔽"。

△　曹汝霖以天津"总参谋处"名义,谋求各国公使支持"临时政府"。各使以听命于本国政府为由婉拒。

△　天津"总参谋处"陆宗舆、汤化龙等以争论复辟、共和问题,大启冲突。

△　前浙江都督汤寿潜在绍兴病死。

△　华侨集资创办之《民国大新闻报》在上海出版。《出版宣言》宣称该报"以保障共和国体"为宗旨。

6 月 7 日　直督曹锟、师长范国璋通电反对另组政府,指出天津成立"总参谋处",是为别图拥戴,攫夺政权,要求"以议宪为正论,以国家为前提,抱定宗旨,共扶危局"。

△　广东省议会致电北京政府,略谓逆贼叛国,"征诛而外,无它可言";"退位"、"调和",实为"亡国祸胎",请"号令全国人民,声罪致讨"。

△　熊希龄通电北京政府及各省反对清帝复辟,谓"今南北各省,旱潦已成,赤地千里",若"再有复辟之举,南方因以称兵,党人借以为名,振臂一呼,乱者四应",则全国将"土崩瓦解,不可收拾"。9 日,冯国璋复电熊希龄,诡称"日来绍帅(张勋)入京,必有最正当之解决,前次传闻之说,未足凭也"。

△　宁夏护军使马福祥致电黎元洪,诡称:国会"一日不散,人心一日不安",要求总统"明令解散",并请徐世昌与张勋"同任调护"。

△　黎元洪以农商总长谷钟秀因病请辞,着给假 10 日调理,令农商次长文群暂代部务。

△　中华全国学生救亡会发布《宣言书》,斥段祺瑞等"媚外以自固,瘠民以自肥",宣称当前是"国家存亡之关键",全国学生救亡会同国人一起拯救国家。

6 月 8 日　张勋抵天津。所部定武军 12 营 4300 余,直开北京,分驻天坛、先农坛。

△　总统府秘书长夏寿康奉黎元洪命到天津迎张勋进京。张提出"调停"六条件:一、实行责任内阁;二、解散国会;三、解散省议会;四、改定宪法;五、惩办群小;六、特赦政治犯。

△　孙中山致电西南各省,指出:倪嗣冲等"举兵谋另组政府,为复辟先声",近又"借口调和,希图解散国会,推翻宪法","犹作以退为进之计",要求"克日誓师,救此危局"。

△　李烈钧应陈炳焜邀请由沪抵粤,筹商出兵讨逆事。

△　黎元洪以张耀曾称病,给假 10 日"调理",令司法部次长徐谦代理部务。

△　陆荣廷致电江朝宗,探询中央对于时局之主张,调停能否成功,"幸希密示,俾有遵从"。

6 月 9 日　张勋在天津电告冯国璋及各省,一俟解散国会命令宣布,即入都"调停"。

△　海军总长程璧光在沪召集第一舰队司令林葆怿及各舰长讨论"对待时局办法",决宣布拥护共和,即行讨逆。

△　驻粤滇军第四师师长方声涛致电黎元洪,敦请"毅力主持,声罪致讨",表示枕戈待命,愿为后盾。

△　浙江旅沪同乡会致电杨善德,宣布叛督附逆独立,浙人誓不承认。

△　俄国临时政府驻华公使库达摄夫向黎元洪递交国书。

△　美国人密勒创办之《密勒氏评论报》在上海出版。

6 月 10 日 孙中山、章太炎联名电劝黎元洪,勿为奸人所蔽,勿徇叛徒强请,"奉大法以治国,依民意以御暴"。

△ 孙中山、章太炎通电西南各省,揭指"调停战事之人,即主张复辟之人";若"任其调和",则"共和遗民必无噍类";并谓各叛督及徐世昌、段祺瑞、冯国璋、张勋、梁启超、汤化龙、熊希龄等"有一不诛",誓不罢兵。

△ 孙中山与章太炎联名致电陈炯明,指出:"君在今日,宜宣言拥护国会,不宜宣言拥护总统"。

△ 陕西讨逆军王飞虎与严雨亭(驻潼关)、李襄初(驻蒲城)三团长及陕北镇守使井崧生、其弟关中道尹井勿幕等进迫省城,驱逐附逆陕督陈树藩,是日,陈树藩弃城出走。

6 月 11 日 张勋在津迭催颁发解散国会令。代总理伍廷芳通电全国,以解散国会命令蹂躏约法,声明拒绝副署。

△ 李烈钧、陈炳焜、谭浩明联电黎元洪等,宣布联合西南各省,兴师讨逆。

△ 江西督军李纯致电陆荣廷及西南各省,主由冯国璋与张勋以"拥护中央为宗旨,维持大局为前提"调停时局。

△ 驻日公使章宗祥致电陆宗舆,告以日本内阁总理大臣寺内认为中国时局"宜速解决,宜乘此时兵权在手,组织纯粹之强固政府,俟政局大定,然后再议调和,兼收并蓄。若现在即行迁就,恐仍非根本解决之道,嘱转达东海(徐世昌)、合肥(段祺瑞)参考"。

△ 日本外务大臣本野对驻日公使章宗祥表示,日本不支持张勋复辟活动。同日,又急电林权助,以"适当方法"表明日本态度。

6 月 12 日 黎元洪被迫下令解散国会,并通电全国说明违法宣布解散之苦衷,要求各省长官"勿生异议"。

△ 伍廷芳因不肯副署解散国会命令请辞。是日,黎元洪令准免伍廷芳代理国务总理兼职。国务总理李经羲未到任以前,特任江朝宗暂行代理。江当即副署解散国会命令。

△　驻粤滇军第三师师长张开儒通电全国,指出:"欲保障共和,必先保障国会",要求西南各省"速兴义师,大张天讨,以全力拥护国会"。

△　唐继尧电告孙洪伊,滇省"已下动员令,克日开拔"。

△　海军总长程璧光电促皖、奉等省取消独立,并宣布海军拥护中央。

△　驻川滇军师长李伯庚、赵钟奇、姜梅龄通电岑春煊、陆荣廷、李烈钧等请速护法讨逆,并指出诸公"不宜自立于调人之地位",若"我方隐忍以顾大局,彼益猖獗而行诡谋,必使已死之帝政复活"。

△　英国在沪招募华工第五批190余人乘轮赴英。

6月13日　张勋通电独立诸省"撤回军队,效顺输诚"。次日,又通电各省,吁请支持李经羲组阁。

△　李烈钧致电黎元洪,谓"元首、国会同时依法存在,国会可以非法解除,元首亦形同虚废,安时之利犹小,乱法之害实大"。望"坚持初旨,守正不移"。

6月14日　张勋在津与徐世昌、段祺瑞及帝制派诸人密谋复辟,迫令国会解散后,是日偕李经羲入京。

△　冯国璋致电黎元洪、江朝宗、王士珍、张勋,以国会解散后,第一要着即请王、张致电独立各省"恢复原状,迅杜责言",其他条件"仍于法律轨范内从容商榷"。

△　孙中山派胡汉民到广州,与陈炳焜、朱庆澜等商讨逆护法。

△　国会被迫解散,两院旅沪议员,是日在上海宣告成立通讯处,以便讨论护法事宜。

△　张作霖致电倪嗣冲,以李经羲与民党有"特别之关系"为由,反对李氏组阁,力主段祺瑞复职。

△　王占元致电倪嗣冲,反对李经羲组阁,提出徐世昌或王士珍出任"最为适宜"。次日,张怀芝通电赞同由王士珍组阁。

△　社会党通告在沪设立筹备处,推谢伯英为筹备主任。

△　黑龙江省督军毕桂芳为该省军务帮办兼陆军第一师师长许兰

洲所迫,通电辞职。

△ 由张肇达等发起组织之北京烟酒商业银行开业,资本 500 万元。

6 月 15 日 张勋会见黎元洪,提出:一、请将优待清室条件列入宪法;二、请定孔教为国教;三、请批准定武军增加 20 营。

△ 曹锟致电张勋,声称现时"势必军人内阁,乃能统一兵权,大振国威",主由王士珍出组内阁。

△ 广东省议会开会欢迎胡汉民,胡在会上发表时局演说,指出此次事变,"祸机所伏已久","不过为帝制之余毒耳"。要求国人勿存"姑息苟安之念",应尽护法之责。

△ 驻粤滇军师长张开儒、方声涛等通电西南各省,出师讨逆卫国。

6 月 16 日 陆荣廷致电黎元洪及各省,谓国会业已解散,各省应即罢兵,如"再肆行要挟",则"只知维持共和,拥护元首,不恤其他"。

△ 孙中山派戴季陶赴日调查中国复辟党在日之活动。戴于 21 日抵东京,数日后返沪复命。

△ 国会议员吴宗慈访晤孙中山,商讨逆护法。

△ 张勋着黄马褂密往清宫觐见废帝溥仪。

△ 黎元洪令准司法次长徐谦辞职,任命江庸署司法次长代理部务。

6 月 17 日 康有为致电黎元洪,指斥国会"无道","约法不良",督军团"勒散国会","大有功于国民",要求总统明令"开国民大会,以公议宪法"。

△ 胡汉民奉孙中山命是日赴南宁邀陆荣廷去粤商讨逆。陆主张两广自主,乃托足疾拒行。

6 月 18 日 张勋致电独立各省,以所提条件既经解决,请即"取消独立",将军队调回原驻地点。

△ 广东召开万人公民大会。声讨督军团祸国,通过不承认解散

国会令、要求西南各省兴师讨贼等四项决议。

6月19日　是日安徽、直隶、河南、陕西四省,次日,奉天、山东、浙江三省,越三日福建省,分别宣告取消独立,"归附中央"。

△　旅沪国会议员致电西南各省,以解散国会命令违背约法,声明无效。

△　孙中山通电中华革命党党员,准备兴师讨逆,维持共和。

6月20日　粤督陈炳焜、桂督谭浩明联衔致电黎元洪、冯国璋及各省,宣布:"国会未经恢复以前,所有两广地方军民政务暂由两省自主。遇有重大事务径行秉承大总统训示,不受非法内阁干涉。"

△　黎元洪指令迅速设立内务部办理选举事务局。

6月22日　李经羲通电就任国务总理,宣布"任事之期,断以三月为限"。越二日到院接任视事。

△　天津"各省军务总参谋处"内部武人派、阴谋派、帝制派、复辟派各抱宗旨,互相倾轧,矛盾重重,成立未及旬日,即发生内讧,是日由雷震春宣布撤销。

△　陈炳焜、谭浩明联衔致电冯国璋、王士珍及各省,以李经羲组阁"失所依据",请速召集国会,依法产生内阁。

△　黑龙江省陆军骑兵第四旅旅长英顺与步兵第一旅旅长巴英额致电北京政府,以许兰洲胁迫督军退职,宣布与许断绝关系,要求将许调离本省,仍令毕桂芳督军复职。

6月23日　旅沪国会议员发表宣言,要求申讨"倡乱之倪嗣冲,主逆之张勋,以及为之主谋教唆叛乱者";并谓"假词中立,暗阻义师,或托名调停,袒庇私党,罪与逆均";声明国会既经解散,今后凡有用总统名义所下条教文电"均不承认有效"。

△　孙中山运动海军护法,是晚在上海哈同花园与唐绍仪、岑春煊联名宴请海军总长程璧光"会商大计"。嗣由程召集海军将领会议,响应护法,反对督军团叛变。

6月24日　黎元洪特任李经羲兼财政总长,王士珍为陆军总长仍兼参谋总长,萨镇冰为海军总长,特派程璧光为海军总司令。

△ 广东督军公署召开筹商讨逆军事大会,通过粤省自主十项条例,决定从本省各军中编制若干兵力会同驻省滇军克日出师。

△ 广东督军陈炳焜借口自主时期军事指挥权应当统一于督军,令高雷镇守使林虎接收警卫军。朱庆澜有滇军支持拒绝交出。

6 月 25 日 "山西全省讨阎军总司令"景霨文自陕州(今河南陕县)通电,以阎锡山附逆独立,宣誓会集义师直捣太原,并请北京政府明令将阎褫职。是日,北京政府致电阎锡山令其和平解决。

△ 粤督陈炳焜、桂督谭浩明通电主张恢复国会,解决国是,同日通电申明两广自主。

△ 湘督谭延闿致电大总统,以倪嗣冲通电所提各条件,"不独陷命令变更法律之嫌,尤虑启人民破坏约法之渐",主对修改约法宜加审慎。

6 月 26 日 李烈钧、张开儒、方声涛在粤部署军事,准备出师北伐。

△ 京师地方审判厅判决财政部炼铜厂受贿案。受贿正犯前财政总长陈锦涛被判有期徒刑三年二个月;行贿犯虞熙正、陈廷铭、张兴汉亦均被判有期徒刑。

△ 上海国民护法会发表宣言,拥护民国约法。

△ 黎元洪令准将国史馆并入北京大学,在文科附设国史编纂处,处长由校长兼任。

6 月 27 日 黎元洪派员赴粤,劝李烈钧从速进兵。

6 月 28 日 康有为秘密到京,与张勋共谋复辟。

△ 旅沪国会议员致电李烈钧等,促速率师讨逆。

△ 教育部布告改订大学学制办法,规定大学修业年限预科两年,本科四年。

6 月 29 日 黎元洪令准免张耀曾司法总长职、谷钟秀农商总长职;任命江庸署司法总长,李盛铎署农商总长,龙建章署交通总长。

6 月 30 日 张勋在私宅邀集王士珍、江朝宗、吴炳湘、陈光远等,密谋复辟。

　　△　张勋偕刘廷琛潜入清宫,与陈宝琛举行"御前会议",将复辟行动计划告知清室。

　　△　黎元洪令准全国水利局总裁谷钟秀辞职,任命李盛铎兼全国水利局总裁,孙多森为中国银行总裁。

　　是月　孙中山致函日本首相寺内正毅,对日本扶持段祺瑞北洋军阀提出批评与劝告:"今者北洋军人,虽以武力破约法、毁国会、囚总统,有似优势矣,而其非能统一长久,亦已炳然。纵使贵国加以援助,终难使民心悦服,此贵国政治家所最宜注意之时机也。"

　　△　日商在天津开办东亚火柴株式会社分厂。是年又在沈阳、大连、济南开办分厂。四厂资本共 40 万元。

　　△　薛宝润等在上海创设厚生纺织股份有限公司,资本银 120万两。

7　月

　　7 月 1 日　张勋在北京拥戴清废帝溥仪复辟。凌晨,张勋、康有为等数十人同入清宫,谬称"共和解体,人心思旧",奏请复辟。上午溥仪发布"即位诏",诡称"共和解体,补救已穷",宣告"亲临朝政,收回大权",改 7 月 1 日为"宣统九年五月十三日"。条列"大权统于朝廷,庶政公诸舆论,定为大清帝国,善法列国君主立宪政体"等九项施政方针。同日,封黎元洪为一等公;授张勋、王士珍、陈宝琛、梁敦彦、刘廷琛、袁大化、张镇芳为内阁议政大臣,万绳栻、胡嗣瑗为内阁阁丞;王士珍为参谋部尚书,雷震春为陆军部尚书,梁敦彦为外务部尚书,张镇芳为度支部尚书,朱家宝为民政部尚书。授徐世昌、康有为弼德院正副院长;授各省原督军均为总督、巡抚和都统,张勋兼直隶总督北洋大臣,冯国璋为两江总督南洋大臣。

　　△　张勋等致电各省,谬称共和之不若君主,"相距天渊"。"为时势计,莫如规复君主;为名教计,更莫如推戴旧君",宣布已于是日"奏请

皇上复辟",要求各省应即"遵用正朔,悬挂龙旗"。

△ 黎元洪通电全国,否认还政,并谓本日张勋派梁鼎芬等来府游说复辟,经"严词拒绝,誓不承认",要求各省"迅即出师,共图讨贼","复我共和"。

△ 孙洪伊电促曹锟及近畿各师旅长讨逆,略谓元恶张勋,倾覆民国,公等"掌握重兵,坐镇畿辅",应"速决大计,以拯危乱"。

△ 梁启超通电反对复辟。指出就外交、财政、军事而论,"此滑稽政府皆绝无可以苟延性命之理"。

△ 旅沪公民邱啸天等1500人致电陆荣廷及西南各省,略谓"张逆盗国,亡清复辟",吁请"迅出大军,顺天讨逆"。

△ 中华全国学生救亡会在上海成立,名誉理事长王正廷,理事长孙漱岩。该会章程规定:"以联合学生,唤起国民,扶持正谊,拯救中华民国危亡为宗旨"。越二日,致电西南各省,吁请"克日誓师,肃清遗孽"。

7月2日 黎元洪避居日本使馆。日公使林权助当即通告各国使馆及张勋,声明绝不允许黎作任何政治活动。

△ 黎元洪电请冯国璋代行大总统,特任段祺瑞为国务总理,令准免李经羲国务总理职。

△ 段祺瑞与徐世昌略事商量后,即偕同靳云鹏、张志潭、梁启超、汤化龙等从天津到马厂,组织讨伐张勋武力。

△ 溥仪授瞿鸿機、升允为大学士,冯国璋、陆荣廷为参预政务大臣。补授沈曾植为学部尚书,萨镇冰为海军部尚书,劳乃宣为法部尚书,李盛铎为农工商部尚书,詹天佑为邮传部尚书,贡桑诺尔布为理藩部尚书。

△ 湖南督军谭延闿、浙江督军杨善德、省长齐耀珊、四川督军戴戡及山东讨逆军总司令李统球分别通电反对复辟。

△ 岑春煊、孙洪伊分别通电声讨叛逆,反对复辟。

△ 旅沪国会议员致电冯国璋及各省,吁请国人迅速图起,声罪讨

逆,捍卫民国。

△　上海《民国日报》发表《讨逆檄》,宣布张勋、康有为已成民国叛逆,"再有言调和者,国民当以国贼视之"。上海《时报》、《中华新报》、《民国大新闻报》、《新闻报》亦纷载各界声讨张勋通电。

△　研究系《晨钟报》暂移天津出版。北洋派和交通系各报如《公言报》、《民言报》等停刊。

7月3日　段祺瑞于天津马厂召开军事会议,议决设"讨逆军总司令部",自任总司令,分东西两路讨逆,以段芝贵、曹锟分任两路司令。

△　段祺瑞在马厂通电讨逆,略谓张勋倡此逆谋,将为清室"再度之倾覆,以至于尽",祺瑞"曾受恩于前朝","不忍"听其"陷于自灭"。同日,段在讨伐张勋布告中表示,对清室优待条件仍当"永泐成宪,世世不渝"。

△　段祺瑞以黎元洪失其自由,不能执行职务,电请冯国璋代理大总统职务。

△　国会议员以非常会议之议决,电请黎元洪南下护法,"而策军事之进行"。宣称:"暂设军事上统一之机关,以达到恢复约法之效力,国会及大总统完全行使其职权为止。"

△　冯国璋通电各省兴师讨逆,略谓"国璋在前清时代并非革命之人","今日之不赞成复辟,亦犹前之不主张革命,所以保民国,亦所以安清室"。

△　孙中山、章太炎、唐绍仪、程璧光就复辟事集议上海孙寓。程称奉黎元洪之命,"国家危急,嘱孙先生维持国事"。议决以军舰护送孙中山南下广东护法。

△　是日直隶、广东、贵州三省,4日山西省,5日山东、河南两省,分别通电反对复辟。

△　程璧光、卢永祥通电宣布愿率驻沪海陆军将士讨逆,"即日出师,挥戈北上,扫帝制之余孽,杜汉奸之蔓延","击楫中流,誓无反顾"。

△　上海召开海陆军大会,海军程璧光、陆军马鸿烈(代表卢永祥)

参加,孙中山、章太炎、孙洪伊、林葆怿、萨镇冰等亦出席。议决由程璧
光、卢永祥联名通电宣布讨逆。孙中山发言指出:此次讨逆,"匪特为国
民争生存,且为全民族反抗武人主义之奋斗"。

　　△　前参议院议长张继由津抵沪,对来访者发表谈话,指出:段此
次讨贼,假名窃义,完全欺人之举。

　　△　陆荣廷通电黎元洪、冯国璋及各省,声明日前入都述职,私谒
故主,"不过摅恋旧之蓄念,并无别意存乎其间",与张勋合词奏请复辟
事,纯属捏造;并谓"荣廷素以拥护共和为职志"。

　　△　护国第二军总司令李烈钧、第三师师长张开儒、第四师师长方
声涛通电宣布愿率"护国第二军,申讨叛贼"。

　　△　上海总商会致电冯国璋,请"代行大总统职权,组织临时政府,
以维国体"。

　　△　湖南长沙举行拥护共和万人大会。会间群情激愤,有人断指
血书"护法讨贼"四字,送会宣布。大会请求谭延闿实践"出师讨贼"之
诺言。

　　△　上海各界 6500 人举行"中华共和保障会"成立大会,发表宣言
书,表示"誓死讨贼";并通电各省"捍卫国家,人人有责",要求出师
讨逆。

　　△　上海商界张文卿等 144 人发表敬告商界同胞书,请悬五色共
和国旗,"以示我商民良心上之真是非"。4 日起,上海公共租界、法租
界、全市各商店纷悬五色共和国旗,以示拥护共和,反对复辟。

　　△　上海神州女界协济社通电表示"誓死效忠民国",并愿"劝募军
饷,以佐义师"。

　　△　蔡元培致书总统府,请辞北京大学校长职。

　　△　孔丘第七十六代孙孔令贻电贺张勋"复辟"。6 日,又函张勋
恳求入觐溥仪,参加"中兴盛典"。

　　7 月 4 日　冯国璋、段祺瑞联名通电,列举张勋破坏民国、"辜负先
朝"、糜烂京师等八条罪状,宣布率师讨逆。

　　△　段祺瑞通告宣布军令六条；并致电张敬尧，望"克日拔队北上"。又电田中玉，称张勋"拟劫清帝西走内蒙"，务请会同第七师驻张家口骑兵"朝夕严防，毋令该逆幸脱"。

　　△　段芝贵东路"讨逆军"第八师自马厂出发，经天津转赴北仓，进驻落垡、廊坊一带。次晨在万庄击退张军，追至黄村以北。

　　△　曹锟西路"讨逆军"自保定北上进驻涿州、良乡，占领卢沟桥一带。7日，与张军战于丰台，张军败退。

　　△　驻马厂第八师师长李长泰通电讨逆。

　　△　孙中山与唐绍仪、孙洪伊、程璧光、萨镇冰、章太炎等商迎黎元洪来沪设立民国政府，并发讨逆宣言。同日，致电两院议员盼南下护法，并通电西南六省各界盼速商建临时政府。

　　△　护国第二军第三师师长张开儒通电主张迁都广州，遥戴黎元洪，维护共和政体。

　　△　程璧光电告冯国璋，海军仍直隶于黎大总统，"已派兵舰奉迎"。

　　△　吴光新通电冯国璋及各省，略谓"元首既失自由，应依法拥戴副总统继任，设立共和政府于南京，号令统治，合力讨逆"。

　　△　旅沪议员通告滞留各地议员来沪，以便择地正式开会，"根据法律讨伐叛逆，解决时局"。

　　△　前川军第二师师长刘存厚通电反对复辟。声明"拥护共和，义无反顾，愿随海内，共张挞伐"。

　　△　贵州省议会通电反对复辟，请冯国璋代行大总统职权，继续成立民国政府，并命将北伐。

　　△　李经羲通电历述张勋入京"调停"及发动复辟事，自认"躬与其事"，应受"重诛"，张勋"造恶构乱"，"罪不容诛"，但要求对张"开一面之网，容其穷蹙知归"。

　　△　孟恩远自北京电告吉林督军署，宣布即日就任清巡抚，并令"改用宣统正朔，悬挂龙旗"。7日，吉林省绅商各界召开大会坚决

反对。

△ 溥仪发布"谕旨",着采用君主立宪政体,各省派员三人克期来京妥议宪法、国会,并着民政部速议具奏行宪筹备事宜。

△ 溥仪授徐世昌为太傅。

7 月 5 日 段祺瑞通电宣布就任国务总理,自马厂移津,暂以直隶省公署为办事处,并称已电请冯国璋迅即"宣布代行大总统职权日期,早日莅津视事"。

△ 段祺瑞致电王士珍、江朝宗、吴炳湘,以攻城在即,嘱"所有京城地方秩序,使馆界内外之外人暨清室之安宁,均请执事竭力担任维持"。

△ 张勋通电各省,略谓冯国璋、段祺瑞、徐世昌等参与策划复辟活动,"数年以来,密谋进行,全仗众力。去岁徐州历次会议,冯、段、徐、梁诸公及各省督军,无不有代表在场;即勋此次到津,徐东海(世昌)、朱省长(家宝)均极端赞助";"芝老(段祺瑞)虽面未表示,亦未拒绝。勋到京后,复派代表来商,谓只须推倒总统,复辟一事,自可商量"。"现既实行,不但冯、段通电反对,并朝夕共谋之陈光远、王士珍,首先赞成之曹锟、段芝贵等,亦居然抗颜反阙,直逼京畿,翻云覆雨,出于俄倾,人心如此,实堪浩叹"。

△ 倪嗣冲通电表白复辟之举"事前既毫未商明,事后岂甘心承认",今后一切当随冯国璋、段祺瑞一致进行。

△ 张作霖致电曹锟等,声称早具反对复辟决心,因"奉省处特别地位",故"未能发难为天下先"。7 日,通电否认参与复辟阴谋,并谓"此次复辟罪在张勋,清帝冲龄,毫无关系,优待条件,当誓共遵守"。

△ 鲁督张怀芝等通电请取消帝制,暂由副总统代行大总统职权,以维全国统一。

△ 浙督杨善德通电宣布:"已由本省第一、二、四各师抽编混成一旅队,组织完备,听候河间(冯国璋)、合肥(段祺瑞)会师致讨。"

△ 冯玉祥通电宣布:"誓以铁血拥护民国",拥段为讨逆军总司

令，"誓师讨贼"。

　　△　驻北京北苑及通州之陆军第一师、近畿陆军第一旅发布讨张勋宣言，宣布"所有一切，均听段总司令指挥"。

　　△　北京南苑航空学校校长秦国镛致电段祺瑞，表示愿"率飞行队与讨逆各军取一致行动"。7日派飞机投弹轰击清宫。

　　△　川黔军在成都开战。夜，黔军至北校场察看川军哨所，川军开枪射击，战争爆发。川军势孤，退守西门待援。

　　7月6日　冯国璋在南京就任代理大总统。

　　△　冯国璋特任段祺瑞为国务总理。

　　△　程璧光派军舰赴秦皇岛迎黎元洪南下，黎执意辞职，不肯南下。

　　△　孙中山偕朱执信、廖仲恺、何香凝、章太炎、陈炯明等由沪乘"海琛"舰南下赴粤护法。

　　△　冯国璋任倪嗣冲为"讨逆军南路总司令"，所有沪、杭、赣各师旅统归节制。

　　△　段祺瑞任李长泰为"讨逆军参赞"。次日，复任为"讨逆军东路副司令"。

　　△　段祺瑞于天津设国务院办公处，并发布惩办祸首令，令曰："张勋应即褫去本职，并褫夺军职、勋章、勋位，着传知前敌各军严拿务获，尽法惩治。"

　　△　张勋通电辞"内阁议政大臣"等职，主由徐世昌组织完全内阁，徐来京之前，所有阁务统交王士珍暂代执行，并再次供称徐世昌、冯国璋对于复辟主张"尤深赞许，信使往返，俱有可证"。

　　△　李纯下令动员誓师北伐，宣布自任赣省北伐军总司令，编组一、二两军，先遣队相继出发。

　　△　浙督杨善德、省长齐耀珊通电拥护冯国璋继任大总统，并请段祺瑞统师北伐。

　　△　浙江督署开军事会议，议决编组混成支队出师讨逆。越二日，

支队开抵上海转赴南京,编入南路北伐军,受倪嗣冲节制。

　　△　刘存厚增派部队进入成都,川黔军于成都巷战。次晨,川军占领东西两校场,黔军焚毁民房达六七千户,移入皇城固守。

　　△　贵州督军刘显世通电声讨刘存厚,宣布派遣黔军三梯团,分赴川境,增援驻川黔军。

　　△　中华全国学生救亡会发表《敬告国人书》,吁请联合西南,共锄群奸;又致函全国学界"群策群力,共拯危亡"。

　　7 月 7 日　讨逆军东路发起进攻丰台,西路各队及新加入之第十二师陈光远部,倒戈之近畿第二旅吴长植部,从后夹击。张勋军向西北方面溃窜,讨逆军遂占丰台。

　　△　旅津国会议员吴景濂等 65 人通电,提出拥护约法;择地自行集会;请副总统继位,依法组织政府;组织神圣共和军;议定宪法;否认解散国会令,取消清室优待条件;惩办逆党;遣散非法军队等九项兴师讨贼条件。

　　△　旅津国会议员吕志伊等 237 人通电,主张"今日救亡大计,必当根据约法解决一切问题"。

　　△　外交总长伍廷芳抵沪,宣布照常行使外交总长职权,电告驻京各国公使及中国驻外使馆,否认伪外部,声明所有外交事件,仍由其直接办理。

　　△　旅沪安徽公民阚钧等通电,反对冯国璋就任代理大总统,略谓冯怀抱野心,欲利用时机推翻总统,其罪"不在张(勋)、倪(嗣冲)诸逆之下",请各省"洞烛阴谋,一致反对"。

　　△　康有为致函徐世昌,力请维护复辟残局,谓"若公不能力争,致撤销复辟,则咎有攸归,情同附逆"。

　　△　冯国璋令褫去安徽督军张勋本职并军职、勋章、勋位,特任倪嗣冲兼署安徽督军,齐耀琳暂兼代江苏督军;着免直隶省长朱家宝本职,以曹锟兼署。

　　△　冯国璋以讨逆军"荡平张勋逆军之期即在指日",令所有各省

军队,除业经调遣外,"均应各驻原防,维持地方秩序",并谕禁所在军民人等"勿得借端号召,致滋纷扰"。

7月8日　陕西讨逆军总司令张钫通电出师潼关,"遵令讨逆"。

△　溥仪发布"谕旨",开去张勋"内阁议政大臣暨直隶总督兼北洋大臣"职务,内阁政务暂由王士珍等办理,并俟徐世昌来京会同筹商善后。

△　留日中国学生1000余人在东京召开讨逆大会,戴季陶演说称:前清"遗孽一日不除尽,中华民国国基一日不能巩固"。何香凝疾呼"国家兴亡,匹夫有责",号召青年"尽国民一分子之责任"。

7月9日　冯国璋令倪嗣冲节制张勋在徐军队。

△　冯国璋令免伍廷芳外交总长职。

△　讨逆军在丰台车站逮捕张镇芳、雷震春,在天津新车站捕获冯德麟。15日,冯国璋以张、雷、冯"背叛共和,逆迹昭著",令褫夺官职、勋位、勋章,分交法庭依法惩办。

△　旅沪国会议员召开欢迎伍廷芳、程璧光大会,伍演说主张重办复辟,"斩草除根,以绝后患"。谭人凤称:"调停为自杀政策,海军有护法精神,应以炮火扫除妖氛。"

△　罗佩金通电宣布"即日西上"调解川、黔军队冲突,并分电戴戡、刘存厚"严束所部,立即停战"。

△　川军师长周道刚、熊克武通电报告川黔军冲突情形,并提出川、滇军诸师长兼程赴成都,共谋解决川黔两军冲突,川中事务,仍由戴戡主持,请唐继尧、刘显世令滇、黔军队停止前进。

△　外交团照会步军统领衙门,要求一面解除张勋所部武装,一面让段祺瑞宣言担负保护张勋及其所属安全之责任。

7月10日　孙中山率"应瑞"、"海琛"军舰自上海抵汕头。12日,在汕头各界欢迎大会上演说,认为共和"非一蹴可致"。究其变乱原因,"在于新旧潮流冲突","新人物有新思想,新希望",凡事"步步往前";旧人物则"步步退后"。复辟发生,乃由"旧潮流造成"。断定张勋复辟不会长久。并谓倪嗣冲、段芝贵等实属"旧流人物","今日反对复辟是假","争后来之势力是真"。号召国民为除尽假共和,实现真共和尽力。

　　△　徐世昌致电张勋,指出事机日迫,应"速图脱卸",将军队交王士珍、江朝宗、吴炳湘,"解除武装,移驻城外","执事不操兵柄,自可不负责任";并告经与段祺瑞商明,对其室家财产,"力为保护"。

　　△　段祺瑞通告,对清室惟求撤除帝号,优待条件继续有效。

　　△　伍廷芳等致电冯国璋、段祺瑞,称"今清帝僭位,优待条件当然无效","无论何人,不能遽以保全优待条件,宣布天下";主张严惩复辟祸首,"然首祸者决不止张勋一人","为贼谋主,勾结共事者,岂能以胁从自解"。

　　△　旅津国会议员在天津设通讯处。

　　△　驻日公使章宗祥晤日本首相寺内正毅,同日电段祺瑞,谓寺内对"公重出山,使中国时局早日解决,至为欣慰。深冀速组巩固之内阁,对于两国关系问题,渠(寺内)必加以善意考虑"。

　　△　第十一师张永成部参加讨逆,与十二师合组讨逆军中路,由陈光远任司令。

　　△　段祺瑞派讨逆军交涉处长刘崇杰入京向张勋提出实行停战三条件:一、取消复辟;二、保全清室优待条件;三、在京定武军立即解除武装。张勋不从,谈判破裂。

　　7 月 11 日　段祺瑞派汪大燮往晤荷兰驻京公使,请其转告外交团,对张军将予武力解决,但战斗区域定设法限制,不至危及外人。

　　△　旅沪国会议员通电,重申解散国会命令无效及决定自行集会等五项护法主张。

　　△　吴景濂等致电冯玉祥,指出:"此时扬言反对(张勋)之人,多属始与阴谋之辈",请于"戮张逆之后,并正倪(嗣冲)罪"。

　　△　山东曹县毛思忠所部"忠义军"千余人攻占县城,当由镇守使方玉善派兵镇剿,旋离城而去。

　　△　英国在汉口等地招募华工两批共 530 名,是日由沪放洋。15

日又一批英国在汉口等地招募之华工 150 名由沪放洋。

7月12日　段祺瑞之讨逆军收复京师。晨,讨逆军追抵都门,分三路攻城。张军屯聚天坛,密布炮位于天安门、景山、东西华门各处顽守。旅长冯玉祥、吴佩孚、张纪祥率部攻天坛,激战两小时,张军不支,提出以发给三月军饷为投降条件,段祺瑞允之,即向日本正金银行借款支付。上午 7 时,天坛张军投降。中路陈光远十二师、张永成十一师占领朝阳门。另有旅长商震率步炮各团营堵截西直门、阜成门;旅长王承斌所部占领宣武门,炮击天安门及南河沿张勋私宅。张由德人保护逃入荷兰使馆,其余各处张军相继投降。

△　段祺瑞任命陈光远为讨逆军中路司令,倪嗣冲为讨逆军南路司令。

△　徐州张勋辫兵两营哗变,被劫者百数十家,遭火者 20 余家,死10 余人,财产损失数十万元。东海县亦有辫兵哗变。

△　讨逆军东路司令段芝贵以盐税担保,向北京日本正金银行借款银元八万元。

△　直隶财政厅以所有滦州煤矿股票及公积存款折担保,向天津日本三菱银行借款日金 100 万元,支持段祺瑞"讨伐"张勋。

7月13日　驻徐海一带张勋辫兵统领张文生所部 60 营不受倪嗣冲招抚,约同哗变。

7月14日　段祺瑞由津入京,复任国务总理。黎元洪通电去职。

△　旅沪国会议员致外交团宣言,称段任总理及冯任总统均为非法。

△　北洋军界通电,提出取消优待条件、取消宣统名义、贬溥仪为平民及惩办叛逆诸元凶等四项解决时局办法。

△　冯国璋任命张志潭为国务院秘书长,原任张国淦免职。

7月15日　冯国璋令准免陆军总长王士珍本职,以段祺瑞兼任;特任汪大燮为外交总长,刘冠雄为海军总长,萨镇冰为海疆巡阅使。

△　孙洪伊、田桐、刘成禺等致电西南各省,称"乱法乱国均以段为

首犯",要求"即日出师",通电内外,不承认非法伪内阁之行动。

　　△　冯国璋通令严惩复辟叛逆雷震春、张镇芳、冯德麟,并即褫夺官职暨勋位勋章。

　　△　中华职业教育社选举黄炎培、沈恩孚、杨廷栋等 12 人为议事员。29 日,成立议事员会。

　　7 月 16 日　徐世昌由津到京。段祺瑞晤徐密商清室善后。

　　△　川军攻破成都皇城,黔军求和,双方达成黔军撤出成都四项协议。戴戡将督军、省长、会办三方印绶交省议会。

　　△　滇军分路进攻资阳、井研、仁寿、嘉定、犍为等县。21 日占寿阳、眉山两县,26 日占嘉定。7 月下旬,相继攻破犍、井、资等县。

　　△　唐继尧通电讨伐刘存厚,宣布"刻即躬率三军,吊民伐罪"。

　　7 月 17 日　孙中山抵粤,在广州黄埔公园欢迎大会上作护法演说,主张电请海军全体舰队来粤,然后在粤召集国会及请黎元洪前来执行大总统职务。

　　△　唐继尧通电否认段祺瑞之国务总理,随又数次通电反对段内阁,声明"决心自主,不认非法内阁之命令","所有非法内阁一切命令,概视为无效"。

　　△　冯国璋公布清室内务府咨达张勋率军入宫,矫发谕旨,擅更国体等情之声明,并令严缉与张勋同谋之康有为、刘廷琛、万绳栻、梁敦彦、胡嗣瑗。

　　△　冯国璋任命段祺瑞内阁各部总长:内务汤化龙,财政梁启超,司法林长民,农商张国淦,交通曹汝霖。同时免去范源濂、李经羲、江庸、李盛铎、龙建章等人内务、财政、司法、农商、交通各总长职。

　　△　冯国璋令嘉奖段祺瑞及讨逆军前敌将士。

　　△　戴戡率黔军残部退出成都。刘存厚率川军入城,通电宣布"仍以军长名义暂维秩序"。

　　7 月 18 日　段祺瑞电请冯国璋入京就职。

　　△　旅津国会议员 60 余人集会议决,不承认非法解散国会,宣布

8月1日在上海开国会。

　　△　孙中山致电陆荣廷，请东下至粤，共商要政。

　　△　冯国璋令准免福建省长胡瑞霖本职，以督军李厚基兼署。

　　△　冯国璋以川黔两军冲突，令戴戡、刘存厚"各约束所部"，"静候中央处理"。

　　△　戴戡在仁寿县秦皇寺为川军击毙，黔军余部溃散。

　　△　江苏沭阳县驻军第十六营哗变，捣毁邮电局，抢劫商民200余家，与商民巷战八小时，不支乘夜纵火逃遁。

　　7月19日　国务会议讨论对德宣战案，决从速宣布。

　　△　陆荣廷与两广督军、省长通电，主黎元洪复位。

　　△　孙中山在广东省议会欢迎会上演说，提出再造政府、恢复国会两项办法，主张以粤省议会名义电请国会议员来粤召集国会，"以决要政"。同日，广东省议会致电旅沪国会议员，欢迎来粤开国会。

　　△　孙中山电邀津沪国会议员南下护法，倡议于粤湘各省择地开会"行民国统治之权"。

　　△　孙中山自广州电斥段祺瑞"奖以（张）勋权，启其骄悍"，致成复辟之患；及至复辟发生，"以免职兴戎，而以复职自贵，狐埋狐搰，皆在一人"。继又抑止诸军，不容兴师致讨，反"以易成之绩，交与倡乱之人"。忠告段应讨伐群逆，诛戮溥仪，"保国赎愆"。

　　7月20日　孙中山在驻粤滇军欢迎大会上演说，指出复辟派中分为两派：一曰"激烈复辟派"，以张勋为首，康有为副之；一曰"稳健复辟派"，以徐世昌为首，段祺瑞、冯国璋、李经羲副之。段祺瑞等与张勋之战争，可谓"稳健复辟派与激烈复辟派之战争"。段氏逐张，纯为巩固北洋势力，免为民党推倒。

　　△　云南督军唐继尧通电躬率靖国军由滇启行入川，先平"川乱"。

　　△　京师地方审判厅判决前滋扰众议院之"公民团"成员白亮等三人，各处拘役40日；潘伯禹、史浚民各处罚金30元。

　　△　丁槐携总统印到沪，在公共租界被捕。公堂决定将丁连同印

信五颗,解交松沪护军使卢永祥转送北京。

△ 日本内阁通过决议,宣称:"帝国政府认为,给予段政府以相当友好援助,以期中国时局的稳定,同时设法解决日中两国间的若干悬案,方为得策。"

△ 上海浦东陆家嘴英美烟公司纸烟厂锡包间女工千余名,因工资减少举行同盟罢工。8 月 9 日复工。

7 月 21 日　海军总司令程璧光,第一舰队司令林葆怿响应护法号召,率队自吴淞口开赴广州,唐绍仪、汪精卫同行。

△ 孙中山在广东全省学界欢迎会上作题为《行之非艰知之维艰》之演说。指出共和政治已成时代潮流,"帝制实不能与共和竞争"。揭露段、倪等系"假共和",张、康等系"真复辟","假共和之祸犹甚于真复辟"。故自今以后,"所患者,真共和与假共和之竞争耳"。

△ 段祺瑞派靳云鹏至南京,促冯国璋入京。

△ 冯国璋任命王克敏暂署中国银行总裁,原任孙多森免职;任命冯玉祥为陆军第十六混成旅旅长。

△ 法国在沪招募之第五批华工 100 余名在沪放洋。8 月 23 日,第六批 150 名放洋。

7 月 22 日　程璧光、林葆怿发表《讨贼檄文》,痛斥倪、张毁法叛国,宣布海军将士讨逆三大目标:一曰拥护约法;二曰恢复国会;三曰惩办祸首。并谓"自约法失效,国会解散之日起,一切命令皆无根据,发布命令之政府,当然否认"。

7 月 23 日　旅沪国会议员发表对外交团宣言,不承认段祺瑞非法政府。

△ 冯国璋令免程璧光海军总司令职,遗缺派刘冠雄暂行兼领。

△ 李纯通电各省,呼吁一致促请冯国璋早日入都。

△ 云南靖国军第三混成旅司令李友勋率队启程赴川。

△ 山东督军张怀芝、财政厅长王璟芳,为解决军事费用,以山东货物税等五种税及注册费担保,向日本中日实业公司借日金 150 万元。

△　英在湘、鄂等地招募之华工 200 名在沪放洋。

7 月 24 日　国务院通电各省,征集召开临时参议院意见,声称国会业已明令解散,"断无重行召集之理","有参议院行使立法职权,即无异于国会之存在"。

△　孙中山致电陆荣廷,揭露段祺瑞"以伪共和易真复辟,其名则美,其实尤戾。民国之号虽复,而祸乱之机方始";指出国会为"民国之命脉所存",护法必须拥护国会,并称一俟"布置既周,乃以海陆军护送国会至国都"。

△　荷公使贝拉斯拒绝引渡张勋。

△　冯国璋特任川军第一师师长周道刚暂代四川督军。

△　冯国璋特派饶怀文署海军总司令,令免林葆怿海军第一舰队司令职,任林颂庄署海军第一舰队司令,杜锡珪署第二舰队司令。

7 月 25 日　海军第二舰队司令饶怀文、练习舰队司令曾兆麟通电服从北京政府,称惟有秉承冯国璋意旨,"以服从中央,保卫地方"为职志。

△　贵州省议会通电,请缉获张勋及督军团肇乱各犯,"勿任元恶大憝逍遥法外,以清乱源,而维纲纪"。

△　冯国璋特任刘承恩为广东省长,未到任前以陈炳焜暂行兼署;朱庆澜为广西省长。30 日,朱庆澜以广东"自主"拒调,声明非法内阁命令无效。

△　胡汉民自南宁返抵广州,向孙中山报告奉命邀陆荣廷来粤之经过。复至省议会,向外界宣称,陆荣廷于同日由邕乘轮东来,因事驻桂平镇守使署,三数日即可到粤。

7 月 26 日　北京阁议,主无条件加入协约国。

△　冯国璋令裁撤讨逆军总司令部。

△　国会议员吕志伊等四人通电声讨段祺瑞,历数段破坏约法、蹂躏国会等六大罪状,并称:"杜绝乱源,在除首恶。"

△　梁启超、汤化龙等在北京召集宪法研究会全体会员大会,讨论

改组政党办法,议决"重整进步党",取消宪法研究会。

　　△　旅沪国会议员发布公告,指出:"今日之情形,几为一九一三年之复演",进步党中之顽旧派"与北方军人勾结,国会重被非法解散",北京又"厉行武人少数政治",复组"进步党内阁",此为国会愿望实施之真正障碍。

　　△　冯国璋特任鲍贵卿为黑龙江督军暂行兼署省长,准免原督军兼省长毕桂芳职;特任陕西督军陈树藩暂行兼署省长,准免原省长李根源本职;特派张敬尧督办苏、皖、鲁、豫四省交界"剿匪事宜"。

　　△　江西中国银行以省币制公债票 150 万元担保,向九江日本台湾银行借日金 100 万元。11 月 19 日,江西财政厅又向该银行借日金 50 万元。两次借款,均充江西军政费用。

　　7 月 27 日　张作霖、王占元分别复电国务院,赞同召集临时参议院。次日,倪嗣冲、杨善德、李厚基、阎锡山,29 日孟恩远、齐耀琳,30 日赵倜、田中玉,亦分别复电赞成。

　　△　冯国璋以刘存厚拒不遵命罢兵,令代理四川督军周道刚率师进解成都之围。

　　△　冯国璋任命陈光远为绥远都统,原任蒋雁行留京另候任用。

　　△　李烈钧到沪,促国会议员即赴粤。

　　7 月 28 日　旅沪国会议员首批 50 余人启程赴粤。

　　△　倪嗣冲、阎锡山、杨善德、李厚基分别通电赞同国务院召集临时参议院意见。

　　△　京兆所属 14 县水灾。自是月 23 日起,大雨如注,河水陡涨,是日永定河上游固安县北三工区决口。灾区延及大兴、宛平、永清、安次、武清各县。加之琉璃河、拒马河水溢成灾者,共达 14 县。其中尤以安次、武清、宝坻、香河、涿县为重。涿县水潦系从山西来,其势极猛,灾民 12 万。

　　7 月 29 日　冯国璋通电北上,宣称:黎元洪"坚持引退,长此濡滞,则政令多歧,人心不定,进退维谷,负疚弥多。兹定于 31 日早自宁出发,至京后躬造黄陂寓邸,固请复位,使国璋卸去代理职权"。

△ 刘存厚通电,决联合川中各师抵抗滇黔军,并"请中央迅颁挞伐,力遏横流"。

7月30日 陈炳焜、谭浩明致电湘、滇、黔三省督军,告以两广秉承陆荣廷意旨,黎元洪复任问题未决以前,"他事均缓置议"。

△ 众议院议长吴景濂、参议院副议长王正廷与李烈钧联袂赴粤。

△ 外交部照会荷使贝拉斯,抗议德政府扣留中国留德、比学生及华侨。

7月31日 孙中山在广州招待各报记者,称:"今日救国之第一步即当恢复国会,尤宜在粤开会",然后方有"统治机关,一切问题皆可由此解决"。

△ 云南镇雄、昭通、大关等处地震。其中大关震轴内(纵横约百里)山岳崩颓,居民死者数千。入川靖国滇军十二团道经此地,压死者300余人。同日,四川合川、汉源、夹江、乐山、荣县、大竹、眉山七县地震。

8 月

8月1日 冯国璋抵北京。当即恭诣黎元洪寓所,敦请复位,黎坚不见允。

△ 张怀芝、曹锟、陈树藩分别复电国务院,赞成召集临时参议院。

△ 滇军自嘉定县进袭眉山县张家坎,川军二师由夹江县乘虚占嘉城。同日,川军三师复占资阳。

△ 财政部呈准免除田赋遇闰加征制度。

8月2日 滇军攻眉山,与川军激战一周,滇军伤亡惨重,是日川军乘胜进逼青神。

△ 冯国璋任命孙烈臣为陆军第二十七师师长,张作霖兼第二十八师师长。

8 月 3 日 外交部电驻奥地利使馆,"部署留奥学侨密令预备出境"。

△ 川军 7 月底占仁寿,旋失。2 日川军反攻,是日再占仁寿。

8 月 4 日 旅沪国会议员 180 人启程赴粤。

8 月 5 日 程璧光率海军舰队抵黄埔。次日,广东各界万余人开欢迎海军大会。孙中山在会上号召声讨段逆,拥护国会。

△ 党人田璧成在沪杭火车站被松沪护军使署捕获,被判死刑。9 月 1 日被害于西炮台。

8 月 6 日 冯国璋在北京通电就任代理大总统。

△ 冯国璋特任傅良佐为湖南督军,李纯为江苏督军,陈光远为江西督军,蔡成勋为绥远都统,特派吴光新为长江上游总司令兼四川查办使。

△ 川军师长周道刚、熊克武再电川滇两军将领,吁请停战。

△ 驻川汉军统弁杨骁骑率部复占犍为县,滇军退叙府(今宜宾市)、屏山县。

8 月 7 日 国务院组织"战时国际事务委员会",取代原"国际政务评议会",陆徵祥为委员长。

△ 外交部电驻丹麦使馆,指示驻奥使馆撤离后,请丹麦照料保护中国在奥利益。13 日,驻丹麦公使颜惠庆电复外交部称,丹外交部面允照办。

△ 冯国璋任命陈毅为都护使,充驻扎库伦办事大员。原任李开侁免职。

△ 罗佩金复电川军周、熊二师长,接受调停。次日,钟体道、张澜亦电告听候调处。

8 月 8 日 国务院开会讨论四川问题。蒋百里报告川事经过及戴戡死亡情状。梁启超主张严惩刘存厚,段祺瑞不允。同日,冯国璋令刘存厚、罗佩金即日来京,所有部队交由周道刚统辖,"其滇黔现调赴川军队,并应即行撤退";并令财政部拨银 20 万元赈成都兵灾。

　　△　北京政府政治顾问英人莫理循收藏有关中国及东方图书文献，以 35000 英镑售与日人岩崎男爵，是日运日，充作东京东洋文库图书馆的基础。

　　8 月 9 日　吴景濂、王正廷两议长致电上海国会议员通讯处，请国会议员赴粤。

　　△　冯国璋特任张绍曾为树威将军。

　　8 月 10 日　谭延闿致电谭浩明，请桂省出师援湘。22 日，再电陆荣廷及两广督军告急请援。

　　△　冯国璋令李纯迅赴江苏督军新任；陈光远未到任以前，江西督军着吴金彪暂行护理。

　　△　北京模范监狱囚犯暴动，毙看守所长，伤典狱长及员役数人，10 余囚犯越狱逃逸。

　　△　中日合办中华汇业银行规约成立。总行设北京，资本 1000 万元。

　　8 月 11 日　云南督军唐继尧通电护法，阐明护法宗旨：一、"总统有故不能执行职务时，当以副总统代行职权。惟故障既去，总统仍应复职，否则应向国会解职，照大总统选举法第九条第二项办理"；二、"国会非法解散，不能认为有效，应即召集国会"；三、"国务员非得国会同意，由总统任命，不能认为适法"；四、"称兵抗命之祸首，应照内乱罪按律惩办，以彰国法"。

　　△　岑春煊电请陆荣廷支持孙中山护法，邀陆"速抵粤城，共商大计"。

　　△　唐继尧电请刘显世派兵援湘，略谓："北京政府逞厥野心，欲宰割西南，巩固东北"，分路出兵"窥伺蜀湘，助刘（存厚）作凶，夺谭（延闿）兵权，缺我唇齿，塞我门户"，请"由黔率旅以为协助"。

　　△　冯国璋特任段芝贵为辅威将军，陆建章为炳威将军，江朝宗为迪威将军。

　　△　冯国璋任命李长泰为步军统领，王汝贤为陆军第八师师长。

8 月 13 日   唐继尧致电陆荣廷、陈炳焜、谭浩明,宣布“与两粤取一致行动”。17 日,唐再电请粤省派兵会同驻粤滇军援湘。

△   川军占青神,滇军退走井研县。

8 月 14 日   冯国璋布告对德奥宣战。略谓:“自绝交以后,历时五月,潜艇之攻击如故,非特德国而已,即与德国取同一政策之奥国,亦始终未改其度。既背公法,复伤害吾人民”,宣布自“八月十四日上午十时起,对德国、奥国宣告立于战争地位”;并声明废止与德奥两国所订之一切条约。

△   外交部照会各国公使对德奥宣战。是日,日、英、美、意公使,次日,俄、比公使,分别复照外交部,允将中国对德奥宣战书转呈本国政府;并称,尽力赞助中国在国际上“享得大国当有之地位”。

△   荷公使贝拉斯复照外交部。略称:“所有奥国在华利益,业经奥政府委托本国政府嘱令本大臣照料”,“望以后遇事对于本大臣当不得有所困难。”

△   陆军部通电各省区对德奥立于战争地位,并颁布修订《保护敌国人民出境办法》、《临时检查办法》,制定《俘虏收容所规则》、《解除奥国军人武装办法》、《处置敌国武器办法》、《处置敌国兵营办法》。

△   冯国璋公布《审理敌国人民民刑诉讼暂行章程》。

△   天津收回奥租界。海军在上海接管奥船三艘。

△   外交部将《审理敌国人民民刑诉讼暂行章程》送交荷公使贝拉斯。18 日,荷公使以该章程侵犯敌国侨华人民法律上之地位及违反各国条约为由提出抗议。12 日外交部复照荷公使作出答复。

△   内务部呈准设立天津、汉口两特别区市政管理局,管理该市接收之德奥租界区内一切行政事宜。

8 月 15 日   冯国璋任命卢永祥会办江苏军务;吴俊陞为陆军第二十九师师长;申保亨暂行兼护绥远都统。

△   沪公共租界工部局查封上海德华银行。同日下午,上海中国银行行长宋汉章接管该行所存银洋押款及簿据。

　　△　北京政府派中国银行顾问法人巴塞里由京赴沪,会同宋汉章接管上海德华银行。20 日,巴塞里抵沪。

　　8 月 16 日　冯国璋任命夏寿康为平政院院长,准前任熊希龄免职。

　　△　罗佩金通电赞同唐继尧护法通电,要求政府迅即召集国会,解决总统继任、内阁组织及惩治叛徒各问题。

　　△　荷公使贝拉斯照会外交部,转达德政府对侨德中国学生愿离境者毫不阻滞。

　　8 月 17 日　冯国璋令追赠戴戡为陆军上将,拨款一万元治丧。

　　△　上海总商会致电北京政府,以中外合办汇业银行有碍金融主权,恳请坚持拒绝。

　　8 月 18 日　孙中山在广州黄埔公园宴请南下国会议员 130 余人,协议召开国会事。议员不足法定人数,主张先召开非常会议。

　　△　荷公使贝拉斯照会外交部,抗议各地接管德华银行各总分行。28 日,外交部复照荷使,称接收敌国银行,无违海牙公约,中国政府对抗议各节不能承认。

　　△　冯国璋特派段芝贵为京畿警备总司令,任命刘询为陆军第十五师师长。

　　8 月 19 日　南下国会议员在广州开谈话会,讨论召开国会及组织政府事,议决通电西南各省,以莅粤议员不足法定人数,决定于 25 日在广州开国会非常会议。

　　△　陕西焦子静、郭坚等率兵围攻西安,陕督陈树藩退走汉中。

　　△　广东督军兼暂署省长陈炳焜示谕对德奥宣战,并照会驻粤各国领事。

　　△　汉冶萍煤矿大火,焚毙矿工 20 余人,被焚矿地远至 10 里。

　　8 月 20 日　广东督军兼暂署省长陈炳焜电请驻粤滇军张开儒、方声涛两师长出兵援湘。

　　△　国会议员吴宗慈、王正廷、马君武等至南宁,与陆荣廷商护法

讨逆。陆以病躯未愈为辞,谢绝去粤主持讨逆军事。

△ 农商部为调查全国经济状况,规划战时及战后经济之设施,在北京开经济调查会成立大会。魏宸组为会长。

8 月 21 日 冯国璋复电唐继尧,以所谓旧国会"祸国殃民",拒绝恢复。

△ 外交部致函荷使贝拉斯,以敌国公使不能久留,促奥前使速离华,并令驻华奥领事等同行。

△ 社会党筹备处通告宣布展期筹办,"凡前曾经通讯诸君,概请先加入社会主义讲习会,以便将来党事成立,易于进行"。

△ 内务、财政部呈准黑龙江添设林甸县。

8 月 22 日 刘显世通电恳请冯国璋按照约法定期召开国会。

△ 外交部照会协约、中立各国驻华公使,关于侨华德奥人民与协约中立各国人民民事诉讼,仍归各国驻华领事审理。

△ 威海卫英公司在沪招募华工 46 名,是日乘奉天轮船开往威埠转轮放洋。

8 月 23 日 冯国璋特派李纯兼督办浦口商埠事宜;任命夏寿康兼任文官高等惩戒委员会委员长。

△ 法国在沪招募华工 115 名,是日乘法船赴法。

8 月 24 日 冯国璋任命张澜暂行护理四川省长,后于 11 月 20 日授省长职。

△ 孙中山邀国会议员王正廷等于黄埔商谈组织政府事宜。

△ 云南靖国第四军司令黄毓成自昆明率师启程赴川。9 月 22 日,抵泸县。

△ 卢永祥以"党人谋浙甚亟",饬令对由沪运浙箱件包件,一律开拆检验。同日,上海电报总局实行电报检查;次日,上海邮务管理局实行邮件检查。

8 月 25 日 国会非常会议在广州开幕,国会议员 120 余人出席,会议由原任众议院议长吴景濂主持。孙中山等莅会祝贺。

△　荷公使贝拉斯致函外交部,告知前驻华奥使及馆员、领事等约于下月 15 日前后乘荷轮离华回国。

8 月 26 日　朱庆澜辞广东省长职,声明:"卸任之后,决不赴桂任,用符自主之旨。"次日,朱自广州启程赴香港。

△　驻意使馆电外交部,称驻奥公使及馆员以及留奥侨民,须驻华奥使等有离华确信,方能起程。旋外交部电令驻丹麦公使,请丹政府向奥严重抗议。

8 月 27 日　国会非常会议开首次会议,讨论《国会非常会议组织大纲》。

△　陕南镇守使管金聚奉命率部入川,是日抵广元县。9 月 23 日,进驻成都。

8 月 28 日　财政总长梁启超以盐税和国库税担保,同日本正金银行签订借款日金 1000 万元合同,"作为四国银行团善后续借款之垫款"。偿还期限一年。该借款全部用作军政开支。

△　山东督军张怀芝向中日实业银行借日金 150 万元,用作军费开支。

△　黎元洪离京赴津,声明不与闻政治。

△　广东省议会选举胡汉民为省长。次日,胡致函省议会坚辞不受,推荐肇阳罗镇守使李耀汉为省长。

△　云南靖国第三军司令庾恩旸率部启程赴川。

8 月 29 日　北京政府下令通缉广州之国会议员。

8 月 30 日　广州国会非常会议议决《中华民国军政府组织大纲》13 条。《大纲》规定,"为戡定叛乱,恢复临时约法,特组织中华民国军政府",置海陆军大元帅一人,元帅三人。

△　陆军部改编近畿陆军第一旅为陆军第四混成旅,以张锡元为旅长。

△　奉天辑安县(今吉林集安县)中韩人民冲突,日兵 300 余名包围县城,并拘捕中国警察多名。当经外交部向日使交涉,日军旋撤退,

并释放被拘华警。

8 月 31 日　冯国璋特任李耀汉署广东省长,准免督军陈炳焜省长兼职。

是月　滇军改称靖国军,朱德任靖国军第二军第十三旅旅长。

△　北京中华大学因款绌停办,学生并入北京大学及中国大学。

9　月

9 月 1 日　广州国会非常会议选举孙中山为中华民国军政府海陆军大元帅。

△　下午议长吴景濂、副议长王正廷及国会议员数十人,持《国会非常会议致大元帅书》至黄埔公园,举行大元帅授印礼。吴景濂致大元帅词,王正廷授印,孙中山受印后致答词,表示"任职以后,唯当竭股肱之力,攘除奸凶,恢复约法,以竟元年未尽之业"。

△　陈炳焜通电声明,对于广州开非常国会及组织军政府之举"概不负责"。

△　谭延闿辞湖南省长,所部湘军向湘南、湘北退去。

△　鄂省督军王占元电国务总理报告鄂省各县水灾情形,江汉道属汉川、嘉鱼等 11 县,襄阳道属潜江、房县,荆南道属石首、公安等七县均有灾情。襄河各县水患尤危。拟请优赐赈抚。

△　冯国璋令财部拨银三万元赈济贵州水灾。该省 6 月霪雨兼旬,山水陡涨。江口、松桃、铜仁、平越、绥阳、都化、遵义、印江、仁怀、锦屏等县,均被水灾,房屋倒塌,田亩淹没。

△　中日商人签订合办钢铁厂合同,由汉冶萍公司每月供生铁五万吨,日人安川敬一郎出资 1000 万元。厂设于日本福冈。

△　粤汉铁路武昌至岳阳段通车。

9 月 2 日　广州国会非常会议选举唐继尧、陆荣廷为中华民国军政府海陆军元帅。

△　海军第一舰队司令林葆怿于陈炳焜欢宴海军长官席间,重申省长由省议会选举等三事。并宣布:"有破坏大局者,海军惟有准备武力对待。"

△　岑春煊电催陆荣廷援湘,力争湖南,巩固长江以南,否则北军南犯,粤桂受敌,大局堪虑。

△　云南国民后援会开成立大会,通电宣布支持唐继尧"出师靖国",誓为靖国滇军后盾。

△　安庆安武军两营夜间兵变,统领李良臣被杀。

△　中国留日学生千余人于东京集会庆祝非常国会召开。

9月3日　孙中山与国会非常会议分别电请黎元洪来粤共商护法。

△　孙中山电陆荣廷,望亲临主持军府,兴师讨贼。

△　孙中山电唐继尧,告以派军政府秘书长章太炎为全权代表,于是日由港来滇,共商护法方略。

△　冯国璋特任山西督军阎锡山兼署省长,准免前省长孙发绪本职。

△　罗佩金致电北京政府,告以拟于次日离叙府回滇,再北上入京。

9月4日　陆荣廷、谭浩明致电国会非常会议,反对军政府及选举大元帅、元帅。略谓:"顷闻议员开非常会议,有组织临时政府并举孙中山为大元帅,唐蓂赓及廷为元帅之事。方今国难初定,应以总统复职为先务之急,总统存在,自无另组政府之必要,元帅名称,尤滋疑议……此举实不敢轻为附和,深愿国会议员诸公,爱国以道,慎审出之。"

△　四川查办使吴光新抵汉口,当即赴武昌与王占元、傅良佐会商川湘鄂三省联防计划。

△　北京政府外交部照会荷公使贝拉斯,请电达德政府,对愿离德、比之中国学侨,速发安全通行券。

9月5日　冯国璋令财政部拨银五万元赈济湖北水灾。

　　△　驻京荷公使贝拉斯照会外交部称,在华之荷国人民与德奥人民诉讼案件,不应由中国法院审理。外交部 15 日复照荷使,说明审理在华之德奥人民民刑诉讼,应由中国法庭审理,系因中德、中奥条约之废止,德奥在华之领事裁判权自应终止。

　　9 月 6 日　川滇军议和,滇军退出资中,悉数撤至自流井、叙府。川军一师前往接防。

　　△　驻京英署理公使照会外交部,要求说明英人在中国法院控告敌国侨民时应行之办法。20 日外交部复照称,与中英人民互讼事件不同。

　　9 月 7 日　孙中山致函非常国会,定于本月 10 日就任大元帅。

　　△　安徽当涂定武军两营哗变,旋被平定。

　　9 月 8 日　唐继尧致电非常国会不受元帅职。

　　△　冯国璋特任倪嗣冲为安徽督军兼长江巡阅使,其省长本职由黄家杰继任。

　　△　驻川贵州陆军第一混成旅旅长熊其勋于川黔两军争哄时,出城行至九道拐,中弹身故,是日冯国璋特令照中将阵亡例从优议恤。

　　△　协约国公使团访外交部,由法使康悌陈述协约国五项议决案,其大要为:关税实行值百抽五,庚子赔款除俄国外全数展缓五年,中国军队通过天津租界需向各国提出等。

　　△　北京政府外交部致函荷公使贝拉斯,通知定于 9 月 12 日接收北戴河德国兵营及塘沽德奥兵房。

　　9 月 9 日　广东督军陈炳焜宴请记者称:宣布服从冯国璋代总统,不承认非法之段祺瑞内阁。

　　△　英国在山东招募之华工 1700 人于青岛放洋。按:自本年 1 月 2 日始,英在鲁招华工 10 批,共 45000 人,已先期启航。

　　9 月 10 日　孙中山在广州就任海陆军大元帅,宣言戡定内乱,恢复约法,奉迎元首黎元洪。是夜,广州万余人举行提灯会,庆祝大元帅就职。

　　△　国会非常会议选举军政府各部总长:外交伍廷芳,财政唐绍

仪,内政孙洪伊,陆军张开儒,海军程璧光,交通胡汉民。次日由孙中山照准任命,并任军政府秘书长章太炎,参谋总长李烈钧,海军总司令林葆怿,大元帅府亲军总司令李福林,大元帅府参军长许崇智。

9月11日　广(州)惠(州)镇守使莫荣新奉粤督命召集军事会议,议决"誓必推倒非法之段内阁,务使约法完全发生效力",并致电陆荣廷等要求"传檄誓师"。

△　唐继尧致电孙中山辞元帅职。

9月12日　军政府大元帅孙中山特任王湘为川滇劳军使,陈炯明为军政府第一军总司令。

△　冯国璋任命王廷桢兼陆军第十六师师长。

△　北京政府财政部以期票担保,向法国中法实业银行借款789万法郎,是为中法实业息款垫款借款。

△　北京政府外交部致函荷公使贝拉斯,为中国驻奥公使未能离境事再提抗议。

△　奉天模范监狱囚犯抢械越狱,军警弹压,击毙囚犯百余名。

9月13日　孙中山聘吴景濂为大元帅府高等顾问。

△　冯国璋令褫前四川巡按使陈廷杰职。

9月14日　孙中山任命冯自由、曹亚伯等为大元帅府参议。

△　奉天锦县中日军队因细故发生冲突,日人寺町毙命。18日,日使林权助向北京政府外交部提出抗议。

9月15日　孙中山在广州会见日本社会活动家河上清,希望日本给予军政府武器、军火和大量贷款。并谓"这样,我们就能推进到扬子江流域,将我们的政府迁移到华中的某一战略要点,然后向北京进军"。末谓一旦任务完成,将与日本结盟,"将愉快地将满洲交给日本管理"。

△　孙中山任命汪精卫代理大元帅府秘书长。

△　冯国璋特派孟宪彝督办永定河工事宜。

△　北京政府外交部致函荷使贝拉斯,德奥领馆留华人员可令其乘中立国船一律出境。

9 月 16 日　广州国会非常会议选褚辅成为众议院副议长。

△　奥国公使离京赴沪。18 日,德奥驻华使领及眷属 61 人,自吴淞乘荷轮回国。

9 月 17 日　孙中山致电陆荣廷,对其"出师援湘"表示欣慰,并告"文正董率义师声讨国贼,期使国会更生,黎公复职。"

△　孙中山公布《特别军事会议条例》,凡六条。

△　荷公使贝拉斯照会北京政府外交部,抗议中国收管在华之德奥商船,要求立即取消收管,并赔偿损失及费用。

9 月 18 日　湖南零陵镇守使刘建藩、驻衡阳湘军第一师第二旅旅长林修梅联衔通电宣告湘南自主,"与段政府脱离关系。一切军民政务,均与海军、两广、云南各省一致进行",并宣布衡(衡阳)、永(零陵)等湘南 24 县为戒严区。

△　孙中山将对德奥两国宣战之意见,咨国会非常会议请速公决。

△　孙中山公布《中华民国军政府海陆军大元帅府组织条例》,凡五章 15 条。

△　北京政府外交部驻沪交涉员萨福懋会同租界当局查封上海德、奥两领事馆。

9 月 19 日　湘督傅良佐派驻湖南陆军第一师代理师长李佑文率步炮四团往攻湘南。次日,李自长沙率队南下。

△　孙中山任命覃振、田桐、陈策等为大元帅府参议

△　冯国璋令财政部拨银一万元赈广西水灾。是年该省百色、隆安、邕宁、果德、桂平、藤县、苍梧、融县、岑溪各属,被水冲塌民屋,淹没田禾,灾情甚巨。

9 月 20 日　冯国璋公布《侨工事务局暂行条例》。11 月 22 日,任命张弧为侨工事务局长。

△　北京政府外交部致函荷公使贝拉斯,中国法院审理敌国人民民刑诉讼,如在历经特许外国律师出庭辩护之特别法庭,得延用外国律师。

9月21日 北京政府外交部致荷公使贝拉斯节略,提出解决张勋问题办法:请将张勋交出,中国政府担任保全其生命;或准其离去中国,安置一定地点。

△ 孙中山与非常国会分别致电刘建藩、林修梅祝贺湘南自主。

△ 湘督傅良佐颁布长沙戒严令。

9月22日 湘军第一师代理师长李佑文与湘军第一师第二旅旅长林修梅各率所部在七里滩(衡阳城北40里)接战,林军获胜进驻衡山县城。护法战争爆发。

△ 国会非常会议议决承认对德奥两国处交战状态。26日,军政府布告对德奥宣战。

△ 滇军撤出内江,一路经自贡向宜宾撤退;一路经富顺向泸州撤退。

△ 孙中山特任徐谦代理大元帅府秘书长,廖仲恺代理军政府财政总长,邹鲁为军政府财政次长,张继为军政府驻日外交代表。

△ 戴季陶奉孙中山命出席国会非常会议报告赴日之使命,谓日本朝野赞成西南举兵,日本外务当局亦谓民党反对段内阁如果理由正常,亦当赞成。民党议员议决宣战问题之后,日本亦可借款赞助,如承认为交战团体,则俟政府成立之后实行。

△ 冯国璋往北京国子监祀孔。

9月23日 孙中山致函通知菲律宾同志,特派孙科、陈民钟、黄展云赴菲募饷。

△ 武昌人力车夫举行全体同盟罢工,反对车帮公所增加车租。

△ 天津暴雨成灾,市民流离失所者达数十万;津浦铁路火车停开。

9月24日 马济、林虎所部粤军11营在广州东校场誓师援湘。次日,由统领邱渭南、陈志先率师出发。

△ 孙中山函告唐继尧,已成立军政府及派参议张左丞为驻滇代表,借资联络,并盼早日统军东下,会师中原。

　△　北京政府财政部呈准,以前督办全国烟酒事务钮传善违法舞弊交法庭法办。

9 月 25 日　军政府发布《军事内国公债条例》,总额 5000 万元,第六年全数偿清。

　△　孙中山特任马君武代理军政府交通总长;王正廷署理外交总长。

　△　北京政府外交部照会荷公使贝拉斯,对抗议中国收管德华银行事,中国政府碍难承认。

9 月 26 日　军政府秘书长章太炎抵昆明。

　△　孙中山任命廖仲恺署理财政总长,居正署理内政总长。

　△　冯国璋任命吴金彪帮办江西军务。

　△　大理院判处复辟罪犯张镇芳无期徒刑。

9 月 27 日　湘军第一师师长赵恒惕抵衡阳。次日训示部下勿听妖言,免堕段氏"以湘治湘"之计。

　△　孙中山任命吴铁城等为大元帅府参议。

　△　新疆省长杨增新电北京政府外交部,称被遣回俄之哈萨克人,均被俄人杀害,请与俄使交涉,俟后回俄哈民毋得虐待。

　△　北京政府教育部修正公布《大学令》,规定:"大学以教授高深学术,养成硕学闳材,应国家需要为宗旨。"设文、理、法、商、医、农、工各科。修业年限本科四年,预科二年。

9 月 28 日　交通银行总理曹汝霖以国库券 2500 万元担保,向日本兴业、朝鲜、台湾三银行借日金 2000 万元,是为交通银行第二次借款(亦即第二次"西原借款")。

　△　傅良佐任命北军第八师师长王汝贤为湘南各军总司令,第二十师师长范国璋为副司令,指挥湘南作战。同日,又密令湘军第二师师长陈复初移驻宝庆,为攻湘南右路军。

　△　李佑文所部湘军第一师第一团第三营营长张振武不忍"以湘攻湘",在石湾(衡山县城东北 15 里)起义,率该营及炮连、机枪连加入

刘建藩、林修梅所部湘南护法军。第二团全体响应。李佑文败回长沙。

9 月 29 日　冯国璋对孙中山、吴景濂等开非常国会、设军政府事指为"擅发伪令,煽动军队","联络马贼,预备起事","紊乱国宪,逆迹昭著",下令各省军民长官一体严缉拿交法庭依法讯办,并褫夺勋位、勋章。又令各省选派参议员到京重组参议院。

△　冯国璋特派熊希龄督办京畿一带水灾河工善后事宜。

△　孙中山分电陆荣廷、唐继尧,称军事内国公债可分给各省用作出师讨逆饷糈。

△　陆裕光所部援湘桂军由旅长贲克昭率领抵衡阳。

△　湘督傅良佐颁发讨伐刘(建藩)林(修梅)布告,宣称刘、林"图谋不轨,反抗中央,纠合'匪徒',倡言独立","特令第一师师旅各长官督率所部,先后开往湘南各属,伐罪吊民,相机剿抚,务将各该逆首等拿获严办"。

9 月 30 日　冯国璋令免川边镇守使殷承瓛本职,调熊克武继任。10 月 16 日,又以熊未赴命,另着陈遐龄护理。

△　俄军在海拉尔附近与蒙匪千余人冲突,借口追击蒙匪,强占该境。经中国当局交涉,促其退去,俄军不从。

是 月　刘肖颖、刘啸镛在天津创立东方实业建筑无限公司,承办建筑工程,资本银 50 万两。

10　月

10 月 1 日　段祺瑞对《大陆报》记者发表谈话,声称将"出师剿灭"南方粤、桂援湘之军队,对反对派诸领袖"政府必不宽宥"。

△　湘军第二师陈复初部第四旅旅长朱泽黄奉命率队抵湘乡。4 日抵永丰(今双峰县)。

△　日本于青岛正式设民政总署。

△　蒋介石向孙中山上陈"滇粤两军对于闽浙单独作战之计划",

提出将南军主战场定为东南方面的闽浙沿海一带,对湖南取守势,而以上海为攻击目标。

10 月 2 日 陆荣廷在南宁开军事会议,讨论援湘问题,陈炳焜、程璧光等参加。议决桂、粤共出援兵 80 营,组成五军,任谭浩明为两广护国联军总司令,陆裕光、林俊廷、韦荣昌、马济、林虎分任各军司令。旋改由韦、林(俊廷)、陆分任桂军第一、二、三军司令;马、林(虎)分任粤军第一、二军司令,另委沈鸿英为粤军第三军司令。林虎、沈鸿英因广东战事均未赴湘。

△ 章太炎自云南致电孙中山,谓唐继尧"决心北伐,于军政府事亦赞同一致,绝无异论"。

△ 湖南宝庆守备第二区司令周伟、第一师团长宋鹤庚联衔通电宣告自主,声讨段祺瑞"蹂躏约法、解散国会"罪行及傅良佐为虎作伥,实行"以湘治湘"之祸湘计划,宣布"脱离非法政府","与西南各省及衡、永义师一致进行"。

△ 孙中山致函岑春煊促主持正论,通电贯彻护法之初衷。

△ 梁启超致电陆荣廷、谭浩明、陈炳焜,怂恿陆等"熟筹利害",反对护法,并称:"若使国会克期有成,而又留执政者以转圜之地,似可鉴谅细疵,顾全大局。"

△ 上海《民国日报》刊载驻岳阳北军吴光新所部排长秦怀德通告,揭露吴系段祺瑞妻舅,视士兵如奴婢,宣布不当"舅子兵","不与这舅子到四川去受无脸的炮子"。秦旋带士兵 50 余人密赴汉口。岳州军心大为动摇。

10 月 3 日 孙中山通令,自国会解散后,北京政府之一切命令概认为无效。

△ 孙中山致电黎元洪及西南各省,痛斥北京政府重开临时参议院之令"背叛约法",指出此种悖逆行为与袁世凯自造之参政院"如出一辙",要求一致通电反对。

△ 孙中山以大元帅名义下令缉拿乱国盗权祸首段祺瑞及倪嗣

冲、梁启超、汤化龙、朱深。

△　程璧光、陆荣廷于南宁平塘开临时军事会议,决定:出兵援湘;以谭浩明为援湘联军总司令,陈炳焜仍任粤省督军;两粤长官联名通电罢斥段祺瑞等。

△　唐继尧通电北伐,派靖国第四军长黄毓成先行。

△　北军范国璋第二十师前卫第一旅自湘潭茶园铺往攻衡山,在七里滩与林修梅部前队接战,5日败于林军。

10月4日　冯国璋任命籍忠寅为筹备国会事务局委员长。16日,公布《制定筹备国会事务局条例》。

△　冯国璋令拨银一万元赈山西水灾。该省河流漫溢成灾,太原、榆次、祁县、文水、汾阳等九县村落被水冲决,田禾被淹没。

10月5日　湘军第二师第四旅旅长朱泽黄与周伟、宋鹤庚部在青树坪(永丰西南40里)接战,朱军获胜,次日占界岭(湘乡县属)。

△　英、日等七国答复中国对德宣战希望之条件,允开关税会议。

10月6日　国会非常会议通电宣布段祺瑞罪状,称段纵容军人干涉宪法,煽动诸将称兵京畿,胁迫总统解散国会,以酿复辟之变;今复悍然下令召集参议院,修改国会组织法及选举法,毁法弄权。同日,并通电西南各省一致护法讨段。

△　北军第八师第十五旅旅长王汝勤与林修梅部在西倪铺(湘潭县属)接战,王军获胜,林军退至熊家桥。

△　湖南第一师师长赵恒惕、零陵镇守使刘建藩、陆军第二旅旅长林修梅等通电宣布湘南自主,参加护法靖国,推程潜为护法军湘南总司令,湘南军民两政,悉听其指挥管辖。

△　"护法军湘南总司令部"在衡阳成立,总司令程潜履任视事。27日,为与两广联军一致,改名为护国军。

△　湘南护法军总司令程潜、湖南第一师师长赵恒惕联名电孙中山,声讨段祺瑞祸国,决心护法到底。

△　冯国璋以达威将军、上将衔陆军中将蓝天蔚奉孙中山命,在奉

天勾结刘景双、顾鸿宾、马金龙、金鼎臣等联合胡匪谋乱,是日下令褫夺蓝天蔚原官勋位并着各省督军、省长饬属缉拿,务获惩治。

　　△　荷公使贝拉斯照会外交部称,上海公共租界工部局布告,是日起,"凡德奥人民必得有特别允准,始能进入公共租界,或在公共租界内居住"。照会认为上海公共租界系中国之一部分,此为越权违法行为,望酌定对待办法。

　　△　日公使林权助往晤段祺瑞,转达日本政府提供军械装备之决定。按:7 月 22 日、25 日,段曾先后派傅良佐、吴光新向日驻华使馆武官斋藤提出此项要求。

　　10 月 7 日　孙中山以军政府大元帅名义发布命令,宣布北京政府另组新国会及重开参议院之悖谬,并以段祺瑞等背叛民国,下令讨伐。同日并电章太炎,嘉慰唐继尧赞同军政府及北伐决心。

　　△　协约国法国等七国公使照会北京政府外交部,自本年 12 月 1 日起,庚款延付五年。

　　△　程潜自衡阳电孙中山、陆荣廷、陈炳焜等,报告已就任湘南护法军总司令。

　　10 月 8 日　孙中山电唐继尧请宣布就元帅职。同日并电章太炎,以"唐就陆(荣廷)必不辞","务望速为劝驾"。

　　△　川省义军代表范侠夫等致电孙中山,称川省已组成讨逆义师四万余人,公推夏之时为义军总长,请大元帅正式委任。

　　△　福州日本烟草商人因漏税被税吏扣留,日领向交涉署抗议,要求将该商释放。

　　10 月 9 日　孙中山在广州召集军事会议讨论援湘、攻闽战略。议决:一、派员与陆荣廷及两粤督军等磋商抵御龙济光等计划;二、以滇军第三师援湘;三、以滇军第四师及海军即日誓师攻闽;四、饬陈炯明、朱执信两军长加紧招募训练部队,为滇军、海军后援;五、电陆荣廷、唐继尧火速出大军会师武汉。

　　△　冯国璋授曹锟为陆军上将,卢永祥加陆军上将衔。

△ 冯国璋任命周肇祥暂行兼署湖南省长。

△ 林修梅与北军王汝勤战于护湘关(衡山县属),王军陷护湘关,林军退守石桥铺。次日王军陷石桥。

△ 湖南永属区司令谢国光与湘军朱泽黄在马屋岭接战,次日朱军陷马屋岭,谢军退洪罗庙(衡阳县城西北)。

10月10日 唐继尧通电反对临时参议院,指出北京政府召集临时参议院系"假约法参议院之名,以行袁氏约法会议之实"。

△ 湖南刘建藩部永属区司令谢国光部与湘军朱泽黄部在洪罗庙交战,朱军陷洪罗庙,谢军退台源寺。旋衡阳援军抵台,朱军久攻不克,改道西窥宝庆。

△ 中国留日学生千余名在东京驻日使馆门前示威,质问公使章宗祥,对于日本特使石井菊次郎在美国倡言"远东门罗主义",谬称日本有"保护中国权能"等侮辱中国之言论,何不提出抗议?章宗祥拒不置理,激成众怒,捣毁使馆玻璃门窗等物。

△ 全国教育联合会在杭州开会。27日闭幕。

10月上旬 段祺瑞下讨伐令,命湘南王汝贤、范国璋两司令分兵三路夹攻湘南:正面攻衡山,右翼攻宝庆,左翼攻攸县。

10月11日 广东援湘军第一军马济所部统领卓瀛洲率四营在广州誓师。26日抵衡阳。

△ 周伟、宋鹤庚与朱泽黄复战于界岭,朱军连战皆败,15日退至青树坪,17日退守永丰。

△ 北军王汝勤师陷衡山县城。14日,北京国务院致电嘉奖傅良佐,并授机宜,谓:"衡山既下,先声已振,取宝庆,下衡阳,即可并力攻祁阳。希即策力进行,稳攻稳守,期出万全,以竟肤功。"

10月12日 孙中山分电黄复生等,委任黄复生为中华民国军政府四川国民军总司令,卢师谛为副总司令,石青阳为川东招讨使。

△ 湘南护法军与北军在衡山县萱洲铺开战。次日,护法军击毙北军团长傅良藻(傅良佐之弟)。旋桂、粤军队从左右两翼增援。23

日,北军全力攻右翼,湘、桂军竭力抵御。24 日,北军改攻左翼,为粤军击退。是役历时 12 天,湘粤桂联军获胜,共毙北军约千名。

△ 广东惠州清乡督办张天翼宣告独立。

△ 梁启超、曹汝霖为筹吉长铁路建筑费用,以该路财产及收入担保,同日本南满铁道株式会社签订日金 650 万元借款合同。合同规定,铁路之工务、运输、会计三主任均用日人,借款期内委托满铁"代为指挥、经理、营业"。

10 月 13 日 北军第二十师第三十九旅旅长张纪与刘建藩部在醴陵县乌鸦山接战,刘军失利,张军乘胜占朱亭(湘潭县属)。

△ 广东援湘军第二军林虎部第三团自广州启程赴湘。

△ 周道刚致电北京政府,请速令川、滇两军各自撤回,宣称如再违抗,即"率所部各军一致进讨"。

△ 滇军占领四川内江。

△ 浙江省嘉兴县新丰乡农民到县署告荒,遭拒。农民愤激,群起捣毁县署民庭桌案。21 日,该乡农民一二百人,再至县署告荒,遭警队弹压,受伤者三四名。

10 月 14 日 湘粤桂联军击败北军夺回衡山县城。次日,林修梅在衡山一线乘胜追击,连克护湘关、白果寺(衡山县属)、南冲铺(湘潭县属)。

△ 孙中山特任许崇智署理军政府陆军总长,参军长一职着黄大伟代理。

△ 孙中山致函唐继尧"望于川事布置稍稍就绪,即统雄师东下,共规中原,歼厥凶顽,拨乱反正"。并表示"文俟此间计划略定,亦当亲率三军之士,进取闽、浙、湘、楚"。

△ 周道刚以滇军攻内江,通电宣布声讨滇军。同日,刘存厚、钟体道、熊克武联衔通电表示支持。

10 月 15 日 熊希龄为赈济直隶水灾,以盐税余款担保,向日、美、法、俄等国汇丰、麦加利、东方汇理、华俄道胜、华比、正金、花旗等七银行借规平银 70 万两,是为天津水灾借款。

△ 孙中山委任李国定、刘泽龙为四川劳军使。

△ 北军第八师师长王汝贤在天津马厂启程赴湘就任"湘南各军总司令"职。24 日抵长沙。

△ 冯国璋任命川军第三师师长钟体道为重庆镇守使。

10 月 16 日 章太炎电孙中山,称唐继尧已于 7 日亲受元帅印证;并望坚持"戡定内乱,恢复国会,奉迎黄陂(即黎元洪)"。

△ 北军第八师王汝勤攻贺家山(衡山城西南 23 里),湘军零陵区副司令黄岱阵亡。

△ 上海浦东各乡贩花乡民因不堪棉花检查局苛罚,聚众至县署呈控该局要求查办。次日又在南市各码头聚众罢市,要求对棉花检查局"严加整顿,勿使苛罚舞弊"。18 日,县署被迫颁发布告,答应整顿棉花检查局,变通检查办法,并开释被捕乡民。20 日罢市结束。

10 月 17 日 陈炳焜、谭浩明、程璧光、李耀汉联名致电冯国璋,请去段祺瑞职,并依约法解决国会内阁问题。20 日,冯复电拒绝。

△ 冯国璋以滇军黄毓成等"擅自越境称兵",进攻内江川军,令其"严束军队,即日退出川境"。

△ 孙中山任命林祖涵为湖南劳军使。20 日又电程潜、赵恒惕、刘建藩、林修梅,嘉许衡永自主"开天下之先"。

10 月 18 日 范国璋所部第一路军与赵恒惕部在醴陵县渌口接战,范军失利,退回霞岭(湘潭县属)。

△ 冯国璋特任孟恩远为诚威将军,田中玉为吉林督军;任张敬尧为察哈尔都统。

△ 北京政府陆军部改编混成模范团为陆军第五混成旅,以魏宗瀚为旅长。

10 月 19 日 周伟、宋鹤庚进攻永丰之朱泽黄。适傅良佐派卫队一团增援,朱军获胜,周、宋部退至黑田铺(宝庆县属),朱军占青树坪。

△ 广州国会非常会议选林森为参议院议长。

　△　陈复初湘军第二师改为陆军第十七师,是日冯国璋任命陈复初为陆军第十七师师长。

　△　北京政府交通部与美国西方电气公司、日本电气株式会社订立合办中国电气公司合同,资本美国出 100 万美元,日本、中国各出 50 万元。

　△　上海浦东陆家嘴英商祥生铁厂车床间 200 余工人要求厂方撤换工头,举行同盟罢工。

10 月 20 日　谭浩明就任两广护国联军总司令,通电誓师援湘,24 日自南宁率师出发。

　△　周伟与朱泽黄约定:周部退出宝庆,朱部阴守独立。是日,朱泽黄进驻宝庆。

　△　林修梅与王汝勤战于高眉山(白果寺附近),林军歼敌千余名,王军退守画眉山。

　△　冯国璋令拨银一万元赈济陕西水灾。该省蒲城等 10 余县霪雨成灾,蒲城、富平、宝鸡、凤翔四县灾情尤重。

　△　北京政府交通部与美国西方电气公司及日本电气株式会社订立合同,合办中国电气股份公司,专为制造电话、电报机械材料,供中国之用。

　△　《教育与职业》杂志在沪创刊。黄炎培等主持,中华职业教育社编辑发行。

10 月 21 日　谢国光部进攻高山铺,朱泽黄卫队营退洪罗庙,当夜谢军进袭洪罗庙,兵临城下,朱军归降。

10 月 22 日　冯国璋令褫夺刘建藩、林修梅原官并勋章,着傅良佐严拿惩治。

　△　刘建藩部永属江道区司令张建良率军与范国璋部第四路军,在衡山右侧之湘水沿岸接战,范军失利,退攸县。

　△　山东陆军第五师徐鸿宾第九旅奉命启程攻湘。

　△　陈炯明部粤军刘志陆、洪兆麟联合击败惠州宣告独立之清乡

督办张天骥,克惠州。

　　△　川军占威远、内江,滇军退走自流井。

　　10 月 23 日　第十七师师长陈复初自长沙抵常德,旋开湘西会议,洪江、辰州(今沅陵县)、凤凰、常德等地代表出席。陈提出湘西不对省独立,遭与会代表拒绝。

　　△　林修梅与王汝勤战于黄家山(即黄金坪),林军获胜,王军退至贺家山,次日,林军复于贺家山击败王军。

　　△　周伟、宋鹤庚与朱泽黄复战于青树坪,周、宋部连战失利,25日,朱军占洪罗庙。

　　△　广东潮梅镇守使莫擎宇布告声讨陈炳焜,宣告与广东自主政府脱离关系,军政直隶北京政府,民政则商承省长办理,并即派兵攻惠州。次日,闽督李厚基致电支持,并告已电臧致平镇守使饬队进援。

　　△　安武军呈准改编为陆军第十七、第十八、第十九、第二十混成旅。

　　△　北京政府改编湖北省防两团为陆军第二十一混成旅,任命孙传芳为该旅旅长。

　　△　四川查办使吴光新率军抵重庆。其先遣队李炳之混成旅已于9 月 4 日到达。

　　10 月 24 日　孙中山任刘存厚为军政府四川督军。11 月 11 日,刘致电北京政府,表示"绝不承受"。

　　△　冯国璋指令直隶各路防营改为守备队,左右两翼改编为第四、第五混成旅。

　　△　冯国璋任命李奎元为陆军第十一师师长,原任张永成免职。

　　△　北京政府以 200 万卢布向俄商赎回在黑龙江各地金矿开采权。

　　10 月 25 日　广州非常国会致电日本政府,指出段祺瑞军械借款在于"屠戮异己,宰制国民",请予严词拒绝。同日,致电冯国璋,并通电全国反对北京政府军械借款。

△ 山西第一混成旅旅长商震衔北京政府攻湘令率队出发，11 月 7 日抵岳州，旋即开赴湘乡、永丰一带作战。

△ 广东护法第一军总司令马济亲率炮兵一营、步兵三营自广州出发援湘，28 日抵湘南宜章。

10 月 26 日 孙中山召开大元帅府全体会议，作出重要决定，其要旨为：一、再次派张继赴日，反对外国计划向北京政府贷款；二、派员分别请唐绍仪、伍廷芳、孙洪伊和胡汉民返粤就职；三、向西南各省和新加坡侨民劝募公债券；四、委任徐绍桢主管浙江讨贼军，委任柏文蔚主管安徽讨贼军。

△ 谭浩明、程潜及粤桂联军诸路司令通电声讨段祺瑞，历数段氏威劫元首、构成内乱、垄断政权、故纵帝孽四大罪状，号召"湘粤师旅，共执鞭弭，以讨段罪"。

△ 刘建藩部永属江道区司令张良建渡湘水攻株洲，两广护国联军第一军陆裕光协攻，31 日湘桂联军与北军第二十师第三十九旅旅长张纪战于朱亭。

△ 北京政府派安徽安武军一旅攻湘，是日该军总司令李传业率队先抵汉口。

△ 北京政府外交部照会英公使朱尔典，允协约国租用中国收管之德奥船只。

10 月 27 日 冯国璋以粤督陈炳焜倡言自主，令即行褫职，任命省长李耀汉兼署，莫擎宇会办军务。31 日，陈炳焜通电驳斥，称"中央此令，无非欲粤省自起内讧"，表示"决不堕其术中"。

△ 孙中山电宁远屯殖使张煦，望与唐继尧联为一致，共同护法。

△ 广西援湘军第一军司令韦荣昌率一营自桂平抵零陵。30 日，桂军第二军司令林俊廷率队自桂林启程援湘。

△ 京师地方审判厅判决津浦铁路局租车购车舞弊案，局长王家俭等各处徒刑，并褫夺公权。

10 月 28 日 苏督李纯致电冯国璋，请政府明白宣示有无与日本商订军械借款及凤凰山铁矿条约事。越三日,赣督陈光远亦电冯询问军械借款条约是否成立。该二督并分别电直、鲁、苏、赣、豫、鄂六省,请一致行动。

10 月 29 日　宋鹤庚与陈复初战于宝庆白芍铺,陈军失利,宋军乘胜收复宝庆城,陈军退走手林铺、新田铺。

△　教育部派黄炎培在上海筹办暨南学校,次年 3 月 1 日开学。

10 月 30 日　冯国璋令临时参议院定于 11 月 10 日举行开会式。

△　冯国璋令财政部妥订普通税则,颁行各海关。

△　北京政府外交部照会英公使朱尔典,请其领衔提出使团会议,按中国所提办法,将张勋、万绳栻一同安置于法属雷佑宁小岛,由法国监视。

△　孙中山电湖南督军谭浩明等,谓:"顷得沪电,知北军陆续南下,宁已下动员令,战事当不远,望即率劲旅,迅攻岳州,分其势力。"

△　川军占合江、富顺两县,滇军退走泸县。

△　川军第一师梯团长丁泽煦在荣县宣布护法。

△　法国在鄂、豫、鲁三省招募之华工 500 余名在沪放洋。

10 月 31 日　北京政府派南苑航校飞机参加湘南战争,是日首批飞机二架在渣江上空助王汝勤部攻林修梅军。11 月 2 日,复派飞机四架在界岭上空助朱泽黄部攻周伟军。

△　冯国璋以滇军拒不退兵,令褫夺顾品珍、赵又新、黄毓成等官职,着周道刚"督饬所部,分路进剿"。

△　冯国璋任命曹锳为直隶陆军第四混成旅旅长,商德全为第五混成旅旅长。

△　程璧光在广州召集会议,就北京政府免粤督陈炳焜职一事,商讨维持粤省办法。议决四项:一、劝陈炳焜卸责;二、李耀汉不宜接代督军;三、希望当道慎选粤督之替人;四、将来海陆军吏须确实联络,以期为国宣劳。

△　周伟、宋鹤庚与朱泽黄战于衡阳县双山铺,朱军失利,自洪罗

庙、马屋岭退至界岭。

　　△　川军占荣县。滇军占永川县，旋逼重庆。

　　是月　刘建藩通电揭露北军暴行，略谓："自称兵入寇以来，所过湘潭、衡山、湘乡，向各商民饱财掠夺，得赃巨万，积累连舟，肆杀强奸无所不作，数百里人民呼号，各地十室九空，鸡犬耕牛一无存在。"

　　△　范旭东在天津创办永利制碱股份有限公司，资本 40 万元，后增至 1100 万元，制碱厂设于塘沽。旋在江苏六合设铵厂，生产硫酸铵等产品。

11　月

　　11 月 1 日　"湘南各军总司令部"在长沙成立。总司令王汝贤"训词"，声称"奉总统、总理命令，出总师干，惟期师武"，扬言为早日"粉平"护法军尽力。

　　△　广东援湘军第一军马济所部统领唐绍慧率六营武卫军抵郴州。5 日，第二军林虎所部三团抵安仁县，次日，进驻攸县。

　　△　孙中山任命蒋介石、张群为大元帅府参军。

　　△　川边守军统领张煦率部在西昌独立。唐继尧将该部编为靖国第七军，任命张为总司令。

　　△　国务院通电各省，下达扑灭党人暴动赏格七条。

　　11 月 2 日　美国国务卿蓝辛与日本特使石井菊次郎在华盛顿签订《日本和美国关于中国的换文》（即《蓝辛—石井协定》），内中规定，美国承认"日本在中国之特殊地位"，日本承认美国对华"门户开放"及"在华工商业机会均等的原则"。

　　△　云南靖国军第五混成旅由统领赵式铭率领启程赴川。

　　△　川军攻占自流井、贡井，滇军向叙府等处退走。

　　△　北京政府派靳云鹏、曲同丰赴日本，以观操为名，商订军械借款事。是日，靳等离京启程。

△　北京高等审判厅对陈锦涛贿案第二审判决,陈锦涛判处有期徒刑三年,褫夺其官员资格终身。

△　上海学生救亡会致电冯国璋,反对军械借款,"望勿盖印,以自绝于国人"。

△　日商开设大连信托株式会社,资本 100 万元。次日,复于大连开办满洲证券信托株式会社,资本 300 万元。

11 月 3 日　颜德基以"四川靖国军临时司令"名义,在绥定(今四川达县)通电独立,声讨段祺瑞祸国殃川罪状,宣布与西南一致行动。

△　广东钦廉镇守使沈鸿英奉粤督之命,率师会同惠州督办陈志陆所部进攻潮、汕,次日抵惠城。

△　四川懋功匪首若巴据城戕官,僭称皇帝,蹂躏地方,被川军捕获,是日在成都正法。

11 月 4 日　湘桂联军克宝庆。自上月 20 日朱泽黄部进驻宝庆后,双方几经争夺,至本月 3 日,联军再攻宝庆,朱军弃城逃走。

△　北京政府发表宣言,声称购买军械"纯系商业性质,毫无政治内容",并称凤凰山铁矿问题,起源于袁世凯,政府未予承认,"现拟可以满意之方法解决之"。

△　北京政府陆军次长徐树铮通知美公使芮恩施,中国愿出兵四万赴欧,盼美国予财政支持。

△　倪嗣冲部攻湘安武军司令李传业率队自长沙开赴醴陵,8 日与护法军战于攸县之新市。

△　唐继尧率师自昆明启程赴川,滇黔联军总参议章太炎同行。

△　孙中山派孙洪伊为军政府驻沪全权代表。

11 月 5 日　卢占魁在绥远宣布起义,组成西北靖国军。

△　22 省旅沪绅商学界 1200 余人致电冯国璋,反对军械借款,并电各省督军、省长,"请免段职,以谢天下,希一致主持,以阻卖国条约,同挽危亡"。

△　冯国璋令将湖北第六混成旅混成第二团合并编为湖北陆军第

十八师;任命陈光逵为陆军第三混成旅旅长。

11 月 6 日 日公使林权助将与美订立《蓝辛—石井协定》事照会北京政府外交部。

△ 广州军政府派赴湖南劳军使林祖涵致电孙中山,谓晤程潜等"转达尊意,极为感谢"。

11 月 7 日 俄国十月革命取得胜利。10 日,上海《民国日报》等刊载十月革命胜利消息。

△ 唐继尧致电孙中山,指出段祺瑞假托参战之名,向日本借取军械巨款,"用以压迫护法之国民",邀孙联名电请日本政府"严词拒绝"。12 日,孙复电赞同。

△ 唐继尧通电冯国璋及各省,谓川乱之源出于段祺瑞。

△ 北军第十四混成旅旅长臧致平率师援潮,由闽攻粤。

△ 吴俊陞第二十九师奉张作霖命进驻齐齐哈尔,解除驻军旅长英额、英顺兵权。

11 月 8 日 北京政府外交部就《蓝辛—石井协定》致美、日两国驻京公使《宣言书》,称中国政府对于"各友邦基于条约所得之利益,无不一律尊重",声明:"中国政府不因他国文书互认有所拘束。"

△ 冯国璋任命陆荣廷为宁威上将军,着即赴京任职,特派龙济光为两广巡阅使。

△ 冯国璋令李耀汉将驻粤桂军撤归该省,以保广州治安。

△ 陈廷孚创设上海贸易银行开幕,资本 100 万元。

11 月 9 日 湖南"宁乡护国军"数百名占领县署,宣告独立。傅良佐派兵前往镇压,"护国军"退据安化县一带。

△ 上海总商会等 10 团体致电冯国璋"进陈危言",称政府自对德、奥宣战以来"丧失种种主权",要求"布告中外,誓除亡国政策,以保国本,而奠民生"。

11 月 10 日 临时参议院在北京开会。14 日,选举王揖唐、那彦图为正副议长。

△　陆荣廷在广西梧州召集军事会议,胡汉民代表孙中山出席。议决陆荣廷兼摄广东督军,陆赴任前暂由广惠镇守使莫荣新代理;委程璧光、陈炳焜分率海、陆军自潮、梅攻闽,以牵制川、湘北军。

△　攻湘安武军司令李傅业部占攸县。

11月11日　驻川綦江黔军王文华部与四川查办使吴光新北军冲突。次日,两军在三百梯接战,20日,黔军占江津。

△　湘粤桂联军攻克衡阳。

△　孙中山电章太炎,论述两广局势,指出:"日间决裂之势,益形炰炰,军政府既无实力,无从发言,所幸海军尚能自保。"并谓唐继尧"理应即日宣布就元帅职,以壮军威;并电促陆(荣廷),使其自觉孤立,非与军政府团结,则将为粤人所逐,自可审度利害,就我范围"。

△　山西督军阎锡山倡立"洗心社",自任社长,总社设太原,各县设分社。

△　江苏吴县田泾乡农民因受灾秋收荒歉。是日,"催子"到乡逼租,农民千余名将"催子"捆打,并将地主租单撕毁。次日,知县派兵前往弹压,激起众愤,洋澄、车坊、斜塘、唯亭等七乡农民联合行动,将"催子"40余家房屋焚毁。

△　江苏松江县张泽镇乡民数千人"闹荒",捣毁乡自治委员房屋。

11月12日　湘粤桂联军林修梅、谢国光、宾华东率队分由梅子坳(永丰以南)、洪罗庙、青树坪夹攻永丰,与守军朱泽黄、商震及第八师一团接战,北军失利,联军占永丰。

△　攻闽粤军占海丰县,次日再占陆丰。

△　冯国璋特任周道刚为四川督军,刘存厚会办军务。

△　唐继尧致电孙中山,告以赞成组织西南军事联合会政务委员会,并电约岑春煊、唐绍仪、伍廷芳赴南筹商组织办法。

△　驻美公使顾维钧就《蓝辛—石井协定》向美国提出正式抗议。

△　俄国社会民主工党哈尔滨支部发表《告满洲全体公民书》,号召在哈俄公民支援十月革命。

11 月 13 日　湘南护法军周伟部攻占湘乡。

△　湘西守备队司令张学济与湘西镇守使周则范在沅陵宣告自主。

△　北京政府派第七师师长张敬尧攻湘,是日张衔命自徐州率队启程。19 日抵岳阳。

△　冯国璋任命王懋赏为陆军第十八师师长。

11 月 14 日　北军湘南总、副司令王汝贤、范国璋自长沙通电停战,略谓:"此次湘南自主,以护法为名,否认内阁。但现内阁虽非依法成立,实为事实上临时不得已之办法,即有不合,亦未始无磋商之余地。在西南举事诸公,既称爱国,何忍甘为戎首,涂炭生灵,自应双方停战。"同日,王、范自行停战,从衡山撤兵。

△　唐继尧率滇黔联军誓师出发,向刘存厚部发动进攻。

△　孙中山致电陆荣廷、唐继尧促西南联合,"即时发起西南联合会议,务期联西南各省为一大团体",以资抵抗北逆。

△　段祺瑞之亲信靳云鹏、曲同丰前往日本参观陆军特别大演习,日陆军参谋本部参谋总长上原勇作、参谋次长田中义一和西原龟三,乘机向靳、曲渲染俄国爆发革命后德国有侵入东方的危险,暗示有必要加强中日军事合作,以防止德国势力之东侵。

△　国会议员黄攻素、中国公民联合会代表谭延闿等联名致电美国总统威尔逊抗议《蓝辛—石井协定》。

11 月 15 日　段祺瑞请辞国务总理职,次日通电全国为其对西南用兵辩解,指责王汝贤停战系"为虎作伥","不顾大局";声称"为免北方军人分裂",呈请辞职。

△　湘粤桂联军再克衡山。按:上月 14 日湘粤桂联军夺回衡山,旋复失。是日,联军击败自萱洲铺来犯之北军,再克衡山城。

△　湘督傅良佐偕省长周肇祥于昨夜自长沙仓皇出逃。是日,省城绅商组织"湖南暂时维持军民两政办公处",公推王汝贤为办公处主任。

△ 孙中山命令海军炮击观音山广东督军署,以驱逐陈炳焜。程璧光拒不执行命令,且将各舰调黄埔,宣布戒严。

△ 江苏省江宁县地方公会、教育会、商会、农会致电北京政府,反对中日合采凤凰山铁矿。

△ 北京政府陆军部与日本泰平公司订立第一次军械借款契约,总额日金 1718.6461 万元,折价交付军械。是为中日第一次军械借款。

△ 日商在大连开办满洲贮金信托株式会社。资本 200 万元。

11 月 16 日 唐继尧电孙中山,报告滇黔军已克岷场、界石、三百梯、自流井、荣县等地。

△ 湖南军民两政办公处派岳森等前往衡山与湘粤桂联军接洽,谋求停战。

△ 冯国璋任命蒯寿枢为青海甘边屯垦使。

11 月 17 日 冯国璋致电各省,宣布对国事近情之意见,声称政府对于西南"不得已而用兵",现"川事颇为得手",广东方面,因龙济光、李厚基、莫擎宇"倾向中央,暗中牵制",故陆荣廷等"虽有援湘之兵","以是不能大举";指责长沙求和通电未能"为中央留余地,保政府之威严";要求各省提出挽救时局"高见"。

△ 段祺瑞通电宣告,因冯国璋坚留,是日照旧任事。

△ 湘粤桂联军与北军第八师王汝贤等部在易俗河(湘潭县属)接战,联军乘胜占领湘潭。同日,湘南护法军占朱亭。

△ 第十七师师长陈复初在常德宣告自主。19 日,该师第三旅五、六两团进逼师部,迫陈交出关防,随即收编军队,接收枪械,开赴湘阴。

△ 军政府潮梅军第一支队攻占龙川属铁场、蓝关等地。次日至长安,19 日克五华。21 日,孙中山致电该支队长兼前敌总司令金国治祝捷。

△ 滇军顾品珍部占领四川合江县。

△ 江苏松江县五库乡遭受虫灾,乡民 2000 人拥至县署请愿,控

告枫泾警察分所所长"匿荒",并要求减免田赋。24 日,枫泾、五库乡民
2800 余人复齐集县署,要求减租。县知事急出布告,不准再有聚众报
荒情事,嗣又缉拿抗租农民 10 余人。

11 月 18 日　直督曹锟、鄂督王占元、赣督陈光远、苏督李纯联衔
通电调停时局,主张北京政府及西南各省撤兵停战,表示愿任调停
之责。

△　孙中山发表时局通电,反对南北调和。指出:"此次西南举义,
既由于蹂躏约法,解散国会,则舍恢复约法及旧国会外,断无磋商之余
地",并希西南各省一致主张到底。

△　孙中山致电孙洪伊,谓护法原以"恢复约法效力及旧国会为目
的,舍此不提,则吾人此次义举,即成为无意识之举动",并指出,议和
"当以取消非法机关,恢复旧国会为惟一无二之条件"。

△　孙中山通令坚决拥护约法,恢复国会,望诸将士"一德一心,合
力讨逆,以克竟军政府与诸将士拥卫约法国会之大责"。

△　王汝贤、范国璋撤离省城,湘南护法军前锋进占长沙。19 日
王汝贤退抵岳阳。

△　冯国璋令湖南督军傅良佐、代理省长周肇祥免职查办;派王汝
贤以总司令代行湖南督军职务。

△　湘粤桂联军击败安武军,占领醴陵县。

△　张作霖致电北京政府,表示愿派四师兵力,自筹饷械,亲自率
队攻湘。

△　法国公司在河南、山东等处招募华工 1400 余名,是日自上海
乘轮放洋。

11 月 19 日　冯国璋令准段祺瑞辞陆军总长兼职,特任王士珍为
陆军总长;准免奉督张作霖第二十八师师长兼职,以汲金纯继之;又令
准免陆军次长徐树铮本职。

△　湖南军民两政办公处推举长沙讲武堂长彭廷衡、省议会议长
彭兆璜为军民两政主任,维持长沙市面秩序。

△　岑春煊发出调和时局通电,要求大总统责成内阁"罢兵尊法",则西南各省"亦可徐图解决"。

△　江西财政厅为解决省内军政开支,以该省币制公债担保,与日本九龙台湾银行签订日金50万元借款合同。

11月20日　粤督陈炳焜去职离省。次日,莫荣新奉陆荣廷电令正式代理粤督职务。

△　冯国璋特任张澜为四川省长。

△　北京政府于北京设侨工事务局。是日,冯国璋任命张弧为侨工局局长。

△　孙洪伊复电曹锟等四督军,指出必须坚持约法,否则"别无调停之可言",提出罢免段祺瑞职、恢复旧国会、惩办倪嗣冲张勋三项主张。

△　孙中山、陆荣廷、唐继尧等联名致电日本首相寺内等,促勿借款段祺瑞购械,压迫护法之国民。

△　冯国璋令公布《修正褒扬条例》,规定凡合"孝行纯笃"、"节烈妇女"等八条之一者,由部呈请褒扬。

△　熊希龄与美国广益公司签订《运河借款合同》草约,债额600万美元,利率七厘,以运河通航税等收入担保,作为整理直隶、山东省内运河之费用。次年7月20日,借款合同正式签字。按:美日两国于本年3月9日签订共同承担中国运河借款合同,由美国出面,600万美元借款中,250万美元由日本兴业银行担任。

△　教育部为支付留日学款,与日本横滨正金银行签订日金10万元借款合同。

△　日本三菱银行在上海开设分行,资本额定5000万日元。

11月中旬　财政总长梁启超编就1917年9月至1918年6月中央收支概算,密呈冯国璋、段祺瑞,陈述政府财政困难状况:中央各项收入,共约7000余万元,支出实已不敷3100余万元,筹补所得,共合银元2000万元左右。然自概算定后,经常费之意外短绌,各项不敷实达

5000 余万元。并以"财政困难实达极点","即请迅简贤能,尽月内接替"。

11 月 21 日　国务院、陆军部任命鄂督王占元为在湘各军总司令,驻武岳军司令王金镜为副司令;免去王汝贤、范国璋湘南各军总、副司令职。王占元、王金镜分别电冯国璋力辞不就。

△　陆裕光、赵恒惕、周伟与宋鹤庚分别率湘粤桂联军(简称南军)第一、二、四军自长沙拔师往攻岳阳。邱渭南已于先一日率第三军离省城攻岳。

△　非常国会通电重申只有恢复约法,重集旧国会,组织合法内阁,方能"解目前之纷,弭将来之祸"。

△　陆荣廷致电黔督刘显世等,指出西南"亟应密为联合",以"推倒段内阁,召集国会,恢复黄陂(黎元洪)自由"为主旨,并谓黎元洪"如果正式辞职",冯国璋"即可依法继任"。

△　湘南护法军总司令程潜自衡山抵长沙。

△　攻闽粤军攻占兴宁,旋退出。27 日,再占兴宁。

△　川军第一师、第三师攻占泸县城,滇军退向兰田坝。

△　广东省长朱庆澜调拨警卫军 20 营归孙中山,以不得在广东驻屯为条件。

△　冯国璋特任郭宗熙为吉林省长。

△　冯国璋令财政、农商两部组设劝业银行。

11 月 22 日　冯国璋令准免段祺瑞国务总理职,特任汪大燮暂行兼代。

△　湖南各界代表会议公举陆荣廷为湘粤桂巡阅使,谭浩明为湖南督军,程潜为省长兼军务会办。

△　援湘滇军支队司令官彭学游等电孙中山,报告联合桂粤,护国援湘。

△　北京政府财政总长梁启超、督办水灾善后事宜熊希龄以多伦、山东临清、山西杀虎口三地常关税收入担保,与日本银行团代表李士伟

签订日金 500 万元借款合同,是为京畿水灾救济借款。

11 月 23 日　冯国璋通电各省说明段祺瑞辞职经过,并称:"目前段总理虽暂时去职,而国璋倚重之殷,与段总理扶持之雅,不异曩昔。"

△　李烈钧以滇黔全权代表名义电请西南各省及海军各派全权代表,克期集合广州筹商联合组织事宜。

△　安徽程豂等以倪嗣冲倡言解散国会,阴谋复辟,是日通电护法,宣布成立"皖北讨倪军"。次日,攻占寿县。

△　孙中山以西南各路凯报迭至,粤省地方一致护法讨逆,令除潮梅外,一律停止招收民军。

△　北军第七师师长张敬尧致电曹锟,提出"南军退出湘境,始可言和",而"谋南北之统一,则广东政府当然消灭"。

△　南军陆裕光部抵湘阴大荆驿。次日,与王汝勤部接战。

△　川军占纳溪县。

11 月 24 日　陆荣廷电复江苏督军李纯,赞成直隶等四督军 18 日停战通电,并望转呈总统以明令颁布。

△　孙中山电复李纯,谓"解决国内之争,只有法律二字"。

△　粤省督军莫荣新召集军事会议,议决海陆军联合攻闽,海军以程璧光为总司令,陆军分桂、粤、滇三路,以林虎、陈炯明、李烈钧分任总司令。

△　攻闽粤军占惠来,次日占普宁。

△　莫荣新邀集海军、驻粤滇军军事长官及各界要员会商西南联合事宜,并通电主张湘、粤、桂三省组都司令部,请陆荣廷任都司令。

△　驻粤滇军第三师师长张开儒致电孙中山,表示誓死护法,并提恢复旧约法、旧国会等和谈十原则。

△　李耀汉通电辞广东省长职,并请冯国璋收回兼署督军成命。

△　南军邱渭南部抵华容。28 日,与商震部在新洲铺接战,商军失利,邱渭南乘胜于本月 30 日及 12 月 1 日进驻淤嘴、小桑铺一带。

△　程潜在长沙就湖南省长职,湖南军民两政办公处宣告取消。

△　山东省城各界开公民大会,抗议日本在青岛等地设民政署,议决派请愿代表赴京,要求政府向驻京日使严重交涉,务使早日撤销,以保主权。

11 月 25 日　冯国璋通电宣布停战,要求各饬前敌军队"驻扎原地,停止进行,听候解决"。

△　陕西焦子静等在白水县通电宣布自主,组成"陕西护法军",并发布讨伐陕督陈树藩檄文。

△　程璧光、李烈钧、吴景濂等电举胡汉民为广东省长。

△　谭浩明以未经北京政府任命为由,通电宣布"湘督一职,决不承认"。

△　"总统府统率办公所"成立,荫昌为所长,段芝贵为副所长。旋因皖、奉、闽、浙、鲁五省督军联衔反对,冯国璋遂电告仅为临时机构,并已改名军事处,派师景云为处长。

△　北军第八师团长梁得胜等 16 人自岳阳致电冯国璋等,请惩办傅良佐。

△　留日学生代表李国英致电冯国璋,谓"日美宣言,国势益急,速停内讧,以御外侮"。同日又电苏鄂赣直四省督军,"请遵约法,解决纠纷"。

11 月 26 日　浙江宁波驻军通电宣告自主,与浙省军民两署脱离关系,组成宁波独立军,设司令部于宁波,推前都督蒋尊簋为总司令。28 日,温州、处州(今丽水)宣布独立。绍兴、台州(今天台)、严州(今建德)亦分别响应自主或独立。

△　孙中山致电襄阳联军总司令黎天才等,请与滇黔川湘桂各军合力并进,会师武汉,断敌归路。

△　闽督李厚基以粤军节节胜利,致电北京政府告急,要求速调兵力分布永定、上杭、诏安一带组成第二线,并请饬冯玉祥旅开往汕头应援。

△　荷公使贝拉斯照会外交部,为北京政府清理德华银行事再提抗议。

11 月 27 日　程璧光主持海珠军事会议,筹议攻闽方略。决议合海军粤军滇军分途攻闽,以程为联合军总司令官,李烈钧为总参谋,汪精卫为总参议。海军总司令官林葆怿统率海军全部;征闽粤军总司令陈炯明统粤军 20 营;征闽滇军指挥官由李烈钧兼任,下辖靖国五军、六军等部。

△　攻闽粤军占梅县,29 日占揭阳。

△　英公使朱尔典照会北京政府外交部,告知驻京各使决定将张勋护送出中国领土以外。

11 月 28 日　湘粤桂联军总司令谭浩明奉陆荣廷之命通电停战。同日又电催直、苏、鄂、赣四督军"通饬各军前敌军队一律停战,并将驻岳各军完全退出湘境,以示和平决心"。

△　南军周伟、宋鹤庚部进抵湖北公安县。

△　川军攻占叙府。滇军退庆符(今属高县)。

△　江苏督军李纯致电孙中山,称:"纯勉任调人,力微责重……尚祈惠我南针,俾有率循。"

△　唐继尧致电孙中山,请坚持护法,声称:"国家之治安,全恃法律为维系","若执政者必叛法而行,残民以逞,则南方各省人民宁死于枪林弹雨之中,不能偷活于暴戾淫威之下。"

△　孙中山接日议员菊池电请派人赴日商议中国和平事,内称:"昨阁议决定,与协商国商议,使南北妥协,中国早归平和。南方须多让步,勉求东亚大局一致";并称:"代表南方各派,以在日有信用之张继、汪兆铭为宜。"

△　段祺瑞访日使林权助,告以王士珍内阁即将成立,政策均无变化。

11 月 29 日　孙中山电复李纯,称:"倘能约法、国会完全恢复,创乱诸逆依法惩办,并由正式国会解决总统、内阁诸问题,则半国之兵不难一朝而罢。"

△　广东钦廉镇守使沈鸿英诱杀军政府潮梅军第一支队支队长兼

前敌总司令金国治,并将金军缴械遣散。

　　△　宁波自主军与浙江第一师在曹娥、百官接战,自主军败退宁波,旋由商会给资遣散。温、台、处、绍、严等地亦随之取消独立。

　　△　南军赵恒惕率队抵湖北通城县境,于白螺山、向家岭一带大败来犯之北军,次日占通城。

11 月 30 日　冯国璋令准免暂代国务总理外交总长汪大燮本兼各职,特任王士珍署国务总理;准免汤化龙、梁启超、林长民、范源濂、张国淦内务、财政、司法、教育、农商总长职。

　　△　军政府外交总长伍廷芳致电冯国璋,请派员南下面商调停之策。

　　△　云南省议会电孙中山,誓不承认段祺瑞非法订立军械借款密约,并请"迅速进兵,谋讨奸憝,以救危亡"。

　　△　冯国璋令曾述棨为修改现行进口税则委员会主任,李景铭、赖发洛为副主任。按:中国对德奥宣战,英、美、法、日等国允诺北京政府提高关税率,同意重新调查货价,改正税则,因有此委员会之设。

　　△　巴布扎布余部 3000 人,自称宗社党,攻入黑龙江景星县城(今并入龙江县)。经省派兵前往,旋即收复。

是月　奉天四(平)郑(家屯)铁路竣工。

　　△　王崇甫创设岷江轮船股份有限公司,资本银 12 万两,设总公司于四川万县,分公司于重庆、宜昌。

　　△　沪通惠银号改组为通惠商业银行,资本 100 万元。

　　△　陆伯鸿、朱葆三在上海创办和兴钢铁厂,资本银 50 万两。

12　月

12 月 1 日　冯国璋任命王士珍内阁各部总长:外交陆徵祥,内务钱能训,财政王克敏,司法江庸,海军刘冠雄,农商田文烈,交通曹汝霖;准免王士珍参谋总长本职,以荫昌继之。

　　△ 　湖北第一师师长石星川在荆州(今江陵县)宣告独立,并电请襄阳镇守使黎天才取一致行动。

　　△ 　前湖北第三师师长王安澜率旧部于鄂、豫边境宣布独立。3日,通电进驻随县、枣阳一带,与西南各省一致行动。

　　△ 　武岳军总司令王金镜致电谭浩明、程潜,告以岳阳业已奉北京政府命令停战。

　　△ 　川军再败滇军,攻占庆符、高县。次日,占珙县、长宁。越二日,占安边(今宜宾县属)及滇属绥江。5日,占筠连。7日,占兴文。

　　△ 　是日起庚子赔款无息延付五年(每年2400万元)。

　　△ 　上海华商纱厂联合会开成立会,15家纱厂代表参加。该会宗旨在于反对日商要求废止棉花出口税,选举聂云台、刘伯森等五人为议董。4日,推聂云台为总董。次年3月,选举张謇为会长。

　　12月2日 　曹锟、张怀芝与山西、奉天、福建、安徽、浙江、陕西、黑龙江、上海、察哈尔、绥远、热河七省三区督军、都统、护军使代表在天津开督军团会议,一致主战,要求冯国璋明令讨伐湘、粤。15日,继续开会,适值北京政府电派曹、张出师令到达,作战计划遂定。越三日,会议结束。

　　△ 　孙中山将朱庆澜调拨之20营警卫军改编为“援闽粤军”,是日任命陈炯明为总司令,邓铿为参谋长兼第一师师长,许崇智为支队司令,先编成10营担任讨伐闽督李厚基之任务,进军福建。

　　△ 　李烈钧密电陆荣廷及西南各省,告以在京友人由外国使馆转来专电,谓:“段(祺瑞)去职甚郁愤,恨冯(国璋)入骨,其党羽在京布置,计划以武力倒冯;冯惧虑,亦有以武力扑灭段势力之势。”

　　△ 　冯国璋据黑督鲍贵卿呈请,以陆军第四旅旅长英顺“挟制长官,干没公款”,下令褫夺其陆军少将及旅长本职。同日又令准免黑龙江步兵第一旅旅长巴英额本职。

　　△ 　岑春煊致电北京政府,请速颁停战令。

　　△ 　全国商会联合会通电冯国璋及各省督军省长,请顾念商艰,力

主休战。

12 月 3 日　冯国璋致电陆荣廷等,请"饬现在交战地点之前敌军队驻扎原地,停止前进,听候解决,不过一星期当有分晓"。

　△　徐树铮密电奉、皖、陕、甘、闽、浙、川等省督军,谓"北军权势消长,与日本寺内内阁利害相通";并谓段祺瑞虽暂时去职,日本此后对华方针,"仍认定东海(徐世昌)、合肥(段祺瑞)为政局之中心,遇事力尽友谊援助"。

　△　黔滇联军三路袭重庆,吴光新军苦战经旬,力尽无援。是日,吴率师离重庆,督军周道刚亦乘夜逃遁。

12 月 4 日　滇黔川联军攻占重庆。商会请熊克武出面暂行维持秩序。联军指挥官王文华、石青阳、顾品珍等率部相继入城。

　△　攻闽粤军占潮阳。

　△　唐继尧电告直、苏、鄂、赣四督军,已令驻川滇军停战,请代陈北京政府"严令川督切饬各队一律停战"。

　△　陕西龙驹寨(今丹凤县)驻军王时敏等,以护法军名义占据商(县)洛(南)一带。

　△　湖北第三师师长王安澜通电宣布讨逆,并于是日进据枣、随,与西南各省一致进行。

　△　冯国璋特任傅增湘为教育总长、河南督军赵倜兼署省长;任靳云鹏为侍从武官长,萧耀南为直隶陆军第三混成旅旅长。

12 月 5 日　冯国璋任命恽宝惠为国务院秘书长,财政总长王克敏兼署中国银行总裁,阎相文为直隶陆军第二混成旅旅长。

　△　湖南巡防各营营长唐天寿、田楚珩等致电孙中山,请准谭延闿回湘主政,以维湘局。

　△　潭浩明致电唐继尧,要求"西南一致,以免纷歧"。

　△　旅沪商帮协会致电冯国璋,再请"速颁停战命令"。

　△　英公使朱尔典据哈埠英领电称俄共将派兵接收哈尔滨及中东铁路,特面告北京政府外交部,并促中国出兵维持哈埠秩序。

12 月 6 日　谭浩明复电冯国璋,重申湘省停战须以北方撤出岳阳为条件。

△　程潜致电陆荣廷,"以武力解决岳阳问题"。

△　驻粤滇军在广州开军事会议,议决派第四师第八混成旅攻闽。

△　湖北第一师团长谢超在黄州(今黄冈县)宣布自主。

△　冯国璋任命刘存厚为崇威将军,仍留川会办军务。

△　曹锟、张怀芝、张作霖、倪嗣冲、阎锡山、陈树藩、赵倜、杨善德、卢永祥、张敬尧联衔电请北京政府颁令讨伐西南。

△　日本参谋次长田中义一在日与梁士诒晤谈,主张以武力统一中国,望梁与段祺瑞任其事。

12 月 7 日　冯国璋特任湖南省长谭延闿兼署督军。次日,谭复电提出北京政府所派军队撤离湘境及募足两师省防军等五项条件,并称如"中央不表同意,决不就职"。

△　非常国会致电湘南护法军总司令程潜,称北军"阳托调和,阴则厚增援兵",望联合粤桂援军速攻岳阳。

△　驻粤滇军第四师伍毓瑞第八混成旅在广州誓师攻闽。滇军全权代表李烈钧宣读誓辞,号召将士诛逆护法,踊跃用命。12 日,伍旅长率队自黄埔出发。15 日,第九混成旅亦由石龙(今东莞县属)开拔攻闽。

△　海军"海圻"、"永丰"、"同安"、"豫章"、"福安"五舰由黄埔出发攻闽,旋因龙济光在琼州宣布就两广巡阅使职,龙军数个由琼潜渡登陆,深入内地,各舰乃回师定乱。

△　北京国务会议议决派兵进驻哈尔滨,由外交部电知吉林当局,如"俄人有暴动行为,即以武力对待",并由国务院电奉、黑两省协助。

△　汉口各团联合会致电黎元洪及陆荣廷等,以川湘战事延及鄂境,要求将武汉"划为战线之外"。

12 月 8 日　徐树铮密电奉、黑、陕、晋、豫、甘、闽、浙、沪各省督军、护军使,并吴光新、龙济光,谋倒王士珍内阁,逼苏督李纯下台,诡称"欲求国事进步,非先更易阁王、苏李,万无着手之地",并迫冯国璋按武力统一政策行事,否则组织国会,立即选举大总统。

12 月 9 日　冯国璋通电各省,以俄、德媾和,日本出兵西伯利亚,英、法政府"深望我国与日本同一进行",主张息争,助日攻俄。

△　陆荣廷与冯国璋暗中洽和,是日致电军政府海军总长程璧光等,称:"迭接冯代总统来电,主张调和,直苏鄂赣亦与前军提议停战条件。海军出发可否少缓日期,暂候解决,以免别生冲突。"

12 月 10 日　程潜通电西南各省,指出北军陆续增兵岳阳,切勿"轻与议和,致中诡计"。

△　孙中山电促唐继尧等"迅出宜昌东下,进据武汉"。

△　唐继尧任命黄复生、卢师谛为四川靖国联军总、副司令,是日将此事电告孙中山。

△　湖北党人蔡济民率民军攻克广济,次日占黄梅,自称鄂军总司令。12 日,在武穴(今属广济县)为防营挫败,广、黄复失。

△　广东矿务督办龙济光在琼州(今琼山县)就任两广巡阅使,宣称节制两粤水陆军警。

12 月 11 日　龙济光自琼州出兵攻粤。14 日,由阳江登陆。

△　陕西警备军分统领耿直在西安响应护法,围攻督署,陕督陈树藩仓皇出逃。越二日,警备军败逃,陈复还省。

△　闽督李厚基为购买军火,以洪山桥(今福州市属)兵工厂担保,与香港台湾银行签订日金 140 万元借款合同。

12 月 12 日　程潜自长沙率队开赴平江,指挥南军各部进攻岳阳。

△　孙中山任命石青阳为川北招讨使。

△　哈尔滨俄工兵苏维埃发布《告公民书》,称:"自本日起,哈尔滨工兵苏维埃即为国家主权正式代表,所有国家及公共机关均受本委员会管辖。"

12 月 13 日　滇黔军在重庆与川军熊克武会合。熊克武通电孙中山、陆荣廷、唐继尧等,宣布拥护护法,与西南一致行动。

△　四川国民军总、副司令黄复生、卢师谛联电孙中山,告以经与唐继尧、章太炎商议,将"四川国民军"更名为"中华民国军政府四川靖国军",与"滇、黔、荆、襄各军联为一气"。

△　川军占领西昌县,张煦率靖国第七军退会理。

△　黑省滨江县警备队一营开进哈尔滨中东铁路界内。

12月14日　陆荣廷通电卸两广巡阅使职,次日致电冯国璋等,要求"罢兵息民,一致对外,化除畛见,同护共和"。

△　攻闽粤军占汕头、潮安,莫擎宇退走。海军"海容"、"江亨"、"楚谦"三舰宣布护法。是日,沈鸿英部破饶平县,闽军退至大埔。

△　陈凤石以"四川靖国招讨司令"名义在大竹县宣告独立,旋通电护法。

△　熊克武致电周道刚、刘存厚等,劝川军参加护法。

12月15日　国务院特任直督曹锟为攻湘第一路军总司令,鲁督张怀芝为第二路军总司令,令各率所部"应援鄂赣,以定大局"。

△　粤督军莫荣新、省长李耀汉联衔通电全国,以两粤自主,不受非法内阁命令,宣布龙济光就任两广巡阅使无效,请陆荣廷收回卸任之通电。

△　程潜等通电公推谭延闿为湘省议和代表,旋又推举岑春煊为西南议和总代表。

△　滇军再次攻占四川纳溪县,旋攻永川。

12月16日　湖北襄阳镇守使黎天才通电宣告自主,并就任"湖北靖国联军总司令"。

△　莫荣新、程璧光、李烈钧联电宣布:非俟冯国璋明令取消解散国会及召集临时参议院原案,不能停战。

△　湘粤桂联军总司令谭浩明等电孙中山声明决不承认龙济光就任两广巡阅使。

△　莫荣新召集军事会议,主出兵讨伐龙济光。是日,粤督军、省长联衔电告龙济光,如派兵入境,当以土匪论处。

△　莫荣新电告唐绍仪等,闽军退归闽境,粤军业已停战。

12 月 17 日　谭浩明抵长沙。次日,通电宣布暂以"湘粤桂联军总司令"兼领湖南军民两政事宜。程潜辞湖南省长职。

△　中东铁路警备司令部成立,陶祥贵为总司令,么佩珍为副司令,高士傧为会办,负责护路。

12 月 18 日　冯国璋特派段祺瑞督办参战事务;准免王士珍陆军总长兼职,以段芝贵继之。

△　冯国璋特任刘存厚为四川督军,周道刚为保威将军。

△　孙中山致电唐继尧,称川局前途,殊多进步,"应请酌派劲旅二大队,一出宜昌,一下汉中,以收奇功"。

△　孙中山电贺湖北靖国第一军总司令石星川举义讨逆,并重申护法卫国。

△　川军第一师第二混成旅旅长王奇在合川通电宣布护法。

△　何宗莲、张宗昌、陶祥贵等与被免职之旧俄驻中东铁路总办霍尔瓦特密谋遣散倾向于布尔什维克的中东铁路俄军,要求霍尔瓦特三日内将工兵苏维埃领导人留金及俄军解除武装,遣送回国。

△　日台湾总督府颁布《台湾新闻纸令》,以管制台湾报刊言论。

12 月 19 日　是日及 21 日,李纯、陈光远分别致电北京政府,阻张怀芝军假道苏、赣攻湘。

△　滇黔联军攻占泸县。21 日复占永川县,川军退荣昌。

12 月 20 日　湖北靖国联军总司令黎天才攻豫,是日与豫军在南阳接战。23 日,黎军占新野。数日后豫军复将新野包围,黎军退回襄阳。

△　粤海军于阳江捕获龙济光兵舰六艘。

12 月 21 日　陕西护法军西路总司令郭坚在凤翔通电宣告独立,声明护法讨逆,与西南各省一致行动。

△　攻湘第一路军总司令曹锟派师长吴佩孚率领第五混成旅自保定启程,25 日抵湖北孝感。

　　△　攻湘第二路军总司令张怀芝派兖州镇守使施从滨率山东暂编陆军第一师南下,30 日抵安徽滁州(今滁县)。

　　△　熊克武通电宣布加入滇黔联军,推举唐继尧、刘显世为滇黔川靖国联军总、副司令,熊自任四川靖国军总司令。

　　△　孙中山致电熊克武,以川滇黔唇齿相依,"执事又与冀帅(按:唐继尧)为休戚相共,当此协同救国之时,务宜通力合作,以厚实力,会师东下"。

　　△　冯国璋特任李静诚兼署广西省长;任命徐孝刚为四川陆军第一师师长;准海疆巡阅使萨镇冰辞职。

　　△　美国传教士、《北京晚报》主笔李佳白因言论亲德,被逐出境。

　　12 月 22 日　鄂、赣、苏三督王占元、陈光远、李纯通电,谓上月 18 日与直督曹锟联名之通电,系"仰体极峰(冯国璋)息事宁人之意,复承明谕放手进行",及与同人往返电商一致意见。

　　△　山东党人邱子厚所部范玉琳,以"山东护法军第二梯团战时第一路司令"名义通电声讨鲁督张怀芝。

　　△　江西省议会、总商会致电冯国璋,反对张怀芝所部军队南下攻湘。24 日,江西学界通电严拒张军入境。

　　△　吉林督军孟恩远、省长郭宗熙电国务院请示对待哈尔滨局势办法。

　　△　《北京时报》易名《经世报》,陈焕章为总经理兼总编辑。该报创刊号社论谓:"经世既为孔子之志,则吾人愿学孔子者,自当志孔子之所志,事以经世为事矣。此《经世报》之所以作也。"

　　△　日本三井银行上海支行开幕。资本额定一亿日元。

　　12 月 23 日　湖北靖国联军总司令黎天才部占天门县。

　　12 月 24 日　南军将领谭浩明、程潜等通电宣布北京政府罪状,誓告讨诛国贼,"以保障共和",并称段"罢职仅去其名",冯"言和难行其实","倘有战事发生,当必有尸其咎者"。并表示"我辈为家为国,自不得不捐弃顶踵以图保障共和"。

△ 广州军政府大元帅孙中山布告,以 12 月 25 日云南首义日为国庆日。

△ 孙洪伊电孙中山称,段祺瑞复出,谋先取南京,李纯已动员抵抗,盼西南各省一致进行。

△ 孙中山电江苏督军李纯,称北政府"汲汲备战,不遗余力",西南诸省"不能不谋自卫",调停应以法律为重,力求持平。

△ 国务院电示吉督孟恩远,对哈埠局势"相机应付"。

△ 四川查办使吴光新率部自重庆退至湖北宜昌。自本月 22 日,吴部先遣队抵宜后曾与荆州石星川靖国军接战。31 日,石部击败吴光新部,乘胜占领宜昌。

12 月 25 日 冯国璋布告弭战。略谓:"国璋夙以和平为主旨,久拟警告同胞,早弥战祸。……近日上将军陆荣廷、云南督军唐继尧、广西督军谭浩明等,均有遵饬所属各军停止进行之表示,陆荣廷且有劝告桂粤取消自主之宣言。此天心厌乱之机,即人事昭苏之会,中央与各省,均应表示同情。深望容纳劝告,解息纷纭,于军事上先得各方之结束,于政治上乃徐图统一之进行。"

△ 冯国璋公布《国定关税条例》八条,适用于无条约国,其中规定:奢侈品进口从价课税由 30% 至 100%,普通商品由 10% 至 30%,必需品由 5% 至 10%。

△ 刘建藩率湘南护法军自长沙拔师往攻岳阳,27 日抵平江。

△ 吉省第三混成旅旅长陶祥贵与霍尔瓦特交涉驱逐俄兵出境办法。

12 月 26 日 军政府外交总长伍廷芳致电冯国璋,指出临时参议院为非法机构,解决时局关键在于"恢复旧国会"。

△ 湘西护国军总司令张学济应石星川所请派队援鄂。是日,张军抵湖北监利县。

△ 孙中山特任古应芬代理大元帅府秘书长。

△ 吉省中东路警备司令部派么佩珍团解除秦家岗 559 号俄兵武

装;高士傩旅解除铁路大桥西 668 号俄兵武装。自 28 日起,被解除武装俄兵 1800 余人被运送出境。

12 月 27 日　孙中山致电章太炎,望促唐继尧早撤驻泸之师,挥师东下,期与黎(天才)石(星川)联络破敌。

△　冯国璋任命陈调元为陆军第七十四混成旅旅长。

△　富拉尔基、博克图、碾子山、扎兰屯等处俄兵哗变。29 日被解除武装,遣送出境。

12 月 28 日　孙中山电章太炎,请告唐继尧转前敌将士与湘西林德轩靖国军提挈。

12 月 29 日　孙中山电唐继尧、刘显世,望赞同为滇川黔三省总、副司令,并望早日就职。

△　冯国璋任命郭宗熙为中东铁路督办。

12 月 30 日　孙中山电唐继尧,深望克日东下宜昌,"以为宁赣之声援"。

△　北京政府派第七师师长张敬尧南下攻湘,是日张部先遣队抵九江。

△　莫荣新任命沈鸿英为讨龙(济光)第一军总司令,林虎为第二军总司令。

12 月 31 日　督军团曹锟、张怀芝、张作霖、倪嗣冲、阎锡山、陈树藩、杨善德、赵倜、孟恩远、鲍贵卿、李厚基、姜桂题、田中玉、蔡成勋、卢永祥、张敬尧 16 人通电,坚决反对恢复旧国会,并请冯国璋"敦促参议院迅将政府提出之选举、组织两法克日施行,以为召集新国会之张本"。

△　刘显世致电冯国璋,请罢斥段祺瑞、段芝贵。

△　沈鸿英通电就任讨龙军第一军总司令,当即颁发讨龙布告,宣布龙济光祸粤殃民之三大罪状。

△　北京政府以俄国发生革命,通知税务司自本月 28 日起,对俄应付庚款暂予扣留。是日,俄使库达摄夫向北京政府外交总长陆徵祥提出口头交涉。

　△　程璧光、莫荣新将修改后之《中华民国护法各省联合条例》通电各省。

　△　上海公共租界、法租界理发工人同盟罢工。次年1月6日,工人与店主议定增加工资,罢工结束。

　△　日商在青岛开办东和油坊,资本100万元。

　△　王秉铨创设哈尔滨安裕面粉无限公司,资本30万元。

是月　北京孔德学校创办,蔡元培被推为校长。

是年　私立齐鲁大学在济南建立。该校由山东广文学校、济南共和医道学校、青州神道学校三校合并而成,设有文、理、医三学院。

　△　7月以来,中国北部普降大雨,京畿、直隶各河水陡涨,泛滥成灾。至9月,直隶灾区105县,灾民430余万,为数十年所仅有。此外,山东、山西、陕西、奉天、吉林、热河、河南、江苏、安徽、湖北、湖南、四川、广西、贵州等10余省均罹水灾。

　△　沈知方创设世界书局,资本1.5万元。至1921年该局与广文书局合并,正式成立股份有限公司,资本扩大至2.5万元。发行所设于上海、北京、广州。

　△　薛仙舟创设工商银行,资本500万元,总行设香港,分行设上海,1930年7月倒闭。

　△　美商在上海开办美丰银行,资本200万元。

　△　兴业银行在沈阳成立,额定资本100万元。

　△　由奉省各界知名人士入股组成辽宁储蓄会,资本810万元。

　△　王郅隆在天津创设裕元织厂,资本200万元。

　△　日商在吉林开办富宁造纸公司,资本日金100万元。

　△　日商在抚顺开办南昌洋行株式会社,开采煤矿,资本270万元。

　△　山西阳泉创设保晋铁厂,资本75万元。

　△　李镜轩、郑效三等创设北方航业公司,资本30万元,总公司设天津,分公司设上海。

　　△　杨济川、王星斋、苗杏村在济南创设惠丰面粉公司,资本 30 万元,日产面粉 2500 袋。

　　△　梁秩生等在上海创设中国兴华制面公司,资本六万元,日产面粉 800 袋。1922 年,资本扩大至 100 万元,日产面粉 6000 袋。1926 年停业。

　　△　上海中国美术专科学校举办人体素描展览,引起争议,出现"人体风波"。

1918 年(民国七年)

1 月

1月1日 广州军政府大元帅孙中山发出布告,勖勉全国军民在新的一年中奋发前进,"速图戡定内乱,回复和平,使法治之效,与并世列强同轨"。

△ 云南都督兼省长唐继尧发出时局通电,历数段祺瑞之罪,并质问冯国璋前内阁违法诸端未闻纠正,近日政府所为,为何变本加甚。

△ 吉林省长郭宗熙电北京政府交通总长曹汝霖,陈述办理交涉中东铁路办法,其要旨为:目前应向俄人接洽;此后依照合同暨公议会大纲办理;收回权利宜取稳健态度。

△ 华侨学生会在上海成立,举伍廷芳、杨晟、黄仲涵等为名誉会长,谢碧田为会长。

1月2日 孙中山致函何成濬,指出北方对和议"绝无诚意",并委其经营长江军事。

△ 孙中山令川东招讨使石青阳改任川北招讨使。

△ 冯国璋令吉林省长郭宗熙兼任中东路督办。

△ 河南淅川县驻军宣告自主,后与湖北襄阳黎天才军联合。

△ 滇黔联军攻占四川荣昌,3日占遂宁,6日占顺庆(今南充),8

日占隆昌，9日占保宁（今阆中），13日占屏山、筠连，15日占内江等地。

1月3日　为惩罚桂系军阀、广东代理督军莫荣新，是晚，孙中山命海军"豫章"、"同安"两舰炮轰观音山广东督军署。孙中山登舰亲发数炮，又督促炮手续发数十炮，至拂晓始止。莫荣新因恐粤、滇两军起而响应，不敢还炮。世称孙中山"炮教莫荣新"。

△　曹锟等15省区督军、都统致电北京政府，要求依临时参议院修改之法召集新国会。

△　山东各混成旅改为山东暂编陆军第一师，冯国璋任命施从滨署山东暂编陆军第一师师长。

△　滇军第四师师长方声涛奉军政府命率部攻闽，是日与福建汀漳镇守使臧致平部在诏安接仗。

△　滇军与川军刘存厚部在泸县接仗。

△　永亨银行成立。总行设上海，董事长施肇基，总经理朱蕙生。

1月4日　苏督李纯、鄂都王占元、赣督陈光远，联名电请北京政府解散临时参议院，"以示和平之旨"。

△　冯国璋令准交通总长曹汝霖续假20日，派次长叶恭绰暂代部务。

△　冯国璋为此次"甬兵叛变"事，明令褫夺宣威上将军、陆军中将蒋尊簋、陆军中将周凤歧、陆军少将徐乐尧、叶焕华、高尔登等人勋位、勋章暨原有军官，一并通缉拿办。

△　北军第七师师长张敬尧通电主和。

△　北京政府京津一带总稽察长王天纵在河南临汝宣告独立，并宣布宗旨：恢复旧约法，驱除逆凶，杜武人专横。

△　孙中山为莫荣新俯人调停炮击观音山事件，向莫提出：承认军政府为护法各省之最高领导机构；承认大元帅有统率军队之全权；承认广东督军由广东人选任，必要时大元帅得加以任免等条件。莫表示须请示陆荣廷。并于同日亲赴大元帅府向孙中山道歉谢罪。

△　安徽督军倪嗣冲电四省剿匪司令张敬尧等，告以莫荣新、李烈

钧全力对龙济光,专攻龙军,倘一旦龙军失败,西南各省永无统一之望,而大局前途必陷万劫不复之地;主张请曹锟主稿,联电中央,力陈利害,如果南方对龙仍不停战,即请宣布罪状,明令讨伐。

1 月 5 日　皖系各督军在天津开督军团会议,15 日结束。会议反对恢复旧国会,要求北京政府对西南速下讨伐令。

△　北京政府收到莫荣新、陈炳焜、李烈钧、程璧光、方声涛等来电,提出停战条件:一、召集旧国会;二、内阁改组;三、取消龙济光巡阅使命令;四、北军退出岳阳;五、莫擎宇军调往他处。

△　孙中山派遣国会议员朱念祖等持函往晤赣督陈光远,劝其"争回被毁之法"。

△　修改现行进口税则委员会在上海举行开幕式,除中国代表外,另有英、美、日、法、俄、意、比、荷、葡、丹麦、挪威、瑞典、巴西等 14 国代表出席。17 日开第一次会议,至 12 月 22 日结束。

△　北京政府财政部呈请暂缓偿还届期还本之民国三年有奖储蓄票 1000 万元,冯国璋指令照准。

△　中东铁路哈尔滨总工厂 2500 名工人要求增加工资及改以大洋发放工资举行罢工,造成机车车辆停修,向远东及西伯利亚停运粮食。12 日,哈尔滨机车库 700 余人、车站装卸工 1000 余人举行声援罢工,迫使中东铁路俄方当局答应罢工要求。16 日工人陆续复工。

1 月 6 日　北京政府财政总长王克敏与日本正金银行代表武内金平在北京订立 1000 万日元善后续借款第二次垫款合同,以盐税和国库券为担保,用以拨还中国银行垫支军政费用,收回该行所发钞票。

△　冯国璋以绥远五原、萨拉齐(今内蒙古土默特右旗)两县及包头一带发生鼠疫,派伍连德、陈祀邦、何守仁为检疫委员担任预防事务,由内务部饬令该员妥速办理,勿任蔓延。

△　孙中山任命林祖密为闽南军司令;李建中为湘西劳军使。

△　黎天才、石星川军攻占湖北宜昌,北军吴光新部败走。

1 月 7 日　北京政府与日本三井物产株式会社订立 200 万日元印

刷局借款合同,借款半数归财政部用以收回开滦股票,半数归该局偿还积欠经费。

1月8日　冯国璋电北洋各督,同意对西南诉诸武力。

△　曹锟、张怀芝、倪嗣冲、张作霖、阎锡山、陈树藩、杨善德、赵倜、张广建、鲍贵卿、李厚基、姜桂题、田中玉、蔡成勋、卢永祥、张敬尧16省督军、都统等电催冯国璋速颁对西南讨伐令。13日再电促冯速颁对西南讨伐令。

1月9日　孙中山在大元帅府招待军政及工商各界代表,说明炮击观音山事件经过,揭露桂系真面目。工商各界代表亦表示当赞助大元帅之主张,尽力辅助军政府。

△　陆荣廷电程璧光、莫荣新,对所提《中华民国护法各省联合会议条例》表示“极所赞同”,并“即请公决,速行组织”。

1月10日　北京政府参陆办公处下达“武力戡定荆襄令”,电令湘鄂援军第一路军总司令曹锟、鄂督王占元、豫督赵倜,克日分路进攻湖北荆襄地区石星川、黎天才自主军。

△　冯国璋令绥远五原、萨拉齐两县及包头镇为防疫施行区域,其东路之丰镇系交通孔道,应一并指定,以便先事筹防,由内务部督饬施行,并交外交、财政、陆军、交通等部会同办理。

1月11日　苏督李纯因力主调停受皖系主战派攻击,电冯国璋请辞督军职,谓:“其始言调和也,实先秉承中央,乃敢进行;迨停战实行也,复经辞卸调人,以声明责任。……且观近日现状,隔阂益甚,势已无可疏通,而疑谤繁兴,诘责纷起,凡百咎戾,皆将集于纯之一身,既知任重力微,何敢有所留恋,以妨碍大计?惟有自请罢免,即时解职,以谢国人。”

△　章太炎自重庆电孙中山,报告川省护法情形。略称靖国军已进抵离成都约三里。川中人心多归熊镇守使,其军实亦较前大有增加,川局定后尚有余力东下。

△　吉林督军孟恩远、省长郭宗熙在军署召开军政会议,会同黑龙

江督军鲍贵卿所派之道尹王树翰共同讨论中东铁路善后事宜,议决军事、警察、路政、税务、司法、交涉六案。13 日,吉林督军省长将所有议决情形汇报北京政府,除税务一项应令财政厅即予照办外,余俟中央同意,当与江省互相提挈,渐次依据进行。

1 月 12 日　湖北靖国第一军总司令石星川等电告孙中山称,"中央对于西南仍以武力解决",且拟对岳阳暂取守势,先攻荆襄,一俟荆襄攻下,再联合宜襄部队取道湘西,同岳阳北军进窥长沙,并告"已电谭联帅、黎总司令请示机宜,并饬所部极力备战外,尚乞各方勿为和议所误"。

△　孙中山电复四川遂宁前卫司令李汝舟,望"奋勉戎机,俾川局内部融洽,一致向南,会师武汉,歼灭破法诸逆,促成真正共和"。

△　冯国璋派江朝宗充内务部防疫委员会会长。

△　冯国璋为北军会剿石星川、黎天才自主军,电催鄂督王占元将荆襄划为"治匪"区域。

△　冯国璋电饬直督曹锟、晋督阎锡山等,谓近日归化城发生鼠疫,传染甚速,绥远五原、萨拉齐等处定为防疫施行区域。现已由内务部呈请特派委员长,多派检疫员及医员分头前往检验。凡有疫病发生之地,相近处所地方官遇此项人员到时,亟须听从该员等切实检验,共同防范。

△　冯国璋派张一鹏充司法官甄录试及初试典试委员长。

1 月 14 日　冯国璋通电北洋主战各督,不允明令讨伐西南,并谓:"为维持国家秩序起见,以后倘各省抗命不从,有扰地方治安,即目为土匪,当命各省长官讨伐之,故不必明发讨伐令。"

△　唐继尧、程璧光、伍廷芳、谭浩明、刘显世、莫荣新、李烈钧、程潜、黎天才、陈炯明、石星川、熊克武等 12 人联名通电,指出北京政府以临时参议院为立法机关实属非法,表示绝对主张恢复旧国会,并请冯国璋取消组织南征军队及任段祺瑞为参战督办、段芝贵为陆军总长、刘存厚为四川督军诸命令。

1月15日　西南"护法各省联合会议"在广州成立。举行宣誓式，并推岑春煊为议和总代表，伍廷芳为外交总代表，唐绍仪为财政总代表，唐绍仪、程璧光、陆荣廷为军事总代表。

△　孙中山欢宴援闽粤军将领、官佐，发表讲话指出：军政府得诸君拥戴，从此可望发展，并谓我正彼邪，我直彼曲，出师援闽"决无不克"。

△　驻丹麦公使颜惠庆电北京政府外交部，略称中东铁路合同，俄前政府屡次违背，现值俄两党斗争，建议暂将铁路收回，俟新政府成立时再商。

1月16日　北京政府参陆处电令鄂督王占元及曹锟、吴庆桐、吴光新各派一混成旅进攻荆襄地区，并声明不涉及岳阳地方。18日，荆襄地区南北两军发生战事。

△　孙中山电抵达重庆之章太炎，请促四川靖国军总司令熊克武声讨刘存厚、钟体道，提兵进取成都，并商军政府委任川军总司令人选事宜。

1月17日　冯国璋公布《文官惩戒条例》，凡四章26条。规定"文官非依本条例不受惩戒，但国务员及其他法律有特别规定者不在此限"；文官有"违背职务"、"废弛职务"、"有失官职上之威严或信用"情形之一者，应受惩戒。惩戒处分为：一、褫职；二、降等；三、减俸；四、记过；五、申诫。

△　孙中山在大元帅府举行茶话会，旋又参加粤省议会谈话会及非常国会谈话会，发表讲话，均提出尽快在广东召开正式国会。

△　陕西靖国军占领三原。

△　美炮船"摩洛开细号"，英商船"江和"、"吉安"两艘分别在岳阳附近及监利县遭枪击，美士官一人殒命。是日，英、美公使向北京政府外交部提出抗议。

1月18日　孙中山会宴滇军将领，到李烈钧等五六十人。孙中山在宴会上演说，略称去岁西南创议，要求滇军各将士承认军政府，"一致进行,排除障碍,统一中国"。

△ 龙济光部攻占广东化州,高雷镇守使隆世储战死,龙军乘胜进取高雷各地。

△ 北京政府防疫委员会、内务部、财政部与道胜、汇丰、东方汇理、正金四银行签订72万两规银防疫借款合同,以上海盐余税款担保。

△ 苏俄政府国民外务处函北京政府驻俄使馆称,俄驻华前任公使绝不代表现时俄国政府,并请中国政府组织中俄混合委员会,俾清理中东铁路问题。

1月19日 湘粤桂联军将领谭浩明、马济、韦荣昌、林俊廷、陆裕光、赵恒惕、刘建藩、林修梅联名电孙中山,略称李督辞职,表明段党决心武力征服全国,以实行其一党统治海内之政策,表示和平固已绝望,护法初心,一息尚存,誓贯终始。

△ 皖督倪嗣冲致电北京政府,要求"速将客岁所颁之停战布告,实行收回,再颁明令声罪致讨(西南)"。

△ 巴西新任驻京公使卜兰道在北京向冯国璋呈递国书。

△ 中日合办中华汇业银行召开成立大会。2月1日开始营业。总行设北京。总理为陆宗舆,专务理事为柿内常次郎。9月25日于上海设立分行。

△ 苏俄政府国民外务处远东股长伏涅新斯基通知北京政府驻俄使馆,现被派为驻华公使,且谓抵华后,将撤销俄国在华领事裁判权和退还租界。

△ 俄公使库达摄夫访晤北京政府外交部次长高而谦,请转饬边地官吏严防俄共(布)党派员潜入中国鼓吹革命。库使并致外交部节略称,苏俄政府拨款200万卢布作为运动革命经费,或将派员潜入中国。

1月20日 广东代督军莫荣新等13人联衔电孙中山,宣布《中华民国护法各省联合会议条例》,凡三章九条。《条例》称:"护法各省,为拥护约法,保障国会,征讨祸首,戡定内乱,以巩固统一之基础,促进宪法之成立,组织护法各省联合会。"电文并谓:"北京组织非法政府,实为人民公敌,荣新等一息尚存,惟当本铁血之精神,作法律之后盾,矫平内乱,以图国基,驱除祸首,以张法治。"

△　孙中山特任李烈钧为参谋总长;李安邦为大元帅行营卫队司令。

△　川军护法,举兵攻成都。是日,川军第五师克复成都,督军刘存厚、省长张澜退走。

△　北军第三师张学颜旅攻占襄樊。

1 月 21 日　孙中山分函唐继尧、夏之时、石青阳、熊克武、吕超等,促其会师中原。

△　孙中山派殷汝耕赴日,将护法决心转告日本人士,并分函日友人头山满、菊池宽、犬塚木、寺尾亨、今井嘉幸、萱野长知等,望赞助中国护法,万勿使援段政策复萌。

△　湘粤桂联军与北军岳阳战事起。23 日拂晓,湘粤桂联军攻击岳阳,占领岳阳江岸险要。

△　熊克武电请李烈钧为四川军事全权代表,参加正在广州举办的"护法联合会"。李烈钧表示同意。

△　吉林省长郭宗熙电北京政府外交部、交通部,告以俄京中东路总公司电哈尔滨霍尔瓦特总办承认中国在租界内有主权,并有权简派督办。

1 月 22 日　孙中山函告孙洪伊,已委朱廷燎为苏沪军总司令,请其酌与苏督李纯接洽。

△　孙中山任命杨华馨为滇边宣慰使。

△　冯国璋特赦军政府大元帅孙中山及非常国会议长吴景濂。

△　北军吴光新部迭与湖北靖国军石星川部接战,21 日进入沙市。是日,吴军进占荆州,石星川率部退走湘西。

△　北京政府外交部因俄公使库达摄夫面告俄共(布)党派员至中国鼓吹革命并资助革命活动经费事,是日电驻库伦办事大员及奉天、吉林、黑龙江督军、省长,阿尔泰长官及交涉员等严加防范,并与俄领接洽办理。

1 月 23 日　孙中山宴请粤报记者发表讲话称,有同志老朋辈劝其下台,"余答以不必作此思想。余一息尚存,惟有打算上台,决不见难思退"。并阐述"行之非艰,知之维艰"之说。

△　冯国璋任命刘存厚兼任陆军第二十一师师长,刘成勋为陆军第二十二混成旅旅长,汪可权为陆军第二十三混成旅旅长。

△　徐树铮将中央议和意见密电皖系各督军:"一、国会以旧法新开;一、岳州北军调回,以西南人物督湘;一、陆荣廷如愿巡阅两粤,仍可复其原职,并兼督粤,龙(济光)则另作安置;一、川中许驻滇军一师半,划江为界。黔军亦可照前清保盐路办法,留驻一旅以上。"

1 月 24 日　冯国璋访徐世昌、段祺瑞、王士珍等,商议对南方和议事。事后,冯以个人名义致电岑春煊,称中央讨伐荆襄,"实为被迫而然,且有不得已之苦衷。执事若能转知荆襄按兵不动,听候解决,则政府必当命鄂省不以治匪区域对待荆襄"。

△　石星川、唐克明联名电孙中山,告以荆沙失陷,退保江南,现在公安集合 4000 余众,望一致申讨北军。

△　湘粤桂联军攻击乌江桥,次日乌江桥北军被围。26 日北军援军未达,乌江桥失守,联军直抵岳阳城下。北军攻岳总司令王金镜下令放火焚烧岳阳城。

1 月 25 日　援闽粤军总司令陈炯明在广州出师援闽,是日电孙中山,表示为国讨贼,为民除害,非有誓守约法,恢复国会,确立共和之保证者,誓不还顾。

△　唐绍仪、胡汉民等组织南方和平谈判代表团到达上海,拟与北方谋求妥协。

△　陕西陆军第一混成旅第三团团长胡景翼部营长张义安在三原独立。27 日,胡景翼与该混成旅第一团团长曹世英分别由富平、耀县赶到三原,组织陕西靖国军,发表讨陈树藩檄文。曹、胡分任陕西靖国军左、右翼总司令,各自独立。后高峻、郭坚、卢占魁等部亦加入。

△　大连沙河口铁路工厂数千工人要求增加工资,举行罢工。

1月26日　冯国璋以检阅军队为名离京南下,出巡济南、徐州、蚌埠,与皖系各督张怀芝、倪嗣冲以及李纯代表长江巡阅副使王廷桢等会商时局。

△　孙中山令准参军长兼署陆军总长许崇智辞陆军总长兼职。

△　吉林督军孟恩远、省长郭宗熙电北京政府外交部称,中东铁路界内须有警察保护,应由中方主持,拟先于哈尔滨添置警察,俄总办添设俄警之要求断难轻许。

△　俄使库达摄夫会见北京政府外交部次长高而谦,要求撤退中东铁路之中国驻军,高以该路在中国地面,中国有维持秩序之责而拒之。

1月27日　湘粤桂联军攻占岳阳,入城后扑灭大火,收复全城,北军退临湘。是役北军1300余人被俘。护法战事再起。

△　北军吴佩孚第三师攻占襄阳,黎天才部退荆门。

△　冯国璋南巡阅军,东行至蚌埠,皖督倪嗣冲奉段祺瑞密令出而阻止,冯遂中止南巡,由蚌埠原车返京。

△　孙中山派军政府参议、江西省议员邓惟贤回赣并请孙洪伊作书介绍,联络赣督陈光远,赞助护法。

1月28日　谭浩明、陆荣廷、程潜等发表通电,表示决不进犯鄂境一步,并请李纯"毅力斡旋,促成和局"。

1月29日　北京政府教育部通令各省教育厅应参用实业专门人才;考察实业学校成绩之视学,须派实业人员,以谋实业教育之发展。

△　援闽粤军总司令陈炯明电孙中山,报告已于是日抵达汕头。

1月30日　冯国璋下令讨伐西南,"着总司令曹锟、张怀芝、张敬尧等,即行统率所部分路进兵"。

△　冯国璋特派曹锟为两湖宣抚使。

△　冯国璋特派张敬尧为援岳前敌总司令,所有防岳各部军队统归节制调遣,迅图规复。

△　冯国璋特任曹锐署理直隶省长。

△ 冯国璋令褫夺湖北襄郧镇守使陆军第九师师长黎天才、湖北陆军第一师师长石星川官职及勋位、勋章,仍着各路派出军队严密追缉,务获惩办。

△ 冯国璋以湘省各路北军托故溃逃,颁令整饬军纪,"嗣后各路统兵长官,于所属官兵遇有不遵节制,无故退却等情,着即以军法便宜从事"。

△ 广州非常国会议长吴景濂、王正廷联衔电湘粤桂联军将领马济、韦荣昌、程潜等,祝贺克复岳阳。并谓:"从兹进窥荆宜,会师武汉,肃清叛逆,还我法治,为期当不在远。"

△ 岑春煊通电提出南北划分之和平主张,略称:"现在全国和战之机,只在湘、鄂。岳固湘辖,北军原不必屯兵;鄂本主和,西南亦无须敌视。各守疆界,两不相侵。"

△ 滇军占领四川叙州。

△ 驻山东东部之陆军三营起义,反对北京政府,并集合民团2000 余人进攻博山等处。

1 月 31 日 江苏督军李纯致电孙中山,提出为今之计,双方"勿再前进",乃"战和一关键",请孙中山调停南北,"先各停战,双方限日提出一定条件,明白宣布,通告国人,必如此而后和"。

△ 唐绍仪抵广州,参加"护法联合会"。

△ 湖北黎天才军再次攻占宜昌,北军宋廷灿旅败退。

△ 广东讨龙军魏邦平部攻占阳江、恩平等县,龙济光军败走。

△ 华通物产贩运股份有限公司成立,资本 1000 万元,经营国际贸易,本店设北京,支店设上海、香港等地。

2 月

2 月 1 日 孙中山复电湘粤桂联军总司令谭浩明,嘉贺联军收复岳阳,望率军会战湘、鄂,扼守武汉,进窥淮皖。

　△　徐树铮密电皖系陈树藩、阎锡山、李厚基及川督刘存厚等,提出引奉军入关,驱除王(士珍)、李(纯),拥段(祺瑞)、徐(世昌)计划。略谓:"现议由奉省抽调生力军队,以助战为名,分运京奉、京浦路次,强请明令罢李,李去后王必自退,不退再请罢之",另选"耆德硕望之人",出任总理";并告"以上办法,历经菊老(徐世昌)、芝老(段祺瑞)赞许,并促速行,以免武汉再有动摇,益形危殆"。

　△　冯国璋令各省区督军、省长、都统严饬所属"随时切实保护"外人生命财产。

　△　唐继尧自贵州毕节行营电孙中山,陈述对川事意见,并谓"川局未定,窒碍尚多,以后进行如何,自当随时电达尊处"。

　△　段祺瑞、张勋、冯国璋、倪嗣冲等与日本大仓组、棉花株式会社合办之天津纺绩有限公司开工生产。

　△　中东铁路督办公所成立,冯国璋派吉林省长郭宗熙督办中东铁路公所事宜。

　△　江苏省凤凰山铁矿筹备处成立。该铁矿曾于 1915 年由日商大仓组与中国合组华宁公司从事采炼。嗣因政局变动,停止进行,华宁取消。近来省议会及苏省绅商决呈请集股自办,农商部咨复先设筹备处,是日筹备处在宁开成立大会。

　△　中日合办中华汇业银行开业,资本 1000 万日元,发行一元、五元、十元兑换券及一角、二角、五角辅币券。该行于 1928 年停业。

　2月2日　孙中山致谭延闿函,指出:"最近冯氏(指冯国璋)南行,游说直鲁淮上,和议无效,战局复开,黩武穷兵,益滋纷扰。"表示:"文始终护法,罔识其他,区区之心,当为国人共亮。"

　△　冯国璋以张敬尧上月 30 日通电首称岳阳失守,苏督奉有密电,仍主调和等语,是日通电否认主和密令。声称"前苏督以调人自处,不过默体鄙人爱重和平之意,初非中央先有委托";"岳州之役,衅自彼开,鄙人痛愤填膺,引咎自责,方激励将士,亲自出巡,明令主战,义不反顾,安有密令苏督仍主调和之理"?

△ 程璧光、伍廷芳、唐绍仪等人邀请孙中山、莫荣新开会于海珠,讨论改组军政府办法:一、改元帅名称为政务总裁,设总裁若干人;二、联合会议之职,权限于军事范围,隶属于合议政府之下。

△ 北京国务会议通过岳阳"讨伐"军费 1000 万元。

△ 徐树铮密电奉、皖、闽、浙等省督军,转告王占元密告李纯倡议苏、赣、鄂三省联合条件:"一、北军南行者,坚拒不许过汉口、浦口;二、苏、赣、鄂有急时,同一动作;三、苏、赣、鄂遇事联防;四、海军第二舰队饷款由苏、赣、鄂共同担任"。

△ 驻汉口各国领事鉴于南北两军可能在汉口作战,开会议决:一、将汉口划为中立地点,不得在租界内有战斗行为;二、各国商团及碇泊于汉口之各舰,须协同赴租界自卫;举日本驻汉口驻屯军司令官为总指挥。

△ 黑龙江督军鲍贵卿电北京政府,陈述边防弭患办法六条及应行筹备事宜五项。边防弭患包括分饬中东铁路驻军严加防范,凡入境俄兵,一律解除武装及怀柔蒙古等。筹备事宜包括经营沿边重镇,注重兵防及增补武器,以对抗俄国等。

2 月 4 日 冯国璋据曹锟等呈请,下令洪宪帝制犯梁士诒、朱启钤、周自齐等三人,均准免予缉究。

△ 苏督李纯复电冯国璋,否认奉有主和密电。谓:"张总司令'苏督奉有密令'之言,不知何所根据,顷已去电致询,如系得诸传闻,或见之报章,自当通告更正,以证[征]事实而释群疑。"

△ 北京政府交通总长曹汝霖陈报该部筹设铁路、电气两项技术委员会情形。铁路技术委员会遴派技监詹天佑充会长,电气技术委员会拣派署电政司司长周家义充会长,均经次第成立。是日冯国璋指令照准。

△ 北军攻岳前敌总司令张敬尧、湖南矿务总局聂仲邦,与日本兴源公司签订 27 万两规平银借款合同,以水口山铅矿砂 6000 吨为担保,借款用于湖南军政开支。

　　△　湖南长沙铜元局与日本古河洋行签订 2.2 万两规平银借款合同。

　　△　吉林督军孟恩远致电北京政府,请予中东路督办以专主事权,不为遥制,并请从速设立哈尔滨铁路警察。

　　△　新疆督军杨增新电告北京政府:俄属回民近日在新疆境内散发传单,煽惑当地回民脱离中国。

　　2 月 5 日　冯国璋布告罪己。首述对西南用兵停战经过,及此次战事再开之不得已;继谓傅良佐等偾事失机,任用之"是无知人之明";西南幸胜,反议弭兵,轻许之"是无料事之智";"思拯生灵于涂炭,而结果仍扰闾阎;思措大局于安全,而现状乃愈棼乱,委曲迁就,事与愿违,是国璋之小信未能感孚,而薄德不堪负荷也"。末谓鄂疆再起兵端,"所望临敌之将领军队,取鉴前车,各行省区域长官,共图后盾。总期大勋用集,我武维扬,俾秩序渐复旧观,苍生稍苏喘息。国璋即当返我初服,以谢国人"。

　　△　冯国璋以谭浩明以现任督军乃竟自称联军总司令,率领所部侵暴邻疆,下令褫夺官职暨勋位勋章,由前路总司令等一体拿办,其他附乱军官,并着陆军部查明惩处。

　　△　冯国璋令前湖南督军傅良佐一案着即组织军法会审严行审办;前代理湖南省长周肇祥着交文官高等惩戒委员会依法惩戒。

　　△　冯国璋以湖南长沙不守,岳阳失陷,下令褫夺王汝贤、范国璋军官勋位勋章,交曹锟严行察看,留营效力赎罪;王金镜着褫夺勋位勋章,撤销上将衔总司令。

　　△　冯国璋令褫夺江西督军陈光远上将衔陆军中将,仍留督军本职,以策后效。

　　△　冯国璋任命吴佩孚署理陆军第三师师长。

　　△　冯国璋据署司法总长江庸呈称,前财政总长陈锦涛因案判处三年有期徒刑,并无确证,于是日下令特赦。

　　△　日本参谋次长田中义一访晤驻日公使章宗祥,略谓德国势力

从西伯利亚侵入东方,"从军事上着想,两国国防实非谋共同行动不可"。章宗祥立即报告北京政府。此乃《中日共同防敌军事协定》之发端。

2月6日　苏督李纯通电表明心迹,略谓:对和战毫无成见。主张和平亦系个人政见,自提议调和以来,曾经迭电声明:以战为和后盾,"而于北洋团体尤深以破裂为惧……亦何忍燃萁煮豆,自迫同根,而反摇尾乞怜,向西南以讨生活耶? 苟非丧心病狂,何致荒谬若此"。并重申未奉有主和密令。

△　黑龙江省成立中东铁路临时警备司令部,由督军署参谋长张焕相兼任司令。

2月7日　孙中山在广州宴请国会议员和省议会议员,发表关于宪法问题演说,认为国家"强弱之点,尽在宪法"。主张五权宪法,即立法、司法、行政、考试及监察五权。

△　岑春煊、谭延闿自上海电北京政府,主张南北和平。

△　北军第一路军总司令曹锟自天津率部启程赴鄂。

2月8日　孙中山致贵州督军刘显世函,尚望"早日出兵夔、峡。文亦将督师征闽,沿海而江,以期会猎中原。"

△　国会非常会议议决改组军政府大纲:一、采用合议制,改组军政府。二、以改组之军政府执行对内对外政务。护法各省联合会议认为军事机关属于军政府。三、由伍廷芳、唐绍仪、程璧光,吴景濂四人通电护法各省征求同意,再由国会非常会议正式通过条文。

△　伍廷芳、唐绍仪、程璧光联名电告西南各省宣布《中华民国军政府组织大纲修正案》,凡七条,并说明该修正案改组军政府之用意在于:一、改单独制为合议制,改大元帅为政务总裁若干人组织政务会议,共同负责;二、护法各省各军仍派代表组织联合会,其议决事件由政务会议施行。

△　孙中山特任戴季陶代理大元帅府秘书长。

△　湘粤桂联军总司令谭浩明电孙中山,赞成苏督李纯调和主张,

并望西南护法各省一致主持。

　　△　奉天督军张作霖电责苏督李纯首倡调和，"长彼凶锋，怠我士气"，并谓："迨申讨令已下，而尊电仍和战并提，军人职在服从，毋乃贻我北系军阀之羞而为天下笑乎？"

　　△　北京政府与日本兴业会社签订 10 万日元南浔铁路借款合同。

　　△　驻华俄使库达摄夫会晤北京政府外交总长陆徵祥，抗议中国违反中东铁路合同，禁阻俄中东路总办霍尔瓦特编练护路军，并请早日取消禁令。

　　2 月 9 日　伍廷芳、唐绍仪、程璧光、吴景濂将国会非常会议决定之军政府改组大纲电告西南各省征求同意，并谓北京政府宣战命令既下，我护法各省非有统一机关，无以树对抗之形势，"尚希从速赞成，俾统一机关早日成立，则护法前途，大有裨益"。

　　△　中东路督办郭宗熙密陈北京政府，日俄业已缔约，俄确已将中东铁路宽城子至老少沟段售与日本，请联络美、英、法等国交涉牵制。

　　2 月 10 日　孙中山电复苏督李纯，指出此次战衅重开，罪在北京，"文与西南将帅切望和平，始终如一，所主张者，只废除一切不法命令，回复约法效力，与国会以永久之保障"。

　　△　孙中山派孙洪伊全权处理上海方面事务，并谓"近日盛传长江方面形势日佳，皆系我兄鼎力之结果，尚望努力进行，俾大局早定为盼"。

　　△　江西督军陈光远以北洋主战派势盛，极力攻击倡言和平者，"瞻念前途，曷胜杞忧"，是日称病电请辞职。

　　△　蒙古巴林王扎噶尔以耕地 2500 亩为担保，与"满铁"荒井泰治签订 15 万日元借款合同。

　　2 月 11 日　孙中山致函贵阳王文华，请联合黔、滇、川各省军民长官及诸将士，拥戴军政府，承认大元帅，并促唐继尧宣布就军政府元帅职。

　　△　冯国璋令陆军第二师师长王金镜着即免职，交由曹锟军前委

用,以策后效;任命王占元暂兼陆军第二师师长。

△ 冯国璋任命王怀庆帮办直隶军务。

△ 内务、财政两部呈核黑龙江省望奎设治局改为望奎县,冯国璋指令照准。

△ 广东代督军莫荣新以李纯上月 31 日通电主和,湘粤桂联军总司令谭浩明于 8 日宣言响应,是日电请孙中山接受李纯调和主张。

2 月 12 日 北京国务总理王士珍电复岑春煊、谭延闿,谓湘局主持无人,两军进逼,祸机甚易触发,此次变端之开,仍以湘为枢纽,促谭顾全大局,回湘莅任,并请岑力为劝驾。

△ 北军南下总司令、第七师师长张敬尧奉命自徐州启程,率部入鄂,15 日抵汉口。

△ 北京政府交通总长曹汝霖与日本正金银行在北京签订 260 万日元四郑铁路短期借款合同。

2 月 13 日 孙中山电汕头援粤军总司令陈炯明,促其力图攻闽,谓:"冯既宣战,和议恐难成事,我军宜积极准备战事……文意此时攻闽……既以固粤防,亦以促浙动,故务宜力图。"

△ 北京政府驻俄使馆就原沙俄驻日公使与日政府秘密订约出售中东铁路之老头沟至长春段事(1917 年俄日换文议定),询问苏俄政府,据复称:原驻日俄使已被苏俄政府褫职,无权签订售让铁路条约,所订条约不予承认。

2 月 14 日 援闽北军第十六混成旅旅长冯玉祥在湖北广济县武穴通电罢兵主和,指出:最无意识无情理者,莫过此次战争,"现岳州虽归湘有,荆襄已为鄂得,各守疆圻,两不相犯,挽回补救,易于反掌,何仇何怨,必欲自残";并谓"玉祥人微言轻,亦明知必触当轴主战诸公之怒,然区区天良,爱我国家,爱我总统,既有所见,不忍不言,多日欲言而未敢言者,今敢披沥痛陈于我大总统、总理及全国有道诸公之前。如以国家为可怜也,则请迅速罢兵,以全和局;如以国家为不足惜也,则请先杀玉祥,以谢天下"。

△　北京政府外交部据都护副使、恰克图佐理张庆桐电告,我在外蒙兵力有限,为防范俄"乱党"入侵,应竭力预速筹备,因于是日电都护使充驻扎库伦办事大员陈毅,询问外蒙官府对于防范俄国"乱党"有无办法,若外蒙要求我国出兵,我当切商筹划。

△　北京政府外交部以外蒙恰克图情形日紧,而恰城公署只有卫兵50名,事急恐不敷保护,是日密函参、陆两部商洽派兵,出驻外蒙。16日,参、陆两部复函称,倘恰克图发生乱事,如外蒙请兵,当可照准。

2月15日　程潜自岳阳电复伍廷芳、唐绍仪、程璧光、吴景濂佳(9日)电,反对改组军政府。指出:"我军所以有过去之胜利,在于冯、段分离之故……若遽另组政府,则彼先化除意见,合以谋我,则必至根本失败。"

△　北京政府内务部训令京兆尹王达及京师警察总监吴炳湘,查禁《秘密女子》等诲淫小说。

2月16日　熊克武电劝刘存厚参加西南护法。是日,刘存厚、张澜通电表示与西南一致,拥护约法。19日,四川靖国军总司令黄复生、副司令卢师谛、川北招讨使石青阳联名通电申斥刘存厚、张澜罪状,并声明否认其与西南一致之通电。

△　川军刘成勋、陈洪范两旅在四川乐山宣布拥护西南护法军。17日,川军一、三两师全体军官联名致电李烈钧,表示加入西南护法军。18日,川军一、三两师及刘成勋、陈洪范、汪可杰、舒荣衢各旅再次联名通电宣布与西南靖国护法各军一致,并推熊克武主持四川军政事务。

△　日驻京代理公使芳泽谦吉密电外务大臣本野一郎,报告徐树铮密谋引张作霖奉军入关,以武力迫冯国璋"退隐",王士珍辞职,由徐世昌、段祺瑞出任总统、总理。20日,本野约见驻日公使章宗祥,对徐树铮此举表示反对。21日,本野训令芳泽就此事向冯、段二人提出劝告,以避免北京政局陷于混乱,造成日本对华政策之"至大障碍"。

2月17日　冯国璋公布《修正中华民国国会组织法》、《修正参、众两院议员选举法》、《蒙古四部、西藏第二届众议院议员选举施行法》。次日令内务部筹备国会选举事宜。

　　△　陕西靖国军曹世英、胡景翼、郭坚等部攻占西安,旋于 3 月 27 日退出。

　　2 月 18 日　孙中山咨请非常国会采用美国大理院制度设立大理院,称:"夫以护法之人,处护法之地,于护法之时,而转令人民失其法律之保护,为政不仁,莫此为甚。""克尽保护人民之责任,为人民谋享受法律之幸福,舍从速设立最高终审机关之大理院,其道无由。"

　　△　冯玉祥于武穴再发主和通电,要求早开国会,罢兵休好。通电首述此次战争,"人以护法为名,我以北派为号召,名义之间,已不若人",南胜北败,"势所必至,理有固然";指责主战者"不与外人较雌雄,只与同胞争胜负","国家存亡,置之度外";"空口言战,蒙蔽元首,乘机以扩充其势力,诈取军费",此种战争"非惟误军,抑且误国","国亡种灭,势必旋踵"。"意气不可争,武力不足恃,为公理与正义而战,虽败亦荣,为意气与私忿而战,虽胜必辱",乞望总统、总理贯彻初衷,力全和局,解决国会问题。

　　△　北京政府电令前线各军将领自 18 日起南北两军停战一星期;25 日又电令再停战一星期。

　　△　川军旅长刘湘等通电推熊克武为四川靖国军总司令。

　　△　云南靖国军第三军总司令庾恩旸在贵州毕节遇害。

　　2 月 19 日　四川刘存厚、张澜及警备司令彭泽、城防司令田颂尧等,从成都向陕西边境撤退。同日,张澜委托潘大道代拆代行省长职务。

　　△　日公使林权助向北京政府外交部提出日中两国共同出兵西伯利亚防敌之建议。

　　2 月 20 日　冯国璋令国务总理王士珍给假休养,辞职之事着毋庸议;特派内务总长钱能训兼代国务总理。

　　△　湘粤桂联军总司令谭浩明、岳州总司令程潜联名通电反对改

组军政府,主张"目前宜暂缓设立政府,而以(护法各省)联合会议主张一切……一俟实力既充,时机既至,再图设立政府"。

　　△　张敬尧通电为主战政策辩护,反对冯玉祥武穴寒(14日)电,声称"吾弟与尧同属军人,所统又系尧军,为国家计,为大局言,为我北系将士祖宗庐墓、生命财产计,当此之时,均不得出此不负责任之言论,以乱军心",要求冯"服从命令,取消前言,同心同德,共济时艰"。

　　△　四川靖国军总司令熊克武部第九旅旅长吕超率部与滇、黔军进入成都。熊克武以四川靖国军总司令名义宣布总揽川省军民统治权。

　　△　日本外务大臣本野邀章宗祥公使作私人谈话称,使冯国璋、王士珍退隐,让徐世昌、段祺瑞掌权之计划,"决非适当措置",对日中提携将"形成莫大障碍",希望在冯、徐、段之间"充分疏通意见,取得同心协力,以谋求解决目前时局的办法"。

　　2月21日　孙中山派员携函同北军师长张敬尧接洽,函中重申西南兴师护法之主旨,劝其协同护法,共匡危难。

　　△　冯国璋特任张怀芝为湘赣检阅使,令率军入赣。

　　△　于右任奉孙中山之命入陕,被陕西靖国军举为该军总司令。

　　△　岑春煊近以和议四条征求各省同意:一、承认冯国璋为总统;二、国会问题交各省议会解决;三、以陆荣廷为粤桂湘巡阅使,免龙济光职;四、以唐继尧为川滇黔巡阅使,免刘存厚职。是日,章太炎通电,指岑所提条件为荡言乱政,并逐条驳诘,揭露岑春煊本为宗社党人,除电请唐继尧否认外,应请宣布岑春煊罪状以告天下。

　　△　北京政府海军总长刘冠雄与日本三井洋行在北京签订536267英镑无线电台借款合同。

　　2月22日　孙中山发表时局通电,主张息战罢兵,尊重国会,回复和平。同日又电西南护法各省,吁请各将帅贡献救济良策,倘能恢复约法效力,愿即引退。

　　△　孙中山宴请广东商界人士,演讲中国革命和建设问题,指出:

革命目的是"欲使中国成为世界最强之国,最富之国,又政治最良之国",勉励与会人士积极参与建设事业。

△　北军陈树藩部攻占陕西蒲城等县,靖国军胡景翼、曹世瑛、郭坚等部败退。

△　北京政府外交部电驻日公使章宗祥,嘱向日本政府声明处理中、俄边事态度,"华境内中国自行处理,境外可与日本共同处理"。

△　都护使、充驻扎库伦办事大员陈毅电告北京政府外交部,外蒙拒我派兵入境,似应仍照原定办法,由库酌拨卫队赴恰会防,一面仍促察队出驻乌滂为库后盾。

2 月 23 日　孙中山电章太炎,嘱联合川、滇、黔同志,以巩固军政府。

△　孙中山明令撤销地方行政长官监督司法,至于司法行政与筹备司法事务应暂由内政部管理。

△　孙中山电黄复生、卢师谛等,嘱速秘商推定川督人选,以谋统一而定川局。

△　奉军入关截留秦皇岛军械。奉天督军张作霖应徐树铮之邀,派奉军第二十七师张景惠旅入关进驻秦皇岛,徐树铮亦亲自到秦皇岛,会同奉军截留日本依据中日军事借款协定第一批运到的枪支。25 日,奉天督署参谋长杨宇霆带兵到秦皇岛,劫走日本运来之步枪 27000 支,除阎锡山购械部分放行及以 3000 支分给直、阎外,其余 17000 支运往关外,装备奉军。

△　李烈钧电复川军钟体道、徐孝刚两师长,略称:"诸公幡然护法,推戴锦公(熊克武)一致进行,苦心毅力,欣慰无涯。"

△　北京国务院通令长江沿岸各省军政长官,务望诚饬所部,对于各国轮舰毋得稍加干涉,滋生事端,尤当一体保护,无碍行驶。

△　北京政府内务、财政两部呈请将新疆省呼图壁县佐改升县缺,是日冯国璋指令照准。

△　日外相本野晤章宗祥公使,倡议中、日提携,共同对付俄、德,

不分畛域。

2月24日 四川省议会电孙中山,请任命熊克武为四川督军,杨庶堪为四川省长。

△ 冯国璋令准免王克敏中国银行总裁职,遗缺以冯耿光继任。

△ 龙济光部占领广东阳江。

△ 长沙米荒,米价暴涨,贫民群起,勒令各米坊减价,按每升百文售米,风潮波及全市。地方当局被迫布告设局平价售米,每升150文。26日风潮始息。

2月25日 孙中山致四川招讨使石青阳等电,略谓:"今成都既下,川事可望统一,尚望互相团结,一致进行,使川中布置稍就,即可协同北伐也。"并谓:"诸君在川劳苦情形,文所深悉,甚思设法相助。希仍努力进行,创造伟业,为民国国史之光,所厚望也。"

△ 冯国璋以陆军第十六混成旅旅长冯玉祥通电主和,并在武穴勒提盐厘各款,令先行免职,交曹锟严切查明,呈候核办。

△ 冯国璋任命董世禄代理陆军第十六混成旅旅长。

△ 冯国璋公布《督办参战事务处组织令》,凡七条,规定"参战督办直隶于大总统,综理国际参战事务"。该处下辖参谋处、外事处、军备处、机要处。

△ 徐树铮为与张作霖筹商派奉军入关加入对南方作战事,是日抵奉天。

△ 西南靖国联军总司令、滇督唐继尧由贵州毕节电令熊克武兼任四川军民两政。次日,熊克武在行营宣布就职。

△ 北京政府督办参战事务处与日本泰平公司签订615072.75日元又银元4.5万元购械合同。

△ 奉军第二十七师第五十三旅开抵滦州。

2月26日 段祺瑞电请张作霖,将奉军扣留之军械运至北京。次日,张作霖复电拒绝称,"此次奉天请领军械,系奉元首讨伐明令……运京留奉,宗旨无殊"。

△　军政府海军总长程璧光在海珠码头被刺身死。

△　驻日公使章宗祥密电北京政府外交部,告以日参谋次长田中义一建议中日协定共同防敌两项办法,由中国自择:其一,先由两国外交当局订立共同行动之协约,其余军事布置由两国军事当局再商;其二,先由军事当局商定军事布置,外交当局但予认可,俟时机再订。

△　驻俄公使刘镜人率馆员撤离彼得堡启程归国,3 月 15 日抵满洲里,25 日到京。

2 月 27 日　孙中山任命吕超为成都卫戍总司令兼暂行代理四川督军,并电唐继尧等宣布此项任命,并谓川省军民事务之主持者,宜由川军各将领协同推举。

△　孙中山以程璧光被刺身故,是日咨请国会非常会议重新选举海军总长;同日并颁发训令,缉拿刺程凶手。

△　冯国璋令准籍忠寅辞筹备国会事务局委员长职,派于宝轩兼任。

△　冯国璋令准陆军第九师改编为第十七、第十八两混成旅,分任张联陞、赵荣华为旅长。

△　海军舰队司令林葆怿电孙中山,表示将率海军同志振旆待发,以继程璧光未竟之功。

△　山东靖国军攻破东平县城;3 月 29 日再占东平。

2 月 28 日　孙中山致程潜等,指出"吾辈起兵始于护法,当以护法终。约法无解散国会之条,解散国会,即破坏约法。吾人不能只要求恢复约法,反置恢复国会而不言。"并谓:"仍希督率各将校节节进取,不可以有议和伪令,致隳士气。"

△　冯国璋电饬张作霖召还滦州奉军,以资控制边围。

△　冯国璋下令开释帝制复辟犯雷震春、张镇芳。

△　张奏墉、王郅隆等创办之丹华火柴股份有限公司成立,总公司设北京,资本 120 万元。

3 月

3月1日　孙中山电贵州毕节行营唐继尧,提出四川省长不由督军兼任,由四川民选,并促唐继尧速就军政府元帅职。

△　唐继尧电告孙中山,拟划拨靖国联军第一军东下援鄂,己则定于月之上旬由毕节进驻渝城。

△　督办参战事务段祺瑞任命督办参战事务处参谋、机要、军备、外事各处处长,并聘定各部总长为参赞,设机关于将军府,督办参战事务处正式成立。

△　北军第十六混成旅全体官兵电北京政府,抵死挽留冯玉祥,声明"宁与旅长同死,不愿任其独去,否则请将全旅官兵9553人一律枪毙,以谢天下"。

3月2日　孙中山电黔军总司令王文华,主川省应军民分治,省长一职自应委之川中民选,务望本此意义一致主张,并力劝唐继尧宣布就元帅职。

△　孙中山明令国葬故海军总长程璧光。

△　冯国璋公布《修正盐税条例》,凡七条。规定适用于全国产盐、销盐各地,新疆、蒙古、青海、西藏不在此限。

3月3日　冯国璋公布《修正参议院议员选举法施行细则》及《修正众议院议员选举法施行细则》。

△　谭延闿由沪抵宁,同李纯商谈时局,建议湘粤桂联军自动退出岳阳,北军亦不进驻,以为南北议和之前提条件。旋李电冯国璋转达谭意,冯复电请谭径自赴汉同曹锟协商解决。10日,湘北开战,谭离宁返沪。

3月4日　孙中山致冯玉祥望主张恢复旧国会以纾国难书,略谓:"阅报见执事巧(上月18日)电,热诚护法,努力救国,不胜为民国幸。""惟此次乱源发于蹂躏国会,根本解决舍恢复旧国会而无由。务望内察国难之原因,外究世界之趋势,以恢复旧国会之主张明白宣示全国。濒危之民国国脉,得主持正义如执事者扶持之,俾免于亡,则国民必感伟功于永久矣。"

△ 福建靖国军 2000 余人占领将乐县城,县知事计达三出奔顺昌。

△ 上海《时事新报》副刊《学灯》日刊创刊,为我国报纸增辟学术副刊之始。

3 月 5 日 北京政府财政总长王克敏奉冯国璋命赴蚌埠,同皖督倪嗣冲讨论时局。次日,王电冯报告倪督请总统起用段祺瑞,罢免李纯。

△ 张作霖电曹锟、张怀芝,表示"拥护中央,维持大局,始终团体,戡平内乱,联络同志,共救危亡",并告以奉军"不日即可到徐,会合大军,敬听指挥"。

△ 奉军一部由天津开抵廊房,并在车站上检查来往旅客。国务院去电说明廊房非戒严区,不能检查旅客。奉军置之不理。

3 月 6 日 冯国璋公布《参议院议员第二届选举日期令》,规定:"各省区地方选举会之参议院议员复选举,暨蒙古、西藏、青海地方选举会之参议院议员选举,于民国七年六月二十日举行";"中央选举会各部之参议院议员选举,于民国七年六月二十日举行。"

△ 陆军部呈核黑龙江添编陆军第十九混成旅;冯国璋任命鲍贵卿兼代该旅旅长。

△ 徐树铮在奉同张作霖商定,奉军共编为五旅,开赴奉、津沿线,是日起陆续开拔入关。

△ 北京政府内务部咨行各省,申明法令禁止败坏风俗之出版物,请转饬警察机关查照《出版法》规定,分别切实办理。

3 月 7 日 皖系政客王揖唐、曾毓隽、王印川、郑成瞻等人为操纵国会选举,于是夜在北京宣武门内安福胡同梁式堂宅开会,到 10 余人,组织"安福俱乐部",以王揖唐为首领,徐树铮实际操纵。次日为正式成立日。

　　△　冯国璋通电各省督军、省长,请筹商解决时局办法。电文列举国会、财政、内阁及外交问题之种种困难,"瞻望前途,莫知所届";表示"国璋既备尝艰阻,竟不获补救于万一,坐视既有所不能,辞职又无从取决,只有向各省督军、省长暨文武官吏,详述危殆情形,应请筹商办法,为国璋释重负,为民国求安全……特此飞电布达,务希于旬日内见复"。

　　△　曹锟、张怀芝分别致电张作霖,欢迎派奉军入关。曹电请奉军集中徐州,加入第二路,另派一两个混成旅开赴汉口,加入第一路。张电称已指定韩庄为奉军南下第一站。

　　3月8日　孙中山特任熊克武为四川督军,杨庶堪为四川省省长;杨未到任前,由四川靖国军总司令黄复生代理省长职。27 日,熊克武电请孙中山收回成命。

　　△　孙中山电告唐继尧处理川军经过,盼协力维持川局,安抚川民,肃清余孽,克日整旅东下,会师大江,以竟护法之责。

　　△　孙中山布告:广东盐税收归军政府,嗣后盐商应缴纳之盐税,仍按向章向广东中国银行缴纳,倘有违抗或延宕者,定予戮缉严惩。

　　△　陕西靖国军全体军官会议,举唐继尧为川滇黔陕四省靖国联军总司令。

　　△　张作霖电复冯国璋,谓:"当此千钧一发,其能力膺艰巨,勉维其难者,微我大总统其谁与归?"并请"择定总理一人,组织完全责任内阁,襄助大政,翊赞中枢"。

　　△　日外务大臣本野一郎约见驻日公使章宗祥,谓中日共同防敌协定应"迅速决定实行,以免贻误时机",并出示换文草稿,促北京政府照此拟写换文。同日,章宗祥电北京政府外交部,转陈本野所拟"共同防敌条款"两项:一、中日政府因德国势力东渐,和平及安宁被侵迫时,协同考量应行之处置;二、凡两国陆海军应行协力之方法及其条件,由两国当局官宪随时协议。

　　3月9日　孙中山发布《鼓励义军作战电》,指出:"非法政府始终弁髦大法,毫无悔祸之诚,近且公然宣布伪国会组织法及伪参众两院组织法,重袭袁氏造法故智。积极违法,颠覆国宪,厥有常刑。……和平已属绝望",希望各军"一致进讨,务完成护法之天职"。

　　△　孙中山通电,反对北京政府发行七年公债。称:"此项公债,非法政府冀以供其残杀国人,我国民自应一致反对。"

　　△　冯国璋密电各省,说明外交状况,谓"我国边防与俄接壤,自东北以迄西北,绵亘将及万里,犬牙交错,守御极难。如我政府能操统一之权,各省共切手足之卫,对于东邻力表亲善,协同动作,以预制德人东渐之势力,犹可设法图存",嘱各省切实研究,共抒意见。

　　△　北京国务总理王士珍潜行离京赴津。

　　△　皖督倪嗣冲密电各省,转告奉军入关旨在团结北洋团体,削平内乱,及主张组织完全责任内阁,以统一国家。

　　△　福建改革盐务专卖制度,在古田、福安等 31 县地方开放商办,采用自由贸易制度。是日冯国璋据财政总长兼盐务署督办王克敏呈请指令照准。

　　3 月 10 日　援闽粤军总司令陈炯明电孙中山,请派胡汉民为粤军代表,参加西南护法各省联合会议。13 日,孙中山复电表示同意。

　　△　北京政府电令察哈尔、绥远两都统各派骑兵两营出驻内外蒙古交界之乌得、滂江。

　　3 月 11 日　北军下令总攻岳阳,占领羊楼司,湘粤桂联军陆裕光部第三军向南撤退。

　　△　本日与 13 日日本外务大臣本野一郎两次训令日驻奉天总领事赤塚正助,就皖系勾结张作霖连续派兵入关事,劝告徐树铮、张作霖勿采取过分行动,引起北京政局混乱。

　　△　北京政府外交部电示驻日公使章宗祥,中日共同防敌协定,先由日政府来函,我再答复,行文以英文或法文为底稿,由北京日使馆递部。12 日,章宗祥复电外交部,建议由我方主动,行文以华文为妥,由我交彼。

　　△　冯国璋令:"本月二十一日为春丁祀孔之期,派兼代国务总理

钱能训恭代行礼,由内务部敬谨预备。"

3 月 12 日　张作霖、徐树铮联名通电宣布就任奉军总、副司令,设奉军临时总司令部于军粮城,由徐树铮代行总司令一切职权。

△　孙中山任命王安富为四川靖国军援鄂第一路总司令;任石青阳为四川陆军第二师师长兼川北镇守使。

△　讨龙联军总指挥李烈钧颁布讨龙作战计划,规定"先歼灭阳江方面逆军,再进扫荡高雷、琼崖方面之敌",并令李根源、林虎、魏邦平、刘志陆四路讨龙军总司令克期出发讨伐龙济光。

△　北京政府外交部电黑龙江督军鲍贵卿,如俄旧党败兵退入华境,或谢米诺夫部队不受约束,均应解除其武装,以维护边局治安。

△　安徽含山县李雨春、陈紫枫等起事,称"护法讨倪(嗣冲)军",攻占县城,释放囚犯。

3 月 13 日　孙中山电陈炯明,准派胡汉民为代表出席西南联合会议。

△　孙中山电重庆靖国军总司令、代理四川省长黄复生,指出:"义师讨逆及将来对俄关系,不可不注意于西北边。"

△　章太炎在重庆通电主张广州缓开正式国会。

△　冯国璋任命李焕章为绥远陆军混成旅旅长。

△　苏督李纯在南京召开军事会议,密议作战计划,表示如奉军沿津浦线南下,入侵苏省,将坚决以武力对抗。

3 月 14 日　冯国璋访段祺瑞,出示皖、豫、浙三督电文,敦请再出组阁,段以无意复出婉辞。次日,冯通电盼各省区联名劝驾。

△　夜,徐树铮自奉天电曹汝霖,告以日公使林权助到奉,同张作霖及其本人会晤,表示日本内阁或有改组,但"于中日亲谊毫无损碍","仍暗中助我辈以便利"。

△　苏督李纯派军署顾问温世珍访晤驻宁日领事高尾亨,希望日本劝阻段祺瑞皖系勿采取过分行动。

△　驻日公使章宗祥电告北京政府,与田中义一商议中日军事防

敌方针,计:一、关于一切行动,以两国平等为旨;二、区分将来彼我防战之区域;三、彼我司令部应互相派员驻扎,以便接洽。

3 月 15 日   孙中山接见唐继尧之代表官其彬,并电复唐所关怀四事,指出"岳州战衅再开,已无和议之可言。……况和战所争,均在根本大法,断不能因和议而稍事让步"。

△   冯国璋下令免于缉究民国五年 7 月 14 日及六年 7 月 17 日通缉之复辟案犯杨度、孙毓筠、顾鳌、夏寿田、薛大可、康有为、刘廷琛、万绳栻、梁敦彦、胡嗣瑗 10 人。

△   奉军总、副司令张作霖、徐树铮电呈北京政府并通告各省,为指挥入关奉军便利起见,暂设奉军总司令部于军粮城,徐树铮将于 16 日晨赴军粮城视事。

△   广州国会非常会议开会公议北京财政部所定《民国七年内国公债条例》,金谓该公债违背约法、垄断发行,侵蚀国库,欺罔商民,议决予以取消。

△   孙中山函邓泽如,谓现粤势已称稳固,拟即着手展拓利源,设立矿务局,以统筹全局矿务,请邓氏早日归国主持矿务。

△   英、法、俄、日四国公使(日为代理公使芳泽谦吉)会议决定,为确保京津间铁路"自由交通",就奉军进驻京奉线一带,对北京政府提出警告。

△   福建省与日本台湾银行签订 25 万日元借款合同,以福建银行期票担保,用为福建省行政费用。

3 月 16 日   孙中山宴请美国领事,国会议员及军政要员 40 余人作陪。孙中山致词欢迎,称赞"美国是新世界之老共和国,吾国为旧世界之新共和国"。"美国为先进文明国,事事皆足为吾国模范,尚希进而教之"。

△   张作霖电冯国璋要求段祺瑞组阁。

△   北军对岳阳发起总攻击,右路第一旅在舰队配合下攻陷要隘城陵矶,先头部队突入岳阳城内,因恐联军埋伏,旋即退出。

　　△　徐树铮电皖系各督称，日使林权助表示对华亲善政策及扶持我派宗旨，始终不变。

　　△　冯国璋派陆宗舆为龙关铁矿公司督办。

　　△　福建长汀警备一团联合当地防军宣布独立。

　　3月17日　冯国璋亲访徐世昌，托代劝驾段祺瑞出任国务总理，并称当举国以听。次日，徐世昌晤冯面述段祺瑞辞意甚坚，略称："上次自请免职，实因审量才力不胜重任，并非有他方面之排挤始去职。故对于总统参战督办之命，苟可担任，无不勉为其难。惟总理一职，困难无异于前，苟今日可以担任，则前日何必求去？"

　　△　北京政府外交部电示驻日公使章宗祥"中日共同防敌协定"磋商要点：一、以书信式交换；二、彼来我复；三、双方同时宣布；四、另换函声明有效期间及战后华境内日兵一律撤退。

　　△　唐绍仪抵日本神户，连日鼓吹中日民间"经济提携"，并望日本在华投资时对中国南北两方"一视同仁"。

　　3月18日　各路北军于17日会攻岳阳，湘粤桂联军未经坚强抵抗，当晚弃城南逃，是日上午北军占领岳阳。

　　△　广州非常国会参、众两院会议议决，定于6月12日北京政府解散国会一周年之际，在广州召开正式国会。

　　△　冯国璋令陆军第十六混成旅旅长冯玉祥着即褫夺陆军中将原官，暂准留任，交由曹锟节制调遣。

　　△　冯国璋令：署司法总长江庸因病给假，着派次长张一鹏暂行代理部务。

　　△　孙中山令：盐税收入由两广盐运使专管，规定该项收入每月40万中，以10万为国会经费，五万为军政府经费，13万为海军经费，九万为广东财政厅例拨还款，其余悉数拨给前敌军饷，由该盐运使向中国银行提款。

　　△　唐继尧致电孙中山、陆荣廷，建议军政府和护法各省联合会合并。23日，陆荣廷复电反对。

△ 四川靖国军郑启和部占领昭化、剑阁、梓潼。

△ 西原龟三奉日总理大臣之命第五次来华抵达北京,20 日会晤日公使林权助。

3 月 19 日 直、鲁、奉、皖、鄂、苏、赣、晋、陕、浙、吉、黑、闽、豫、甘、新、热、察、绥 19 省区督军、省长及松沪护军使曹锟、张怀芝、张作霖、倪嗣冲、王占元、李纯、陈光远等 27 人联电段祺瑞,敦劝出组内阁。略谓:"顷奉大总统删(15 日)电,亲诣寓邸敦请,未荷允诺。奉谕之下,焦灼异常。……锟等已互相约定,我公如允任揆席,则同人等誓当一致,共扶危局,否则亦惟从公高蹈,不问世事。是全国之安危,同人之离合,均系于我公之一身,论情论事,皆当俯就。伏乞准如前所请,惠然出山。"

△ 孙中山电唐继尧,授以攻陕方略,请就近与黄复生、石青阳妥商进行,并劝其就元帅职。同日并另电唐继尧,盼领衔发起通电,拥护 6 月 12 日非常国会正式会议。

△ 唐继尧电孙中山称,已派黄复生、叶荃、王文华、顾品珍为援鄂第一、二、三、四路总司令;石青阳为援陕第一路总司令。

△ 孙中山闻驻京美公使确将于本周五(3 月 22 日)到汕,逗留一日,即赴厦门。是日电陈炯明,"俟美使到,以礼欢迎,俾知军政府实力已到。且与联络感情,于前途当有裨益"。

△ 驻日公使章宗祥电北京政府外交部称,已得寺内总理同意,中日共同防敌协定照中国修正文句,由日先送,我再答复,至有效期由军事当局商定;关于战后在华日兵撤退事,日本另函声明。

△ 日公使林权助向冯国璋提议,中日共同出兵西伯利亚。

△ 湖南谭延闿向日本兴源公司借款 250 万日元,以水口山铅矿砂为担保,作为湖南军政费用。

△ 黑龙江中东铁路临时警备司令张焕相在满洲里与苏俄红军协议决定:红军不犯华境,华军不助白俄谢米诺夫部。

3 月 20 日 冯国璋通电,宣称亲诣段祺瑞寓邸,敦请组阁,段坚辞不出。

△ 西原龟三访晤段祺瑞，劝其出任国务总理，并允日本给予财政支持。西原称："阁下既已握有兵力，只需掌握兵力，倘若财力不足，本人可以设法资助。如欲为日中友好奠基，舍今日又待何时，切勿失此千载难遇之良机，毅然拟定计划，出任总理。"

△ 日公使林权助访晤徐世昌，促力劝段祺瑞出任国务总理。

△ 2日，日人犬养毅、头山满以世局纷纭，致书请孙中山赴日一行。是日，孙中山电犬养毅、头山满，询问邀请赴日原由，并谓："若为东亚百年根本大计，非与文面谈不可者，请即电复。"

△ 直隶省与法商惠东银行签订100万银元借款合同，作为直隶省行政费用。

3月21日 孙中山电石青阳、黄复生盼速图陕，略谓："请缨援鄂，壮志可嘉。惟用兵忌攻坚，尤贵出奇。鄂中北军云集，可以智取，难用力攻；若阳言援鄂，而以精兵攻陕，则可拊鄂之背，取之自易。"又谓："现在陈树藩困守西安，旦夕可下。……若川军不进，则西安恐垂得而复失，幸速图之。"

△ 日公使林权助约晤王郅隆，盼段祺瑞出任总理，谓："段前此推清政府，去岁驱张勋，皆独断独行，勇气可佩。此次关系国家安危，又有19省联电，何不毅然自出担任"，嘱王速见徐世昌、段祺瑞，请段以愿出任之言报知总统，冀免枝节。

△ 奉军由津浦路开赴湘鄂，助北军进攻湘粤桂联军。

3月22日 奉督张作霖通电北洋各督称，"岳州早已克复，长沙不日可下，若一鼓作气，乘胜进攻，澄清中原，在此一举"，并请曹锟联合同志，统筹全局。

△ 滇军李善本部占领四川马边，26日占屏山。

3月23日 冯国璋令准署国务总理王士珍辞职，特任段祺瑞为国务总理。

△ 冯国璋令署海军总司令饶怀文因病出缺，着派何品璋暂行护理海军总司令。

△　冯国璋特任刘镇华署陕西省长。

△　孙中山通告各国驻京公使，痛斥北京政府罪行。郑重声明："北京非法政府违背约法而与各国缔结之一切契约借款及其他责任，本军政府概不承认。"

△　孙中山特任徐绍桢代理中华民国军政府卫戍总司令。27 日任命徐绍桢兼充陆军部练兵督办。

△　北军攻占湖南平江。25 日，谭浩明所部湘粤桂联军先后撤出长沙，桂军向湘桂边境退却，湘军退守耒阳和郴、桂一带。

3 月 24 日　冯国璋令国务院秘书长恽宝惠准免本职，任命张志潭为国务院秘书长。

△　梁士诒自香港到天津，徐树铮与梁晤面，挽其出任财政总长并邀赴奉。同日，徐以晤梁情形电告张作霖。

3 月 25 日　《中日共同防敌协定》由驻日公使章宗祥同日外务大臣本野在东京正式换文。换文内容分为两项，规定："因敌国实力之日见蔓延于俄国境内"，决定"及早协同考量应行之处置"；"凡两国陆、海军对于此次共同防敌战略之范围，应行协力之方法及其条件，由两国当局官宪协定之"。

△　湘粤桂联军总司令谭浩明通电退出长沙，略称："兹者内忧外患，纷至沓来……国势岌岌不可终日。""浩明彷徨中夜，莫知适从，再四思维，与其进而促亡国，不若退而留一线生机，俾持报仇雪耻之说者有以餍其心，持恢复北洋名誉之说者有以塞其口，持不至长沙不止之说者亦有以偿其欲。而我辈始终希望和平之心亦可大白于天下。爰率各军安全退却，让出长沙，以待依法解决。"

△　孙中山电贵阳黔军总司令王文华，指出："段逆于昨日复任伪阁，自此和议更成问题，欲达护法救国之初心，惟有根本解决一途耳"，促王克日率兵东下讨逆。

△　李烈钧指挥广东讨龙联军克阳江。

△　山西省呈请裁撤离石县碛石、柳林、方山三县佐，增设方山县，

是日冯国璋指令照准。

3月26日　北京国务总理段祺瑞通电宣布已于本月24日就职,声称对于西南各省奉行武力统一政策,出于"必不得已然后用兵";并谓目前时局未定,"所有前敌将帅,仍当振励士气,迅赴事机"。

△　北京国务总理段祺瑞召集国务会议,决定再次对南方用兵,声言要在三四个月内打下广东和四川。

△　北军吴佩孚第三师占领长沙、湘阴。31日,张敬尧第七师进长沙接防,吴佩孚师奉命南下。

3月27日　孙中山致黄复生、石青阳电,略谓:"川局不靖,抢攘经年,其始皆由一二人权利之私,遂致酿兹浩劫。""川事赖君等维持,务宜力促熊(克武)受军府任命,以归一致。……川中若能一致坚决表示拥护军府,则唐帅(继尧)可息自树势力于川之私意,而有就任元帅以维大局之决心。望善图之。"

△　冯国璋特任张敬尧为湖南督军,谭延闿为省长,未到任前由张敬尧兼署。30日,谭延闿致电北京政府辞湖南省长职。

△　梁士诒建议段祺瑞,占领长沙后宜即调停,斡旋南北议和。次日,国务会议多数主张托梁出任调停。

△　北军张敬尧第七师占领湖南湘潭。

△　北军吴光新部占领湖北当阳,次日占远安。

△　四川援鄂军总司令黄复生与云南靖国军司令叶荃、王文华、顾品珍誓师东出援鄂。

△　北京政府交通部与福公司总董事巴森订立30万美元购车借款合同。

3月28日　孙中山复函头山满、犬养毅,谢绝访日邀请,告以特派朱执信赴日面陈一切,并申明"以拥护约法之故,诉诸武力,盖不得已耳。……故解决今日时局,以恢复国会为唯一之根本。只此一事,倘北方当局能毅然断行,则文已十分满足,不求其他条件也"。

△　孙中山电陈炯明,告以长沙失守后,桂系军阀托英公使朱尔典

向段祺瑞求和。

△ 冯国璋特任蓝建枢为海军总司令(原海军总司令饶怀文病故)。

3月29日 冯国璋特任段祺瑞内阁各部总长:外交陆徵祥,内政钱能训,陆军段芝贵,海军刘冠雄,教育傅增湘,司法朱深,农商田文烈,交通兼署财政曹汝霖。同日并令免王士珍前内阁各部总长职。

△ 冯国璋特任孟恩远为吉林督军;田中玉着回察哈尔都统本任。

△ 冯国璋任命齐燮元为陆军第六师师长。

△ 国会非常会议众议院议长吴景濂、参议院副议长王正廷电孙中山,反对段祺瑞复任北京国务总理,主西南护法各省、各军"整军经武,声罪致讨,灭此朝食"。

△ 北军张怀芝第二路军攻占湖南醴陵,湘粤桂联军退守攸县。

△ 湖北省与日本正金银行签订50万日元并50万银元借款合同,用于本省军政费用。

3月30日 北京政府外交部电令驻日公使章宗祥向日外务大臣本野解释,中国派舰保护海参崴华侨,"与共同防敌主义正属相合"。

3月31日 北军张敬尧第七师进入长沙接防,吴佩孚奉命率部南下。同日,张敬尧电请北京政府任命吴佩孚会办湘省军务。

是月 简照南、简玉阶等创设南洋兄弟烟草股份有限公司,资本500万元,本店设上海,支店设北京、青岛、天津、汉口。

△ 虞洽卿在上海创办三北轮埠股份有限公司,资本100万元。

4 月

4月1日 孙中山电嘱张开儒速出师攻闽,并谓"海军得手后,大兵入闽,则武器购运俱便"。

△ 冯国璋令财政部拨银四万元赈恤岳阳。次日又令拨银六万元赈恤长沙。

△　郑崇基等创办之上海鸿章机器织染厂开车生产。

4月2日　孙中山特任林森署理军政府外交总长。

△　孙中山电唐继尧,改组军政府,必须坚持护法主张,并提出改组四事与唐商酌:一、改组如桂人不加入,各省是否仍有决心?二、改组如无桂人,各省仅派代表,是否能举共同负责之实?三、必须一致坚持护法主张,始可共议改组。四、改组名义宜用"护法各省联合军政府"。

△　孙中山电陈炯明,告以同唐继尧商改组军政府四事,并谓护法必须联唐,如唐不能出实力,则改组仍属空名,故此议必须唐有切实办法之电复,始可讨论。

△　北京政府农商总长田文烈密咨外交部,略谓:"查唐努乌梁海一区,从前本归库伦办事大臣乌里雅苏台将军所管辖,为中国外蒙领土之一部分。"请于唐努乌梁海设官,"以坚蒙人之内向,亦藉以杜邻邦之觊觎"。

4月3日　北京国务院、陆军部电张敬尧、陈光远、李厚基、张怀芝,指示"定湘救粤"之进兵方略,令"湘督所部速收宝庆,直趋零陵。张使(怀芝)所部取道攸、衡进衡南,直趋郴州,俾谭(浩明)逆所部不暇援粤;一面赣屯大庾,闽作声援,待张使抵郴,然后闽攻潮汕,赣下南雄,张使径出韶州"。

△　徐树铮抵北京,即谒段祺瑞,面商进兵计划。段主兵力直达川、粤,底定大局。同日,徐电陆军检阅使兼攻湘鄂援军第二路军总司令张怀芝,告以段祺瑞进兵旨意,并谓"粤事一切均赖我兄持以坚定,乘胜直前,伟功立奏"。

4月4日　孙中山电龙璋,嘱维护湘局,并劝湘军辑睦。

△　冯国璋特授曹锟勋一位。

4月5日　孙中山电促汕头陈炯明速行攻闽,谓"援闽之举,准备已久,及今图之,惟在速战,诸君迭电讨逆,义勇奋发,当能合力猛进,迅奏肤功"。

△　曹锟电冯国璋请辞两湖宣抚使职。略谓:"所有第一路总司令

任务,将次第告竣,其鄂湘两省善后事宜,应责成该省军民长官担任,若以宣抚使名义参预其间,转觉事权纷歧,责任不专,拟请免去两湖宣抚使本职,俾鄂湘各维秩序,渐复原状,于军务、政务两觉便利。"

△ 全国商会联合会通电"吁恳(南北)双方停战议和"。

△ 北京政府应海参崴各国领事团会议决定,派陆军和"海容号"军舰前往海参崴。

4 月 6 日 两湖宣抚使曹锟通电饬北军各师旅积极进行,三路攻湘:张怀芝为左路,向攸县、茶陵前进;曹锟为中路,向衡山、衡阳前进;张敬尧为右路,向湘乡、永丰、宝庆前进。

△ 绥远鼠疫肃清,防疫机关裁撤。

4 月 7 日 滇军华封歌部攻占四川会理。

4 月 8 日 原广东省长李耀汉自肇庆电北京政府称,将举兵驱桂,解决粤局。略谓:"闽督派员来肇,晤商援粤之策,耀汉当与切实筹画,部署就绪。""耀汉即于明日返省,勖励所部,克期发动。惟仍恳请中央迅饬赣闽两路援军,同时赴粤,使敌备多力分,为易得手。"

4 月 9 日 北京政府公布《矿业警察组织条例》,凡七章 19 条。规定:"为维持矿区之秩序及安全,并保护矿业上之利益,得由矿业公司呈请设置矿业警察。"

△ 北京政府派"海容号"军舰前往海参崴护侨。17 日"海容"舰抵崴。

4 月 10 日 广州国会非常会议开会,出席议员 60 余人,罗家衡等提出改组军政府案,赞成者 40 余人,居正、邹鲁等反对改组,遂由议长指定审查员 20 人予以审查。按:该案以多头式总裁制,易单一式之大元帅制。此系陆荣廷及政学系岑春煊所倡。

△ 唐继尧通电主张成立护法各省临时统一机关,遥戴黎元洪为大总统,冯国璋为副总统或代理大总统,以岑春煊为总理。

△ 冯国璋任命杨春普为陆军第十九师师长。

△ 邓泰中密电唐继尧,谓西南"真护法者中山先生一人而已",劝

其与孙中山一致,对付段祺瑞之以武力平定西南。

　　△　吉林督军孟恩远电告北京政府,霍尔瓦特拟在哈尔滨组织政府,英、法、日、意各领事均表赞许,事关我领土主权、边省安危,务乞早日定议,指示方略。

　　4月11日　孙中山邀国会非常会议议员谈话,对国会未征求军政府意见而径行提议改组而付审查之事表示不平,并声明反对改组军政府,"即于改组后有欲以余为总裁者亦决不就之,惟有洁身引退"。

　　△　冯国璋公布《电气事业取缔条例》,凡63条。

　　△　刘存厚自广元电北京政府,报告第三师及第三、四两混成旅驻绵阳之危迫情形。请求中央"俯念川艰,速拨援兵饷弹,邻省诸公笃顾唇齿,就近迅予援助"。

　　△　北京政府留守苏俄人员李世忠电告,苏俄外交人民委员会请中国政府勿续与俄旧政府驻华外交代表及领事交涉事务。

　　△　自称山东靖国护法军之郭安、史殿臣、范玉林、于三黑、顾得麟等部,近日活跃于滕县、峄县、金乡、蒙阴、禹城、平原一带,是日占恩县,14日占高唐西藏镇,15日占新泰县,17日占茌平和冠县,18日占临清县,后又进入直隶大名境内活动。

　　4月12日　广东讨龙军李烈钧部攻占电白。

　　△　日公使林权助将段祺瑞对南方用兵计划报告日本政府。20日,日外务大臣本野转达首相寺内的指示:"不管对南方的'讨伐方针',还是促进南北妥协,总之,要使中国政局迅速得以解决。"

　　△　川边镇守使陈遐龄电告北京政府,藏兵进犯川边,边防军力薄弱,昌察等县先后失守,势甚危急,请派军赴援。

　　4月13日　广州国会非常会议审查会推褚辅成等五人谒孙中山,征询对于改组军政府之意见。孙中山再次明确表示:"改组事余始终反对,以法律上万难通融。"

　　△　讨龙联军总指挥李烈钧自阳江电授讨龙各军作战要略,规定讨龙军主力以在茂(名)化(县)之线以南地区为宜,联军最右翼部队应

联络桂军左翼军,扼制化县东北部,联军最左翼部队联络海军,协同动作。

△ 曹锟以攻湘鄂援军第一路军过于疲劳为由,电冯国璋请将吴佩孚第三师及其余各旅调回岳阳。

4 月 14 日 冯玉祥第十六混成旅自武穴抵鄂,归湘鄂援军第一路军总司令曹锟节制,派往嘉鱼驻扎。

△ 西原龟三离京返日。

4 月 15 日 北京政府电令北军向湖南衡山总攻。20 日,吴佩孚第三师攻占衡山。

△ 北军第一路田树勋部攻占湖南永丰,第二路攻占攸县。

△ 北京政府内务部召开全国河务会议。

4 月 16 日 冯国璋公布《修正陆军刑事条例》,凡 103 条,所订刑则有叛乱、擅权、辱职、抗命、暴行胁迫、侮辱、诈伪、掠夺、逃亡、军用物损坏、违令及有关俘虏之罪共 12 项。同日并公布《修正陆军审判条例》,计 57 条,规定军人犯罪,依陆军军法会审审判之,并对军法会审之组织、军法会审之权限、陆军检查、审问、判决、再审等,均有明文规定。

△ 日本于山东坊子正式设立民政署,山东省议会电请北京政府速向日本政府交涉。

4 月 17 日 军政府向日、美、法、意、俄、英、葡等 16 国发出通告,要求各国承认军政府为中华民国之合法政府。

△ 外交总长陆徵祥与日本斋藤少将在京讨论中日"共同防敌"各条款,谈及召开正式会议,各项细节及该协定之效期等。

△ 浙督杨善德奉北京政府之令派师长童葆暄率浙军一混成旅援闽。

△ 段祺瑞、倪嗣冲、王郅隆等投资创办之天津裕光纺织厂开车生产。

△ 上海公共租界人力车工人数千,捣毁英电车六七辆,遭巡捕镇压。

　　△　　北京政府外交部就苏俄政府派瓦希涅夫为驻库伦领事一事，电令都护使充驻扎库伦办事大员陈毅向外蒙古要求两事：一、外蒙不接待；二、应正式请求中央派兵驻扎。

　　4月18日　岑春煊、张绍曾、卢永祥联名通电调和时局，指出："为今之计，解决时局，似宜首先停战，中央表示不再反攻，然后始有商榷余地。其次则为国会……一面复旧，一面召新，同时并行。……战事既息，国会重开，所余地方问题，迅开善后会议(解决)"。

　　△　　赣督陈光远奉命派赣南镇守使吴鸿昌为攻粤总司令，是日率兵出发，次日占领南雄。此后南雄为南北两军拉锯争夺之地：4月21日南军占领，29日北军占领；5月9日南军占领，旋又被北军夺回。6月3日、10日、23日又先后三次为南军占领。

　　△　　北军鲁、赣两军进占湖南醴陵。

　　△　　广东讨龙军刘达庆部攻占茂名。

　　△　　毛泽东在湖南长沙师范学校组织新民学会。

　　4月19日　皖督倪嗣冲于7日入都探询政见，分谒冯、段及各部总长朝野诸要人，是日返抵蚌埠密电北洋各督，陈述北京政府财政、军事情形，其要旨为：一、政府财政艰窘，每月政费实需1600万，近与日本议借，日人宣言，若政府不能戡平粤乱，此款尚不交付。二、坚持平粤政策，段表示"无论如何困难，必先戡定粤省，一息尚存，此志不渝"。

　　△　　湖北督军王占元电北京政府，谓川省近日反抗中央，宜昌所销川盐，川军自行收取盐税，侵吞国税，拟请饬令宜昌榷运局将川盐没收入官，以"断其饷源，促进和平"。

　　△　　都护使充驻扎库伦办事大员陈毅电复北京政府外交部，称外蒙已正式拒绝苏俄派领事来库，至增兵驻库一节，现正在磋商中。

　　4月20日　孙中山电告陈炯明军政府酝酿改组情形，嘱其万不可赞同改组，并谓："张开儒闻改组之说，立就陆军总长之职，所以明示反对也。兄当与张一致，以维军政府于不坠可也。"

　　△　　段祺瑞以"犒师"为名，离京赴汉口，与曹锟、张怀芝、王占元、

赵倜、徐树铮等密谋武力统一全国。

4 月 21 日　冯国璋公布《侨工出洋条例》和《募工承揽人取缔规则》。

△　日公使林权助向日外务大臣本野提出解决中国时局的方案，认为："目前（中国）政局，不仅是段内阁对西南政策的危机，而且就帝国的立场来说，也是非常严重的危机"；当前段祺瑞应"进一步南征，有必要向南方施加压力"，段政府在夺回广东和肃清四川以后，"再提出南北议和较妥"。林建议由日本提供讨伐经费的援助，估计需要"8000 万元乃至一亿元的外债始能维持下去"。

△　全国商会联合会在天津召开第三次大会。会议举代表进京，陈请政府息争停战，并要求最近中日共同出兵交涉条件。

△　北京政府教育部在北京召开全国高等师范校长会议。

4 月 22 日　军政府公布《大理院暂行章程》，凡八条，规定"大理院为最高审判衙门，于护法期内依法院编制法之规定，暂行设于广州"。同日公布《外交部组织条例》，凡 14 条。

△　广东省议会通电宣布誓不承认《中日共同防敌军事协定》。

△　湘粤桂联军总司令谭浩明由衡阳退驻零陵县。

△　李烈钧奉莫荣新命，率军回赣与北军作战。

△　刘存厚军攻占四川梓潼。

△　奉天财政厅长王永江与日本朝鲜银行签订 300 万日元官银钱局整理借款合同，用以整理东三省官银钱号发行奉票资金。

△　张家口至库伦公路通车，全长 1085 公里。

4 月 23 日　湘军赵恒惕、刘建藩等部对攸县发起攻击，北军向醴陵、茶陵方向退走。次日湘军收复攸县，毙敌千余人，并索获飞机二架。

4 月 24 日　段祺瑞在汉口召开军事会议，曹锟、王占元、张怀芝、赵倜、徐树铮等出席。议决：一、南征问题：湘南方面仍责成曹锟、张敬尧、张怀芝共同作战，以克复衡山、衡阳；鄂西方面令徐树铮与吴光新会合，以廓清省境；对于四川、广东预定进军计划，若西南再行反抗时，则断然进攻。二、国会问题：由各省电请中央，令临时参议院代行其职权，依程式选举总统。

　　△　北军吴佩孚第三师占衡阳。

　　△　留日学生救国团分电冯国璋、段祺瑞，反对《中日共同防敌协定》。

　　4月25日　北京政府外交部分别电驻美公使顾维钧、驻英公使施肇基，告以《中日共同防敌协定》情形，称对于防御德力东渐，中日两国不能不有所协商，"现在由两国军事当局在北京交换意见"。

　　△　北军田树勋部克宝庆。

　　△　广东讨龙军攻占化县（今化州县）。

　　△　段祺瑞由汉口乘"楚泰"号军舰赴宁，其随员乘"楚材号"军舰同行，"楚材"在汉口附近撞沉招商局"江宽号"客轮，溺毙三四百人。

　　△　山东代理督军张树元电告北京政府，将潍县、烟台、武定、东昌、曹州、兖州、沂州等划为东、南、西、北、中五个"治匪区域"；济南施行"特别剿匪办法"。

　　4月26日　曹锟、张怀芝、倪嗣冲联名通电北方各督，请同意共同联名电冯国璋：临时参议院代行国会职权，于实行选举新国会殊多影响，请令各省区依法定程序积极进行，俾期早日召集新国会，以符立宪国体而慰天下人心。

　　△　闽督李厚基奉令援鄂，是日电北京政府，告以亲赴厦门督师，军署委福建第一师师长姚建屏、省署委政务厅长王善荃代拆代行。

　　△　法国新任驻京公使柏卜向冯国璋递交国书。

　　4月27日　伍廷芳、陆荣廷、唐继尧、林葆怿、刘显世、谭浩明、熊克武、程潜、李烈钧、李根源、陈炯明、莫荣新联名电冯国璋，反对中日共同防敌密约。指出："现在德方力战西欧，实无东侵之事，俄与德媾和，亦无助德攻我之心，既无共同出兵之理由，即无订立条约之必要"，揭露此密约"纯由段祺瑞及其二三武人主持"，"名为共同出兵防御德俄，实则假外人财力兵力，以压迫护法义师"，请严行拒绝，并明白宣示天下。

△ 冯国璋公布《民国七年六厘短期公债条例》(发行额 4800 万元)和《民国七年六厘公债条例》(发行额 4500 万元)。

△ 两湖宣抚使曹锟电北京政府,谓衡阳已完全克复,直隶第三师及第一、二、三、四混成旅之各部队业已停战,静待后命。

△ 广东讨龙军攻占龙济光军根据地廉江等地,龙济光败走香港。

△ 中东铁路股东会议在北京开会,决定董事会迁京,选举郭宗熙为总理,沙俄原中东铁路局局长霍尔瓦特为署理协理兼中东路总办。

4 月 28 日 段祺瑞返回北京。次日谒冯国璋,详陈南下经过情形。

△ 湘粤桂联军马济部攻占湖南醴陵。30 日,北京政府电令张怀芝、张宗昌等"务将醴陵于三日内克复"。

△ 留日全体学生集会反对中日共同防敌密约,参加者 16 省籍共千余人。议决:通电否认此亡国条约;派代表回国号召开国民大会;发表中、英两国文字宣言,警告全国父老,要求友邦支援,并议定一俟交涉无着,即应全体回国。

4 月 29 日 广州国会非常会议通电反对《中日共同防敌协定》。

△ 广东督军署举行讨龙(济光)祝捷大会,讨龙军事结束。

△ 南军攻占湖南浏阳,李传业所部新安武军败逃。

△ 北军占领湖北巴东,次日占秭归。

4 月 30 日 北京政府交通总长曹汝霖同中华汇业银行(中日合办)总理陆宗舆、专务理事柿内常次郎在北京签订有线电报借款合同,借日金 2000 万元。年息八厘,以全国有线电报之一切财产及其收入担保,用于改良有线电报及扩充资金(此系第三次"西原借款")。

△ 俄中东铁路总办霍尔瓦特布告铁路界内之俄侨严守俄国临时政府之法令。5 月 1 日,北京政府外交部秘书朱鹤翔面告俄使库达摄夫,谓俄国旧政府及克伦斯基政府业经先后推翻,霍尔瓦特不能在中国境内行使其统治权,中国万难承认霍尔瓦特之布告。

是月 海南岛琼东县嘉积墟之警卫营长杨锦龙,率部联络当地黎民,宣布独立,反对琼崖镇守使龙裕光,并随即攻占万宁、陵水等县。

5 月

5月1日 张怀芝以湖南军事失利,电北京政府辞攻湘鄂援军第二路总司令职,并推荐徐树铮继任;21日再辞湘赣检阅使职。

△ 冯国璋任命姚建屏为福建陆军第一师师长。

△ 全国商会联合会 23 省区商会代表 84 人联电北京政府,誓不承认中日缔结新密约,请严词拒绝,以救危亡。

△ 湘军护法将领刘建藩自醴陵向攸县退却,于株洲渡河之际失足溺水身亡。

△ 北京政府交通部与日本签订顺(直隶顺德)济(山东济南)铁路 2000 万元借款合同。

5月2日 冯国璋令准张志潭辞国务院秘书长职,任命方枢兼署国务院秘书长。

△ 孙中山任命王天纵为河南靖国军总司令。

△ 北军吴佩孚第三师占领湖南安仁,3日占攸县,4日占耒阳。

△ 北京政府与美国广益公司、日本兴业银行签订 25 万美元运河借款第一次垫款合同。

△ 文学家苏曼殊在上海逝世。

5月3日 全国商会联合会代表卞荫昌、王文典等四人到京会见国务总理段祺瑞,提出政府息兵,中日新缔密约及协约国禁运华茶三大请愿。段逐一作答:一、用兵西南政策正为求统一全国,若西南无悔祸之诚,政府则无息争之理;二、中日共同出兵问题尚在讨论中,设有妨碍主权,余自负全责;三、协约国禁运华茶,已由外交部严重交涉。

△ 日本参谋次长田中义一就中日共同防敌事会见驻日公使章宗祥,对北京政府施加压力,声称"在协定签订之前,不能指望日本方面提供贷款和武器"。

△ 北京国务院侨工事务局公布《侨工合同纲要》,凡 35 款,附件三款。

△ 北京政府督办京畿一带水灾河工善后事宜熊希龄向美商广益公司商订借运何借款垫款 20 万美元,周息八厘。

5 月 4 日 广州非常国会通过《修正军政府组织法》,孙中山按照该组织法于是日通电辞大元帅职,并指出:"吾国之大患,莫大于武人之争雄,南与北如一丘之貉。"

△ 冯国璋以赣督陈光远克复南雄,明令给还上将衔陆军中将原官。

△ 冯国璋令喇嘛印务处布告寺院,严申禁令,约束喇嘛违法行为。嗣后如有不守清规,违犯禁例情事,定即尽法惩治。

△ 全国商会联合会会长吕迻先、副会长杨木森、赖恩培联名电北京政府,请求宣示报载中日缔结密约情形。

5 月 5 日 留日学生在东京召开各省各校代表会议,反对《中日共同防敌军事协定》,决定组织"大中华民国救国团",设本部于上海,推举王兆荣为干事长,并决定分批回国。

△ 奉军张宗昌旅占领株洲,7 日再克醴陵。

△ 北军第一混成旅占祁阳,南军退守零陵。

5 月 6 日 浙江省议会发出时局通电,略谓:"同人忝为省议会议员,为民请命,义不容辞。今者民国之民,困苦颠连,已非一日,当局苟哀吾民者,务望先行宣布停战,共维国本。"

△ 河南省议会电北京政府,谓:"中日协约,报纸宣传如果属实,国将不国。真相如何,务祈明白宣示,以释群疑。"

△ 驻澳洲总领事魏子京电北京政府外交部,自报纸宣布《中日共同防敌协定》,侨民恐慌,求示实情。8 日,北京政府外交部复电称,协定尚未定议,希晓谕侨商,以免误会。

△ 北京政府外交部通知原沙俄驻华使馆:自是日起中国政府延付俄国庚子赔款。

　　△　上海泥瓦木工人同盟罢工，要求增加工资。13 日胜利复工，新定每工作日增加工资 60 文。

　　5 月 7 日　留沪国会议员林森等 27 人电广州国会非常会议暨孙中山，挽留孙中山，不许辞职；并要求军政府改组案延期至 6 月 12 日正式国会召开时讨论。

　　5 月 8 日　冯国璋特派驻日公使章宗祥为全权代表，与瑞士驻日公使萨利司商订中瑞《通好条约》。

　　△　南军攻占宝庆，北军田树勋部退守界岭、新化一带。

　　△　北军占领湖北兴山，南军王安澜部败走四川巫山。

　　5 月 9 日　湖南督军张敬尧电段祺瑞，主从事调和，暂停战斗，使北军略示休养，以图补充，俟届时奉军全到，闽赣之师亦可齐集粤边候命，"用此数路并进，逆军不难一鼓荡平"。

　　△　徐树铮电张作霖谈时局。略谓："就时局而论，有战然后芝揆（段祺瑞）可以支持，选举可以赶办。一日不战，则内阁立见崩溃，选举必无从着手，我北系无以自存，国家亦随之沦陷。"同日，张作霖据此致电靳云鹏，说明主战理由。

　　△　徐树铮派奉军第二十七师师长孙烈臣、第二十八师师长汲金纯、第二十九师师长吴俊陞到长沙，布置奉军入湘作战。

　　△　江苏督军李纯奉命派第十九师第三十八旅援赣。

　　5 月 10 日　陈炯明通电反对改组军政府。指出："此种合议制之组织不伦不类，将来结果，适当其反。"

　　△　陈炯明援闽粤军发起进攻，是日许崇智部占领武平。

　　△　粤督莫荣新解散军政府陆军部警备队，并通令各县解散陆军部所设之招兵机关。

　　5 月 11 日　孙洪伊电广州国会非常会议，反对改组军政府。

　　△　陈炯明援闽粤军与北军闽浙联军在潮州黄冈交战。

　　△　驻京日使署参赞芳泽谦吉晤北京政府外交总长陆徵祥，请设法禁止影响中日邦交之煽动性书报文字，并请从速议定军事协定。

5 月 12 日 段祺瑞复张敬尧佳(9 日)电,不许停战调和,称"平定全粤,实为不易之道",令其"万万不宜轻发此言,致生误会而懈士气"。

△ 吴佩孚电北京政府,为策应攻南战事,请电张宗昌部向安仁、攸县方面攻击,以绝北军后顾之忧。

△ 粤督莫荣新逮捕兼任军政府陆军部长和韶州镇守使之滇军第三师师长张开儒,并枪杀次长崔文藻。

△ 日公使林权助照会北京政府外交部称,俄使已与日本政府签订出售中东铁路老头沟至长春段契约(上年 11 月俄日换文议定)。16日,俄使库达摄夫亦将此事通知北京政府外交部。22 日,北京政府外交部分别向日、俄使声明不予承认。

5 月 13 日 北军攻占宝庆。

△ 湖北靖国联军黎天才部、河南靖国军王天纵部攻占四川巫山险地。

△ 广东中国银行奉总行命令停业。

△ 上海皮匠业工人同盟罢工,要求增加工资。25 日,资方被迫同意增加工资 15%,罢工结束。

5 月 14 日 各省旅沪学生 225 人就《中日共同防敌协定》事联名致书日公使林权助,声明:"凡少数执政签字之条约,而未得依法组织之国会同意,我四万万国民誓不承认",请其转达日本政府停止进行,以增进两国真正亲善。

△ 龙济光以雷州失败,避入广州湾法租界。

△ 全国商会联合会选举卞荫昌为会长。

5 月 15 日 伍廷芳、唐继尧、林葆怿、刘显世、谭浩明、熊克武、程潜、李烈钧、李根源、陈炯明、莫荣新联名电冯国璋,声明:"今与中央约,中央果开诚布公,声明不签亡国之约,而对于南北持争之法律、政治诸问题,组织和平会议,解决一切,则我即当停战息兵,听我国人最后之裁判。"

△ 唐继尧通电西南各省,提出南北和议两项意见,其要旨为各省

派代表至沪开善后会议解决法律政治诸问题。

　　△　《新青年》第四卷第五号发表鲁迅抨击封建制度的白话小说《狂人日记》。

　　5 月 16 日　《中日陆军共同防敌军事协定》由中方委员长、陆军上将靳云鹏与日方委员长、陆军少将斋藤季治郎代表两国政府在北京签字，凡 12 条，规定："凡在军事行动区域之内，中国地方官吏对于该区域内之日本军队，须尽力协助，使不生军事上之窒碍。"为"共同防敌"之需要，可由两国总司令官临时协定行军铁路、电信、电话等项建设；两国互相供给兵器、军需品及其原料；一方可向他方请求辅助可供使用之军事技术人员；在军事行动区域内设置机关、交换军事地图及情报；为军事运输可使用东清铁路；该协定及其附属之详细事项，两国均不公布，按照军事秘密事项办理。

　　△　江苏省教育会电请北京政府速宣布取消《中日共同防敌协定》，以平众怒。

　　△　直隶省与日本兴业、朝鲜、台湾三银行签订 100 万日元借款合同。

　　5 月 17 日　冯国璋公布《禁止与敌通商条例》，凡六条；规定：凡中华民国人民及在中国领域内之其他人民，禁止与下列之国与人通商：一、敌国；二、敌国人及敌国法人；三、敌之同盟国；四、在敌国或其同盟国之占领地居住之人或法人；五、商店公司之全部或一部，由敌人管理，或其他事务隶属于敌人势力之下，曾经主管官厅揭示者。前项规定，其假手于中间人之通商，亦适用之。

　　△　冯国璋特派陈箓兼充外交官领事官资格审查委员会委员长。

　　△　伍廷芳等 13 人联名通电，请各省护法议员于 31 日以前齐集广州，参加 6 月 12 日开幕之旧国会。

　　△　北京政府教育部以留日学生为《中日共同防敌协定》事引起回国风潮，是日电驻日公使章宗祥，请训谕留学生"勿轻举妄动"。

　　△　《中日陆军共同防敌军事协定》签订后，以"中日新约"之名披

露于报端,是日全国商会联合会再电北京政府,声明全国商人誓不承认中日新约。

△ 是日法公使柏卜,22 日英使馆巴参赞,分别会见北京政府外交总、次长陆徵祥、陈篆,询问《中日共同防敌军事协定》内容。

△ 徐树铮电闽督李厚基称,宜乘西南内讧向潮汕进击。

△ 北京政府外交部致俄公使库达摄夫节略,中东铁路总办霍尔瓦特在铁路界内组织类似政府之机关,既足骇人观听,而尤恐惹起事端,请转电霍氏"一切遵照合同办理,毋得再有前项轶出范围之举动"。

△ 兼署财政总长曹汝霖呈准由部派陶湘等接收华新纺织公司。该公司于 1915 年 9 月由马涟等发起,将及三年,仅收商股 1.4 万元,不及四分之一,领去官股 120 万元,并擅与外人订约借款,开工无期,全失政府设此公司之本意,奉准咨请撤销。

5 月 18 日 广州国会非常会议通过《修正中华民国军政府组织大纲》,凡 12 条,规定:"军政府以由国会非常会议所选出之政务总裁七人组织政务会议,行使其职权";"政务会议以政务总裁一人为主席,由政务会议推定之。"

△ 孙中山咨广州国会非常会议,派内政总长居正为私人代表,办理军政府交代事宜。

△ 赣督陈光远电北京政府,请迅派兵支援赣防,并请电令闽军进攻潮汕,龙军整戈东进,以收夹攻之效。

△ 全国商会联合会 24 省区代表电北京政府称,商民誓不承认《中日共同防敌协定》,并请大总统拒绝盖印,"一面宣布条文,征求国民同意"。同日又通电各省,请速共筹挽回之方,并电北京各国公使,宣布"无论何种条约,未经国会通过,人民不能承认"。

5 月 19 日 《中日海军共同防敌军事协定》由中方委员长、海军中将沈寿堃,日方委员长、海军少将吉田增次郎代表两国政府在北京签字,凡九条。

△ 上海工部局所属清道工人与修理沟渠工人要求增加工资,举

行同盟罢工。

5 月 20 日 广州国会非常会议开会选举总裁,出席议员 120 余人,孙中山、唐绍仪、伍廷芳、唐继尧、林葆怿、陆荣廷、岑春煊七人当选为政务总裁。

△ 冯国璋令修改税则委员会主任曾述棨准免兼差,派蔡廷幹充修改税则委员会主任。

△ 外蒙古古刚达多尔济亲王奉活佛之命,请北京政府都护使充驻扎库伦办事大员陈毅负责保护库伦。

5 月 21 日 孙中山发表临行通电和《留别粤中父老昆弟书》。通电要求国人务以护法为急务,贯彻始终;国会诸君负代表民意之责,使正式国会依期召开,以慰国人喁喁之望。"留别书"指出广东政局可谓"举全国所未有恶德乱政无不备之",勉励粤人"夙夜孳孳而致力于所谓培养民力,扶持风俗,发展自治"。即日乘日轮"苏州丸"离广州赴汕头。

△ 孙中山致函缅甸国民党支部,说明此次辞职不过在粤计划中挫,此后救国宗旨决无更变。

△ 冯国璋公布《海军刑事条例》,凡 110 条;《海军审判条例》,凡 59 条。

△ 段祺瑞分电曹锟、张怀芝、张敬尧、吴佩孚等,解释《中日共同防敌军事协定》。

△ 北京大学、高等师范学校、高等工业学校、法政大学等校学生 2000 余名反对"中日军事协定"举行示威游行,齐集总统府前,举代表段锡朋、许德珩、熊梦飞、邓翔海等 13 人向冯国璋请愿:一、《中日共同防敌协定》拒绝盖章;二、公布该协定全文。

△ 广州国会非常会议分电唐绍仪、唐继尧、孙中山、林葆怿、伍廷芳、陆荣廷、岑春煊七政务总裁,请迅速就职。

5 月 22 日 天津地区中学校以上学生约千余人,前往省长公署要求面见省长,请将不承认"中日军事协定"之要求转呈政府。

△ 北京政府外交部电令驻日公使章宗祥与日本外部妥商宣布

"中日军事协定"之时间。28 日,章宗祥电告外交部:日政府决定本月30 日宣布,"应请中政府于同一范围内同时宣布"。

5 月 23 日   全国商会联合会代表吕逵先、安迪生会见段祺瑞,询问《中日共同防敌军事协定》签字情形。段答"协定"已签字,事关军事秘密,无宣布之必要,并称协定规定之条件,于中国权利"无丝毫损失"。

△   徐树铮抵汉口,安抚北军将领曹锟、张怀芝,鼓励再战。曹力请罢去陆军总长段芝贵,否则"决不再打"。徐旋即赴武昌会晤王占元,请其"设法打动仲珊(曹锟),销其馁志",并即日发电两通,将会见经过情形密告段祺瑞。

△   北军吴光新部李炳之旅进攻四川巫山,旋为滇军顾品珍等部击退。

5 月 24 日   北京政府财政部就闽省募集地方公债事复电闽督李厚基:"尊处若能指定用途,悉数拨充军用,自当援案准募。"

5 月 25 日   南军赵恒惕部和北军吴佩孚部双方代表于湖南耒阳县举行停战谈判。

△   山西督军兼省长阎锡山设立水利、蚕桑、种树、禁烟、天足、剪发六政考核处,筹补人民生计,是日冯国璋指令嘉许。

△   冯国璋任命刘佐龙为湖北陆军第四混成旅旅长。

5 月 26 日   孙中山由广州抵大埔三河坝援闽粤军司令部视察,敦促陈炯明早日攻闽。

△   留日学生监督江庸召集归国学生谈话,敦劝留学生及早返东就学。留学生上请愿书,请政府正式宣布《中日共同防敌军事协定》内容,以释群疑,徐图善后办法。

5 月 27 日   曹锟、张怀芝、王占元、李纯、陈光远、赵倜六督军联名电请北京政府对西南取和平解决方针。

△   徐树铮自长沙抵衡阳安抚吴佩孚。徐许以补助军费及授予孚威将军名义稳定吴军,吴答应完全服从调度。

△   安福俱乐部干事部主任王揖唐致电徐树铮称:"由闽来电,昨

忽有人自京来称,两院选举中央不甚赞成",请徐"迅电同志各省杜遏奸谋"。

5月28日　贵州督军刘显世通电吁请首先罢战,俾早得安内御外,共救危亡。

△　北京政府教育部布告:限在京留日学生于 6 月 10 日以前各回原校就学,违者开除学籍。29 日又布告:限在上海及原籍之留日学生于 6 月中旬以前返日就学。

△　吉林省濛江林业局长陶昌善与日本大仓组、王子制纸会社代表、日本驻吉林领事深泽暹签订中日合办华森制材公司合同,借日款 200 万日元,以本公司制售木材收益为担保。

5月29日　北京政府外交总长陆徵祥与日公使林权助在北京互换照会,两国政府承认《中日陆军、海军两项共同防敌军事协定》。

△　日外务大臣后藤新平电林权助公使称:"帝国政府为进一步密切日中两国经济关系",决定:一、给予北京政府吉、黑两省森林金矿借款约 3000 万日元,吉会铁路借款约 2000 万日元;二、由日本借款设立炼钢厂,聘用日人为该厂会办、技师长;三、由日中银行参加成立铁路资本团。

△　两湖宣抚使兼攻湘鄂援军第一路总司令曹锟以"养病"为名,率第一路总司令部全体人员离武汉回天津,并于 6 月 3 日将该司令部设天津河北中州会馆。

△　日本政府派西原龟三携带方案第六次来华交涉,于是日抵北京。

△　直隶滦县人民暴动,攻署释狱。31 日遭镇压失败。

5月30日　北京政府外交总长陆徵祥与日使馆参赞船津晤谈,约定于 5 月 31 日双方同时宣布《中日共同防敌协定》东京换文内容,惟日期仍标为 5 月 30 日。

△　日本外务省发表 3 月 25 日《中日两国共同防敌协定》东京换文,并声明除共同防敌外,未附任何外间所传之条款。

△ 北军第十六混成旅冯玉祥部占领湖南常德北 70 里之鳌山。

△ 援闽粤军前敌总指挥邓铿等部占领福建永定县,旋即先后攻占武平、上杭等县。

△ 日公使林权助照会北京政府外交部,要求赔偿因西南战事所受之损失。

△ 英公使朱尔典为陕西省破坏禁烟条约事,向北京政府提出抗议。

5 月 31 日 冯国璋令财政部拨银三万元,赈济湖南长沙等县水灾。

△ 北京政府陆军部奉准裁撤陆军第十七师,改为湖南陆军步兵第一旅。

△ 徐树铮返回北京,谒段祺瑞报告南行安抚北军将领经过。

△ 两广巡阅使龙济光抵北京,与北京政府筹商军事计划。

△ 奉军许兰洲援陕军开抵河南渑池驻扎。

△ 西原龟三电日大藏大臣胜田,报告同曹汝霖会商情形,提出“为维持(中国)现在政局”,本年内“至少希望达成 7000 万日元的借款”。

是月 袁乃宽等在河南安阳开设同泰源实业股份有限公司,经营棉花、棉纱、油粮、毛皮、实业押款及矿务工厂,资本 50 万元。

△ 裕津制革股份有限公司在天津成立,资本 100 万元。

6 月

6 月 1 日 陆荣廷自广西贵县到南宁,是日通电就任军政府总裁。

△ 湘督张敬尧电北京政府要求“早日息争谋和”,并派衡阳道尹林树藩与南军磋商和议计划。

△ 孙中山抵汕头粤军司令部,指示军略及编制;下午乘日轮“苏州丸”启程,经厦门取道台北赴日本。

　　△　贵州督军刘显世电复全国商会联合会,表示"夙爱和平,但使不相煎太急……无不乐于罢兵",并谓"贵会即[既]提议议和,尚望设法疏通,贯彻始终"。

　　△　广东省长李耀汉电北京政府称,广东自改组新政府以来,"其粤桂派及孙派意见甚深,而非常国会与军队之冲突尤甚,大有誓不两立之势","请即转令闽浙各军速攻粤北粤东,一面再饬赣军入韶,必能立收早日荡平之效"。

　　△　交通银行召开股东会议,选举梁士诒为董事长。

　　6月2日　徐树铮从前方返抵北京,往晤段祺瑞,建议加紧笼络吴佩孚以离间曹吴。段深以为然,旋即与吴直接通电,以示优异。

　　△　留日学生全体代表王兆荣、阮湘等,具呈北京政府教育部申述彼等罢学归国,纯系爱国心之驱使,甚望政府谨慎外交,勿丧国权。同日并具呈北京政府请宣布中日军事协定,以破日本阴谋而安国人之心。

　　△　江西黄淦率众举事,称"赣北护法军",联合鄱阳县兵警占据县城;6日又占都昌县。

　　△　北京政府财政部咨行各省分署,运销美国茶叶一律免厘放行。

　　6月3日　全国各省议会代表在南京开预备会议,发表宣言吁请南北双方罢兵,"其有双方误会之点以及争执条件,不妨明白宣示,听全国人民之公断"。

　　△　冯国璋授吴佩孚为孚威将军。

　　6月4日　徐树铮电宜昌长江上游总司令吴光新称,"弟此次到衡与吴子玉(佩孚)联合,十分得力;曹使(锟)虽称病北旋,而战局毫无变更";并谓"日昨归京,中枢计划仍积极进行,决不至因渠一人而有若何之影响也"。次日,徐树铮电各省督军,亦称"前方战局毫无变更","中枢计划,仍策励进行"。

　　△　援闽浙军向粤军陈炯明部发动总攻,连占饶平等地。

　　6月5日　冯国璋公布《刑事诉讼审限规则》,凡16条。

　　△　徐树铮电汉口湘赣检阅使张怀芝称,"攻粤计划,芝揆(段祺

瑞)催队速进";援粤总司令一席,"芝揆甚盼我兄慨允担任,以便早日定局"。同日又以"日内粤局已变,内讧正烈",电张怀芝,请饬队前进。

△　湘赣检阅使张怀芝以军用浩繁,应核减饷需为由,电呈北京政府改编鲁军,拟以暂编山东第一师改编为两旅,一旅仍名陆军第一混成旅,旅长以潘鸿钧充任;一旅改为山东陆军第一旅,旅长以张克瑶充任。

△　云南旅京人士方敏中等 123 人通电,反对段祺瑞内阁私造非法选举,在西南各省,就旅京人士中指派议员,举办国会选举。

△　吉林督军孟恩远派兵保护中东铁路,并任高秀山为中东铁路司令。

△　梁士诒在北京开办证券交易所。

△　奉天殖边银行因滥发纸币被张作霖查封,并拘押行长岳春煊。

6 月 6 日　徐世昌应交通系梁士诒、朱启钤、周自齐等之请,出面斡旋南北调和,是日由天津到北京。

△　留日学生救国团召集全体会议,议决为抗议中日缔结密约,发表宣言,誓不再渡日本留学。

△　南军占安仁、茶陵,并次第占祁阳、常德、耒阳。9 日,吴佩孚师败退衡山。

6 月 7 日　北京政府参陆处命令:吴佩孚代行攻湘鄂援军第一路总司令职,节制所有第一路军队。

△　张敬尧电请北京政府挽留曹锟、张怀芝,"以维各路军事现状"。

△　徐树铮密电有关各督,禁阻各该省议员赴宁参加各省议会联合会;已赴宁者,设法召回。

△　徐树铮电陕西督军陈树藩,告以此次选举,"某党(按:指国民党)系竞选甚烈",请其"植兰刈艾","严切防闲",勿令国民党人赵世钰、李述膺(均为第一届国会议员)等有一人入选。

△　闽军夺回援闽粤军所占之永定县。

6 月 8 日　北军湘鄂援军第二路总司令、湘赣检阅使张怀芝自江西启程回济南。

　　△　中东铁路总办霍尔瓦特自哈尔滨抵吉林,同督军孟恩远、省长郭宗熙会商中东路公司改组及招兵事,10日结束。11日,郭宗熙电北京政府外交部、交通部报告会议情形。

　　6月9日　北军闽浙联军占领汕头,10月占饶平。

　　6月10日　段祺瑞召见旧国会参议院议长王家襄,询问旧国会在广东活动情形,并威胁旧国会议员不得赴广州开会。

　　△　孙中山偕胡汉民、戴季陶经台湾换乘"信浓丸"赴日,是日抵门司。入夜搭车赴箱根,途中对大阪每日新闻社东亚部顾问泽夫幸村发表谈话,分析"北方武人派"伪共和之实质。

　　△　四川熊克武部攻占广元,刘存厚退入陕西宁羌。

　　△　陕西靖国军占潼关。

　　6月11日　冯国璋指令照准改第一旅为陆军第二十混成旅,任命吴长植为陆军第二十混成旅旅长。

　　△　皖督倪嗣冲抵津,与曹锟、张怀芝、龙济光等会商时局,22日返回蚌埠。

　　△　北京政府财政总长曹汝霖与上海烟土联社签订《收购存烟第二次补充合同》(本合同为1917年1月28日所订合同之补充合同),以政府公债券将该社存烟1577.5箱,悉数收购。

　　6月12日　广州参众两院议员举行正式国会(又称护法国会)开幕式,出席参众议员240名,吴景濂主席。

　　△　热河都统姜桂题以日驻赤峰参谋官菅野竹治等,借口中日协约成立,开始调查我国林(西)、开(鲁)、绥(东)、朝(阳)等地军情,实违反国际法,是日密电北京政府请示应付办法。

　　6月13日　南军退出湖南常德;次日北军冯玉祥第十六混成旅占常德。

　　△　章太炎在四川峨眉受戒,宣言不再与闻世事。

　　△　中瑞(士)《通好条约》在东京签字。

6 月 14 日　徐树铮在天津奉军司令部诱杀炳威将军陆建章。陆为北洋系主和派之幕后活动者,早已被皖系视为危险人物。是日,陆应徐之请赴奉军司令部叙谈,被徐卫士开枪射杀身亡。此为轰动一时之"陆案"。

　　△　徐树铮电北京政府陆军部,报告"陆案"经过,诬指陆"勾煽军队,连结土匪,扰害鲁、皖、陕、豫诸省秩序"及"颠倒播弄,倾覆国家","当令就地枪决","请予追褫该员军职,用昭法典"。

　　△　徐树铮电奉、皖、直、鲁、浙、闽、湘、鄂、晋、陕、沪、豫、绥等省区各督军、都统、护军使等,密告其致陆军部报告"陆案"之寒(14 日)电文,并称:"陆某罪恶昭著,久为同人所切齿。今兹自行送死,亦是恶贯已盈之证。"

　　△　倪嗣冲在天津与曹锟、张怀芝、龙济光等续开会议,倪力劝曹、张再战,会中并对总统问题有所商讨。奉、晋、鄂、苏、陕、沪等代表杨宇霆、卢小嘉等人出席。

6 月 15 日　北京国务会议决定继续"讨伐"西南。

　　△　北军吴佩孚部与湘军赵恒惕部两方代表在耒阳达成停战协议,规定自是日至 8 月 15 日双方于宝庆至茶陵一线停战。

　　△　冯国璋明令褫夺陆建章军职勋位勋章,以昭法典。按:此令系徐树铮自天津打长途电话嘱国务院秘书长方枢拟就命令,请冯盖印发布。

6 月 16 日　北军王正雅部攻占湖北石门,南军林德轩部败走桃源一带。

　　△　英舰为英国教士格拉姆在福建福宁县属海港被杀案,自行在闽浙海面剿捕我国人民。

6 月 17 日　徐树铮电直隶省长曹锐,告以段祺瑞允助曹锟为副总统,"即嘱弟转知各同人分头进行"。

　　△　段祺瑞手谕徐树铮:湘督电催奉军即须前进,当立饬军队前往。

△ 冯国璋令恢复陆军第十六混成旅旅长冯玉祥原官,并销去免职处分。

6月18日 北京政府财政总长兼交通总长曹汝霖,与日本兴业、朝鲜、台湾三银行代表真川孝彦签订1000万日元吉会铁路借款预备合同。按:此项借款系由西原龟三与曹汝霖秘密商订。吉会铁路由吉林经延吉过图们江至朝鲜会宁,与朝鲜铁路相接。此系第四次"西原借款"。

△ 北军冯玉祥部攻占湖南汉寿。

6月19日 督军团再开天津会议,拥护徐世昌为下届总统,并决定继续对西南作战方针。20日会议结束。

△ 四川省议会电北京政府,反对指派旅京川人选举新国会议员。

6月20日 冯国璋特派曹锟为四川、广东、湖南、江西四省经略使;张怀芝为援粤总司令,吴佩孚为援粤副司令。

△ 孙中山由日本箱根抵京都。

△ 四川靖国军向传义部攻占武平,川军张邦本、彭光烈败走茂县。

△ 援赣粤军占领江西虔南县城;23日复为北军夺占。

6月21日 奉天督军张作霖以徐树铮枪决陆建章"实属果敢可嘉",电请北京政府传令嘉奖。

6月22日 冯国璋特派闽督李厚基为闽浙援粤军总司令,童葆暄为副司令。

△ 孙中山自京都赴神户。

6月23日 孙中山由日本神户起程返沪。

△ 留日学生救国团与上海绅、商、学、报各界团体召开联席会议,反对《中日共同防敌军事协定》。

△ 上海南市摊户罢市,要求减收捐税。市政当局被迫减半收取捐税,28日复市。

6月24日 冯国璋令以7月12日为"国军恢复共和"纪念日。

△ 冯国璋指令批准将陆军第五混成旅扩充为第九师,任命魏宗瀚为师长。

△ 甘肃督军张广建电北京政府,报告已奉命特派左军统领吴常桂为甘肃援川总司令。

△ 北京政府教育部训令京师学务局及各省教育厅,推广女子教育。

△ 广东督署逮捕《民主报》主笔陈耿夫,并于 25 日枪杀。

6 月 25 日 孙中山自神户抵上海;同日对汪精卫表示,理想政治,断非其时,决心从事著述启发国民。

△ 唐继尧为反对《中日共同防敌军事协定》,通电主张武力解决南北之争。

△ 北京政府外交部同英、美、日三公使,分别商议解除白俄谢米诺夫军队武装,及俄人请求出兵西伯利亚事。

△ 北京政府教育部训令京师学务局及各省教育厅,推出全国职业教育。

6 月 26 日 北京政府参陆处电令驻湘南、湘东各路北军,自 26 日起向各要隘开始总攻。

△ 驻福建德化县闽军营长朱得才与驻晋江陆军营长陶质彬联合宣布独立,推陶为闽西护法军总司令。

△ 北京政府外交部函陆军部,请迅速增兵外蒙,以益边局。

△ 冯国璋指令批准通辽镇改设县治。

△ 上年 10 月 20 日中日美三国订立合同合办之中国电气股份公司是日在北京开第一次董事会,推举交通次长叶恭绰为董事长兼总裁,美国人麦南为总理。7 月 20 日,冯国璋指令照准。

6 月 27 日 冯国璋指令批准陆军部裁撤山东暂编陆军第一师,改编为陆军第一混成旅及山东陆军第一混成旅,分任张鸿钧、张克瑶为旅长,原师长施从滨交援粤总司令张怀芝酌量任用。

△ 援粤总司令张怀芝由济南赴汉口,7 月 1 日抵达。

△ 孙中山以北军连续派兵援粤援闽,电汕头援闽粤军总司令陈炯明及蒋介石,主张"冒险进攻","以攻为守",以免坐困,藉图生存。

△ 徐树铮电告张作霖,已向中央、交通两行商妥,拨垫现大洋百万元,资助奉天殖边银行。

6月28日 冯国璋特任张树元护理山东督军兼护省长职。

△ 北军第二十师师长范国璋部攻占湖南桃源。

△ 徐树铮为杀陆建章事致电安抚冯玉祥,内称杀陆"非个人有嫌怨","身后之事自当悉力筹维"。按:陆建章与冯玉祥为舅甥之亲。

6月29日 徐树铮将国会议员选举情形电告皖系各省督军,略谓:"各省区参、众选举已揭晓者,其成绩以奉、皖、黑、晋、热、察、中央各部及蒙、藏为全胜,吉、豫十之九,京、绥五分四,苏四分三,直、赣、浙三分二。以上选员得人,为国称庆,吾兄闻之当亦为之快慰也。"

6月30日 徐树铮电诘吴佩孚与南军议和事,略谓:"若以披坚执锐之身,亦习为和平之口,恐不免奸黠窃笑耳。""何忽于此大功垂就,九仞一篑之时,出此疲薾之策?"并谓:"欲谋统一,必先收粤,粤不下,湘不安,战局不了,国是不定,吾兄前此功业尽逐流水,于国于身,宁有当乎?"

△ 陕西省长刘镇华、督军陈树藩派全权代表张宝麟同日本东亚兴业株式会社代理大仓组河野久太郎在西安签订"陕西实业借款合同",款额日金300万元,为陕西办理铜元局及纺纱局之用,以该两局所得红利为担保,利息八厘。

△ 王光祈、曾琦、陈愚生、张梦九、雷眉生、周太玄六人在北京商议发起少年中国学会,公推王光祈为筹备主任兼会计,结合有志青年,相期以学术救国。

是月 龙济光向日本三井物产会社借款500万日元,用于军费,以广东省矿山为担保。

△ 薛宝润等创办之上海厚生纱厂开车生产。

7 月

7 月 1 日 张钫联合樊钟秀部民军起兵陕西雒南,称陕西靖国军南路司令。河南省王天纵与张钫靖国军会合。

△ 冯国璋任命商震为山西陆军第一混成旅旅长,马开崧为第二混成旅旅长。

△ 援粤总司令张怀芝到达汉口,4 日向北京政府上报援粤军编制:奉军五混成旅为本队;赣军、鲁军各一旅,苏军一旅及近畿第六混成旅为右翼;安武军三十营,近畿第三师为左翼;第十一师、第二十师及第十六混成旅为预备队;并请政府任命奉军总司令孙烈臣为本队总指挥,第六混成旅旅长张宗昌为右翼司令,安武军司令马联甲为左翼司令。援粤司令部暂设武昌,俟曹锟南下,即将司令部移南昌。

7 月 2 日 北京政府电令援粤闽军总司令李厚基、副总司令童葆暄速攻汕头、潮州。

△ 徐树铮电告福建督军李厚基,冯国璋现派孙道仁于昨赴闽运动军队,破坏闽局,祈严密防范。

△ 冯国璋批准中瑞(士)通好条约。

△ 驻海参崴总领事邵恒濬电告北京政府外交部称,"顷据西伯利亚临时政府(按:系沙俄旧部在海参崴设立)外交员来称,组织政府……愿中国政府有所表示。并请放运粮食三十车。尤愿非正式派员至北京,有所陈述"。次日,外交部电告邵恒濬,有关援助西伯利亚临时政府事,俟观察各协约国态度再定办法。

7 月 3 日 军政府政务总裁岑春煊由上海抵广州,筹组军政府。

△ 湖南衡阳各界人士召开罢工息战大会,吴佩孚派员参加,表示支持。

△ 徐树铮分电湖南督军张敬尧、安徽督军倪嗣冲,告以在沪国民党首孙毓筠、李征五、孙洪伊等于 6 月 17 日秘密会议,设法鼓动陆建章

旧部附和西南,反对中央,已派人赴湘皖等处从事运动,祈严密防范。

　　△　徐树铮电奉天督军张作霖,告以苏督署连续召集各镇使密议,以陆案为词破坏北洋大局,现已派人赴湘运动,又自沪召暗杀党 60 余人,已于上月 25 日分赴津京奉及湘省,祈密加防范。

　　△　北京农商部会同财政部与中华汇业银行签订吉黑两省金矿、森林借款草合同,商借日金 3000 万元。

　　△　香港英总督集捐赈灾巨款港银 10 万元汇京赈济京畿水灾。是日,冯国璋据督办京畿一带水灾河工善后事宜熊希龄呈请,指令照准赠给纪念银鼎一尊。

　　△　中东路总办霍尔瓦特代表俄公使库达摄夫自哈尔滨通电宣布组织临时政府,并公布内阁名单及施政方针。

　　7 月 4 日　冯国璋公布《修正省议会议员选举法施行细则》。

　　△　冯国璋任命李庆禄为黑龙江陆军第一混成旅旅长,张明九为第二混成旅旅长。

　　△　孙中山致函孙科,表示"对于现在之时局,拟暂不过问"。

　　△　陕西督军陈树藩电北京政府称,石青阳谋窥陕南甚厉,特恳转饬许兰洲司令率军来陕援助。

　　△　苏俄外交人民委员契采林在苏维埃第五次会议宣布,放弃沙俄在华一切特权。

　　7 月 5 日　军政府伍廷芳、岑春煊、林葆怿、陆荣廷及唐继尧五总裁在广州珠海举行政务会议,并联名发出通告,宣布:"由国会非常会议选出之政务总裁七人,组织政务会议,行使其职权。……谨于本月五日宣布中华民国政府依法成立,即开政务会议。"

　　△　冯国璋令川军第三师改编为中央陆军第二十二师,任钟体道为师长。

　　△　李厚基致电北京政府,告以龙溪不守,省城危险,请速予援救。

　　△　北京政府财政总长曹汝霖与日本横滨正金银行代表武内金平签订 1000 万日元善后借款第三次垫款合同。

7 月 6 日　　陆荣廷电梁士诒,答复梁所提和平统一八项条件,表示决不任两广巡阅使,粤督由中央主之,惟龙(济光)则必当去;桂督仍以谭浩明任之;湘省护法军队,请谭浩明酌编为湘之国军;在粤李(烈钧)方(声涛)所领滇军,亦宜预编国军;桂军拟以沈鸿英、林虎、刘志陆各率所部队伍,随之留驻,其他在湘粤之桂军,全行回桂,暂编为国军;国会召集办法,由中央分饬名省酌定,多数取决,荣廷断无阻挠;并嘱"愿以此意并告芝老(段祺瑞)"。

△　吉林省城各团体在省议会开联席会议,讨论取消吉、黑两省林矿抵押借款事,议决各团体一律举代表赴黑、奉两省联络共同进行,并成立各团体联合会办事处。

7 月 7 日　　孙中山在上海会见奉唐继尧命即将赴日之李宗黄,勉其考察日本地方自治,以为中国训政时期的借镜和参考。

△　北京政府驻哈尔滨交涉员李家鳌赴霍尔瓦特处阻止在路线内组织政府,次日并电请外交部速图收回中东路权。

7 月 8 日　　北军第十六混成旅旅长冯玉祥在湖南常德宣布独立。

△　上海银行公会正式成立。加入该会之银行有上海中国、交通、浙江兴业、浙江实业、上海商业储蓄、盐业、中孚等 10 余家,选举宋汉章为会长,陈光甫为副会长。10 月 19 日举行正式开幕礼。

△　日公使林权助促请北京政府依照 1915 年中日条约第六款之规定,开放承德、朝阳、锦州、开鲁及林西五处为商埠。外交部答以政府近来财政支绌,缓日实行。

△　美国借口援救西伯利亚境内捷克斯洛伐克军,向日本政府提议两国共同出兵干涉。17 日,日政府照复同意。按:捷克斯洛伐克军原系战俘所组成,苏俄政府允许他们经西伯利亚和远东开回本国,中途受社会革命党人和英、法等国利用,举行反对苏维埃政权叛乱。英、法等国为干涉十月革命曾于 6 月 7 日正式要求日本出兵。日本亦早就此与英、法、美等国往返秘密磋商。

△　原俄驻华公使库达摄夫晤北京政府外交次长陈箓,商请准许

白俄哥萨克军官武装通过伊犁、塔城等地。新疆督军杨增新致电北京政府外交部坚请拒绝。

7月9日 北京国务院会议，决议先将张家口、归化城、洮南、赤峰、葫芦岛、多伦诺尔六处开放为商埠。

△ 北京政府外交部电复吉林督军孟恩远、省长郭宗熙，坚持反对霍尔瓦特在中国境内组织政府或类似政府之机关。

△ 霍尔瓦特以"临时政府摄政"名义在四站（格罗结阔倭）布告成立全俄临时政府。

7月10日 陆荣廷通电推举岑春煊为军政府总裁主任。电称："荣廷谨依组织法，推举岑公春煊为总裁主任，即请总裁诸公一致主张，即速推戴，俾其即日任事。"

△ 吉林工、商、学各团体联合会在省议会召开全体公民大会，反对吉、黑两省金矿、森林借款。到会数千人，在众愤之下，捣毁吉林交涉署官员住宅。次日该联合会继续开会，提出停捐罢税；派代表赴奉、黑两省联络商讨办法；各界联电北京政府，誓不承认；公举代表进京誓死力争等项要求。

△ 美国务卿蓝辛致函英、日、法三国驻美大使，提出四国组织新银行团共同承担对华借款，嗣后各国即就此磋商。10月8日，美国就英、日、法三国政府所提出问题，发表一项关于新银行团计划正式声明：凡参加团体之四国银行应一律将在华所享之借款优先权让予新成立之银行团，借款范围除行政借款外，亦应包括实业、铁路等借款。各国银行团应得到政府支持。

7月11日 广州正式国会参、众两院假广东省议会召开谈话会，报告参加护法议员名额，众议院240人，参议院102人，并宣布议员递补办法及除名标准。

△ 四（平街）郑（家屯）铁路竣工通车，全长88公里。

7月12日 北京政府内务部致电各省区行政长官，着所有新选参、众两院议员务于8月1日以前齐集北京，定期开会。

7 月 13 日　孙中山致函援闽粤军总司令陈炯明,主张"冒险求胜,规取闽中",指出近时闽中志士纷纷举义,"如兄能直向福州方面进发,则彼等必纷纷来附……我军当能大占胜利"。

△　冯国璋公布《修订法律馆条例》,凡 18 条。15 日,冯国璋特派董康、王宠惠充修法律馆总裁、副总裁。

△　各省省议会代表电北京政府、广州军政府,要求息兵休民,共筹对外。

7 月 14 日　广州各界人士为反对《中日共同防敌军事协定》开拒约救国国民大会,发表宣言,并成立各界联合会。20 日,各界联合会开成立会,宣布该会"以振兴教育,提倡实业,拥护国权为宗旨"。

△　日公使林权助以北京政府所订《矿业条例》及《铁矿公司监督权限章程》不便于外人,要求外交部予以修改,遭拒绝。

△　都护使充驻扎库伦办事大员陈毅电北京政府,告以驻库俄领希望中国收容德、奥俘虏,业经当面拒绝,并闻该领已电驻京俄使,请即严词拒绝。

△　吉林督军孟恩远以柴赫队(即捷克军)13000 人,要求假中东铁道赴满洲里站,霍尔瓦特声称业已与中国政府议妥一事,电北京外交部,请示"柴赫队假道赴满一层,是否准其过境,或严加以阻止"。16 日,外交部复电拒绝捷克军假道。

7 月 15 日　冯国璋特任姚震为大理院院长。

△　都护使充驻扎库伦办事大员陈毅电北京政府,谓居库俄武官不听中蒙抗阻,在库地擅自招兵,如不遵从,非以武力干涉不可,务恳顾念边局,迅饬火速派兵前往。16 日,陈毅再电北京政府,库需兵甚急,请迅饬驻乌得军队火速开拔,限 10 日内到库。19 日,北京政府电令察哈尔都统田中玉改派绥军高在田团两营赴库。

△　新疆督军杨增新饬令塔城文武官员,切实阻止白俄溃兵以塔城为根据地与苏俄红军开衅。

7 月 16 日　孙中山函复广州正式国会,接受军政府政务总裁职,派徐谦为代表赴粤。

　△　军政府政务总裁唐继尧通电推举岑春煊为军政府主席政务总裁。

　△　北京政府外交部复都护使充驻扎库伦办事大员陈毅盐（14日）电，谓："禁阻德、奥俘虏窜入蒙境，所见甚是。如俄使来部要求，自当设法拒绝。"

7月17日　北京政府添设驻罗马教廷特命全权公使，任命驻西班牙公使戴陈霖兼任。28日罗马教皇遣使来华。8月6日，驻京法公使柏卜就此提出抗议。24日，北京政府遂决定在欧战期间暂不派遣；教廷派来公使亦不接待。

　△　徐树铮为防止研究系人物当选新国会议员，是日电湖北武昌参谋长何佩瑢，称"该党（指研究系）野心不死，万不可引狼入室，致坏全局。祈严加注意，勿为所惑为要"。

7月18日　军政府召开改组后第一次政务会议。次日开第二次会议，推举岑春煊为主席总裁，任命章士钊为秘书长，伍朝枢为总务厅长。

　△　北京政府农商部呈准组织龙烟铁矿官商合办公司。是年3月，徐绪直等组织官商合办龙关铁矿公司，经农商部批准，并派陆宗舆为督办。旋又在察哈尔宣化县烟筒山发现铁矿，陆宗舆咨请农商部将该矿合并于龙关公司，而梁士诒等则呈请另行组织烟筒山铁矿公司。农商部将该案提交国务会议，决议准将烟筒山合并于龙关铁矿公司，改组为龙烟铁矿官商合办公司，官商股份各半，由农商总长田文烈呈请冯国璋，是日农商部奉令批准，并派陆宗舆为督办，丁士源为会办。

7月19日　北京政府财政部与日本横滨正金银行签订延期一年偿还善后续借款第一次1000万日元垫款合同。

　△　浙军童葆暄部在闽粤边境攻占广东大埔，陈炯明援闽粤军退守大埔三河坝。

　△　法公使柏卜访北京政府外交次长陈箓，告以法拟派兵一中队

前往海参崴,并询问中国是否派兵。23 日,北京政府外交部通知柏卜,
中国已决定派 1000 至 2000 名士兵赴海参崴。

7 月 20 日　督办京畿一带水灾河工善后事宜熊希龄与美商广益
公司签订"运河七厘金币借款合同",借款美金 600 万元,年息七厘。
按:上年熊希龄与美商广益公司曾签订此条例草约,惟未经国会同意,
迄未实行,经熊氏与广益公司再度协商,故于是日将原合同签字。

△　北京政府交通部与美、日商人合办中国电气股份公司,制造电
话、电报机械材料,供中国之用,是日冯国璋指令交通部照准中国电气
股份公司立案。

△　美代办马瑞慕访晤外交次长陈箓,谓中国欲于此时收回中东
路,废 1896 年所订东清铁路条约,"实属不合时宜"。

7 月 21 日　"少年中国学会"订定规约章程,凡 70 条,规定:"本学
会本科学精神,为社会的活动,以创造少年中国为宗旨。"王光祈、曾琦
等并邀请李大钊入会,列名发起。

△　北京政府教育部密电各省,查禁各校学生组织爱国会或联合
会等名目。

7 月 22 日　冯国璋指令陆军部将湖南陆军步兵第一旅改编为国
军第五混成旅,任命朱泽黄为旅长。

△　徐树铮电告国务院:"奉军即进安仁,迅扑永(州)郴(州),以便
直出宜章,径固韶关。"

7 月 23 日　北京政府任命奉军第二十七师师长孙烈臣为援粤本
队总指挥,安武军马联甲为左翼司令,第六混成旅旅长张宗昌为右翼司
令,悉归吴佩孚指挥,并令吴佩孚速反守为攻。

△　冯国璋指令陆军部,准将湖南步兵第四十二旅改编为湖南第
一混成旅,并任命张敬汤为旅长。

△　冯国璋令财政部拨款二万元赈济山东兖州、济宁、泰安各属村
庄水灾。

7 月 24 日　军政府唐继尧等七总裁联衔通告,历数段祺瑞罪状,

重申护法,并宣布:"果北廷悔祸,宣布遵守约法,恢复国会,自可消除兵气[氛],共维国本。"

△　冯国璋任命高士傧为吉林陆军第四混成旅旅长。

△　困守雷州之龙济光军,在李烈钧所部讨龙军敦促下,是日开城悉数投降。

△　吉林督军孟恩远电北京政府,报告霍尔瓦特近况。29 日,北京政府电复孟恩远,谓:"我国对于霍氏固未便首先派援,万一霍氏退入我国领土以内,届时应饬五站军队加意严防,勿任俄新党侵入,以尽暗中扶助之义。"

△　日本陆军参谋本部训令驻华武官斋藤季治郎,要求北京政府根据《中日共同防敌军事协定》与日本共同出兵西伯利亚。

7 月 25 日　北京政府阁议决定,捷克军于俄乱期间可随时通过中东铁路。次日,北京政府外交部将此决议节略通知英、法、日、美、俄、意、葡、比各国公使。

△　徐树铮于 23 日抵京,次晨谒段祺瑞,是日电张作霖转达段祺瑞面告:"定粤干力,惟恃奉军慎固大局;保内阁后盾,我亦惟雨帅(按:张作霖)是赖。"

7 月 26 日　徐树铮电告驻香港办事员韩宾礼,"陈炯明遣陈觉民代表到港,商议输诚。请就近审察情形,酌与确议示复"。

△　北京政府内务部据山东省图书馆馆长呈送由益都县知事查获四面刻佛古石及汉石等拓片事,咨山东省长请通令各县严禁毁坏盗卖古物。

7 月 27 日　军政府外交总长伍廷芳将英文对外宣言书送达广州各国领事,要求协约各国承认护法军政府。

△　孙中山电广州正式国会,勉励议员"力持正义,努力进行"。

△　冯国璋特派熊希龄兼任督办运河工程事宜。

7 月 28 日　张作霖赴天津会晤曹锟,密商进军计划,促其从速启程,并对于时局问题有所接洽。

△　岑春煊、冷遹等抵广西武鸣与陆荣廷会面，8 月 7 日返回广州。

7 月 29 日　北京政府训令驻哈尔滨交涉员李家鳌，就日领向俄领提出路权、警权、粮业、实业、币权五项要求一事，提出严重抗议。

△　俄谢米诺夫白俄军为红军所败，越境退入满洲里，黑省驻军勒令该部退往海拉尔，并阻红军越境追剿。

△　美国代理外长向驻美公使顾维钧面交致英、法、意出兵节略，并表示美欢迎中国出兵，日本拟派兵接收中东铁路，极盼中国设法自保。

7 月 30 日　奉督张作霖、直督曹锟、黑督鲍贵卿、察哈尔都统田中玉、绥远都统蔡成勋、援粤总司令张怀芝、两广巡阅使龙济光、陆军总长段芝贵、奉军副总司令徐树铮等在天津开督军团会议，讨论选举总统、副总统及对南方用兵问题。共推徐世昌为下届总统，副总统暂不决定，多数主张派兵南下，如何派兵则牵延未决。

△　北京政府陆军总长段芝贵与日本泰平公司代表高木洁签订 2364.3762 万日元第二次购买军械合同。

△　北京政府教育部咨各省长、驻各国公使，限制留学生与外人结婚：官费学生与外人结婚，应即停止官费；身隶学籍来馆请给证结婚者，径予拒斥。

是月　湖北中华铁器股份有限公司在汉阳成立，资本 50 万元。

△　上海英商创办之鸿源纺织厂，售与日华纺绩株式会社，改称日华纺织第一厂。

8　月

8 月 1 日　湖南省南北两军战争又起，双方在祁阳、酃县、宝庆等处接战。

△　苏俄外交人民委员契采林复函孙中山，对“几个月以前以中国

南方议会的名义给劳农政府的贺信"表示感谢,并介绍苏俄处境,呼吁中国兄弟共同斗争。

8月2日　北京政府农商总长田文烈、财政总长曹汝霖与中华汇业银行总理陆宗舆、专理事务柿内常次郎在北京正式签订吉黑两省金矿及森林借款 3000 万日元合同(此系第五次"西原借款")。

△　唐继尧通电反对梁士诒等倡导之"新国会选举总统,旧国会公布宪法,俟总统、宪法俱产出,两个国会同时解散,再依法另行选举,成立国会"之主张。

△　徐树铮密电驻港办事员韩宾礼严行监视梁士诒在港行动。

△　冯国璋指令内务、财政两总长,准予新疆省塔城县属额敉勒河增设县治,并定名为额敏县。

△　日本政府发表出兵西伯利亚宣言。5 日,日使林权助将该宣言送交北京政府。

8月3日　冯国璋令"海容"舰长林建章,着以海军代将节制派赴海参崴陆海军队。

△　美国发表出兵西伯利亚宣言。英军、法军是日与 10 日先后在海参崴登陆。19 日,美军于海参崴登陆。

8月4日　苏、赣、鄂、湘四省督军联名电复天津督军团会议,发表对时局意见,提出:一、对南方政策和战皆无所主张,唯侵入我辖境者讨伐之;二、总统、副总统听国会决定;三、出兵问题,承认中央决定。

△　陈炯明援闽粤军攻占大埔,6 日破永定,8 日占上杭。嗣后,长汀、武平、清流、平和、连城、宁洋、安溪、漳平、永春、大田、德化、仙游均入粤军之手。

8月5日　冯国璋公布《法律适用条例》,凡 27 条,规定有关人、亲族、继承、财产及法律行为方式之中外法律适用条款。

8月6日　北京国务会议议定"讨伐"南方,预定三个月为期,每月支出 1500 万元军费。

△　日外务大臣后藤新平训令日使林权助通知北京政府,日本将

根据《中日军事协定》出兵满洲里。8 日,日使林权助就此事访晤曹汝霖、段祺瑞。

△ 广州正式国会众议院开第一次正式会议。8 日,参议院开第一次正式会议。

△ 西原龟三与曹汝霖在北京密商议定中国铁道资本团协定书及制铁厂借款合同。借款合同规定:由日本兴业、台湾、朝鲜三银行给予北京政府一亿日元借款作为开办资金。此事后因寺内内阁于 9 月 28 日辞职而搁置。

8 月 7 日 北军第三师师长吴佩孚致电苏督李纯,指出中央此次武力平内乱是亡国政策:"国亡于外,固军人之罪;国亡于内乱,亦军人之羞",请会同鄂、赣两督通电南北,"提倡和平"。

△ 西原龟三离京返回日本。

8 月 8 日 陕西各路民军司令胡景翼、曹世英、郭坚、卢占魁、樊钟秀、高峻等推举于右任为陕西靖国军总司令,张钫为副司令,是日就职,设总部于三原。

△ 徐树铮电皖系各督军,告以曹锟、张怀芝、倪嗣冲、张作霖四督议定:"大局非统一不能成国家,故战事非届统一告成决不歇手。"

△ 日公使林权助晤段祺瑞,告以满洲里危险日迫,如遇有出兵必要时,日中两国政府必须出兵满洲里。段表示遇有危险而需派兵时,当然同意。

△ 驻乌里雅苏台佐理吴恩华函告北京政府外交部,乌梁海之克穆齐克及贝子两旗均愿归属中国。

△ 新疆英领事馆添驻卫兵,北京政府提出抗议。驻喀什噶尔英国领事馆向无卫兵,忽由印度派到卫兵一队。新督杨增新电请外交部向驻京英使提出质问。英使答以"新疆周边奥俘甚多,防务吃紧,特派兵保护,俟地方平复,即当撤退"。

8 月 9 日 冯国璋召集政府各部总长及中、交两银行当局举行会议,讨论发行金券问题。财政总长曹汝霖说明发行金券系改革币制,采行金本位的准备,并建议发行金券 2.4 亿元,向朝鲜银行借款 8000 万元作准备金;成立币制局为发行金券之监督机关;另设贸易公司经营发行及国际汇兑业务。段祺瑞表示同意。

△　广州正式国会参、众两院开联席会议,讨论国会在广州成立之宣言书。

△　山东文登县人民反抗缴纳盐税,杀死镇抚队队长,代理督军张树元派兵镇压。

△　日本政府以国内米荒,人民群起斗争(米骚动),于是日及 13 日训令林权助同北京政府交涉紧急向日本输出米谷。北京政府决定以陆军部采购军米名义,由江苏购米运日。

8 月 10 日　冯国璋公布《金券条例》,凡九条;《币制局官制》,凡九条。

8 月 11 日　日军先头部队在海参崴登陆,北京政府派赴海参崴之 2000 名部队,其先头部队由南满铁路赴哈尔滨,本队第一批 450 名,于 18 日由团长宋焕章率领从北京出发。

△　吉林督军孟恩远电告北京政府,日军第七师团以护侨及助捷军为名开赴满洲里,有损中国领土主权,请迅即筹示应付办法。同日,黑龙江督军鲍贵卿电请北京政府对日军派兵赴满预为抵制,并告以即日赴京面请方略。

8 月 12 日　新国会在北京开会,出席参议员 106 人,众议员 358 人。参议员李兆珍任临时主席。冯国璋、段祺瑞莅会并致颂辞。因安福系议员占新国会议席百分之七十,故世称"安福国会"。同日,临时参议院宣告解散。

△　冯国璋致各省督军、省长通电,表明告退之决心。略谓:"今距就职代理之日已逾一年,而求所谓统一和平,乃如梦幻泡影之杳无把握。……力所足以自白于天下者,惟是自知之明,自责之切,速避高位,以待能者而已。今者摄职之期业将届满,国会开幕即在目前,所冀国会议员各本良心上之主张,公举一德望兼备足以复统一而造和平者,以副

约法精神之所在,则国本以固,隐患以消。"

△　日使馆武官斋藤季治郎致函北京政府陆军部称,日即将派兵至满洲里"保护侨民",并进驻中东路。14 日,陆军部以未经"正式见商",复函拒绝。

8 月 13 日　各省省议会护法议员通电斥责安福国会为"非法选举之国会",并通电否认北京政府《金券条例》。

△　北军第三师师长吴佩孚促请北京政府主和,自行决定即日起停战一个月。

△　江西财政厅江西中国银行与台湾银行签订 30 万日元借款合同,作为省行政经费。

△　上海日华纺织公司女工千余人要求改善待遇举行罢工。

△　日本政府发表派兵满洲里宣言,决定调驻满洲守备军开赴满洲里,并称此次移动守备军,当"视为军事协约之行动"。同日,日本为配合出兵满洲里之军事行动,与中东铁路公司订立借用长春至满洲里电台合同。

8 月 15 日　段祺瑞召开国务会议,讨论日本出兵满洲里交涉案,议决和平对待。

△　北京国务会议议决专设新闻检查局,关于出兵及外交重要问题禁止刊载。

△　北京政府财政部与中法实业银行签订 256.25 万法郎中法实业利息垫款合同,作为拨付中法实业借款第九期利息及手续费。

8 月 16 日　英、法、俄、日四国银行团以北京政府公布《金券条例》未与该银行团协议为由,向北京政府财政部提出抗议。并称:"关于此问题,银行团已委任各关系公使与中国政府交涉。"

8 月 17 日　南军进驻宝庆城。

△　驻京各国公使开会讨论出兵满洲里问题,美使主张协约国出兵海参崴范围扩大,与日本共同行动。各公使分别请示本国政府意见。

△　日公使林权助电告日外务大臣后藤新平,北京政府出兵海参

崴及编练"参战军"急需军费,要求日本给予 2000 万日元借款。

8 月 18 日　广州军政府召开政务会议,议决政务会议条例。

8 月 19 日　广州军政府推举岑春煊为主席总裁。

△　广州正式国会召开参众两院联合会议,出席议员 449 人,议决:一、非法政府所公布之伪法律、伪命令,绝对不生效力;二、非法政府所缔结之条约契约及发布之公债,未经议决或同意以前,不得认为有效。

△　孙中山复函海外同志李襄伯等,谓:"救国之心,未尝少懈。返沪以来,力谋挽护,刻从根本着想,非整理党务,先固实力,不足以及时奋起。"

△　驻满洲里中东路临时警备司令部总司令张焕相致电北京政府报告,日军 5000 人由哈尔滨进至黑龙江省,分驻中东路各站。

8 月 20 日　北京新国会众议院开会选举议长,出席议员 278 人,王揖唐当选为议长。次日,众议院开会补选副议长,刘恩格当选。

△　冯国璋任命么培珍为吉林陆军第五混成旅旅长。

△　北京政府致电吉、黑两督军,谓日使馆要求禁载日军在东三省"所有一切行动"消息,当地日领事"倘来接洽,即乞酌核办理"。

△　吉督孟恩远致电北京政府,日军在哈尔滨强索营房,擅设警岗,"在我固力主和平对待,然退让亦当有范围,此事既据两国协同出兵之规定",请速将协定条文,"迅密电示,俾资应付"。

△　北京参陆办公处致电武昌援粤总司令部,令其移驻南昌。

△　中华职业教育社在上海陆家浜成立"中华职业学校",9 月 8日开学。

8 月 21 日　北军第三师长吴佩孚领衔与赵春廷、张宗昌、陈修德、冯玉祥等将领联名通电,恳请冯国璋颁布罢战明令,尤望曹锟经略使与长江三督及各省区军民长官"群出赞助";至选举问题,当此兵戈未息之时,"不但于法理不合,且恐促民国分裂,此尤为我经略使与长江三督帅及各省区军民长官所急应注意者也"。

△　侵驻满洲里日军强令当地驻军将营房全部腾给日军居住。黑督署参谋长、中东路临时警备司令部总司令张焕相电告北京政府,"欲求不开衅端,惟有容忍之一法"。

8 月 22 日　北京新国会参议院选举正、副议长,出席 123 人,梁士诒、朱启钤分别当选。

△　北京政府四川、广东、湖南、江西四省经略使曹锟通电,指责吴佩孚请元首罢兵议和之马(21 日)电,"殊属不明事理","除电令吴师长勿得轻信阴谋,并饬遵照中央计划一致进行外",宣布"拟定于本月 24 日由津赴保,集合所部,即行南下,区区愚衷,惟知始终服从中央之命令,必不谕素日之宗旨"。

△　北京政府农商、财政两部呈请设立中华贸易股份有限公司,以为发行金券机关,是日冯国璋指令照准。

8 月 23 日　谭浩明、谭延闿电吴佩孚,对其罢兵议和主张表示"同深赞服",并谓"顷已转达武鸣(陆荣廷)、西林(岑春煊)一致主张,并通电西南各省以为洛钟之应"。

△　北京政府派赴海参崴参战之先头部队出发,是日上午抵哈尔滨,下午开赴海参崴。次日,第二批赴海参崴官兵 668 人,由哈尔滨转目的地。

△　日公使林权助致函北京政府外交部,谓日本米谷缺乏,米价昂贵,穷民不堪痛苦,遂至暴动四起,要求中国政府将苏省所存米谷酌量供给日本,"以救日本穷乏","苏省一带数十万农民亦可免米谷积存之损失","此举诚于中日两国两有裨益"。

8 月 24 日　北京政府发表《出兵海参崴宣言》,宣称中华民国政府"特派相当军队出兵崴埠,与联合各国取一致之行动……将来目的完成,所有派出军队即应撤退"。

△　冯国璋任命张景惠为暂编奉军第一师师长。

△　段祺瑞以出兵西伯利亚、编练参战军急需军费,要求日本政府尽快借款 2000 万日元。是日,日外务省致电日使林权助,告以借款可

由北京政府向四国银行团提出,依据善后续借款垫款前例,由日本单独承担。

　　△　段祺瑞致电各省军政长官征询对南方意见。鄂督王占元接电后,即电曹锟及奉、黑两督,请速劝段中止内战,并于26日复段电称:"前方将士既无战意,再战无益。"

　　△　吴佩孚电曹锟转请北京政府将湘防"饬令湘督自行派队担任"。27日,段祺瑞复电,令吴"暂维现状,不得轻率离任"。

　　△　侵驻满洲里日军擅自警戒中东路,与当地吉、黑两省驻军发生冲突,双方互有伤亡。经交涉,吉、黑驻军暂退驻海拉尔等处。

　　△　北京政府决定存土制药专卖,由协济公司承包,共存土1577箱,每箱1.6万元,限销苏、浙、赣、鄂四省,令地方军民长官保护。

　　8月25日　安徽督军倪嗣冲通电北京政府及皖系各省督军,主张对西南作战。声称"国基所以不固,人心所以不安,外交所以困难,财源所以枯涩,维西南不靖是故";"诉诸武力,正可促进和平;狃于和平,终必堕其狡计",并表示"我辈宗旨既定,联络进行,一息尚存,此志不懈"。

　　△　湘督张敬尧至电段祺瑞,报告"祁阳方面军队,奉吴令撤退"。

　　△　前浙江都督吕公望、浙军第一支队长陈肇英等通电加入西南护法。29日,军政府任吕公望为援闽浙军总司令,陈肇英为混成旅旅长。

　　8月26日　曹锟再发通电,责斥吴佩孚"马电"破坏北洋团体,表示"鄙人一息尚存,决不忍坐视该师旅长等受人愚哄,陷国家于危亡","锟现在保定赶速部署一切,即日南下,策划进行"。

　　△　吴佩孚复电段祺瑞再进忠言,声明"将在外君令有所不受",并谓:"深望我师改弦易辙,怂恿极峰速颁罢战明令,以息内争,以御外侮,以厚民生,以延国脉,则我师统一之能力,即民国不世之隆基,传诸万祀,永久无敌。"

　　△　北京政府派赴海参崴支队第三批官兵289人,第四批官兵333人,27日第五批官兵256人,均由哈尔滨启程赴崴。

　　△　川边巴塘驻军与藏军在昌都开会议和,议定停战退兵条约四款,规定停战一年,退兵日期自 10 月 17 日起至 10 月 31 日退完止。

8 月 27 日　张作霖、赵倜、孟恩远、鲍贵卿、陈树藩等联名电请速选总统,以抵制长江三督先解决时局,后选总统之主张。

　　△　河南省巩县、偃师、修武、武陟、孟县、浚县、许昌等县水灾。是日,冯国璋令财政部拨款二万元赈灾。同日,又令拨一万元赈福建诏安、云霄等县水灾。

　　△　北京政府陆军部与英商马可尼无线电话有限公司订立军用无线电话 60 万英镑借款合同。

　　△　北京中国银行与日本正金银行签订 200 万日元借款合同,作为维持京钞市价准备金及代垫政府军政各费。

8 月 28 日　晚,段祺瑞于其私邸召集主战派密议对待吴佩孚办法,议决催派奉、皖军队前进,维持湘督张敬尧之地位,并重开天津会议。

　　△　北军第三师师长吴佩孚电段祺瑞,表示"呈请罢战,倡议和平,实出学生本心,既非受人嗾使,亦非被人愚弄,耿耿寸心,天日可表"。

　　△　广东省"广通"巡舰由桂驶至粤省,在肇庆河面突起兵变,舰长谢兆昌被戕,该舰亦被击沉。

8 月 29 日　冯国璋据四川、广东、湖南、江西四省经略使曹锟电请,明令开复第二十师师长范国璋陆军中将,并给还勋位、勋章。

8 月 30 日　孙中山自上海发出《通告海外革命党人书》,主重订党章,整理党务,略谓:"归沪而后,益感救亡之策,必先事吾党之扩张,故亟重订党章,以促党务之发达。"

　　△　冯国璋令:9 月 7 日为秋丁祀孔之期,派内务总长钱能训恭代行礼,即由该部敬谨预备。

　　△　岑春煊电复吴佩孚,赞成促进和平。

　　△　许崇智部援闽粤军攻克龙岩。

　　△　日、英、法、俄四国公使以实业借款(宣统三年同银行团签订)

及善后借款合同订明改良币制,银行团有优先实行之权为由,向北京政府外交部质问《金券条例》。

8月31日 段祺瑞致电各省军政长官,表示政府改组后决定"引退","所有前敌各军队,希即转饬修明战备,严杜煽惑"。

△ 曹锟通电段祺瑞及各省督军,表示对吴佩孚"宥(26日)电"已去电切责,并嘱吴"具电婉言谢过,慎勿再逞意气"。同日,吴佩孚复电曹锟,仍主和平,并谓:"一俟和局告成,诸事就绪,再北上自请抗言罪。"

△ 军政府政务会议通电反对北京新国会选举大总统,表示无论"所选为谁,决不承认"。次日,广州正式国会亦通电否认北京选举总统。

△ 援闽粤军击破北军闽军主力二混成旅,攻占漳州。陈炯明将总司令部移驻漳州镇守署。

是月 章锡琛等在上海创办开明书店。

△ 张敬尧开办裕湘银行,资本自称1000万元。

9 月

9月1日 北京新国会参众两院议长梁士诒、王揖唐访徐世昌,敦请出任大总统。

△ 北京政府督办参战事务处电告察、绥都统及吉、奉、黑督军对于《中日共同防敌军事协定》应遵守事项,谓:"我军接待各国军队,和平为要,敬礼诚恳为尤要。"

△ 许崇智升任援闽粤军第二军军长兼前敌总指挥。

△ 鲁督张怀芝与中日实业公司签订350万日元"山东实业借款合同",以山东省内货物税、牲畜税、屠宰捐、牙税等为担保,并以嗣后山东省兴办实业时须先与该公司协商为条件。借款除扣还1917年7月23日旧债日金150万元外,全部移作军政费用。

△ 奉督张作霖电请鄂督王占元致电中央特赦张勋,遣充边防,立

功自赎。

　　△ 汤化龙在加拿大维多利亚遇刺身死。

　　△ 京绥铁路大同支线竣工,是日正式通车。

　　9 月 2 日 驻日公使章宗祥访晤西原龟三,表示北京政府同意以山东济顺、高徐二铁路由日本垫款修筑及胶济铁路由中日合办为条件,要求日本再借款 4000 万日元。

　　△ 河南省第二届省议会开成立会,选举康世华为议长,孙正宇、王树玉为副议长。

　　9 月 3 日 安福俱乐部在北京太平湖分部举行"总统预选会",出席 384 人,一致举徐世昌为大总统。

　　△ 北京新国会宪法研究会(研究系)议员开会,决议推定徐世昌为大总统候补者,本会会员一致投票。

　　△ 曹锟通电挽留段祺瑞,并表示"锟风雨同舟……共支危局"。

　　△ 美驻日公使照会日本政府,提议将西伯利亚铁路及中东铁路交由美驻俄顾问斯梯文司所主持之西伯利亚铁路委员会受理,以利铁路运输。6 日,美代办马瑞慕亦向北京政府提出同样要求。

　　△ 驻福州各国领事团开会研讨闽粤战况,决定由日本派军舰前来"保护侨民"。12 日,日本派驱逐舰一艘开进福州港。

　　9 月 4 日 北京新国会参众两院开总统选举会,到参议员 133 人、众议员 304 人,选出徐世昌为中华民国大总统。

　　△ 广州正式国会第二次发表宣言,否认北京新国会有选举大总统之权,略谓:"北京非法国会,尚欲滥窃大权选举总统……无论选举何人,对内对外绝对不生效力。"

　　△ 湘督张敬尧急电北京政府,报告湘南、湘东皆甚危急,如不确定援湘办法,则不能再负维持地方之责。同日,闽督李厚基亦急电报告漳州、福州、厦门均告危急。

　　9 月 5 日 北京新国会参众两院召开选举会,选举副总统,到会参议员 34 人,众议员 64 人,以不足法定人数宣告延会。

　　△　徐世昌分函参众两院及总统府、国务院并分电各省,佯称不愿出任总统,11 日再次致电各省,故作姿态;12 日发表政见,宣布定期就职。

　　△　曹锟电贺徐世昌当选大总统。次日,曹又复徐世昌"歌(5 日)电",敦请就职。

　　△　孙中山派邵元冲赴漳州慰劳援闽粤军。

　　△　山西省第二届省议会开成立会,举崔廷献为议长,刘懋赏、严慎修为副议长。

　　△　湖南省浏阳县团练与北军驻军发生冲突,占据县城。平江县团练起而响应,向浏阳进发,攻占江西省铜鼓县。

　　△　上海永安公司开张营业。

　　9 月 6 日　北京政府陆军代表徐树铮与日本政府陆军代表斋藤季治郎在北京签订《中日陆军共同防敌军事协定实施上必要之详细协定》,凡七条。规定:"中日两国各派遣其军之一部对于后贝加尔州及黑龙州各取军事行动,其任务在救援捷克斯洛伐克军,并排除德、奥两国及为之援助之势力",并规定该方面之中国军队"应入日本军司令指挥之下"。

　　△　冯国璋发出通电两通,劝告南北一致拥护徐世昌为第二任大总统。一致各督军、省长、各师旅长,"所望各文武长官,一致推崇,同词敦劝"。一致南方岑春煊、熊克武等,请诸公以国家为前提,法律问题姑待后来解决,"赞成徐公为第二任大总统"。

　　△　段祺瑞通电各省督军、省长,请徐世昌"俯从民意,如期就职,早奠国基,以慰喁望"。

　　△　北京新国会研究系议员黄群、王玉树、蓝公武等 24 人联名提出《质问政府书》,要求公开宣布:一、一年来之借款数目、用途及条件;二、中日共同新约之内容;三、对南方之方针。

　　△　龙济光招募之振武新军七八百人,由小站开抵塘沽,不肯登轮南下。

　　△　俄公使库达摄夫致北京政府外交部节略,声称恰克图以西,"俄过激派业已尽绝",中国无派兵入蒙之必要。

9 月 7 日　冯国璋特派张作霖为东三肯巡阅使。

　　△　北京参议院议长梁士诒复函徐世昌,请"大总统毋泥虚文,毋守高蹈,俯允就职,以慰国人"。

　　△　福建督军李厚基致电北京政府,报告泉州等处危急。陆军办事处开会商定:电令松沪护军使急速派兵驰援,饬龙济光率在津振武新军开拔援闽,并电令李厚基坚守待援。

　　△　湖南督军张敬尧电北京政府,报告南军大部集中茶陵,意在攻取醴陵,已责成鲁军严防,并令张克瑶旅由朱亭移驻醴陵。

9 月 8 日　北京国务院将闽、陕、甘、赣四省电请截留全数税款以充军费及行政费用事,批交财政部核议。是日,财政部议决准予各省挪用税款,但不得逾全额之五成。

9 月 9 日　英公使与朱尔典访晤北京政府外交总长陆徵祥,表示希望南北实现和平,以免危及中国国际地位,并谓伍廷芳"曾向本国驻粤领事声明数次,托其向本公使转探中央政府口意"。

　　△　军政府政务会议决定:特任任可澄为内政部长,陈肇英为援闽浙军前敌司令。

　　△　闽军臧致平旅攻占同安。

9 月 10 日　湘省北军第三师吴佩孚部议和代表刘杰、包映芝与南军之湘军议和代表文鹿凤、刘钟衡联合通电:"诸凡法律政治问题,皆当付造法机关,听其裁定。"

　　△　唐继尧通电声明:西南各省既不承认非法之北京政府,其所订一切借款合同及条约等均归无效。

　　△　徐树铮致电张作霖,请辞奉军副司令,并荐孙烈臣自代。

　　△　北京国务院开会决定:中东铁路仍由中国自行管理,不可委诸他国。

　　△　北京政府内务部咨教育部称,关于儿童吸食纸烟一事,除令京

师警察厅设法取缔外,请通令中小以下各级学校设法禁劝,提撕警觉。13 日又咨请各省省长设法晓谕,严加取缔。18 日,教育部分别训令各省教育厅及各高等师范学校转饬中小以下各校遵照严切奉行。

△　吉林省议会开成立会,14 日选举于源浦为议长,刘哲、刘会同为副议长。

9 月 11 日　徐世昌通电接受国会选举结果,允就总统之职。

9 月 12 日　军政府政务总裁岑春煊、伍廷芳等致电冯国璋,声明徐世昌为非法国会所选总统,绝不承认。

△　北京政府决定由三路进兵援闽,一、江西抽调军队开赴上杭;二、浙江增派军队驰往厦门;三、海军派舰队驰入厦门。

△　李厚基从厦门逃回福州,电北京政府请辞援粤总司令职。

△　冯国璋令给银一万元为前内务总长汤化龙治丧,并查缉主谋凶犯。

△　湖南省华容、常德、宁乡、安乡、临湘、南县、沅江、湘阴、汉寿、益阳等县均发生水灾。是日冯国璋令财政部拨款二万元赈济。

△　张作霖任命孙烈臣为奉军副司令。

9 月 13 日　吴佩孚复徐世昌"歌电",力陈徐不可就任大总统,指出总统选举必须出于真正民意,卑劣不全之新国会,不能为全国民意代表,若"勉为就职,则民国分裂,乃由公始",并谓"若我公趁此未就职之前,毅然为和平表示,出任调人首领,并敦劝冯代总统颁布罢战明令,先解决时局,以谋统一,德莫厚焉,功莫大焉。对于国会议员,通国另行改选,以期完美,届时国会有良好议员,重选总统,自然舍公莫属"。

△　徐世昌电皖、浙、闽、湘、鄂督军倪嗣冲、杨善德、李厚基、张敬尧、王占元,告以国务院已派马芹甫在上海设立中孚通讯社,已与中西各报洽妥,凡敌党诋毁中央及我军之稿,一律不登。同日又电李厚基,告以岑春煊 9 日密派姚致和、魏子浩赴厦,策动第一舰队倒戈,请其设法查扣。

△　北京政府外交部向日使芳泽声明:日俄两国如有售让中东铁

路之协定,中国断不承认。18 日,芳泽反责北京外交部向报界泄露俄国向日本售让老头沟至长春间路权。

9 月 14 日　曹锟通电痛责国内阋墙之斗和武人权利之争,指出:"今日阋墙之祸,殆如狭路之逢,一言以蔽之,曰权利竞争而已。……内哄方殷,外侮将至,循此以往,立召危亡,覆巢之下,焉有完卵。……切望当世明达,急起而共挽之。"同日又电徐世昌及国务院、参众两院,谓:"地方之于中央,腹心所托,干城所寄。既担拥护之诚,为大局策万全,非为一方徇私意;为亿兆谋幸福,非为一人谋禄位",其矛头指向段内阁。

△　广州正式国会参议院副议长王正廷以个人名义赴美,陈友仁同行。

△　北京政府派骑兵第四团团长高在田领兵四起开赴外蒙古库伦,是日第一起骑兵抵库,15 日及 18 日第二、三起骑兵分别抵达。24 日,第四起骑兵亦抵库。

9 月 15 日　段祺瑞连夜召集要人在府学胡同私宅开紧急会议,讨论曹锟"寒(14 日)电"。靳云鹏同徐树铮展开激烈争论,认为"非速退无以自全"。结果,段祺瑞决定下野,随即与徐世昌商量继任内阁人选问题。

△　逊清废帝溥仪与遗臣为维护清室利益,敦劝徐世昌勿辞总统。是日逊清醇亲王载沣访徐面促。次日,逊清军机大臣世续代为面奏溥仪请旨,声称"皇上准其就总统,并令速就任"。

9 月 16 日　北京新国会参众两院议长梁士诒、王揖唐向徐世昌呈送总统当选证书。梁、王致颂辞,徐致答辞。

△　军政府总裁岑春煊、伍廷芳电劝徐世昌勿就总统职,指出"如有谓公若将就职……护法各省如不服从,仍可以武力压迫者,此等莠言,皆欲踞公于炉火之上,而陷民国于万劫不复耳。愿公坚塞两耳勿听"。

△　粤汉铁路武(昌)长(沙)段工竣通车。该段铁路由英国投资承

建,总工程师为英人福克司,华工程师詹天佑。

9月17日 冯国璋特派萨镇冰督办福建全省清乡事宜,派黄培松会办福建全省清乡事宜。

△ 川滇黔护法军各将领在重庆集会,由川滇黔护法联军总司令唐继尧为主席,黄复生、王文华、熊克武、顾品珍、赵又新、黎天才、石青阳、颜德基等出席。议决以川军援陕。

△ 两广巡阅使龙济光在山东招募土匪2000余人编成振武新军,仍以匪首顾德麟为营长。是日,该军在禹城县一带哗变,鲁省派兵往剿,捕顾德麟正法。

9月18日 冯国璋令梁朝栋、郑殿升、蔡平本、王良臣、刘香九分任暂编奉军第一、二、三、四、五混成旅旅长。

△ 护法川军总司令熊克武致函广州正式国会众议院议长吴景濂,论攻守和战事宜。略谓:"为今之计,根据西南,秣马厉兵,进扫河朔,以求贯彻底之澄清,上也。划地设防,成对抗之局,徐待其敝,次也。双方迁就,出于和议,以求条件之优胜,又其次也。若乃因循坐误,汲汲求成,降心由我,操纵在人,斯则徒见欺而已矣!……要之,此后攻守和战之宜,除关于局部者外,一以取决于国会。"

9月19日 孙中山致函军政府,委派徐谦为全权代表参加政务会议。27日,政务会议复电同意,并任徐为司法部长。

△ 谭延闿由湖南郴县赴永州,与湘粤桂联军总司令谭浩明商谈解决时局问题。

9月20日 吴佩孚通电响应曹锟"寒电",要求早息内争,促成和局,并提出请曹锟主持一切,请长江各督仍任调人,公推徐世昌为调人领袖。

△ 军政府任莫荣新为广东省督军兼陆军总长。翟汪代理省长,原任省长李耀汉免职。

△ 北京政府教育部制订《征集儿童玩具办法》,凡八条;并训令各省教育厅饬知各属克期收集儿童玩具,分别评定,以图幼儿教育之进步。

　　△　陕西靖国军第四路司令胡景翼在三原遭诱执,被解往西安陈树藩督军署。

　　△　日政府照会北京政府:日军根据《中日陆军共同防敌协定》将在北满采取必要行动,旋即增兵北满。截至 10 月初,侵驻东三省北部之日军,已达六万人。

　　9 月 21 日　冯国璋派喻毓西为驻沿海州中国军参谋长。

　　△　军政府外交部照会驻广东各国领事,以北京新国会选举大总统为非法,业由军政府开政务会议议决,绝对不予承认。请其知照驻华各本国使馆。

　　△　黑龙江督军鲍贵卿改组中东路临时警备司令部为东省铁路司令部,委车庆云为司令,驻满洲里;同时于督军署设立国防筹办处,委张焕相兼充处长,将从前设立之防务委员会归并该处,以一事权。

　　△　北京政府教育部再次密电各省查禁各校学生组织爱国会或联合会等名目。

　　△　都护使充驻扎库伦办事大员陈毅请在库伦设立军事处。是日,北京国务院会议通过。

　　△　吉林实业厅与日本商人饭田延太郎签订合办吉林省延吉县老头沟煤矿合同。

　　9 月 22 日　徐树铮电杭州北军陈乐山旅长,坚持主战。略称:"今日之局,和为必不可能,明眼人皆知之,而不许人言和,又为情理所不宜。惟我辈主战之人,只好姑从默尔,切整军实,专蓄战力,预作扶危定倾之备。我辈一开口言和,则将来气难再振,必陷逆党之计,他日即及转柁,亦不免反复之迹,非我辈所应出。"

　　9 月 23 日　冯国璋授王怀庆为庆威将军。

　　△　江苏督军李纯闻奉军两旅会同皖军经陇海路转津浦路南下,即遣兵分驻各要塞,并拆毁花旗营附近铁路,严加戒备。次日,李电询北京政府:"奉军开两列车于今晚抵浦……何故而来,请速明示。"

　　9 月 24 日　广州正式国会以袁世凯称帝 80 日,不应加入总统任期内,议决自 10 月 10 日起延长总统任期 80 日,仍以副总统冯国璋代行总统职权。

△　冯国璋令:"九月二十八日举行关岳秋戊祀典,派内务总长钱能训恭代行礼,由内务部敬谨预备。"

△　奉天省城及辽阳、海城等处均发生水灾,是日冯国璋令财政部拨款一万元赈济。

△　北京政府京师警察厅厅长吴炳湘以《亚陆日报》、《经世报》、《中华新报》、《国民公报》、《晨钟报》、《大中华日报》、《北京民强报》、《大中日报》等报纸转载 21 日北京新闻社所发通讯稿《呜呼三大借款》一文,是"故意造谣,泄露秘密",将各家报纸查封,并传讯报纸编辑人。

9 月 25 日　中日两国政府关于处理山东省各问题,由驻日公使章宗祥与日外务大臣后藤新平在东京正式换文。中国对日本所提七项条件,表示"欣然同意"。规定胶济铁路沿线之日本军队,除济南一部外,全部调集青岛;胶济铁路之巡警队由中国担任,但队本部及巡警养成所应聘日人;胶济铁路所属确定后归中日两国合办经营。

△　滇黔川三省军事首长在重庆举行秘密会议,唐继尧及各军总司令均出席,议决战斗到底,对鄂取守势,对陕取攻势。

△　军政府政务总裁唐继尧派赵藩为全权代表出席政务会议,是日赵抵广州,旋被任为兼交通部长。

△　广东军警同袍社开成立会,选出李福林为社长,议决:军政府在法律上无任免省长之权。

△　徐树铮电山西督军阎锡山,告以"陕乱未平,川逆又复进攻,该省兵力自难兼顾,中央拨队又恐缓不济急",请酌派一旅兵力援陕。

△　北京政府农商部咨各省省长,请令各道尹填报劳动工资调查表。该表分为农业、制造用品、制造饮食品、建筑业、制造器具业及各项杂业(包括造纸、榨油、油漆匠、雕刻、印刷、制革、制席等)等项。

9 月 26 日　湘省南北军将领谭浩明、谭延闿、程潜、赵恒惕、吴佩孚、张宗昌、冯玉祥等 33 人联名,由吴佩孚主稿,电请冯国璋速颁罢战令。略谓："我双方前敌将领目睹地方之糜烂,生民之涂炭,决不忍再用武力相争,促国命而利强邻。为此恳请冯代总统不受非法之动摇,毅力主持和平,速颁罢战命令;东海先生不为非法所利用,出任调人首领;曹经略使及长江李、王、陈三督帅,岑、陆两总裁,仍本初衷,同担负调人责任,以期迅速解决时局,同谋对外,全国幸甚。"

△ 冯国璋以湖南辰沅道尹张学济纵兵劫掠,自称省长,发行军用钞票,明令将其褫职,严缉究办。

△ 军政府政务会议议决:由参谋、陆军、海军三部会同核议统一军政办法。

△ 广州正式国会议员叶夏岚为军政府任免广东督军、省长事,联合民友社议员 50 余名向军政府提出抗议,指出军政府无权任免督军、省长及镇守使。广东省议会亦主张省长民选。

△ 长沙笔业工人要求业主改发现金工资,业主不允,遂举行联合罢工。10 月 1 日,业主勾结警厅进行镇压,迫令复工,并搜捕罢工首领。

9 月 27 日　北京政府财政部分别照复日、英、法、俄四使,《金券条例》纯系内政问题,与善后借款及实业借款无关,亦不关系外交,对 8 月 30 日所提质问"碍难承认"。

△ 冯国璋令准免奉天督军公署参谋长杨宇霆本职,由秦华继任。

9 月 28 日　驻日公使章宗祥与日本朝鲜银行总裁美浓部俊吉签订 2000 万日元参战借款合同,以"将来整理新税之收入作为偿还财源"。合同附件规定:是项借款交由"中国国防军队直接主管机关"使用(此系第八次"西原借款")。段祺瑞即以此项借款编练"参战军"三个师又四个混成旅。

△ 驻日公使章宗祥与日本兴业银行副总裁小野英二郎签订日金 2000 万元满蒙四铁路借款预备合同,即:一、开原—海龙—吉林间;二、长春—洮南间;三、洮南—热河间;四、洮南、热河间之一地点—某海港间(此系第六次"西原借款")。同日,章宗祥与小野英二郎又签订日

金 2000 万元济顺（济南—顺德）、高徐（高密—徐州）二铁路借款预备合同（此系第七次"西原借款"）。

　　△　唐继尧在重庆行营就任军政府政务总裁职。

　　△　北京新国会参议院议员陈焕章（孔教会主任干事）请定阴历八月二十七日（阳历 10 月 1 日）为孔丘"圣诞日"，经三读会通过后，于是日冯国璋明令公布。

　　△　京师地方审判厅判决"宋案"要犯洪述祖无期徒刑。

　　9 月 29 日　日本寺内内阁辞职，原敬内阁成立。寺内内阁期间，日本对华借款总计 3.8645 亿日元。其中：对北京政府借款 2.7986 亿日元；对各地方政府借款 1857 万日元；对私人企业等借款 8800 万日元。内由西原龟三经手者共八项，计 1.45 亿日元，即所谓"西原借款"。

　　9 月 30 日　曹锟通电答复吴佩孚主稿之"寝（26 日）电"，称："当此递嬗之处［际］，惟有实力维持秩序，绥靖地方，至国家前途，必赖中央有所主持，庶几政局重新，乱源可弭，倘为莠言所惑，日事纷呶，无补时艰。"

10　月

　　10 月 1 日　安徽督军倪嗣冲通电反对吴（佩孚）谭（浩明）"寝（26 日）电"，声称本届国会选举大总统"无可非议……现在就职期近，应请积极筹备，俾固邦基，万不可因谭浩明一电致碍进行"。

　　△　长沙纸业工人派代表参加该行业主大会，要求增加工资；酒业工人在杜康庙集议，要求增加工资；漆业工人集会要求改发现金，增加工资。各业主勾结警察厅进行镇压。

　　10 月 2 日　段祺瑞咨复北京新国会众议院议员籍忠寅、黄群、蓝公武关于财政、外交及国内用兵之质问书。内称，一年来政府举借外债五项；中日《共同防敌军事协定》关系军事秘密，两国均不公布；武力统一政策"殊无错误"。

△　奉天督军张作霖通电反对谭浩明、吴佩孚"寝"电,声称政府主战政策,召集新国会选举总统,均奉大总统命令而行,岂得指为非法。

10 月 3 日　湖南省南北军将领谭浩明、谭延闿、程潜、吴佩孚、张宗昌、冯玉祥等 33 人联名电劝徐世昌"勿轻于就总统职,尤望先作调人,俾大局易于解决"。次日又将此电通告各省督军及南北两政府各总裁、总长周知,并谓:"总统大权旁落已久,恐东海(徐世昌)登台后为傀儡",为爱戴东海,故发此电。

△　驻湖南南北两军将领谭浩明、谭延闿、程潜、吴佩孚、张宗昌、冯玉祥等 33 人联名通电全国,斥段祺瑞关于和战及选举总统之谬论,要求国人同心一致,早息内争,协谋对外。

△　安福俱乐部开茶话会,讨论副总统选举问题。众议长王揖唐宣读段祺瑞向国会推荐曹锟之荐函,内云曹锟"若能当选为副总统,必能翊赞元首,尊重法律,裨益国家"。王并称"芝老(段祺瑞)功成不居,推贤选能……我们应该顺从他的意旨"。会上决定于 10 月 9 日选举副总统。

△　北京政府国务会议议决,关于中日共同防敌事宜由参战督办处主办,即以该处为最高统帅机关。19 日,北京外交部将此决定函告日使馆。

△　孙中山致函阮伦,告以返沪以来,专理党务,对于时政暂处静默,以避纷扰,故于军政府总裁就职问题,久未表示主张。并告知援闽粤军进展情形,指出"西南大势,在吾党掌握中,彼(按:指军政府)空言护法,以图割据之武人,亦弗敢任性妄为,莫不唯命是听。吾党进取之时机已在目前。惟恳诸同志群策群力,从事于党务之扩张,慷慨储金,以为奋斗之预备"。

△　军政府政务会议议决,任命陈炯明为福建省宣抚使兼援闽军总司令。

△　顺直省第二届省议会开会,出席议员 151 人,选举边守靖为议长,王秉寿为副议长。

10 月 4 日 孙中山派张继为中国国民党北方执行部部长。

△ 谭浩明、吴佩孚等南北军人通电各省，力陈徐世昌不宜就任大总统职。

△ 四川省议会以川省议会任期已满，惟大局未定，改选需时，电广州正式国会请示解决办法。

10 月 5 日 北京新国会参众两院开选举副总统预备会，参议员 205 名、众议员 184 名出席，决定 10 月 9 日为正式选举日期。

△ 奉天督军张作霖电北京国务院，声称：大局之统一必俟武力，今西南有内讧，正可乘之时机，徐东海就任后，宜即公布讨伐令。

△ 黑龙江督军兼省长鲍贵卿与日本关东都督中村雄次郎签订日军借用昂（昂昂溪）、黑（黑河）电杆架设军用电信、电话 10 条，规定共同防敌行动终止，即时将该两线撤收。

10 月 6 日 安福俱乐部举行干事会议，段祺瑞命徐树铮出席，说明推荐曹锟为副总统理由，未为安福系议员接受。经王揖唐斡旋，决定由政府付还曹锟军费 150 万元，移作副总统运动费，规定每张选票 2000 元，当晚签发支票。

△ 北京政府参陆办公处开会，决议令湖南、湖北、江西、福建、陕西五省"前敌各军须维持现状，勿稍动摇"。

△ 北京政府发表宣言，宣布"承认在西伯利亚作战之捷克军队，为对德、奥正式从事战斗之联盟交战团，并与各联盟国军队为同等之待遇"。

10 月 7 日 军政府总裁岑春煊、伍廷芳、唐继尧、陆荣廷、林葆怿、孙中山及莫荣新、刘显世、熊克武联名电参众两院，响应吴佩孚、谭浩明"寝"（26 日）"江"（3 日）两电，主张以求和平之根本解决为救国惟一之方针，"惟必须废斥首祸之人，实行罢兵之举，而尤以菊人（徐世昌）先生不就非法选举之职为要义"。

△ 冯国璋通电，陈述代理总统一年来南北军政情况及当前时局，"通告国人，以期最后和平之解决"。

△ 驻闽海军第二舰队"肇和"、"应瑞"、"通济"等军舰参加护法军。"肇和"军舰舰长林永谟由厦门率舰驶抵广州黄埔。当地军民开会欢迎。林永谟等发表"护法"通电。

△ 龙济光新编振武新军在安徽宿州哗变。该军多系土匪,经皖省军队剿击,始各溃散。

△ 大连沙河口铁道工厂 2000 余人要求增加工资,举行罢工,因罢工领袖被捕而失败。

△ 福建省政府与各国驻福州领事团以及中外各商帮代表,为疏浚闽江由罗星塔至南台之航线,曾于 9 月 17 日、24 日在福州开会,拟定疏浚闽江组织法及章程。是日,福建水利局、福州总商会、福州商船总工会联席会议,对该组织及章程表示同意。

10 月 8 日 广州正式国会参众两院开第四次联席会议,讨论缓举总统及摄行总统职权问题,议决第三次宣言,自 10 月 10 日起,委托军政府代行国务院职权,摄行大总统职权。

△ 江苏督军李纯、湖北督军王占元、江西督军陈光远联衔致电北京政府,强烈反对推举曹锟为副总统。内称:"若必欲强行推举曹氏,则长江督军当连袂而不承认副座。事若至此,则大势所趋,至不得已之时,竟逼于独立而否认徐氏之总统,亦在所不惜。"

△ 北京新国会研究系议员开会,讨论选举副总统问题,决定选冯国璋为副总统,反对选曹锟,并准备以不出席抵制段系选曹。

△ 北京国务会议议决,嗣后对于中日军事行动归督办参战处主办。

△ 上海中外各界团体于上海青年会召开联合大会,要求北京政府取消购买烟土,并禁止种植罂粟及私运鸦片吗啡等。

10 月 9 日 军政府政务会议议决承受参众两院第四次联合会议决议,自 10 月 10 日起,代行国务院职权及摄行大总统职务。

△ 北京国务院总理段祺瑞向徐世昌递交辞呈,并于同日发表退职通电,表示以后专任参战督办,对于国内战争无权过问。

　　△　北京新国会再次选举副总统。研究系、旧交通系议员多不出席，因不足法定人数散会，议定 16 日再行选举。

　　△　冯国璋特任财政总长曹汝霖兼币制局督办，陆宗舆为币制局总裁。

　　△　北京政府交通次长叶恭绰，以西原借款系政治借款，妨碍交通事业发展，且亦可能招致内乱，提出辞呈，是日，冯国璋准叶氏辞职，遗缺以曾毓隽继任。

　　△　北京政府交通部与英商马可尼无线电报公司签订 20 万英镑无线电垫款合同。

　　△　湖南省《公言报》为湘督张敬尧查封，该报发行人及一工人被捕。《正义报》馆前亦以刊载《常德不稳》消息被饬令查封，该报馆经理被判处徒刑。

　　10 月 10 日　徐世昌在北京中南海怀仁堂就任中华民国大总统。冯国璋代总统、国会两院议长、议员、国务员及文武各官出席。上午 9 时，冯国璋向徐世昌行交代礼。10 时，徐宣誓就职，宣读《大总统莅任宣言书》，表示"愿以诚心谋统一之进行，以毅力达和平之主旨。果使阋墙知悟，休养可期，民国前途，庶几有豸"。10 时半，各国公使入怀仁堂致贺，英使朱尔典代表外交使团致贺词。11 时，清室代表入贺。

　　△　军政府通电指出徐世昌就任大总统，破坏国宪，盼及早觉悟，勿摇国本而自陷于危，并宣布："本军政府代行国务院职权，依法摄大总统职务。"

　　△　徐世昌令准开去国务总理段祺瑞职缺，着内务总长钱能训兼代。

　　△　徐世昌令财政部拨银 10 万元赈济广东水灾。

　　△　川边特别区驻军与西藏地方当局于绒坝岔订立停战条约，规定自 10 月 17 日至 31 日双方退兵，汉军退出甘孜，藏兵退出德格，停战一年，听候大总统与达赖喇嘛和平解决。

　　△　北京政府交通部顾问权量与日本青岛守备军民政部通信部长

古贺传吉签订《胶州湾租借地及胶济铁路间邮电事宜施行办法》，凡五章 37 条另附件七款，于 11 月 1 日实行。

　　△　日代理公使芳泽致电外务大臣内田康哉，以西原龟三经手所商订各项对华借款，有侵及他国在华"既得权利乃至特殊利益"之处，遭各国反对甚烈，物议颇多，要求从速决定西原借款善后处理方针。23 日、24 日，芳泽又为此电催政府速作决定。

　　△　全国教育联合会在上海召开。25 日闭幕，并议决电促黎元洪、冯国璋并转南北当局牺牲各自之政见，抛弃极端之主张，以至诚维持危局。

10 月 11 日　徐世昌令准兼署国务院秘书长方枢辞职，以郭则沄兼代。

　　△　徐树铮、王揖唐会见梁士诒，请其为保存北洋系之大计，奋然容纳安福系之苦衷，从速选举曹锟为副总统。梁以"君等如仍坚持主战，终不退让，予将辞去议员资格"予以抵制。

10 月 12 日　北京国务院开钱内阁第一次会议。段芝贵病假，其余国务员均出席。钱能训讲话，请诸阁员在代理期内设法维持，待新内阁组成，一同辞职。会上讨论日人要求在满洲里架设无线电台案，因有《中日军事协定》之规定，遂照案通过。

　　△　北京新国会参议院议长梁士诒召集有关人员商议以副总统一缺留与南方，徐树铮表示反对。

　　△　军政府代表章士钊抵日本东京，次日与日外务大臣内田康哉会谈南北议和事，14 日与外务次官币原喜重郎会谈。

　　△　美国总统威尔逊电贺徐世昌就任总统，劝徐速谋中国统一。13 日，徐复电谓："本大总统被选之日，即以国家统一为怀，现正力求治理，以达此之目的。"

10 月 13 日　江西督军陈光远启程进京，17 日抵达，18 日面见徐世昌，要求从速解决时局，南北早告统一。

10 月 14 日　为抵制选举曹锟为副总统，周自齐邀一批议员去天津,陆续到达者约 140 余人。旋开谈话会,计划联名提出促进南北和平及推迟副总统之选举两项建议。

△ 广州正式国会通过由政务总裁组织国务会议;以总统名义颁布命令,由政务总裁副署。

△ 四国银行团并英、法等国驻京公使开会,对北京政府公布《金券条例》再提抗议。

△ 北京政府教育部为讨论中学教育,特召集全国中等学校校长在京会议。到会者 59 人,议决案共 23 件,11 月 2 日闭会。

10 月 15 日 徐世昌以近年兵祸频仍,吏治一端未遑修举,是日明令各省整顿吏治:县知事职在亲民,应由各省长严其甄选;各省长身任监督,务当悉心督理。

△ 徐世昌令各省防剿盗匪,嗣后责成各该管军民长官,凡有大帮土匪结队焚掠者,勒限剿平,勿稍姑息,即在军务省份,亦应分拨军队,兼管防剿,并着会商邻近省区各派劲旅,协力兜剿,克期扑灭。

△ 北京国务院参陆部奉徐世昌谕,电令各省区经略使、巡阅使、督军、都统、总司令妥密布置地方军队,以巩国基,以固边围。

△ 北京政府西北国防筹备处成立,徐树铮为处长。

△ 广州正式国会议员 259 人,以第三次宣言决议不足法定人数为由,联合声明反对军政府摄行大总统职务。

△ 靖国军鄂军王安澜师于 10 日自陕西镇平出发,分三路进兵平利县,14 日同北军在八里关(距平利 45 里)激战,北军不敌,是日王师占平利县。

△ 银行团与外交团开会,继续讨论金券问题,以发行金券关系币制借款等项合同利权,决定提出第三次抗议书,即日送达北京政府外交部。日使以请示本国政府为名未参加。

△ 李大钊在《新青年》第五卷第五号上发表《庶民的胜利》与《BOLSHEVISM 的胜利》两文。

△ 《京报》创刊出版,该报为北京新闻编译处主任邵飘萍主办。

　　△　上海浦东日华纱厂（原系英商鸿原纱厂，售与日商后改名日华纱厂）工人举行同盟罢工。

10 月 16 日　北京新国会参众两院继续召开副总统选举会（此为第三次选举），参议院议长梁士诒到会主持，坚持将该缺留给南方。是日因到会人数仍不足，遂又延会。

　　△　徐世昌晋授姜桂题勋一位。

　　△　曹锟自保定电徐世昌，称旧病复发，请假本月回津静养。

　　△　北京国务院函告外交部：中日共同防敌事宜经国务院议决，由督办参战事务处主办，即以该处为最高统率机关。19 日，北京政府外交部将国务院议决函告日使馆。

10 月 17 日　北京政府顾问、美人韦罗贝向徐世昌提出南北调和意见书，主张由新旧国会选派同等人数之议员，在上海组成联席会议，制定宪法，追认徐世昌为大总统，选举南方领袖一人为副总统，俟宪法告成后，联席会议及南北国会同时解散，根据宪法重选新国会并表示美国当竭力援助，以促其实现。22 日，韦罗贝又拟具南北议和详细说帖送交国务院。

　　△　北京国务院参陆部奉徐世昌令，以各省随地招募军队，专务求多，无裨实用，通电各经略使、巡阅使、督军转达各省整顿军队，除有专案外，一律不得再行增募。

10 月 18 日　北京国务院兼代总理钱能训谒徐世昌，称代理逾旬，请速组阁。徐仍嘱暂代。

　　△　广州正式国会参议院选举林森为议长，替代未到会之议长王家襄。

　　△　广东省长李耀汉于 15 日至李福林司令部会晤翟汪，是日宣言解职，请翟汪代理广东省长。至此，北京政府在广州之权力遂告消失。

　　△　美公使芮恩施由美回任，是日谒见徐世昌，力言南北宜速统一，庶可维持国际地位。

10 月 19 日　徐世昌之弟世章奉令抵鄂，同鄂督王占元商议南北统一问题。徐世昌表示和平问题不先由政府提出,而托在野之名流疏通双方意见,取得双方同意后,再行具体之妥协。

　　△　徐世昌令:裁撤甘肃省提督,改设甘州护军使,以马安良充任;未到任前,着马麟暂署。

　　△　徐世昌任命黑龙江督军鲍贵卿兼充滨黑铁路督办。

　　△　粤督莫荣新、财政厅长杨永泰与日本台湾银行签订80万日元借款合同,以广东全省烟酒税为担保,用为维持广东中国银行所发行纸币市价。

　　△　日本外相内田康哉非正式声明对华政策,表示今后对华不采秘密外交,不偏南北,并停止西原借款。

10月20日　军政府政务会议以军政府已受国会委托代理国务院职权,并代摄大总统职权,是日通电宣布嗣后西南各省文武官吏,悉由军政府任免。

　　△　上海总商会开选举会,选举朱葆三为会长。

　　△　由各团体组成之中法协进会在北京江西会馆开成立会。蔡元培与法人铎尔孟致开会词。法公使柏卜及梁士诒等到会演说。李石曾报告发起"中法学务联合会"经过。

10月21日　徐世昌在公府居仁堂宴请外交团,国务员陪席,英、日、葡、俄、巴、意、荷、丹、美、比、法、日(即日斯巴尼亚,今译西班牙)等国公使出席。徐于席间表明政府正在急谋南北之统一,对各国之忠告表示感谢。各公使分别发言,转达本国政府意旨,希望中国早日回复统一。

　　△　法国总统普嘉赉致电徐世昌,祝贺荣任大总统暨中华民国国庆。23日,徐世昌复电敬达谢忱。

　　△　北京总统府召开军事会议,议决:一、以后各省不得随意招募新兵,否则立即命其遣散;二、前敌司令各严守现驻地,不得随意变更,如南军来袭即击退之,北军不得随意追击。以上两项即电各省及前敌各军照行。

　　△　北京政府兼署财政总长曹汝霖在财政部约见四国银行团代

表,详细说明《金券条例》,声明此系内政问题,不能受外国干涉。

△　军政府政务会议决定唐绍仪未到任以前,财政总长由伍廷芳兼理。

△　陈炯明致电军政府,辞福建省宣抚使一职,仍总粤军援闽。

10 月 22 日　徐世昌召见孙宝琦,令其就南北妥协问题同美国公使芮恩施交换意见。

△　岑春煊致函张謇,提出建立久远和平二策,并谓:"目前法律问题尤当求一归宿,使西南不负护法之宣言,北方不与违法相终始,苦心斡旋尤赖群公之调剂,煊无时不以和平为志,区区之私,惟以乘此创巨痛深之余,为一劳永逸之计。"

△　奉派赴粤之总统特使赵炳麟,是日电徐世昌报告接洽情形,内称关于南北妥协问题,"岑(春煊)、陆(荣廷)皆有诚意,自不难解决,应请主持南北停战"。

△　北京政府政治顾问莫理循赴粤调查西南政局。事毕,于是日取道上海回京。

△　北京新国会众议院议长王揖唐赴津邀议员回京开会,下午往访梁启超叩询政见。梁谓目前解决时局之方法惟有出于和平,万一南方不就范,再行挞伐,则师出有名,所谓先礼后兵之策也。

△　北京宪政讨论会在本部开全体大会,发表和平宣言,吁请国人速捐成见,共济时艰。

△　上海求新厂自制之"安华"商轮一艘下水,载重 3500 吨。

10 月 23 日　兼代国务总理钱能训致电军政府岑春煊等发表和平通电,提出"先就事实设法解纷,而法律问题俟之公议"。同日,北京国务院电北方各省督军省长,通报和平意旨,并希转饬前敌军队仍遵前令,修明戒备,妥慎布置,勿借口息争,致涉松懈。

△　熊希龄、张謇、蔡元培等 24 人为早息内争,促进和平,通电发起组织"平和期成会",宣称"不分党派,亦非政团,平和告成,本会即行解散"。

△　徐世昌据曹锟电呈,令准张勋免予缉究。

10月24日　徐世昌颁布尊重和平令。略谓:"兵事纠纷,四方耗敝,庶政搁滞,百业凋残……所望邦人君子,戮力同心,幡然改图,共销兵革,先以固国家之元气,次以图政策之推行,民国前途,庶几有豸。"同日,电召北洋军事将领赴京面商机宜。

△　以徐世昌于17日曾嘱苏督李纯转达议和电文于军政府政务总裁陆荣廷,是日,陆荣廷电复徐世昌,表示:"停战议和,当以法律为依归。"

△　冯国璋致电"平和期成会",表示"倘有相需之处,必竭绵力以从"。25日王占元电"平和期成会","务望毅力进行,立解纠纷"。26日,曹锟、倪嗣冲、吴佩孚、齐耀珊等,亦分别电"平和期成会",表示赞同息兵,促进和平。

10月25日　徐世昌颁令剿办山东盗匪,责成代鲁督张树元详筹布置,切实剿办,限期肃清,其剿办不力或有意纵容者,均按法严惩。并由河南及江苏徐州接壤各处,各派得力队伍,合力兜剿。

△　军政府政务会议开会,通过司法部长徐谦提议四条:一、司法独立,司法官专归司法部监督;二、司法官任免由军政府行之;三、司法收入专供司法经费之用,由司法部统一支配之;四、设大理院。11月5日,军政府政务会议向西南各省通电宣布。

△　北京政府交通总长曹汝霖与中日实业公司签1000万日元扩充电话借款合同。

10月26日　徐世昌宴请中外要人,宣布政纲11条,其要旨为:对内和平,对外亲善,输入外资,改善交通,普及教育,信教自由,注重农工,开采林矿,学校尚武,巩固国体以法治为归,改良法律,收回治外法权。

△　军政府政务会议通电西南各省定期讨论西南实行地方分权制度,并附会议简章11条,规定于12月1日在广东开会,各省议会、省长、各省驻粤军队各派代表参加。

△ 北京政府决定派许兰洲率两旅及张树元一旅援陕。

10 月 27 日 徐世昌向北京新国会众议院提交咨文,说明政府对德奥宣战后所办之事宜,并表示:"本大总统素以阻遏战祸促进和平为宗旨,参战一事,自应赓续前规,力图进步",咨请同意。

10 月 28 日 军政府颁发布告,将徐世昌紊乱国宪破坏统一罪昭告天下,表示"军政府惟有顺从民意,以维国宪,而固邦本"。

△ "五族和平合进会"在北京开成立会,满蒙王公、回藏教首、汉族要人百余人出席,通过章程,发表通电呼吁和平统一,争取国际地位。

△ 上海第二纱厂因厂方拟订新章程,规定凡各女工如有停工不到者,即将临时替工补为常工。是日,该厂布机房女工 300 余人集议一律罢工。厂方被迫修改新章程,女工始于 30 日复工。

△ 北京"平和期成会"开筹备进行会,讨论会章,严定入会条件,决定在各省一律设立"平和期成会",并议决向徐世昌提出建议,主张南北双方以对等地位派代表召开和平会议。30 日,该会议决纲领 10 条,作为活动方针。

10 月 29 日 徐世昌布告合国各省军民捐助红十字会款项,为远役西伯利亚之协约国士兵预备冬令必须之件,对于法国政府所发行之战胜公债亦应稍应绵薄,予以认购。

△ 湘粤桂联军将领谭浩明、谭延闿、程潜等复电熊希龄、张謇等,对发起组织"平和期成会"表示"极为赞同",并望根本解决,庶容有永久之和平。

△ 前代总统冯国璋乘京汉火车离京回河间原籍。

△ 日本现内阁以前任寺内内阁支持北京段祺瑞政府,"招致各国疑虑",结果对日不利,决定今后:一、中止对华各项借款;二、尊重四国银行团对华借款规约。次日,外务大臣将上述决议电示日代理公使芳泽谦吉,但指出"参战借款"除外。

△ 日本政府任命小幡酉吉为驻华公使。

10 月 30 日 广州正式国会开茶话会,讨论发起组织护法后援会事,吕志伊在会上发言,主张以徐世昌退位、解散伪国会、恢复约法,取消去岁解散国会之伪令、惩办祸首为议和先决条件。

△　军政府议定派遣军事代表参与政务会议者所应具备之资格,共三条,旋即通电黎天才、柏文蔚、王天纵、李书城等,嘱速派代表一人来粤参与政务会议。

△　奉天省议会电北京政府与军政府吁请俯顺舆情,降心让步,迅弭政争,以全国脉。

△　萨镇冰等由福建致电北京政府,谓"已遵中央命令,与李厚基协议后,与南军磋议,从 11 月 1 日起双方停战"。

△　英、法等国公使向北京政府外交部提出备忘录十二款,指责北京政府以缓交之庚子赔款用作党系斗争,所编参战军不参战,专从事于内争。

10 月 31 日　广州正式国会两院议长林森、吴景濂、褚辅成发表时局通电,指出"徐、段狼狈相依,师袁故智,僭号伊始,阴[阳]示好意,别布阴谋,近顷议和之声喧达全国,万一不审,堕彼奸谋",望西南各省及诸帅将士勿为和议诡辩所混淆。

△　军政府复电"平和期成会",希望和平服从护法之目的,为依法之和平、永久之和平,而非为违法之和平、暂时之和平。并谓:"苟能以和平而达护法之目的,乃吾人年余以来日夜求之惟恐弗得者,尚望诸公本救国之热忱,求根本之解决,尽国民之职责,提携从事,敢不拜嘉。"

△　段祺瑞宴应招来京各督军,发表对时局意见:一、希望南北从速统一;二、北洋系团结一致对待南方;三、南北妥协条件,务求不伤中央威信。

10 月下旬　北京政府要求公使团交付关税剩余金 280 万两。30 日,公使团开会议决,在中国南北未统一前拒付关税剩余金。

是月　孟树村、蔡虎臣等在吉林滨江县设立滨江华商耀滨庆记电灯股份有限公司,资本银 200 万元。

11 月

11 月 1 日 北京新国会开会。众议院讨论徐世昌对德宣战咨请同意案,因国务总理及外交总长不到会,宣告延会。参议院议决致电法、英、美各协约国国会祝贺欧战胜利。

△ 军政府政务总裁唐绍仪电徐世昌,主张维持约法,取消新国会,对于主和表示极为钦佩。

△ 徐世昌特任张树元署理山东督军兼署省长。

△ 徐世昌指令批准察哈尔商都招垦设治局改为商都县。

△ 都护使充驻库伦办事大臣陈毅与库伦行政厅磋商,决定由外蒙官府向北京政府借银 100 万元,收买俄钞(外蒙独立之初,借俄币 500 万卢布),以清宿债。为中国银行在库伦设立分行之交换。

11 月 2 日 北京新国会众议院开会讨论徐世昌咨请同意对德宣战案,北京政府派委员曾彝进出席大会说明一年来参战经过。出席议员 244 人,以 242 票通过。

△ 徐世昌宴请新国会参众两院议员,席间发表演说,表示"鄙人既非揭橥平和,以邀时誉;亦不乐于重事兵甲,以益民艰",望议员"济时何术,息乱何由,惠我好音,以匡不逮"。参众两院议长梁士诒、王揖唐致答辞。

△ 军政府主席总裁岑春煊电复苏督李纯,表示同意"迅开和平会议",请"当机立断"。

△ 靖国联军总司令唐继尧发布联军统一指挥通电,谓:经重庆军事会议决定,"湘西各路军队统归刘联军副司令指挥;援陕各路军队,除叶、姚直隶本部外,其余统归熊总司令克武就近指挥;援鄂各路军队,暂以靖国第一军军长兼本部参谋长顾品珍临时指挥,并与湖北靖国军总司令黎天才会商办理。以上各路统属于联军总司令部"。

△ 谭延闿致电军政府,表示北方求和,非依法解决不能开始谈判。

△　美公使芮恩施会见徐世昌,敦请速谋大局之统一。

△　山东省与上海美商慎昌洋行订立合同,投资大洋 12 万元,建筑龙口商埠码头,限期于明年 6 月 30 日竣工,是日由北京政府内务部核准备案。

11 月 3 日　徐世昌通令整肃仕途,凡有贪劣众著,经察觉或纠劾者,悉予按法从严惩治,各该长官徇情容隐或纠察不力者,并予究惩不稍宽贷。

△　北京国务院通电各省限制增募军队,以节饷源。

△　张謇电劝南北政府及各省督军、省长,"一心放刀而立地成佛",勿听偏心之政客鼓舌其间。

△　"平和期成会"在北京开成立会,选举熊希龄为会长、蔡元培为副会长。

11 月 4 日　徐世昌召见"平和期成会"会长熊希龄等,咨询该会对于时局谋和之方针。熊面陈南北妥协之意见,徐表赞同,且言将托苏督李纯为妥协之居间人。

△　湖北督军王占元会见徐世昌,面陈早和之必要,并将在鄂所收各界呈递求和文件一一呈核。

△　宪法研究会发出宣言书,要求南北双方"共弃前嫌,速为和平之谋"。

△　徐树铮由京赴日参观日陆军大演习,9 日抵东京。

△　日本撤销在济南及潍县设立之民政署。

11 月 5 日　北京新国会参议院讨论众议院移付之同意对德宣战案,出席议员 104 人,全票同意,一致通过。

△　北京国务会议讨论和平文电,决定逾期不发布停战令,不采南北平等之和平会议,仍以积极疏通为入手办法。

△　军政府政务会议就议和方针事电唐继尧,以西南护法之举纯属法律问题,不同意北京政府所提"先就事实谈判,置法律于后图"之主张。

△　军政府政务总裁陆荣廷复电"平和期成会",表示:"诸公提倡和议,极表赞同,切望积极进行,俾时局早得依法解决。"

△　广州正式国会众议院议长吴景濂复函四川督军熊克武,指出北京政府伪言和平,此不过欲假托民意,迫西南义军就范,所幸军府暨两院同人业已洞烛其奸,皆誓持依法解决初衷,不汲汲以求成,望能含辛茹痛,坚持到底,则最后胜利,必在吾人。

△　军政府代表章士钊在东京招待日本报界代表,陈述南北无条件召开和平会议之方针,以定统一中国之根本方针问题。

△　吉林督军孟恩远、省长郭宗熙以协约国及日本共同出兵西伯利亚均须利用中东铁路,日本意在独占,协约国要求均沾,国权攸系,自应及时急起直争,为此致函北京政府外交部筹议应付办法,主张若不能以独立为自固之谋,即应以开放保均衡之局,以维持我国路权现状。

11 月 6 日　北京代理国务总理钱能训电嘱李纯邀岑春煊来南京洽商和平问题。李转致此意,遭岑拒绝。

△　总统特使赵炳麟于 5 日夜返抵北京,是晨向钱能训报告西南之行详情。

△　京师地方审判厅判决北京《亚陆日报》等八家报纸登载"西原借款案",新闻交通社主任何重勇处五等有期刑两月,其余各报馆记者等各处拘役 20 日,缓刑三年。

11 月 7 日　北京政府据赵炳麟报告,西南主先决法律,后解决时局,经调解多主张法律事实同时解决。是日国务会议开会讨论,结果仍主先决事实,并以国务院名义详细电知沪宁方面,俾得依以疏解。

△　谭延闿电熊希龄,谓南北皆望和平,而当局确有难处,非组织会议机关仅恃函电决无希望,幸勿后时。

△　安福俱乐部开会欢迎各省督军,奉督张作霖在会上发言称,决无派遣代表同南方平等媾和之理由,新国会亦决无解散之理由。又谓吾辈只知服从中央。

△　北京政府外交部照会四国银行团,同意币制借款展期六个月,

即延至明年 4 月 14 日。币制借款系 1911 年清政府与四国银行团签订,于本年 10 月 15 日到期。

△ 日公使林权助由日返任,是日访晤北京政府外交总长陆徵祥。次日又见代总理钱能训,表示日本政府切望中国南北战争"以和平手段迅速谋求解决办法"。

△ 北京政府海军部军需司、军械司与日本三菱公司签订 140.0999 万日元购买军火合同,规定签字后 10 个月内"军火全数交清"。

11 月 8 日 徐世昌派军事颐问刘恩源赴宁征求时局意见,是日会见苏督李纯,谈及与西南接洽之真相及徐世昌对和平之办法等问题。

△ 苏督李纯电钱能训,告以向西南接洽情形,岑春煊同意"迅开和平会议"。同日又电钱能训,谓岑春煊未必可以一召即至,惠然肯来。

△ 北京国务院电告驻法大使胡惟德通知法国政府,中国决定加入协约国巴黎粮食会议。

△ 军政府为响应美国总统威尔逊之倡议,在国会议员俱乐部邀政绅商各界及各社团领袖开会,议决成立战地友邦兵工修养金团,募捐五万美金,并通电护法各省将应募之数从速电复。

11 月 9 日 北京国务会议讨论"平和期成会"所提南北速派代表开和平会议问题,钱能训等赞同,讨论甚久,未能决定。

△ 江苏督军李纯致电徐世昌报告与西南接洽情形。认为南方以"护法为名",今若"劝其先议事实而徐求法律之真谛,势必不行",须拟定一具体办法,俟洽商后公布。

△ 北京政府政治顾问莫理循谒徐世昌汇报南方之行,介绍了南方督军的情况,建议邀请美国总统在中国对立党派之间进行调解。莫氏认为中国的和平局面将有利于中国参加战后的和平会议。并于 11 日呈递长达 11 页的备忘录。

△ 北京国务院核准由直、鲁、皖三省运盐五万斤,山东运米 150 万石,输往日本。

11 月 10 日 "平和期成会"电军政府,告以北京政府已允开和平会议,并望对此事正式表示意见。

△ 何应钦等 50 人发起成立少年贵州会。该会简章规定"以牺牲小己之观念,明合群报国之大义,造成少年贵州为宗旨"。是日开成立大会,到会员 2300 余人,选举何应钦、刘敬吾等五人为理事。13 日开理事会,推何应钦为主任理事。

11 月 11 日 北京新国会参众两院开联合会,梁士诒主席,议决援照民国二年先例,由参众两院各选 30 人组织宪法委员会,另行起草。

△ 冯国璋致电徐世昌主张开国民会解决国会问题,暂缓制订宪法。

△ 徐世昌授意代理总理钱能训,于"平和期成会"及全国和平联合会之外,更组织一和平统一会,以沈铭昌主其事,并令在各省设立分会。

△ 北京"平和期成会"开第一次职员会,蔡元培主席,出席 60 余人,议决以正式公函呈递北京政府,要求南北各派全权代表一人速开对等之和平会议,会议地址于上海、南京、武昌任选一处,并决定在天津、上海、南京、汉口、长沙、广州等处设立分会。

△ 第一次世界大战结束。自 1914 年 7 月 28 日奥塞宣战起,此次大战历时四年零三个月。

11 月 12 日 北京国务会议讨论时局问题,议决开南北和平会议。

△ 徐世昌致英、美、日本及法、比、意、葡、巴西各国电,祝贺协约国获得第一次世界大战之胜利,表示中国将派代表参加和平会议。

△ 徐世昌令财政部拨帑银四万元,赈济福建水、旱、风及地震与兵荒灾等。

11 月 13 日 徐世昌与钱能训商讨和平问题,决定在会议中将法律与事实两问题同时解决。

△ 湘粤桂联军总司令谭浩明回南宁接广西督军任,军署事务由旅长李祥发代拆代行。

△　北京庆祝战胜德国，拆毁东单北克林德石牌楼。克林德系德国驻华公使，1900 年为义和团所杀。1901 年签订《辛丑条约》，帝国主义各国迫清政府建立此牌楼。

11 月 14 日　北京政府教育部召集京内公私各校在天安门前开庆祝协约国战胜大会，60 余校与会，学生及市民约三万人参加，教育总长傅增湘及美公使芮恩施等出席。学生手执协约国小旗，高呼："战胜万岁！"会后举行示威游行。是日起放假三天。各地亦举行庆祝活动。

△　北京国务会议议决派陆徵祥为专使，驻英、法、比、丹、意、西六国公使副之，出席欧战和平会议。

△　粤军四路围攻琼州，是日攻占府城海口，肃清龙济光残部。

△　简东浦、周寿臣、李冠春等发起筹备东亚银行，资本 200 万港币，总行设于香港，分行设于西贡。

11 月 15 日　徐世昌在北京召开督军会议，讨论和平及外交等五案。奉督张作霖、直督曹锟、皖督倪嗣冲、鄂督王占元、赣督陈光远、晋督阎锡山、吉督孟恩远、豫督赵倜、松沪护军使卢永祥、绥远都统蔡成勋、援鄂总司令张怀芝及黑、湘、甘、陕、苏、川等省代表、全体阁员均参加，段祺瑞亦应邀出席。徐世昌要求各督披陈收束时局之办法，与会者表示，如果"南方无过苛刻条件，愿服从总统方针"，同意发表停战令。

△　徐世昌电告苏督李纯，和平会议地点，一任在野诸公协议选择，南北当事者均不表示意见。

△　钱能训电苏督李纯，告以顷接唐（继尧）陆（荣廷）复电，欧战告终，内讧宜息，事实法律两问题不宜偏重，组织会议稍有异同，其间尚不能迅为解决处，特派施愚携函奉商。施今晨赴宁。

△　孙洪伊发出《致粤中同仁论时局书》，提出南北和平谈判三先决条件：一、惩办祸首段祺瑞、倪嗣冲、张作霖、徐树铮；二、取消伪国会；三、取消伪总统。

△　原靖国联军湖南第一军总司令兼湘西军政长田应诏、第二军总司令兼湘西民政长张学济、第三军总司令胡瑛、第一军副司令胡学绅

联名电北京国务院代总理钱能训,请求弭兵。疏通各方,慷慨主持,为天下倡。

　　△　北京大学在天安门前举办演讲大会,共开两日。校长蔡元培于是日发表《黑暗与光明的消长》,次日发表《劳工神圣》之演说。陈独秀、胡适等 11 人亦出席并发表演说。

　　△　北京政府农商部咨呈国务院,拟在吉、黑两省设立金矿森林专局,并拟就两局条例草案,请议决公布。12 月 7 日,北京政府公布吉、黑两省森林局、采金局两局长任命令。

11 月 16 日　徐世昌发布罢战退兵令。略称:“南北各军,莫非袍泽,徒以操戈同室,致使置身锋镝,暴露原野,揆诸胞与之谊,能无恻恻之私,是宜鉴察人民之趋向,以除国内之纷争,促进政治之统一,以协友邦之希望。所有前方在事各军队,务当即日罢战,一律退兵。其各处地方治安,均由各该管军民长官派队次第接防,切实保卫。”

　　△　总统府顾问、徐世昌派赴粤疏通和平之关冕钧、林绍斐抵南京,旋即与苏督李纯商议和平办法。18 日,关、林携带商定之条款转沪赴粤。

　　△　徐世昌召见钱能训,筹议裁兵程序,决定分四期:先输送队,次补充队,三新扩充兵队,四回复民国六年度预算之数。预定两个月内竣事。

　　△　督军会议继续开会,讨论新旧国会、收束军队及内阁问题。

　　△　熊希龄、蔡元培以徐世昌明令停战,致电军政府,谓“中央确有和平诚意”,望南方“同声相应,使国民知此后永久弭兵,止戈为武,德莫大焉”,并告以和平进行方法,请与苏督李纯商榷。

　　△　四川靖国军总司令熊克武发出通电,宣布自 10 月 12 日起,四川民政由杨庶堪担任;本省军务仍由熊以四川靖国军总司令名义负责。

　　△　美驻广州总领事奉美使芮恩施之命,访军政府总裁岑春煊、伍廷芳等,劝告息战。

11 月 17 日　北京国务会议议决准段祺瑞招募国防军三个师。

△　北京政府特使施愚由南京电钱能训，报告与苏督李纯会见情形，并言李已将中央意思电达南方。

△　归国留日学生救国团致电北京政府、军政府及各省军政长官，请求取消中日军事协定，退还青岛。

11 月 18 日　徐世昌设宴招待 12 省区军事长官，段祺瑞、倪嗣冲、张作霖等出席。段祺瑞提出解决时局问题办法：一、希望解决时局不牵涉国会；二、前方军队先小部分撤退。张、倪等皆表示赞成。

△　孙中山致电美国总统威尔逊，声明：南方期保障国家之法治，为护法而战，所要求者只一般公平简易之条件，即国会须得完全之自由行使其正当之职权也。若此简易之条件尚不能办到，则吾人惟有继续奋斗，虽北方援引任何强力，皆所不顾。

△　唐继尧电告李纯，鄂西护法军于是日停止军事行动。

△　李纯致电岑春煊请劝促西南停战退兵。岑于 25 日电李质问，北京政府停战令"独置陕西于不论，是否陕西不在停战之例"？李于 12 月 3 日电复岑谓"不言陕者，谓因陕匪猖獗……不得不图绥戢，非有他意"。

△　熊克武任第五师师长吕超为援陕总指挥，统率该师及江防军余蕴兰部入陕，是日占领宁羌、沔县，进迫汉中。同日，熊克武通电表示"此次勉从护法之役，亦只仰求永久之和平，而谋正当之解决"。

△　上海《民国日报》刊载《张敬尧祸湘十大罪状》。29 日复刊载《张敬尧祸湘又一幕》等文，历述张敬尧祸湘实状。

11 月 19 日　江苏督军李纯在宁召集各界代表开会，磋商议和事宜。到会者 30 余人，历时三日，至 21 日结束。李纯提出副总统须选南方人物、旧国会须补选徐世昌为总统等方案及川、滇、黔地方问题另行裁决等八项议和纲领。

△　熊克武致电钱能训，谓"南军先锋撤退，以待南北议和之决定"。12 月 10 日，熊饬令所属停战。

△　驻广州美、英、法、意、日五国领事向军政府提出联合说帖，并

推美领面交伍廷芳,劝告息争统一,指出中国内乱不停,损害外国利益,妨碍中国与协约诸国实行合作。

△ 福建督军李厚基电商漳州援闽粤军总司令陈炯明,应如何根据大总统罢战退兵令撤退在漳州军队,望即电示,以便接洽。

△ 北京国务会议议决将沪上存土尽行烧毁。该存土为1200余箱,价值1400余万金。

11 月 20 日 广州正式国会参众两院开联合会议讨论时局。议决:解散北京非法国会及徐世昌总统退位为停战之两项先决条件,并由两院正副议长面告军政府,要求遵照办理。

△ 军政府政务会议讨论徐世昌、钱能训要求和平之电报,多数意见因钱电仅列岑、陆、唐继尧三人之名,当视为个人私电,与军政府无关。

△ 徐世昌电军政府政务总裁唐绍仪,表示"秉和平统一之宗旨,以救时为己任",希即"惠然来游,觌面商榷"。唐绍仪复电主张南北"必取对等之地位,各出相当之代表,为正式公开之谈判,和平之实现乃真有望"。

△ 美驻广州领事访晤军政府总裁伍廷芳,谓美对北京政府撤兵停战极表赞同,不知南方政府意见如何?伍答北方既息兵言和,南方无不同意,今正在采取南方公同意见,筹商办法。

△ 段祺瑞上徐世昌《统一意见书》,表示不赞成召开南北对等之和平会议及部分地先决闽、湘问题。

11 月 21 日 徐世昌令准外交总长陆徵祥请假,派陈篆暂代部务。

△ 徐世昌任命龚心湛为安徽省长。

△ 北京新国会众议院开会,选举宪法起草委员会,投票两次,票数与名次均不符。安福系议员指责旧交通系议员有意捣乱,大起争执,无结果而散。

△ 军政府任命于右任为陕西督军,张钫会办军务。

△ 军政府政务总裁唐绍仪自日本回国返抵上海。同日,军政府

政务会议致电欢迎唐绍仪回国。

　　△　陕西靖国军总指挥井勿幕于兴平被害。

　　11 月 22 日　军政府响应北京政府罢战退兵令,通令前敌各军休战,与北方依法和平解决。

　　△　上午,军政府开谈话会,听取国会两院议长关于停战两条件之说明,讨论未获结果。下午,参众两院开联合会,林森报告与军政府接洽情形。旋参议会开会,议决停战前提条件两条:一、取消伪国会;二、取消伪总统。

　　△　以曹锟为首之在京督军团,于安福俱乐部举行"庆祝国际荣誉合肥首勋大会"。31 人与会。段祺瑞着陆军上将大礼服出席。曹锟致词,称"是当日对德宣战加入协商战团之日,即吾国国际上冀得荣誉之时,在今得此良果,实以合肥段公为首功殊勋。谨特为之庆贺"。

　　11 月 23 日　江苏督军李纯电告徐世昌,唐绍仪遣代表来宁,国会问题已允让步,请速颁议和明令。

　　△　苏督李纯密使李廷玉到京转达陆荣廷、唐继尧议和条件。

　　△　孙中山复函广州凌钺等称,"迩来杜门养晦,聊以著述自娱,对于时局问题,终以多数同志之主张为进退";并谓胡汉民业已南旋,所有进行事宜,可与其洽商。

　　△　冯国璋致电李纯,请其同意熊希龄、张謇等发起组织"平和期成会"。25 日,李纯复电谓:"极端赞同,一俟接电,遵当表示同意。"

　　△　直隶省长曹锐、财政厅及直隶银行与日本兴业、台湾、朝鲜三银行签订 150 万日元借款合同。

　　△　北京政府教育部公布注音字母表(声母二十四,介母三,韵母十二)。

　　△　天津三汊河口新开河工竣,举行开河礼。

　　11 月 24 日　徐世昌通令尊重法律,提倡德育。内称:所望制定法律,早日观成,次第颁布,"本大总统当与京外群僚共相尊重"。"着教育部通饬京外学校于修身学科认真教授,并酌择往哲嘉言懿行有裨德育者,编为浅说,颁行演讲,以资启迪。其或方隅敝习有待查禁,编氓潜德,宜予表彰,并由各地方官吏随时查明办理"。

△　徐世昌电军政府政务总裁唐绍仪,内称"昌自被举以来,瘏口晓音,事事盼人相见以诚。昨又有令罢战退兵,以示真意,协议办法一切均已由阁委托李督商洽办理,不久即将实现"。

△　唐继尧通电主张"宜仿辛亥成例,在上海开和平会议"。

△　江苏督军李纯电询钱能训,谓国会问题为今日南北两方之争点,此事须先决,中央究竟能让步至何种程度。26 日,钱能训电复李纯,称政府断不能解散新国会,除非依国会之自觉自行解散,此外别无他途;至言中央让步当以令国会闭会为止。

△　北洋督军为巩固北洋团体,拥护段祺瑞复组内阁,在北京正式成立"戊午同袍社",推曹锟为社长。旋改称"参战同袍社",拥段祺瑞为社长。

△　奉军司令部由军粮城移至北京化石桥,于是日正式成立。

11 月 25 日　徐世昌授予曹锟、倪嗣冲勋一位,张作霖、陈光远勋二位,卢永祥勋三位。

△　孙中山致函湘西护法诸军将领张学济等,指示"此时首要为设立军事上统一机关,公推军政长为同志各军总领,使实力有所集中,精神十分团结";并组织总参谋机关,为军政总机关之辅;设立民政总机关,公推民政长,为实力所及区域慎选县长,专任吏治,恢复各县令及其他自治机关,使人民享有法律内的自由;"此后湘西重要情事,并望随时详告,当极力设法相助,共达救国之素志"。

△　唐绍仪电徐世昌,提出解决时局办法,由南北两方派出同数代表,组织对等和平会议,不附加何种条件。

△　军政府司法部长徐谦电上海"平和期成会"会长马良,提出裁兵废督军两端为南北和议之根本和平条件。

△　北京政府撤销对德宣战后成立之战时国际委员会。

11 月 26 日　李纯致电岑春煊,谓北京政府已议定和平会议,双方各派代表 10 人,解决法律事实诸问题,以南京为会议地点。次日以同一内容致电吴佩孚。

　　△　徐世昌令安徽省长龚心湛未到任以前,着刘道章暂行护理。

　　△　英公使朱尔典致函北京政府外交部,要求酌定日期再交涉西藏未决案件。

　　11 月 27 日　晨,徐世昌同段祺瑞商内阁问题。段谓钱内阁对于南方表示退让,实属损毁我北洋派之体面。安福俱乐部因此决定提出钱内阁弹劾案。当晚,钱能训向徐世昌表示将上辞呈,徐竭力予以抚慰。

　　△　孙中山函复上海王子中,指出:"倘西南各省及护法诸同志能始终坚持,务求贯彻护法之目的,则北方诸系以权利之倾轧,不久势必分崩,则最后成功必操之南方。"

　　△　军政府政务会议决定自是日起,为庆祝世界和平举行运动会及提灯会三日。

　　△　福建督军李厚基以现值奉令停战之际,粤军陈炯明部许崇智尚在涵江、莆田一带猛烈进攻,迄未停止,电北京政府乞示应如何办理。

　　11 月 28 日　北京国务院通告各机关是日放假一天,庆祝世界大战结束。同日,北京各界举行庆祝协约国战胜大会,中外来宾数千人出席,并在太和殿前阅兵,协约各国军队均参加,徐世昌发表演说。北京政府宴请各国公使。夜间,商界举行提灯游行。庆祝活动至 30 日,共进行三天。全国各地同时举行庆祝活动。

　　△　徐世昌令准交通总长曹汝霖派前次长叶恭绰前往欧洲考察各国交通。12 月 6 日再派王景春、韩汝甲随叶同行。

　　△　上海交易所行开幕礼。12 月 1 日开始营业。该所系中日合资股份有限公司,规定资本 3000 万元,实收半数,经营棉纱、棉花及各种有价证券、股票等交易。1927 年 1 月停业。

　　11 月 29 日　军政府主席总裁岑春煊就北军进攻漳州及陕西事电钱能训,指出:既渴望和平,即应实行一律休战,速开南北会议,不可节外生枝。

△ 孙中山函复广州正式国会议员凌钺,指出欲贯彻护法初衷,仍宜托命于国会,国会同人诚能坚持到底,不为强力者所摇,终必能得最后之胜利。

△ 陕西督军于右任电广州正式国会参议院,报告井勿幕于 21 日被害,"务望火催援军早集关中,并请军政府于湘鄂方面,万勿误信和议,轻与罢战"。

11 月 30 日 军政府岑春煊等七总裁电徐世昌,主张在上海租界内举行南北对等和平会议。略称:"煊等特开诚心表示真正和平之希望,认上海租界为适中之中立地点,宜仿辛亥前例,由双方各派相等之人数,委以全权,克日开议,一切法律政治问题,不难据理而谈,依法公决。"

△ 军政府政务总裁议决两事:一、赴欧和使,南北各举三人,求国会同意然后委任;二、促徐世昌速派员赴沪议和。

△ 徐世昌召见段祺瑞讨论阁事,曹锟、张作霖、倪嗣冲、王占元均在座。段表示揆席非钱(能训)莫属,宜一致拥护;并自称无论如何不愿再出。

△ 北京国务会议将福建之南军方声涛、许崇智部视为"土匪",决定讨伐,并将此意电告闽督李厚基。

△ 军政府任命林葆怿为福建省督军,陈炯明为省长;熊克武为四川省督军,杨庶堪为省长。

△ 徐世昌以方今解决时局,渐就和平,振兴教育不容稍缓,是日通令各省区军民长官禁止借用教舍及挪用教育经费。

是月 周学熙、杨味云等在天津创办华新纺织公司,资本 200 万元。后于 1936 年被日商钟渊纺织会社以 120 万元贱价收买,改名公大第七厂。

△ 梁士诒、陈陶怡、孟昭常等集资创办戊通公司,于本年 4 月至 11 月先后三次与俄商索斯金公司签订购船合同,以 170 万银元购进轮船、拖船 42 艘,航行于黑龙江上下游。是月该公司在农商部注册备案。

　　△　张敬尧以收回长沙市面滥票为名,令湘南银行清理处发行所谓有奖惠民券200万张,每张按银元五元向商民强迫推销。

12　月

　　12月1日　北京政府参加欧洲和会专使陆徵祥自北京启程由日本赴欧。

　　△　张謇电陆徵祥,陈述中国亟待巴黎和会解决者,惟改税法及撤销领事裁判权二事,而裁判权非旦夕所能行,商民所迫切祈祷者,在改协定税为国定税,吁请政府抱定根本主旨,勿以枝节自缚。

　　△　北京政府发表对德宣战各项文件英文白皮书。

　　△　孙中山所派代表曹亚伯在柏林活动,游说德国政府与军政府合作。

　　△　北京政府财政部与日本东亚兴业公司大仓组签订300万日元借款合同。

　　△　奉天国立沈阳高等师范学校成立。

　　△　北京政府财政部中国银行与库伦行政厅正式订约,规定在该地设立中国银行,通行中国货币。

　　12月2日　日、英、美、法、意五国公使晋见徐世昌,面交劝告速息内争说帖,内称中国内争危及国内安宁,损及外国利益,希望中国从速停止内战,参与世界和平事业。

　　△　驻广州日、英、美、法、意五国领事同至军政府,劝告中国即行停止内争,由英领宣读劝告文,并声明不承认军政府为交战团体。伍廷芳答称,南方已停战,请北京选择相当地点议和,但和局必须合法公允,否则不能承认。

　　△　英、美、法、日、意公使会议决定在中国南北未统一前停止给予南北双方借款。

　　△　江苏督军李纯电唐继尧解释北京政府主张于南京召开善后会

议之理由,略称会议名为善后,"与公等护法救国之旨相符,亦与解决根本问题相合。若云和平,是所以会议者,仅为彼此息争而已……善后可以包和平,和平不能括善后"。"地点在宁,保护维持,纯之责甚重,在沪则纯可卸肩",故不宜在沪而在宁。并希转向各方解释维持,期会议早日设立。同日并电劝岑春煊担任南方代表领袖。

△ 刘存厚通电曹锟、张作霖、阎锡山等,略称唐继尧提出议和条件,有要求滇军一师常川驻扎川东南,并以顾品珍为四川军务会办,赵又新、王文华分任叙泸重庆两镇守使,唐继尧为川滇黔巡阅使,"似此侵略四川,破坏统一,川省军民誓死不认……诸公眷垂川局素具热忱,尚望代电主张,同伸义愤……拒绝唐氏非分要求"。

12 月 3 日 徐世昌在总统府召开特别会议,全体阁员及张作霖、曹锟、张怀芝、王占元、倪嗣冲、孟恩远六督军出席,商讨南北议和问题。徐氏宣读五国劝告和平统一书,与会者一致表示服从总统命令,并同意广州军政府七总裁意见,在上海开南北和平会议。

△ 广州正式国会众议院议长吴景濂同东方通信社记者谈时局问题,对北京、上海和平运动所提先决事实后决法律之主张,表示绝不赞同;提出南北进行合法的议和,其先决条件在于取消非法国会、非法总统,而和平条件则为改革督军制度及裁减军备两项。

△ 唐继尧通令所属各军一律停战。

△ 徐世昌令收买存土定期悉数公开销毁。

12 月 4 日 北京新国会参议院选田应璜为副议长。

△ 在京各省督军于曹锟私宅会议,决议要求政府设法供应军费。

△ 刘存厚以熊克武派重兵逼临汉中,是日通电吁请总统明令派军来汉救援,并请"各省发纾义愤,勿误罔和大局"。

12 月 5 日 徐世昌电复军政府七总裁,告以"所有派员会议诸办法,已由国务院另电奉达"。同日,钱能训电复岑春煊等,主张议和地点仍在南京,请速派代表为先事之筹备,并表示"辛亥前例"已不适用。

△ 孙中山函复广州正式国会,指出"美国政府有调停我国内争之

举，欲强南方速与北方妥协，此实为其手段之错误"，并谓国会及军政府同人坚持护法初志，不屈不挠，则外人敬吾主义之贯彻，将协以助我。

△　广东和平期成会会长曹汝英、副会长陈其瑗等电北京、天津、南京、上海、汉口和平期成会，主张公推天津和平期成会领衔主稿，会同电促南北当局从速决定上海为议和地点。

△　日公使林权助卸任由京启程归国。22 日，日新任公使小幡酉吉到京任职。

12 月 6 日　安福俱乐部开会，决议四项：一、赞成与西南议和；二、拥护徐世昌；三、保持修正之国会组织法、选举法；四、时局未得解决前，不得更任各省督军或任命省长。

△　军政府诘问北京"平和期成会"，谓北京政府于停战令后为何仍出兵陕西、福建。

△　陈炯明与李厚基达成停战协议。

△　徐世昌据农商部呈请，令准在黑龙江、吉林两省设立森林局与采金局。

△　四国银行团以盐税余款 450 万元交给北京政府维持政费开支。

△　上海旅沪商帮协会、中华国货维持会、中华工商研究会、华商旅沪维持会联合发起邀请上海各商团开会讨论对欧战和平会议之意见，会上决定成立中华工商保守国际和平研究会。

△　英、日、法、俄等国公使就《金券条例》向北京政府提出第三次抗议。

△　北京政府教育部任命王家驹为京师法政专门学校校长。

12 月 7 日　北京新国会众议院开会，议决会期至 12 月 12 日期满后，再行延期两个月，参议院亦于 10 日通过此案。

△　英、法驻云南昆明领事访晤唐继尧，并递交五国劝告南北和平照会。

△　唐继尧电告于右任，略谓："昨因北京电请停战，军政府业经同

意,故对于援陕各军已饬暂守原防,兹悉北军破坏和议,图陕益急,闻之不胜骇异,已电由李秀山(纯)督军严诘北京是否如约停战,有无议和诚意,俟得复后再行定夺。"

△　北京政府与日本东亚兴业株式会社订立京绥铁路借款合同,借款 300 万日元,用为修建丰镇以西干线之工务费及材料费。

12 月 8 日　援闽粤军第二支队司令蒋介石率部收复永泰。

△　北京政府农商部接收中德合办之直隶省井陉矿务局矿产。

12 月 9 日　军政府政务会议讨论南北议和问题,议决 12 项,其要旨为:"不承认北方自用政府之名义";"和议须以对等之地位且应用和平会议之名";"议和地点须在上海,委员由双方各派十名,再选总代表一名";"陕西、福建问题为和平会议之先决问题"。

△　美公使芮恩施据美政府指示向日代理公使芳泽谦吉提出:中国南北未统一前,美、英、日、法、意五国发表宣言,拒绝向南北各方提供武器。12 日,英驻日大使亦就此照会日政府征询意见。26 日,日政府以"宣言"显系针对日本,训令小幡酉吉公使,拒绝美国提案。

△　北京政府政治顾问莫理循谒徐世昌,对于中国参加巴黎和会问题发表意见,并推荐梁启超、王宠惠。徐邀请其参加巴黎和会,帮助陆徵祥工作,莫慨然应允。

△　熊希龄、汪大燮等在北京组织"协约国国民协会",推熊希龄为会长,汪大燮及法人铁士兰为副会长。

△　徐世昌派财政部次长吴鼎昌赴欧美视察金融财政情形。

△　南京和平期成会电北京政府及军政府并通电各省,请双方释嫌,择相当地点和衷商榷,从速解纷,回复统一。

12 月 10 日　四川省议会通电全国,主维护约法,指出凡倡和议者断不能舍弃约法,当召集约法产出之旧国会选举总统,改组内阁,以及解决一切重要事件,"必如是乃不负护法之初衷,而共和之基础始得永固"。

△　北京政府财政部与日本横滨正金银行签订延期一年偿还善后

续借款第二次 1000 万日元垫款新合同（原借款合同系于 1918 年 1 月 6 日签订）。

△　北京政府外交部派陈广平为办理驻莫斯科总领事事务。

12 月 11 日　北京国务会议议决特派朱启钤为南北议和北方总代表，吴鼎昌、王克敏、施愚、方枢、汪有龄、刘恩格、李国珍、江绍杰、徐佛苏为代表，并于同日电告军政府七总裁。

△　军政府电徐世昌，北军四路入陕，奉军由浙水路入闽，故意开衅，何以言和，请明确回答。

△　岑春煊电苏督李纯，指出和议须先解决陕西问题，主张由陕西南北两军指定驻兵地点，凡所驻区域内如有匪患，各自剿办，并请徐世昌明白电示，以释群疑。

12 月 12 日　军政府政务会议讨论派遣欧洲和平会议代表案，议决拟派孙中山、伍廷芳、王宠惠、王正廷、伍朝枢为代表。

△　岑春煊电苏督李纯，主张由南北同遣派代表出席欧洲和会，请其加电促成。

△　北京政府参谋、陆军两部通电各省，禁止私自招募军队。

12 月 13 日　军政府咨请参议院，同意伍廷芳、孙中山、王正廷、伍朝枢、王宠惠为中华民国全权大使，出席欧洲和平会议。

△　孙中山分函粤军将领邓铿、许崇智等，指出国内形势仍极严重，护法目的尚未达到，勉以加紧训练军队，准备斗争。

△　邹鲁上书孙中山，陈述国是意见。略称，今日欲求全国之发展，除国会外，当谋广东之地盘，主张以胡汉民长粤。

12 月 14 日　北京众议院开会通过钱能训为国务总理案，旋即移送参议院。

△　广州正式国会议员焦易堂上书孙中山，请其接受赴欧洲议和大使一事。是日，孙中山复函称："欧洲议使，南方尚未得全国承认，当然无效。"表示欲以个人名义再游欧美。

12 月 15 日　日驻奉天总领事赤塚正助奉日外务省之命访晤张作

霖,劝张停止有关妨碍南北议和言行。

△　北军再次攻陷福建永泰。

12 月 16 日　钱能训电军政府七总裁,中央派军入陕赴闽,旨在剿匪清乡,并未令其作战。

△　曹锟通电北方各督军表示,唐继尧所提和议条件于统一大局有妨害,自当预为防范。

△　徐世昌任命张振声署理中央陆军测量学校校长。

△　徐树铮从日本回到北京,即谒段祺瑞密谈。

△　徐树铮与天津美商慎昌洋行签订 200 万银元短期借款合同,作为军火借款。

12 月 17 日　军政府政务会议决定以唐绍仪为议和总代表。

△　北京“平和期成会”熊希龄、蔡元培函北方总代表朱启钤,陕、闽剿匪安民,为大局善后要政,而划界停战则为目前待决之亟务,恳请毅力主持,勿令陕、闽纠纷影响和局。

12 月 18 日　北京新国会参议院讨论众议院咨请同意钱能训为国务总理案,徐世昌派政府委员吴笈孙长官说明理由,该案获得通过。

△　徐世昌通令各省行政长官整饬官方,“此后务各慎选良吏,勤求治理,为地择人,勿为人择地,贤能者不吝优擢,庸劣者立予纠惩,各秉官箴,用崇民治”。

△　徐世昌为调查审议对外事项,于总统府设立外交委员会,以汪大燮为委员长,熊希龄等 14 人为委员。

△　广州正式国会两院议员 115 人发出通电,声述北方政府进兵闽、陕无议和诚意,请通告外交团,明破坏和平责任,并速援陕、闽。23 日,军政府致电外交团,指责北方借口剿匪违约进兵闽、陕。

△　岑春煊电告苏督李纯称,南方已拟定唐绍仪为总代表;陕西问题,不得将护法军队名之为匪;陕有匪患,须俟和平会议解决大局之后悉心抚剿,勿以此牵动大局。

△　全国省议会、商会、教育会等联合组成“全国和平联合会”,是

日在北京开成立大会,推蔡元培为总代表。

12 月 19 日　广州正式国会参议院议决咨请军政府于陕、闽、湘、鄂等处停战以前,不得先派和议代表,并请军政府电外交团严责北方借口剿匪进兵陕、闽、湘、鄂以阻碍和议之罪。

△　修改现行进口税则委员会通过《1919 年改订输入税率并附属规程》,规定次年 8 月 1 日实行。与会英、美、日、法等 14 国委员同意中国海关改订输入税率按从价课税五分,以欧战前五年间之平均物价为基数;战后物价下落时,在和平条约签订二年后再行修正。会议于 22 日闭会。

△　北京政府农商部咨各省区,现值欧战告终,各国对于经济竞争尤为注意,吾国当急起直追,请速调查经济状况,迅报本部。

12 月 20 日　徐世昌特任钱能训为国务总理。

12 月 21 日　徐世昌于总统府设财政委员会,周自齐任委员长,张弧为事务主任,梁士诒、汪大燮、陆宗舆、曹汝霖、李士伟、朱启钤、陈振先、吴鼎昌、张志潭、王克敏、徐恩元、张寿龄、叶恭绰等为委员。

△　北京新国会参议院开会,讨论通过梁士诒辞议员及议长职案。

△　福建省财政厅、福建银行与日本台湾银行签订 68.2625 万日元延期借款合同,以为清偿旧欠借款。

△　北京图书馆协会开成立大会,选举袁同礼为会长。

12 月 22 日　钱能训电唐绍仪,表示上海不适为和议地点,陕、闽、剿匪清乡“为迫不容已”;并谓“此间代表各员不日南下,尊处想已派定,务望早日见示,定期集议,俾观厥成”。

△　军政府七总裁电徐世昌,指责钱能训来电所称派援军入陕、闽、剿匪清乡一节,皆在设置障害,“再延战祸。……兹任唐绍仪为南北和平会议之南方总代表,在上海静候闽、鄂、陕西之军事解决,再谈和议”。

△　段祺瑞决定编练四个师,以傅良佐、曲同丰、陈文运、马良为师长,段自任总司令,徐树铮为参谋长。

△　李大钊、陈独秀发起之《每周评论》创刊。陈独秀撰写《发刊

词》,称:"《每周评论》的宗旨,也就是'主张公理、反对强权'。"

　　△　江苏教育会、北京大学、南京高等师范学校、暨南学校、中华职业教育社等联合组织中华新教育社,是日在江苏教育会开成立会。该社拟编译书报,出版《新教育月刊》、《新教育丛书》。

　　12 月 23 日　徐世昌于总统府设善后事宜讨论会,以钱能训为会长,汪大燮等 12 人为委员。27 日召开讨论会,讨论和平善后事宜。

　　△　孙中山函复林祖涵,谓借和议以遂其分赃割据之阴私者,吾党惟有竭力诛之。

　　△　孙中山函复陈炯明,奖勉其在闽措施,并谓"文对于种种建设,此时专期《实业计画》有所著述,此编告竣,始从事其他"。

　　△　张謇、朱佩珍、沈镛等于上海发起成立"主张国际税法平等会","以要求本国议和专使在欧洲和平会议中主张税法平等为宗旨"。

　　△　北京政府外交部特派奉天交涉员关海清与日商饭田延太郎签订合办弓长岭铁矿无限公司合同,由奉天省实业厅与日商饭田共出资100 万日元。后于 1938 年为昭和制钢所收买。

　　12 月 24 日　孙中山函复熊克武论和议应贯彻护法本旨。指出:"近日国内虽和平之声日益加盛,然类多为苟且旦夕之谋,能为国家筹根本解决之计者,甚属寥寥。鄙意吾人创义目的既为护法,则解决办法亦自当以国法有效为根本;否则暴力犹存,法律仍将为所蹂躏,数年一乱,澄清难期,此甚匪吾人救国护法之本旨也。"

　　△　江苏督军李纯致军政府七总裁两电,提出解决和议僵局方案,主张一面定期会议,一面商决陕事。陕西宜划区各守原防,各自剿匪,如虑划分不易,不妨由双方或居间公团派员监督,秉公商定。

　　△　孙中山函复林修梅,指出北京政府"一面言平和,一面对陕、闽仍积极进攻,其无诚信可知"。勉其"必期达到真正护法而后已……万不可轻牺牲其主张"。

　　△　唐绍仪电徐世昌,仍主张和议地点在沪,并对进兵陕、闽事提出质疑。

12月25日　于右任上书孙中山,认北方罢兵言和为一种策略,避实击虚,以逞其最后之阴谋,主张以武力求和平,电催援陕各军速进,然后出兵潼、洛。

△　蔡元培、王宠惠等组织之国民制宪倡导会在北京开会,并发表宣言。

12月26日　陕西靖国军六路司令郭坚、樊毓秀等通电,揭露北京政府表面下令停战,实际派兵攻陕。

△　北京政府政治顾问莫理循离开北京,以中国参加巴黎和会代表团技术顾问身份前往欧洲。

△　徐绍桢、汪精卫、吕渭英等于上海发起成立世界和平共进会。

12月27日　孙中山函勉云南刘祖武、田云龙等坚持护法,略谓:"文与海军暨两粤诸将士誓非使国会恢复,得完全行使其职权,凡约法所规定,得保障其原有之效力,则决不为姑息调和之言所乘,致中敌人之奸谋,而再蹈为德不卒之辙。所望执事坚持到底,作一劳永逸之图。"

△　广州正式国会议员在上海东园俱乐部开谈话会。易次乾代表唐绍仪发表意见:一、代表应速派遣,陕、闽军队不得认为土匪;二、和议地点如不在上海,则辞去总代表职;三、国会必须恢复职权,解散段祺瑞督办参战事务处,国会宜速规定全国军费;四、欧战和会代表由南北和会提前议定,双方委任,议和各种条件以国会之意见为意见。

△　日新任公使小幡酉吉向徐世昌呈递国书。

12月28日　江苏督军李纯电岑春煊称,陕事一隅之争,似未可牵动全局,"我辈务当以全副精神,注重于根本问题,迅开会议,早日解决,以救国家之覆亡"。

△　北京政府教育部公布"国语统一筹备委员会规程",凡14条。同日,该部通令吾省施行"全国教育联合会"议决之各省区每年派员考察国外教育案。

12月29日　北方议和代表团总代表朱启钤,成员吴鼎昌、王克敏、施愚、方枢、汪有龄、刘恩格、李国珍、江绍杰、徐佛苏,由京启程南下，于 1919 年 1 月 2 日抵南京。

　　△　北京政府财政部为民国四年公债抽签归还本息及偿还陆徵祥赴欧经费垫借款，照会外交使团请提拨关余 180 万两。使团即于本月 31 日开议，准允提用，并于次年 1 月 10 日照复外交部。

　　△　梁启超自上海乘船赴欧洲。目的为"关注欧洲和会，向世界舆论伸诉冤苦，以尽国民责任"。

12 月 30 日　孙中山撰《孙文学说》成，倡"行易知难"说。

　　△　唐绍仪致电徐世昌，谓"陕事不决，议和难行"。

　　△　李纯在南京设立和平会议办事处，委李廷玉为主任，齐耀琳为帮办。

12 月 31 日　徐世昌令山东会同直隶、江苏、安徽各省，于津浦铁路沿线剿除"匪患"，认真防护交通。

　　△　陕西靖国军总司令于右任通电指责北京政府于停战令后，"调七省之师分道并进"，进攻陕西，"张锡元、许兰洲由临渭进，鄂军由南山进，晋军占韩城、郃阳，甘军入邠州、长武。撤湘西之兵以图陕，乃战略变易，恶得谓停战"？

是月　山东省东阿、平阴、荏平、肥城等县有三阳教活动，会首为王会臣、李同升等，东阿县知事密派警队逮捕，该教与官军激战，李同升等 13 人战死，余逸去。

　　△　虞洽卿、谢莲卿向农商部注册在上海创设"鸿安商轮股份有限公司"，资本 100 万元。

　　△　李盛铎于北京创办商业银行，资本 100 万元，设分行于天津。

　　△　吕文会于山东博山创办博山电灯有限股份公司，资本 50 万元。

　　△　陈文鉴于上海创办中国兴业烟草公司，资本 20 万元，北京、南京、天津、汉口、杭州等地均有分号。

1919 年(民国八年)

1　月

1 月 1 日　大总统徐世昌在北京怀仁堂接受官员朝贺毕,对新任国务总理钱能训表示,南京会议宜速决定国会与军队问题。

　△　参战军第一师正式成立,辖步兵二旅,师直辖骑、炮兵各一团,工兵、辎重、机枪各一营,共一万余人。师长曲同丰。

　△　《国民》杂志在北京创刊。月刊,系学生救国会机关刊物,旨在进行反帝爱国宣传,刊物宗旨有四:"一、增进国民人格;二、灌输国民常识;三、研究学术;四、提倡国货。"《国民》共出八期,1921 年 5 月第二卷第四号出版后停刊。

　△　《新潮》月刊创刊,系北京大学学生团体新潮社出版物,傅斯年、罗家伦等主办。

　△　日人安川敬一郎与通裕煤矿公司在天津开办奉天锦西煤矿有限公司,资本 300 万两,开采锦西大窑沟等处煤矿。安川敬一郎任日方总理,通裕煤矿公司代表陈应南任中方总理。

1 月 2 日　广州军政府岑春煊、孙中山等联名电徐世昌,不能以剿匪为口实,迁延停战时日。为避免争执,促进和平,特以三事相商。

　△　广州军政府岑春煊等电江苏督军李纯,表示"非陕、闽、鄂西停

战问题解决后，不得开议"；并提议"对于陕西方面，或由双方公推威信素符之大员前往查视，划定区域，以杜纠纷"。

△　李纯电张謇，请转向广州军政府代表唐绍仪疏通，勿因地点争执致碍南北和议之进行。

1月3日　京绥铁路局向日本东方展拓公司借款 300 万元，以 1918 年所发公债券余额作抵，并言明日后须借款时，该公司有优先权。

1月4日　唐绍仪自上海电北京政府议和总代表朱启钤，就奉军许兰洲、管金聚两旅参加陕战、蓄意破坏和局一事，痛加斥责；并请朱电告北京政府，明颁停战命令，惩办许、管，另将唆使奉军加入战争之陕西督军陈树藩即日调离陕境，以遏乱源。

△　孙中山批复马逢伯函，指出：局部和议"乃徐（世昌）、陆（荣廷）之阴谋，吾辈当竭力打消之"。

1月5日　徐世昌令发展国民经济，责成财政农商两部广兴航业，提前筹设劝业农工各银行，优奖土货，广设国际汇兑机关，提倡开采矿业，改良农业，推广林牧，奖劝机织。

△　徐世昌任命汪荣宝为驻瑞士特命全权公使，魏宸组为驻比利时特命全权公使。

△　孙中山函复陕西靖国军总司令于右任，勉其贯彻民治主义，望念国事之艰难暨西陲之要任，万勿遽怀灰心而有引退之意。

1月6日　广州军政府政务会议决定设立军事委员会，任钮永建、李书城、蒋尊簋、林虎、马济、刘祖武、陈强、金永炎、张孝准、吕公望、魏士厚、魏邦平、缪嘉寿为军事委员会委员。28 日，决定由李烈钧任军事委员会会长，以蒋尊簋为常任干事，并补方声涛为委员。

△　孙中山函复在广州之闽籍国会议员，赞同在闽北军新增者先行撤退，为议和前提之主张。

△　孙中山函林森、徐谦、胡汉民，望设法疏通伍朝枢出席巴黎和会。

1月7日　北京众议院开会通过钱能训内阁人选。

△ 广州国会开宪法会议,宪法会议审议长褚辅成报告审议地方制度经过,议决依审议会审议之结果交宪法起草委员会付表决。

△ 北京大学校长蔡元培发表声明,内称南北议和会议不日开幕,鼓吹和平之务业已告一段落,自本日起,即与平和期成会、全国和平联合会、国民制宪倡导会、外交请愿联合会等谋求国内和平各团体,概行脱离关系。后以全国和平联合会具函挽留,蔡于 10 日函复,允不脱离该会。

1 月 8 日 北京国务院将外交委员会拟定之巴黎和会中国提案电令议和代表陆徵祥等照办。

△ 在北京政府特派焚土专员、司法次长张一鹏主持下,由北京政府指定之各有关方面代表开始在上海查验贮存鸦片烟土。17 日起在浦东焚烧。27 日全部焚毕。29 日张返北京销差。验焚期间,弄虚作假,流弊百出。身为焚土特派员之冯国勋,亦竟利用职权贪污大量存土,转售奸商,从中渔利。群情愤激。而北京政府对此则不予认真究办。

1 月 9 日 广州军政府委任伍廷芳、孙中山、汪精卫、王正廷、伍朝枢为出席巴黎和会专使。

△ 广州军政府电北京政府,告以派定唐绍仪为出席南北议和会议总代表,章士钊、胡汉民、李曰垓、曾彦、郭椿森、刘光烈、王伯群、彭允彝、饶鸣銮、李述膺为代表,“即日赴沪,听候陕、闽、鄂西问题解决,即行开议”。后因唐继尧不满李曰垓,遂于 14 日再电北京政府,告以李曰垓一席改派缪嘉寿充任。

△ 北京国会参议院举李盛铎为议长。

1 月 10 日 徐世昌令准财政次长李思浩辞盐务署署长及稽核总所总办兼职,改令张弧兼署。

△ 徐世昌令将全国烟酒公卖局改组为全国烟酒事务署,以张寿龄督办全国烟酒事务。

△ 山东省议会郑钦、王朝俊等电北京政府,反对中日双方单独解

决青岛问题,主张提交巴黎和会公议。13 日,山东省报界联合会亦有同样之通电。

　　△　江西省议会选举正、副议长,饶正音、胡廷銮分别当选。

　　1 月 11 日　北京钱能训内阁正式改组。徐世昌令准陆徵祥、钱能训、段芝贵、刘冠雄、朱深、傅增湘、田文烈、曹汝霖分别辞去外交、内务、陆军、海军、司法、教育、农商、交通兼署财政各部总长职,特任钱能训、陆徵祥、龚心湛、靳云鹏、刘冠雄、朱深、傅增湘、田文烈、曹汝霖分别为内务、外交、财政、陆军、海军、司法、教育、农商、交通各部总长。任命郭则沄为国务院秘书长。外交总长陆徵祥未到任以前,着由次长陈篆代理部务,财政总长龚心湛未到任以前,着次长李思浩暂行代理部务。

　　△　徐世昌任张怀芝为参谋总长;吕调元为安徽省长,未到任前由李维源暂代。

　　△　广州国会开两院联合会,议决军政府改名护法政府,并发表《中华民国国会第四次宣言》。内称:两院联合会"议决修改军政府为护法政府案,委托军政府代行国务院职务、摄行大总统职务,以护法政府名义行之"。13 日,将此项决议正式宣布。按:此项决议因军政府内各系军阀反对,并未见诸实施,后仍沿用军政府名称。

　　△　广州军政府电徐世昌,责问北军在谋和期间,何以在川、陕、闽、赣等处增兵进攻,应请飞饬查明撤退,以昭大信。

　　△　广州国会电美国国会转美总统威尔逊,请其担任解决中国南北纷争之仲裁人。

　　△　福建督军兼省长李厚基、财政厅长费毓楷与日商中华汇业银行签订借款 200 万日元合同;2 月 7 日,再与日商台湾银行签订借款 40 万日元合同。两项借款均以该省契税、屠宰税及杂捐杂税为担保,并均用作该省财政经费。

　　1 月 12 日　徐世昌令财政总长龚心湛兼任盐务署督办。16 日,再令龚兼任币制局督办。

　　△　章太炎致函孙中山,反对南北议和。

1 月 13 日　午后,广州国会两院指定起草委员会草拟《中华民国国会第五次宣言》,声明不承认北京政府所派出席巴黎和会代表及其所订各项条约。18 日,经两院议决后正式公布。

△　晋督阎锡山训令新任各区长于区内各设"洗心分社"(宣传孔孟思想之组织),每逢星期日集众讲演,实行自省。

1 月 14 日　李纯根据南北双方意见所拟关于陕、闽、鄂西停战办法六条电呈钱能训请示。六条如下:"一、陕、闽、鄂西双方一律实行停战;二、援闽、援陕军队准即停进,担任后方剿匪任务,嗣后不再增援;三、双方将领直接商定停战区域办法,签字后备呈报备案;四、陕省内部由双方公推大员前往监视,以杜纠纷;五、划定区域,各担任剿匪卫民,毋相侵犯。反是者国人共弃之;六、以上各节一经双方承认宣布,即由苏、鄂、赣三督宣布在南京开议日期,不得再以他事别生异议,致会议停顿。"电中并请指定监视陕省划分停战界线之大员一二人,俾可与南方商洽。28 日,李纯将上述六条电达军政府。

△　广州军政府召开政务会议。伍廷芳提出议和意见六条:一、恢复旧国会;二、决定地方制度;三、决定军区及裁兵;四、补充护法各省经费;五、善后借款由南北共同办理;六、军政府命令仍有效。

1 月 15 日　陈独秀在《新青年》杂志第四卷第一号发表《本志罪案答辩书》,重申该杂志拥护"民主"、"科学"的立场。略谓:"西洋人因为拥护德、赛两先生,闹了多少事,流了多少血;德、赛两先生才渐渐从黑暗中把他们救出,引到光明世界。我们现在认定只有这两位先生,可以救治中国政治上、道德上、学术上、思想上一切的黑暗。若因为拥护这两位先生,一切政府的迫压,社会的攻击笑骂,就是断头流血,都不推辞。"

△　唐绍仪派郭人漳、唐宝锷赴宁晤李纯,坚持以上海为议和地点。

△　北京外交团电饬广州领事团通知军政府,如能于本月 25 日派出代表赴上海正式开议,则 1918 年关税余款 1200 万元,南北双方可照所定用途拨用;否则将自 25 日起,分批全部交付北京政府。此事虽经

军政府一再反对,并要求延期一月,而外交团均置之不理,至期竟按原定方案执行。

△　朱启钤密电北方议和代表吴鼎昌,告以唐绍仪在上海声言:开议和会时必先解决国防军问题,"以解内外人心之疑"。电中言及靳云鹏现长陆军,可否按段祺瑞原意,将国防军"归纳部辖","实际上似无出入",嘱吴就此与当道"密商先发制胜之策"。

△　美、日两国政府代表在东京擅行议定由美、日、英、法、中、俄、意等国合组协约国监管路政委员会,共同监管西伯利亚俄路及我中东路计划。2月17日,两国驻北京公使将此计划正式送交北京政府外交部。18日,北京政府召开阁议,被迫于原则上接受监管方案。旋委派刘镜人为监管路政委员会委员,詹天佑为该会技术部代表。

△　广东高等师范学校与日商台湾银行签订借款10万元合同,以该校全部校舍为担保。此款用于补发所欠教职员薪金。

△　上海《时事新报》编辑张东荪于该报"时评"栏中发表《世界公同之问题》一文,提出防治"过激主义"。

1月16日　徐世昌令设置整理棉业局,振兴推广棉业,派周学熙为该局督办。

△　长沙造币厂与日商三井、久原、古河、高田、住友、东亚等洋行签订借银149.2263万两合同,用于支付购铜款项。

1月17日　南方议和代表纷赴上海。是日,胡汉民自广州启行。20日,章士钊、彭允彝、郭椿森、王伯群自香港启行。是月底,刘光烈、李述膺、饶鸣銮继到。

△　北京政府财政部电朱启钤,请曲予维持南北会议,以免公使团对放还关余税款再加留难。

△　广州军政府财政厅长杨永泰、广东中国银行及地方实业银行与日商台湾银行签订借款76万日元合同,以广州电话局、广东省烟酒税及纸币56.4万余元为担保。此款用于维持广东中国银行所发纸币。消息传出后,北京政府即向外交团声明,不承认此项借款。

△ 章太炎等在广州发起组织护法后援会并发表宣言。其中指责先此成立之全国和平联合会、平和期成会等团体均为"首鼠两端之护法";声称:护法后援会"要使僭伪不能生心,策士无所用力。……若干犯正义、为依违迁就之和议者,当与国人共屏弃之"。

△ 万国禁烟会在沪开会,并焚毁政府在沪收买之存土 1200 余箱,三日乃尽。北京政府特派专员张一鹏赴沪监视。

1 月 18 日 巴黎和会开幕。北京政府代表陆徵祥、王正廷出席,并向大会提交取消外人在华特殊利益及废除"二十一条"。

△ 北京政府教育部咨请各省区转令各校厉行道德教育。

1 月 19 日 湖南督军兼省长张敬尧电北京政府,借口"结束湘事",请速将吴佩孚所部调离湖南。

△ 上海粮食研究会马良、冯煦、熊希龄等 38 人,基于日、英等帝国主义及自身利益,不顾江苏民众生计,是日联名电徐世昌、北京国务院及财政、农商两部,要求开放江苏米禁,豁除面粉照费,允许米面出口。

1 月中旬 北京政府农商部与日本安川制铁公司签订借款 300 万元合同,以让与山西煤矿、铁矿开采为条件。

1 月 20 日 北京国务院战后经济调查会在北京开成立大会,由国务总理钱能训任委员长,孙慕韩、周缉之任副委员长。参加者 150 余人。

1 月 21 日 徐世昌特派陆徵祥、顾维钧、王正廷、施肇基、魏宸组为出席巴黎和会全权委员。该名单直至 28 日始由和会正式公布。

△ 广州军政府将陕西靖国军驻扎地点及将领姓名电告江苏督军李纯。

1 月 22 日 朱启钤电钱能训,告以唐绍仪曾于 21 日来电,托汪精卫、谷钟秀、卢信三人赴宁,接洽并商讨关余税款使用情事。是日,谷、卢两人抵宁,要求将关余税款余额 420 万元均分。朱以养(22 日)电北京政府总理钱能训,请示答复办法。

　　△　藏兵侵扰川边,已攻陷理化,巴塘、里塘均甚危急。

　　1月23日　孙中山致函黄复生、石青阳、颜德基、卢师谛等,勖协助杨庶堪治理川政。

　　△　北京政府循日公使小幡酉吉之请,允将苏米100万石运往日本,并声称:"如英使援例请求亦照允。"

　　△　北京政府教育部批准组织全国中学校联合会。该会以研究改善中学教育为宗旨。决定"先办月报,以为交换知识、商榷方法之机关"。

　　1月24日　朱启钤委托王克敏、江绍杰自南京赴上海,将李纯所拟陕、闽、鄂西停战办法六条面交唐绍仪,并以北京政府拟派宋联奎为陕西划界仲裁人征询其意。25日,唐再晤王、江,告以宋联奎与陕督陈树藩关系至深,碍难同意。旋亦提出停战办法五项:一、明令停战;二、取消检查三原电报;三、须得三原总司令部停战之密电为证据;四、派员划界;五、建议派张瑞玑为陕西划界仲裁人。张现在粤,可由陕议员杨铭源先行代往。并谓,钱能训抚陕时张曾任首县,北京政府当可同意。

　　1月25日　徐世昌公布《管理敌国人民财产条例》、《管理敌国人民财产事务局条例》、《管理敌国人民财产事务分局条例》、《遣送敌国人民事务局条例》。规定管理敌国人民财产事务局"直隶于国务总理,承各主管部总长之指挥,遵照《管理敌国人民财产条例》,办理关于敌国人民财产事宜";各分局"掌理各该省区关于敌国人民财产事宜";"于上海地方设遣送敌国人民事务局,直隶于国务总理,办理遣送敌国人民回国事宜。一俟遣送事毕即行裁撤"。

　　△　广州非常国会众议院协议派遣欧洲议和全权大使同意案,出席议员306名,孙中山得303票,伍廷芳得286票,大会通过孙、伍二人为派遣欧洲议和全权专使。26日,孙中山函复广州赵士北,告以不欲担任赴欧代表事。

　　1月26日　徐世昌面谕国务总理钱能训,令转饬交通总长曹汝霖速谋交通要政。

△　徐世昌发布查禁私运盐斤令。

1 月 27 日　出席巴黎和会美、英、法、意、日代表举行五国会议,讨论处置德属殖民地问题。中国代表顾维钧、王正廷应邀参加。会间日代表牧野伸显乘机提出德国在山东所占一切权利应无条件让与日本之无理要求。顾维钧当即声明:关于山东问题,"应由中国陈说理由后,再行讨论"。

△　岑春煊等电李纯,告以军政府拟推张瑞玑为陕西划界仲裁人,"如荷赞同,请转电北京一致推任"。28 日,李纯电复岑等,主张仲裁人应由双方议和总代表公推。30 日,钱能训电李纯,同意对岑等之答复,并谓"若竟照此办理,彼必借口于先决陕事,再行开议";如"由双方总代表公同集议,正式推定,借可促成会议,且杜口实"。

△　陕西陈树藩、刘镇华等联名电北京政府,报告本日向三原于右任、张钫所部靖国军开始总攻,已全队渡渭河。北京政府竟电令"努力前进"。

△　江西铜元局与日商占河洋行签订借款 50 万日元合同,以铜元局全部设备及江西库券 30 万元为担保;并言明须以借款之一部自日本购入精铜及黑铅,余款用于添置机器及其他设备。

1 月 28 日　巴黎和会美、英、法、意、日代表继续举行五国会议,中日两国代表就山东问题展开激烈争论。顾维钧要求大会"尊重中国政治独立,领土完整",将德国在山东所占一切权利直接交还中国,而牧野则借口中日两国关于山东问题"已有成约",坚决反对。顾维钧当即指出:日本代表所谓"成约","想系指一九一五年二十一款要求所发生之条约及换文而言……此项条约换文,经日本送达最后通牒,中国始不得已而允之,不能认为有效"。

△　朱启钤接北京国务院唐在章密电,告以唐绍仪"近密致英公使一函,叙述议和意见,计列七款:一、撤参战处,废国防军;二、裁减军队;三、推行警察;四、去督军制;五、省长由民选;六、废厘金;七、改国会制。并谓总统目前仍受制武人,望协助"。

△　徐世昌派卢永祥督办遣送敌侨事务,蔡廷幹会办遣送敌侨事务;另派曾彝进为管理敌国人民财产事务局局长。

△　瑞典新任驻京公使柏古通向徐世昌递交国书。

1月29日　北京政府拟派宋联奎往陕主持划界停火,唐绍仪提出五项意见,并主派张瑞玑前往。

△　徐世昌据代理外交总长陈篆呈,以欧战以来“侨工事务倍形繁重”,请准于英国伦敦、法国巴黎设总领事馆,是日指令“准如所拟办理”。2月14日,任罗昌为驻伦敦总领事;廖世功为驻巴黎总领事。

△　北京政府财政、外交两部与北京汇丰、正金、麦加利、花旗、中法实业、东方汇理、道胜、华比八银行签订借款50万元合同,以充遣送敌侨归国之用。

△　台湾华南银行在台北创立。中日合办,资本1000万元,中日各半。总行设台北,于新加坡、广东、三宝垄(印尼)设分行,东京设办事处。董监事:中国16人,日本6人。

1月30日　唐绍仪委托章士钊、胡汉民、彭允彝、王伯群、李述膺、饶鸣銮赴南京,面晤朱启钤,转达其对议和会议两点意见:“一、地点在沪;二、会议时专由双方总代表发言。”朱启钤亦提出会议大纲办法四条:“一、议题由双方总代表协定后列入议案;二、会议时由双方总代表发言,但得委托分代表陈述;三、议案总代表认为应准备或审查者,得开准备会或审查会,准备会或审查会得由两方代表联合行之;四、准备会或审查会拟议事件,仍由双方总代表取决。”当请各代表返沪代达。后以未见唐绍仪回电,乃于2月2日电唐催复。

△　徐世昌以南北停战,下令撤销援粤总、副司令,其所属军队,着由陆军部派员收束。

△　北京国务院电苏督李纯、省长齐耀琳,请设法通融,允准食米输粤。

1月31日　北京政府陆军总长靳云鹏与日本泰平公司签订借款350.52万元合同,以国库券为担保,用于支付参战军械价款。

2 月

2 月 1 日　徐世昌明令各省省长勤求治理,甄采贤才。

2 月 2 日　日本公使小幡酉吉会见北京外交部次长陈箓,就巴黎和会中国代表向新闻界宣言随时可将民国七年 9 月 24 日关于山东之中日密约文书发表一事,提出质问;无理指责顾维钧"未得日方之同意"即发表此项声明,此举"是漠视日本之体面",日本政府对此"殊不愉快"。特提请中国政府注意,并要求将此意电知中国代表。消息传开,全国舆论大为愤激,纷电北京政府,要求公布并废除与日本政府所订各项密约。

2 月 3 日　北京政府议和总代表朱启钤派吴鼎昌赴沪,将所提议和会议大纲办法四条同唐绍仪面商,以取得一致意见。

△　各省旅京人士于中国国民外交协会(按:是时该会尚未宣告正式成立)集议,筹商对付日方威胁、维护我国领土主权办法。决定即以中国国民外交协会、各省议会、商会、教育会名义,电巴黎和会中国代表,请向和会转达全体国民三点严正要求:"一、中国宣战后,德国在山东一切权利应直接归还中国;二、欧战期内凡各国所结密约,关于处分中国土地、权利者,擅观中国为买卖品,中国人民誓不承认;三、欧战后中日所订各约及各合同,皆由日本用武力阴谋强迫,应全取消。"

△　北京政府参战处派张斯麟任驻鄂木斯克(俄高尔察克伪政府所在地)军事代表。

2 月 4 日　孙中山函复陈炯明,告以和议难成,指示粤军整顿内部,充实军力。

2 月 5 日　北京政府参战督办段祺瑞命徐树铮同日本陆军部代表东乙彦商定延长《中日陆军共同防敌军事协定》,签订《关于陆军共同防敌军事协定战争终了协定》。

△　北京大学等校电巴黎和会中国代表,要求:"取消中日所订'二

十一条'及军事协约……务望努力坚持。……学生等当联合国人,以全力为诸公后盾。"

　　△　山东旅京人士为力争收回青岛,组织外交后援会。

　　△　上海洋货商业公会、出口公会、广肇公所、全国和平联合会、浙江旅沪学生会、宁波旅沪同乡会、绍兴同乡会等团体,联名电北京政府,要求严词拒绝日使无理要求,以保主权。

　　△　西藏地方军陷里塘。当地文武官吏及守军百余名均被缴械、拘禁。

　　2月6日　李纯通电南北各方,告以前经其所拟陕、闽、鄂西停战办法,业经北京政府与广州军政府多次协商,一致同意,即日双方通令按照实行:"一、陕、闽、鄂西双方一律严令实行停战;二、援闽、援陕军队即停前进,担任后方剿匪任务,嗣后不再增援;三、闽省、鄂西、陕南双方将领直接商定停战区域办法,签字后各呈报备案;四、陕省内部由双方总代表公推德望夙著人员,前往监视区分;五、划定区域,各担任剿匪卫民,毋相侵越,反是者国人共弃之。"上述停战条文,北京政府于13日始行公布。

　　△　唐继尧提出解决南北问题办法四条。其中包括有关制定宪法,选举总统,解散新旧国会,解决地方行政,划分军区,处理滇、川、黔、陕、鄂、豫、湘西联军范围以内善后问题等建议。

　　2月7日　徐世昌据北京国会决议,公布7月3日(按:即段祺瑞马厂"誓师""讨伐"张勋之日)为"民国纪念日"。

　　△　徐世昌公布中华民国邮旗。

　　△　孙中山自上海复函广州谢持,告以不能担任巴黎和会特使;广州军政府七总裁个人联名电北京政府时,以不列名为宜。

　　2月8日　朱启钤所提议和会议大纲办法四条,经北方代表3日赴上海与唐绍仪面商修改后,取得一致意见。是日由章士钊、胡汉民、方枢、汪有龄四人共同草就会议细则,并确定于上海开议。

　　△　朱启钤电钱能训,请照李纯所提停战办法,迅饬前方各军停止前进。

△ 徐世昌令内务、农商两部通行各省军民长官及国外各中华商会,设法招徕侨商集资回国,兴办实业,并由该部妥拟办法,予以优奖。

△ 上海浦东日华纱厂新石工人 600 余举行罢工,反对日资本家殴打工人、克扣工资、裁减老、幼、女工等,罢工持续七日。后以资方认可工人所提条件,始行复工。

2 月 9 日 北京各大专学校学生 1.15 万人电巴黎和会中国代表,请"保持国权","对于中日争执坚持到底",并声言"誓为诸公后盾"。

△ 熊克武就任四川督军。

2 月 10 日 北京政府电巴黎和会中国代表,许有随时宣布中日各项密约全权,并于同日授权外交部发表正式声明,公布 2 日日使小幡与陈箓会见实情。

△ 《民国日报》刊载山东省议会致巴黎和会中国代表电,内称"青岛问题务请坚持,万勿退让。鲁民全体誓以死力对待"。

2 月 11 日 北京新国会闭会。该会自去年 8 月 12 日开会,会期四个月,嗣经延长两个月,现复届满,于是日闭会。

△ 国际联盟中国同志会在北京大学开成立会,推定梁启超为理事长,汪大燮代理事长,蔡元培、王宠惠、李盛铎、严修、熊希龄、张謇为理事。次日,通过九项议案。入会者 800 余人。

△ 日本东洋拓殖会社为掠夺中东铁路附近之森林,垄断该地电灯、制粉、窑作等副业,于哈尔滨开办中东海林实业公司。资本定额 300 万日元,中日合办,开设期限 20 年。后该公司转由日本纸器制造株式会社经办。

2 月 12 日 中国代表在巴黎和会公布中日各项密约,计有:《中日陆军共同防敌军事协定》、《中日陆军共同防敌军事协定实施之详细协定》、《中日海军共同防敌军事协定》、《中日海军共同防敌军事协定说明书》及《中日解决山东善后条约》等。

△ 徐世昌任沈铭昌为山东省省长。

△ 华侨平和期成会在上海成立。宣称以"期成和平,协赞南北政

府以谋统一,庶国内人民与海外华侨一致对外"为宗旨。会长李登辉。

2月13日　北京政府征得西南同意,将李纯所提五条办法电陕饬遵。

△　孙中山函复广州谢持,将暂不续派驻粤代表。函谓:"护法政府代表事,此间仓猝实无可代之人,只好暂行听之而已。"

△　武汉各界连日集会,议商对中日交涉问题应取之行动。是日议决电北京政府,要求维护主权,并督励巴黎和会中国代表,尽力挽回一切利权。湖北督军兼省长王占元闻讯,借口"此等交涉毋庸民间陈请",竟禁止发电,并派警察四出取缔"谣言"。

2月14日　唐绍仪电徐世昌,指责北京政府"一面言和,一面挑战",吁请速罢兵诚意议和。徐得电后即批交国务院作复。次日,钱能训电复唐绍仪,谓"惟望双方竭诚商榷,早息纠纷"。

△　大战期间赴欧山东籍华工1200人,乘英轮"庇亚斯号"返抵青岛。

2月15日　中国代表在巴黎和会提出山东问题长篇说帖,要求将胶澳租借地、胶济铁路及德国在山东强占之其他权利直接归还中国。

△　唐绍仪接于右任函告,陕西乾县、盩厔(今作周至)之围依然,陈树藩之旅长刘世珑仍在东路进攻。

△　北京政府财政部与中法实业银行签订借款256.25万法郎合同,以期票为担保。此款用于交付中法实业借款第10期利息及手续费。

△　北京政府陆军部设立军官补助团,选调各师、旅下级军官4000人进行为期四个月的短期训练。该团团长余晋和,总教官由日军大佐板西担任,另有教官10余名亦均系日本人。

△　万国新闻记者俱乐部在北京成立。举《京津时报》社长汪立元为会长。

2月16日　中国国民外交协会在北京正式成立。举张謇、熊希龄、林长民、王宠惠、严修、范源濂、庄蕴宽等为理事。21日,该会通电发表七点主张:"一、促进国际联盟之实行;二、撤废势力范围并订定实行方法;三、废弃一切不平等条约及以威迫利诱或秘密缔结之条约、合同及其他国际文件;四、定期撤去领事裁判权;五、力争关税自由;六、取消庚子赔款余额;七、收回租界地域,改为公共通商。"

　　△　北京政府议和总代表朱启钤离南京抵上海。

2 月 17 日　曹汝霖、陆宗舆以三兴公司名义与日人合办辽西新邱煤矿,资本 3000 万日元。

2 月 18 日　唐绍仪再电徐世昌,责其继续对外借款购械,并指出陕事罢战言和以后,奉、甘各军又加入攻击陕西南军。

　　△　孙中山函复于右任,表示陕事为议和第一问题,决不放松。

　　△　钱能训为首之和平统一会,改组为己未俱乐部。

　　△　北京国务院分函各有关部会,说明东清铁路路权应全部归我国收回自管。

　　△　徐世昌发布禁种鸦片令。

　　△　广州各界开国民大会,议商对外交问题应取之行动。主张:一、克日成立外交后援会,以为国民对外之机关;二、国民宜公推代表赴欧,请愿欧洲和会,废除中日各种不平等条约及密约;三、电北京政府取消军械借款;四、撤销北京国防军(即参战军);五、要求惩办与日人私订各种密约之罪魁,并将其罪状宣布中外。

2 月 19 日　北京政府外交部次长陈箓对俄公使库达摄夫表示,我派员驻扎乌梁海,仅为履行中俄蒙之条约。

　　△　黑龙江督军兼省长鲍贵卿电告北京政府,日本于该省沿途擅设军用邮局并代递商民信件,因此举有损中国主权,请示如何办理。

2 月 20 日　南北议和会议在上海开幕。南北双方总代表唐绍仪、朱启钤在会上致词。

　　△　广州军政府岑春煊等六总裁(按:七总裁之一孙中山是时居上海)联名电徐世昌,指责北京政府"增购军械,急急备战","言而不信,力攻陕西","假借国防名目扩充军队",并详举 1 月 21 日于秦皇岛接受日

本大批军火事以为佐证。钱能训于代徐电复中被迫承认,接受军火、扩充军队实有其事;然犹狡辩云:"此项军械久经订购,日人照约续交,未便停止";"军队之招募,固属原定计划而不始于今日。"

△ 广西梧州驻军马济统领所部士兵,与英领事署巡捕发生冲突,殴伤英捕一名。3月8日经粤桂当局与英领磋商,由马统领具书向英领事道歉,并亲向受伤英捕道歉;严办殴伤英捕之伍长及士兵;赔偿受伤英捕医疗费一万元。10日,梧州当局将伍长一名枪决,并将12名士兵解赴南宁永远监禁。

△ 是日至23日,李大钊于《晨报》连续发表《青年与农村》一文,号召知识青年"速向农村去","同劳动阶级打成一气"。3月14日至16日。李大钊复于该报连续发表《现代青年活动的方向》一文,再次号召知识青年"寻着那苦痛悲惨的声音走",与劳动群众"一齐消灭这痛苦的原因",以彻底改造中国社会。

△ 协约各国驻北京公使,是日就京汉路久供军事运输,货车缺乏,致使各国货物积滞、贸易受损事,分别咨达北京政府外交部提出抗议。北京政府旋令外交部向各使道歉,并饬有关部门尽速整顿。

2月21日 南北议和第一次会议,讨论陕西问题。唐绍仪要求撤换妨碍陕西停战之陈树藩,朱启钤则坚持照李纯6日通电宣布南北双方一致同意之陕、闽、鄂西停战之五条办法解决。

△ 徐世昌据财政总长龚心湛呈请,准由陆军部确订裁减军队办法,以资收束;并责成各行政机关裁并办事机构;另酌增一二新税,以解决北京政府财政困难。23日,再据龚呈请,准"自本年3月1日起,将京外政军各费暂按八成支发"。

2月22日 南北议和第二次会议,续议陕西问题,双方共同推定张瑞玑为陕西停战划界监视员;次议军事问题,决定发电北京政府,要求宣布军事协约及一切附件,停止向日本支取参战借余额1700万元。

△ 徐世昌公布《民国八年短期公债条例》,募集公债4000万元,以补政府"岁计不足"。

△ 广州国会议员数百人联名发出通电,宣布对外交问题意见。其要者为:一、赞成国际同盟;二、欧洲和会中国代表应与他国同有发言自由权,不受他国干涉;三、欧战发生后,因威胁利诱而成之中日密约,应交和会公断。中国对德宣战后,中德条约已失效力,德国在华利益当然交还中国,他国不能继有。

△ 北京政府教育部咨各都统、省长及京兆尹,告以嗣后民间制历应统一采用新法,不得再以清代万年历书为根据。

2 月 23 日 朱启钤电李纯,说明南北和议推定张瑞玑为陕西停战划界监视员,并告以张于日内到宁,请指示方略。

△ 《民国日报》刊载留日学生《对外宣言》,主张破除中日“二十一条”,无条件归还青岛,解除中日军事密约,各种借款条约作废,撤退各地驻屯日军。

2 月 24 日 南北议和第三次会议,双方一致同意要求北京政府将中日军事协定“一切附件及关于该事之往返文牍,悉数抄寄”。唐绍仪对钱能训来电所称参战处“不容遽尔裁撤”事提出抗议,并要求“军事协约事项,应付本会解决”。唐、朱分别指定各自代表审查“湖南问题”及审查“八年公债案”。

△ 钱能训电朱启钤,希望将裁兵委员会办法于开议时首先提出。

2 月 25 日 朱启钤电钱能训,请再严令前方将领恪遵五条电令,免妨和议进行。

△ 唐绍仪接于右任 17 日函,报告陕西仍有战事,且盩厔县靖国军已于 16 日退驻鄠县。

△ 上海日商三井物产会社所雇驳船伙友,因物价昂贵,要求增加工资三成,举行全体罢工。后资方被迫允加工资二成,风潮乃息。

2 月 26 日 南北议和第四次会议,唐绍仪据于右任陕西仍有战斗之报告,要求撤换陕督陈树藩,并声明:“南方代表已决议,每日到会只待陈树藩撤去,不再讨论别事。”双方同意是日会议改为谈话会。

△ 朱启钤电钱能训,告以唐绍仪要求非下令撤换陈树藩,决不再

议他事,并希望速颁明令停止陕战,以免遭受中外舆论攻击。

△　唐绍仪电徐世昌,请北京政府停止参战借款并于次日再电徐世昌,要求裁撤参战军。

2月27日　北京国务院电陈树藩,令饬在陕北军遵照13日所颁五条办法即行停战。

△　钱能训电复朱启钤,对陈树藩进攻靖国军饰词系为"剿匪",并称"当此陕事未定,中央万无撤换陈督之理"。

2月28日　南北议和第五次会议,朱启钤报告收到中日军事协约全文,计《中日军事协定文书》、《陆军共同防敌协定文》、《海军共同防敌协定文》、《解释欧战终了文书》共四件,此外别无附件。唐绍仪声明陕西停战一事"从本日起48小时内,如尚未得北京政府圆满之答复,惟有向外交团声明停顿和议"。

△　出席南北议和之北方代表全体电北京政府辞职。3月1日,北京政府复电慰留。

△　唐绍仪接于右任19日快信称,北军均移集陕西东路,19日向相桥、交口、红崖头、千都村、兴市、关山等地开始攻击,战斗激烈。

3 月

3月1日　北京新国会开第二次常会。

△　段祺瑞再派谢葆璋、陈恩寿与日本代表伊集院、八角三郎在北京签订《关于海军共同防敌军事协定战争终了之协定》。

△　徐世昌令陆军部通行各省区将领,不得任意枪毙人犯,"以重刑典"。

△　在中外舆论压力下,日使小幡酉吉遵照本国政府训令,派员往晤北京政府代理外交总长陈箓,告以日本政府决定暂停交付军械,至中国南北议和会议结束时为止,并希北京政府勿再提用存于北京朝鲜银行之参战借款。

△ 美国银行团代表阿卜脱等人抵上海。7 日抵北京,与有关各方商谈成立新银行团及对华投资等事。

△ "中日合办"宝山玻璃厂在上海成立。资本 50 万元。日人角田芳太郎出资 27 万元,为该公司代表。开设期限 20 年。

3 月 2 日 南方议和代表以 48 小时限期已届,而陕西停战问题未决,乃发表停止和平会议宣言,指出:"盖所议者和也,和战不能并立。今一面言和,一面主战,此非北京政府谋和之无诚意,即其威信之不能行。有一于此,和必无幸。"南北议和会议遂告停顿。

△ 钱能训电朱启钤,表示对陕西停战可有明确答复,但不能承认哀的美敦书,并望转商唐绍仪赓续正式开议,裁兵、分治等重要议案应列入议程。

△ 徐世昌以南北和议停顿,电熊希龄、张一麐分作疏解。4 日,徐、钱再电李纯,嘱转劝双方续开和议。

△ 徐世昌下令各省区军民长官惩禁私自运售吗啡。

△ 各地平和期成会代表在南京组成全国平和期成会联合会,是日正式成立。举熊希龄为会长,梁士诒、张一麐为副会长。

△ 广州国民外交后援会成立,举林森为会长。

△ 是日至 6 日,共产国际第一次代表大会在莫斯科召开,中国旅俄华工联合会主席刘绍周(刘泽荣)等应邀出席,于 5 日大会上致祝词。会议通过《共产国际纲领》和《共产国际宣言》,共产国际宣告成立。

3 月 3 日 徐世昌下令陕西各将领停战。同日,北京国务院参谋部、陆军部另发军令,饬照元(13 日)电协定五条办法,停战划防,仍候张瑞玑抵陕区分后,再定后方剿匪办法。

△ 江苏民食维持会就北京政府 1 月 23 日向日本开放米禁事,是日致函省议会,请拒绝米粮开禁。次日,江苏省议会开会一致否决开放米禁。6 日,苏省议会电北京政府,请重申米禁。

3 月 4 日 北京政府召开内阁会议决定"军警月饷及军警官吏薪俸一律免予减支"。8 日再开阁议,决定"各行政机关职员俸给自三月份起一律搭放八年公债二成,其财政部原定按八成发给之议实行取消"。

　　△　英国公使朱尔典访晤徐世昌,询和平会议情形,要求迅速恢复南北议和,并取消参战军。

　　△　奉、吉、黑省在粤国会议员吴景濂等51人恳请孙中山电达驻欧各使,请设法取消为害满蒙、吉、黑诸省之各项借款密约。

　　△　安徽芜湖民食维持会电北京政府,告以日商来芜购米,群情惶恐,请予拒绝。14日、16日两日,安徽省议会迭电北京政府,告以"日人运米出口,全会议决否认",请严禁日本在皖、苏二省购米。

　　3月5日　陕督陈树藩、省长刘镇华联衔电徐世昌,告以奉到江(3日)电令,并声称业已通令所部遵令停战。

　　△　法国公使柏卜访晤徐世昌,劝中国政府勿因陕西局部阻碍全局,并希中国国内和平先于世界和平。

　　△　广州军政府成立大理院,任命赵士北为院长。

　　3月6日　北京国务院为南北议和事通电全国,推卸会议延滞之咎责,并对唐绍仪所提取消参战借款、取消参战军及取消中日军事协定各端,以欧战尚未终了、"取消暂非其时"为辞表示拒绝接受。同时反责南方代表将北方代表所提"有关善后重要计划"之裁兵及军民分治各议案"束之高阁"。

　　△　援陕奉军攻占岐山。同日,陈树藩电饬张金印激励将士,赶掘地道,以期轰克乾城,并于次日派员携弹药前往助攻。

　　△　中华国民策进永久和平会会长、前代理湖南督军兼省长刘人熙在上海病故。

　　△　吴佩孚自湖南电唐绍仪,告以和议停顿"系因某党派从中作梗,东海(徐世昌字)受困,威信不行";请"共谋良策,破除障碍,以维和局"。前一日,吴曾电曹锟,指责有人主使陕战、梗阻和议,请"切筹对付"。

　　△　北京政府举行春丁祀孔,由钱能训代徐世昌主持。

3 月 7 日 英使朱尔典、法使柏卜、美使芮恩施、意使华雷联袂至北京政府外交部,面递和平说帖,劝中国勿提用参战借款余额,并询及参战军何日撤销。

△ 旅居英、法华侨 10 余万人自巴黎电北京政府,要求废除中日各项密约。

△ 上海全市两万余人力车工人因反对增加车租举行罢工。10 日,工潮平息。每辆仍日增租金一角。

3 月 8 日 北京国务院参谋部、陆军部以南北代表在沪开议乃通电各省收束军队,并谓经国务会议议决,以裁汰输卒、核减军费为收束之先务。

3 月 9 日 唐绍仪通电声明,军政府决不承认北京政府募集八年短期公债 4000 万元。

3 月 10 日 唐绍仪偕全体南方代表往晤北方总代表朱启钤,就与南北继续议和有关之陕西停战及撤换陈督,中日军事协定与参战军,以及国会等问题了解情况,并交换意见。

△ 北京政府电饬所辖各省当道,“设法遏止”旅俄华工归国,以免传播“过激主义”、鼓吹“均产”。11 日,复分饬科布多、阿尔泰、乌里雅苏台当局,“严查由俄入境华工”。22 日,北京政府外交部通电有关各地,严禁俄人招工,“以遏乱萌”。

△ 陈树藩军违约进攻乾县、凤翔、兴市及红崖渡等处靖国军。

△ 北京政府教育部聘请范源濂、蔡元培、陈宝泉、蒋梦麟、王宠惠、吴稚晖等 19 人,并指派部员沈步洲、张继煦等九人组成教育调查会。26 日,该会在北京正式成立,举范源濂、蔡元培为正副会长。

△ 大陆银行成立,资本总额 500 万元,总行设天津。

△ 北京政府交通部与英商福公司函订借款一项,以充道清铁路(河南浚县道口镇至泌阳县清化镇)添购货车之用。自是年 7 月 16 日起至 1920 年 7 月 22 日止,福公司陆续交与道清路局共 12.6838 万英镑 18 先令 7 便士。此项借款本息由该路局收入项下分期归付。

3月11日 陕西靖国军总司令于右任电唐绍仪、朱启钤,责陈树藩无停战诚意,并请速电北京,严词阻止北京政府发给陈之大批军火运入陕境。

△ 梁启超自巴黎电北京汪大燮、林长民,告以去年9月段祺瑞与日本政府私定密约,致使中国代表在山东交涉问题上处于不利地位之情况,指示汪、林采取补救行动。

△ 奉天本溪湖煤矿大火,死矿工250名。

3月12日 徐世昌指令外交部"分别公布各种密约"。

△ 北京政府财政部电朱启钤,并于同日发出通电,就唐绍仪追究北方发行八年短期公债事进行申辩。谓"非举债无以应付","断无黩武穷兵之理"。

△ 曹汝霖、梁士诒等于北京梁士诒私宅邀集京津各银行代表,商组大生银公司。曹汝霖、陆宗舆分别以交通、汇业银行总理身份与会。银公司预定资本总额1000万元,当场各银行认股已逾千万。25日午后3时,各银行代表再于梁宅集会,议决成立筹备委员会,推梁士诒为委员长,进行银公司各项筹备事宜。4月12日午后2时,银公司于北京中央公园(今中山公园)开成立会。会间通过章程,正式定名为中华银公司,资本总额1000万元,"以承办或承募国家、地方及公司各种债款为营业",总事务所设北京。随即组成中华银公司董事会,举梁士诒为董事长,周自齐、曹汝霖、陆宗舆、孙多森、冯耿光、吴鼎昌、周作民七人为董事。8月27日,徐世昌据财政、农商、交通三部呈请,令准中华银公司立案。

△ 徐世昌令准交通部设立航空事宜筹备处。

△ 北京政府教育部公布《女子高等师范学校规程》,凡135条。

3月13日 于右任致函朱启钤,报告陕西东、西战场情形,指出:"陕战未停","陈(树藩)氏一方通电停战,实欺北京,并欺国人耳。"

△ 唐绍仪以北京政府陆军部与日本大仓组暗中拟定《中日合办南京凤凰山铁矿合同草案》损害国家权利,致函朱启钤,要求电北京政

府予以阻止。

　　△　北京政府交通部为厘订商船航律,设立航律委员会,派陆梦熊为会长。28 日,公布《航律委员会章程》。

　　△　墨西哥新任驻华公使罗梅路向徐世昌呈递国书。

　　△　旅居吉林延吉数千朝鲜侨民,为响应朝鲜独立运动,举行示威游行。当局开枪镇压,毙朝侨 14 人,重伤 30 人。

　　3 月 14 日　北京政府外交部向在京中外记者发布中日军事密约文书。计有:一、《共同防敌换文》两件;二、《撤退军队换文》两件;三、《中日陆军共同防敌军事协定》;四、《中日海军共同防敌军事协定》;五、《中日海军共同防敌军事协定说明书》;六、《关于中日陆军共同防敌军事协定实施上必要之详细协定》;七、《中日陆军共同防敌终了时期之声明》;八、《中日海军共同防敌终了时期之声明》,并称中国与各国所订密约均将陆续公布,共有十五六件。

　　△　徐世昌任命张树元为山东督军。

　　3 月 15 日　南方议和代表开紧急会议,决定将北京政府言和无诚意情形再次通告全国。16 日,正式发表第二次告全国书,其中仍着重揭露北京政府屡令陕西北军停战无效;继续增募国防军(即参战军)、提用参战借款;擅自发行八年短期公债等事。

　　△　于右任通电南北代表及全国各界,对上海西报所载靖国军出兵西安一事辟谣,并责北军仍违约进攻靖国军。

　　△　北京政府为纪念协约国胜利,午后 3 时于北京中央公园举行“公理战胜”纪念牌坊开工典礼。

　　△　晚 9 时许,重庆太平门外某宅起火。火势迅猛,由一码头转瞬延至二码头,并及城上房屋,白象街亦部分被焚。计城内外受灾铺户共千余家。据当时报载:“火光接天,全城震动,诚从来未有之大灾也。”

　　△　北京政府外交部答复 7 日四国公使之说帖,认为提用参战借款为中国主权问题,各国不应干涉。

　　3 月 16 日　旅居吉林朝鲜侨民,响应汉城三一独立运动,在吉宣布独立,吉林当局进行阻止,朝鲜侨民不服劝告,并起反抗,军警开枪毙伤数十人。

△　为摊派八年短期公债,北京政府司法部通知总检察厅,谓"公债发行如有不认购者,即适用民国三年妨碍内国公债条例办理"。

△　田什付沟中日商办煤矿公司在奉天本溪成立。资本60万日元,日人深川喜次郎及富华公司代表孟凌华出资各半。开设期限25年。按:此矿系日本帝国主义于"二十一条"中所夺南满九矿之一。

△　江苏省议会、商会、农会电北京国务院陆军部,坚决反对《中日合办南京凤凰山铁矿合同草案》,指出此项合同草案"实为和平障碍",要求尽速取消。

3月17日　唐绍仪函朱启钤,指责北军在陕不遵令停战,略谓自去年11月16日北京第一次下停战令后,靖国军相继失去兴平、醴泉、武功、扶风、宝鸡、汧阳、陇县、鳌屋、郿县等县;岐山、凤翔、乾县在包围中;交口、相桥、兴市、关山、修石头、红崖渡等处,战事尚极激烈;史家坡已于本月12日为陈军刘世珑所陷,"陈树藩实未遵令停战","此皆事实彰彰可考"。

△　徐世昌指令照准甘肃导河县太子寺添设县治,定名为宁定县(今广河县)。

△　第一批留法勤工俭学生欧阳钦等89人,乘轮离上海赴法。

3月18日　北京政府外交部开始陆续公布第一次世界大战以来与日、英、美所订各种密约,是日首次公布中美七厘金币借款合同(即《一九一七年中国政府整理运河七厘金币借款合同》)。

△　北京大学校长蔡元培致《公言报》函并附答林纾(琴南)函,申明北京大学教育方针系循"思想自由"原则,取"兼容并包"主义。

△　北京政府交通部与日商合办中华电气制作所在北京成立,工厂设于上海,资本300万元,其中交通部出资150万元,以交通部电政司司长蒋尊祎为总裁。

△　北京政府财政部与中法实业银行、中华汇业银行分别签订借

款 80 万元及 50 万元合同,以民国七年八厘公债、盐余、烟酒税等为担保。此款用作财政经费。

　　△　上海"中日合办"兴发荣机器厂工人,因日本工头殴伤学徒,日本大班串通警察借端镇压、逮捕工人,自是日起全体罢工。

　　3 月 19 日　于右任电唐绍仪,告以陕西东路为北军占去,靖国军关山吃紧,乾县之围愈急。次日又电称"各处战争,仍未停止"。

　　△　北京国务院公布《敌国人民财产清理规则》,凡 19 条。

　　3 月 20 日　陕西停战划界专员张瑞玑电上海唐绍仪、朱启钤两代表,报告是日抵渭南,并称北手与靖国军在交口、相桥一带,均已遵令停战。

　　△　北京政府外交部公布《日币一千万元垫款合同》。

　　△　孙中山致函英人康德黎夫人,寄送《国际共同发展中国实业计划》一书,并请复告英国朝野对"计划"之反应。

　　△　自称"振武军"之海盗,在广东雷州半岛之海康县属东海仔等处,焚掠 13 乡,毙 52 人,掳男女数十人。4 月 4 日,窜至徐闻县属陈墟一带,焚掠 300 余户,毙 400 余人,掳男女百余人。

　　△　俄谢米诺夫白军在日本帝国主义幕后策划下,纠集内外蒙叛军及俄境西伯利亚布里亚特蒙古族反动分子,筹组"大蒙古独立国"。除 2 月间在赤塔举行会议外,是日又于中俄边境乌里亚举行第二次会议。谢米诺夫及内蒙伪代表觉赖博克、外蒙伪代表桑尔染喇嘛、布里亚特代表三比诺夫均出席。会议议决由觉赖博克于海拉尔筹设蒙古及布里亚特临时政府并预定正式设于库伦或海拉尔;派代表赴巴黎和会要求各国承认。

　　△　北京大学文科教授刘师培发起筹办之《国故月刊》创刊。该刊以反对白话文,宣扬封建道德文化为己任,攻击新文化运动。

　　3 月 21 日　唐绍仪函朱启钤,揭露北京政府以大批军火运陕,不实行停战,请转电北京立即停止,以维和局。

　　△　北京政府外交部公布《日币一千万元第二次垫款合同》。

△　上海商业公团联合会电北京政府吁请立即停战,并电催南北代表于 7 日内续开和议。

3 月 22 日　北京政府外交部公布《日币一千万元第三次垫款合同》。

3 月 23 日　陕西停战划界专员张瑞玑于 22 日抵西安,是日以急特专电向南北双方报告陕西停战情形,称南北主客驻陕军约 13 万,集八省之兵,合数省之匪,星罗棋布于关内一隅。并告以一二日之内亲赴兴平、三原各战线与许兰洲、于右任各方接洽,商议停战划界事宜。

△　闽督李厚基电告北京国务院,福建划界事宜已由童葆暄、臧致平与陈炯明直接商洽。

△　全国教育会、商会联合会电巴黎和会,请协助中国收回青岛并废除"二十一条"及 1918 年北京政府与日本所订各项铁路密约。

△　邓中夏等发起之北京大学平民教育讲演团正式成立。该团以"增进平民智识,唤起平民之自觉心"为宗旨,曾赴工厂、农村进行讲演宣传。

△　驻京英、美、法、日公使因北京政府以盐余担保八年公债,认为此举违反善后大借款合同,特向北京政府外交部提出质问。

3 月 24 日　钱能训电朱启钤,称张瑞玑自渭南来电证明陕已停战,请上海和会先行开议。

△　英使朱尔典一再要求扩大上海租界,是日北京国务院开会,议决以人民反对为由婉言拒之。

△　北京政府恐西藏地方军叛乱引起英政府交涉,电请唐继尧、熊克武协助川边镇守使陈遐龄从速平定。

△　北京政府外交部公布民国五年《美商裕中公司铁路借款合同》。

3 月 25 日　张瑞玑电北京政府及广州军政府,主张陕西"战事既停,和会即当续开"。

△　北方议和代表汪有龄等访晤南方议和代表胡汉民等,商洽闽

省划界事宜,汪表示北京政府已饬令李厚基遵照五条办理,希唐绍仪电军政府转令陈炯明依照办理。

3 月 26 日　上午,北方代表王克敏访晤唐绍仪,称张瑞玑既有来电证明陕省停战,拟请贵代表就此转圜,早日开议。唐以张电是否真诚,尚待证明,加以拒绝。下午,南方代表开会,交换对张电之意见,金谓张电尚难征信,待张赴三原后来电证明停战,始可开议,并商请唐绍仪同意据此答复北代表续开和议之要求。

△　徐世昌令军事司法与普通司法各守权限,"嗣后各省区县知事不得以普通刑事案件请求划入军法范围,各军政长官对于不应归军法审判之案,亦不得率行受理"。

3 月 27 日　朱启钤访晤唐绍仪,希望谅解北方之困苦,早日续开和议。唐表示如陕西停战,参战军收束,参战借款停支,八年公债缓发,始能谈及开议。

△　陕西教育会、总商会联名发出通电,呼吁"和议即日赓续进行,以奠全局而苏陕困"。

△　北方各派系因八年公债分赃不均,形成内部利害冲突。是日,北京国会众议院议员周棠等百余人,借口龚心湛擅自发行该项公债,与法律甚相抵触,提出质问书,要求龚出席作答,并与保龚议员发生争执。29 日,众议院议员杜棣华等 14 人复对龚提出弹劾案,罪名为:"预算未交国会审议前,漫然发行公债,紊乱财政,辜负职责。"连署者 40 人。

△　北京政府外交部公布《民国七年财政部证券改借契约》。

△　北京政府大理院判决"宋案"要犯洪述祖死刑。4 月 5 日执行绞决。

3 月 28 日　朱启钤邀上海商业公团联合会代表谈话,告以已面请唐绍仪星期一(3 月 31 日)开议,要求各代表再向唐敦促。

△　段祺瑞、徐树铮为保存并扩大参战军,以增加皖系实力,控制北京政府,并对南方继续称兵,经多次密谋,是日徐树铮将其所炮制之"西北边防计划"提交徐世昌批准。

3月29日　南方代表以商民迫切要求续开和会，是日集议商讨办法，决向朱启钤严重交涉，望对陕西划界、撤换陈督等要求作出明确答复。

△　北京政府外交部公布民国七年10月9日在京签订之《马可尼无线电借款合同》。

△　徐世昌令何佩瑢署湖北省长。

△　驻京英、美、法公使照会北京政府外交部，要求继承德国在川汉、粤汉两路原有之权利。4月26日，该部据阁议复准。

△　察哈尔龙烟铁矿（今属河北省）公司成立，官股128万元，商股212万元，日炼生铁200吨。

3月30日　徐世昌以陕西战事停止，令上海和会代表续开和议。

△　徐世昌任熊炳琦继胡龙骧为陆军大学校长。

△　安徽督军倪嗣冲无视举国对米粮弛禁之强烈反对，无视安徽省议会之抗议及芜湖民食维持会等团体迭电力争，竟将2.8万余石芜湖大米强行运往日本。

△　北京《国民公报》再刊载该报记者所撰《最近新旧思潮冲突之杂感》一文。文章着重指出："思想自由，无论什么大力，是不可压抑的"；"新思想的进行，他们无论加以何等妨害，决不会戛然中止……决非压抑的力量所能打消。"

3月31日　唐绍仪函促朱启钤鼎力负责排除一切障碍，俾南北和议得以继续开议。

△　广州军政府总裁岑春煊电李纯，指责闽督李厚基对五条办法搁置不理，及北军越过原防向沙县、龙溪、莆田、仙游等地进攻。

△　奉天造币分厂工人400余名，为抗议厂长单伯宣扣发"红利"、延付工资、苛待工徒，举行全体罢工。后北京政府财政部被迫将单某撤职，工潮始息。

△　早8时，第二批留法勤工俭学生26人，乘日轮"贺茂丸"，自上海启程赴法。行前，有关方面曾于29日午后3时假法租界市政厅举行

欢送会。吴玉章、朱少屏、彭志云(留法俭学会代表)等及法国驻上海总副领事均出席并发表讲话。30 日午前 11 时,寰球中国学生会复举行茶话会欢送。

4 月

4 月 1 日 北京政府电告朱启钤称,张瑞玑已由三原来电,望即敦促南北和会开议。

△ 鄂督王占元、赣督陈光远、援粤军副司令吴佩孚、苏督李纯联名电促南北议和代表尽速继续开议。电中并建议:"双方议题作一次提出,为一定范围";"以今日时势及事实所必要,而确能办到者为标准。"

△ 张瑞玑由三原返回西安,即日致电南北双方,报告陕西停战情况,称已与陈树藩商定,乾县战线均退后五里,关山退至关道及下邽,兴市军退至荆西北各村堡,并谓于右任已飞饬高峻速勒部下谨守原防。

△ 张瑞玑电徐世昌、国务院,表示此次入陕,"只以息陕祸、促和议为第一义",力辞留陕会同官绅办理赈务。

△ 广州国会因议员离省者已 200 余人,致不足法定人数,不能正式开议,自是日起,遂接连召开两院联合会,议商促使各议员尽速返粤办法。后决定离省议员必须于一月内返回,逾期即取消议员资格。此外,尚议定具体措施多项。

△ 北京政府盐务署与日驻济南领事及青岛守备军民政部签订《山东铁道运盐及取缔之协定》。

△ 日使小幡西吉至北京政府外交部,迫胁立即设法"遏止"延吉朝侨之爱国运动。扬言:"倘中国无法遏止,日本不得已将派兵至延吉助华兵禁止。"北京政府当即电张作霖,令"剿灭满洲东部之韩人复国运动,并保护在满日领事及团体"。5 日,北京政府再令奉、吉两省当道"尽保护日人之职;对韩民主倡暴动者,加以禁阻或驱逐"。

4 月 2 日 北京政府电促朱启钤、唐绍仪续开和议,"倘再停顿,于国际和会必生障碍，中央准实践前言，完全负责"。

△ 日本泰平公司理事须田次信面晤徐世昌，要求继续履行军械借款合同。

△ 北京政府交通部公布《私设电话规则》，凡 14 条。

4 月 3 日 日本政府要求奉督张作霖取缔东三省韩民独立运动。是日，北京政府电告奉、吉、黑三督应严守中立，并禁韩民在境内进行谋划活动。

△ 驻京俄使署为本月 2 日北京日报载将出兵外蒙古事，声称"违反恰克图三方面协约之义"，是日致外交部节略提出抗议。

△ 北京政府电饬所辖各省当道，注意取缔"俄国过激党派"，并令外交委员会拟具详细取缔办法。

△ 《民国日报》刊载北京中国国民外交协会、各省议会、教育会、商会致巴黎和会中国代表电，内称："我等已再电和会，要求青岛等一切权利直接交还及取消 1915 年中日条约、1918 年关于山东铁道各密约，请诸公等尽力主持。倘公等不能尽此职，请勿返国。"按：此电系汪大燮、林长民秉承梁启超 3 月 11 日巴黎来电之意旨而发。

4 月 4 日 南方议和代表开紧急会议，决定顺应舆情，定 7 日重开谈话会，旋将此议通知北方议和代表。

△ 李纯电李厚基，请将闽省南北两军于上游划界之事早日议定，以息纠纷。同日，李厚基电复李纯称，闽省划界事宜拟定以厦门鼓浪屿为会议地点，先从海澄、江东桥及同安一带磋商，一俟下游一带议有办法，则将上游划界事宜赓续进行，并谓已商得陈炯明复电同意，已饬所派人员遵照办理。

△ 陕西靖国军总、副司令于右任、张钫通电南北有关各方，告以"乾县敌军仍行攻击"。12 日，于、张专电朱启钤，内称"乾县围尚未解……战事未已"，并谓陕西划界监视员张瑞玑处陈树藩势力范围中，"其言论行动难保不为所利用，一切电函切祈慎察"。

△ 徐世昌派沈步洲充欧洲留学生监督。

△ 广州国会华侨议员李希莲等九人联名电南洋华侨各团体,请勿购买北京政府发行之民国八年短期公债。内称:北京政府向华侨劝募此项公债,"是扩充明和暗战主张,利用华侨膏血,残杀国民生命⋯⋯希开会拒绝"。

4月5日 午后2时,广州国会开两院联合会,以梁启超潜往巴黎进行袒日活动,致使中国代表对日交涉深受影响事进行讨论。议决:由两院函请军政府,立即下令通缉梁启超;以两院全体名义电巴黎和会中国代表,请严斥梁启超,两院为其后援。9日,广州国会全体成员通电全国,宣布梁启超卖国罪状。

△ 北京政府为防止"俄过激派内煽",决定:"一、由沿边备省区酌布戒严令;二、商旅孔道设军警检查所;三、外部暂停发内地汉、回赴新传教护照。"

△ 上海军警联合会策划防止"过激派"办法,决定从"严查轮站、禁止入境"入手。

△ 福建省财政厅因需款甚急,与日人商定,以面值50万元盐公债券抵借20万日元,借期10月,每月行息一分三厘,另加经手费一万元。午后3时,由该厅科长陈翰代表厅长费毓楷签押成交。

△ 驻京荷公使欧登科向徐世昌递交国书。

4月6日 张瑞玑由西安电南北和议双方代表,告以陕西已无战事。

4月7日 南北和会代表恢复谈话会,决定次日续开谈话会,9日正式开议。

△ 代理阿尔泰办事长官张庆桐以私印纸币发放军饷,激成兵变。变兵通电宣布独立。10日,北京政府举行阁议,决派新疆驻军前往镇压,并将张庆桐撤职。

4月8日 南北和会续开谈话会,就会议程序达成协议。

△ 吴鼎昌自北京电朱启钤,内称:此次会议,"同人态度似应强硬,力往决裂一方做去,再以金钱为饵,或可使少川(唐绍仪字)就国会

问题之范围,此事或有万一之结果";并于同日另电称:"万不得已时,以代表决裂为政府留余地一节,昨已陈述府院,均以为然。"

△　山东省各界为向国外阐明山东问题真相,反映各界意愿并争取国际舆论支援,特举派代表孔祥柯、许天章二人是日乘中国邮船公司"南京号"轮离上海赴美、法、英三国。孔、许二人曾先后抵旧金山(圣弗兰西斯科)、芝加哥、纽约、巴黎、伦敦、华盛顿等城市进行宣传、申述,历时将近五个月,于8月30日返抵上海。另,该省各界于孔、许二人去后,复举派代表柯汉径往巴黎,为争回山东利权进行呼吁。柯于5月27日抵巴黎,随即电济南当道并转北京政府,力言勿签和约,以为日后补拯之路。

△　北京国民外交协会电在巴黎的梁启超,邀他为该会代表,并寄上中、英文请愿书各一份,请其转呈中国代表及巴黎和会。电文并谓:"务恳鼎力主持,俾达目的,则我四万万同胞受赐于先生者,实无涯既矣。"

4月9日　南北议和正式复会。午前9时,双方代表举行第六次会议。两总代表分别提出具体议题。唐绍仪首先提出需继续讨论解决之旧议题六项:"一、取消中日军事协约;二、裁撤国防军机关及所属兵士;三、参战借款不得提用;四、和平会议未终了以前,双方不得借入外资及发行公债;五、陕西问题;六、湖南问题。"继提出新议题十三项:"一、国会完全行使职权;二、实行军民分治,确定地方制度;三、废督裁兵,划分军区,厘定军制,实行征兵制,开通全国道路及修浚河道以安插兵士;四、补充西南各省各军及海军军费、军实;五、善后借款南北共同办理;六、输入外资,发展各种实业;七、军政府一切命令认为有效;八、指定专款,实行强迫国民教育及鼓励社会教育;九、整理财政,免除厘金;十、贩卖人口、贩卖烟土吗啡、栽种罂粟及一切赌博,严行禁绝;十一、惩办祸首;十二、各省治安善后问题;十三、整顿海军问题。"朱启钤提出之议题为:"一、军事问题:甲、拟留军队之编制问题;乙、额外军队之收束问题……;丙、军需独立问题。二、政治问题:甲、军民分治;乙、厘定地方制度……；丙、地方自治……；丁、发展国民经济……；戊、善后借款问题……"会间，朱启钤以"含有对抗形式"为由，要求唐绍仪将其所提十三项新议题中之第一、第七、第十一各项撤销。双方争执良久。后朱表示对于第十一项，即惩办祸首一项，"认为绝对不能列入议题"。午后 2 时，继续开议。唐同意第十一项暂不作为议题。旋会议改为谈话会。

△　朱启钤电吴鼎昌，告以"国会问题现已接洽，定为最后商议之案。除根本解决外，几无别法可想"。同日，吴鼎昌电朱启钤，内称：关于国会，"本日在院与揆席（按：指钱能训）讨论法律问题，决定采根本解决之法，不必迁就两会，致遗后患"。电中再嘱，"一面以强硬手段对付少川"，一面"牺牲金钱"，以利诱之。

△　南方将领林葆怿、莫荣新、李烈钧、李根源、吕公望、方声涛、程潜等通电，主张军人不干涉政治。内称："和会已开，一切问题自有正当解决。惟吾辈军人有不能不速自反省者，法律一经解决，军事即须独立于政治之外，使军政分轨。"此电随即得到北方将领张怀芝、靳云鹏、曹锟、张作霖、王占元、田中玉、李纯、姜桂题、赵倜、张树元、陈光远、孟恩远、鲍贵卿、李厚基、吴光新、蔡成勋等分别通电响应。

△　湖南靖国军总司令程潜上书孙中山，请南方坚持和议初旨，万勿轻易让步。

△　南北双方在厦门鼓浪屿举行闽、粤军划界会议，是日开议，至 6 月 23 日结束，决定划界条款八条，规定闽、粤军队一律严令前方实行停战。

△　江苏省长齐耀琳发布"训令"，严禁全省各校学生购阅进步出版物。

4 月 10 日　钱能训电朱启钤，对双方议题改编为五案表示认同，并称"五案所有问题，大抵皆统一后实行之事，既云统一，自应悉由中央主持"。

△　北京政府外交部公布民国七年《满蒙四铁路借款预备合同》、

《济顺高徐二铁路借款预备合同》及《中日间之铁路借款换文》。

4月11日　北京政府外交部公布民国七年8月27日签订之《马可尼无线电话借款合同》。

△　夜,北京政府驻日公使章宗祥离东京返国。行前中国留学生30余人赶往车站,痛斥其卖国罪行,并以卖国贼呼之。

△　午前10时许,蚌埠大火。延烧1时50分之久。南自菜市,北至船塘,西至火星阁,尽成瓦砾。计死亡160余人,焚毁店铺千余家,损失约千万元。

4月12日　段祺瑞于私宅召集皖系要员会议,南北和会北方代表方枢报告称,对于国会问题双方代表多主张先恢复民六宪法会议,于南京开三读会,通过宪法,并追认徐世昌为总统。与会各人一致反对;并确定由参众两院议李盛铎、王揖唐面见徐世昌、钱能训提出质问,迫徐、钱表态。会间有议员提议取消朱启钤北方议和总代表资格。

△　北京政府外交部公布民国七年《中日电报借款合同》及其附件。

△　全国和平联合会电出席巴黎和会之美、英、法、意政府首脑,声明誓死否认"二十一条"及1918年中日铁路密约,坚决反对日本继承德国在山东一切权益,要求直接归还中国,请主持公道。同日就上述事项另发三电:一电巴黎和会中国代表,请据理力争;一电北京政府,要求将不平等条约一律宣布取消,以保主权;一电各省团体,呼吁速电中外,以示举国一致之民意。

△　山东省议会、教育会、商会代表抵上海,向南北议和代表递交公函一件。函中请速电巴黎和会各国代表,声明否认"二十一条"及1918年中日铁路密约,并要求和会支持将德国所占山东一切权益直接归还中国。另请电促北京政府,立即宣布取消前项中日密约,以保主权。

△　广东省第二届省议会选举黄嵩龄为议长。

△　上海实行夏时制;天津、烟台相继实行。

△　俄谢米诺夫部白军在赤塔大肆抢掠华商,各金厂被劫一空。损失仅就已报商会者计,即达60万元,并殴伤华工40余人,劫持50余人。

4 月 13 日 北京国会参众两院议长李盛铎、王揖唐谒徐世昌,陈述安福系反对上海和会所提南京制宪、追认总统等主张,希望徐予以支持。徐则表示:"余无成见,但既予代表全权,未便有所表示。"

△ 朱启钤电北京政府财政次长吴鼎昌,告以南北和会第六次会议情形,谓"目下困难问题,仍在国会"。"同人窃揣,国会问题不能解决,则其他问题讨论审查即有结果,亦属泡影。现拟研究万一因法律问题无法进行,裁兵借款案,能否设法使之单独成立"。并盼其"即日来沪,共商一切"。

4 月 14 日 李盛铎、王揖唐会见钱能训,陈述安福系对时局之主张,并询问政府对国会之意见。钱表示国会为根本问题,万难动摇;南京制宪之说,政府已由朱总代表表示否认。

△ 协约国共同监管西伯利亚俄路及中东路委员会召开各国武官代表特别会议,磋商护路军防守区域问题。议决中东路全线由中国军队防护。会间日本代表竟提出中东路护路军司令须受日本联军总司令大谷指挥之无理要求。5 月 20 日,英使朱尔典迫北京政府同意日方要求,并威胁云:"否则如延误运输,应由中国负责。"5 月 28 日,北京政府外交部答复英使,华军守护中东路无碍运输,对日方要求不能同意。

△ 钱能训电朱启钤,表示对南京制宪之说,中央已难赞同,希望南北双方代表拟定宪法草案及选举组织法,新旧两国会通过公布。

△ 北京政府外交部公布民国七年海军部与日商所订《中日无线电台正合同》及《中日无线电台附则合同》。

△ 张作霖令东三省地方长官严行取缔"过激派"。

4 月 15 日 于右任、张钫联名电唐绍仪、朱启钤,指责张瑞玑关于陕省停战通电,违背事实,蒙蔽和会,污蔑靖国军。

△ 出席巴黎和会中国代表团提出废除 1915 年中日协定(即"二十一条")说帖,同时认为 1917 年二三月英日、英法之密约,应随中国对德宣战而作废。

△ 北京国务会议批准张作霖与日商合办辽阳弓长岭铁矿。

△　全国报界联合会在上海召开成立大会,发起人汪彭年,主要筹备者吴铁城,办事处设上海静安寺路 22 号。23 日,该会选举叶楚伧为书记长,并通过该会章程。

△　遣送敌侨事务局因遣送事毕,即日撤销。

4 月 16 日　巴黎和会美、英、法、意、日五国代表讨论山东问题。美代表提议德国在山东各项权益由五国暂收,"俟中国将青岛及山东省内要点,按照协约国另议之办法开作商埠后,即将前项各权利利益交还之"。日本代表反对。其余三国代表因事先各该国政府已与日方达成默契,故均不表态。

△　南北和会讨论公推委员组织军事委员会,议决由双方总代表各推四人,于若干日内在北京成立。

△　徐世昌核定全国军事改编议案,按省之大小及要塞多寡分配驻军。

△　北京政府教育部公布注音字母次序表。

△　广东省长翟汪令各县防范"过激党"煽惑工人。

△　山东省长沈铭昌与中日实业股份有限公司代表冈部三郎等,于济南签订山东短期借款第一次延期合同。言明 1918 年 9 月 1 日所订山东实业借款合同(款额 350 万日元)再延期一年,至 1920 年 3 月 1 日归还。此项借款仍以原合同指定之各项税金及山东省库券 200 万元为担保。约中并规定,日后山东省如调查及兴办实业,必先与该公司磋商办理。

4 月 17 日　北京新国会议员王郅隆、李盛铎、王揖唐等 330 余人通电声明,南北和会不应涉及法律(即国会)问题。

△　唐绍仪就南方代表在和会中提出法律案遭到北方代表抗议事,电广州军政府请确定应付方针。

△　午前 11 时,上海民议联合会、华侨联合会、对日外交后援会、陕西同乡会等七团体代表前往南北议和会议地点,向双方总代表递交公函一件,并附各团体决议五条。要求取消一切中日密约,取消参战军

及参战借款,惩办卖国之段祺瑞、曹汝霖、徐树铮、陆宗舆、章宗祥、靳云鹏等人;并宣称南北和会议决之条件,倘有一方不予执行,即与全国国民共声讨之。

△　徐世昌据司法总长朱深呈,以"各省议会对于司法官吏时有咨请查办之举",令重申立法、司法、行政三权分立,勿相侵越。

△　北京政府财政部以民国元年、七年公债票面等项为担保,同日商东亚兴业公司签订借款 300 万日元合同,用作财政经费。

△　上海杨树浦三新纱厂 8000 余工人,要求增加工资举行罢工,厂方被迫接受工人所提条件,21 日罢工胜利结束。

4 月 18 日　广州国会参众两院议长林森、吴景濂、副议长褚辅成通电声明,国会完全自由行使职权,实为和议中之根本问题,表示对于法律问题,一致主张坚持到底,以符护法初衷。

△　北京众议院开质询会,钱能训率国务员出席,并发言表示维持新国会,不赞成以旧约法召集新国会及在南京开旧国会。

△　徐世昌批准财政部币制局所拟实行统一银币办法。19 日,再批准该局所拟限定各种纸币及有价证券印刷办法。

△　于右任、张钫电唐绍仪,报告陕省"乾围未解,乾战未停",并谓:陈树藩于北廷命令直弁髦视之,务望严重交涉,速解乾围。

△　陕西省议会议员杨直等 18 人电南北和会代表,历数陈树藩八大罪状,要求立即撤换陈树藩。

△　日人冈部三郎与奉天省公署合资开办福泉煤矿无限公司。资本 20 万日元,冈部出资 11 万日元,奉天省公署出资九万日元。开设期限 30 年。

4 月 19 日　北京政府陆军部总长靳云鹏、参谋本部总长张怀芝联名通电赞同军人不得干政。

4 月 20 日　钱能训因安福系事事掣肘,向徐世昌提出辞呈。后未获准。

△　山东各界 10 万余人在济南南关演武厅前广场召开国民请愿

大会,要求省长沈铭昌转电北京政府,坚持青岛及山东路矿由巴黎和会公判直接交还中国,并惩办祸首,废除非法密约。21日,山东国民请愿大会再以1.97万人名义分别电北京政府及巴黎和会中国代表。前电促徐世昌、钱能训等"俯顺舆情,恢复主权,并将外交方针明白宣布,以平众愤而释群疑";后电要求各代表力争无偿还我青岛及山东路矿。

△　晚7时,广东善后协会在上海开正式成立会。该会由广东报界代表吴铁城、吴永生发起组织。因西南护法军兴,广东损失极巨,亟应妥筹诸项善后事宜,故成立斯会。该会公举徐绍桢为主席董事,并举廖仲恺、冯自由、吴铁城等40余人为董事。

△　驻湖北施南(今恩施)方面南军唐克明部与北军王懋赏部,于中立地点建始县划界停战,是日签字。

4月21日　广州军政府电唐绍仪,指示"国会问题关系护法主旨,务恳依照前所决定议和大纲,毅力坚持"。

△　钱能训函复新国会议员王郅隆等,谓:"此次上海会议,本为解决国内纷争问题,法律亦其一端。所派代表负有解决时局之责,对于此项问题自不能存而不论。"

△　国语统一筹备委员会在北京开正式成立会。会前由北京政府教育部指定张一麐为会长,吴稚晖、袁希涛为副会长。该会自即日起举行会议,至25日闭会。其间通过有关议案九项。

4月22日　巴黎和会召开英、美、法三国会议,讨论青岛问题,上、下午会议分别邀日、中代表参加。日代表对青岛问题暂交五国(含日本)保管,再行归还中国之提议,不予接受。路易乔治提出:准许日本依中德条约享受在山东之权益;或依中日条约,承认日本在该省之地位。听由中国择定。中国代表顾维钧发言表示皆难接受。结果该问题交三国专门委员核议。

△　北京政府教育部举行会议,讨论通过国立大学之大学院得授予文理法商博士学位,社会有名望学者得授予名誉哲学博士学位。

△　闽粤边防督办方声涛将所部军队改编为福建靖国军,是日就

总司令职。

4 月 23 日 西南五省各军代表电唐绍仪,请力争广州"国会完全自行行使其职权",以符护法初旨。

△ 北京政府教育部下令将北京女子师范学校改为国立北京女子高等师范学校,派方还为校长。

△ 法舰在广东越界拘捕华商船只,广州军政府外交部就此向驻广州法领事提出交涉。

4 月 24 日 中国出席巴黎和会代表向三国会议提出解决山东问题四项办法:一、胶州湾权益暂交付英、美、法、意、日五强,以便于五强还付中国;二、日本于一年后交出胶州湾;三、中国赔偿日本青岛战争之军费;四、青岛辟为商埠。

△ 梁启超自巴黎电北京外交协会,报告巴黎和会中国代表"以青岛直接交还,因日使力争,结果英、法为所动",山东交涉遂告失败。提出"请警告政府及国民,严责各全权万勿署名,以示决心"。

△ 于右任电南北和会南方代表李述膺,报告陈树藩于是日下令猛攻乾县,声明非攻下乾县决不停战,并请奉军许旅助攻。于电并要求和会严惩陈树藩。

△ 汉粤川铁路督办、北京政府交通部技术监督詹天佑病逝于汉口。

△ 北京政府教育部与美商花旗银行签订借款 30 万美元合同,以关余为担保。此款用作该部所辖各校经费。

4 月 25 日 北京政府迫于舆论压力,训令巴黎和会中国首席代表陆徵祥否认五国共管山东利权。

4 月 26 日 北京外交使团会议,决对中国实行禁运军火,直至中国成立统一政府时为止。旋由公使团团长朱尔典将此项决议备文分达各公使征求意见,亦均获赞同。

△ 中国实业银行成立,总行设于天津,官商合办,资本 200 万元。

△ 广州国会粤籍议员俱乐部发表广东省 37 县因护法所受损失

统计报告。计死亡 6520 人，财产损失 7863.6880 万元。

4 月 27 日　广州国会议员 49 人联名电南方议和代表，请坚持惩办祸首。内称："民国八年，政变四作。始于毁法，终于大乱。则凡此毁法之徒，即为乱国之贼。置此不惩，后患无穷。"

△　徐世昌令：无约国人（即与北京政府未建交之各国侨民）"侨居中国境内，所有课税、诉讼等事悉应遵守中国法令办理。倘第三国有要求保护利益之事，应即根据成案一律拒绝"。并着国务院责成有关部门从速厘订无约国人民管理条例。

△　日本政府派军舰强行驶入我混同江（即松花、黑龙江会合处以东部分，今统称黑龙江），阴谋侵占松、黑航权。黑龙江省民众急电北京政府，促与日方交涉。

4 月 28 日　巴黎和会英、美、法、意四国会议讨论山东问题，日本提出对山东问题六款，其要旨为：将青岛还付中国，青岛开为商港，中日合办胶济铁路，聘日人为铁路警察教官等。日代表说明所提六条，表明日本对山东毫无政治野心，仅代享德国在山东之经济权而已。

△　上海商业公团联合会 55 公团电徐世昌及北京国务院，反对青岛由五国共管。要求"迅电巴黎和会各国代表主持公道，将青岛直接归还我国；并乞切电专使，坚持到底，勿稍让步"。

△　徐世昌据内务、司法两部呈报，令禁止兼理司法各县知事藉案勒索。

△　自是日起至 8 月 16 日，北京政府代理外交总长陈箓与日本正金银行陆续签订总额 40 万银元借款合同，以关余为担保。

4 月 29 日　巴黎和会英、美、法三国会议讨论山东问题，美代表蓝辛提出日本表示将山东交还中国应以文字声明作保证。日本代表反对。

△　日本内阁会议议决颁布对中国实行军火禁运令。禁运种类包括步枪、机关枪、炮、兵工燃料、火药、军刀、刺刀及各种附属品。

4 月 30 日　巴黎和会英、美、法三国会议，决定将德国在山东之一切权益让与日本。此决定列入《凡尔赛和约》第八号第一五六、一五七、一五八条。中国对于山东问题之交涉失败。

△　广三铁路局与自商亲善公司签订借款 10 万元港币合同,以广三路收入为担保,充作购煤用款。

△　中法储蓄会在上海正式开幕。

4 月下旬　四川南军熊克武部与北军刘存厚部议定,各以原防线为界停战。

5　月

5 月 1 日　英国外交大臣贝尔福召见巴黎和会中国代表施肇基、顾维钧,面告三国会议对山东问题之决定,以主权交中国,经济权付日本。中国代表团对此表示强烈抗议。

△　北京中国国民外交协会电巴黎和会中国代表,内称:"闻日代表强欲占据青岛及山东铁道,又欲承认一九一五年中日协约及一九一八年之密约,无论如何吾等不能承认此种要求,请以全力抗拒之。和平条约中若承认此种要求,诸公切勿签名。"同日,该会另电美、英、法、意四国政府首脑,内称:"德国在山东省所攫得之权利,吾等再行要求直接归还中国。……如许日本在山东省有权利者,吾等决不承认。若以强力压迫,我国四万万人誓以全力抵抗。"电中并声明,中国人民决不承认"二十一条"及 1918 年之中日密约。

△　北京政府财政部与中法实业银行签订借款 430 万法郎合同。以尚未修筑之钦渝铁路库券为担保。此款用于购入中法实业银行第二次股本。

△　北京政府交通部派湘鄂铁路局局长颜德庆继詹天佑任协约国共同监管西伯利亚俄路及中东路委员会技术部代表。6 月 19 日,改派谢学瀛代理。12 月 15 日,再派该部参事王景春继任。

△　北京《晨报》副刊出版"劳动纪念节专号",此系中国报纸首次

纪念五一国际劳动节。

　　△　广东督军莫荣新、省长翟汪因当地匪患"屡见迭出"，极为猖獗，而驻军、官宪通匪纵匪者复比比皆是，民愤极大，是日再次会衔通电各属，提出规定四条，令"认真缉捕"，以缓舆情。

　　△　美国哲学家杜威应邀来华讲学抵沪。

　　5月2日　北京众议院开会，决定致电巴黎和会，要求将山东直接交还中国。

　　△　总统府顾问、外交委员会干事长林长民接到梁启超上月24日自巴黎来电后，是日在北京《晨报》发表《外交警报敬告国民》一文，惊呼："胶州亡矣！山东亡矣！国不国矣！"又谓："国亡无日，愿合四万万民众誓死图之！"

　　△　北京大学校长蔡元培召集学生代表百余人开会，讲述巴黎和会列强互相勾结、牺牲中国主权情形，号召大家奋起救国。

　　△　山东工人3000余人在济南举行演说会，要求收回青岛。

　　△　北京大学教授胡适在上海江苏教育会馆演讲《实验主义》，介绍杜威思想。

　　5月3日　蔡元培得外交委员会委员长汪大燮走告：钱能训内阁密电巴黎和会代表签字于丧权辱国之山东条款，当即召集北京大学学生代表宣布此讯，是晚北京大学举行全体学生大会，讨论对策。高等师范、法政大学等校代表均与会，各校学生登台演说，决定原订于5月7日在天安门之游行大会，提前于4日举行。

　　△　外交委员会委员长汪大燮、干事长林长民为对付安福系光云锦等人拟提出《请惩办妨害外交无责任之官僚政客建议案》之弹劾案，于是日自行解散外交委员会。

　　△　国民外交协会开全体职员会，讨论力争山东主权办法，议决于7日在中央公园召开国民大会，发表正式宣言，并分电各省各团体同日举行。

　　△　出席巴黎和会中国代表陆徵祥、王正廷、施肇基、顾维钧、魏宸

组五位全权代表联名致电北京政府请求辞职,谓:"和会仍凭战力,公理莫敌强权。祥等力竭智穷,负国辱命,谨合呈大总统,请即开去全权。"旋国务院复电慰留。

△ 北京国会山东籍议员谢鸿涛、沙明远等,提出查办交通总长曹汝霖、币制局长陆宗舆、驻日公使章宗祥,要求总统速行下令将三人褫职交法庭严讯办理。

△ 北京总商会电上海总商会、各报馆、各团体,吁请急电巴黎和会力争山东问题,并电嘱中国代表万勿签字。

△ 新任意大利驻京公使嘎坝娑向徐世昌递交国书。

△ 徐世昌特派张謇督办江苏运河工程事宜;并派韩国钧为会办。

△ 北京政府根据日本政府要求,是日通知日本政府,同意将所有经由珲春关及延吉分关输出、输入各种货物,均减税三分之一。

△ 北京政府交通部与比利时铁路电车公司再次签订借款 2000 万比利时法郎合同,以在欧洲发行同样数额之七厘国库券为担保。此款充作陇海铁路经费。21 日,徐世昌批准按既定借款条件发行该项债票。

5 月 4 日 五四运动爆发。下午 1 时许,北京大学、高等师范、政法专门、中国大学、朝阳大学、工业专门、农业专门、医学专门、汇文大学、警官学校、铁路管理学校、税务学校、民国大学 13 所学校学生 3000 余人,手执小白旗,上书有"取消二十一条"、"还我青岛"、"保我主权"、"诛卖国贼曹汝霖、章宗祥、陆宗舆"等字样,齐集天安门,发表演说,宣读《北京学生界宣言》,2 时半开始游行,沿途散发传单,号召:"全国工商各界一律起来,设法召开国民大会,外争主权,内惩国贼。"各校整队出发前,步军统领李长泰、京师警察厅总监吴炳湘及教育部代表均闻讯赶到,力阻学生游行,当遭严词驳斥。游行队伍先至东交民巷西口,学生代表段锡朋、罗家伦、许德珩、狄福鼎四人向美国使馆递交说帖,旋赴其他使馆,遭守兵阻止,乃转赴东城赵家楼曹汝霖宅。曹闻讯逃匿,众遂痛殴适在该处之章宗祥,并火焚曹宅。警察赶赴现场镇压,捕去学生 32 人。

　　△　晚,钱能训于其私宅召集内阁紧急会议,讨论对付学生运动办法。会上,教育总长傅增湘受到指责,京畿警备总司令段芝贵等主张解散北京大学,傅表示反对,并以去就力争。次日傅增湘向徐世昌提出辞呈。

　　△　北京专门以上各校学生 2.5 万人电各报馆、各省教育会、商会、农会、各学校、各团体,吁请 5 月 7 日"一致举行国耻纪念会,协力对外,以保危局"。

　　△　留日学生救国团分电南北两政府,内称:"山东青岛系我生死,日使强争由中日解决,国命危在旦夕。乞电专使严拒签字。决裂宁勿屈,生等誓死为后盾。"另通电全国,呼吁一致力争山东,"并望各省召集国民大会讨论办法,电告政府始终坚持"。

　　△　午后 4 时,在北京之留学欧美人士开紧急会,议决"致电巴黎和会四大国代表,要求对于中国问题秉公办理";另"致电巴黎中国委员,与中国有不利之条约切勿签字"。

　　5 月 5 日　上午,北京中等以上各校学生代表集会,议决:请各校校长见徐世昌。要求释放被捕同学;由各校联合致函徐世昌,要求惩办曹汝霖、章宗祥、陆宗舆;各校自是日起开始罢课,至释放被捕学生为止;通电全国教育会、商界,请一致行动;电上海议和会议,请主持公理;电巴黎和会中国代表,请对青岛问题死力抗争,万勿签字。下午,各校学生 3000 余人于北京大学开会,段锡朋主席,一致通过上述各项决议。同日,北京中等以上学校学生联合会成立。

　　△　北京各学校校长闻悉学生被捕,在北京大学开会,到 14 校校长,推蔡元培等七校长为代表往京师警察厅要求释放学生,警察厅总监吴炳湘告以此次捕人系出院令,遂又往教育部,因傅增湘辞职,乃转而赴府院请愿,徐世昌、钱能训托词不见。

　　△　是日及 6 日,北京总商会就爱国学生被捕事开紧急会议,议决:"一、不购日货;二、急救学生;三、以本会及全国商会名义电欧会

力争。"

△　北京政府教育部训令各校校长查明"五四"为首滋事学生,一律开除;并以部令威胁各校学生勿得再有所举动,否则亦以开除论处。

△　上海 30 余所大中学校、商业公团联合会、日报公会、律师公会等团体及全国平和期成会联合会、江苏省学界、教育会等,纷纷通电声援北京被捕学生,坚决要求北京政府立即开释。

△　天津中等以上各校学生 5000 人于南开学校操场集会,筹商营救北京"五四"被捕学生办法,议决除吁请商界协助外,并推举代表往见署直隶省长曹锐,请其专电保释北京被捕学生等。

△　浙江杭州之江大学开全体会,议决联络杭州各校组织杭州学生联合会。12 日,该会正式成立,并举行爱国示威游行。随即组织演讲团,深入工商界进行抵制日货宣传。

△　北京政府交通总长曹汝霖在爱国舆论压力下,被迫提出辞呈。8 日,徐世昌指令慰留。

△　成都《川报》报道北京爆发五四运动消息。高师学生闻讯,立即议决拍电支持北京学生爱国运动,要求北京政府惩办曹汝霖、章宗祥、陆宗舆,拒绝对德和约。随后成都 30 余所大中学校数千名学生齐集至公堂前广场开会,发表演说,并举行爱国游行,赴军署、省署请愿。

△　北京《晨报》副刊开辟"马克思研究"专栏,至 11 月 11 日停刊。

△　安福系机关报《公言报》发表题为《昨日北京各校学生之捣乱》一文,诬指"五四"学生游行示威为"乱民之暴动";为"布尔札维克党人在俄国各地之骚扰又发见于吾华首都"。

△　新任古巴驻华公使何锡巴纳向徐世昌递交国书。

5 月 6 日　徐世昌为"五四"北京学生游行焚曹汝霖宅、殴章宗祥等情事,责令京师警察厅总监吴炳湘"督率所属,切实防弭,以保公安"。"倘再有藉名纠众扰乱秩序,不服弹压者,着即依法逮捕惩办"。

△　北京国务院函达中国国民外交协会,禁止 5 月 7 日在中央公园召开国民大会。同日,吴炳湘奉徐世昌令,亦函该会申禁;并布告各

界,届时"幸勿前往",免遭"镇压"。

△　孙中山指示《民国日报》总编辑邵力子:"《民国日报》要大力宣传报道北京学生开展的反帝爱国运动,立即组织发动上海学生起来响应。"

△　朱启钤、唐绍仪分电徐世昌、钱能训,对"五四"游行示威咸表同情,并请对被捕学生从宽处理。唐致徐电中有云:"欲罪人民之以我犯禁,必先惩官吏之以文卖国。执事若不能以天下之心为心,分别泾渭,严行黜陟,更于学生示威之举措置有所失当,星星之火,必且燎原。窃为此惧,不敢不告。幸熟裁之。"

△　南北和会第七次会议讨论山东问题,议决由朱启钤、唐绍仪联名电巴黎和会中国代表团,对于违反中国利益之和约,请勿予签字。

5月7日　北京被捕学生经蔡元培等保释,京师警察厅将所捕32人派车送返各校。

△　北京出现发起组织"救国十人团"传单。传单题为《青岛亡,山东亡;山东亡,中国亡》,呼吁四万万同胞"分头实行"组织救国十人团。传单并附"救国十人团的办法",规定十人团成员应提倡国货,抵制日货,提倡储蓄,准备组织"国民储蓄银行"及"国民实业总公司"。该传单自8日起由京、津报纸分别刊载,沪、渝报纸亦予报道。

△　北京国民大会因军警阻禁,会场由原订之中央公园改在先农坛举行,到七八百人,复遭军警解散,后举代表200余人至国民外交协会开会,通过取消"二十一条",胶州、青岛直接交还中国等四项决议,电达巴黎和会中国代表团。

△　上海各学校、团体为力争归还青岛、援救北京被捕学生,于是日开国民大会,到两万余人,举江苏省教育会副会长黄炎培为主席,议决电巴黎和会中国代表团请力争青岛,万不获已,则决不签字等四项决议。会后结队游行。

△　山东济南各界62团体开国耻纪念大会,到三万余人,议决发电四通:一、电徐世昌要求释放被捕学生;二、电上海和会要求"力伸公

道,维持国法";三、电巴黎专使警告切勿"冒昧签字";四、电北京大学表示声援。

　　△　湖南长沙各校学生闻青岛交涉失败,举行爱国示威游行,被湖南督军兼省长张敬尧派军警强行解散。

　　△　山西太原各校学生 2000 人于省议会开会,议决誓死力争青岛,并联合全国学界一致行动。

　　△　北京女子师范学校、协和女医学校、协和女子大学、贝满女校、女师附中等女校学生代表 40 余人集会,商讨救国方法。议决以北京女校全体学生名义发电数通,其中致巴黎和会中国代表电要求于山东权力"祈力争,勿签字"。另发布通告,呼吁全国女界同胞勿甘落后,奋起救国。

　　△　上海杨树浦恒丰纱厂职工,是日在厂门两侧张贴标语:左曰"国耻纪念日";右曰"禁止日本人进厂"。8 日晚 8 时,召开全体职工大会,商讨抵制办法。会上宣布:"自今以后永与日人断绝工商关系",并议决举代表与各纱厂及各界联系,以期一致进行。

　　△　江苏无锡爱国店员组成"五七团"。宣称:"组织斯会,誓尽匹夫之责,求补国事之艰。"该团初以组织演讲及印发传单进行爱国主义宣传,后于 1920 年 9 月 25 日创办《五七月刊》。声言:"本刊之作,实欲谋人类之觉悟,社会之改造。"

　　△　东京中国留日学生 3000 余人,赴中国驻日使馆集会,商讨山东问题对策,被日本警宪所阻。学生不顾阻挠,奋力前进,日警竟猛击学生,彭湃等 29 人被击伤、谭政等 36 人被捕。消息传至国内,举国愤激,纷电北京政府要求对日本政府提出严重抗议。

　　△　北京大学学生郭钦光因参加"五四"游行被军警殴伤,是日病故。全国各地掀起追悼郭钦光活动。12 日天津学生数万人,18 日北京学生 5000 人,24 日济南学生数万人,26 日广州各校学生,31 日上海学生三万人,均先后举行追悼会。6 月 1 日以后。追悼郭钦光活动,在各地继续进行。

△　日公使小幡酉吉因各省人民皆酝酿抵制日货,竟要求北京政府"先事预防"。

5月8日　徐世昌下令将5月4日逮捕滋事学生,着由京师警察厅送交法庭依法办理,并着有关机关整饬各校学风。同日,教育部训令京内各校严整学风。

△　北京钱能训内阁提出总辞。次日,徐世昌将辞呈发还,并召见阁员面留。

△　胡汉民上书孙中山,报告南京华侨学生代表大会决议电请各方争回青岛。孙中山批复表示愿尽力赞助收回青岛运动。

△　国民党人张继、戴季陶在上海举行记者招待会,在会上发表《告日本国民书》,对日本在巴黎和会上对山东的要求表示愤慨,指出:"最近欧洲讲和会议开始以来,中国国民因日本坚持其侵略山东之主张,于是对日本之恶感更达沸点。苟日本政府及人民对中国之政策与心理不根本更易,则两国国家与国民将无并存之余地。"最后表示希望日本"罢除其传统的政策,以与世界民主的文明潮流俱进",则中国"必能弃旧恶,以与日本国民相友善"。

△　北京学界全体电巴黎和会中国代表,内称:"山东及青岛问题关系我国存亡,主权所在,务恳力争,万勿屈辱签字。"

△　东京留日学生总会电上海《救国日报》并转各省有关团体,请一致电促徐世昌令巴黎和会中国代表拒签和约,并惩办曹、章、陆。

5月9日　蔡元培为形势所迫,辞北京大学校长职,声明自即日起与北大"一切脱离关系",随即搭乘早车秘密出走,回故乡绍兴隐居。

△　北京大学学生得知蔡元培辞职离京消息后,立即全体集会,议决致函北京政府教育总长傅增湘,要求"万勿允准辞职,以维学务而平舆情"。同日晚8时,该校教职员亦开全体会,议决举代表马叙伦、马寅初、李大钊、康宝忠、徐宝璜、王星拱、沈士远等赴教育部,要求傅增湘设法挽留蔡元培。晚10时,北京28校学生代表往见傅增湘,力请留蔡。

△　北京实行戒严。北京提督衙门、京师警察厅宣布自即日(9

日)起实行戒严。自下午 6 时至翌晨 6 时为戒严时间。

　　△　为纪念"五九"国耻,上海各校均停课一日,并开国耻纪念会。上海南北市各大商号亦多停业。书、布、棉、糖、北货、五金、药、钟表、洋货、杂粮、麸皮、麻袋等行商,均全体停业。上海股票商业公会亦停止交易。旅沪商帮协会召开紧急会议,拟定办法三条:一、实行提倡国货;二、不装日轮;三、不用日钞。并议决非将青岛收回及与日本所订一切不平等条约概行取消,誓不中止。上海三友实业社千余名工人一致议决,自即日起每晚工余举行国耻纪念讨论会,并于每晨击竹梆 59 响,提醒同人毋忘"五九"国耻。

　　△　南京各校学生数千人于小营操场开国耻纪念会。会后举行爱国示威游行,并赴军、省两署请愿,提出要求五项:"一、力争青岛;二、宣布及废除中日密约;三、尊重我专使在巴黎和会上地位及尊严;四、要求维持北京大学及释放被捕学生;五、敦促南北和会速行解决各种重大问题。"

　　△　晨,苏州各校学生代表于遂园集会,议决由全苏学生联电北京政府,要求"宁撤专使,不签丧失国权之约";"武人干政,请从此严禁";"释学生,惩奸邪,以谢天下"。午后 1 时,各校学生自公共体育场出发,绕城游行。沿途散发传单多种。是日,各校皆茹素,以示毋忘国耻。

　　△　江苏无锡各界于老城隍庙开国民大会,到者约万人。会间群情愤激,誓为外交后盾,并要求惩治卖国贼。同日,江苏扬州、松江及嘉定各校均开国耻纪念会。嘉定并于会后列队游行,分电各处,力争青岛。

　　△　浙江绍兴、嘉兴、吴兴各校均开国耻纪念会。绍兴并电北京政府,要求释放被捕学生,力争青岛;嘉兴会后游行演讲,听者甚众。

　　△　安徽安庆各校学生代表开紧急会,议决即日通电全国,呼吁力争青岛,并要求释放北京被捕学生。

　　△　为纪念"五九"国耻,湖南长沙各校均停课一日。学生不顾湖南督军兼省长张敬尧所颁戒严令,全体着白衣冠,结队持旗游行,呼吁

各界，毋忘国耻。

　　△　为纪念"五九"国耻，陕西西安各校均停课一日，并组成学生联合会。旋电北京政府，要求力争青岛，释放被捕学生。

　　△　河南开封女界于老府门女子师范学校开国耻纪念会，到千余人。会间宣传妇女爱国之重要，并磋商抵制日货办法。

　　△　广州国会参众两院联合会议议决要求北京政府释放被捕学生，维持各校现状，惩办曹汝霖、陆宗舆、章宗祥。

　　△　江苏省议会电北京政府，要求"严电欧洲和会专使，坚持到底，不达目的，誓不签字。并恳我大总统英断，立将卖国祸首曹汝霖、章宗祥、陆宗舆、徐树铮、段祺瑞诸人罢斥惩办，以谢天下"。

　　△　山东兰陵各界举行国耻纪念会。旋组织国民大会，议决抵制日货，禁用日钞及进行演说。

　　△　梁启超电北京政府，指出"北京学界对和局表义愤"，出于"爱国热诚"，"为御侮拯难计，政府惟有与国民一致，务祈因势利导，使民气不衰，国或有瘳"。

　　△　陆宗舆在全国舆论强烈指斥下，被迫提出辞呈。14日，徐世昌指令慰留。

　　5月10日　唐绍仪以书面形式向朱启钤提出下述八条，要求双方协同办理："一、对于欧洲和会所拟山东问题条件表示不承认；二、中日一切密约宣布无效，并严惩当日订立密约关系之人，以谢国民；三、立即裁撤参战军、国防军、边防军；四、恶迹昭著、不洽民情之督军、省长，即予撤换；五、由和会宣布前总统黎元洪六年六月十三日命令无效；六、设政务会议，由和平会议推出全国负重望者组织之。议和条件之履行由其监督，统一内阁之组织由其同意；七、其他已经议定及付审查或另行提议各案，分别整理决定。以上七条如北方同意履行，则第八条由和会承认徐世昌为临时大总统，执行职权至国会选举正式总统之日止。"

　　△　济南各校学生1.3万人为力争青岛、严惩国贼，原拟是日于演武厅开联合大会，议商进行办法，因遭山东督军张树元、省长沈铭昌再

三阻止,遂改于省议会开会。会间公举代表六人面见张、沈,要求转电北京政府,提出:"一、速电巴黎专使,据理力争,勿轻签字;二、惩办曹汝霖、陆宗舆、章宗祥诸卖国贼;三、电沪会代表让步息争,同御外侮。"会后分赴各街演讲。12 日,济南学界联合会正式成立。

　　△　北京学生联合会电巴黎和会中国代表,告以"无论何项条约,如与中国自主权有碍,及违背南京临时约法与国际公法者,国民全体誓不承认。宁退出和议,万勿签字"。又电巴黎中国使馆转和会,声明"无论何国与其他国间对于中国所订一切密约⋯⋯吾人断不承认";并表示,中国人民坚决否认"二十一条"及高徐、顺济铁路密约。另通电全国各省议会、教育会、商会、农会、工会、报馆、学校,呼吁一致力争国权。

　　△　河南学界全体就山东问题交涉失败电徐世昌及北京国务院,要求"电饬巴黎专使据理力争,即脱会亦所不惜",并声明"全豫人民誓为后盾"。

　　△　苏州中等以上各校推举代表,组成苏州学界联合会。议决以讲演宣传、调查国货为急务,并联络当地总商会切实倡导。另发表公电,吁请各地学界共策进行。

　　△　吉林省议会及各团体电徐世昌及国务院,要求速惩曹汝霖、章宗祥、陆宗舆,早释被捕学生,并于青岛问题"死力与争,勿甘退让"。

　　△　长沙《湖南日报》、《大公报》就湖南督军兼省长张敬尧屡次禁刊有关山东问题及青岛交涉失败消息事,向张提出书面质问。

5 月 11 日　广州举行国民大会,到 10 万人,会后游行,游行队伍前往军政府请愿,提出三条要求:一、取消"二十一条"、收还青岛;二、严惩卖国贼;三、立即释放被捕学生。岑春煊、伍廷芳出见游行代表,允向北京政府力争。

　　△　旅京山东劳动者数万人在北京召开大会,商讨山东交涉失败之对策,通过致徐世昌书,要求电饬巴黎和会专使严重交涉,勿稍让步。

　　△　全国报界联合会通电有关各方,吁请联电巴黎和会中国代表,据理力争国权;并要求北京政府顺从民意,严惩曹汝霖、章宗祥、陆宗

舆、徐树铮。同日,该联合会召开第七次常会,议决"以劝告形式通告全国报界,在山东问题未圆满解决以前,对于日商广告一律拒登"。14日,《申报》、《新闻报》、《时报》、《神州日报》、《时事新报》、《中华新报》、《民国日报》同时刊登启事,声明自即日起,"停登日商广告并日本船期、汇市、商情"。

△ 午后2时,上海学生联合会于寰球中国学生会内开成立会。会间议定进行方法多项,旋发表《宣言》并将成立消息电告全国各校。《宣言》内称:"谨以是日共组学生联合会,期合全国青年学生之能力,唤起国民之爱国心,用切实方法挽救危亡。远近各地请即日响应,互通声援,以为全国学生自动的卫国之永久组合。"

△ 上海传教联合会1300名基督教徒集于慕尔堂,"为国祈祷和平"。次日,电徐世昌及国务院请罢免曹、章、陆,并请"飞电驻外代表勿签字于不公道之条约"。

△ 晚,北京政府教育总长傅增湘离京出走,行前向徐世昌再次提出辞呈。

△ 张謇电徐世昌、段祺瑞,责怨二人推行亲日政策,擅订济顺、高徐两路密约,以致"全国愤恨,愈演愈激"。电中婉劝徐、段,为北京政府计,为自身计,速"从根本解决"外交问题,以缓舆情,而平民愤。

△ 美国濮洛维登斯(今译普罗维顿斯)华人联合会致电上海申报馆,内称:"吾辈吁请政府与国民,对于山东之解决奋力抗议。并请全国团结,务获公允之解决。保卫国家之权利,以免续被侵略"。

5月12日 北京政府邀请参众两院议员开茶话会,商讨对德和约签字问题,咸主拒签。次日,政府再次邀集两院议员商讨,议员仍主拒签。政府拟将此问题正式提交国会,一面电嘱巴黎和会陆徵祥专使暂缓签字。

△ 吉林各界千余人齐集省议会开国民大会,议决三事:"一、游行街市,分途演说,鼓舞民气;二、谒见当道,合力电争青岛;三、军政长官如不见许,学校相率罢课,商工相率闭市,以待后命。"会后游行示威。

至督军署,即由代表往见孟恩远、郭宗熙,遂向二人提出电北京政府力争青岛。孟、郭迫于情势,当即承诺代达。

△ 山东济宁各界因青岛交涉失败,议决取一致行动,是日成立学界联合会。由各校及各教育机关分举代表一人为驻会干事。其办事大纲有三:一、印刷白话传单;二、实行提倡国货;三、组织演讲团。

△ 浙江杭州中等以上各校学生 3000 余人举行示威游行,并往省议会请愿,请弹劾卖国官吏。同日,杭州学生联合会正式成立,并电巴黎和会专使,青岛不归还,切勿签字。

△ 江西南昌 17 所学校学生 3000 人示威游行,先后至省议会、军署、省署请愿,沿途散发传单,呼吁"力争青岛","诛卖国贼"。

△ 留日全体中国学生通电国内,呼吁各方同仇敌忾,一致对外,力争青岛。同日,《民国日报》刊载留日学生 18 人致该报及《中华新报》、《救国日报》电,请转南北两政府,要求将曹汝霖、章宗祥、陆宗舆"立正典刑,以谢天下"。

△ 北京政府财政部由黑龙江省长鲍贵卿出面,与日商朝鲜银行签订借款 500 万日元合同,以民八内国公债担保。该款 450 万归部,余款归该省。

5 月 13 日 午前 11 时,南北议和代表举行第八次正式会议。唐绍仪就 10 日向朱启钤所提八条逐一进行申述,并声明此为南方谋求统一之最后让步。朱启钤当即表示,第五条与"力谋统一之旨背道而驰","无可讨论",并谓"此项不易,他项终无可议"。唐绍仪遂宣布即日辞职。朱启钤亦表示将"引退"。和议至此实已破裂。

△ 南北和会南方全体代表电军政府辞职。次日,北方全体代表亦电北京政府辞职。

△ 北京国务院电各省,说明巴黎和会近况,谓"近得陆使来电,美国以日人抗争,英法瞻顾,恐和会因之破裂,劝我审查,(青岛主权)交还中国一语,亦未加入条文"。并告以连日召集国会议员开谈话之情形及政府之态度,要求各省发表意见,并劝告国人"勿再借口外交,有所激动"。

△　山西督军阎锡山致电北京政府,认为学生因青岛而发生之过激表现,原为爱国心所致,恳勿惩办。

△　江西全省女学界电徐世昌及北京国务院,要求力争青岛,必达直接交还目的。另电北京学界,声明誓为后盾。

△　河南开封中等以上15校学生千余人,于法政专门学校大讲堂开联合大会。议决分电巴黎和会中国代表及徐世昌、钱能训,要求力争青岛,万勿自屈签字。另电唐绍仪、朱启钤,请早日解决时局,一致对外。

△　北京大学学生于该校文科大操场焚毁昔日购储之日货。清华、农专、工专、医专、法政、中国大学等校学生闻讯,均全体表决与北京大学取一致行动。18日北京大学、汇文大学、第四中学、工专等校学生齐集先农坛焚毁日货。其他各校因天雨,分别就地进行。

△　浙江杭州各校学生4000余人齐集公共运动场开学生联合救国会,会后列队游行,并向浙督杨善德、省长齐耀琳递交请愿书,要求力争青岛。杨、齐答允代达北京政府。

△　浙江海宁硖石镇召开万余人国民大会,公决"以后不认陆宗舆为海宁人,以为卖国者戒"。次日,并将此决议通电全国。

5月14日　徐世昌在总统府召开特别会议,讨论上海南北和会问题,钱能训及各部总长、段祺瑞及参众两院议长均出席,议决拒绝南方代表所提八项条件。

△　徐世昌令京外各校学生"务各安心向学,毋得干预政治","其有不率训诫,纠众滋事者,查明斥退"。同日,又令京畿警备总司令督同步军统领、京师警察厅总监、军警督察长、京兆尹等,共维京师秩序。

△　出席巴黎和会首席代表陆徵祥密电北京政府外交部并转徐世昌、钱能训,请示对德和约究竟应否签字。电中有云:"祥1915年签字在前,若再甘心签字,稍有肺肠,当不至此。……国人目前之清议可畏,将来之公论尤可畏。究竟应否签约……时期日迫,关系至巨……万祈迅即裁定,立速电示,俾有遵循。"

△　午后 5 时,天津学生联合会于直隶水产学校开成立会。与会各校代表举高工学生谌志笃为会长,南开学生马骏为副会长。

△　北京学生联合会对于青岛问题议决二事:"一、请求全国各公团署名,登报声明不承认日本在山东之权利;二、致电巴黎和会本国专使,要求对于和约不得签字,或于签字时注明对于山东问题誓不承认。"

△　午后 2 时,南京下关各界群众万余人于大舞台开国民请愿大会。议决四条:"一、对外办法:请愿驻宁各国领事转驻京各国公使,再转各国政府,于巴黎和会凭公理裁判,究竟青岛应否归还中国;二、对内办法:请愿本省督军、省长,转请政府力争;三、维持国货;四、联合各省一致力争。"

△　武汉中等以上各校学生代表集会,宣告武汉学生联合会正式成立。会间通过武汉中等以上全体学生 5174 人致徐世昌及北京国务院电,要求电令巴黎和会专使力争青岛勿懈,并请勿镇压北京学生运动。

△　上海虹口吴淞路一带人力车工人结成团体,一致拒绝日人雇坐车辆。此种爱国行动至是月下旬已扩展至全埠人力车工人。

5 月 15 日　徐世昌令准教育总长傅增湘辞职,以次长袁希涛暂代部务。

△　徐世昌令交通次长曾毓隽继詹天佑兼任汉粤川铁路督办。

△　钱能训电朱启钤,完全否认唐绍仪所提八条,并令北方代表"克期回京,另筹解决"。

△　唐绍仪通电全国,公布在南北和会第八次会上所提八项条件。关于第五条国会问题,唐强调指出:"且年来中国外交失败,皆由国会解散而来……可知恢复国会为救亡最急要之图。"

△　湖南省议会、教育会、农会、总商会电巴黎和会中外代表,坚决要求青岛由德国直接交还,并嘱中国代表勿擅行签字。同日电北京政府,除要求令陆徵祥等坚不签字外,并要求速罢斥曹、章、陆以谢国人。同日,湖南衡阳、零陵、郴县、桂阳等县教育会、各校学生、农工商会亦联

合发出通电,要求北京政府即行释放被捕学生,并置曹、章、陆于法。

　　△　上海学生联合会发表宣言,揭露北京政府自5月4日以来,"始则坐学生以纵火伤人之罪,横加拘辱;继则徇奸人之私忿,假政治之恶势,力抗教育之新潮流";甚至"竟欲破坏最高教育机关,摧残士气,遏绝舆论,倒行逆施,以求一逞"。宣言要求北京政府就北京大学校长蔡元培辞职离京事,"于一星期内作正当明确之表示,维持蔡校长之地位与大学之尊严"。声称"若满一星期犹无满意之表示,则誓筹最后之对付"。

　　△　是日及16日,山东烟台各校学生一律停课,举行爱国示威游行,要求"还我青岛"。

　　△　山东蓬莱各校学生愤外交失败,举行示威游行,呼吁各界力争青岛。

　　△　察哈尔都统田中玉电复北京国务院,表示对德和约"似以誓不签字,徐图事后补救之说为较善"。湖南督军张敬尧复电请"俯采民意,毅力坚持……不达收回目的,决不可迁就签字"。湖北督军王占元复电表示请速电陆、王两专使"暂勿签字"。

　　△　上海沪杭甬转运公会议决,自是日起一律禁运日货,"若货主将日货自行报装者,一概禁予卸料";并"知照各客商勿再采办日本货物,以保国民权利"。同日,上海华商杂粮公会通告全国各团体,该会为抵制日本夺我青岛,议决三事:"甲、不用日币;乙、不进日货;丙、不进日船装来各货。"另,是日南市各钱庄亦议决不用日币;东庄洋货公所议决,全体同业停办日货。

　　△　5月4日北京各校被捕学生32人获释后,是日具呈京师地方检察厅,提出被非法传讯三大不平;并质问"所谓'法律'二字者,宁复有丝毫价值之可言"。

　　△　《新中国》月刊于北京创刊。此系综合性杂志。常为该刊撰稿者有北京各大报记者及北京大学师生。同年12月15日出版第一卷第八号,其中载有列宁著作《俄国的政党和无产阶级的任务》部分译文(郑

振铎译）。按：此为目前所见列宁著作之最早中译文。

5 月 16 日　安福俱乐部召开全体议员大会，到 300 余人，讨论对德和约签字问题，王揖唐表示"无论如何不能签字"。

△　唐绍仪在上海会见群众代表，高度评价学生运动，指出："此次北京学生怒潮，实为吾国政治史上放一异彩"，并谓："所可惜者，学生所揭橥之卖国诸人，仅仅指为曹、陆、章等，不知曹等犹为附从，真正祸首，则固另有人在。"

△　江西督军陈光远电复北京国务院，要求青岛问题"自当誓死力争，不能丝毫让步，如果抗议无效，惟有严拒签字"。

△　福建厦门各校学生 4000 余人举行示威游行，沿途散发传单，呼吁力争青岛。

△　为反对日本帝国主义强夺我青岛及山东利权，安徽芜湖各界连日进行爱国活动。《皖江日报》《工商日报》自是日起停登日商广告、船期、商情。17 日，芜湖总商会开特别会议，决定一致抵制日货。18 日，栈业公会决定不代售日本船票，不上日轮接客，拒绝日本旅客；划船帮亦决定不接送日轮旅客。20 日，明远电灯公司工人将电灯杆上日商广告全行拆除；居民亦群起将墙壁上日本广告悉数刷去。

△　广东灵山县（今属广西壮族自治区）中小学校全体学生致电唐绍仪及各报馆，请力争"释学生，诛曹、章"；并称："生等愿投笔从戎，杀国贼，伸义愤。"

△　驻琼崖（今海南岛）澄迈县李永昌所部第六十二营官兵全体哗变。19 日，驻临高县李部第六十三营及第六十一营一队全体士兵亦哗变。变兵抢掠城乡后，遂与土匪啸聚澄、临滨海一带，约三千余人，谋夺海口。20 日，琼崖商学各界代表急电广州政府各总裁及广东督军、省长，请速派师督剿。

5 月 17 日　午后 1 时，福建漳州各校全体学生举行爱国示威游行。各生手持书有"抵制日货"、"还我青岛"、"勿作五分钟爱国"、"诛灭卖国贼"等旗帜，沿途并分送《哀求同胞一致对倭文》。旋集队龙溪商会门前,举代表往见商会会长,要求抵制日货,并联合各界筹办国民大会,以为外交后盾。该会长等咸表赞同。队伍遂径往公园进行露天演说。各界听者甚众。全场万余人,园几为之塞。演说达四小时,始各整队归校。

△ 安徽合肥各校学生 4000 人,齐集卫衙大关公共操场开学生联合会。会后举行爱国示威游行。18 日,商学各界再于公共操场开国民筹商大会。议决拍电力争青岛,禁用日货。

5 月 18 日 北京学生联合会发表宣言并函告徐世昌,宣布北京中等以上各校学生自 19 日起一律罢课。宣言书中陈述学生失望者三;致徐世昌函中言及不解者六。要求北京政府"本全国之公意,对于青岛问题出不签字之决心,以固民土;惩办曹汝霖、章宗祥、陆宗舆等,以除国贼;力挽傅、蔡诸公回职,打消以田应璜长教育之议,以维教育;撤废警备学生明令,以重人权;向日政府严重抗议,释被拘学生,重惩日警,以重国权;恢复南北和议,速谋国内统一,以期一致对外"。

△ 安徽安庆 15 校学生 2400 余人齐集公共体育场,开学生联合会成立会,午后 1 时许,举行示威游行。沿途散发传单,进行演讲,"闻者皆为流涕鼓掌愤呼"。安庆总商会于学生爱国热情鼓励下,立发通知,抵制日货。

△ 早 8 时,开封各界于师范学校操场开国民大会,到 1.1 万余人。议决办法四条:一、要求北京政府电示巴黎和会中国代表,如日本不交还青岛,即退出和会;二、联络开封 15 校学生组织学生联合会,为外交后盾;三、由商务总会通知各县商会,勿再贩运日货,违者处罚;四、要求河南督军兼省长赵倜同意学生于假日进行爱国宣传。

△ 北京学生代表是日抵太原。虽经山西督军兼省长阎锡山饬所属多方阻挠,各校学生赴车站欢迎者仍千余人。途中讲演者数十团,听者无不愤慨。19 日,太原学生广贴爱国标语,呼吁"大家快快起来救国,抵制日货";"请学生继续民众运动,请报界发表民意,请当道提倡民气,不要摧残了青年爱国心"。

　△　保定总商会电上海全国和平联合会,内称:"青岛外交势将失败,此间学商等界愤激异常。请电巴黎专使,坚持力争,万勿签字,以期挽回。"

　△　孙洪伊电曹锟、李纯、王廷桢、陈光远、张树元、赵倜、阎锡山、孟恩远、鲍贵卿、李长泰等及驻北京各师、旅、团长,"请速脱离卖国党羁绊,宣布徐世昌、段祺瑞及其党徒徐树铮、靳云鹏、曹汝霖、章宗祥、陆宗舆诸贼之罪状,兴师致讨。先除内奸,然后合力对外"。

5 月 19 日　北京学生总罢课。是日,北京专门以上 18 校学生 3.6 万余人,及中等以上各校学生,一致罢课。北京中等以上各校学生并于当日组成北京学生护鲁义勇队。旋致函徐世昌,内称"青岛山东之主权不复,即中国灭亡之朕兆,亦即我四万万人作人臣妾、受人鞭笞之朕兆也。学生等洞彼奸谋……爰组织北京学生护鲁义勇队,以备抗御外侮之需,以尽学生等匹夫之责";要求徐世昌"允于学生等正课之外,加以军事上之训练"。

　△　由山东省议会、教育会、农会、报界联合会、学生联合会、外交商榷会等团体代表联合组成之 85 人赴京请愿团是日抵京。当即向北京政府提出三项要求:一、"欧洲和约关于山东各条,拒绝签字";二、"废除高徐、济顺铁路草约";三、"惩办国贼"。20 日,请愿团致电上海报界联合会、天津《益世报》并转全国各团体,吁请"协谋挽救"。

　△　山东蓬莱各界为力争青岛,于城内北河开国民大会,到约 1.3 万人。会间 40 余人相继演说。旋议定进行办法三条:"一、分电京、省、沪一致力争;二、组织游行演讲团;三、组织国货维持会,并与敌人断绝关系。"

　△　上海学生联合会自 15 日发表宣言后,越四日,北京政府对所提要求迄无何种表示,是日遂召开紧急会议,"决定凡入会各学校,应于是月之 22 日同时一律罢课",以为"最后之对付";会间议决"遣派代表分赴各省,联络公私各校一致进行";另电北京政府,要求取消照准傅增湘辞职之命令。后因江苏省教育会"恳请暂缓"罢课,上海学生联合会

乃于 21 日再开职员会,议决即日电北京政府,要求"于三日内作明白正确之表示,允上海、北京学生所请。如无答复,本埠各校于下星期一(按:5 月 26 日)同时罢课"。

△　江苏宿迁各界痛恨外交失败,于城西公共体育场开国民大会,到约 5000 人,有当场撕毁个人穿戴之日货者。会后示威游行。

△　美国人司徒雷登牵头创办的教会学校"燕京大学"正式命名,司徒雷登任校长。

△　交通部长曹汝霖再次提出辞呈。21 日,徐世昌仍指令慰留,并给假 20 日,令交通部次长曾毓隽暂代部务。

5 月 20 日　北京国务院正式向国会提出山东问题咨文表明政府方针:"现由专使等在会提出抗议,如果无可转圜,政府熟权利害,决定对于此项草约大体应行签字,惟山东问题应声明另行保留,以为挽救地步。"

△　徐世昌以陕西等省复行种烟,外人迭有责问,是日下令重申禁令。

△　徐世昌令准于新疆和阗(和田)县境西北哈拉哈什地方设置新县,定名墨玉县。

△　北京总商会开全体大会,到 50 余行业。议决:一、各行业速开会议,宣示各商号,一律停止贩运日货,违者从重议罚;二、不用日钞;三、不阅日人在京所办报纸《顺天时报》,不在该报登广告。当场并宣告成立国货维持会。该会附属于总商会,各商董均为会员。自北京总商会议决抵制日货后,各店贩运日货者一律停止。日人所开店铺均无人问津。日货迅速跌价。各界持日钞往日本正金银行兑现者拥挤异常,且各店亦均拒绝收用。《顺天时报》销数亦大减。

△　沪北各校正式成立共同救国会。议决开展抵制日货、演讲宣传、散发传单、成立义勇队等项活动。

△　午后 3 时,武汉学生联合会举行第二次会议,到 16 校代表。议决主要事项有:"各校自组讲演团,组成数个,再合组一大团体。每校

以五人以上、十人以下为一组,游行演讲";"疏通报馆不登日商广告";"以印刷物劝告各商会及富户,不存款某银行,并拒绝行使某银行钞票";"印刷中国青岛地图,暂印 3000 份"。

△　汉口洋广杂货帮集会,议决各店此后一律改售国货,不得再进日货;并"公同拟具愿书,以示决绝"。

△　厦门各界二万余人再于同文书院操场开国民大会,"筹挽救青岛之策"。会间议决发电数通,分致南北政府、英、美、法、意驻北京公使、巴黎和会中国代表及北京、上海各报界,以示力争青岛决心。

△　湖北督军王占元传令武汉各中等以上 20 校校长:"转戒学生,切勿再生剧烈事端。"

△　江西九江各校学生痛外交失败,拟于南伟烈学校集会,共筹救济方法。官厅及南伟烈学校校长(美国人)均不准,是日遂全体罢课。以城内不得自由集会,旋举代表数十人同往乡间濂溪墓集议。决定四项:"一、实行军国民教育,各校均加兵式体操;二、实行救国储金,并分途劝导;三、各校成立救国十人团;四、组织学界联合会。"并议决举代表赴南昌,"与省中各校接洽,联合一气"。另,九江各女校学生亦连日分赴各住户,劝导女界不用日货。

△　巴达维亚(今雅加达)中华总商会通电国内云:"山东问题关系中国存亡,速筹最后对待方法。此间当为后盾。"

△　日本公使小幡西吉向北京政府抗议中国学商界抵制日货。

5 月 21 日　上海《新闻报》刊载山东第五师全体士兵一万余名敬告全国同胞电。内称:"窃自我国外交失败,举国愤恨。……前次北京大学诸爱国学生等,击章贼之骨,焚曹贼之巢,军人等不胜欢跃钦佩。……足见我同胞心尤未死,国尚未亡。……军人等惟以铁血为诸君后盾。希望我全国军人猛醒,万勿以南北二字存心,自相残杀,徒为个人争名利耳。"并谓:"各国素云强权不压公理,请看今日巴黎和会,公理安在?!"电中呼吁全国一致共御外侮,速除国贼。徐世昌、段祺瑞等见此通电,极为惊恐,深惧激起各方军人联电响应,遂于 22 日派员驰往山东,指令山东督军张树元胁迫该师立即"更正",声明"此电系他人假借该师名义冒发,该师不负责任"。

　　△　午后5时,北京中等以上22校校长往见钱能训,就北京学生联合会18日所提六项要求征询钱意。钱虽逐一作答,然语多敷衍塞责,不着边际。夜,各校长归告学生,劝上课。学生以无满意答复,均拒不复课。各校长见调解无效,遂于23日再向北京政府教育部提出辞呈。

　　△　江苏镇江商界开全体大会,到约千人,一致主张力争青岛。

　　△　青岛问题交涉失败消息传至福建泉州,是日午后1时,当地中小学15校学生千余人举行爱国示威游行。沿途高呼口号,散发传单,并进行演讲。听者甚众。

　　△　广东梅县学生联合会通电,要求北京政府严惩曹、章;并要求巴黎和会中国代表"誓争回青岛,不达目的宁退出和会,勿签字"。

　　△　徐世昌为南北和会破裂事发布通令,指责唐绍仪所提八项条件"外则牵涉邦交,内则动摇国本,法理既多抵触,事实徒益纠纷,显失国人想望统一之同情,殊非彼此促进和平之本旨",表示"政府毅力肫诚,始终如一,断不欲和平曙光,由兹中绝",当剀切电商撤回条议,续开会议,仍期同心"振导和平,促成统一"。

　　△　徐世昌免李长泰步军统领职,遗缺令王怀庆署理。7月31日,正式任王怀庆为步军统领。

　　5月22日　济南各界愤日本侵夺山东,是日于南门外大校场开会,议商对策,到者10余万人。会间各团体代表相继演说。最后一青年泥瓦工人跃登讲台,痛陈劳动者受日人侮辱情形;并谓青岛未亡已受此种痛苦,倘一旦归日本所有,其痛苦必甚于今日,且不止劳动者受此侮辱云云。听者无不感动,相约誓死力争。同日,济南21校学生联合抵制日货。

　　△　午后2时,福建漳州各界于公园开国民大会,到万余人。议决:"一、致电巴黎和会及我国专使,争回青岛,废除二十一条及各种密

约；二、要求惩办国贼；三、抵制日货。"会后举行爱国示威游行。

△　京师警察厅以北京学生联合会出版物《五七日刊》"未曾立案，违背出版律"为借口，通令禁止发行。当日，北大学生徐骧等四人为此前往警厅理论，被拘。23 日，该刊不顾警厅禁令，继续出版。警厅即派警察四出搜索，见有阅者即强行夺去；并将承印该刊之文益印刷局封闭，经理拘押。《五七日刊》被迫停刊。

△　京师警察厅决定，自是晚起派员监视北京《晨报》、《国民公报》发稿，并进行新闻检查。23 日，《国民公报》新闻栏有空白两处，稿件被删。

△　"中日合办"庆云制材株式会社在哈尔滨开办，资本定额 200 万日元。华人张岱杉任总裁，日人三井木材部长守冈多仲为副总裁。开设期限 30 年。

5 月 23 日　北京政府电巴黎和会中国首席代表陆徵祥，指示对德和约如不能保留，即全约签字。

△　徐世昌公布《审理无约国人民民刑事诉讼章程》，凡六条。

△　北京政府内务部通令各省区，诬学生爱国运动"招友邦之责言，贻国家以巨患"，要求转饬布告各属一体"弭患"。

△　全国和平联合会电徐世昌及北京国务院，内称："巴黎和会草案所拟关于胶澳及山东问题之办法，全国国民誓死否认。一致主张我专使不得签字。……乃闻政府竟有主张签字之说。……国民闻之，至为愤骇。"要求"电饬专使切勿签字，以为挽救地步"。

△　早 8 时，天津学生联合会发表罢课宣言并将罢课决定电告徐世昌及北京国务院。参加罢课者有天津中等以上 15 校学生万余人。宣言历数北京政府媚日卖国种种罪恶，声明决心"抵制日本，且杀尽卖国贼以自救亡"。致徐世昌及北京国务院电中提出六条要求："一、请政府明白宣布，青岛由日本处置一条决不签字；二、请将中日二十一条协约提出巴黎和会，要求废止；三、请设法取消民国七年参战军密约；四、曹汝霖、章宗祥卖国国人共知，请斥罢交法庭严惩；五、傅总长、蔡校长

教育界泰斗，请收回准免命令，挽留回任；六、日政府拘殴留学生并污(侮)辱国旗，请严重交涉。"并宣称，不达目的决不休止。另拟定罢课后组织通俗讲演团、专贩国货、发行日报、组织新剧团等六项办法。

△　保定中等以上各校学生 2000 余人，为与京津各校取一致行动，是日亦一律罢课，并发表罢课宣言。宣言有云："国家兴亡，匹夫有责。学生职责所在，义不容辞。""谨于四月念四号（按：此系农历，公历为 5 月 23 日）共同罢课，以图国家之幸福。"宣言并向北京政府提出四点要求作为复课条件：一、"电告巴黎专使，对青岛问题决不签字"；二、"严惩卖国贼"；三、"将民国四年五月七日中日条约于巴黎和会提出否认"；四、"挽留傅总长及蔡校长"。

△　济南中等以上各校学生一律罢课。当日以"山东中等以上学生全体"名义发表罢课宣言，并将罢课决定电告徐世昌。宣言揭露北京政府"并非诚意拒绝"签署对德和约，"揣其用意，不过欲卖我山东，媚外以自固而已"。致徐世昌电中宣布"爰于 5 月 23 日起全体罢课，专待大总统将外交问题决不签字作正式之表示"。

△　黑龙江学生联合会成立。议决力争青岛，营救北京被捕学生，抵制日货。

△　北京《益世报》自上海《新闻报》转载山东第五师全体士兵敬告全国同胞电。当日京师警察厅即奉令禁止该报销行。24 日凌晨 2 时，警察厅准京畿警备总司令部函开，以"煽惑军队，鼓荡风潮"罪，将该报强行封闭，并将主笔潘蕴巢逮捕，转交地检厅判刑一年。其余发行、印刷二人被判拘禁二月。北京《益世报》为继续出版，立即实行改组。自 5 月 27 日起，与天津《益世报》一并正式归由美商承办。8 月 1 日，北京《益世报》复刊。经理仍由杜竹轩担任，主笔由邓家彦代理。

5 月 24 日　段祺瑞通电北京政府所辖各省当道，主张放弃山东主权，无条件签署对德和约。诡称"欧约若不签字，国际联盟不能加入，所得有利条件一切放弃"，此乃"借爱国以祸国也"。电中竟谓"一般青年学子为人利用，罢学废时争执青岛，纵蹈法网、犯国交而不顾，风靡一时,谓之爱国",实则"受人愚弄,徒长嚣张之气,误己误国"。电末鼓动各省当道"保持治安,赞襄政府",坚决镇压群众爱国运动。

△ 福州 42 校学生共数千人举行爱国示威游行,要求"保存国土","还我青岛"。

△ 江苏江都各校学生 2000 余人举行示威游行,沿途高呼:"勿忘国耻"、"不用日货"、"争回国权"等口号。同日,江苏海安各校学生亦举行示威游行。

△ 山东兖州各校学生成立救国联合会,举行示威游行,学生 400 余人参加。26 日,各校演讲团分赴城乡各处宣传提倡国货,勿忘国耻。

△ 山东益都各界闻山东问题交涉失败,愤激万状。是日午后 1 时,特于法庆寺开国民大会,到万余人。各界人士相继演说,一致要求力争山东主权,严惩国贼,抵制日货。会后各校学生并列队游行街巷,进行爱国宣传。

△ 唐山工业专门学校学生得知天津中等以上各校学生罢课消息后,是日晨 6 时即召开全体大会,议决"自本日起亦一律罢课,以资联络一气",并将罢课决定通电全国。

△ 河南彰德(今安阳)各界组织国民救国团,是日开成立会。决议进行办法,计有:组织十人团,派员演讲,调查日货等项。

△ 湖南辰州(今沅陵)为青岛交涉失败开公民大会,到 2500 人,"佥以此事关系国权,疾首痛心,誓不承认"。旋于次日通电全国有关各方,呼吁"务乞大张公愤,始终坚持,以保领土而维国权"。

△ 北京政府陆军部代表丁锦与英商马可尼公司签订借款 10 万英镑合同,以国库券为担保。此款充作该部与马可尼公司合办中华无线电公司应出股本。

5 月 25 日 徐世昌再令北京及外省官吏"悉力制止"爱国群众游行演说、散布传单;并谓"其不服制止者,应即依法逮办"。

△ 北京政府教育部就北京中等以上各校学生罢课事,训令京师学务局局长及各校校长,"督促学生限三日内一律上课"。

△　午后1时，广州50余校学生5000余人，假小南门高等师范学校召开大会。会间一致通过电巴黎和会力争青岛及取消各种密约等10项动议；当即决定由各校派代表一人共同商讨进行方法。会后发出挽留蔡元培电。

△　午前11时，四川成都学界于少城公园开外交后援会，到各校男女学生约6000人，其他各界共万余人。"议决争还青岛；取消中日密约；电请欧洲和平会议中国代表拒绝签字各条"。会后举行爱国示威游行。至督军署，举代表请见，要求"根据本日议决各项通电全国"。

△　午后1时半，南昌学生联合会于百花洲沈葆桢祠开成立会。到会各校代表200余人。会间宣布宗旨、章程，并举丁伟、汪宏毅为正副评议长。

△　湖北督军王占元得悉其所部军队接获山东第五师全体士兵敬告全国同胞电，是日午间，急召驻武汉各师营长以上军官入署集议。决定"除面嘱武汉各防军外，并飞电各地驻防之军队"，传示"不准外出游行"；"禁止军人与学生间集会行动"。

△　北京政府外交委员会林长民，曾就山东问题发表文章，内有"山东亡矣，国不国矣，愿合四万万众誓死图之"等语。日使小幡酉吉竟为此向北京政府外交部提出抗议。北京政府经阁议后，未敢对此项抗议略置一辞。林长民无奈，是日致函徐世昌，请"准予开去外交委员暨事务主任兼差"。27日，林长民辞职照准。

△　南北军将领谭浩明、吴佩孚等通电恳请南北和会双方代表顾念时艰，互相让步，再开和议，务期和议早决。

5月26日　北京众议院讨论国务院送交山东问题咨文，赞成政府"保留签字"方案，但以该咨文并非条约，难以开议为由，拒绝列入议案，随将咨文退还政府。

△　陆徵祥电告北京政府："现在备就公函正式致英、美、法三国，将非保留不能签字情形明显表示，以观其后。"同日，中国代表团再次向巴黎和会提出保留签字之要求。

△　北京国务总理钱能训电广州军政府岑春煊等七总裁，要求撤回南方代表所提八项条件，续开和会。

△　孙中山约见上海学生联合会主席何葆仁，赞扬学生"爱国运动很好"；并建议"要唤起民众，与各界联合起来"。

△　《每周评论》第二十三期发表北京大学学生罗家伦《五四运动的精神》一文，"五四运动"一词之使用以此文为滥觞。

△　上海学生联合会因北京政府对北京、上海学生所提各项要求至期仍无答复，遂按原决定宣布，自是日起上海中等以上男女各校学生一律罢课。会后举行爱国示威游行。沿途观者达 30 余万人。上海学生联合会当日并通电全国各地学生联合会，吁请一致行动，并发表罢课宣言。宣言有云：政府"屡颁文告，严儆学生，并集会、演说、刊布文字……公民所有之自由亦加剥削。是政府不欲国民有一分觉悟，国势有一分进步也。爱国者获罪而卖国者称功，诚不知公理、良心之安在！"是日晨，上海中等以上 52 校学生二万余人齐集西门公共体育场举行罢课宣誓典礼。誓词为："民国八年 5 月 26 日，上海男女各校学生二万余人，谨在中华民国国旗之下宣誓曰：吾人期合全国国民之能力挽救危亡，死生以之，义不返顾。谨誓。"

△　晨，太原中等以上 10 校学生共 2000 余人一律罢课并发表罢课宣言。内称："今我国内忧外患，险象环生，沦亡之祸迫于眉睫。我辈士子既为人民中坚，自当首图挽救。奔走呼号，情有难忍；废学休业，义不容辞。……苟可以达救国之目的，即牺牲生命亦所不惜。"旋组成讲演团 25 组，每日外出进行爱国宣传。

△　天津南开学校全体学生所办《南开日刊》创刊。该刊系由该校原有之《校风》周刊改组而成。宗旨为："鼓吹同胞之爱国心，唤起同胞之敌忾。"同年 8 月 12 日第六十期出版后自动停刊。

△　江苏沛县各机关团体于体育场开国民大会，到千余人。议决组织推广国货团，当场并焚毁日货多宗。27 日，商会开特别业董大会，议决抵制日货办法五条。各商号相约于 30 日起一律停进日货。

　　△　北京政府司法部咨请各省当道转令所属，遇有散发传单、集众演说、同盟罢工等情事，即"随事查缉，依法严惩"。同日，并训令总检察厅转饬所属京外各级检查厅，遇有上述情事，"务当依法严予诉追，毋得瞻徇宽贷"。

　　△　安徽督军倪嗣冲诬指芜湖《工商日报》"立论偏激，淆惑观听"，电令芜湖道尹署警察厅严加制止；并谓"如该报不服制止，应即停止发行"。27日，警厅即函令该报馆特别注意发稿，并派员前往检查稿件。同日，《皖江日报》亦被检查。

　　△　驻济南日本代理领事山田，以山东人民连日抵制日货，拒用日币，致使日人于胶济路一带所营商业大受影响，是日特向山东督军张树元、省长沈铭昌提出书面照会，要求"严禁抵制日货"，"惩办运动抵制之人"，并禁止散布日本镇压朝鲜独立运动消息。文末竟威胁云："若督军、省长不为之禁惩，则我方将自由行动。"

　　△　陇秦豫海铁路督办与比利时公司订立1919年陇秦豫海铁路七厘国库券借款合同，规定以中国政府名义在欧洲发行2000万法郎国库券，用以充该路经费。是日由徐世昌批准签字。

　　5月27日　午前，武汉26校学生代表于文华大学集会，议定抵制日货、提倡国货具体办法多项。越一二日，武汉学生联合会并以"武汉学生全体5959人"名义，致函湖北督军王占元、署省长何佩瑢，就彼等屡借"有妨秩序"、"有碍邦交"，动则制止学生进行爱国活动事，提出驳斥及警告。内称："近日累读训令……于生等种种自由未免束缚太过。生等一息未绝，万难承认。""况生等此举纯出爱国热忱，不越正轨，殊无干涉之必要。""若极端压制生等……盖生等非特不甘为共和国无自由权之学生，亦且不甘为共和国无自由权之平民也。"

　　△　浙江各县代表千余人于台州（今临海）集会，议决呼吁三事："一、抵制日货；二、留日学生全体归国；三、南北宜速统一。"

　　△　浙江海宁各界开国民大会，到3000余人。宣言与京、津、宁、沪各地一致行动。演说毕，举行示威游行，要求"还我青岛"，"惩办国

贼";呼吁:"毋忘国耻","抵制日货"。

△　江苏常熟商会、农会、教育会联合召开国民大会,到约 2000人。议决一致奋起救国,力争青岛。

△　安徽六安商会通电,声明"坚持到底不购日货,以为外交后盾"。

△　广西梧州学生联合救国团成立。该团成立后,曾发动团员外出进行爱国宣传,并组织振兴国货会,实行抵制日货。

△　晨,法国驻上海总领事韦尔德发出布告,禁止于法租界内散发抵制日货传单及劝阻购买日货;并威胁云:如有此类情事,即"按照扰乱治安律解送公堂罚办"。

5 月 28 日　孙中山发表《护法宣言》,主张恢复旧国会,指出:"至今和议不成者,罪在不求之于国家组织之根本,而求之于个人权利之关系","国内纷争,皆由大法不立",因此"今日言和平救国之法,惟有恢复国会完全自由行使职权一途"。

△　巴黎和会中国代表团召开秘密会议,讨论和约签字问题。王正廷、顾维钧、施肇基明确表示反对签字,陆徵祥、魏宸组未明确表态。五名代表中,拒约意见占优势。

△　苏州中等以上各校学生万余人,于吴县公共体育场集会,宣布自即日起一律罢课,并发表罢课宣言。宣言痛斥北京政府祖护国贼,拘捕学生,摧残教育,禁止群众爱国活动,遏抑人民言论自由,听任日政府迫害留日学生等反动行径。声明:"为救亡图存计,为教育前途计,为保障共和计,为爱护留学生计,于 5 月 28 日全体罢课。"

△　安庆各校学生因安徽督军倪嗣冲严禁抵制日货及进行爱国宣传,并派警察沿街撕毁爱国传单,于是日全体罢课,要求倪嗣冲恢复传单原状,并要求言论著作自由、发电自由、集会自由、演说自由。29 日,安庆学生联合会将罢课消息通电全国报界联合会并转各报馆、各省学生联合会,声明"誓与北京各校一致行动"。

△　午后 2 时,杭州学生联合会开紧急会议,"决于 29 日起一律罢

课,宣誓救亡"。旋发出罢课宣言,指责北京政府"邪正不辨,功罪颠倒","直以国贼应予优容,教育无足轻重"。声明:"自本月29日始,生等全体罢课……共图挽救于万一。"浙江省长齐耀琳闻讯,急召各校校长至省署筹商对策。晚9时,省署正式"训令各校校长,即日一律放假"。29日再发"训令",扬言"如有学生抵抗放假情事,当处死刑"。警厅则派员分赴各校,迫令学生限日出校;并知照各旅舍,不准容留学生。杭州学生联合会为此发表第二次宣言,将官厅镇压学生罢课运动种种反动行径通告全国。同日并发出通启一则,重申:"5月29日,敝处中等以上17校学生3000人实行罢课,与全国同学诸君一致行动。"

△　江苏徐州商会发起抵制日货联合会,各界到数百人。议决抵制办法两项,并由学生代表进行演说。

△　浙江乍浦各界开国民大会,到千余人。会间20余人发表演说。

△　美国旧金山(圣弗兰西斯科)中国国际同盟研究会电广州政府及上海各报馆,内称:"请全国一致反对日本山东问题之要求,并除卖国贼。"

△　徐世昌令准参谋部续聘日人柳川平助为陆军大学校教官,期限一年。

△　徐世昌准交通部所设航律委员会筹拟编订商船法规。

5月29日　广州军政府总裁陆荣廷、广西督军谭浩明、桂林将领陈炳焜、广东督军莫荣新联名通电,主张南北双方代表屏除私见,重开南北和会;南北双方让步,以最速期间回复统一。

△　南京中等以上21校全体学生3413人一律罢课。当日发表罢课宣言并将罢课决定电告徐世昌及北京国务院。宣言内称:随津沪之后,实行罢课;冀"合群策群力,以同赴国难",奋起救国。致徐世昌及北京国务院电中则声明,直至北京学生所提各项要求得有完满答复之日始行复课。

△　午前11时,广州各校学生约二三万人,自天字码头出发,举行

爱国示威游行。要求"还我青岛",呼吁各界"不买劣货",沿途并散发传单。"所经之处,万人空巷,鼓舞欢迎"。

△ 早 7 时,江苏扬州各界开国民大会,到约万余人。场内设讲台六处,进行爱国演说。大会议决四事:"一、要求政府对青岛问题勿签字;二、请南北续开和议;三、不买日货;四、要求政府勿苛待学生,阻抑民气。"10 时散会。各校学生随即举行爱国示威游行。午后 3 时,国民大会所属通俗新剧团并演出爱国戏剧《亡国影》。

△ 山东菏泽各界召开国民大会力争青岛及山东主权,到 5000 余人。议决抵制办法三项:一、电达北京政府,转请巴黎和会代表,坚勿签字,力争主权。二、组织国货维持会。三、通函各县机关,请具仿照办法。

△ 广西怀远学商两界开公民大会,到 2000 余人。议决抵制日货办法两项:一、联合各校组成学生演讲团,每星期日赴城乡各地演讲并分发传单。二、各商店不得再进日货。

△ 上海中药店同业会与医药研究会共同议定:一律拒卖产自日本之药物,改用国产品代之,医生不得开日货药味之处方。

△ 上海《时报》报道:"近日香港华人亦实行抵制日货。"

5 月 30 日 陕西学界全体发布通启,呼吁各界一致力争青岛。

△ 江苏泗阳各界于县城开国民大会,到约 6000 人。演说者一致鼓吹提倡国货。当场焚毁日货甚多。31 日,复于众兴镇开爱国讲演会,到约 3000 人。

△ 留日学生总会在东京正式成立。

5 月 31 日 北京政府无视举国一致反对,是日及 6 月 9 日再先后电令巴黎和会中国首席代表陆徵祥,无条件签署巴黎和约。

△ 徐世昌令自本年始"选用内外官吏务当注重考试一途",停止举荐甄用。

△ 广州军政府就北京政府要求继续和议事通电全国,指出"尊重和平之说果出室诚意,窃谓当先定继续和议之办法,然后递议条件,掬

诚相见,自有解决之方"。

　　△　北京政府接广州国会议员联名来电,内称:"京校学生热心爱国,殴章焚曹,实出代表人民公意。曹、章、陆卖国,国人皆知,务请从实惩办,以谢国人。"

　　△　四川督军熊克武通电反对巴黎和会对山东问题之处置。内称:"此事关系全国存亡,非寻常外交可比,务望主张我国专使对于此等处分严词拒绝,一面设法挽救。"

　　△　河南开封各校学生一律罢课,并发出罢课宣言,宣言有云:"学生求学期以报国耳。今者栋折圮倾,国将灭亡,痛莫可言。焉能坐斗读佛,束手待毙。……谨于5月31号一律罢课。"

　　△　浙江宁波中等以上各校学生因北京政府对北京学生所提各项爱国要求迄无完满答复,即日起一律罢课,以为声援。

　　△　午12时,南昌各界为反对省议会议员擅自加薪一倍,于百花洲沈葆桢祠开公民大会,到千余人。决定即派代表分赴军省两署及省议会请愿。代表至省议会,竟遭议员毒打。学商两界乃自6月1日起罢课罢市。声言非撤销加薪原案决不复课开市。

　　△　福建汀州(今长汀县)开国民大会,到各界万余人。议决:"一、请欧专使誓不签字;二、请将二十一条取消;三、联合全国抵制日货。"会后示威游行。

　　△　湖南宝庆(今邵阳市)九校学生开联合救国会,到3000余人。演说毕,举行示威游行。

　　△　山东沂州(今临沂)各校学生2000余人举行示威游行。沿途宣传奋起救国,抵制日货。同日,商会通告各商店,于8月1日前所存日货概行处理,逾期没收,并鼓励创制国货以代日货。

　　5月下旬　福建福州青年会学生外出张贴抵制日货传单,遭日本浪人殴打,重伤八人,消息传出,福州33校学生七八千人举行示威游行,并焚毁大量日货于城内。

　　△　英属马来亚雪兰莪州华侨通电国内,呼吁"如青岛不还,密约

不废,国贼不去,全国人民停止纳税,闭市、罢工"。

△　北京政府内务部先后通令查禁上海发行之《进步》、《民生》、《新中国》等刊物。

6　月

6 月 1 日　徐世昌公布青岛问题"真相"。其中除为北京政府关于山东问题丧权辱国之交涉极力狡辩外,并将曹、章、陆种种媚日卖国勾当誉为"各能尽维持补救之力";同时反诬广大群众力争青岛、抵制日货等项爱国活动为"外损邦交,内隳威信,殊堪慨喟"。重申禁止散发传单、集众演说,饬京外各官吏"切实办理"。

△　徐世昌下令教育部及各省长、教育厅督饬各校职员约束学生,即日一律上课,并切实查禁"联合会"、"义勇队"等团体。

△　武汉中等以上学校自即日起实行罢课,并发表罢课宣言,要求北京政府拒签和约,罢斥国贼,予学生以爱国自由。是日,学生走上街头发表演讲,鄂督王占元出动军警镇压,捕去学生数十人,学生被刺伤四人,被殴伤多人。

△　贵州开国民大会,议决通电中国专使力争青岛,并请取消"二十一条"及其他不平等条约,不达目的即勿签字。另电北京政府要求电饬专使力争国权,惩办段祺瑞、曹汝霖、章宗祥、陆宗舆、徐树铮、靳云鹏六人,保全北京大学,释放被捕学生。

△　徐世昌令裁撤阿尔泰办事长官,所辖区域归并新疆省,改设阿山道尹一缺,所有该长官原管之蒙哈等事务均由该道尹循旧接管。

6 月 2 日　湖南学生联合会在长沙召开全体学生大会,到 20 余学校,议决全省自 6 月 3 日起一律罢课。并发表宣言,向政府提出力争青岛,取消"二十一条"及中日一切密约,惩办卖国贼等六项要求。

△　济南金融界代表于福德会馆开会议决:一、不用日钞;二、不与日商往来;三、断绝青岛金融;四、不用日货。

△　武汉各校校长齐往省督军署,要求释放被捕学生,经力争,王占元始允下令将被捕学生释放。旋督军、省长再出布告,声称如再游行演讲,散布传单,"定必严拿究惩"。是日下午,省议会议长召集各校校长及学生代表开联席会议,商讨善后办法。会间学生代表提出由军民两长电促北京政府力争青岛及惩办卖国贼,二事解决始行复课。另要求官厅派员向各校学生道歉,承认学生联合会之存在,恢复一切自由等。议长等允备文咨达。同日武昌中华大学学生上街演讲,复遭警察保安队毒打,伤七人,内有李鸿儒一人因伤重致死。文华大学学生游行,亦被军警殴伤四人。3 日,恽代英率中华附中学生外出演讲,再遭保安队殴打,重伤多人。湖南旅鄂中学等校学生亦因演讲而遭砍刺、殴捕。

6 月 3 日　北京学生联合会派出演讲团约千余人,至京城各处举行露天演讲,向市民宣传外交问题,警厅派出保安马队弹压,四处逮捕演讲员,共捕学生 178 人,送北京大学法科集中拘禁。

△　午后,芜湖学生联合会正式成立并发表宣言。宣言痛斥北京政府媚日卖国,庇护国贼,迫害爱国学生。申明组织该会在与京、沪、宁、皖各校学生取同一行动,以尽救国之责。

△　重庆川东学生救国团 3000 余人举行游行警告会,要求北京政府拒签和约,惩办国贼。

△　南通各校学生一律罢课,随即分赴城乡各处进行爱国宣传。

6 月 4 日　北京各校学生继续在街头演说,军警出动逮捕学生,共捕去 788 人,以北京大学法科不够容纳,遂分出 139 人改送理科羁押。而未被捕之学生演讲员多集于法科门外,与门岗冲突,学生多人受伤。

△　下午,北京 15 校女学生 600 余人齐集天安门,旋往总统府呈递请愿书,要求释放被捕之男生,随后分别至街头演讲。

△　上海商界各业员工数千人于南市集会,商讨全市罢市问题。松沪护军使卢永祥、松沪警察厅长徐国梁派步兵及马队弹压。上海县商会正、副会长愤而辞职。

　△　上海、天津学生联合会分别发出急电,呼吁全国各界火速援救北京被捕学生。

　△　驻日本全权公使章宗祥向徐世昌提出辞职。

　△　北京政府为延期偿还 1918 年于日本发行之甲号财政部证券,是日财政部总长龚心湛与日本横滨正金银行代表在北京签订《中国政府民国七年甲号财政部证券改借契约》。约中规定 1919 年 7 月 7 日另发"中国政府民国八年甲号财政部证券",面值 1000 万日元,"以中国盐税收入之全数为优先担保",偿还期一年。

6 月 5 日　上海实行"三罢"(罢市、罢工、罢课),支援北京被捕学生。晨,上海学生联合会派出大批学生分赴商店、工厂动员罢市、罢工,获得响应。南市商店首先停业,至 12 时许,全市商店全部停业。11 时半,日商纱厂 5000 工人开始罢工,纺织、机械、印刷、造船、铁路、电车等50 多行业约七八万工人亦随之举行罢工。学生、职工纷纷走上街头,发表演说,要求释放被捕学生,收回青岛,废除"二十一条",严惩曹、陆、章。

　△　松沪护军使卢永祥以上海罢市,立即调遣军队四出弹压,当日松沪警察厅长徐国梁拘捕学生百余人。次日,卢召集徐国梁及代理沪海道尹沈宝且议商对策,卢指示"遇有学生游行演说,即由军警尽数拘拿……非至风潮平息,决不释放"。徐谓"警察近日多受传单感动,已呈靠不住之象……地方秩序非用陆军弹压不可"。卢当即允调龙华军队归徐指挥,开入市内进行镇压。

　△　北京国务会议讨论对付学潮办法,议决以和平方法对待学生,即日一律释放被捕学生,并准北大校长蔡元培辞职,以胡仁源继任;准教育部次长袁希涛辞职,以傅岳棻署教育部次长暂代总长事务。

　△　北京大学、高等师范等校学生 5000 人上街演讲,坚决要求罢免曹、陆、章,北京政府派马队将学生冲散,旋学生集合队伍前往北大法科门前示威,政府为避免事态更加激化,释放了被捕的近千名学生。

　△　云南昆明各界开国民大会,到五六万人,研究外交、争回青岛

诸问题之对策。

△　《孙文学说》卷一《知难行易》(后编为《建国方略》之一,题名《心理建设》),由上海强华书局出版发行。9日《民国日报》刊登广告,谓孙文学说是"破天荒之学说,救国之良药"。

△　英、法、日、意、美五国公使由英公使代表,向徐世昌提出劝告南北和会重开说帖。同日,英驻广州领事代表五国向军政府提出同样说帖。

6月6日　上海工人罢工风潮扩大,上海锐利机器厂、求新机器厂、英商生铁厂、华商电车公司全体工人,英美电车公司、法商电车公司部分工人,海关造册处全体工人、职员均举行罢工。

△　徐世昌任命胡仁源署北京大学校长。

△　南昌、九江各校学生一律罢课。

△　山东威海(今威海市)码头工人,为反对日本帝国主义,拒不为日船搬运盐包。

△　上海公共租界工部局申令禁止于租界内游行演讲、散发传单、悬挂旗帜,并强迫各商店立即开市。威胁如有动员罢市者,即"拘送公堂严办,决不宽贷"。

6月7日　北京政府通电各省军民两长,说明对于时局问题之态度:一、声明中央对于教育始终维持;二、已电陆专使同英、美、法协商,对山东青岛问题达到保留目的;三、南北和议继续开议,并催朱总代表重负和议之责。

△　上海沪宁、沪杭甬铁路总机厂工人全体罢工。

△　卢永祥通令松沪戒严。并宣布戒严期间禁止集会结社及印发一切"有碍时局"之宣传品;当局得拆阅邮信电报;必要时得侵入住宅、建筑物、船舶中进行检查等项规定,借以镇压群众爱国运动。同日,卢永祥召集松沪警察厅长徐国梁、代理沪海道尹沈宝昌并上海总商会代表虞洽卿等策划破坏罢市办法。决定除由总商会发布"劝导"开市通告外,另由徐、沈、虞等分赴南北市各商店胁迫开市。卢永祥复于8日专

门发出布告进行威胁。内称："凡我商民务须即日开市。倘有暴徒阻止，强迫闭市，即属扰害公安，与土匪无异。本使有保卫商民之责，唯有尽法惩办。"

△ 北京各界于中央公园召开国民大会，到 3000 余人。议决六项："一、电欧使不签字；二、取消欧战中日本压迫我国成立之条件，抄没国贼家产偿还顺济铁路垫款；三、惩办国贼；四、维持教育；五、提倡国货；六、促进和局。"随将此议通电全国。

6 月 8 日 北京政府电江苏督军李纯等，要求"对罢市各业切实开导宣示，务令即日一律开市"。

△ 江苏督军李纯、江西督军陈光远、湖北督军王占元联名电北京政府发表对时局意见：一、请将曹、陆、章免职；二、对外交问题主张不签字；三、对南北和议主张按照原议，先解决国会问题。

△ 上海日商内外棉纱厂 1.5 万工人罢工。

△ 成都各界于少城公园召开国民大会，到数万人。会间演讲者甚多。内容大致为："一、北政府卖国贼之情形；二、山东青岛失败之关系；三、日本对付中国之情形；四、我们对付日本之方法。"会后并沿街散发抵制日货传单。

△ 孙中山指派戴季陶、沈玄庐主编之《星期评论》（周刊）在上海创刊。至 1920 年 6 月 6 日自动停刊，共刊出 53 期。

6 月 9 日 上海工人罢工斗争进入高潮。全市汽车司机 2000 余人、浦东陆家嘴英美烟厂全体工人 5000 余人、英商耶松公司老船坞工人、江南船坞工人、各轮船水手、浦东美孚及亚细亚两火油栈全体工人、美商慎昌洋行电机工人、全市清洁工人及全体漆工等举行罢工。

△ 上海《民国日报》发表题为《罢工问题的商榷》之社论，略谓："我们自家办的工厂、工场……非但不应该罢工，并且还要加工……因为能多出产许多国货，即所以抵制许多日货。"并谓："中国的工人还没有良好的组织，如大家罢了工，那缺乏智识的，不免有妨碍秩序的举动，这是最可忧虑的。"

△　广州军政府政务会议讨论时局问题,作出中国即行退出巴黎和会等三项决议。

△　北军陆军第三师师长吴佩孚等通电要求北京政府释放被捕学生,促开国民会议,力争收回青岛,"以平民气,而救危亡"。

△　天津各界万余人召开国民大会,议决以罢市为手段,迫促北京政府惩办卖国贼并明令保护各省爱国学生。当晚,天津总商会布告各商号,自 10 日起一律罢市,并将罢市决定及国民大会议决两项要求电达徐世昌及北京国务院。

△　驻沪领事团借口上海连日罢市,影响各国侨商收入,是日开会议决,向北京政府提出要求赔偿损失。同日,领事团复以防止"匪徒乘间暴动,扰害租界治安"为辞,除调集各捕房巡捕、万国商团马队外,并增调英美驻沪陆海军分布各要道,对各界爱国群众进行恫吓、镇压。

6 月 10 日　徐世昌令准免交通总长曹汝霖本职,驻日本国特命全权公使章宗祥本职及币制局总裁陆宗舆本职。

△　安福俱乐部国会议员通电称:"日前政府提交众议院请求同意之咨文,对于青岛问题曾郑重声明,主张暂行保留,以为异日挽救地步";但据"今国务院敬(24 日)电所云,是青岛问题亦在签字之列,与政府提交众议院咨文全然不符,殊堪骇异",并声明今后政府变更计划,议员"绝对不能承认"。

△　沪宁、沪杭两铁路工人全体罢工,交通断绝。同日上海电话局,各马车行、水木行业、荣昌火柴第一、第二两厂、华昌盒片厂、大有榨油厂等全体工人,美商奇异电灯厂全体女工,日商铃木洋行全体中国职工等同时罢工。

△　曹、陆、章免职消息传至天津,各界民众对未予惩办极为不满。午后,天津总会急电徐世昌及北京国务院,说明"栖息于津埠之劳动者数十万现已发生不稳之象",请明令惩办曹、陆、章及保护学生,"以谢国人而救目前"。

△　财政部为解救财政困难发行"定期有利国库券"1000 万元。

是日,经徐世昌指令照准。

　　△　自是日起,河南屡降暴雨,山洪陡发。刁、湍、沙、淯、伊、洛诸河相继泛滥。南阳、内乡、淅川、南召、邓县、方城、新野、滑县、长葛、鲁山、巩县、洛阳等县均遭重灾,就中以西南数县被灾尤重,平地水深八尺至丈二不等,田庐尽没,灾民达 50 余万。

6 月上旬　福州发生霍乱,蔓延极速。据官方统计:"甫及兼旬,因疫致死者竟达 1339 人之多。"至 7 月上旬,城厢内外每日死者均数百人,旋于七八月延及上海、苏州、山东、奉天、吉林、黑龙江、河南、天津、北京等省市。

6 月 11 日　徐世昌以广大舆论坚拒签署对德和约,国内和议无成,是日咨达国会参众两院辞职。同日,两院退还咨文,请"照常任职"。次日,徐世昌将咨文通电各省,意在博得各省之同情与支持。

　　△　北京国务院派员抵天津,会同署直隶省长曹锐前往总商会乞求开市,总商会遂发出暂行开市布告。各界民众闻讯,立聚万余人,声言北京政府"未能依法从严惩办卖国贼曹、陆、章,仅以免职卸责,又无明令保护爱国学生,似此不足达到罢市目的"。总商会复再发罢市布告。次日,各商号再度罢市。

　　△　夜,北京大学教授陈独秀在北京游艺场新世界散发《北京市民宣言》传单,向北京政府提出"最后最低之要求"五项:"一、对日外交不抛弃山东省经济上之权利,并取消民四年、七年两次密约。二、免除徐树铮、曹汝霖、陆宗舆、章宗祥、段芝贵、王怀庆六人官职,并驱逐出京;三、取消步军统领及警备司令两机关;四、北京保安队改由市民组织;五、市民须有绝对集会、言论自由权。"同时声明:"倘政府不顾和平,不完全听从市民之希望,我等学生、商人、劳工人等,惟有直接行动力图根本之改造。"陈散发传单时,当即被京师警察厅逮捕。北京政府逮捕陈独秀,引起一场轩然大波。经各方营救,陈被关押 98 天后,北京政府迫于舆论的压力,于 9 月 6 日将陈释放。

　　△　北京学生联合会议决,非蔡元培仍任北大校长,决不上课。

17、18 两日,北京政府代国务院总理、代理教育总长傅岳棻先后致电蔡元培,请其取消辞意,速行北上复职。

6 月 12 日　北京国务院通电各省区加意维护学生,电称:"此次各校学生激于爱国热诚,不得已有罢课请愿之举,固为国人所共谅。……国家注重教育,自当加意维护,以副兴学育才之意。"

△　北京国务会议因近月来内外问题交相煎迫,罢课、罢市、罢工不断发生,各方责难讥议接踵而至,议决全体阁员总辞。除外交总长陆徵祥尚在国外,教育总长傅增湘、交通总长曹汝霖业已免职外,其余阁员均在辞职书上签署。

△　晚 9 时许,上海法租界兴圣街商业联合会数百名工人、店员结队游行。经带钩桥欲入公共租界,遭租界两捕阻拦,遂发生冲突。租界总捕头调大批巡捕、马队镇压,当场一人中弹死亡,九人重伤,造成带钩桥流血惨案。

△　曹、章、陆被免职消息传至上海,是日上海开市。上海学生揭橥"敬谢工商界,三国贼除,故请开市"之标语举行胜利大游行。

△　唐山开滦矿务局全体煤矿工人罢工。

△　广东督军莫荣新下令通缉前省长李耀汉,并由军政府下令免其肇军总司令职,任命林虎为肇阳罗镇守使,率兵入肇庆城,改编肇庆军队,取消肇军总司令部,将肇阳罗各军归林虎统率。同日,代理省长翟汪被迫辞职,遗缺由张锦芳暂行护理。

6 月 13 日　徐世昌令准国务总理兼内务总长钱能训辞本兼各职,特任龚心湛暂代国务总理,内务部次长于宝轩暂行代理部务。

△　徐世昌特派徐树铮为西北筹边使;24 日任命徐树铮兼任西北边防军总司令。

△　徐世昌据内务、财政、农商三部呈请,准设立漕运局,并派京师警察厅总监吴炳湘兼充该局总办。

△　山东工商联合会电北京政府,宣布全体罢市,提出四项要求:一、否认青岛签字,并废除"二十一条";二、惩办卖国贼并没收其财产;

三、促进南北议和;四、释放被捕学生。

6 月 14 日　福州学生代表向私运米粮赴日并囤积大批日货之总商会会长黄瞻鸿提出质问,并检查其兄黄瞻鳌所营恒盛布庄存有大批日货。黄谎称有土匪千余抢劫该店,请警察厅派军警镇压,代表 10 余人甫入店门,店内潜伏打手一拥而出,施以毒殴,三人被殴重伤,三人失踪,一名营救学生之工友当场被军警刺死。又有大批军警赶赴现场,拘捕市民五人,并将群众驱散。当夜,黄氏兄弟指使党徒将日间劫持之学生代表三人杀害。次日,福州商民愤激实行全市罢市。

△　重庆召开国民外交后援会,15 日开商学界联合会,每会均到万余人。议决一致对外,誓死力争青岛,实行提倡国货。

△　济南千余工人在普利门外青年会开会,议决三事:一、凡给日人做工者,当完全罢工;二、不充当日人仆役;三、不买日货。

6 月 15 日　吴佩孚致电南军将领,建议南北将领通电反对签约,电称:"顷接京电,惊悉青岛问题有主持签字噩耗,五衷摧裂,誓难承认";并谓:"某等眷怀祖国,义愤填胸,痛禹甸之沉沦,悯华胄之奴隶。圣贤桑梓,染成异族腥膻,齐鲁封疆,遍来淫娃木屐。虽虺蛇已具吞象之野心,而南北尚知同仇以敌忾。与其一日纵敌,不若铤而走险;与其强制签字,贻羞万国,毋宁悉索敝赋,背城借一。军人卫国,责无旁贷,共作后盾,愿效前驱。"

6 月 16 日　全国学生联合会在上海成立,到北京、上海、天津、南京、杭州、济南、九江、保定、吉林、安徽、宁波、河南、唐山、苏州、扬州等地学生代表及留日学生代表 55 人,各界来宾 200 余人,选举北京代表段锡朋为会长,上海代表何葆仁为副会长。

△　福建督军兼省长李厚基下令军警大肆逮捕学生千余人,予以监禁,并胁商店开市。18 日,李厚基迫于情势,释放被监禁学生,将黄瞻鸿兄弟押送警厅,福州开市。

△　陕西高陵各界数千人开西北救国会成立会。决议誓讨国贼,力争青岛,抵制日货。会后示威游行。

　　△　徐世昌特任朱深兼署内务总长。

　　6月17日　北京国务院再次电令出席巴黎和会中国代表签署对德和约。消息传开,北京学生联合会即发电严正表示:"未经正式民意机关通过,全国人民誓不承认",要求"速电陆、王撤回,以免贻误大局"。

　　△　自是日起,山东各界代表连日于省议会开联合会,议商再组全省请愿团赴京请愿。至19日下午,109人请愿团组成。

　　△　长沙省立高等工业学校部分学生创办《岳麓周刊》。该刊以"发扬平等精神,倡导民生主义"为宗旨。同日,长沙明德学校部分学生创办《明德周刊》。该刊以"提倡国货,唤起爱国精神"为宗旨。

　　6月18日　北京兼代国务总理龚心湛通电全国,呼吁"学工商各界爱国志士辨明方针,勿徒逞攘臂慷慨之豪情,而共图和衷救济之长策",并着各省军民长官设法剀切劝导,以卫治安。

　　△　徐世昌令内务部拟订婚丧礼则。

　　6月19日　徐世昌令仍以郭则沄暂行兼署国务院秘书长。

　　6月20日　山东省议会、省教育会、省商会、农会、报界联合会、学生联合会、济南商会七团体公举代表85人组成请愿团,抵北京新华门呈递请愿书,要求拒绝签字,废除高徐、顺济铁路草约,惩办卖国贼。徐世昌未予接见。

　　△　徐世昌令准于京绥铁路八达岭建立詹天佑铜像,并颁给碑文。

　　6月21日　北京政府代理国务总理龚心湛接见山东请愿团代表,对于5月19日所提三项要求,表示均难办到。

　　△　徐世昌令张载阳仍回暂编浙江陆军第二师师长原任;任潘国纲署暂编浙江陆军第一师师长。

　　△　北京国务院因广东前省长在肇庆被围事,是日电苏督李纯设法解救。

　　6月22日　北京国务院通电申明徐世昌业已"取消辞意"。

　　△　孙中山与戴季陶谈三民主义。谓:"我们改革中国的主义,是三民主义。三民主义的精神,就是要建设一个极和平、极自由、极平等

的国家,不但在政治上谋民权的平等,而且在社会上要谋求经济上的平等。这样做去,方才可以免除种种阶级冲突、阶级竞争的苦恼。"

△ 全国和平联合会通电历数安福俱乐部七大罪状,要求徐世昌"立将安福俱乐部封禁,查其名册,概予罢斥,严加惩处,以谢天下"。

△ 江苏邳县各界万余人开国民大会。议决通电全国:"力争青岛,废除密约,惩办国贼,抵制日货。"

6 月 23 日 徐世昌接见山东请愿团代表六人,各代表要求将 5 月 19 日 85 人赴京请愿团所提三项要求明白批示。徐力言外交困难,仅谓已电令陆徵祥缓签字,对惩办卖国贼、废除路约均未允行。

△ 徐世昌公布《管理无约国人民章程》,凡 11 条。

△ 北京国务院就签署对德和约问题征得段祺瑞及国会两院议长同意后,是日电巴黎和会中国首席代表陆徵祥,告以和约中"胶澳问题""如实难办到,只能签字"。

△ 段祺瑞自北京电上海孙中山、唐绍仪等,表示愿同舟共济,早见统一。

6 月 24 日 北京国务院就签订对德和约问题通电全国称:"熟权利害,再四思维,如竟不签字,则嗣后挽救惟艰";并谓"京师地面现已严饬主管认真办理,倘各省有不肖之徒借端煽惑,务希悉力制止,用遏乱萌"。

△ 巴黎和会中国代表顾维钧会晤巴黎和会秘书长吕达斯达,声明:"兹遵政府训令,愿于德约签字时,将关于山东条款声明保留。"当日下午,吕达斯达约见顾维钧告知:"贵国所愿将山东条件保留一层,已达会长,据云势不能行,只有签字或不签字之办法。"同日,法外长毕勋约见顾维钧,劝中国代表无条件签字。

6 月 25 日 北京国会开会通过建议案,要求政府拒绝签署巴黎和约。

△ 龚心湛接见北京学生联合会代表,声称:"据路透电,和约于 25 日签字,我国专使签字与否,今尚未知。"

6月26日　徐世昌派梁建章为筹备国会事务局委员长。

△　中国代表顾维钧会晤巴黎和会法国外长毕勋,再次表示:"此次和会解决山东问题,我侪认为不公道。……中国委员并非不愿签字,惟对于山东几款必须保留。"毕勋谓:"贵使所云山东问题解决之不公道,亦可如此说,惟约内保留一层,殊多未便。"

6月27日　山东、北京、陕西代表联合前往北京新华门请愿,要求徐世昌认可三事:"一、不保留山东,则和约决不签字;二、决定废除高徐、济顺两路草约;三、立即恢复南北和会。"徐世昌拒不接见。几百名代表在新华门前等候,次日天津代表亦加入。28日上午10时,徐始传代表10人入见。徐对代表所提要求答语含糊。陕西学生代表屈武愤而高呼:"同一亡国,不如不签",徐竟叱之。屈武随即头撞柱,流血昏厥。徐遽起入内,代表被卫兵挟持而去。

△　是日晚及28日晨,山东第二批请愿团108人先后抵京。是时,代理国务总理龚心湛第二次批示,承认山东问题如"不能保留,即拒绝签字";顺济、高徐路草约"力图收回,断不续定正约"。请愿团鉴于北京政府对前两项要求已"明示容纳",遂留10人为驻京办事代表,余众于7月1日晨离京返济。行前发布《山东请愿团敬告全国同胞书》,将请愿经过宣告全国,并呼吁同胞"共图挽救"。

△　晚,出席巴黎和会中国代表团于对德和约签字前发表声明,全文如下:"今日在签订对德媾和条约之前,中华民国全权代表因该约第一五六、一五七及一五八款竟使日本继承在山东之德国权利,不使中国恢复其领土主权,实不公道,兹特以其政府之名义声明:彼等之签字于条约,并不妨碍将来于适当之时机,提请重议山东问题。因对中国不公道之结果,将妨碍远东永久和平之利益也。"

△　吉林省官银号与日商朝鲜银行签订借款100万日元合同,用于整顿该省大洋票及汇兑资金。

6月28日　巴黎和会中国代表团在举国人民严厉督责下,拒签对德和约。至此,经历55天之五四运动遂告一段落。

△ 旅华法工三万余人和学生包围中国出席巴黎和会代表团寓所，不准代表签字。并称："如果出门，当扑杀之。"代表遂未出席和会。

△ 出席巴黎和会中国代表陆徵祥、王正廷、顾维钧、魏宸组四人联名将拒签事电告北京政府，略谓："此事我国节节退让，最初主张注入约内不允；改附约后，又不允；不得已，改为临时分函声明不能因签字而有碍将来之提请重议云云。岂知〔直〕至今午时完全被拒。……不料大会专横至此，竟不稍顾我国家纤微体面，曷胜愤慨！弱国交涉，始争终止，几成惯例。此次隐忍签字，我国前途将更无外交可言。……不得已，当时不往签字。"并再次自请"开去差缺，一并交付惩戒"。

△ 安福俱乐部召开全体议员大会讨论揆席人选。先是，徐世昌以龚心湛代国务总理 10 日已满，急于求去，为尽快结束内阁危机，提出周树模、田文烈两人为国务总理人选，正式征求安福俱乐部意见。是日，徐树铮出席坐镇，并对周、田二人作了介绍。王揖唐宣布进行辩论，最后进行表决，田文烈获多数通过。

6 月 29 日 上海国民大会以北京政府卖国，通电与其脱离关系，并停止纳税。

6 月 30 日 唐绍仪就南北和会事，对来访之北方议和代表汪有龄、江绍杰发表谈话。指出军政府对八条如有让步之余地，则和会当然再开。现南方代表仍留上海，北方代表已赋归，于此足征南方之诚意。

△ 自是日起至 10 月 25 日，北京政府交通部所属各电话局与日本古河、住友两洋行陆续签订总额为 4661188.76 日元借款合同，用于支付各电话局材料费。

是月 北京政府盐务署因改行"新税"，激成民变。山东即墨、海阳、莱阳等县盐民三四万人奋起进行抗税斗争，焚毁各县盐务机关，痛殴前往镇压之盐警，后"新税"暂缓实行，风潮乃息。

7 月

7月1日 少年中国学会在北京正式成立，王光祈主席。总会设于北京，另于南京、成都设分会。该会宗旨为："本科学的精神，为社会的活动，以创造少年中国。"会员42人。嗣后选举职员，评议部主任曾慕韩（琦）、执行部主任王光祈。15日，该会机关刊物《少年中国》月刊创刊，陈愚生任总经理，李大钊为编辑主任。

△ 午前9时，上海全国和平联合会开第四十七次评议会。议决再电徐世昌。要求封禁安福俱乐部，严惩徐树铮。

△ 上海工商学界为对德和约事，召开第三次国民大会，到约11万人。会间，上海各界代表李大年、留日学生代表凌炳、北京学联代表许德珩、天津学联代表沙主培等相继演说。一致主张实行国民自治，奋起卫国，拒签对德和约。大会议决，如对德和约已签字，国民决不承认。会后举行爱国示威游行。

△ 济南齐鲁大学学生王志谦于纬五路日本货栈附近查询运粮车辆，为日人逮捕。学商各界闻讯，当集数千人前往省署，要求省长沈绍昌立即与日领交涉。次日，王被索回，众始散。

△ 北京政府交通部于北京、天津、太原、开封、济南、汉口、南昌、南京、上海、安庆、杭州等地开办邮政储金。

7月2日 唐绍仪自上海电广州军政府，报告北方代表汪有龄、江绍杰南下，面述北京政府希望赓续和议，探询具体意见，请指示办法。

△ 章太炎以护法后援会名义发表《通告国民书》。内称："北政府者，日本之外藩；徐世昌者，日本之土司头目。……惟有通电宣告不承认政府，不承认非法僭立卖国祸首之除世昌，而后签字归于无效。"

△ 《时事新报》副刊《学灯》刊载左舜生《小组织之提倡》一文。文章鼓吹建立脱离社会之新村式小组织，作为理想社会雏型。该文发表后，曾引起广泛讨论。

7 月 3 日 广州军政府政务会议讨论唐绍仪电商北京继续和议案，议决俟北方代表全体南下，请即开议，至于条件退让问题，请唐研究电商。

△ 广州军政府政务会议议决，免程潜湘南护国军总司令职，令赵恒惕继任。

△ 湖南八团体代表开联合会，议决电北京政府要求拒签对德和约，收回青岛，废除各种密约，解散新国会，严惩安福系议员。同日，湖南省议会亦电徐世昌要求立即封禁安福俱乐部，解散新国会。

7 月 5 日 北京众议院开会，讨论政府提交西北筹边使官制案，已未俱乐部议员表示反对；与安福俱乐部议员冲突，互相殴击。

△ 徐世昌令准西北筹边使徐树铮设立边业银行。

7 月 6 日 北京国务院通电各省劝阻排斥日货，并称"倘有奸人勾煽，应责成军警实力制止"。

△ 徐世昌令吉林督军孟恩远到京供职；特任黑龙江督军兼省长鲍贵卿署吉林督军，未到任前，令吉林省长郭宗熙暂行兼署；特任孙烈臣署黑龙江督军。

△ 广州军政府总裁岑春煊电请北京政府迅予省释陈独秀，以安民心。

7 月 7 日 继上海全国和平联合会 6 月 22 日电徐世昌，要求封禁安福俱乐部后，各地纷纷通电响应。是日，旅沪山东协会发出通电，历数安福国会种种卖国罪行，谓"新国会者中国之罪人、人民之公敌，新国会不除，中国无幸存之理"，要求徐世昌将新国会"立时解散，以顺舆情"。8 日，天津各界联合会、云南省议会、旅沪四川同乡会；10 日，全国学生联合会；16 日，旅沪安徽协会；21 日，江西国民大会等团体亦先后发出通电，坚决要求封禁安福俱乐部，解散新国会，严惩徐树铮。

△ 湖南学生联合会、国货维持会等团体在长沙联合举行"焚毁日货游行大会"，参加者近万人，学生均肩扛日本布匹，绸布业店员及各界群众随行其后。游行队伍至教育会坪，将日布尽数焚毁始各散去。

△　北京政府通电所辖各省区,禁止抵制日货。

7月8日　北京国务院规定人民请愿事件应向国会陈请,不得径电政府,是日电各省军民长官转饬各人民团体遵照。

△　广州军政府总裁岑春煊电告北京政府称,北方主张继续和议,南方甚表赞同,惟北方代表应迅速齐集沪上,与唐绍仪等磋商继续和议办法。

△　北京政府电促朱启钤总代表,早日自津赴沪重开和议。

△　徐世昌令准税务处于8月1日起实行新修进口税则。

△　上海全国学生联合会发表通电,声明:"一、反对补行不保留山东三条签字;二、废除二十一条并不承认一切密约;三、青岛交还问题,反对中日两国间自行解决;四、取消高徐、济顺草约;五、宣告军事协定延长时效无效"。同时,各地爱国团体亦先后发表类似声明。

△　顺直水利委员会代表熊希龄与美国广益公司、日本兴业银行签订借款35万美元合同,以国库券为担保。此款用作运河工程局经费。

7月9日　蔡元培自杭州致书北京大学学生与全国学生联合会,表示放弃辞职,希望学生安心求学。

△　北京各界13团体代表召开北京各界联合会成立会。会间通过简章并选举职员。申明该会"以超然于政党关系之各界团体组织之";"以国民之天职,谋国家之福利为宗旨"。

△　湖南学生联合会为联络各界共同救国,发起组织湖南各界联合会。午后2时,各界代表于长沙开各界联合会成立会。由学生联合会代表彭璜主持。会间议商组织机构及进行方法等事。当场公举20人组成各界联合会代表团,并派出代表与湖南公团联合会接洽,要求一致进行。

7月10日　徐世昌为出席巴黎和会中国代表拒签对德和约事通告国人,说明拒签之经过,并告诫国人"率循正轨,持以镇静,勿事嚣张"。

△　朱启钤电复龚心湛,告以"弟现从事商业,谢绝政闻",拒绝再

任南北和会北方总代表职。

△　日本青木中将由华返日,向原敬首相提出日本援助徐世昌及亲日派之有关建议。

△　日本为操纵长春贸易,与华人合资开办长春仓库株式会社。资本定额 30 万日元。经营商品贮存、运输、购销及金融业务。董事会实权由日人掌握。开设期限 20 年。

7 月 11 日　广州各界曾迭次向军政府请愿,要求下令声讨卖国贼,坚持废除中日一切密约,由伍廷芳兼任广东省长。军政府对此未予明确答复,或竟置之不理,以致引起公愤,是日全市罢市。13 日,电灯局及各机器厂工人一律罢工。

△　江苏省教育会、中华职业教育社、上海学生联合会、中华基督教青年会全国协会、寰球中国学生会、上海欧美同学会等 13 团体,在上海组成国民教育促进团,举李登辉、沈恩孚为正、副主任,并发表《说明书》。内称:“救国之道固亦多端,而溯本追源,端惟教育。”故确定“从调查及演讲入手,促进国民教育”为该团宗旨。

7 月 12 日　徐世昌特任曹锐为直隶省长。

△　都护使充驻库伦办事大员陈毅电请北京政府派西北军第三旅入蒙,以防俄人入侵唐努乌梁海。

7 月 13 日　奉天巡阅使张作霖电北京政府发表对时局之意见,要求速电令陆徵祥向各国表示,如青岛山东之交涉有转圜之余地,即可签字;请令朱启钤赶速筹划,早开和议,速谋南北统一,并称已将援湘各路奉军分别调回,以谋和议之进行,至其他驻南之奉军,现亦筹备撤退之手续。

△　少年中国学会成都分会为在四川传播新思想、开展新文化运动,创办《星期日》周刊。该刊存在一年,共出 52 期。

7 月 14 日　《湘江评论》在长沙创刊,毛泽东主编并撰写《创刊宣言》以及大量文章、评论。其中《民众的大联合》一文(第二至第四号连载),为各地进步报刊所转载。《湘江评论》共出四号。第五号印就未及发行,即遭张敬尧封禁。

　　△　广东广三、广九及粤汉铁路工人相继罢工。同日,广州工商学界数千人前往省议会请愿。广东督军莫荣新竟派军警数百人镇压,开枪击伤10余人,拘拿学生50余人。

　　7月15日　广州各界数千人开国民大会,遭军警殴打,捕去机器总会会长黄焕庭等多人。次日,学生上街演讲,又被军警拘捕300余人。

　　△　五四运动发生后,上海南洋公学学生会分会为"唤醒同胞,以扶危局",创办《南洋日刊》。内容以评论政治及社会问题为主。日刊发行16号后,是日改为《南洋》周刊。至年底止,该刊所涉主要问题为:学生之责任、教育改革、外交与国家前途、社会主义及劳动问题等。

　　7月16日　广州军政府通电宣布对德恢复和平,竟称对出席巴黎和会中国代表拒签对德和约一事,"对于协约各国实非常抱歉"。

　　7月17日　曹锟、张作霖联名通电促和。电称我国外交失败之原因,在国内未能统一,主张以今日外交之危机为促和之转机,南北双方互为让步。早释内争,毋招外侮,切盼上海和平会议赓续进行。

　　△　驻山东益都日兵突入该县省立第十中学肆行搜索,并捕去学生马忠怀。县学生联合会当将此事急告各界。随即联名电省,请与日领严重交涉。自是日起,该县工商各界全体停业以示抗议。随之青岛亦罢市。

　　7月18日　孙中山自上海电责广州军政府拘捕国民大会代表之举动,请即予省释,并谓:"盖民气以愈激而愈烈,若专恃威力,横事摧残,不惟为粤人之所公愤,亦即全国之所不容也。"

　　7月19日　吉林督军孟恩远被免职后,即与吉林第一师师长高士傧(孟之甥)合谋对抗。张作霖随即调兵进逼长春,并暗约日本关东军配合。是日,驻长春日军突于二道沟地方向高部寻衅,交战一时许,双方互有伤亡。21日,日本公使小幡酉吉就此向北京政府提出警告。22日,徐世昌将高士傧免职,孟恩远亦被迫离吉赴津。

△ 中东铁路哈尔滨站中、俄籍全体工人为拒用鄂木斯克高尔察克伪政府发行之纸币,举行大罢工。26 日,该路司机全体响应,交通断绝。此次罢工有俄籍工人万余人参加。后以协约国监管路政委员会认可不再发放鄂木斯克纸币,8 月 18 日始全路复工。

△ 英属马来亚华侨自五四运动发生后,群起抵制日货,并通电巴黎和会及国内各界,力争收回山东主权,废除中日密约。是日至 21 日,英国殖民当局举行庆祝对德和约签字活动。半岛各地广大爱国华侨均拒绝庆祝。英殖民当局遂于 28 日午后搜查进行爱国活动最力之吉隆坡华侨学校。29 日午后 5 时,拘捕该校校长宋森。同时拘捕吉隆坡华侨日报《益群报》编辑主任吴纯民,救国储金团发起人、电车商行工作人员黎希孟、杨耀光、赵士池及裕利酒栈爱国商人杨剑虹。8 月 1 日,吉隆坡全体华侨一律罢工、罢市、罢课,以示抗议。延至 10 月 24 日夜,宋森等 6 人竟被英殖民当局强行押解出境。华侨闻讯,冲破殖民军警阻挠前往送行者仍有数千之众。12 月初,宋森等六人抵广州。

7 月 20 日 徐世昌下令裁撤督办参战事务处,改设督办边防事务处,并令段祺瑞督办边防事务。

△ 北京政府就巴黎和会意大利代表提出要求"继承天津奥租界权利"一事电陆徵祥,令"向协约国声明,天津奥租界应由中国收回后开作商埠,意大利不能要求继承此项权利"。

△ 胡适在《每周评论》第三十一号发表《多谈些问题,少谈些主义!》一文,主张抛开主义,只注意眼前一个一个的实际问题,并把谈主义诬之为"阿猫阿狗都能做的事"。

7 月 21 日 天津学生联合会机关刊物《天津学生联合会报》创刊,周恩来主编,在其撰写的创刊号社论《革新·革心》中,申明"本革新同革心的精神为主旨","本民主主义发表一切主张"。

7 月 22 日 全国学生联合会发表《终止罢课宣言》,提出"为国勿废力学,力学勿忘为国"之口号,要求学生从火热的斗争中回到平静的书斋里去。

7月23日　广州军政府七总裁电北京国务总理龚心湛,请电示关于西藏问题交涉真相,俾筹对付。

7月24日　徐世昌据新疆督军兼省长杨增新呈请,令准该省设置布尔津河县治、布伦托海县佐。

△　北京政府财政部与法商施乃德公司、法国邮船公司分别签订借款 41.0805 万法郎及 406.2375 万法郎合同,以国库券为担保。此款充作法商合办求新机器厂股本。

7月25日　苏俄政府副外交人民委员加拉罕军发表《俄罗斯苏维埃联邦社会主义共和国对中国人民和中国南北政府的宣言》(即《苏俄第一次对华宣言》),声明废除沙皇政府与中国所订一切不平等条约,将所掠夺及占有的中国领土及一切权益,全部归还中国人民,同时建议双方派出代表进行正式谈判,以建立友好关系。

△　徐世昌据山东督军张树元之请,令准山东实行戒严。

△　徐世昌为应付财政危机,下令整饬税务人员之风纪。

7月26日　北京政府外交部以苏俄驻华公使库达摄夫致函抗议我国将派军舰航行黑龙江一事,是日,根据中俄《瑷珲条约》所载,中国应有黑龙江航权之规定,向苏俄提出反抗议照会。

7月27日　徐世昌令准山东省长沈铭昌辞职,以屈映光署山东省长。

7月28日　东三省巡阅使张作霖抵天津,与有关人员商军事政治问题。

7月29日　上海印刷业五彩制版工人 300 余人,成立上海印刷联合会五彩制版分会。按:此为中国五彩制版工人最早之团体。

7月30日　徐世昌令准免胡仁源署北京大学校长职。

7月31日　徐世昌派顾维钧为国际保工会委员。

是月　张西曼与蔡元培、李大钊在北京大学创设(科学的)"社会主义研究会",宣传俄国十月革命。此系中国最早的研究马克思主义秘密团体,其成员有陈独秀、毛泽东、周恩来、张国焘、瞿秋白及来自全国各地的知识分子一百几十人。1920 年 12 月,社会主义研究会公开发表通告宣布成立。宗旨为"集合信仰和有能力研究社会主义的同志互助的来研究并传播社会主义思想"。

8 月

8 月 1 日　北京众议院开会讨论徐世昌提交之《对德恢复和平案》咨文,宣告:自 6 月 28 日起,中德战事状态终止。是日,众院以 227 票赞成通过该案,次日获参议院通过。

△　孙中山于上海创办中华革命党理论刊物《建设》杂志,并为其撰写《发刊词》。内称:"发刊《建设》杂志,以鼓吹建设之思潮,展明建设之原理,冀广传吾党建设之主义,成为国民之常识,使人人知建设为今日之需要,使人人知建设为易行之事功,由是万众一心以赴之,而建设一世界最富强最快乐之国家,为民所有,为民所治,为民所享者,此《建设》杂志之目的也。"《建设》共出二卷,每卷六期。1920 年 8 月二卷六期出版后停刊。

△　湖北各界联合会成立。该会由武汉学生联合会、律师公会发起,联合武汉教育会、农会、商会、各报馆等共同组成。旨在鼓吹救亡,激励民气,以挽救外交之危机。筹备期间,施洋被举为筹备员并任文书。该会宣言、章程、函电等多由其草拟。

△　北京政府与美国政府签订《互寄包裹章程修改条文》,是日起施行。

△　北京国务院批准侨工事务局所拟《安置回国华工章程》,凡12 条。

8 月 2 日　广州国会两院议员开谈话会,确定目前国会方针为完成宪法。

△　京师警察厅总监吴炳湘通知各报馆:"事关预审未经公判之案不得登载",并令"勿将本厅此项布告刊登报端"。

8月3日　山东学生请愿团向督军、省长请愿,要求解除戒严令,禁止卖米给日本人和释放被捕学生。戒严司令、济南镇守使马良派兵强迫解散学生,学生坚持不让,被捕去16人。

△　留法勤工俭学学生会在法国蒙达尔尼(今译蒙塔尔纪)学校正式成立,目的在使勤工俭学生互通消息,并以"创造及奋斗之精神相励"。该会无会长、干事、理事之分,一切事务皆由职员会处理。

8月4日　晚,外蒙王公齐集库伦举行全体会议,一致反对俄谢米诺夫劝诱外蒙独立。13日,该王公会议正式照会都护使充驻扎库伦办事大员陈毅,重申上述立场;并请转报北京政府,要求速派军队配合蒙军驻防蒙境,勿任白匪肆行侵犯。

8月5日　济南戒严司令、济南镇守使马良以"煽惑军警,危害治安"罪,枪杀回教救国后援会会长马云亭、会员朱秀林、朱春祥,激起全国公愤,是为"马良祸鲁案"。

△　中华民国学生联合会发表宣言,宣布于是日闭会,自8月6日起改名为中华民国学生联合会总会。并声明:"吾人一本外争国权内除国贼之义,奋力为之,始终不渝。"

△　全国学生联合会评议部会议闭幕,孙中山应邀到会演说,指出"革命为'革命党'毕生唯一的事业"。

8月6日　孙中山电成都志诚俱乐部,告以现在定救国方策在使国会完全行使职权。

△　美国总统威尔逊针对日本内田外相山东政策发表声明,宣布"予对于和约之山东条款虽同意,然予决非对于1915年及1918年中日两国间交换之文书同意也"。

△　都护使充驻扎库伦办事大员陈毅自库伦电告北京政府,收复唐努乌梁海全境。

△　英国公使朱尔典向北京政府外交部代理部务次长陈篆提出处理西藏问题办法三项:一、西藏版图依中国之希望,以大吉岭会议所用地图为依据;二、西藏自治权、宗主权以西姆拉会议为依据;三、西藏自

治及军备,由西藏代表会议自行决定。

8 月 7 日　孙中山自上海电广州国会参众两院辞广州军政府政务总裁职。表示:"文决不忍与之共饰护法之名,同尸误国之罪。兹特辞去军政府总裁一职,以后关于军政府之行动概不负责。"

△　孙中山致函川军将领刘湘,希望"联合俊彦,协谋匡救,持之以果敢,矢之以坚贞,则志诚所至,金石为开;异日奠真正之共和,拯斯民于水火,所属望于兄者,正甚远且大也"。

8 月 8 日　徐世昌批准司法部呈拟《高等审判厅办事章程》及《高等检察厅办事章程》。定于 10 月 1 日起施行。

8 月 9 日　北京政府财政部硝石总厂代表朱耀与日本朝鲜银行签订借款 20 万日元合同,以提交硝石 100 万斤及此后必须与日本陆军省缔结售买硝石契约为条件。此款用作该厂经费。

8 月 10 日　北京学生联合会分别电巴黎和会中国专使及留法学生,要求拒绝并防止补签对德和约。

△　张敬尧解散湖南学生联合会。先是 8 月 4 日,湖南学生联合会调查员符契于长沙码头劝旅客乘坐本国轮船;日本船主戴生昌见状,竟指使雇役对符加以殴捕。学生联合会为此立即要求张敬尧与日领严重交涉。5 日,该会发动各界举行示威游行,以抗议日人暴行。张敬尧得报,急令其弟长沙警备司令张敬汤率军警前往镇压,当场逮捕多人,诬为"乱党"。6 日,张敬尧下令解散湖南学生联合会。该会置之不理。10 日,张竟以武力将该会强行解散。

△　日本为操纵吉林四平街贸易,与华人合资开办四平街交易信托株式会社。资本定额 50 万日元。主要出资者为南满铁道株式会社。华人孙步瀛仅出资 1.1 万元。实权由日人把持。开设期限 10 年。

8 月 11 日　徐世昌特任孙烈臣兼署黑龙江省长。

△　徐世昌改派鲍贵卿接替郭宗熙督办东省铁路公司事宜,并兼护路军总司令。

△　日本使馆参赞芳泽访北京政府外交部代理部务次长陈箓,要

求制止山东排日风潮。陈表示"现正筹有效取缔之法"。

8月12日 北京政府代理国务总理龚心湛电告广州军政府岑春煊等七总裁：特委任王揖唐为南北议和北方全权总代表，偕同代表吴鼎昌、王克敏、施愚、方枢、汪有龄、刘恩裕、李国珍、江绍杰、徐佛苏等克期莅沪，"希告知尊处所派各代表接洽一切"。

△ 北京新国会完成宪法草案全文，共101条。

8月13日 广州旧国会参众两院开联合会，议决挽留孙中山，并致电孙，"务恳取消辞职，贯彻护法初衷"。

△ 浙江督军杨善德病逝。

△ 全国学生联合会、商业公团联合会及全国报界联合会等在上海举行各界联合会，通过反对补签对德和约及直接交涉山东问题等案。

8月14日 南北议和新任北方全权总代表王揖唐发表政见，其要旨为：对外主御侮，对内主统一，法律事实同时解决。

△ 徐世昌特任卢永祥兼署浙江督军。

△ 四川留法勤工俭学生陈毅等61人，乘"麦郎号"轮，自上海启程赴法。

△ 北京中华博物协会举办博物展览会，是日开幕。为该会提供展品者有170校、八社会团体及个人。共展出植物、动物、矿物标本、图表、模型等11132件。展览会于9月10日闭幕。

△ 外蒙古王公代表车林等会见都护使充驻库伦办事大员陈毅，表示取消自治，恢复旧制，完全统一于中央。

8月15日 驻安庆倪嗣冲所部安武军，于是日及9月1日深夜，两次围奸蚕桑女校，对该校校长、教职员及全体女生遍肆兽行，致该女校羞愤自杀者达10余人。11月27日，《字林西报》将此事披露，举国同愤，纷电诘责。而倪嗣冲及安徽省长吕调元竟于12月14日、16日两日先后电北京政府，矢口否认。电中除对该军兽行百般袒护外，反指报界"无中生有，任意裁诬"，甚至扬言欲"依法起诉"。此事后竟不了了之。

△ 驻京美公使芮恩施致函赞扬《实业计划》，谓"蒙惠发展中国实

业计划次编,甚谢! 仆信此开发商港一事,实为现今全世界上最重要之商务计划。以上海而论非此种工程,必不能达其为中国中央商港之目的矣"。

△　俄白军谢米诺夫入侵外蒙,都护使充驻扎库伦办事大员陈毅电北京政府派兵往援。

8 月 16 日　中华博物学会在北京召开成立大会,议定章程 10 条。其宗旨在考察全国之动植矿物,增进学识,改良教材,启发实业。北京设总会,上海设分事务所。各地方设支部。选举袁观澜为会长,吴家熙、陈宝泉为副会长。

△　美国参议院通过对巴黎和会有关山东问题之保留案。

8 月 17 日　李大钊在《每周评论》第三十五号上发表《再论问题与主义》一文,指出:"'问题'与'主义',有不能十分分离的关系。""我们的社会运动,一方面固然要研究实际的问题,一方面也要宣传理想的主义,这是交相为用的,这是并行不悖的。"

△　孙中山复函湖南靖国军第二纵队司令林修梅,论述人类生存及对徐世昌、段祺瑞之态度。谓人类社会进化程序,"既由农业时代进而为工业时代……虽农业之发达可以有限,而工业之发达实乃无穷。此后世界只有日趋向前,断不能废除现世之文明进步,而复返于原始状态也。"至询对于北方徐、段之政策,孙谓:必须能"完全服从我之主张,乃能引以为同志也"。

8 月 18 日　广州旧国会否认王揖唐为北方议和总代表。

8 月 19 日　中东路罢工委员会于哈尔滨召开宣告结束罢工大会。大会进行中,哈市之俄白军讨伐队突向与会工人袭击,捕中、俄籍工人107 名,余大部遭毒打。旋将被捕者驱入装甲车内。载离哈尔滨。行经一面坡站,中国军用列车上之士兵,曾向装甲车射击,意欲解救被捕者。白军即以机枪还击。中国士兵终以火力不及被击退,死 60 余人。后白军装甲车驶至拉兹多尔耶车站,将罢工领袖七人枪杀。

8 月 20 日　北京政府外交部就外蒙王公请求取消自治事,向国务会议提出蒙事说帖，对如何副外蒙之希望以及派军赴援设防等问题，提请国会解决。

　　△　徐世昌指令照准甘肃金县更名金城县。

　　△　吉林第一师裁编为混成旅，以诚明为混成旅长。

　　8月21日　北京国务院就外蒙取消自治恢复前清旧制事电令都护使充驻扎库伦办事大员陈毅转告车林，须先由外蒙王公用全体名义呈请政府恢复原制，然后政府根据此项要求，再与妥商条件。

　　△　京师警察厅奉北京政府内务部训令，是日发出布告，以北京《京报》所载文字"多有触犯出版法及刑律规定之处"为由，饬令停止发行。22日，该报被迫暂行停刊。

　　8月22日　上海学生联合会开会通过反对王揖唐任南北议和北方总代表。

　　8月23日　孙中山接见旅沪旧国会议员，表示救国惟在护法，对和议事不置一辞。

　　△　山东、北京、天津各界联合会代表30余人，齐集北京新华门前请愿，要求解除山东戒严，惩办马良。徐世昌拒不接见。警察并将请愿代表全部拘入警厅。

　　△　徐世昌令准保定陆军军官学校校长杨祖德辞职，派贾德耀继任。

　　△　自是日起至同年11月18日，河南督军赵倜、财政厅长郑焯与日本东洋拓殖会社陆续签订总额100万日元借款合同。以郑州商埠地产、建筑物、营业收入以及中原煤矿公司股票100万元、全省牲畜税等为担保。并言明由河南省公署咨议韩懋斋与该会社合组河南东豫实业公司，承包郑州商埠建设、开封自来水、水力、电灯及黄河以南矿山采掘、铁路建筑等。此款除用于郑州商埠外，并用作东豫实业公司股金及豫泉官钱局准备金。

　　8月24日　徐世昌任命张作相署奉天陆军第二十七师师长；同日，令准鲍贵卿开去陆军第十九混成旅旅长兼职，改任张焕相接充。

△ 五四时期著名小型通俗刊物《新生活》周刊在北京创刊,北京大学出版部主任李辛白负责编辑。

8 月 25 日 苏浙两省各埠 700 余只米船船工,因要求增加水脚,举行同盟罢工。米船工人持续 17 日拒不装船。后各米行资本家被迫让步,罢工取得胜利,于 9 月 11 日始解缆装运。

△ 晚 7 时至次晨 3 时,台风猛袭福建,来势为数十年所罕有。福州及福建沿海各县均被灾。仅福州城内即倒塌房屋三分之二,死亡三万余人。

8 月 26 日 北京、天津第二批请愿代表齐集北京,即赴新华门递交请愿书,徐世昌仍拒不接见,代表坚持至深夜因未见徐而拒不离去。

8 月 27 日 北京各校学生千余人及天津代表齐集新华门请愿。下午,北京政府派国务院秘书胡鄂公接见代表。代表坚持要求面见徐世昌,入夜后代表露宿新华门前。

△ 梁士诒等创设中华银公司,集资 1000 万元,设总事务所于北京,理事长为梁士诒。是日,徐世昌指令照准。

8 月 28 日 北京政府出动军警将新华门前请愿代表强行押送天安门。晚 8 时,军队开进天安门,搜捕请愿总指挥、天津学生马骏,学生与军队冲突,男学生伤四人,女生伤二人,马骏被捕。

△ 孙中山函复日本廖凤书,告近日闭户著书,冀以学说唤醒社会。略谓:"文近时观察国事,以为欲图根本救治,非使国民群怀觉悟不可,故近仍闭户著书,冀以学说唤醒社会。政象纷纭,未暇问也。"

△ 北京政府教育部发出布告,要求各校教职员剀切开导学生务须安心求学,遵守校规。

8 月 29 日 徐世昌公布《文官高等考试典试令》、《文官普通考试典试令》、《文官高等考试法施行细则》、《文官普通考试法施行细则》与《外交官考试法施行细则》。

△ 孙中山函复广州旧国会参众两院议长林森、吴景濂,望国会能先将军政府取消,使不致为群盗所居奇,且为国家留一线之正气。

　　△　欧美同学会总会于上海青年会开成立会,举蔡元培为会长,通过会章 24 条。

　　8 月 30 日　北京新国会第二届参众两院常会自 3 月 1 日起历时六个月,是日闭会,议题为制订宪法草案并宣布八年预算案。

　　△　天津北洋大学、南开学校等校学生是日外出演讲,向市民报告赴京请愿代表被捕、被殴情形,呼吁速请声援,以期释放请愿代表,取消山东戒严及惩办马良。天津警察厅长杨以德派警察强行制止,并将演讲学生 48 人拘入警厅。学生二三千人闻讯前往警厅质问,次日被捕学生获释。各校学生继续外出演讲。

　　△　河南巩县兵工厂筹备处与丹麦文德公司签订借款 171543.88 美元合同。此款用于垫付巩县兵工厂购入机件用款。

　　△　《每周评论》被北京政府封禁。该刊共发行 36 期。

　　8 月 31 日　吴佩孚电湖南省长谭延闿,提出军事秘密条约《救国同盟条件》,规定以"平息内争,力谋统一,合力对外"为"总纲"。具体条件共 11 条,其中对内条件规定"选举良善国会,组织不党内阁"等。谭即将《条件》全文密报云南督军唐继尧。

9 　月

　　9 月 1 日　全国学生联合会总会为直、鲁等地请愿代表团被北京政府囚捕事通电全国,呼吁各地即开各界紧急大会,派遣大队请愿代表克日北上,并要求北京政府外交公开,保证言论集会绝对自由,解除山东戒严令,严惩马良杀良民之罪。

　　△　徐世昌公布 7 月 3 日为"恢复共和国纪念日",原以 7 月 12 日为该项纪念之决定即行废止。

　　△　中华实业协会刊物《实业旬报》在上海创刊。

　　△　北京新学会出版物《解放与改造》半月刊在上海创刊。主编及主要撰稿者为张东荪、俞颂华、梁启超、张君劢等。该刊自第三卷第一

号起更名《改造》。1922 年 9 月 15 日第四卷第十号出版后停刊。

9 月 2 日　孙中山自上海电广州旧国会参议院议长林森转议员刘治洲等,"所望诸公行使最高职权,毅然取消误国之军政府"。

△　北京政府内务部通电各省,再次申令查禁《工人宝鉴》等七种无政府主义刊物。

△　北京政府陆军部所属清河制呢厂与中日实业公司签订借款 100 万日元合同,用作驻北苑混成二旅军饷。

9 月 3 日　徐世昌下令裁撤京畿警备总司令部,改设京畿卫戍总司令部,特派段芝贵为总司令。

△　徐世昌任命刘镜人为驻日本国特命全权公使。

△　北京政府教育部转发京师警察厅公函,禁止学生集会结社。内称:"近来一种风气,学生每好谈政治。本年以来此风尤甚。……若不从根本上严加干涉,于学风及治安前途均有莫大之影响。……嗣后各校学生应遵照治安警察法,不得为政治结社、政治集会。各该校如有在校内开会情事,应依照治安警察法先行呈报该管区署,听候派警监视。如有不行呈报或开会时有不合举动,暨学生有加入政治结社集会情事,经本厅查出即依法严重执行。"

△　江苏省教育会、中华职业教育社、华侨联合会、上海青年会、寰球中国学生会、上海基督教联合会等 10 团体,因北京国务院 8 月 28 日发出禁止请愿布告,是日联名电徐世昌及北京国务院,就布告诬指各界代表"不依照法定程序"请愿一事予以驳斥。内称:"今布告既不忘约法,则约法第六条所载人民各项自由权,政府应先尊重。……尚愿政府日诵约法以自省,幡然改计,依法严惩滥杀平民之马良及殴伤多人之巡警,以平民怒而彰法治。"

9 月 4 日　湖北靖国军第二纵队司令林修梅上书孙中山,议论上海和会与"联徐、联段"政策,孙中山批示:"如段能完全服从我之主张,我当引为同志也。"

△　云南督军唐继尧电孙中山,劝告以国事为重,不要引退隐默。

9月5日　广州军政府通电反对北京政府任命王揖唐为南北议和北方全权总代表。

△　广州军政府电龚心湛,反对补签对德和约。9日,龚电复否认,谓"德约并无补签之事"。

△　广州军政府致电挽留孙中山仍任政务总裁。

9月6日　粤省长官以澳门葡人违约擅自填筑海面,是日照会葡领转达澳督要求拆卸。

9月7日　午后3时,上海各界83团体及各校代表万余人于西门外公共体育场集会,议决向北京政府请愿条件如下:"一、山东权利未收回以前不得补签德约,并不得与日本直接交涉;二、取消二十一条件、军事协定、高徐、顺济及满蒙四路条约及胶济路换文;三、取消边防处及西北筹边处,罢黜段祺瑞、徐树铮,解散安福俱乐部;四、惩办马良及张树元;五、外交公开及言论、出版、集会、结社须有完全自由。"会间一致反对王揖唐为北方议和总代表,并议决致函上海领事团,请其转致驻京各公使,勿贷款于北京政府,以免中国永久不得和平。大会旋将请愿条件通电各地,吁请推举代表,一致赴京请愿。

△　孙中山电复唐继尧,嘱其尊重民意,矫正一切。略谓:"鄙意大局日危,国民所企,乃在有精神之护法。今兹躯壳故存,而甚者乃假以图便其私,其所作为去民意逾远,此诚有识者之所愤慨",并告"文复何能隐默?且意亦非以洁身自了为贤也。公此时系中外重望,如何宏济艰难,必有异于常人者。尚祈深察民意所在,矫正一切"。

△　徐世昌公布《县自治法》,凡六章69条。

△　徐世昌公布《民国八年公债条例》。该条例规定,此项公债定额"以二亿元",暂先发行5000万元。

△　留日学生爱国团体——东京留日学生总会发表声明,揭露北京政府所派留日学生监督江庸秘密收买留学生,另组所谓留日学生联合会,以图搞垮留日学生总会之阴谋。

△　上海法租界南北市城厢一带156家面馆之伙友千数百人,因

要求增加工资不遂,举行罢工。店东串通捕房将为首伙友张阿毛、何友宝二人逮捕,胁迫复工。全体伙友不为所屈,坚持斗争,终取得胜利。12 日,重行开业。

9 月 8 日 北京政府财政部据河南成例,令所辖各省区财政厅长一律改办统税。

△ 北京政府财政总长龚心湛、代理交通总长曾毓隽与日本南满铁道株式会社代理事川上俊彦在北京签订《四洮铁路借款合同》。借款额 4500 万日元,以准该会社发售同量款额之"中华民国政府五厘利息四洮铁路公债"为条件,并"以现在及将来属本铁路所有一切动产、不动产及各项进款作为头次抵押"。此项借款用于"四郑延长至洮南为止干线及由郑家屯起至白音太来为止支线之建造费、营业费"等。约中并言明:该路总会计、总工程司、行车总管等职均须由日人充当。

9 月 9 日 孙中山电复广州军政府告辞军政府总裁之决心,谓"文志已决,义不再留。救国文之本怀,尽力则不必在军府中也。所有八月十日以后发出文电署有文名者,概不能负责。以后希勿再加入文名,以昭实际"。

△ 吴佩孚、谭延闿、谭浩明、莫荣新以安福系为吾国之祸源,联名通电反对北京政府任命安福系王揖唐为南北议和北方全权总代表。

9 月 10 日 巴黎和会中国代表参加签署对奥和约。

△ 徐世昌派李家鏊为驻西伯利亚高等委员。

△ 美国会参议院外交委员会向参议院大会提出审查巴黎和约报告,主张将山东交还中国。

9 月 11 日 蔡元培抵京。20 日,北京大学全体师生开会欢迎蔡元培。

△ 王揖唐电南方表示诚意谋和。

9 月 12 日 广州参议院议长林森致书孙中山,报告国会筹备制宪,望稍候时日勿再作决绝之表示。

△ 美国公使芮恩施离任返国,公使职务由该使馆一等秘书丁家

立代理。

　　△　法属安南殖民当局受日人贿买,于西贡、河内等地开始大规模排华。指使暴徒围困华侨商店,殴打前往购货居民,进而捣毁商店,毁弃货物。延至是月下旬,暴行愈演愈烈。当地华侨不堪忍受,遂致函广州报界公会,呼吁国内火速救援。

　　9 月 13 日　广州军政府致函驻广州美代理总领事,声明军政府认为"新银团之政策含有扶助中国政治上及工业上之改革……不干涉中国之行政,且不有垄断利益",故"本军政府实赞成此新银团之政策",欢迎"新银团所包括之政治及实业借款",并请将此意转达驻北京美使及美国务卿。

　　9 月 14 日　彭程万函告孙中山,奉军政府命令,已就护法赣军总司令职。

　　9 月 15 日　徐世昌发布命令宣告中华民国对德战争状态终止。

　　△　徐世昌以段祺瑞参战有功,颁令晋授大勋位。

　　9 月 16 日　天津觉悟社成立。该社由天津学生联合会与天津女界爱国同志会骨干组成,主要成员有周恩来、邓颖超、郭隆真等。12 月29 日,该社发表周恩来所拟《"觉悟"的宣言》,申明"凡是不合于现代进化的军国主义、资产阶级、党阀、官僚、男女不平等界限,顽固思想、旧道德、旧伦常……全认他为应该铲除应该改革的"。

　　△　外蒙正式照会俄领,声明蒙境铁路俄政府无权过问,如俄鄂木斯克政府以外蒙路权向日本请求协济,外蒙决不承认。

　　9 月 17 日　广州军政府再电龚心湛反对王揖唐为南北议和北方总代表,要求北京政府改派总代表,促成和局,共挽危亡。

　　9 月 18 日　徐世昌发布命令宣布:"对德、奥战争状态,业已完全解除。"惟对德奥人民所订各项章程,仍应继续有效。

　　9 月 19 日　王揖唐率北方议和代表抵沪,在沪南方代表未允开议。

　　9 月 20 日　徐世昌公布《管理特种财产条例》。

△　北京政府司法部呈准《地方审判厅刑事简易庭暂行规则》。

9 月 21 日　靖国联军湖南第五军总司令林德轩致函孙中山报告湘西情形,孙中山批复须先平桂定粤。

△　北京各校教员举行欢迎蔡元培茶话会。蔡在会上致答词,要求爱惜、保护学生的积极主动精神。

△　是日及 22 日,北京《惟一日报》连载题为《日本之危机》社论。日使小幡西吉指为有辱日皇,向北京政府外交部提出照会,要求处罚。10 月 9 日,京师警察厅奉北京政府内务部训令发出布告,通令各报馆"嗣后关于此种论说务当加意审慎,不得轻意登载","以重国际礼仪"。10 月 24 日,《惟一日报》被判罚金 400 元了结。

△　日本为操纵吉林公主岭之贸易,与华人合资开办公主岭交易信托株式会社。资本定额 50 万日元。主要出资者为南满铁道株式会社,华人徐会一仅出一万元。由日人藤井省策任专务董事。开设期限 10 年。

△　日本为包揽长春农产品之购销并进行农贷剥削,与华人合资开办长春实业粮栈。资本钞票银八万元。其中日本东省实业会社出资 5.6 万元,华人马金堂、李奎章出资 2.4 万元。虽由李奎章任经理,然实权仍操诸日人。开设期限 10 年。

9 月 22 日　南北议和北方总代表王揖唐至孙中山寓所叩询对和局意见。孙指出现在惟一解决方法只有恢复国会,使其自由行使职权,若能办到此层,和局今日即可成立。王答称北方不能办到此层。孙说既不能办到,则无和可言。

9 月 23 日　广州国会参众两院议员致电上海国会议员,再次挽留孙中山勿辞军政府总裁职。

△　上海中华国民励志会召开紧急大会。通过决议如下:"一、北京政府发行之八年祸国公债,我国民应当从大多数之主张一致反对,以保国家命脉;二、北京政府与日缔结之军事协约,今奥约签字已复和平,应请从速解除,以免后患;三、安福派之卖国国会应合力驱除,与国家政

治共谋改良。"

9 月 24 日　徐世昌令准代理国务总理、财政总长龚心湛辞职,以陆军总长靳云鹏兼代国务总理。

9 月 25 日　徐世昌令财政次长李思浩代理部务。

9 月 26 日　北京政府内务部电直隶、湖北、山西、浙江、安徽、河南、江苏等省督军、省长及淞沪护军使,请"转饬该管地方警察官厅","分别解散或禁止"各界联合会。

△　徐世昌据代理国务总理靳云鹏呈请,令准将管理敌国人民财产事务局改为管理特种财产事务局。

△　徐世昌据新疆督军兼省长杨增新呈请,令准该省于布尔根河设治。

△　北京政府财政部与中华汇业银行签订借款 160 万日元合同,以盐税、关税余款为担保。此款用作西北边防军维持费。

△　都护使充驻扎库伦办事大员陈毅电北京政府外交部,陈明蒙古王公同意一切政权归中央统辖。

9 月 27 日　徐世昌令即行废止《遣送敌国人民事务局条例》。

△　上海各界联合会成立。宣称"以各界合群互助,拥护国权,促进民治为宗旨"。

9 月 28 日　广州军政府电请北京政府明令取消八年公债条例。

△　上海画家江新、丁悚、杨清磬等发起组织天马画会。以"促进我国美术之真艺术为宗旨"。是日午后 2 时,于西门外白云观图画美术学院开正式成立会。

9 月 29 日　唐绍仪函告广州众议院:鉴于"和议固无进行之望",已再次向军政府提出辞职,并已派人将总代表关防缴回军政府。10 月 2 日,军政府政务会议协议挽留。

是月　《新青年》第六卷第五号出版。该号为"马克思主义研究专号",由李大钊主编。李大钊于该号及同年 11 月 1 日出版之第六卷第六号上,连续发表《我的马克思主义观》一文,对马克思主义基本原理予以系统介绍。

　　△　穆杼斋、陈悦周等九人在上海创办恒大纱厂,资本总额50万元,由穆杼斋任总经理。

　　△　天津南开学校增设大学部,是月正式开学。由张伯苓任校长,此为南开大学创立之始。

10　月

　　10月1日　直、鲁、晋、豫、鄂、苏、浙、沪等省市鲁案请愿团入京,至新华门递交请愿书,提出五条之最后请求。自9月7日上海各界万余人集会,提出向北京政府请愿五条件,并电邀各地举派代表赴京请愿后,是日午前10时许,直隶、山东、山西、河南、湖北、浙江、上海、南京等省市代表施洋、郭隆真、黄爱等32人,齐集北京新华门请愿。提出与原定条件内容基本相同之五项要求,即"一、山东主权未恢复以前,不得补签德约及与日本直接交涉;二、取消二十一条件、军事协定、高徐顺济满蒙四路条约、胶济路换文与各种密约,以保主权;三、要求外交公开及言论、集会、出版之完全自由;四、解散安福俱乐部以清乱源;五、惩办马良、张树元并取消山东戒严令"。徐世昌拒不接见。各代表均坚持不去。至晚10时许,京师警察厅竟将全体代表尽行逮捕,分拘于警厅、侦缉队、保安队三处。消息传出,各地纷纷举行群众大会,函电交驰,坚决要求北京政府立即释放请愿代表。延至11月7日,北京政府迫于舆论压力,始将请愿代表32人全部释放。

　　△　北京政府代表与英商费克斯有限公司代表在北京签订《第一次飞机借款合同》。借款额180.32万英镑,用于订购该公司所制维梅式商用飞机100架及筹组地面设备。此项借款以发行同等数额"中华民国八厘十年英镑国库券"偿付。11月1日,广州军政府电北京政府代理国务总理靳云鹏,就此项借款提出质问,要求"早日作罢,以释群疑"。

　　△　日本于奉天铁岭开办铁岭商业银行株式会社,资本定额100

万日元。主要出资者为日人权田亲吉、下山恭次郎。六名董事及四名监察中华人仅各占一名，由下山恭次郎任该银行代表。开设期限20年。

△　上海民国路各店商集资创办《商业日刊》，"借以发扬实业，振兴国货"。

10月2日　徐世昌亲赴孔庙主持秋丁祀孔。

10月3日　徐世昌下令废止《审理敌国人民民刑诉讼暂行章程》，嗣后关于德、奥两国人民诉讼，均照《审理无约国人民民刑事诉讼章程》办理。

10月4日　唐绍仪自上海再电广州军政府请辞南北议和南方总代表职。

10月5日　《寰球中国学生周刊》在上海创刊。该刊"为全体会员联络感情、交换知识之机关"，并藉以传布寰球上海中国学生会宗旨。

10月8日　孙中山在上海青年会演讲阐述"改造中国之第一步"只有革命。革命的第一步就是要扫除前清的遗毒官僚、政客和武人三种陈土，"造成一灿烂庄严的中华民国"。

△　俄国谢米诺夫白军在日方嗾使下，自满洲里开抵哈尔滨。13日，协约国监管路政委员会中国代表刘镜人就谢军入侵中东路事向俄方代表提出抗议。

10月9日　谢米诺夫率布里雅特蒙古兵1600名入侵外蒙，图犯库伦。都护使充驻扎库伦办事大员陈毅电请北京政府速派援军。

10月10日　中华革命党正式改组为中国国民党，并公布中国国民党规约。规约规定"中国国民党以巩固共和，实行三民主义为宗旨"；并规定中国国民党设本部于上海，本部设总务、党务、财务三部。

△　《民国日报·国庆增刊》发表孙中山《八年今日》一文。文章着重总结中华民国成立八年来革命失败之教训，指出：党人"只图保守既得之地位，而骤减冒险之精神；又多喜官僚之逢迎将顺，而渐被同化矣。以是对于开国之进行，多附官僚之主张，而不顾入党之信誓。三民主

义、五权宪法,悉置之脑后……此又何怪今日之民国竟变成亡国大夫之天下也"。继谓"今日何日?正官僚得志、武人专横、政客捣乱、民不聊生之日也。追源祸始,则政客实为万恶之魁"。文末号召:"凡今日承认民国者,必当服膺于革命主义,黾勉力行,以达革命之目的,而建设一为民所有、为民所治、为民所享之国家。"

△　徐世昌颁布授勋令,特授张作霖以勋一位,世续、朱深、姜桂题、李纯、赵倜、阎锡山、张敬尧均给予一等大绶宝光嘉禾章。

△　午后 2 时,天津各界联合会于南开学校操场召开共和纪念大会,到各界群众四五万人。会后举行庆祝游行。天津警察厅长杨以德立即派出保安队及武装警察强行禁阻,当场殴伤男女学生 20 余人。后游行队伍冲出军警防线继续前进,并决定前往警厅向杨以德提出质问。杨拒不见。群众坚持至夜 10 时始返。杨随即派出马队数十,于警厅前肆意冲驰。一时在场围观市民被踏、被击,以致被迫落水者甚众。杨以德镇压天津群众消息传出,举国愤激。各地团体纷纷函电徐世昌、北京国务院及直隶省长曹锐,要求撤杨,以平众愤。

△　北京学生庆祝共和纪念日,展开广泛宣传新思想活动。事先各大中学校学生捐款定购面包 17 万个,上以红色分别印有"劳工神圣"、"妇女解放"、"推翻专制"、"打破军阀"、"不用仇货"、"互助"等字样。是日午前 10 时,5000 余学生分途出发。将全市分为 20 余区,每区由学生一队,携面包两大车,沿途分送劳动者。同时并进行演讲,散发传单 20 余种,共 30 余万张。至晚 10 时始告结束。

△　全国教育会联合会于太原召开第五届年会,到各省区代表 51人。会间议决事项共 28 件,其要者为:退还庚子赔款专办教育;推行国语以期言文一致;改革女学制度;改进学校体育;推行义务教育;改编中学校教科书;请设国立学术研究会;请分区筹设国立农业专门学校;请裁兵兴学;请变通规程选派女子留学;改良戏剧以重社会教育等。年会至 25 日闭幕。

10 月 11 日　北京政府代理国务总理及财政总长特派代表徐恩

元、驻美代办容揆,与美国大陆商业信托储蓄银行代表于华盛顿签订借款550万美元合同。此项借款原定以北京政府"烟酒公卖费全数为直接抵押品",后因他方提出争议,遂改以河南、安徽、福建、陕西四省厘金及其他税收为担保,用于偿还到期1916年六厘金币借款库券。合同中并写明,北京政府此后将向美国"续借一批或若干批之借款",总额为2500万美元。消息传出后,广州军政府于10月24日电北京政府代理国务总理靳云鹏提出质问,要求"迅速停止"。

　　△　上海杨树浦三新纱厂8000余名工人与上海纱厂万余名工人,要求增加工资,同时举行罢工。

　　△　大中华纺织公司在上海成立,聂云台发起,股本银90万两,纱锭二万枚。

　　△　《民国日报》据法国巴黎《晨报》所载有关文章报道,当时在法华工总数共14万人,主要从事各项建设、开荒及清理战场等工作。

　　10月12日　孙中山函复福建党人宋渊源,告以国内发展党务仍用中华革命党名义。

　　△　《人言周刊》在上海创刊。该刊宗旨为:研究"做人的生活、组织、事业、快乐"。"实写社会现状","批评七日的人事"。

　　10月13日　孙中山以中国国民党总理身份委任居正为总务主任,谢持为党务主任,廖仲恺为财务主任。

　　△　巴黎和会中国代表顾维钧参加签署13国《国际航空条例》。

　　△　天津女界爱国同志会与天津学生联合会共同发布由周恩来草拟之《天津中等以上学校男女学生短期停课宣言书》。书中历数杨以德破坏共和,纵警伤人诸事,宣布自是日起各校一律停课,坚决要求曹锐撤惩杨以德。

　　10月14日　蒙古王公大臣联名呈请北京政府取消自治,仍复前清旧制,实现五族共和,共享幸福。

　　△　新疆省议会致电北京政府,请速拨军械以固新疆省防。

　　10月15日　北京政府陆军部与英商海尔签订飞艇借款合同,借款总额 80 万镑。

10 月 17 日 北京政府内务部通告:"本年十月二十日,即夏历八月二十七日,为孔子圣诞节。所有文武各机关、各团体均应放假庆祝,悬旗结彩,并准各项人员前往孔子庙自由行礼。"

△ 是日及 20 日,天津各界联合会两次派代表往见曹锐,要求撤换杨以德。20 日,曹迫于情势,允撤杨,约以 10 日为期,并要求学生复课。21 日,天津学生发表《终止停课宣言》,宣布自是日起一律复课,静待撤杨。

△ 夜,安徽蚌埠皖北镇守使署失火,延烧安武军第三路旅部、第七路团部及水利局等机关局所,并毁民房千余间。

△ 北京政府呈准公布《地方自治模范讲习所章程》,凡 18 条。

10 月 18 日 孙中山于上海寰球中国学生会作题为《救国之急务》演讲。内称:"吾人欲救民国,所可采者惟有两途:其一,则为维持原状,即恢复合法国会,以维持真正永久之和平也;其二,则重新开始革命事业,以求根本改革也。"而根本改革则是"南北新旧国会一概不要它,同时把那些腐败官僚、跋扈武人、作恶政客完完全全扫干净它,免致它再出来捣乱,出来作恶,从新创造一个国民所有的新国家"。论及五四运动时指出:"试观今次学生运动……于此甚短之期间,收绝伦之巨果,可知结合者即强也。"

10 月 19 日 出席巴黎和会中国全权委员以近日英、法、日、意等国已先后批准对德和约,特向和会声明保留约内关于山东之三款。

△ 外蒙库伦当局要求取消独立。是日,北京政府收到正式呈文。

10 月 20 日 西北筹边使徐树铮电告北京政府,是晚在库伦举行庆祝外蒙取消自治晚会情形。

10 月 21 日 上海南北市及内城全体锯木工人一千数百名,因所得工资入不敷出,自是日起相率罢工。

△ 中日盐业株式会社在济南开办,并于青岛设厂,资本 50 万日元。

10 月 22 日　广州国会参众两院开联席会议,议决改组军政府,弹劾政务总裁主席岑春煊。

10 月 23 日　徐世昌特任徐鼎霖为吉林省长,令准原省长郭宗熙辞职。

△　徐世昌指令将甘肃省金城县更名榆中县。

10 月 24 日　广州军政府召集军事大会,岑春煊以书面提出辞职。与会者极力挽留。同日,广东督军莫荣新通电反对改组军政府。

△　京师警察厅封禁北京《国民公报》,传讯该报编辑孙几伊。12 月,孙被判处一年零两月有期徒刑。此为轰动一时之"国民公报案"。

10 月 25 日　广州军政府宣布终止对德战争状态。

△　徐世昌批准内务部呈拟《管理印刷营业规则》,凡八条。

10 月 26 日　北京政府赴美调查财政专员徐恩元同美国芝加哥大陆商业银行草签烟酒借款 2500 万元合同。烟酒联合会商人致电政府反对。

△　徐世昌任陈兴亚为京师宪兵司令。

10 月 27 日　广州军政府政务总裁主席岑春煊通电辞职。

△　天津学生以曹锐延宕多日迄无撤杨以德令下,各校演讲团5000 余人遂于下午 3 时半一齐出动,游行、演讲,揭露杨的种种虐政,以示斥杨决心。当日演讲共 2501 人,市民随行者万余人。

△　俄白军于伯力(今哈巴罗夫斯克)附近炮击北京政府派赴松花江之防舰。北京政府据中俄《瑷珲条约》规定,向鄂木斯克政权提出抗议。

10 月 28 日　黑龙江省长孙烈臣将该省议会关于收回江东六十四屯土地,以符《瑷珲条约》之请愿案,咨送北京政府外交部。

△　徐世昌派驻日代办庄景珂为全权代表,与玻利维亚全权代表、驻日公使模罗斯签订《中玻平等通好条约》。12 月 3 日,该条约在东京正式签字。

△　中日合资于奉天开原开办亚细亚制粉株式会社,资本 300 万

日元,由王执中及日人川岛定兵卫分任正副社长。开设期 20 年。

10 月 29 日　都护使充驻扎库伦办事大员陈毅为外蒙取消自治事续电北京政府,说明外蒙土地人民以王公为主体,喇嘛不足代表外蒙。

△　中日合资于哈尔滨开办中东制材股份有限公司,专营木材及木材金融,资本 50 万日元。中日各半。由刘静安及日人大西库治分任正副经理。开设期 25 年。

10 月 31 日　北京总统府外交委员会请北京政府撤废中日军事协定。

△　留法勤工俭学生李富春、张昆弟等 150 人,乘法轮"宝勒茄号",自上海启程赴法。

11　月

11 月 1 日　北京政府派员收回自 1900 年起被美军占领之北京正阳门城楼。

△　《曙光》杂志于北京创刊。杂志社主要由北京中国大学、法文专修馆、俄文专修馆等高等学校学生组成。郑振铎、王统照、耿匡(济之)等均为该社成员。《曙光》宗旨为:"本科学的研究,以促进社会改革之动机。"该刊原拟以月刊形式出版,后因印刷耽延、经费困窘,经常愆期。至 1921 年 6 月终刊时,共出九期。

△　北京社会实进会出版物《新社会》旬刊创刊。该刊宗旨为:"考察旧社会的坏处,以和平的、实践的方法从事于改造的运动,以期实现德莫克拉西的新社会。"至 1920 年 5 月 1 日共出 19 期。后被警厅封禁。

△　济南《大民主报》创刊。该报为中美资本家合资创办。宣称:"本报无机关,无党派,以大中至正为宗旨,以发达民权、滋厚民生为依归。而所以策励吾鲁民执殳前驱,共保土地主权,恢复自由幸福者,尤为目前当务之事。"

11 月 2 日　北京政府农商部以部令废止工厂特别专办区域年限之条例。

△　日本为操纵奉天铁岭之贸易,与华人合资开办铁岭交易信托株式会社。资本定额 50 万日元。南满铁道株式会社出资半数,余由日人山田桂藏及华人郭信侯等分担。开设期限 10 年。同日,"中日合办"日华银行亦于铁岭成立。资金 100 万日元。主要出资者为日人松冈右卫门、山田恭致及华人刘芳斋。由松冈任该银行专务董事兼代表。开设期限 20 年。

11 月 3 日　广东省财政厅与台湾银行签订借款 10 万日元合同。此款充作留日学生经费。14 日,北京政府教育、财政两部亦与台湾银行签订一项借款合同。借款数额及用途与前者完全相同。

11 月 4 日　北京国务会议讨论外蒙取消自治案,议决以陈毅拟定之《外蒙撤销自治善后条例》为原则,交陈专办。

△　"中日合办"开原银行于奉天开原成立。资本定额 100 万日元,中日各半。主要出资者为日人川岛定兵卫、津田善松及华人王执中、米玉斋等人。以日人藤冈织太郎为该银行代表。开设期限 20 年。

11 月 5 日　徐世昌特任靳云鹏为国务总理。

△　曹锟、张作霖、倪嗣冲、李纯、王占元、陈光远、卢永祥、鲍贵卿、孙烈臣、张树元、阎锡山、赵倜、张敬尧、李厚基、陈树藩、张广建、杨增新、姜桂题、田中玉、蔡成勋、齐耀琳、吕调元、何佩瑢、齐耀珊、戚扬、屈映光、刘镇华、曹锐、吴光新等联名电请徐世昌裁兵整税,内称:"侧闻中央财政,本年度预算不敷之额约达 4000 万元左右。……将欲权宜济变,势不外开源节流两端。如就各省现有军队裁减二成……约计节省之数,岁可 2000 万元。一面由中央责成各省督饬财政厅,于丁漕契税各项及一切杂捐切实整顿……共计增入之款,亦当在 2000 万元左右。……庶可力扶危局。"

11 月 6 日　徐世昌再颁发禁烟令。

△　徐世昌令郭则沄署国务院秘书长。

11 月 7 日 徐世昌据管理将军府事务段祺瑞呈请,准于上将军及冠字将军两等之外,增设不冠字将军,列为三等,月薪 600 元至 800 元。18 日,再据国务总理靳云鹏呈请,批准所拟任命将军命令程式。

11 月 8 日 因徐世昌曾托人向孙中山转达恢复南北议和之意愿,是日,孙中山致函徐世昌陈述对时局之主张:一、希望国会自由行使职权为南北议和代表所允认;二、拟于明春赴欧美考察教育实业以贡献于社会。

△ 广州学生黄复颜、范曾养、古太一、程万镒四人,因奔走抵制日货,积劳病故。是日午后 2 时,广州各校学生于东园举行追悼会,会后冒雨游行。队伍行至长堤先施公司门前,因该公司屡次不听劝阻,继续销售日货,群呼"抵制亡国公司"不止。公司雇员马旋德、欧耀二人闻声奔出,伙同警察,挥动刀枪向学生乱击。当即殴伤数人,内三人重伤。在场学生见状,即将马、欧二人拿获,送往区署。广东警务处长兼广州警察厅长魏邦平得公司诬报,立遣武装警察数十人驰至,不由分说即举枪捣毁学生保存之肇事现场,并以刺刀猛刺学生,复重伤四人。学生愤极。被迫夺下警察手中枪支及带有血迹之刺刀以为罪证。旋举代表赴地方检察厅,请派员检验。代表甫去,警察即将公司前后门加锁,禁闭学生 200 余人于内。公司外之学生见状,均守候不去,直至次日天明。

△ 孔子七十六世孙"衍圣公"孔令贻在北京病逝。19 日徐世昌颁令优恤。

11 月 9 日 广州旧国会粤籍议员林伯和等 10 余人联名电军政府及督军、省长,要求立即释放被捕学生及查办魏邦平。11 日,广州各校学生数千人先后赴军政府及督军、省长公署请愿,军政府各总裁及莫荣新、张锦芳均托故不见,致无结果而返。

△ 午前 9 时许,魏邦平再派武装警察百余人,齐上刺刀,自毗邻先施公司之东亚酒店直冲入公司内,复刺伤学生 10 人,并逮捕学生领袖张殿邦等 11 人。旋将 8 日殴击学生之凶器强行夺回,始开启公司大门,将学生尽行逐出。其中多名学生被警察直追至堤畔,逼落水中,二

人竟因是溺毙。事后,魏邦平即将殴伤学生之凶徒马旋德、欧耀释放,并于当日出示文告,反诬爱国学生擅取公司食品,抢劫马、欧二人财物,勒令"务宜守法自爱,勿再盲从滋闹"。学生见此文告,即约集200余人前往警厅质问,并要求释放被捕同学。魏竟对学生大肆谩骂,声言必须交出抢劫马、欧二人之财物,始行开释。旋将张殿邦等11人押赴"惩戒场"监禁。广东学生联合会为此通电各机关并发表《粤学生泣告全国书》,阐明肇事真相;呼吁各界主持正论,群起声援,共除民贼。

11月10日　孙中山函复援赣第四军军长伍毓瑞,指出:"当今急务,在于先消灭桂贼,以统一南方,然后乃能出师北上。"

△　全国各界联合会在上海开成立大会,到各团体代表697人,其中全国13省27处派代表62人,孙中山亦派代表出席。通过《成立大会宣言》。该会为当时全国统一之民意机关,"以发展民生,促进民治,拥护国权为宗旨"。

11月11日　徐世昌令准滨黑铁路督办鲍贵卿辞职,令黑龙江督军兼省长孙烈臣兼充该路督办。

△　午后2时,福州帮商瑞顺洋行往桥北运送日本火柴,被学生马育才、谢翔高、陈公亮、陈杰等发现,当即迫往大妙山焚毁。12日,驻福州日本领事据此向省政府提出三次书面交涉,无理要求逮捕、重罚爱国学生,解散学生联合会,赔偿瑞顺洋行损失,将肇事沿途站岗警察均予免职,并严惩刊载"劣货"字样之《健报》主笔。进而扬言:"现在福州之帝国臣民对于兹事忿怒已甚。将来倘遇学生等不法行为,两国人民激起冲突,不幸在路上见流血之重大事件发生,无非贵国官宪取缔排日团不充分肇成学生等不法行为,本领事全然不负责任。"

△　孙中山函复彭素民,告以"当今急务在先灭桂贼而统一南方,然后乃能北向讨伐"。

11月12日　广东省议会议员黄佩荃等25人联名电军政府各总裁及莫、张二人,要求立将学生提释,并将马旋德、欧耀及行凶警察拘送法庭,按律治罪。而莫荣新则偏听魏邦平谎报,竟于同日发出批示,诬指学生"恃众殴警,伙掠财物,围夺军械,实属不法已极",并谓被捕学生张殿邦等 11 人"实觉情重罚轻","嗣后倘敢再犯,尤当从严惩治"。

△ 广州 10 余种报纸报道警察殴捕学生之暴行后,是晚魏邦平派警搜捕《国民报》、《大同报》两报馆,并拘捕《国民报》主笔陈藻卿等五人,次日又派警搜查《羊城报》等 10 家报馆,连夜捕去主笔、记者 25 人及《粤报》印刷工人 20 余人。

11 月 13 日 徐世昌任命何佩瑢为湖北省长。

△ 徐世昌派钱能训督办苏浙太湖水利工程事宜。

△ 北京新国会众议院开会,对八年度国家总预算案进行读会,并对八年度路电邮航四政特别会计预算案作审查报告。

△ 广州众议院开会,到议员 200 余人,通过查办魏邦平案。

11 月 14 日 徐世昌公布《修治道路条例》,凡 15 条。

△ 西北筹边使徐树铮电北京政府,主张明令先行撤销外蒙自治,其余办法另行商定;并另电北京政府,认为陈毅在外蒙撤治事中对王公有所偏袒。

△ 广东省教育会会长陈其瑗会同各校校长、教职员代表 70 余人前往警厅保释被捕学生。经与魏邦平多方争辩,直至 15 日凌晨 2 时,张殿邦等 11 人始释出。

11 月 15 日 广州国会粤籍议员、省议会议员、总商会董事及各校教职员拟于东园国会议员俱乐部开会,议商解决办法。魏邦平出动警察,断绝交通,禁止集会。为此,全国各界联合会、全国学生联合会、全国报界联合会及各地群众团体纷纷通电,一致声讨魏邦平滥用职权,拘辱学生、围抄报馆、捕押记者、摧残舆论种种罪行,要求广州军政府及莫荣新、张锦芳立即释放报社被捕人员,严惩魏邦平。

△ 北京国务院电令各省转饬所属严密查禁秘密组织"狼头会"及该会所发鼓动回民独立建国之《我为我》一书。

△ 湘西护国军第四梯团团长廖湘芸率部哗变,杀该军总司令周则范及第三梯团团长杨玉生,自任纵队司令。旋诬加周等以"通敌"罪

名,通电全国。

△ 旅法华人于巴黎创办《旅欧周刊》。该刊由周太玄主编。至1920年11月6日终刊时共出版52期。

11月16日 下午6时,福州日侨数十人持械于桥南寻衅,无故击伤学生四人、市民一人、警察一人。警察驰往弹压,日人竟出手枪乱射,击毙一人,伤数人,造成轰动全国的"福州事件"(亦称"福州惨案")。

△ 长沙各校学生不顾督军兼省长张敬尧禁阻,集20余校代表重新组成湖南学生联合会,并发表《湖南学生联合会再组宣言》。

11月17日 库伦当局正式宣布外蒙取消独立,仍归属中国,并声明前与沙俄政府所订各项条约"概无效力"。

△ 福州各校一律罢课,商界罢市,抗议日本帝国主义暴行。下午,福州各界万余人召开公民紧急大会,议决要求日方撤领、谢罪、赔偿、审凶,旋派代表请督军兼省长李厚基等转达北京政府,与日使严重交涉。

11月18日 广州国会开宪法会议,国会议员共出席592人,其中参议员188人,众议员404人。

△ 广州军政府政务会议通电西南各省,请督军、省长选派代表一人,省议会公举代表一人至粤组织建设会议。

△ 徐世昌因前代理阿尔泰办事长官张庆桐以私印纸币发放军饷,激起兵变;并于未奉政府命令之先,擅与沙俄领事订立条约,是日明令着从严惩戒,并令新疆督军兼省长杨增新照会俄领,声明前约无效。

△ 广州学生因屡次要求当局惩办魏邦平均无结果,是日中等以上各校一律罢课,并发表罢课宣言。声明"学生罢课,以依法惩办魏邦平为目的。魏邦平一日不办,学生一日不息"。罢课持续将近一月。其间游行、演讲接连不断,向当局请愿达10次之多。后因护理省长张锦芳出面保证,"愿以文书表明依法办理",各校遂于12月15日复课。而张锦芳后竟自食其言,惩魏之事不了了之。

11月19日 孙中山电请美国公使芮恩施在道义上支持中国实现

民主制。谓:"在中国,是民主制还是军阀制获胜,主要依靠阁下在这阶段对我们无援百姓的道义上的支持。"

△ 徐世昌公布《京畿卫戍总司令部组织条例》,凡七条。

△ 西北筹边使徐树铮电北京国务院,请分清西北边署与都护使之权限。

11 月 20 日　北京政府外交部代理部务次长陈篆就福州事件向日使小幡酉吉提出口头交涉。小幡反诬福州学生"强夺商货","开枪互击",要求"严重取缔"学生爱国行动。

11 月 21 日　北京政府外交部福建交涉员王寿昌就福州事件向驻福州日领提出书面抗议。

11 月 22 日　徐世昌明令嘉许曹锟等电请裁减兵额、清厘税收之倡议,即着各该管官署会同各该督军省长总司令等,"妥速筹议,确定计划,克日施行"。

△ 徐世昌以外蒙古博克多哲布尊丹巴呼图克图汗赞助取消自治,是日明令加封为外蒙古翊善辅化博克多哲布尊丹巴呼图克图汗。

△ 外交委员会就福州事件向北京政府提出对日交涉六项条件:"一、更换驻闽日领;二、由日本政府谢罪;三、慰恤死伤者;四、惩办行凶日人;五、保证此后日商不得携带武器;六、惩办驻闽日领署警长。"

△ 华盛顿国际劳工会议特殊国委员会,是日就中国劳动时间问题通过如下决议:"一、劳动时间以每日 10 小时、每星期 60 小时为原则。其未满 15 岁之劳动时间,以每日 8 小时、每星期 48 小时为原则;二、每星期得休息一日;三、凡工厂之使用工人在百人以上者,即得适用工厂法;四、外国租界上所有之工厂,亦适用此项同样之时间制;五、速行制定工厂法。"中国委员提出抗议。

11 月 23 日　吴佩孚与云南代督军唐继虞、贵州督军刘显世之代表在衡阳签订《救国同盟条约》。粤、湘、桂省代表及川省代表,亦随即在密约上签字。

△ 全国各界联合会就福州事件向各地团体发出通告,呼吁"速开

国民大会,举办游行演讲,警告全国父老,使知吾国危亡已在眉睫,迅与日人断绝国民交易,厉行抵制日货,决不供给日本一切米粮煤铁及各种原料"。

△　午后2时,上海各界三万余人于西门外公共体育场召开大会,声讨日本帝国主义残害福州人民暴行。大会议决对日交涉八项条件。其中除22日外交委员会所提六项外,另加如下二项:"七、撤销日本领事裁判权;八、限日本军舰军队离闽。"当将八项条件电达北京政府外交部,要求"迅即提出交涉"。按:此八条后即成为全国各地一致赞同之解决闽案办法。

11月24日　北京政府外交部因外蒙取消独立,是日照会俄公使库达摄夫,声明所有前订中俄蒙条约及俄蒙协约并中俄声明文件应即失效。

△　俄国公使库达摄夫照会北京政府外交部,声明俄国与中国、外蒙所订蒙事各条约,"俄政府未允取消以前,仍应俱在"。

△　天津各校学生千余人举行示威游行,声讨日本帝国主义制造福州惨案暴行,沿途演讲并散发传单,出发前公举周恩来等五代表前往省署请愿,要求电北京政府与日方严重交涉。

11月25日　由教育界知名人士黄炎培、袁希涛、邹梫、任诚、陈宝泉、孙其昌、杨若堃、金曾澄、谭锡恩等12人组成之欧美教育考察团,是日出国考察教育。

△　日本舰"嵯峨丸"奉日本政府令驶抵福州,是日该舰水兵60人全副武装强行登陆,上街示威。

11月26日　北京政府国务总理靳云鹏、财政总长李思浩与美国太平洋拓业公司代表在北京签订借款550万美元合同,以北京政府烟酒公卖费为直接抵押,并言明由北京政府聘美国人一名任烟酒公卖会办,以监督烟酒税收。此项借款系供北京政府"拨充欠发军费及清还到期债务之用"。

△　孙中山在上海与英文《大陆报》记者谈时局。指出南北议和

"余之惟一条件为国会必须有全权行使职权,北京政府一经承受余之条件,和平可以成立"。

11 月 27 日　午后 4 时,北京政府外交部就福州事件向驻京日公使小幡酉吉提出书面抗议。要求四点:"一、撤退福州领事;二、充分赔偿福州闹事中华人生命之损失,并给与受伤华人之医药费;三、按法严惩肇事负责之日人;四、福州日领事应向福州中国当道道歉。"抗议提出后,经接连三次催复,日使均以"须先取缔排货"拒之。

△　巴黎和会中国代表顾维钧、施肇基与协约各国代表共同签署对保加利亚和约。

△　北京政府财政部所属汉口造纸厂与中日实业公司同时签订借款 51.6 万日元及 40 万日元两项合同,以造纸厂全部财产为担保。前者用于订购机器,后者乃纸价预付款。

11 月 28 日　福建督军兼省长李厚基宣布福州紧急戒严。

11 月 29 日　北京中学以上各校学生于天安门前集会,声讨日本帝国主义残害福州人民的暴行,并抗议日舰侵扰福州,会后游行演讲并散发传单。

△　南京各校学生 3000 余人分赴军省两署递交请愿书,提出解决闽事五项主张,要求电达北京政府与日方严重交涉。

△　云南督军代表韩凤楼电唐继尧报告吴佩孚与《救国同盟条约》签字代表举行"衡州会议"议决之五项条件,其中包括吴佩孚撤防。

△　是日及 30 日,旅法华工 6600 人分三批乘轮离法,赴加拿大哈利法克斯。

11 月 30 日　云南各界数千人于昆明召开全省各界联合会成立会并发表宣言,申明成立该会主旨为"一曰除国贼;二曰促和平;三曰御外侮"。

△　日公使小幡酉吉至北京政府外交部,要求取缔"激烈传单"。

△　江苏交涉员杨晟在上海孔教总会建立会堂举行募捐会。会间散发孔教会会长陈焕章所著《孔教论》一书。陈并宣讲《孔子之道与今

日中国之关系》。王揖唐、杨晟当场各认捐 1000 元,陈焕章捐 2000 元。

△　东蒙奈曼旗王公苏珠克图巴图尔,与日本大仓组代表签订借款 200 万日元合同,以全部领地永久租借权为担保。此款用于"兴办实业"。

11 月下旬　北京政府交通总长曾毓隽与英国中英公司代表梅尔思在北京订立借款 200 万汉口通用银元函约,以京奉铁路余利为担保。此款用作湖广铁路湘鄂局订购机车 12 辆、货车 90 辆及就地各项开支。

12　月

12 月 1 日　全国各界联合会发表《宣告各友邦文》。以中国国民名义提出希望四项:"一、取消欧战发生以后中日间一切不平之条约;二、直接收回德国在山东占有之一切权利;三、德约除一五六至一五八条三条,其余一概承认;四、我国合法国会未能完全行使职权以前,请各友邦勿供给军械、金钱于南北政府,并停付关税、盐税余款。"要求各"友邦"对上述各项"予以善意有力之赞助"。

△　全国学生联合会就福州惨案电各地学生联合会,请每日多派学生游行演说,抵制日货,并将解决闽案八条件急电北京政府,促其与日本政府严重交涉。

△　徐世昌令徐树铮以西北筹边使督办外蒙善后一切事宜,所有原设办事大员暨佐理员各职一律裁撤,驻库伦办事大员公署归并西北筹边使署。

△　《闽星》半周刊于福建漳州创刊。主办者为援闽粤军总司令陈炯明。陈秋霖主编。《闽星》编辑及主要撰稿人多为无政府主义者。陈炯明亲撰发刊词,主张破除国家主义。《闽星》共刊行三月,后因陈炯明率部开赴广东,即告停刊。

△　"中日合办"上海工商株式会社在上海成立,制造珐琅器皿并承揽运输业务。资本定额 50 万日元。主要出资者为日人松本茂。董

事五人中,华人只占一名。开设期限 30 年。

12 月 2 日　长沙各校学生因福州事件举行焚毁日货大会,到各界近万人。张敬尧派军警千余人包围会场,禁阻焚货,驱散与会群众,并逮捕五人,殴伤数十人。

△　上海 75 校万余名学生集会,声讨日本帝国主义残害福州人民的暴行,一致议决不用日货。会后游行,沿途四处搜寻日货,集中至公共体育场烧毁。

△　苏州 20 余校学生万余人为福州事件举行游行,沿途高呼"救我福建"、"抵制日货"等口号,散发传单 20 余种,并举代表分赴省、军署及省议会递交请愿书,提出六项条件,要求转致北京政府与日本政府严重交涉。

△　北京政府外交部派王鸿年、沈觐宸,教育部派徐鸿宝同赴福州,会同日方人员调查闽案真相,是日离京赴闽。

△　徐世昌特派徐树铮为加封外蒙古翊善辅化博克多哲布尊丹巴呼图克图汗之册封专使。

12 月 3 日　北京政府靳云鹏内阁改组。徐世昌令外交、陆军、海军、司法兼署内务、农商各总长陆徵祥、靳云鹏、刘冠雄、朱深、田文烈准免本职;特任陆徵祥、田文烈、李思浩、靳云鹏(兼)、萨镇冰、朱深、曾毓隽分任外交、内务、财政、陆军、海军、司法、交通各部总长,田文烈兼署农商总长;傅岳棻为教育次长,仍代理部务。

△　徐世昌任周自齐为币制局总裁。9 日,令财政总长李思浩兼币制局督办。

△　山东济南中等以上 16 校全体学生游行演讲,声讨日本帝国主义在福州之暴行。中午,各界复于省议会开国民大会,到数千人,议决再电北京政府与日本政府严重交涉。

△　英公使朱尔典往访北京政府外交部代理部务次长陈籙,就西藏问题发表英国无侵略野心等五点声明。

12 月 4 日　徐世昌令外交总长陆徵祥未到任以前,仍着外交次长陈篆代理部务。

△ 徐世昌准教育部呈请,令仿照《新唐书》、《新五代史》前例,将柯劭忞著《新元史》列入正史。

△ 北京新国会参众两院电谢美国参议院于上月 15 日通过对德和约山东问题之保留案。

△ 少年中国学会发起人之一王光祈在北京《晨报》发表《城市中的新生活》一文,倡议知识青年组织工读互助团,实行半工半读之集体生活,以此作为理想社会雏型,通过广泛发展与联合,达到改造社会之目的。

12 月 5 日 广州国会电北京政府,就解决福州事件提出四项条件,要求惩凶、赔偿及撤退登陆之日本水兵,保证以后旅华日人不得滋事;如日方不全照办,应即提交公使团"秉公裁断"。

△ 日公使小幡酉吉向北京政府外交部就福州事件提出书面反抗议,指责此次事件皆因中国地方官不善取缔学生排日行动有以致之,并捏造事实,强诬"责任全在中国"。

△ 陈炯明自福建漳州上书孙中山,报告在闽南"拟实施劳动教育,使劳动界皆识字,思想自可变迁,然后进图社会主义之实现,亦不难事"。

△ 安庆省署卫兵于市间购物,与警察发生冲突。省长吕调元闻讯,即令其子率队前往弹压。安庆警察厅长刘道章在安徽督军倪嗣冲暗中授意下,借口警察受辱,提出辞职。9 日,全城警察一律罢岗,市面呈不稳之象。吕调元无奈,被迫电北京政府辞职。倪嗣冲旋将此事电达北京政府。

12 月 6 日 湖南长沙学生联合会为抗议张敬尧禁阻焚日货并逮捕殴伤学生,是日宣布罢课,至 8 日各校一律停课,举出代表分赴北京、上海、广州等地请愿,进行驱张(敬尧)活动。当日晚,毛泽东率赴京代表团一行 40 人乘车北上。

△ 河南开封各界数万人召开国民大会,工、农、兵、学、商及乞丐

等均登台演说。大会声明拥护各地一致赞同之解决闽案八条件,并议定坚决抵制日货,限各商店于 29 日前将所存日货一律肃清。

　　△　留美归国学生及国内部分学者于上海创办《民心》杂志。该刊为大型综合性周刊,又名《民心周报》。宗旨有六:"一、提倡及研究所以发展国家自卫力之道;二、注意国民外交;三、发展吾国固有文化;四、提供健实主义及讨论做人方法;五、输入及批评欧美新思想与学说;六、陈献工商业计划及办法。"《民心》发行量甚大,每期约三万数千份。

12 月 7 日　北京各界 10 万人在天安门前集会,声讨日本帝国主义残害福州人民的暴行。大会通过各地一致赞同之解决闽案八条件,并议决力争山东一切权利,防止补签对德和约,反对山东问题中日直接交涉,要求政府外交公开,不承认中日间一切密约,不用日货、日币,不准米粮出口,与日本断绝一切经济关系。旋将上述决议通电全国,并函告徐世昌,要求顺从民意,与日方严重交涉。

　　△　山西太原各校学生 2000 余人组织演讲团游行演讲,揭露日本帝国主义在福州之暴行。

12 月 8 日　南京各界三万余人为福州事件召开国民大会,议决撤退日领、日舰、道歉、赔偿、审凶等六项条件,要求北京政府与日方严重交涉,当场并焚毁日货多起。

　　△　江苏如皋 60 余校学生万余人为福州事件举行示威游行。沿途散发传单,高呼:"热心救国,抵制日货"口号,并将查获日货携至公园焚毁。

　　△　全国各界联合会开第十七次评议会,施洋主席,议决将张敬尧祸湘、倪嗣冲祸皖、陈树藩祸陕种种罪状通告全国,请一致声讨。

12 月 9 日　巴黎和会中国首席代表陆徵祥自马赛启程返国。

　　△　广州 60 余校学生 9000 余人举行示威游行,声讨日本帝国主义在福州之暴行。

　　△　上海学生联合会召开国民军筹备会,通过草章,规定组织上海学生联合会国民军,每校至少须编步兵一个排。

△ 江西督军陈光远因南昌学生反对江西米谷开禁,派戒严司令及警务处长率士兵三连将南昌学生联合会强行封闭。次日,南昌各校学生罢课以示抗议。学生联合会并发表《赣学生罢课宣言书》,揭露陈光远及省长戚扬擅开米禁,镇压学生等罪行。

△ 留法勤工俭学学生聂荣臻等 158 人,乘法邮船自上海放洋。

12 月 10 日 日公使小幡酉吉遣使馆书记官深泽至北京政府外交部,捏造北京学生殴辱日侨学童,抗议 7 日北京国民大会抵制日货、日币之决定,要求北京政府"严加取缔,并饬岗警实力保护"。次日,靳云鹏"严重训令"警察总监、步军统领即行设法取缔。

△ 武汉各校校长及学生代表在汉口举行联席会议,会间学生代表提出依北京国民大会通过之解决闽案八条与日本政府严重交涉及允许学生联合会检查日货等四项条件,请各校长转致省长认可。省长何佩瑢声言绝对否认。14 日,因武汉学生 4900 余人前往省署请愿,何被迫接受学生四项条件。

△ 北京政府外交部就外蒙撤治事复照俄使库达摄夫,指出取消自治,实由于外蒙自愿,并于同日将此照会分发英、美、法、意、日、葡、比各国使馆。

12 月 11 日 广州军政府政务会议议决,设立滇、黔、川、陕、粤、桂、湘、闽八省铁道事务统一机关,任命政务总裁岑春煊为督办。

12 月 12 日 张敬尧密令湖南矿务局与美商在北京签订借款 140 万美元草约,以湖南水口山铅矿作抵。28 日,湖南赴京请愿团毛泽东分函北京政府财政、农商二部,声明湖南人民对此草约"万难承认"。

△ 午前 9 时,杭州各界二万余人为福州事件于公共运动场开国民大会。省议会议员 90 人亦旷会前往参加。会间通过决议 10 条,其内容除各地一致赞同之解决闽案各条件外,尚要求誓死力争山东主权、禁止衣食原料出口、惩办倪嗣冲等。旋举各界代表 16 人组成国民大会委员会进行一切。会后各校学生并当场焚毁日货。

12 月 13 日 全国各界联合会向各省各团体发出通告,历数湖南督军兼省长张敬尧祸湘八大罪状,呼吁全国各界一致声讨,"以解湘人倒悬"。

　　△　苏州各界联合会开成立大会,10 万人参加,一致议决自救救国,抵制日货,奋起援闽。

　　△　徐世昌令交通部署路政司长黄赞熙兼川汉铁路督办。

12 月 14 日　长辛店铁路工人为声讨日本帝国主义残害福州人民暴行,特邀集各界开国民大会,工、商、学、妇女等各救国十人团及市民千余人到会。大会重申各地一致赞同之解决闽案八条件,议商永久抵制日货办法并拟定致北京政府书。

　　△　江苏南通七校学生千余人为福州事件于县公共体育场集会。会后举行示威游行。沿途高呼"力救福建"、"提倡国货"、"毋忘国耻"等口号并散发传单。观者甚众。

12 月 15 日　奉天省城各校学生代表于是日及 16 日集会,商讨抵制日货办法,议决:一、学生不用日货;二、劝说商人不卖日货,各界不购日货。

　　△　北京政府外交部就日方于安东(今丹东)擅设兵工厂,向日公使小幡西吉提出抗议。

　　△　北京公立大中小各校教职员因反对当局发放贬值纸币,要求以银元付薪,未得满意答复,是日起全体罢课。

12 月 16 日　武汉三镇各界万余人冲破军警禁阻,在汉口开国民大会,议商力争闽事办法,议决赞同闽案八条,并议决于商会内设立国民大会委员会事务所,以策励此后之进行。

　　△　日本内阁会议决定向北京政府提出正式照会,要求"取缔各地排日活动"。次日,外务省训令小幡西吉向北京政府递交该项正式照会。

12 月 17 日　北京国务总理靳云鹏电广州军政府七总裁,表示希望协力提携,速促和议,"以互让之精神,谋简单之解决"。

　　△　全国各界联合会电各地团体,提出上街演说、游行,积极抵制

日货,赶办学生军、商团、民团三项"自卫之方"。

△　成都学商两界代表联合召开成都商学联合会成立会,宣布"以抵制日货,提倡国货,实力救国,商学联络,一致进行为宗旨"。

△　路透社北京电:美国各大学中国学生联合会电致各报,谓:"闽案不堪忍受,宜力争赔偿。止内讧,共御外侮。"

△　北京政府教育、财政两部与中法实业银行签订借款 15 万法郎合同,以期票为担保。此款用于垫付留欧学费。

12 月 18 日　午后,镇江各界 5000 余人为福州事件于城中公共体育场开国民大会。与会多人相继演说,一致主张抵制日货,提倡国货。商会协理并当场签约,声明"以后如再有商人购进日货,该日货当立即检送公共体育场焚毁"。会后举行示威游行。次日商会即通告各商家:"自即日起各业一概不准再进日货。"数百名码头工人亦开会议决:"此后如遇大阪等船装货来镇,概不代为起驳抬运";有当焚之日货,即义务搬运,不索分文。

△　东三省巡阅使张作霖以西伯利亚境内华侨生命财产迭遭抢劫与暗杀,是日电北京政府请准率兵保护俄境华侨。

△　日公使小幡酉吉照会北京政府外交部,再次胁迫北京政府"严重取缔"各地反日爱国活动。

12 月 19 日　徐世昌公布《特别区契税规则》及《特种财产契税规则》。

△　徐树铮所部驻洛阳西北军士兵一名,因往城西七里河村强奸妇女,被村民击毙。午后 1 时,该军 2000 余人竟蜂拥至七里河大肆淫掠。该村 400 余户妇女,不分老、幼、孕妇,无一得免,并枪杀婴儿八人。钱财衣物抢劫一空。与该村毗邻之兴隆寨,200 余户妇女亦遍遭蹂躏。兽军围奸三日始去。

12 月 20 日　天津各界 10 余万人为福州事件、山东问题及抵制日货三事召开国民大会,随即焚烧日货,会后举行示威游行。

△　北京政府内务部电告各省省长,禁止各省议会举派代表开省

议会联合会,如有此项情事,即转饬该管警官厅严加取缔。

△　中国与玻利维亚两国驻日本公使分别代表本国签订《中玻通商条约》。

△　上海天马画会自是日至 29 日于江苏省教育会举办第一届绘画展览会。举吴昌硕等为国画审查员,刘海粟等为西画审查员。展品为国画、西画、图案画、折衷画四部。

12 月 21 日　徐州各界开国民大会,与会 24 团体共万余人。会间,农、工及各界代表相继演说,一致呼吁抵制日货,奋起救国。大会并电北京政府,要求与日本政府严重交涉,勿稍迁就。会后举行示威游行。

△　呼伦贝尔护理副都统贵福等电北京政府请求撤销自治,并请废除 1915 年沙俄政府胁迫北京政府所订呼伦贝尔条约。

12 月 23 日　清华学校学生激于福州事件,是晚开全体大会,成立学生会。校长张昶云闻讯,竟暗召驻北京海甸军队及地方武装小锣会入校进行监视,学生闻讯遂开临时紧急大会,议决自 24 日起全体罢课以示抗议,后因有关当局允"公平查办",29 日学生复课。

△　徐世昌令各省行政长官整理行政诉讼。

12 月 24 日　济南各校学生一律罢课,并拟游行演说,山东督军张树元闻讯,即派武装军警禁止学生外出,学生坚欲出校,被军警击伤 10 余人,捕去四人。

△　旅美旧金山华商邝忠(译音)于华侨寓所界内焚毁价值数千元之日本丝织品及其他器物以为抵制日货者倡。华侨围观者数千人,且有留学生当众演说。

12 月 25 日　云南昆明各界二万余人为福州事件召开第三次国民大会,议决电请各省力争实现闽案各条件,电北京政府撤惩闽督李厚基,本省应力行抵制日货。

△　午后 1 时,第九批留法勤工俭学生向警予、蔡和森、蔡畅及蔡母葛健豪等 50 人,乘法邮船"莺特莱蓬号",自上海启程赴法。

△ 日本为掠夺内蒙巴林旗资源,与内蒙王公"合资开办"蒙古产业公司。公司总行设东京。经营项目包括采矿、农业、畜牧、森林、酿造及贸易等方面。资本总额150万元。其中巴林王等三王公出资45万元,日方南满铁道株式会社等四个会社出资50万元,日人茂木惣兵卫10万元,荒井泰治10万元。以荒井泰治为该公司代表。开设期限30年。

12月26日 徐世昌令免张树元山东督军职,调察哈尔都统田中玉继任。同日,调长江巡阅副使王廷桢继任察哈尔都统,并通令裁撤长江巡阅副使一职。

△ 北京政府慑于日本政府一再胁迫,是日电令各省速禁抵制日货。

12月28日 徐世昌公布民国八年度预算及同年度路电邮航四政特别会计预算。

△ 前代理总统冯国璋在北京病逝。

12月29日 旅京湖南同乡千余人开公民大会,议决电南政府请促北政府速撤张敬尧,电全国宣布张罪状,求国民公判,呈北政府即日罢张,并设旅京湖南各界委员会为去张机关,执行大会议决各事。

12月30日 日本政府声明撤退在闽军舰,并在东京、北京、福州三处发表声明为福州事件派军舰辩护。

12月31日 徐世昌令免安徽省长吕调元职,以聂宪藩继任。

△ 广东地方实业银行以南海、番禺两县田赋收入及县衙全部建筑物为担保,向台湾银行借款23万日元。

1920 年(民国九年)

1 月

1 月 1 日 徐世昌以大总统名义颁令褒奖参战出力人员,特授王士珍勋一位,颁给梁启超"前识匡时"匾额一方。曹锟授为虎威上将军,张作霖、倪嗣冲、李纯均授为陆军上将,靳云鹏、刘冠雄、张怀芝、王占元、赵倜、阎锡山均晋授以勋一位。

△ 外蒙古册封专使徐树铮在库伦佛宫正式举行外蒙活佛册封典礼。

△ 济南学生联合会在城内第二区大舞台公演话剧,学生就舞台演说抵制日货。警察厅长金荣桂横加干涉,以武装包围大舞台,殴打学生,10 余人受重伤。2 日晨,学生要求惩治滋事军警,议决全体实行罢课,以相抗争。3 日,济南全市教职员宣布"同盟罢工",为学生后援。新任督军田中玉答应撤换警察厅厅长后,19 日学生复课。

△ 《钱江评论》创刊于杭州。该刊为青年学生和教师所办的不定期刊物,6 月 20 日终刊,共出版 13 册。

△ 江西财政厅与日商古河洋行签订规平银 40 万两借款合同,以江西金库券 60 元万为担保,用于发放军饷及扣还 1919 年 1 月 27 日所欠日金 50 万元本息。

1月2日 湖南全省学校学生致电北京政府及广州军政府,声斥张敬尧摧残学生爱国运动,要求罢免张敬尧。略谓:"本月二日,维持会照章将查出劣货数事知照学生,携往教育会焚毁。各校学生为爱国运动均往观瞻……乃张敬尧忽派其弟敬汤,统索军队数千人,执械汹汹,如临大敌,恣行殴辱,职员及学生受伤者,至数十人之多。……应恳大总统主持大法,将湖南督军兼省长张敬尧即行罢职。"

△ 北京政府外交部以驻华日公使正式质问抵制日货事,是日通电各省区设法禁阻抵制日货。

△ 新疆督军杨增新电令防卡分统马朴仓等查阻俄人入卡,谓:"现在防务吃紧,无论何项俄人,非有本督军命令,或经喀什道尹核准,不得放入中境,以免奸宄混迹,贻误地方。至冒充中民之俄人,尤应严为查阻。"

1月3日 下午3时,北京学生联合会为支持湖南学生驱张运动,在北京大学第三院举行湖南来京学生代表大会,北大方豪主席,中国大学祁大明及燕京大学瞿世英、朝阳大学崔学礼等先后演说,表示"与军阀派势不两立,讨伐民贼,责无旁贷"。

△ 山东督军田中玉为镇压济南学生爱国运动事密电徐世昌,谓:"本月一日,各校学生在城内大舞台剧馆旧址演剧,警察厅前往阻止,彼此争持,致起冲突。据报警察伤二十余人,学生伤十余人。是日,警察并未持械,双方徒手扯扭,伤痕皆不甚重。"

1月4日 浙江嘉兴各界联合会举行成立大会。到会者1000余人,主席报告开会宗旨:联合会之组织,系共谋国是,为外交后盾,为人民造福。会议决定该会加入全国各界联合会。

△ 驻北京南苑第十五师官兵因积欠军饷七个月,酝酿向商家"借饷"。是日,前门外廊房头条、大栅栏、前门大街一带商店纷纷闭门,以防变兵"借饷"。北京政府下令关闭永定门,割断通往南苑的电线,并令第九师严密监视第十五师。后经王士珍调停,由财政部拨发军饷60万元,晚8时风潮始息。

△　前清遗老梁鼎芬在北京病死。

1 月 5 日　北京各校全体教职员千余人至教育部请愿,要求撤换安福系走卒教育部代理部务次长傅岳棻。请愿旗上大书"寡廉鲜耻,恋栈不去"八字。

1 月 6 日　天津国民大会通电全国声讨安福系,谓:"自安福把持政柄,中央政局迄无宁岁,而受祸最甚者,莫过于山东。……更复外结日本,内压人民,凡遇有爱国行动,极力摧残,百端破坏。"

△　湖南罢课学生致电各省议会及各学生联合会等,声讨张敬尧运烟祸湘罪行。

1 月 7 日　徐世昌令准新疆省精河县属大营盘地方增设博乐县。

1 月 8 日　全国各界联合会致电北京国务院声援山东各界人民爱国运动,略谓:"日人环侵,主权旁落,齐鲁全闽,尤当其冲,挽救危亡,端赖民气。山东各界以切肤之痛,奋起抗争,爱国至诚,天日可誓。乃当局非但不予赞卫,且徇日使之请,横事摧残,恐众怒之难犯也。"

△　徐世昌命令维持教育经费。令称:"所有在京各校经费,着责成财政部妥为筹措,核议具复。其福建、陕西、湖南等处……务当随时拨济,俾无废辍。至教育基本金一节,并着该主管各部会商酌筹办理。"

△　徐世昌任命吴炳湘兼办京都市政事宜。

1 月 9 日　国务院总理靳云鹏接见北京教职员代表,答应薪金不搭纸币,并在最短期间撤换教育部代理部务次长傅岳棻。12 日北京教职员停职风潮平息。

△　湖南去衡州请愿的学生代表要求见吴佩孚,吴派代表向学生表示同情,并于 10 日致电张敬尧请维持学校,勿再干涉学生爱国行动。

△　徐世昌任命马良帮办山东军务。

△　徐世昌特派叶恭绰为劝办各省实业专使。

1 月 10 日　山西运城第二中学校长李林蔚禁止学生爱国运动,"擅行开除学生四十人,甚且恣意控告,以致学生会职员竟有被拘者"。全国学生联合会总会为此致电山西省长阎锡山,要求"立将被拘学生开释,并令该校长将开除学生一律收回"。

△　新督杨增新致电省议会,谓:"现拟由新疆自行派兵驻扎察罕通古并后路古城元湖一带,兵力足敷分布,已电达中央勿庸派兵前来协助。"

△　出席巴黎和会代表顾维钧致电北京政府,告以协约国对德和约已批准交换,中国拒签在前,仍未列席。美国因未经议会批准,亦未出席。

△　驻日使馆武官与日本三菱洋行签订日金三万元借款合同。

1 月上旬　上海车木胡芦店工人要求增加工资,全体举行罢工。各店主请中间人向工人调处,允许每个工人按月增加铜元 1000 文,工人同意,即行开工。

1 月 12 日　湖南省城 33 校学生驻衡阳代表致电北京政府,揭露张敬尧摧残学生运动,要求罢斥,略谓:"湘督张敬尧莅湘以来,屠戮无辜,摧残舆论,借公肥私,腆颜媚外,席卷金融,勒种鸦片,无恶不作,罄竹难书。……此次学潮,远因于校舍被其部下占据,教师被其指名驱逐,无地求学,无学可求。近因学生爱国,致触张督之怒,打骂践踏,情实难堪。……泣恳诸公主持正义,斥去张督,以救湘人,以纾国祸。"

△　北京教育界停职风潮,教职员提出五项要求,北京政府均逐条答复,教员遂于是日复课。

△　杭州学生联合会为声援北京教职员,是日起各学校一律罢课。

△　北京政府交通部与中华汇业银行签订日金 50 万元借款合同,以北京中国银行钞票 20 万元及七年长期公债 30 万元为担保,用于拨还该行美金借款、海军部德奥船租保证金、京兆尹署、漳厦路经费等。

1 月 13 日　广州军政府致电北京政府,要求迅速撤换张敬尧。同时北京安福国会湖南籍议员也加入驱张运动,表示不达到目的,即全体辞职,以谢湖南 3000 万人民。

△　黑龙江督军孙烈臣致电国务院,谓:"呼伦贝尔撤销自治正式公文已于本日到黑,其派来之代表德成、凌升二人,即日由京奉车入都,

将公文呈府。"

△　德国政府经由顾维钧转电北京政府提出三项要求：一、请中国对德国侨民财产勿再没收；二、准德人来华自由贸易；三、请即以前天津领事塞伯特及德华银行爱格林为驻华非正式代表。外交部议复婉拒。

1 月 14 日　全国学生联合会总会为拒绝日牒事通告全国各地学生联合会暨各界各团体，略谓："山东问题关系我国存亡，国民誓死力争，将及一载。'五四'以来，全国各界不惜为极大之牺牲，以从事于群众的运动，内则罢斥国贼，外则拒签德约，此所以保留山东问题一线之生机。……是故今日以后，真为山东存亡之关键，亦即为全国存亡之关键。我国民而忍坐视前功之尽弃，不思所以挽救者，则亦已耳，否则宜速群策群力，以监督媚外之政府，毋使其违背国民公意，以与日人为秘密之交结，因而断送山东于万劫不得之境。时机迫切，望速奋起。"

△　广州军政府主席总裁岑春煊密电唐继尧，谓："安福据阁，靳（云鹏）已软化，河间（冯国璋）新逝，直系骤无中心。……直系失势，西南更危，双方处境相同，非彼此彻底联络，无以自存……此即秉成规联直制皖策略，务乞迅速协谋进行。"

△　孙中山接见加拿大回国华侨马立成等三人，力主驱逐桂系，大权还之民党，以挽民国危亡。

1 月 16 日　孙中山批复前兴中会员杨鹤龄两次求职来函，指出："真革命党，志在国家，必不屑于升官发财，彼能升官发财者，悉属伪革命党。"

△　日本驻京公使小幡酉吉向北京政府提出"严重警告"，要求取缔反日、抵货运动。

△　北京政府海军部与日本川崎造船所签订日金 500 万元借款合同，以国库券为担保，用于订购军械。

1 月 17 日　驻军湘南的吴佩孚电请直督曹锟代为转达北京政府，要求自湘南撤防北返，北京政府未予批准。

　　△　成都四川法政专门学校、高等师范学校等 20 余校代表，在商会筹商学商联合事宜。共同讨论商学联合会简章，其宗旨为："本会以抵制劣货，提倡国货，实力救国，商学联络一致进行。"商学各代表逐条讨论，均无异议，成都商学会宣告成立。

　　1 月 18 日　上海学生联合会致电广州军政府，要求拒绝日牒，略谓："和约我未签字，不受拘束。日人竟欲继承山东权利，实属违背公法，除电北京政府严重抗议外，务望一致力争，勿稍退让。"

　　△　四川旅沪各界联合会宣告成立，并致电四川省议会，谓："以发扬民意，挽救危亡，并协谋桑梓利益为宗旨。"

　　1 月 19 日　驻京日公使小幡酉吉向北京政府外交部提出正式通牒，提出山东问题交涉案，要求直接交涉。略谓："对德和约现已发生效力，日本政府拟履行以前屡次宣言，将胶州湾交还中国。关于山东善后各事，拟由贵我两国组织委员会，商议解决。至山东铁路沿线之日本军队，亦不必待新约成立即可撤退，希望贵国组织巡警队，保持铁路，惟组织未完备以前，日本军队仍暂保留。"外交部代理部务次长陈箓答以："此案关系重大，暂不能将中国政府所持方针，有所表示。"此后，直接交涉问题引起全国人民激烈反对。同日，该公使又另递照会，提议由中、日两国组织委员会协商解决山东问题，并主张暂行保留胶济铁路日本驻军。

　　△　上海各界联合会致电徐世昌反对山东问题直接交涉，略谓："顷闻日本将以继承山东权利，并开始归还青岛之交涉，通牒我国，不胜骇异。我国既已对德宣战，所有前订之中德条约，依法完全解除。巴黎会议之对德和约，我国又未签字，则德国前在山东区域占有之政治权、经济权，均应由我国直接收回，日本不得干预。倘公等始终仰日人鼻息，不惜违背民意，铸成大错，国民除否认外，不能置甘心卖国者于不问也。"

　　△　上海各界联合会致电广州军政府，谓："中德条约已于宣战时解除，对德和约又由专使拒签，则德人前在山东区域占有之政治权、经

济权,我国自当候由国际联盟会议直接收回。乃警耗传来,日本将以继承山东权利及开始归还青岛之交涉,通牒我国。北廷夙倚日本为生活,将来敷衍迁就,自在意中。务乞公等迅即宣言拒驳。"

△ 岑春煊致电唐继尧转述章士钊策划联直制皖办法,内称:"叠晤秀山(李纯),告以盐(14 日)电大意,彼甚喜慰。彼言苟和非计,徒使安福假借统一名义大借外债,又借政权排斥异己,非有切实之保障,和后仍无益于国。……秀山欲借张胡(张作霖)倾安福,情迹显然,又与徐(世昌)、靳(云鹏)似已通气。彼言解决时局必须三角同盟,缺一不可,即所谓北洋同志团体与西南及拥中央之靳、徐也。"此着若成,联直制皖即可收效。

△ 参加巴黎和会专使王正廷返国抵广州。

△ 湖南各界公民陈赞周、毛泽东等数十人电北京政府,历数湘督张敬尧十大罪状,谓:"窃以为张督祸湘,罪大恶极,湘民痛苦,火热水深。张督一日不去湘,湘民一日无所托命。政府苟犹视湘省为中华民国之土,视湘民为中华民国之民,则去暴救民,职责固自有在,用是缕陈前情,迫恳大总统(钧院)迅将湘督张敬尧撤任回京,依法惩办,另委贤能接充,以全民命。"

1 月 20 日 孙中山派令陈树人为中国国民党驻加拿大总支部总干事。

△ 《秦钟》月刊创刊于北京。该刊宗旨为:"第一唤起陕人自觉心;第二是介绍新知识于陕西;第三是宣布陕西社会状况于外界。"共出六期。

1 月 22 日 北京政府陆军部咨请将军府查禁中华农工联合会。称该会为"上海工党"与美国来沪之"过激派"所组织。

1 月 23 日 广州军政府总裁岑春煊、陆荣廷、伍廷芳、唐继尧和林葆怿致电靳云鹏,要求更换南北议和北方总代表,谓:"国民心理渴望和平,速图解决,同人咸愿。因北方总代表迭请更换,未荷照办。此次尊处来电,仍无明决表示,惟云电知王某催速开议,一若迭次电商不见不闻也者,诚意谋和,似不应尔。务请查照前电,速换妥人,并盼明白示复。"

△ 天津学生联合会学生范时久等在东门内卢家胡同魁发成料器庄检查日货,与店方发生争执,学生将该店裴唐仙等两人带往商会,次日经国民大会议决,将裴唐仙游街示众。警察署长蔡其钦令该会将裴交出,学生不允,被警察殴打,并捕去六人。

△ 广州军政府致电北京政府,反对中日直接交涉山东问题。

1月24日 广州旧国会宪法会议因政学系议员相率不出席,破坏会议,参众两院议长林森、吴景濂及议员褚辅成等521人联名通电,指责政学系"破坏制宪",并于是日宣告暂停议宪。

△ 赴欧和议代表外交总长陆徵祥回抵北京。

△ 北京政府教育部公布修正《国民学校令》,将"国文"改"国语";并修正《国民学校令施行细则》,以利国语教育之推行。

1月25日 陆徵祥谒徐世昌,报告巴黎和会经过。对日使要求直接交涉山东问题之议,暂予搁置。

1月26日 孙中山对京津《益世报》记者徐谦发表谈话,反对日本政府提出中日直接交涉山东问题的通牒,并主张废除"二十一条"。

1月27日 北京政府陆军部汉阳兵工厂与日本东亚通商会社签订银元30万元借款合同,用于订购军械。

△ 广三铁路局与日商台湾银行签订日金15万元借款合同,以广三铁路局全部财产为担保。

1月28日 湖南公民代表与教职员和学生代表三团体,分别至北京国务院请愿,要求撤换张敬尧,旋又去靳云鹏住宅请愿,靳避不会见。代表向靳宅递交请愿书,谓:"张敬尧入湘以来,种种罪恶,不可胜数。……代表等激于公愤,奔走来京,复经多次上呈请愿,守候月余,未闻后命,实深惶惑。"要求"在最近期间将张敬尧明令撤任,另简贤能接充"。

△ 北京学生联合会上书北京政府,要求"对于山东问题拒绝直接交涉,对于福建问题根据国民大会意见办理,对于天津问题一面惩戒该

地长官,恢复国民言论聚会自由"。

　　△　广州参议院议长林森、众议院议长吴景濂致电军政府督军、省长、省议会,反对山东问题直接交涉。略谓:"日本挟其强权,蔑视公法,对于山东权利,强欲承认,我国人民誓死不能承认。讵日本竟通牒北廷,借交还青岛为名,诱我直接交涉,彼之狡诈百出,前此二十一条之胁迫,军事协定之奸谋,丧权辱国。"

　　△　呼伦贝尔副都统贵福呈请取消呼伦贝尔特别区域,并取消中俄会订条件。徐世昌批示照准。

　　1 月 29 日　孙中山致函海外国民党人,促请发动华侨捐款,筹办英文杂志及印刷机关,函中赞许五四运动及新文化运动。指出:"五四运动以来……社会遂蒙绝大之影响。虽以顽劣之伪政府,犹且不敢撄其锋。此种新文化运动,在我国今日,诚思想界空前之大变动。"

　　△　广州宪法会议议长林森、副议长吴景濂、代理审议长褚辅成联名通电,说明宪法会议纠纷真相,并"郑重声明:此次宪法会议破坏,实由于现居军府要职少数之议员同人不负其责任。现议定自 24 日起,宪法会议暂行停顿,以待彼等最后之觉悟,一旦彼等有出席之表示,即应继续开议,以副国人之期望"。

　　△　天津各校学生 5000 人,向直隶省长曹锐请愿,要求转电北京政府拒绝与日本进行直接交涉,并撤换杨以德,释放 24 日被捕学生代表,恢复集会结社言论出版自由。曹拒不见,且着军警镇压,打伤 50 人,学生代表周恩来、于兰渚、张若明、郭隆真四人被绑游街。天津学生遂全体罢课,以示抗议,是为一二九事件。各地学生纷纷响应,形成学潮。

　　△　曹锟、曹锐为天津学潮致电北京政府,谓:"津埠前因搜收日货,私押商民,日领有自由行使警权及调军队自卫之表示,不得已将滋事人等交警厅看管,并将联合会十人团各会所一律封闭。……今日学生又大出发,蜂拥来署请愿,一要求电争中日交涉。一要求联合会等一律启封。锐因卧病未能接见,传令先行解散,竟不听从,必欲拥进署内。

相拒既久,令本署卫队拔去刺刀,横枪堵挡,学生等竟敢以木石乱击,致卫队有重伤者。嗣经驱逐,将扣留首入闯进之男女学生各二人交警厅看管。"

△　北京政府外交部向各国声明关于中东路的防边护路办法:一、中东路属我国领土主权,不容第二国施行统治权;二、霍尔瓦特仅为铁路坐办,无担负国家统治之权能;三、按铁路合同,公司俄员及侨居沿线中外人民,应由我国完全保护。

△　北京政府教育部留日学生监督金之铮与日本第百银行签订日金 8.5 万元借款合同,用于支付留日学生经费。

1 月 30 日　唐继尧就联直制皖问题电复岑春煊,略谓:"河间(冯国璋)新逝,直系顿失中心,如仍有一致倒段决心,西南亟当与之提挈。秀山(李纯)似尚有觉悟,惟遇事不免迟疑,请嘱行严(章士钊),告以西南愿与同心救国之诚,以坚其志。兹行严转述秀山意见,亦谓现对和会不必进行太急,并谓连结西南各帅为一团体,以便互相提携,与平日联直制皖主张甚为吻合。"

△　广州军政府决定秘密接济直军开拔费 60 万元,先付 30 万元,其余 30 万元留待开拔时付清。

△　徐世昌令准清华学校校长张煜全辞职,派罗忠诒继任。

1 月 31 日　下午 1 时,北京大学等 39 校学生万余人,为声援天津学生一二九事件。齐集天安门,冒雪大游行,表示抗议。旗帜上书"山东问题不得直接交涉"、"福建问题须根据国民主张办理"、"恢复天津各界言论集会之自由"、"营救天津被捕代表"等字样。

△　北京学生联合会为天津学生一二九事件通电全国,呼吁释放学生代表,声援学生运动。

△　下午 2 时,上海各学校及全国各界联合会等 83 团体,为山东问题在西门外公共体育场开国民大会,与会者三万余人。会后冒雨游行,群众手执白旗,上书"反对直接交涉"、"声讨卖国贼",并通电全国。

△　北京国务院电复曹锐,谓:"如为维持秩序,势非戒严不可,届

时应即就近参酌情形,依法宣布行使戒严职权。"

△ 上海浦东日华纱厂工人 9000 余人,要求日本资本家仿效英商分给花红,日方不允,反而殴打工人。工人忿而捣毁工厂家具、玻璃窗等,举行罢工抗议。厂方允发工人六天工资,2 月 8 日,工人复工。

△ 前中华革命党安徽支部长张汇滔在沪被刺,孙中山、廖仲恺等亲往慰问。

是 月 孙中山在上海会见苏俄马特维也夫—博雷德等,表示对俄国革命和列宁的钦佩和崇敬。

△ 梁士诒致电巴黎和会英、美、法、日各专使,反对各国共同管理中国铁路。

△ 中国"旅法华工工会"正式成立,总部设巴黎,分会 36 处,会员 6000 人。

△ 《少年世界》创刊。该刊为少年中国学会主办的第二种月刊。

2 月

2 月 1 日 北京政府军警当局为镇压学生运动事举行秘密会议。段芝贵提出直接行动计划,决定质问教育部,如无办法制止学潮,将直接采取行动。

△ 库伦都护使充驻扎库伦办事大员陈毅向北京政府呈报收复唐努乌梁海情形,略谓:"查唐努乌梁海地方,在前清时向隶乌里雅苏台将军管辖。该地在乌科北境,东西约二千里,南北约八百里,讫为外蒙屏障……物产丰盈,俄人向所垂涎。……迨宣统三年,外蒙变乱,俄遂乘机强占。……海人嫉俄甚深,同心效顺,备尝种种困难,卒告成功,收回八九年已失之领土。"

△ 湘军总司令谭延闿通电反对山东问题直接交涉,略谓:"山东问题,自日人以直接交涉通牒北廷,国人奔走呼号,万口一声。北廷果以国家领土、人民公意为重,驳回通牒,只一举手之劳。乃近闻竟有承

认直接交涉之倾向,是其心目中不知有国家,不知有人民,明矣。……
今又欲以直接交涉,结彼之欢心,转瞬河山将断送于三数奸人之手,是
可忍,孰不可忍?……务望以严重之干涉,阻北廷之进行。"

　　△　奉天督军张作霖召开秘密会议,商讨时局,决议维持靳云鹏内
阁,抵制安福系。

　　△　湖南学生代表团在上海创办《天问周刊》,以揭发张敬尧祸湘
罪行和呼吁全国各界援助驱张运动为主要内容。其中分评论、思潮、湘
事述闻、国内述闻、外交述闻、诗、小说等。

　　2月2日　全国各界联合会、上海各界联合会为曹锐、杨以德镇压
天津学生爱国运动事致电北京政府,略谓:"大好河山,将为公等卖却。
国人为自卫计,作种种救亡运动。天津省署警厅既不能维持,反加之摧
残,捕拿代表,并有杀戮之耗。……乞即严责曹锐,撤惩杨以德,释放代
表,恢复会社,以谢国人。"

　　△　上海学生联合会致电北京政府,谓:"津学生被曹锐、杨以德殴
绑游街,且有枪毙代表之说,摧残学生至此,是否政府决意与国民宣战?
今特致忠告,请立即释放学生。撤惩曹、杨,否则全国国民将视政府为
公敌。"

　　△　南京学生联合会为天津学生爱国运动被镇压事,致函天津学
生联合会转各界联合会,表示支持和慰问。

　　△　陕西各界联合会为山东问题致电北京政府,要求严词拒绝日
本通牒,谓:"山东问题,关系国家存亡,一涉错误,则遗害无穷。……近
据报传日政府欲借交还美名,收实际名利,望当局诸公,严词拒绝。"

　　△　唐山各界联合会致函天津各界人民,对天津学生爱国运动表
示支持。谓:"彼警厅拘捕代表,是拘捕天津各界人民之代表也。其封
闭各界联合会,是解散天津人民之组织也。省长不允恢复天津原状,是
蔑视天津人民之人格。"

　　△　日公使小幡酉吉至北京外交部提出抗议,要求从严取缔学潮。

　　△　北京政府通告外交团:外商在华订立办矿合同须经中央政府

核准。略谓:"兹再预先声明:外商在中国订立各项办矿合同,均须经中央政府核准,方能成立;其未经中央政府核准者,无论与何省签订,经过何种手续,在中国法律上一律不能认为有效。"

△ 北京政府教育部据国语统一筹备会函送新式校点符号全案,通咨各省区转发各校采用。

△ 北京国务院函内务部查禁革命书刊及党人活动,称:"俄国列宁政府,对于中国内部社会革命党人,颇为活动。……查单开过激主义印刷物传播于我国者,已达 83 种之多。至来华党人德籍者六人,俄籍者五人",并希"查禁严防可也"。

△ 天津当局为镇压学潮,借口冬防吃紧,宣布戒严。

2 月 3 日 傅岳棻召集各校校长会议,出示军警当局来函,要求各校长约束学生,否则引起风波,教育部无能为力。下午,各校校长推派代表到国务院面见靳云鹏。靳表示政府目前不便释放天津学生,山东问题直接交涉已成定局。代表们当场予以驳斥。

△ 全国各界联合会、上海各界联合会、中华民国学生联合会总会致电曹锟,要求撤惩曹锐、杨以德,释放被捕学生代表,恢复人民言论集会自由。

△ 南京学生 3000 人举行游行,赴军民两署请愿,要求释放天津学生代表,惩办杨以德。

△ 杭州学生联合会分别致电广州军政府与北京政府,反对山东问题直接交涉,声援天津学生运动,要求释放被捕学生代表。

△ 广东督军莫荣新命令李根源将滇军第三师师长郑开文与靖国联军第六军参谋长杨晋对调。

2 月 4 日 北京学生 3000 人愤于日使取缔学潮之无理要求,在前门一带集会,游行演讲,指斥北京政府卖国。警厅派出军警镇压,将学生 1600 余人驱送天安门拘禁,并将方豪等 40 人逮捕。同日,北京学生联合会致电上海《申报》转各团体,谓:"本日京生为外交及津事全体出发讲演,悉数被捕。"

△　北京各校学生闻同学被捕消息后,于晚 6 时齐集北京大学第二院理科讲堂,召开特别紧急会议,讨论对付方法。

△　北京政府靳云鹏内阁举行国务会议,在安福系阁员的把持下,屈从驻华日使所提抗议的无理要求,通过从严处理学潮的决议。

△　北京政府内务部命令京师警察厅总监吴炳湘镇压学生运动,称:"该厅相机设法制止,如有不服,或有扰乱秩序之虞,自可依法严重取缔,以重公安而维秩序。"

△　岑春煊致电云南督军唐继尧。谓:"子玉(吴佩孚)派员来粤,请款 60 万,为撤防之费,决开春即实行,衡州由湘军填防。"并告"款已付给,俟撤防时提用"。

△　北京政府财政部汉口造纸厂与三菱洋行签订例银 33.9450 万元借款合同,用于货价。

2 月 5 日　北京学生数千人继续上街游行讲演。北京政府将第九师士兵 2500 人埋伏在中华门内,俟学生集中时倾巢出动,打伤学生数十人,并逮捕学生代表 43 人。当晚军警当局徐树铮、段芝贵、王怀庆、吴炳湘等与日本顾问开会,决定采取直接行动,严厉取缔学潮,并将所捕学生 43 人送交卫戍司令部收押。

△　山东省万余人齐集于省议会开国民大会,反对山东问题中日直接交涉,并向全国发表宣言。

△　徐世昌就山东问题直接交涉事征求各省意见。是日,吴佩孚与鄂督王占元、浙督卢永祥联名致电徐世昌,陈述不能与日直接交涉的理由,反对中日直接交涉。

△　徐世昌任命贵福为呼伦贝尔副都统;张奎武为呼伦贝尔镇守使;钟毓督办呼伦贝尔善后事宜。

△　徐世昌电令各省军民长官,谓:盐税关系外债,全数作为善后借款担保,各省"无论如何需要,不得再将盐款截留,并不得将食盐擅自加价,以维盐纲而保国信"。

△　因《珠江新报》2 日登载"政学会捣乱西南大阴谋"一则要闻,

是日,广州五区署奉军政府命令查封该报馆,拘留编辑李公采。

2 月 6 日　徐世昌令京外官员切实执行保安事宜,"凡有干纪构乱者,不论何项人等,一律依法惩处"。

△　徐世昌令禁止学生干政,称:"凡学生有轶出范围之举,立予从严制止……其有情甘暴弃,希图煽乱者,查明斥退,情节较重,构成犯罪行为者,交由司法官厅依法惩办。"

△　北京国务院通电各省,关于山东问题当力持镇静,以俟政府之策划。并谓:"设有不逞之徒,利用时机,希图煽乱,各军民长官有维持治安之责,应即遵照迭次明令,分别制止逮惩,勿稍弛纵贻误。"

△　北京政府内务部通告各省督军、省长,谓:"外交部函称,本月二日,日使来部会晤,以学生等在京津等处骚扰异常,要求严加取缔。"

△　北京各学校均由军警把守,不许学生外出;电话线被割断;北大、高师两校被严密封锁。前门一带军警林立,如发现学生演讲,立即逮捕。学生无法进行活动。

△　上海华丰银行开幕,董事长王学侃,总经理许承之。资本 60 万元,专营商业银行各种业务,兼营信托及储蓄事务。1922 年 5 月 17 日停业。

2 月 7 日　北京各校驻军撤退,由警察及便衣警察接替。电话恢复,但中等以上学校学生仍被禁止外出。

△　下午 1 时,苏州各界代表冒雪召开国民大会,到会二万余人。会后游行,各校学生手执书有"否认直接交涉"、"坚持到底"、"愿为后盾"等小旗,最后各代表议决一致否认山东问题中日直接交涉,并致电南北政府力争;要求惩办曹锐、杨以德,以平公忿。

△　广州军政府致电北京政府,主张取消中日军事协定。

△　北京国务院电令奉、吉、黑三省,对俄国内乱,与各国一致严守中立。

2 月 8 日　全国学生联合会为声援北京学生致电质问北京政府,并指出北京政府"如此恣睢暴戾,媚外虐民,国民自有最后之对付,诸惟自慎"。

△　云南督军唐继尧是日及 10 日两次电令解除李根源靖国联军第六军军长职,并声明"驻粤滇军由本督直辖,并就近秉承李(烈钧)参谋长办理"。

△　广西梧州大火,所有泊抚河轮船、货船、小艇,瞬息之间化为灰烬。共计烧毁大筏 10 余坐,舰轮五六百艘,死亡 120 余人,损失财产约值 40 万元。

2 月 9 日　上海各团体在公共体育场召开国民大会,声援津京学生,到会 4000 余人。会后列队游行,手执上书"驳回通牒"、"毋辱宁死"、"万众一心"等字样的小旗,并沿途演说。行至护军使、交涉使、道尹三署呈递请愿书,并请代电北京政府传达民意。次日,各界继续游行。商界全体罢市,门上多贴有"拒绝直接交涉"、"释放京津学生"等口号。

△　在全国爱国运动浪潮冲击下,北京政府靳云鹏内阁发生危机,是日起国务总理靳云鹏不到院办公。13 日,外交总长陆徵祥、次长陈篆辞职,外交部因无人负责而停止办公。

△　江西省学生联合会在南昌召开国民大会,各界男女人士到会者近万人,通过决议警告北京政府,山东问题不得与日直接交涉。

2 月 10 日　北京各学校解除军警监视,下午学生外出演讲仍受到军警干涉。11 日,学生改为分散出发演讲,仍受压制。17 日,学生决定停止演讲,恢复上课。

△　京津学生代表六人抵沪,报告军警蹂躏京津学界情形,吁请各界一致反对直接交涉。

△　上午 10 时,杭州学生联合会理事及评议员开临时会议,决定请愿督军、省长,并具请愿书:一、反对山东直接交涉;二、惩办杨以德、曹锐及其他与曹、杨等罪者;三、恢复天津各界原状;四、闽案宜从民意严重交涉;五、抚恤死伤。

△　嘉兴学生联合会与各界联合会召开国民大会,会后游行,并致电北京政府,请严惩曹、杨,并请拒绝直接交涉,以平民忿。

△ 北京新国会第二届常会闭会。

△ 北京政府交通部与日本东亚兴业株式会社签订有线电报扩充及改良借款合同,借日金 1500 万元,以有线电报全部财产及收入为担保,用于购买电信材料之用。

△ 徐树铮与中美实业公司签订边防军美金 200 万元借款合同,以边业银行纸币 300 万元为担保。

△ 唐继尧电令李烈钧为滇军总司令,撤销李根源之总司令部,委李为建设会议代表。

2 月 11 日 江西九江学生联合会、国货维持会、教育会等团体代表,开会讨论时局,主张山东问题拒绝直接谈判,闽事严重交涉,惩罢曹锐、杨以德、释放代表,并致电北京政府,抗议逮捕京津学生。

△ 江苏省长公署发布训令,禁止学生游行演说和检查日货。

△ 粤汉铁路公司、广东路段与台湾银行签订港币 10 万元借款合同,以铁路公司土地建筑物一部分及收入价款为担保。

2 月 12 日 上海学生联合会致电警告北京政府镇压爱国运动,指出:"全国国民,为山东问题,罢市、罢工、罢学之举,数见不鲜。而牺牲之大,亦为前此所未有。……自京津惨祸发生以来,国民全体莫不痛心疾首,不胜其忿慨。……上海昨二日之罢市罢工,即其一端。足见民气愈压愈烈,决非武力所能制服者。……姑贡此警告,以冀顽石之点头。"

△ 江苏省教育会、上海县教育会等九团体致电北京政府,要求:"峻拒鲁案直接交涉,并速释被捕之学生,严惩不法之军队,以平众怒,以延国命。"

△ 重庆商会致电北京政府,报告重庆火灾,谓:"渝城校场于 11 日突遭火警,延烧五千余家,失所灾民约数万人,恳请救助。"

△ 新疆督军杨增新复电迪化道尹张键,谓:"此次窜入我境之俄哈……万万不准入境。此俄旧党已无政府,与俄领交涉无效,望即由中国自行拨队实力驱逐,不得容留。"

△ 徐世昌特派张国淦督办汉口建筑商场事宜。

2月13日 吴佩孚致电靳云鹏，痛陈山东问题中日直接交涉之利害，主张拒绝日方要求，驳还日牒，提交国际联盟，以释群疑而定人心。

△ 上海工界代表致电北京政府，指斥曹锐、杨以德拘禁工人代表，摧残爱国运动，要求"迅即撤惩暴吏，释放代表，抚恤死伤，恢复会团，并取消非法戒严，拒绝直接交涉。……否则工人惟有自决，铤而走险，暴动罢工，恐其酿出激烈风潮，大局不可收拾矣。"

△ 武汉学生联合会致电北京政府，声援京津学生爱国运动，警告政府当局"速以全国民意为办理外交之指南，无任少数军阀从中左右也。如其不悟，国人将群起而攻之，决不承认此违反民意的政府"。

△ 河南鄢陵县学生联合会召开国民大会，反对直接交涉，声援天津各团体。

2月14日 徐世昌以参谋总长张怀芝请假，特任荫昌暂兼署参谋总长职。

△ 徐世昌派徐树铮兼任张（家口）恰（克图）铁路督办。

△ 徐世昌令禁止地方长官干涉司法，称："嗣后各省军民长官，凡关于司法事务除有法令明文规定外，均应恪守权限，毋滋凌越。"

2月15日 北京警察厅张贴布告，将"北京中等以上学校学生联合会"及"北京小学以上学校教职员联合会"解散。

△ 徐州学生联合会、各界联合会等5000余人召开大会，拒绝山东问题直接交涉，声讨段祺瑞卖国，援救京津学生。

△ 山西省议会、省教育会、省农会、报界协会致电北京政府，反对山东问题中日直接交涉，主张应归国际联盟解决。

△ 《改造》（原名《解放与改造》）月刊第二卷第四号出版，特辟"社会主义研究"一栏。此刊系进步党人创办，梁启超、张东荪等人撰文反对马克思主义，经李达、陈独秀等著文驳斥，发起社会主义问题论战。

△ 北京政府财政部与中法实业银行签订法金5.15064099亿法郎借款合同，以期票为担保，用于交付实业借款第六、第十二期利息垫款。

2 月 16 日　河北宝坻县灾民七八万人,赴县公署请求开挖新河,治理潮白河水患。谓:"惟比年以来,受水患最重之区,厥惟宝坻县。现在浸没水中之灾民,尚不下数万户,流离颠沛,惨不忍言。"

△　广东督军莫荣新通电宣布:"所有滇军两师部队,仍应由李督办根源节制指挥。"21 日李根源通电复职。

2 月 17 日　徐世昌令准交通部募集"交通部八厘实业公债"3000 万元。利息八厘,以 12 年为期,用于建筑石德铁路归还九年份应付各项债款。

△　四川督军熊克武致电北京政府,反对山东问题中日直接交涉。

△　广州军政府政务总裁岑春煊、伍廷芳、陆荣廷、唐继尧、林葆怿通电反对山东问题中日直接交涉,提出四大理由和两步办法。

2 月 18 日　北京政府财政总长李思浩与日本正金银行代表武内、金平在北京签订日币 900 万元垫款合同,规定在日本发行中华民国政府九年国库券,以中国盐务收入为优先担保,专供本年支付二月份行政经费之用。

2 月 19 日　徐世昌颁布《民国八年公债条例》,凡 14 条。其第一条为:"政府为补助预算不足起见,募集公债以 5600 万元为额,定名曰民国八年公债。"

△　徐世昌特任张寿龄为全国烟酒事务署督办;任钱锦孙为全国烟酒事务署署长。

2 月 20 日　孙中山以粤中滇桂冲突,是日电询陈炯明有否决心率部离闽返粤,"以收渔人之利"。并表示:"如兄已决心,文当能使两粤内部数处先发动,以扰乱而牵制之。"

2 月 23 日　吴佩孚致电徐世昌、靳云鹏,反对吴光新督豫。谓:"疆吏非一家之私产,政权非一系之营业。安福跳梁,政纲解纽,穷凶极恶,罄竹难书。稍有血气,咸不欲与共戴天。……吴光新现为长江上游总司令,何又得陇望蜀?似此野心勃勃,不夺不餍,法纪荡然,人人自危。""恳我总统总理勿为安福所利用,立饬吴光新军队仍回原防,并宣示决不轻易赵督，以弭战祸。"

△　莫荣新令撤销驻粤滇军第三、第四两师番号，将该两师改编为边防陆军三个旅及三个独立团。

2月24日　全国各界联合会、中华民国学生联合会、上海各界联合会、上海学生联合会四团体，为反对各国借款与北京政府，致电各国驻华公使。略谓："频年日本以巨款借与北京政府，攫取中国之主权利权，冀实行其东亚门罗主义。……今北京政府媚日残民，有加无已。各友邦竟渐食前言，500万磅借款及4000万元借款之耗，同时传来，吾人闻之不胜惊愕。……望各友邦维持国际之信义，鉴谅吾人之诚意，立将所许于北京政府之借款，未定者停止谈判，已定者停止付款，并取消成约。否则吾人惟有按照临时约法，凡未经合法国会同意之借款，决不负偿还之责任。"

△　孙中山自沪致函李烈钧，贺其重握驻粤滇军兵权。略谓："今竟合浦珠还，用武有地，岂惟一人之庆，实亦邦国之光。……文深盼得如足下者群策群力，以达吾党最终之目的。"

△　广州军政府参谋总长兼驻粤滇军总司令李烈钧质问岑春煊，为何同意桂系消灭驻粤滇军的阴谋。岑空言敷衍，李托词巡视北江防务率部离开广州。

△　庆丰合资银行在上海开幕，资本20万元，专营商业银行业务，并兼办储蓄。经理郑声和。

△　广东省银行与华南银行签订日金15万元借款合同，用于支付地方实业银行借款余额。

2月25日　河南旅沪各界联合会致电徐世昌，反对吴光新督豫、王印川长豫。谓："吴光新之蛮横，尽人皆知。王印川假安福以卖国尤为国人所唾弃。今报载政府将任彼等督长河南，噩耗传来，实深惶骇。豫人何辜而能受其苛虐。……务请公顾惜民命，遵从民意办理。"

△　河南旅沪各界联合会致电豫督赵倜，反对直接交涉案，反对吴光新入河南，要求将吴军全体驱出境外，并反对王印川充河南省长。

△ 上海三新纱厂 4000 余工人反对裁减粗纱车间工人,全体罢工。后经双方协议,每辆车减去一人,三人管理两车,不再裁汰,工人始复工。

2 月 26 日 北京政府国务会议通过任命吴光新为河南督军,王印川为河南省长。内阁请徐世昌盖印发表,徐只同意改派河南省长,不同意更动河南督军。段祺瑞斥骂靳云鹏"如何配做总理"。

△ 徐世昌特任王印川署河南省长。

△ 美国裕中公司致函北京政府交通部,谓:"美国裕中公司兹续垫给中华民国政府美金 15 万元,以资测定按照中华民国政府与裕中公司所订铁路合同拟筑铁路(株钦)之用。"4 月 23 日,交通部复函谓:"请以此函作为收到此项垫款美金 15 万元之收据。"

2 月 27 日 孙中山致电贵州督军刘显世,盼出兵柳州,袭击桂系根据地,援救李烈钧。谓:"此次莫荣新挟李根源抗命,不啻破坏西南,形同叛逆。陆荣廷……佯为不闻,实欲乘此驱逐滇军,取消国会、军政府,单独投降。……文已电在粤海军同志,起救协和(李烈钧),共除桂贼。吾公为大局计,为冀庼(唐继尧)并协和计,若令一军出师柳州以冲贼巢穴,则彼直无所逃命耳。"

△ 徐世昌特派孙宝琦兼经济调查局总裁。

△ 上海各界联合会发出通启,反对北京政府钳制舆论,剥夺人民自由的《治安警察法》。

△ 江苏省教育会等九团体,通电全国反对鲁案直接交涉。

2 月 28 日 李烈钧率驻粤滇军北巡沿途遇桂军沈鸿英、邓文辉等部阻击,是日突围进入始兴。同日,孙中山电唐继尧,促其火速出兵百邑,扑桂系老巢,以解李烈钧之围。

△ 徐世昌派周肇祥督办奉天葫芦岛商埠事宜。

2 月 29 日 国务总理靳云鹏提出辞呈离职。

△ 北京各界在先农坛召开国民大会,与会者 20 余团体,约千余人。议决向政府提出请愿条件:山东问题,不得直接交涉,驳回通牒,提

交国际联盟;废止中日军事协定及一切密约;释放京津被捕代表,恢复言论出版集会自由。北京政府派武装警察数百人,强令大会解散并捕去公民及学生 10 余人。国民大会向全国发出通电,揭露北京政府镇压群众的罪行。

2 月下旬　上海南北市绳索工人 1000 余人,要求增加工资,全体罢工。

是月　广东商办新宁铁路全线通车。

△　北京政府交通部株萍铁路与慎昌洋行签订银元 1716.9868 万元借款合同,用于支付购机车两辆价款。

△　广东省长莫荣新与美商五金公司签订美金 40 万元借款合同,以兵工厂财产为担保,用于兵工厂订购机器未付价款。

△　北京大学开始招收女生,此为我国大学教育男女同校之始。

2—4 月　陈独秀在上海多次会见北京学生联合会代表罗家伦、许德珩、张国焘等人,宣传马克思主义,表示中国必须走俄国革命的道路,彻底推翻军阀主义。

3　月

3 月 1 日　孙中山在《建设》杂志第二卷二期发表《地方自治实行法》一文,指出地方自治"当以实行民权、民生两主义为目的"。

△　上海《民国日报》刊登河南开封商务印刷所工人《罢工宣言书》,提出下列条件:"(一)要尊重工人的人格;(二)每日做工十小时;(三)每日工价须在四角以上;(四)薪金照时发;(五)星期停工 1 时;(六)补习常识;(七)得自由服务社会(但不妨正业)。"

△　中华民国全国各界联合会、中华民国全国学生联合会、上海各界联合会、上海学生联合会四团体,对各国发表宣言,反对日本贷款与北京政府。略谓:"北京政府,纯为官僚武人所盘据,其对内对外之举动,荒谬颠倒。不似为民治主义之障碍,抑且为世界第二次大战之导

线。吾人曾叠次电请各友邦,勿以款项借给彼辈。顷闻日本又垫日币900 万元(与北京政府),此种借款,以法理言之,则未经我国合法国会同意;以事实言之,则不啻假强盗以杀人越货之武器;我国人民皆极端反对。"

△ 湖南善后协会暨湖南旅沪各界联合会致电广州军政府及各省督军,略谓:"张敬尧祸湘,罪大恶极,中外共知……近日摧残教育,罢学达万三千人。布种烟苗,运子至 45 袋,诸如此类,擢发难终。……本会所主张,在以湘人自力驱逐张敬尧,而乞各方共同援助,以武力为局部之解决,而无碍大局和平。"

△ 英国驻京公使朱尔典卸任回国。

△ 北京新国会(安福国会)第三期常会开会。

△ 北京政府财政部与中日实业公司签订中华三纱厂日金 300 万元借款合同,以中华实业公司纱厂全部财产及津浦路货捐为担保,用于承办纱厂资金,后挪用为政费。

△ 《政衡杂志》在上海创刊,其宗旨是:"政治——主根本的革新;社会——主根本的改造;各种问题——主根本的解决。"

3 月 2 日 北京外交团推举法国公使柏卜继朱尔典任领袖公使。

△ 桂军沈鸿英、魏邦平部败李烈钧之滇军于北江。

3 月 3 日 安福系积极倒阁,财政总长李思浩、交通总长曾毓隽、司法总长朱深相约不出席国务会议,次日提出辞职,以拆靳内阁的台。由于曹锟、张作霖为首的八省督军电请挽留靳内阁,段祺瑞指使安福系三总长取消辞职,等待有利时机再次进攻。4 日,靳云鹏回国务院复职。

△ 新疆省议会通电反对国务会议任命吴光新接替豫督赵倜。

3 月 4 日 唐继尧复电李烈钧,谓:"筱(17 日)电悉。滇军两师承公欣诺就近指挥,至深感荷。两师护国转战,卓著声誉。继尧当时忝长义麾,复亲送我公师以东出,私情公义均不能放弃不顾。统辖之权军纪所关,无论如何不能任其紊乱,请公一力主持。尧当尽力为公后盾。"

△　河南督军赵倜通电响应吴佩孚的主张,反对鲁案直接交涉。

△　驻美日使币原在纽约日本会社宴次演说,声称:"日本对于山东问题,无论中国取何行动,决不变其方针。"

3月5日　四川全省学生联合会致电广州军政府、各省督军、省长,反对山东问题直接交涉,表示"学生等抵死不能承认"。

△　四川督军刘存厚密电国务总理靳云鹏,谓:"本日奉到宥(26)电,遵知即转饬所部加意严防。顷又据前线及川中各确报称:一、旧历腊月二十七日熊克武由成都派兵取消邓锡侯所部独立旅,双方业在仁寿开战,正月元日已有伤兵抬回省城;二、卢(师谛)、黄(复生)、吕(超)前图倒熊(克武),已被侦知,各该军恐邓旅取消,将继邓后,倒熊趋势愈紧。三、石(青阳)、颜(德基)两军因争防地,业在营山大起冲突。……据此情形,川中难端已发,厚部地当前线,不能不未雨绸缪,前电请领饷械,伏望早日筹济,以期有备无患。"

△　梁启超由法国马赛于1月下旬归国,是日抵达上海。按:梁于1918年12月28日出国游历,遍经英、法、荷、瑞士、意、德等国,历时一年二月有余。

3月6日　上海浦江驳船业由曹华章、江政卿、李关林等发起组织淞沪船驳公所,是日在法租界开成立大会。

△　挪威首任驻京公使米赛勒向徐世昌呈递国书。

3月7日　直隶督军曹锟、省长曹锐联衔布告取缔学潮,谓:"查青岛问题发生以来,京校风潮延及各省,津埠各校亦相率罢课要求。……近来学风日靡,邪说滋多,而不逞之徒又往往利用青年,借图煽乱。自非严重取缔,悉力防范,无以维秩序而靖人心。应即责成各警察厅局各道尹各县知事,此后无论何人,凡有借端滋事作奸犯科者,即行从速逮捕,依法惩办。"

△　下午3时,上海学生联合会、上海各界联合会、电器工界联合会、工界志成会、法租界商界联合会等九团体为挽救危局,在青年会开会交换意见,与会者41个团体,决议:"(一)以今日到会各团体为中心,

联络各团体;(二)传单悬旗讲演;(三)若至根本解决时机成熟时,到会各团仍须联络一致进行。"

△　河南省国民大会致电北京政府,反对王印川为河南省长,声称:"王逆下车之日,即豫民杀贼之时,勿谓言之不预也。"

△　北京政府财政部规定各省官银钱行号"不准擅发纸币,其已发者,应即遵照取缔纸币条例,确定限期,逐渐收回"。

3 月 8 日　唐继尧通电:"……嗣因李根源特握军权,每为政党利用,并滥行引用本省通缉人员,继尧迭次诰诫。该李根源无悔悛之心,近更擅权调师长郑开文,继以杨晋。莫日初(荣新)方来电征求意见,而李根源令杨晋强占师部,宣布就职。抗令越权,莫此为甚。各师旅长全体来电声言,如不明令处置,即将以武力自由抵抗。继尧深念广东为护法中心,尚以滇军问题破坏粤局,将何以告无罪于西南。因特改派李根源为建设会议代表,而免其军长职务,并撤消滇军司令部。将该军队仍归继尧直辖,就近由参谋部李(烈钧)部长指挥。……乃莫日初不察实情,曲加庇护,擅将滇军任意改编,置唐继尧于何地,置法纪于何地。"

△　开封人民传闻王印川即日到汴消息,群情益忿,四处张贴拒王传单。下午 2 时,群众手执旗帜,上书"欢送国贼王印川"、"誓驱安福走狗",排队出发,前往车站守候王氏,至晚未见王到,方整队而归。

3 月 9 日　日本南满洲铁道株式会社代表理事川上俊彦为四洮铁路短期借款,借日金 1000 万元来函。北京政府财政总长李思浩、交通总长曾毓隽复函:"此项办法,按照原开之条件,尚可办理,应即同意。"

3 月 10 日　《民国日报》登载《段派与八省同盟》一文,揭露安福系密谋破坏"八省联盟",略谓:"近日段派以八省同盟声浪愈唱愈高,若不早日设法破坏,则若辈督军以维持自己势力地盘关系,必致团结日坚,于己派操纵政权上诸多不利。近撤换赵倜之未能如愿者,即由同盟各省作梗所致。故特于前日在段宅召集秘密会议,讨论破坏同盟之策。遂决定遣派明敏能干者三百余人,带大宗现金分赴同盟各省,以离间为目的,散布种种流言,使之互相猜忌,发生内讧,则同盟之局,不攻自破。……现段派派赴各省者,计每省二十余人。"

3月11日　山东督军田中玉、省长屈映光致电北京政府徐世昌、靳云鹏,谓:"鲁案自日政府致通牒后,此间人民甚为忿慨,均不赞成直接交涉。当经一再据陈在案。……应请中央克日驳回日本通牒,拒绝直接交涉,并恳宣示全国,以慰民望。"

△　岑春煊密电唐继尧,征求对李纯、曹锟、张作霖所提解决时局五项办法的意见。五项办法要旨是:新旧国会同时停会,西南取消自主;成立弼政院。

△　唐继尧委派唐继虞为援粤军总司令,率兵三师由滇东下,支援李烈钧在粤北之滇军。

3月12日　湘南国货维持会、湘南学生联合会、女子救国团等在衡阳召开国民大会,与会者万余人。会后举行游行,推出代表向师长吴佩孚请愿,并电北京政府,要求否认鲁案直接交涉;解散安福部;惩办卖国贼;恢复京津各界自由权。谓:"山东问题关系全国,欧会既以拒签,当然不能直接交涉。……今日开国民大会,到者万余人,无不忿怒异常,一致反对。"

△　山东省议会、教育会、商会、农会、报界联合会电北京政府,坚持反对山东问题直接交涉,表示"宁化虫沙,不甘鱼肉,三千万众同此决心"。

△　孙中山将爱国储金奖章、奖状3000余份寄交在加拿大的陈树人,嘱其就近转发华侨,以示奖励。

△　日俄两方军队在俄领庙街地方(即尼港)发生冲突时,中国正有军舰四艘停泊该处。日本于事后指控中国军舰曾炮击日本军民,且供给俄军以武器弹药。中日两国因此发生庙街案交涉。

3月13日　黔军总司令王文华通电,严词指责桂系,目为蟊贼。

△　北京政府外交部应南洋荷属华侨之请,照会驻京荷公使,要求修改《中荷领事专约》。

3月14日　唐继尧、谭浩明、刘显世、谭延闿、熊克武、陈炯明反对汉绥铁路借款,致电北京政府。谓:"近迭接各方报告,北京当局以京绥、京汉两路联合抵押日本,借债 30 兆元,闻讯不胜骇异……各省疆吏,各方团体共起执言,借图补救。誓以解除条约保全路权为务,奋全国之民气,促执政之警醒,若必执迷不悟,孤行己意,继尧等愿以兵力为诸君后盾也。"

△ 奉天督军张作霖派王乃斌带信给段祺瑞,请段信任靳云鹏。段大为不满,认为张干涉北洋派的事情。次日,靳去见段。段骂靳"到处求救兵,目无长上",靳否认其事。段把张信掷在靳面前:"你看,这是什么东西!"

△ 唐继尧通电声讨广东督军莫荣新,谓:"莫日初竟派兵四出,公然开衅。居心何在,不可测度。似此任意胡为,目无滇省,甘为戎首,破坏大局,继尧忝统戎麾,决不能坐视两师滇军受人侵夺。"

△ 广州军政府政务总裁岑春煊、伍廷芳、陆荣廷等致电靳云鹏,请共同办理借款,要求"南北未统一以前,双方均不得自借外债,若事关全国利益,为目前财力所不能胜,而又不能不办者,应由双方会商妥协,共同办理"。18 日,旅沪国会议员通电驳斥。略谓:"军政府诸公果若知外债之可危,自当揭其奸诡,诉之国民,以待最后之裁判。……前虽以多债危国为忧,终复以共商借款相约,是不啻表示赞成卖国,特不许北方有此专卖权耳。"

3 月 15 日 唐继尧通电宣布李根源罪状,下令通缉。谓:"滇军问题,实系大局安危,护法关键端在乎此。现闻莫日初受某派蒙骗,始终不悟。有以滇军归军府节制,由某派操纵,而使协和护总指挥之虚名。此种办法,与继尧前令相背。混乱统系,至于此极。尚何纲纪可言,其阴谋作用,尤可推知。继尧现决意贯彻去逆之旨,已陈师掬旅,为最后之一拼。除通电表示主张,并宣布李逆罪状,予以通缉外,仍祈积极推助,无任企盼。"

△ 北京国务院密电川边镇守使陈遐龄,指示"藏事"方针。略谓:对藏事"自应妥筹应付方针。于达赖方面取怀柔主义;于厦旺噶布伦方

面取压服主义"。

△　川督刘存厚电告北京政府,川中战端已启,应如何进止,乞速示遵。国务院以"按兵不动,守城卫民"电复。

△　万国新闻记者在北京本部召开选举大会,中外记者与会者46人,内有英、美、法、日记者16人。

3月16日　北京政府为上年11月16日福州惨案,向日使小幡酉吉提出撤领、赔偿、道歉、惩凶四项要求。

△　南北议和北方总代表王揖唐自上海急电北京政府,称:"西南内部发生内讧之际,各方面代表均来电揖唐为单独之接洽,应否接待,仍乞见复。"

△　长沙13000名学生发表宣言,揭露张敬尧"近欲掩其摧残教育之迹,遂一面饰词开学,冀惑听闻。一面罗致以前开缺学生准予复学,不足则又滥招新生,撑持门面。……张氏一日不去湘,学生等一日不返校。誓约具在,共见共闻,诚恐传言失实,特此郑重申明"。

△　山东铁路中俄工人同盟罢工,反对俄国铁路坐办霍尔瓦特。

3月17日　孙中山致电贵阳王殿轮(文华)总司令,谓:"惟有以剿平桂贼奠定西南为惟一之目的。足下逼近贼巢,一举足以冲破桂贼之腹。……甚望足下统率精锐,就近与唐(继尧)、刘(显世)二公协商出师方略,西南成败在此一举。"

△　孙中山电唐继尧,勉以按计划力促滇川黔各军出师援救李烈钧部。

△　徐世昌派徐世章为浦信铁路督办。

3月18日　段祺瑞秘密到保定,要求曹锟制止吴佩孚自动撤防。北京政府陆军部电复吴佩孚,在中央未有明令以前,不得自由行动。

△　吴佩孚复电曹锟,重申该师自湘南撤兵理由,并谓:"若据中央来电,宣布劝慰,不惟无颜对数万军士,启口为难,且恐激出意外之事。""务恳据情转达中央,准予所请,幸勿耽延时日。"

△　张敬尧电告北京政府,吴佩孚军队已撤防北返,"前方防线顿

行空虚,务恳查照迭电所请,速拨军队前来填防"。

△　北京政府财政部与中华汇业银行签订中华汇业息款合同,借日金 80 万元,以盐余或关余为担保,用于林矿及电信两款利息及福建省实业借款利息。

3 月 19 日　徐树铮邀集 11 省区督军、都统代表,在天津吴光新宅开秘密会议,商讨倒靳内阁事宜,经议决各电本省区陈述下列意见:"(一)靳云鹏借关外声援,破坏北洋团体,兼负合肥(段祺瑞);(二)靳谋牺牲国会及闽、湘、陕督军,见好南方,固自己地位;(三)吴佩孚撤防,亦靳主动,危害张敬尧位置,望速固结北洋派真正团体。"

△　吴佩孚致电岑春煊,告以:"此次小徐回京,挟带各种阴谋。近以暴厉手段大捕学生,兵围各学校,断决交通,决定以强硬主持直接交涉。鲁案前途,危险不可思议,值此千钧一发,稍一失足,即无可挽回。务恳诸公以西南军府名义通告欧会各友邦,决不认其交涉为有效,以防其采迅雷不及掩耳办法,暗中断送也。"

△　河南泌阳县英国传教士孟恩赐被杀,英国公使向北京政府外交部提出抗议,要求"严予究办"。

△　徐世昌令实施义务教育,着教育部将山西省所定办法通告各省参照,以便逐步推广。

△　梁启超抵北京,向徐世昌报告欧游经过。23 日,与人谈及山东问题,认为:"为国家人格计,余以为今日不可不先有拒绝直接交涉之决心。"24 日晚,梁启超由京返津。

3 月 20 日　滇军警政学商各界通电指责李根源、莫荣新"任意横行,不顾大局",表示"以全力维持我滇军之威令,杜绝彼李逆之野心"。滇省议会亦于同日通电声讨李、莫。

△　吴光新致电曹锟、张作霖、李纯等,否认督豫之命出于安福系主谋,并指斥吴佩孚"偏裨后辈,事理糊涂,屡为出位之言,不量身分,妄自尊大,显系别有阴谋"。

△　青年会征求会员大会在上海闭幕。是日晚到者共有千余人。

由会长聂云台宣布开会宗旨,继由陈独秀作题为《新文化运动是什么》的演讲。

△　福州人力车夫反对增加车辆赁价,全体罢工,要求官厅解散联合车辆公司。

3月中旬　日商上海第二纱厂女工数百人,因该厂日人不准女工携带小孩至厂哺乳,工人举行罢工。后经调停,厂方允许删除不准小孩入厂之禁规,罢工之日,给予半工,15日工人复工。日商上海第三纱厂工人千余名,因工人进厂稍迟,不准吃饭,罚扣工资,工人举行罢工。捕房得报,前往弹压,将工人赵无为拘押。

△　张敬尧电告北京政府,吴佩孚军队刻已撤退茶、攸一带,形势吃紧,"务请转催张师长宗昌即日返湘镇慑一切"。

3月21日　驻扎黄河南岸郑州一带之第八旅士兵(旅长靳云鹗)因欠饷哗变,四处抢劫,毁去车站票房,砍断电线。

3月23日　京津各校被拘代表42人,由卫戍司令部移送高审厅,每一学生有两名兵士押解。学生行经街道时,态度激昂,沿途演说。行人仁足而观,群情激愤,无不痛骂军阀。

3月24日　唐继尧通电公开11日岑春煊秘密与北方接洽和议内幕文件(即解决时局之五项建议),指出岑之办法与护法宗旨不符,不能接受,应重开和会决定一切问题。

△　美国摩根财团代表拉门德抵京。

△　广东财政厅广三铁路局与华南银行签订日金15万元借款合同,以广三铁路局财产为担保。

△　北京政府电复广州军政府关于取消中日军事协定之要求。称迨中国军队从西伯利亚全队撤回之日,即为军事协定终止之期。

3月25日　湖南公民代表毛泽东、何叔衡等致电各报馆、各地湖南同乡,揭露"湘事研究会"在驱张运动中"发布传单,以伪乱真,浮词耸听,声言力戒对人问题云云。……代表等以驱张除奸为职志,深恐莠言簧惑,淆乱听闻,词而辟之,义不容已。诸公明镜高悬,天霾悉现,幸秉正义人道之心,共击卖乡保张之贼"。

△ 北京学生自被拘代表移送审厅后,纷纷签名集体自首以示抗议。截至是晚止,签名者已达 46812 人。学生们表示:"被拘代表,未扰治安,不涉刑事,决请律师辩护,迅予保释。"

△ 唐继尧致电李烈钧,以李根源违抗命令,叛据师徒,扰乱军纪,罪恶昭著,"希即通饬各军严密拿办,就地正法,毋稍宽纵"。

△ 滇桂军冲突,由岑春煊调停停战。27 日,岑春煊亲至韶关迎接李烈钧。31 日,岑得知伍廷芳出走,即先回广州,留李书城等候李烈钧。4 月 1 日,李烈钧赴韶关,旋即返回广州。

3 月 26 日 孙中山电促王文华出师讨桂。指出吾辈"如言救国,则此根本为害之游勇(按:指陆荣廷之桂系),非先扑灭不可"。并谓:"足下智勇过人,知必抱最大决心,以先扫游勇为清内患之唯一任务也。"

△ 绍兴学生联合会发表告全浙同学书,反对浙省当局摧残教育,解散第一师范。谓:"浙江第一师校,为倡导新文化的先锋,现在被迫停业了。官厅这种阴毒手腕,和去年提前放假同一步调,比较的更加残酷。生机勃勃的新文化,方才萌芽,不幸遭这黑暗势力的摧残。……本着良心,来和黑暗势力奋斗,要一致牺牲在新文化上面!"

3 月 27 日 上海学生联合会致电北京政府,抗议将被捕学生移送法院,声明:"似此任意摧残,与民为敌,闻者发指,孰肯甘心? 如犹怙恶不悛,我全国学生磨励以待,为北京同志后盾。"

△ 孙中山复函黔军总司令王文华,促其奋起讨桂,并说明联皖排直之用意。谓:"乱法卖国,直为罪首,皖为附从。"与段接洽,为"临机应变","使吾人计划畅行无阻而已"。

△ 奉天督军张作霖在沈阳假做寿为名,邀集各省督军代表举行秘密会议,商讨应付皖系对策,决定:"(1)拥靳不反段;(2)解散安福系;(3)推荐张勋为安徽督军代替倪嗣冲。"

△ 新疆督军杨增新致电伊犁镇守使杨飞霞,对于新疆各种民族,

善为抚驭。谓："保国即所以保家，爱民即所以自爱。毋坐待边局之败坏，而徒归咎于民之无良也。"

3 月 28 日　浙江第一师范全体学生因反对官厅撤换校长经亨颐至省署请愿，遭到军警凶殴，学生受重伤者二人，轻伤无数。次日派军警包围第一师范，绝其粮食交通，封闭浙江学生联合会。

△　前阿尔泰办事长官土尔扈特旗和硕亲王帕勒塔在北京病卒。

△　上午 9 时，环球中国学生会举行大会，欢送本届赴法勤工俭学学生 30 余人赴法留学。

3 月 29 日　广州军政府政务总裁伍廷芳与旧国会参众两院议长林森、吴景濂，反对岑春煊与北方直系勾结，携财政、外交两部信印及关余，离粤赴沪、港，脱离军政府。

△　浙江第一师范职教员会、学生会、全校校友会通电揭露齐耀珊、夏敬观于纵使卫队打伤学生多人之后，又"逼迫解散联合会，并派武装警察逼令一师学生离校，且贿诱转学。今已断食 12 时，拼命相持。……"

△　暨南学校校长赵正平等发起在上海创设商科大学，是日开会讨论进行方法，推黄炎培为筹备处主任。

3 月 31 日　北京大学教授李大钊秘密发起"马克思学说研究会"，邓中夏、高君宇、何孟雄、朱务善、罗章龙、张国焘等加入。此系中国第一个研究与宣传马克思主义之革命团体。

△　山东籍军人湖北督军王占元、浙江督军卢永祥、四省经略使署参谋潘榘楹、第三师师长吴佩孚、暂编第一师师长张宗昌等 48 人，联名通电反对山东问题中日直接交涉，主张提交国际联盟解决。

△　江西督军陈光远密电北京国务院，谓："据探报称，李烈钧所部滇军，于敬（24）日攻入南雄。临时司令为鲁子材，所带一混成团。"

△　徐世昌派兼署参谋总长荫昌至北京关岳庙代行祭祀关岳礼。

△　广东财政厅、广东地方实业银行与台湾银行签订借款合同。广东财政厅借日金 15 万元，广东地方实业银行借港币八万元，以南海、

番禺两县建筑物全部及财政厅期票为担保,用于水灾借款、留日学费及高师借款应付本息。

是月　虞洽卿、靳鸣皋、李云书等发起组织劝业银行,资本总额500 万元,分五万股,每股 100 元。总行设于北京,于 10 月 20 日成立,上海分行于 12 月 6 日开幕。总行行长张寿镛,沪行经理为石运乾,副经理陈淮钟。该行系照劝业银行条例设立,并兼营储蓄事务。嗣后因时局变化,宣告停业。1930 年 4 月 20 日,该行上海分行又改组复业,次年复又停业。

△　交通部湘鄂路与英商怡和洋行签订英金 11.4042 万镑借款合同,用于购机车 12 辆,货车 90 辆。

△　北京大学本教授治校之宗旨,组织评议会、行政会、教务会、总务处四大部。

4　月

4 月 1 日　广州旧国会众议院副议长褚辅成出走香港,行前号召国民党议员一律到港集中,以示与岑春煊系决裂。两院秘书厅在国民党议长林森的指挥下,将两院卷宗封存,分批运往香港。

△　下午 3 时,上海抵制劣货联合会在事务所开临时紧急会议,到会者 17 团体,由张志鹏、朱仲斋二人报告赴九江扣留劣货经过,并会同该处学生扣留"德兴"轮大批日货等抵制日货活动情况。

△　第八次全国青年大会在天津开会,全国各地分会代表与会者共 1100 人。次日选举张伯苓为正议长,诚静怡、刘东生为副议长。下午由张伯苓和前总统黎元洪演说。

△　徐世昌制定《征收官任用条例》。

△　北京国务总理靳云鹏因受安福系逼迫,请假不视事。

△　蔡元培在《新青年》第七卷第五号发表《洪水与猛兽》一文。用新思潮来比洪水,把军阀比作猛兽。

4月2日　是日及 26 日,驻京日使小幡酉吉向北京政府外交部催议山东交涉。按:巴黎和约日本于三月内还我山东之规定,至 4 月 9 日期满。

△　孙中山召蒋介石商谈闽粤军事,劝其前往漳州粤军总部协助陈炯明策划作战。

△　孙中山电川籍党人张佐丞等,告以出师计划,以清除内奸为先,对付北敌为次。并指出:"目前之为患者,心腹为大,外敌为小;而吾党现有之力,攻桂为易,攻北为难。此孔明所以未出中原先擒孟获,吾党今日正宜师之。"

△　北京政府教育部训令各省参照山西推行义务教育办法,分期筹办义务教育,限八年之内全国一律普及。

4月3日　苏俄政府致北京政府通牒,重申废止 1896 年《中俄密约》、1901 年《北京条约》、1907 年及 1916 年有关中国问题的日俄密约;中东铁路以及帝俄政府以掠夺手段向中国取得的各项权利,一律无偿交还中国;同时放弃 1900 年庚子赔款,勿以此款供前俄帝驻京公使及各地领事使用。北京政府因与协约国取一致步调,对此通牒未作答复。

△　北京全体学生为闽案电全国,指出:"日本不但不能容纳吾人之意见,且反提出数项无理之要求,似此倚借强权,蔑视公理,吾人为维持东亚和平,不得不誓死力争,愿我同胞共起图之。"

△　香港机器工人由于低工资无法生活,加之外国资本家无理辞退工人,举行同盟罢工。参加罢工者有海军船厂、煤气公司、电话公司、水泥厂等企业工人,共 5500 多人,并发表罢工宣言。罢工持续 16 天,后经双方谈判,厂方答应增加工资 20％—30％,罢工取得胜利。

△　日本政府声明接受美、英、法三国政府"不允许新银行团的活动范围妨及日本国防及经济利益"的担保,撤回对加入新银行的保留案。

△　岑春煊派宪兵搜查广州旧国会两院,发现国会重要文件已被运走,遂派警察严密监视两院。

4 月 4 日 长江上游警备总司令部驻河南信阳六团一、二营士兵，因八个月未发饷，是日晚 10 时哗变，割断车站电线，抢劫新凤祥银楼、元丰蛋厂等 80 余家，商民中弹者 80 余人。后经豫军第三旅旅长赵汇福率军出击，变兵四处逃窜。次日，变兵少数回营，其余携械向西北逃走，秩序逐渐恢复。

△ 孙中山致电陈炯明，指出不要因李烈钧与桂系调和归省，而放松斗志。

4 月 5 日 浙江督军卢永祥致电徐世昌主张召开制宪会议，略谓："愚意似不如于新旧两国会中，各选出若干人协商组成宪法委员会，择一适当地点，速开制宪会议。如此则法律之纠纷既解，南北之内讧无名，促成统一，在此一举。此种办法如果为各方所赞同，可否即由南北两总代表依此方针速开会议，俾和局早观厥成，则亿兆同胞实利赖之。"

4 月 6 日 广州国会两院召开联席会议，非国民党议员公推孙光廷为参议院主席，陈鸿钧为众议院主席，分别代行两院议长职权，并通电宣布众议院议长吴景濂、副议长褚辅成、参议院议长林森等"变志违法，带印潜逃，嗣后如假议长名义在外发表电文，一概认为无效"。

△ 徐世昌任命马联甲帮办安徽军务。

4 月 7 日 北京中国大学校友会河南支会为信阳兵变事致电徐世昌，要求"迅饬所余未溃该军克期撤出豫境，以靖地方而安人心"。

△ 顺直水利委员会与美商广益公司签订美金 25 万元运河借款垫款合同，以国库券为担保，用于支付运河工程总局经费。

△ 北京政府盐务署拟照税务学堂例设立盐务学校，先设三科：一别科，三年毕业；一本科，四年毕业；一补习科，年限不定。是日奉指令照准。

4 月 8 日 曹锟为巩固直系势力，假追悼在湘阵亡将士为名，在保定召集八省代表会议，组织八省联盟。参加者有苏督李纯、鄂督王占元、赣督陈光远、豫督赵倜、奉督张作霖、吉督鲍贵卿、黑督孙烈臣，讨论应付皖系对策。会议决定："(1)拥靳不反段；(2)直军撤防北归；(3)宣布安福系罪状，勒令解散。"

　　△　下午5时，全国报界联合会在上海召开特别会议，逐条讨论苏俄政府对我之通牒，决定发表致苏俄人民及苏俄政府书："我们接受俄国劳农政府公正大则有力的通牒，无限欢喜。我们谨代表中国底舆论，对于俄罗斯社会主义联邦共和国人民，表示最诚恳的谢意。希望中俄两国人民，在自由平等互助正义下面，以美满的友谊，致力于芟除国际的压迫，国家的种族的阶级的差别。"

　　△　吴景濂由香港前往上海筹备旧国会在沪开会，带走国会存款50余万元。

　　△　广州军政府总裁主席岑春煊召开政务会议，议决免除伍廷芳的外交、财政部长兼职，保留总裁本职；特任温宗尧为外交部长，陈锦涛为财政部长；陈锦涛未到任前，由次长文群代理部务。

　　△　徐世昌指令照准北京政府内务、财政两部所呈新疆省增设焉耆、和阗两道尹事。

　　4月9日　全国学生联合会为山东问题致电北京政府，作最后忠告。略谓："国人痛外交失败，切齿于公等之卖国久矣。鲁案之不能直接交涉，闽案之万难让步，军事协定之亟宜废止，国人早已坚决表示。……吾侪自五四以来，牺牲神圣之学业，从事于奔走呼号，无非为救国自卫计。今鉴时机急迫，国事颠危，用本初衷，作最后之忠告。兹限四日之内，先将日本通牒原封驳回，通告军事协定无效，以固吾领土而保主权。倘再推诿延宕，是公等甘作石敬瑭、李完用第二。"

　　△　伍廷芳在香港发通电，说明离粤经过，并否认广州军政府政务会议之决议。指出"廷芳离粤后，广州政务会议，不足法定人数，一切行动概属无效"。

　　△　林森、吴景濂、褚辅成发出联名通电，宣布岑春煊违法祸国罪状，并声明国会将另择地点继续开会，以贯彻护法救国之初衷。

　　4月10日　伍廷芳第二次通电称："自3月29日廷芳离粤以后，广州政务会议已不足法定人数，一切行动，绝对无效，任免官职，概属乱命。廷芳特将应用文件、印信及关税余款,携带赴沪。对于外交、财政两部事务,仍旧完全负责。"

4 月 11 日 全国学生联合会总会就苏俄政府通牒事发表声明,内称:"我们自当尽我们所有的能力,在国内一致主张与贵国正式恢复邦交,并敢以热烈的情绪,希望今后中俄两国人民在自由平等互助的正义方面,以美满的友谊戮力于芟除国际的压迫,以及国家的种族的阶级的差别,俾造成一个真正平等、自由、博爱的新局面。"

△ 上海各界联合会就苏俄政府通牒事发表声明,略称:"吾人谨愿根据此项通牒,正式恢复中俄两国国民之邦交,并声明接受俄国退还之各种权利。"

△ 杭州学生联合会致电各地学生联合会,谓:"时至今日,国事愈危。直接交涉,秘密实行;闽案谈判,形成失败;天津之代表,且有绝食待毙之耗。卖国贼之忍心害国,一至于斯。而吾浙省长齐耀珊、教育厅长夏敬观,复承若辈之意旨,以摧残我教育,压抑我青年,苟不早为之计,则前途有不堪设想者。敝会同人深悲夫此,爰决议自 4 月 12 日起全体罢课,作提醒国人之运动。"

4 月 12 日 杭州学生联合会就苏俄政府通牒事发表声明,略称:"顷接劳农政府通告,无限欣喜。俄国此次抛弃从前帝国政府所掠夺的种种特权土地……开历史之纪元,立和平之基础。凡是人类,孰不同情。"

△ 上午 9 时,杭州各校学生 2000 余人手执小旗,上书"还我青岛"、"抵制日货"、"还我山河"、"大众速醒"等字样,列队游行,并至督军署与省议会递交请愿书。

△ 伍廷芳致函岑春煊,谓"廷此次来港,公一面派员慰留,欢迎回粤;一面派员起诉控于港官。朝三暮四,出尔反尔,以廷之愚,窃所未喻"。

4 月 13 日 孙中山函促谭延闿速定攻桂大计。略谓:"西南护法,始终为桂系所梗,延至今日,遂成一不战不和不死不生之局。而彼最近对于滇军,野心阴谋,更复显著。……今则国会既去,军府无名,桂系遂为天下之公敌。"并谓:"鄙意以为专由竞存(陈炯明)先发,而湘为应援,滇、黔更以精兵覆其巢穴,如此则桂必败亡,而大局可望有根本解决。""此时事机已迫,是非利害,均不待言而共喻。所望左右与同志诸公,速定大计,示我好音。"

△ 李根源部将赵德裕借口追查逃兵,包围参谋部,鸣枪示威,入内搜查,无所获。同日,警备队队长进入赣军司令部搜索。此两处皆是李烈钧经常出入之地,为此李逃往海珠海军部暂避。27 日李秘密离穗到香港,5 月 30 日由港抵沪。

△ 全国学生联合会致电各报馆转各地学生联合会,谓:"本会致北廷最后之通电,业已四日,尚未见有顺从民意之表示,显见有意卖国,难于自新。特按照本会评议部议决案,请贵处于本月 14 日起,一致罢课,以从事最后之决斗。人心不死,公道犹存,毁法卖国之恶政府,决难长此存在。"

△ 浙江绍兴学生宣布于是日起罢课。

4 月 14 日 下午 2 时,上海学生联合会在公共体育场召开学生实行罢课大会。到会者 53 校 8000 余人,演说后游行示威,并通电全国一致行动,即日罢课,并发表罢课宣言,内称:"上海全埠学生,将于星期三晨会同全国兄弟姐妹共同罢课。……吾人之罢课,即反抗日本人在中国大陆各处之活动。此种活动,皆表示日人欲以高丽(朝鲜)待我中国也。"

△ 杭州学生联合会致电上海各报馆、各地各界联合会、学生联合会,表示响应全国学生联合会关于 14 日起,全国罢课,共争外交的号召,"与全国军政商学一致行动"。

△ 朱执信致函孙中山,报告与闽督李厚基和臧致平商洽接济粤军弹药经过。

△ 北京国务院以广州内部意见歧殊,通电各省"促进和平"。

△ 广州军政府参谋次长蒋尊簋因李根源派队包围,搜查参谋部,

通电辞职。

　　△　唐继尧通电否认广州军政府政务会议。谓:"继尧承选为总裁,当经派赵藩至粤,代表出席政务会议。自本年 2 月,赵代表电请辞职,业经照准。嗣是继尧并未续派代表参加会议,是自赵代表辞职之日始,所有军府一切行动,继尧概不负责。……查军府政务会议,向以至半数之出席人员为法定数。现继尧未派代表,伍(廷芳)总裁又复离粤,中山(孙)、少川(唐绍仪)两先生亦均无代表出席。是军府政务会议,已无成立之理由,所有一切政治行动,当然无效。"

　　△　苏州储蓄银行总行是日开业。资本 50 万元,专营普通储蓄及有奖储蓄。总董洪少圃,经理为吴伯英。上海分行设南京路,9 月 16日开业。1921 年 6 月 16 日又于南市董家渡设立分行,经理有奖储蓄事务。1927 年 4 月 4 日苏州总行因被军阀挪用款项而停业。4 月 7 日上海南北两行也宣告停业。

　　△　济南中国银行与日本朝鲜银行签订日金 50 万元借款合同,以山东金库券 40 万元为担保,用于营业资金。

　　4 月 15 日　南京中学以上 26 校学生全体罢课。

　　△　江苏江阴学生全体罢课。

　　△　北京政府交通部京汉路局与三井物产会社签订日金 52.8 万元借款合同,用于 1919 年 12 月三次订购道木价款。

　　△　广东财政厅(地方实业银行转借)与日本台湾银行签订毫银90 万元借款合同,以财政厅官产处文明门外旧万寿堂军械东堤等处官产 45 亩为担保。

　　△　北京政府交通部京汉路局与芝加哥太康公司签订美金 189 万元借款合同,以期票为担保,用于订购货车 600 辆。

　　4 月 16 日　安徽芜湖、江苏太仓学生均于是日起全体罢课。

　　△　伍廷芳、林森到上海后,国民党召开紧急会议,研究进一步否认军政府在法律上的效力。

　　△　北京政府交通部津浦路局与天津仁记洋行签订行化银

1.26330834 亿两借款合同,以津浦路局收入为担保,用于定购钢轨及材料。

△　北京政府交通部津浦路局与日商三井物产会社签订美金 75.84 万元借款合同,以津浦路局收入为担保,用于购买"柏昔非"机车 12 辆。

4 月 17 日　广州国会参众两院议长林森、吴景濂等自港抵沪,国会议员离粤到沪者亦近 300 人。同日,吴景濂向报界发表谈话,说明离粤理由,并谓:"曩日之军政府,事实上、法律上均已消灭。"

△　江苏苏州、松江学生均于是日起罢课。

△　熊克武电告孙中山,已电请军府辞去四川督军职。

△　徐世昌晋封勒旺巴勒济特为亲王。

4 月 18 日　下午 1 时,中华工业协会、中华工会总会、电器工界联合会等代表在上海开联合会议,筹备 5 月 1 日世界劳动纪念大会。由黄介民主席,特请陈独秀讲劳工运动要旨,大意是:"注意各业各分会之组织,并须急谋工人本身之利益,减少工作时间,增加工资;积极从经济方面着手,再图解决一切。"陈独秀、汤松被推为筹备纪念大会顾问。

4 月 19 日　直隶督军曹锟、省长曹锐致电北京政府,谓:"近日学潮陡起,公然通电约会全国学校,一律罢课。无理争持,动辄轨范。若不迅行遏制,势必扰乱秩序,妨害治安,于国家前途影响非浅。除遵电通饬各属严密慎防外,谨复。"

△　南昌学生为反对中日直接交涉,掀起"抵制仇货运动"。学生赴各商店检查日货,计击破脸盆千个,焚烧火柴数十箱,事后举行示威游行。

△　上午 8 时,南京 17 校学生 3000 人结队游行示威。

△　河南学生联合会电告各报馆,于是日上午 10 时罢课。

△　**4 月 20 日**　北京政府以近日沪杭皖各省学校相继罢课,沪上学生联合会且发出与政府决斗之通电事,致电各省督军、省长,称:"似此不轨举动,显系奸谋鼓动,别有用意,仍希按照前电依法制止,用弭

乱萌。"

△　唐山学生自是日起全体罢课。

△　江苏崇明高等小学以上男女 15 校,于是日起全体罢课。

△　山东省政府与日本实业股份有限公司签订日金 350 万元短期借款第二次延期合同,延期二年。

△　徐世昌令孔子七十七代孙孔德成袭封衍圣公。

4 月 21 日　林森、王正廷、吴景濂、褚辅成四议长通电宣布,因孙中山、唐绍仪均驻沪,唐继尧所派列席政务会议之代表赵藩已辞职,伍廷芳又于 3 月 29 日离粤,自 3 月 29 日始,军政府政务会议已不足法定人数,"所有免伍廷芳外交、财政部长等职,及其他一切决议事件,概属违法行为,当然不生效力,一切外交、财政事宜,仍应由伍总裁兼部长负责"。

△　中东铁路督办鲍贵卿向北京政府报告接收中东铁路经过。

△　英国新任驻京公使艾斯顿向徐世昌呈递国书。

△　徐世昌特派戴陈霖、刘符成为全权代表,前往出席万国邮政会议。

4 月 22 日　北京学生自是日起罢课,与上海学生采取一致行动。全国学生联合会总会发表宣言:本会于 4 月 22 日议决,并实行全京一致罢课。

△　下午,上海省立第二师范学生十余人,前往高昌庙一带演讲,被近处 16 团士兵殴打。二师同学闻讯,又去 45 人继续演讲,又遭殴打,重伤者五人,轻伤者十余人,被捕四五十人。

△　上海江南兵工厂工人 5000 人,为表示同情学生爱国行动,举行同盟罢工。

△　澳门中华民国外交协会古伯铨、中华各界联合总会张民权、外埠华侨联合总会黄白平致电驻京各国公使,谓:"伪总统徐世昌、伪总裁岑春煊,窃据政权,瓜分民国,阳示议和,阴谋借款。……应请贵公使转达贵国政府","拒绝大小借款"。

4月23日　上海学生联合会为22日学生在高昌庙演讲被殴事致函卢永祥、何丰林，谓："昨日下午2时，敝分会有会员一队，在高昌庙一带演讲，乃贵部陆军十六团某营司务长无端命令士兵殴击驱逐。计身受重伤者五人、轻伤十余人。……学生因国事蜩螗，外交紧迫，不忍坐视危亡，爰本天良，奔走呼号，以冀我全国同胞根本觉悟，挽救危亡。"并提出两项要求：一、肇事之司务长兵士依律严惩；二、以后学生演讲，军士不得干涉。

△　上海南市商界因受学生爱国运动影响，于是日下午起罢市。

△　松沪护军使卢永祥为镇压上海各界酝酿"五一"罢工罢市密电国务院，略称："查阅各日学生会所出传单日刊，内有推翻政府。另建民国，罢工罢市，抗捐抗税等字样，形同内乱。……并闻学生等拟于五月一号开俄国劳动纪念会，乘机大举。英法两界，均已戒备；华界形势，尤为吃紧。兹为保全地方安宁起见，拟于敬（24）日宣布临时戒严，以资防范。"

△　广州军政府代表、督军、省长与香港承办事业公司代表人但路易加士劳、岑伯铭签订双方合资开采广东全省煤矿合同，共22条。其要者为："公司资本1000万元，分为100万股，每股10元，中、英各占半数，须用英人一名充当会计。惟照第八条提付办理粤省教育及救济贫民100万元之款，得交中国管理。"

4月24日　全国学生联合会致电各省学生会，略谓："今日上午上海同学因赴华界分送传单，被军警痛殴，受重伤者数十人。现此间各界异常忿激，请一致声援。"

△　北京政府电复卢永祥，饬令加意防范，以资镇压。

△　松沪护军使卢永祥发布戒严令，内称："为布告事：照得沪上学生，近来借口外交问题，相率罢课，游行演讲。言词激烈。……且查阅本日学生会所出传单及日刊，内有推翻政府，另建民国，罢工罢市，抗捐抗税等字样。似此倡言革命，已构成内乱行为。……兹于四月二十四日为始，遵照民国元年十二月十五日大总统颁布戒严法，宣告戒严。"

　　△　卢永祥密电北京国务院,谓:"昨晚复据探报,学生等顷在法界各联合会开紧急会议,提出办法四条:一、推倒南北政府,驱逐武人官僚政客;二、组织平民政府;三、要求各公使承认;四、不承认政府借款。以上各条准明日下午 1 时在西门体育场开国民大会表决。"

　　△　北京国务院密电内务部,谓:"径密启者:'准卢永祥护军使漾(23)二电称,罢课学生结合流氓数百名,打毁电车,鼓动罢工罢市,并拟五月一日大举,拟宣布临时戒严,以资防范'等语。除复准予备案外,相应抄录往复电文函达贵部查照可也。"

　　△　谭人凤在上海病逝。

4 月 25 日　下午 3 时,济南各界联合会开会,与会者八九千人。由北京学生代表报告北京罢课情形,建议山东应采取一致行动。决议向北京政府提出要求:"一、驳回日本通牒;二、取消军事协定;三、释放京津被捕代表;四、取消检查邮电。"会后学生代表赴教育会密议罢课问题。

　　△　唐继尧、伍廷芳、唐绍仪宣告脱离广州军政府。

　　△　下午 1 时,北京国务总理靳云鹏在中央公园宴请美国大资本家拉门德及驻京英使艾斯顿,宴毕同至武英殿参观古物。

　　△　孙中山复电卢永祥,肯定其废除督军制度之议,并谴责沪杭军警仇视学生、压迫学生爱国运动。

4 月 26 日　卢永祥密电北京国务院,谓:"此间本日各商店已一律照常营业,市面完全回复原状。工界亦称平静,罢课学生已无游行讲演之事。"

　　△　山西学生会召集各校代表开紧急会议,决定即时罢课。

　　△　济南 13 校学生是日一律罢课。

4 月 27 日　南昌各界人民为表示对日经济绝交决心,举行罢工、罢课、罢市。

4 月 28 日　武汉学生是日起罢课,并发表宣言,要求政府立刻驳回日本关于山东的通牒,取消军事协定,用最坚决的方法办理闽案、苏案,与释放京津杭各处被捕学生。

△ 上海船务栈房工界联合会、工界联合会、电器工界联合会等发表劳动纪念宣言："我们上海工人,今年举行破天荒的五一运动。因为五月一日是世界各国工人,得着八点钟工制幸福的日子。我们纪念他的意思:第一是感谢各国工人的努力;第二是唤起中国工人的觉悟。我们各业工人团体的目的,是改善中国工人的生活,增进中国工人的知识。"

△ 松沪护军使署致电北京政府,谓:"沪潮极力遏阻,渐就平息。但法租界学生联合会,近日仍有会密议散布传单。议定五月一日开俄国劳动纪念会,借以煽动工党。并定五月九日开国耻纪念会,意图起事。若不将该会勒令解散,终不免滋生祸变。迅请由部再告法使交涉,速电沪领协同取缔,以维治安。"

△ 唐继尧电复伍廷芳,谓:"广州事变迭出,军府为一二人所操持。公之去粤,良非得已,唯保存关税余款,为我公应负之责任。况志行坚洁,中外凤信。顷读通电,凡关于西南外交财政,仍由我公始终主持。"

4月29日 北京国务院以上海、杭州及全国各地各界联合会等承受苏俄政府对华通牒,致电各省查禁。并称:"通牒果否可凭,尚属问题。"

△ 苏俄首次派遣代表路博(原名普达普夫)将军到福建漳州访问粤军总司令陈炯明,携带列宁给陈炯明的亲笔信,信中对中国革命表示关怀,对陈表示敬佩和鼓励,并请陈多做农民运动,注意发动群众,还说,如果需要,可将储存在海参崴的军械提供粤军使用。陈当即设茶会招待并举行会谈。廖仲恺、朱执信、陈其尤在座。5月8日,陈复信列宁,对苏俄派代表前来表示感谢,并介绍了中国的政治局势。路博在漳州逗留两周后,经厦门、香港返国。

△ 中华民国学生联合会总会致电全国各界、各团体、各报馆,声讨卢永祥镇压学生爱国运动罪行,并揭露其所倡废督之说,"虽属娓娓动听,其实不过为促成分赃和议之饵,其居心殊不堪问。敝会固素主张

废督去兵,惟对此等违心欺人之论,不得不揭其阴谋,尤希国人特别注意"。

△ 江苏省教育会、中华职业教育社等九团体致电北京政府,谓:"近日报载,鲁案日本又催直接交涉,而中东路胶济路实权渐落日人之手。数日以来,日人奋迅进行,政府迁延不决,致复酿成罢学风潮,几难收拾。此时政府尚不表示明确态度,但以正考虑等词,涂饰耳目。……务请从速宣布鲁案最近办法,以伸民意。"

4 月 30 日 上海学生联合会发表宣言,谓:"中国不幸,法律失败。军阀官僚,擅据国柄,内政不昌,外侮斯亟。……此次罢课之目的,一以争国家之权利,一以促同胞之觉悟。……罢课迄今,既半月矣。此半月中,同人因讲演及赴国民大会,两次为军警所摧残,鞭击刀刺,血肉横飞。重伤者数十,轻伤者数百。……一息尚存,决不忍大好河山,断送军阀官僚之手。"

△ 川军第五师长吕超、第二师长刘湘、第三师长向传义、第四师长刘成勋、第六师长石青阳等为驱逐熊克武通电,谓:"超等认为熊氏通电辞职之日,即其督军资格消灭之日。此后熊一切妄发之号令,及与任何人缔结之契约,一律无效。惟国是日非,出兵在即,川军众逾八师,不可无所统率。现既未有合法机关之主持,熊氏无再执行职务之理由。万不得已,特由传义、成勋、青阳、德基、洪范、复生、师谛等公推吕超为川军总司令,刘湘为川军副司令。……除联名专电呈请唐(继尧)联帅援从前熊氏出总川军成例明令,委任吕超、刘湘为川军总副司令,饬其克日就职,以奠川局,并勒令熊氏立即交代,听候查办。"

△ 北京政府教育部留欧学生监督处与华比银行签订英金 3000 镑借款合同,用于支付留欧学费。

是月 共产国际代表维经斯基一行五人到达北京。在北京大学同李大钊讨论建立中国共产党的问题。维经斯基认为:"中国应有一个像俄国共产党那样的组织。"他认为中国已经具备了建立共产党组织的条件。经李大钊介绍,维经斯基到沪会见陈独秀,商谈建立中国共产党。

后又同李汉俊、俞松秀、李达、陈望道等多次座谈,交流中国革命情况和十月革命后俄国现状。

△ 古巴华侨爱国团代表致电北京政府,表示誓不承认"鲁案"由中日直接交涉。

△ 北京政府交通部京绥路局与日商三井物产会社签订日金1.13991055 亿元借款合同,用于 1919 年 12 月至 1920 年 1 月间三次订购枕木价款及输入费用。

△ 梁士诒联合中国、交通、汇业、金城、盐业、新华、五族、大生、大陆、中孚、华孚、北京商业、广东实业 13 家银行,创办中华银公司,资本1000 万元,承办、承募国家、地方及公司各种债款营业。总事务所设北京,梁士诒为董事长。

△ 美国实验主义哲学家杜威再来南京高等师范长期演讲:一、教育哲学;二、实验伦理;三、哲学史。

5 月

5 月 1 日 上海"中华全国工界协进会"等七团体 5000 余工人在陈独秀指导下,发起召开"世界劳动纪念大会",遭到军警阻挠和干涉。会场几经迁移,工人坚持开会,呼出"实行三八制"、"劳工万岁"、"中华工界万岁"等口号。并发表《上海工人宣言》,抗议军阀与外国巡捕对大会的无理阻挠。同日,全国有七八个城市,五六万工人参加"五一"纪念活动。此系中国工人第一次较大规模举行五一国际劳动节的纪念活动。

△ 北京学生"工读互助团"是日雇汽车两辆游行,每车载学生四人,每人各执一旗,上书"劳工神圣"、"资本家的末日",口呼"劳工万岁",手散《五月一日北京劳工宣言》。警察将该团学生八人拘捕。

△ 北京大学于是日上午召开五一纪念会,到会校友和学生 500余人。该校"平民教育讲演团"50 人分五组沿街讲演,题目为:《劳动纪

念日与中国劳动界》、《我们为什么要纪念五一劳动节》、《五一节的历史》等。

　△　广州、香港工人在广州东园举行五一节纪念大会,与会者1000 余人;是晚举行提灯会,沿街巡游者达五万余人。

　△　广东汕头工人、学生 3000 余人,是日举行提灯游行。

　△　江西九江工人举行纪念大会,参加示威游行工人 3000 余人。

　△　松沪护军使卢永祥为镇压学生运动密电徐世昌、靳云鹏,谓:"此次沪上得以从严办理,实因其行为已入内乱范围。自戒严令下,风潮遂告一结束。似宜乘此时机由中央明令,根据沪上学生图谋内乱情形,通饬本省取缔学生行动,并将学生联合会及各界联合会等机关,一律严行解散。"

　△　湖北督军王占元、省长何佩瑢为库券在鄂省发行失去信用,商民军心均起恐慌,致电北京国务院,谓:"第二期库券展限三个月,商民惶惑,以此信用不坚,不敢收受。乃库券纷拥而来,既无止数,又无止期,罗掘俱穷,焦急万状。"

　△　唐继尧、刘显世就任川滇黔联军总、副司令。

　△　北京政府交通部与比国铁路电车公司、荷兰建筑海口公司签订借法金 1.5 亿法郎、荷金 5000 万弗罗令合同,以陇海铁路财政收入为担保,用于造路、购物及付息费用。

　△　北京政府财政部与中法实业银行签订法金 1400 万法郎借款合同,以钦渝库券、期票为担保,用于认购中法实业银行第二次资本及钦渝垫款利息。

　△　《新青年》第七卷第六期"劳动纪念号"出版,其中有工人生活图片 33 幅,12 个工人的亲笔题词,并发表李大钊的《五一运动历史》一文,介绍五一节的来历及各国纪念的情况,是中国报刊纪念国际劳动节的第一声。

　△　广州中华工会刊物《工界》创刊。

　△　复旦大学学生编辑的《平民》周刊在上海创刊。

5月2日　徐世昌令准免孙宝琦经济调查总裁兼职,特派郭则沄兼任。

△　北京政府外交、交通两部会同答复英、美、法三国公使,声明湖广铁路德国债权已失效,所有各国从德国接得此债券,中国不能承认。

5月4日　下午1时,学生联合会在北京大学理科讲堂开五四运动纪念会。与会者3000余人,公推鲁士毅、瞿世英为正副主席。首由主席报告开会宗旨,次由瞿世英报告五四运动一年后之经过情形。军警当局派员监视,学生秩序井然,3时散会。高等师范学校学生与女校联合会也分别于是日举行五四运动纪念会。

△　到沪国会议员召开谈话会,决定国会迁滇,并发表宣言否认广州军政府与国会。

△　政学系召集留粤议员开会,补选熊克武、温宗尧、刘显世为军政府政务总裁,以代替孙中山、唐绍仪、伍廷芳。

△　广东学生联合会分会、广东省会学生联合会等在东堤东园开五四救国一周年纪念大会。是日大雨滂沱,学生冒雨而立,参观者逾千人。

△　江西九江学生会在浔阳舞台开五四纪念大会,以马祖祯为主席,与会者5000人,由学生讲述五四历史。是日,工商学界一致行动,举行罢工、罢市、罢课。

△　济南第一中学、第一师范、齐鲁大学等校学生千余人,手执小旗,上书"驳回通牒"、"废除条约"、"五四纪念"等字样,赴省议会开五四纪念大会。

△　熊克武宣布复职,准备以武力驱逐滇、黔军。

5月5日　全国报界联合会在广州开第二次常会,与会报社、通讯社代表112家,代表196人。

5月6日　北京国务院电复卢永祥,谓:"东(1)日电悉。所陈解决学潮办法至为扼要,已通令各省切实取缔。至外交问题关系较重,闽案现正严重抗议,鲁案并无直接交涉之说。"

△　徐世昌指令照准陕西省增设镇坪县。

△　上海女界联合会、女青年会等 10 团体,组织"中华女子参政同盟会",并举郑毓秀、周棪安为出席万国女子参政同盟会代表。

△　全国各界联合会、上海各界联合会、全国学生联合会总会、上海学生联合会四团体,被法租界巡捕封闭。

△　内蒙哲里木盟科尔沁右翼前旗扎萨克多罗扎萨克图郡王乌太病死。

5 月 7 日　河南省议会致电北京政府为学生呼吁,谓:"外交风云,日逼日紧。一发千钧,时不可待。……本会代表民意,深虑风潮扩大,愈难收拾。除一面疏通学生安业外,特恳钧府院念学生之牺牲,全属爱国热忱,速将救时方针,明白宣布,冀慰舆情而平学潮。"

△　靳云鹏再次请辞北京国务总理职,徐世昌不准,仅允许续假。

△　徐世昌任命齐燮元帮办江苏军务。

△　富华储蓄银行开业。资本总额 20 万元,总行设常州。后在上海设办事处,经营普通储蓄和有奖储蓄。1921 年 4 月 27 日为推广业务,将上海办事处改为分行,行址设于江西路,以史雪龄为经理。嗣后以沪分行事务较简,将沪行裁撤。不久以常州纱厂借款搁浅而停业。

5 月 8 日　全国学生联合会总会紧急通告:"本会横遭摧残,而救国之志始终不敢稍懈。兹经评议部议决,坚持罢课,以促政府反省。"

△　北京政府致电驻丹麦代办公使曹云祥,转告苏俄政府派赴丹麦之代表,略谓:"中国对劳农政府前日提议归还各种权利及租借地,以为承认莫斯科之报酬,感谢异常。惟中国为协约国之一,不能单独行动,如协约国能与俄恢复邦交与贸易,则中国政府对俄提议自当尊崇,希望劳农政府善体此意。"

△　西北边防军训练处与日商太平公司签订日金五万元借款合同,用于支付购货价款。

△　北京国务会议议决将华俄道胜银行股本银 500 万两作为教育基金。

5月9日　上海学生联合会致电本地各地分会通告："今日评议部议决，官僚武人对本会取高压态度，致会所封闭。本会对此宜表与黑暗势力奋斗之决心，自明日起继续罢课。"

△　上海学生联合会致电各地学生会，谓："本会因主张正大，触官僚武人之意，屡商法领，卒于本月6日将会所封闭。本会评议部，议决自10日起继续罢课，以争国家之权利，与人民应有之自由。"

△　广州6000学生在东园召开国耻纪念日大会，会上演说，指斥"二十一条"及南北军阀，会后分13队游行，警察未敢干涉。

△　江西督军陈光远镇压南昌学生运动，解散学生联合会，武装包围中等以上学校，限制学生自由行动达七天之久。学生组织"十人团"进行自卫。

△　曹锟致电徐世昌，力陈靳内阁不宜更动之理由，谓："一、西南各省首领与靳之联络，颇有进步，倘内阁突然改组，则前功尽弃；二、和议正在进行之际，倘内阁更动，未免受根本上之影响；三、若因一党之意见，更换阁揆，将来恐无人敢任阁揆。"

△　徐世昌任鹤春为正黄旗汉军都统。

5月10日　北京政府外交部抗议日本在中东铁路沿线增兵。

5月11日　张敬尧为直军第三师撤防北返建议不发表明令，以免吴佩孚要挟，密电徐世昌，谓："近日默察三师情形，退防之举其势已不可遏。所属之第二混成旅，日内已经开动，拟驻株洲易家湾，逼近省垣。且前令两次提议北旋，地方惊疑，谣诼纷起，因之商务金融两均停滞，市面暗中亏损，已属不赀。今若再令勉强留防，则恐三次要求必接续而至，不但中央威信不能稳固，即湘省地方之损失亦所不堪。以尧愚见，今该师长既以撤防来相要挟，莫若趁此解决，使其撤退。如中央因财政困难，恐明令一颁，该师复以所欠军费饷项为词，故意留难，发生别故，则请暂不发表明令，但令尧酌量情形暗为接下，俾其再有何说？该师长此时自恃过高，几有天下无敌靡伊不能解决之概。故尧以为与其留防终为捣乱之媒介，不若趁此解决也。"

　　△　唐继尧、刘显世委任吕超、刘湘为川军总副司令。

　　△　重庆镇守使余际唐被迫离开重庆,准备调集江防军反攻。黔军自后尾随,余退出邻水、广安。嗣后刘湘与余际唐在邻水会合,击退黔军,夺回合川,进逼重庆。

　　△　美英法日四国对华新银行团成立。美英法日四国银行团,经多次交涉,双方妥协。日本接受美英法三国关于组织新银行团之条件,对华新银行团遂宣告成立。

　　△　川战爆发,熊克武任命但懋辛、刘湘、刘成勋任川军第一、第二、第三军军长,该各军军长联名通电,否认唐继尧为川滇黔三省联军总司令,并历数滇军割据川东南、破坏四川省政之罪。

　　5 月 12 日　山东省议会通过将该会迁往北京,以监督北京政府,不许与日本进行直接交涉案。

　　5 月 13 日　徐世昌令准督办运河工程事宜兼督办湖南赈务熊希龄免去本兼各职,特派潘复督办运河工程事宜,特派王瑚督办湖南赈务。

　　5 月 14 日　北京国务总理靳云鹏辞职。徐世昌特任海军总长萨镇冰暂兼代国务总理,陆军次长罗开榜暂行代理部务;特派张元奇为经济调查局总裁。

　　△　靳云鹏通电各省,谓:“待罪枢垣,瞬经八月,才疏任重,无补时艰。近因患疾,迭请辞职。幸蒙批准给假,今日交卸。”

　　5 月 15 日　北京政府对英日同盟续约发表声明:此次续约文内凡关于保全中国领土巩固主权,以及各国在华机会均等字样,希望一律删除。

　　△　离粤广州旧国会议员在沪开谈话会,发表国会移滇开会宣言。宣言并声明所有广州政学系议员私选总裁及政务会议任免职官及其他一切决议,概属违法,当然不生效力。

　　5 月 16 日　孙中山在上海国民党本部发表演讲,指出:“现在的中华民国,只有一块假招牌,以后应再有一番大革命,才能够做成一个真中华民国。"并批判了辛亥革命后曾一度甚嚣尘上的"革命军起,革命党消"的谬论,认为"无论何时……革命党总万不可消,必将反对党完全消灭,使全国的人都化为革命党,然后始有真中华民国"。

△　远东共和国政府首次致电北京政府,附以独立宣言书,向中国及协约各国宣布建国宗旨。

△　广东留日学生监督熊退与第百银行签订借金 32000 元合同,用于留日学费。

5 月 17 日　全国学生联合会总会发表宣言,声明于本月 17 日起一律上课,"同时对于救国事业,更当协同各界,积极进行"。

△　段祺瑞在北京南苑团河召集皖系军阀秘密开会,部署军事,准备还击直系吴佩孚第三师。

△　北京政府外交部以日本政府在西伯利亚撤兵宣言中将"满洲"与朝鲜并列,向驻京日使小幡西吉提出抗议。

5 月 18 日　四川省长杨庶堪以调解川局无效,通电辞职。

5 月 19 日　北京政府应段祺瑞之请,电吴佩孚暂勿撤防。

5 月 20 日　吴佩孚电复北京政府,说明请求撤防湘南理由,恳请徐世昌等俯准回防,并令湘督接防。

5 月 21 日　孙中山批常州姚畏青上书,说明与段祺瑞联络乃为使真正之共和早日实现于中国。

△　上海绸绫染业工人因米价飞涨、生活困难,一再要求染业公所增加工资,未得结果,于是日举行罢工。

5 月 22 日　北京政府外交部答复日本催议山东交涉案,内称:"因对德和约并未签字,全国人民对于本问题态度激昂,本国政府不容率尔答复。至贵国政府愿将胶济沿线军队撤退,此节与解决交还青岛问题纯为两事。愿贵国政府将战时一切军事上之设施从事收束,以为恢复和平之表示。"

△　熊克武下令进攻滇军,并宣布全省戒严。24 日滇军顾品珍部放弃简阳,28 日放弃资阳,31 日放弃资中,6 月 1 日放弃内江,一直退

到隆昌、富顺。

　　△　吴佩孚率所部分水陆两路自衡阳撤防北上,受到当地各界欢迎。

5 月 24 日　北京被拘学生拘役期满,全数释放。北京大学法科开会欢迎,与会者近千人。

　　△　上海中发、勤益织袜等厂,因厂主限制工人转厂及扣存工资问题,举行罢工,延续 10 余日。

5 月 25 日　北京政府代表与英商费克斯有限公司代表续订英金 100 万镑借款合同,用于拟购飞机之配件、航空学校修建经费等,以中华八厘 10 年英镑国库券为担保。

5 月 26 日　川军刘成勋、向传义、陈洪范、但懋辛、刘湘、吕超联名通电否认唐继尧、刘显世的三省联军总副司令名义。

　　△　湘南战争开始。湘军赵恒惕部为驱逐张敬尧,趁吴佩孚撤防,于是日发动攻击,占领耒阳、祁阳等县,前锋已到离衡州 20 余里之东阳铺。

　　△　北京新国会通过对奥和约。6 月 18 日,徐世昌批准该约。

5 月 27 日　张敬尧致电徐世昌,谓:“直军奉命撤防,回北休息。本日经过长沙,均未停泊。至午后四时,始行过毕,军纪甚属整齐。敬尧率领军民两政及绅商学界,齐集江岸欢迎欢送。惟祁阳、耒阳两县防地,已被南军强占,刻正交涉,特电奉闻。”

　　△　吴佩孚率旅长萧耀南、张福来、王承斌、阎相文等撤防过长沙。张敬尧陈师以待。

　　△　北京政府外交部呈准增设驻墨西哥、古巴、瑞典、挪威、玻利维亚五国公使。

　　△　新疆伊犁道尹兼办交涉事宜许国桢、交涉局局长孝昌、伊宁县知事牟维潼,与俄国特权外交委员黎玛列夫、特权商务委员列维塔斯在伊犁伊宁,开议“关于两国边界、伊犁与七河通商及俄败兵、逃民等回国各问题”。旋由新疆督军杨增新与苏俄塔什干苏维埃政府订立《伊犁塔

什干临时通商条约》,凡 10 条。

△　岑春煊致电北京政府,谓:"张敬尧破坏和平,咎有攸归。此次湘衡属境腾出防地,自宜双方各守界线,共资保卫。乃张敬尧不顾大局,轻启衅端,务请迅速制止,以维和局。"

5 月 28 日　刘存厚密电徐世昌、靳云鹏及参谋部、陆军部,谓:"兹据派赴重庆、遂宁等地探称:'一、重庆镇守使余际唐被黄复生武力迫胁,已于真(11)日潜逃。二、驻渝黔军已与熊部江防军,于久(12)日在江北县之寸滩及悦来场等处开战。三、昙山方面,滇军与熊部陈军尚在激战中。四、讨熊军总司令部设在遂宁。吕、石、卢、黄及伪省长杨庶堪、滇黔代表均在该处。五、双方主力军均趋集于赵家渡'。"

△　孙中山密电谭延闿,促其从速进行讨桂系之军事准备,谓:"西南护法,而桂系始终乱之。往昔行为,已为公论所不赦。最近对于滇军,贼谋益露。国会既去,军府无名,使人无复投鼠忌器之患。闻冀赓(唐继尧)已决从滇边进兵,贵州定与携手,竞存(陈炯明)亦拟回戈图粤。湘当其中,若与首尾相应,则彼必败亡。……兄与所部为国奋斗,久历艰瘁,今有机可乘,必能逐除民害,望速决定军事准备。"

△　张敬尧致电徐世昌,报告谭延闿、赵恒惕等"不但不将原防地点及祁、耒两县退出交还,且逼近衡阳,向我军开火,实属有意开衅",望速决定军事准备。

5 月 29 日　徐世昌召见黑龙江督军孙烈臣,密谈军事问题,并促孙迅速回任,以资坐镇。

△　广州军政府海军部长林葆怿,为外间盛传海军归北之说,特召集在粤海军界人员在海珠会议,讨论辟谣,并发出宣言,"申明始终护法之旨"。

△　广东造币厂与日商广东实业公司签订毫银 10 万元借款合同。

5 月 30 日　岑春煊、陆荣廷、林葆怿、温宗尧致电北京政府,谓:"查直军撤防之际,由吴师长佩孚介绍,双方共订遵守条约,乃墨沈未干,张敬尧节节进逼,希图侵占。若因此发生冲突,则破坏和平之咎,张敬尧应负其责。"

△　徐世昌派驻意公使王广圻为全权代表与波斯(伊朗)签订通好条约。6 月 1 日,王广圻与波斯驻意公使伊萨刚在罗马签订中波《友好条约》,凡七条。

△　北京政府政治顾问、英人莫理循在英国病逝。

5 月 31 日　吴佩孚致电张作霖、李纯、陈光远等,谓:"敝军全部已于今日安抵武汉。因兵士疲劳过甚,即暂停驻,借资休息。"旋进驻洛阳。

△　徐世昌召见代理国务总理萨镇冰,讨论湘省问题。

是月　上海马克思主义研究会成立。陈独秀为负责人,会员有:李汉俊、邵力子、施存统、俞秀松、陈望道、沈雁冰、沈玄庐、李达、陈公培、沈仲久、刘太白、杨明斋、戴季陶、张东荪等人。

△　广东南海所属六乡藤器工人千余人,要求增加工资,举行罢工。

△　广州军政府任杨永泰为广东省长。

△　孙中山复函王天纵,嘱继续努力实现护法救国目的。

△　北京国务院管理特种财产事务局与东方汇理银行签订银元 21.8237 万元借款合同,以盐税余款为担保,用于政费。

△　广西陆荣廷与日商津田晴胤签订日金 200 万元借款合同。

6 月

6 月 1 日　云南督军唐继尧通电实行废督裁兵,即日解除督军职务。

△　江西督军陈光远因湘省发生战事,与赣有唇齿关系,是日宣布实行戒严,无论何种军队,不许进入赣省。

△　徐世昌令准督办东省铁路公司事宜兼护路军总司令鲍贵卿辞职,以宋小濂督办东省铁路公司事宜;张景惠为东省铁路护路军总司令。

6月2日　孙中山、唐绍仪、伍廷芳、李烈钧及云南代表在上海孙宅举行会议,决定由孙中山、唐绍仪、唐继尧、伍廷芳四总裁发表联合宣言,否认军政府及在广州之国会,并责成南方议和总代表唐绍仪即日与北方议和总代表王揖唐恢复和谈。

　　△　护法湘军谭延闿部克宝庆,5日克安仁,7日克衡山。

　　△　湘督张敬尧致电北京政府,请求下令讨伐湘军。

　　△　巴西新任公使阿威士向徐世昌呈递国书。

　　△　徐世昌任命张学良为暂编奉天陆军第三混成旅旅长。

6月3日　孙中山与唐绍仪、伍廷芳、唐继尧发表联合宣言,否认广州军政府及旧国会,决定移设军政府。谓:"自政务总裁不足法定人数,而广州无政府;自参众两院议员同时他徙,而广州无国会……自今以后,西南护法各省区、各军,仍属军政府之共同组织。对于北方继续言和,仍以上海为议和地点,由议和总代表准备开议。其广州现在假托名义之机关,已自外于军政府,其一切命令行动……所有西南盐余及关余各款,均应交于本军政府。在军政府移设未完备以前,一切事宜委托议和总代表分别接洽办理。"

6月4日　徐世昌特派袁乃宽持函赴南苑团河谒见段祺瑞,征询对湖南问题意见。

　　△　协约国及参战各国对匈和约于是日签订,北京政府派驻美公使顾维钧出席签字。

　　△　上海浦东烂泥渡福昌米店,是日上午忽来穷苦老幼妇女三四百人,各持饭箩去米仓抢米,经长警亲往弹压驱散。

6月5日　北方议和总代表王揖唐拜访唐绍仪,双方谈论颇久,此为南北总代表第一次晤面。次日,唐绍仪前往哈同花园答拜。

　　△　唐山开滦全矿二万工人,要求增加工资,举行罢工。全矿停产六天之久,资方被迫允许增加工资:1元至10元者,加18%;10元以上至25元者,加13%;25元以上至40元者,按个人情形分别酌加。罢工取得胜利,11日工人复工。

△ 江苏扬州药业工人组织联合会,订定会章 12 条,要求店东同意,而各店东否认,工人于是日一律罢工。后齐集埂子街旌德会馆内开会,决议对付方法,共同议定暂行闭市,停止交易。

△ 上海、嘉定、青浦三县贫民约二三百人,各执饭箩奔至绅富之家强取白米,并将所储小麦与蚕豆一并抢光。

6 月 6 日 广州军政府政务会议议决:"撤换南方议和总代表唐绍仪,改派温宗尧继任;并通告北京政府孙中山、唐绍仪、伍廷芳三人的总代表业经取消。"声明:"孙、唐、伍等宣言及一切行动无效。"

△ 李烈钧在沪发表通电,谓:"现在滇军主力既已移驻衡、耒,即可协同维持。张督所部在湘原有防地,宜静候和会解决。鄙见所及,特电奉闻,并达滇军将领遵照。"

△ 淮海实业银行开幕。总行设于南通。在上海设分行,9 月 17 日开幕,资本总额 500 万元,分五万股,每股 100 元。董事长为张退庵,总经理为张孝若,沪行经理杨瑞生。1925 年春,沪行奉总行令裁撤。

6 月 7 日 徐世昌对上海和会态度极端冷淡。是日,徐令国务院致电王揖唐,向南方提出四项质问:"一、唐绍仪之总代表,原系军府委派,今唐绍仪否认军政府,则唐总代表之资格是否存在?二、沪上,本非西南范围,孙、唐、伍诸总裁或久已辞职,或现已离任,此职仅以私人资格就沪上私邸集议,是否一致赞成?三、孙、唐、伍诸公既否认两粤机关,将来沪议有成,两粤能否一致奉行而更无激抗之举?四、唐总代表上年所提八条,中央迭次抗争,和议因之中梗;今少川(唐绍仪)宣言仍以八条为据,遽与开议,是否有前后矛盾之嫌?"

△ 下午,安福系推举国会议员 20 余人见徐世昌,质问对上海和会的态度,徐不予接见。

△ 北京京师警察厅因《顺天时报》、《蒙边日报》登载《政潮影响金融》各一则,记载不实,"淆惑人民听闻",发出布告,责令该报馆"嗣后对于此项金融问题不得偶据风闻即行记载,并不得轻率登载军务方面之事,以杜谣传而保公安"。

　　△　北京政府农商部与日商正金银行签订日金 40 万元借款合同，以盐税、龙烟铁矿股票 100 万元、汉冶萍官股利息为担保，用于农商部经费。

　　6 月 8 日　安福系骨干在太平湖开会讨论上海和会及应付徐世昌的问题。同日，安福国会议长李盛铎、田应璜、刘恩格会见徐世昌。徐表示三点："一、政府对王揖唐并无不信任之意；二、军政府发生内讧，政府当然可以置身局外；三、军政府改派温宗尧为南方议和总代表，政府尚未承认。"

　　△　北京政府外交部对英日联盟发表声明，宣称："英日盟约中含有关于中国之条款，似中国已被视为签约国之领土。此项条约决难为中国所公认。将来凡国际会员所订关于中国之条约，若无中国承认，不能认为有效。"

　　6 月 9 日　孙中山对唐继尧通电解除督军职务，复电表示嘉许，并望唐"削平大难，贯彻主张，俾平民政治，由云南而普及于全国，则国民幸甚"。

　　△　北京政府代总理萨镇冰电复岑春煊，谓："鱼（6）电悉。尊重和议，实国人心理所同，亟盼尊处速筹解决。惟王揖唐总代表一席，久经中央派定，驻沪以来，赞导祥和，备殚心力。现尊处既主张开议，中央依旧信任该总代表，断无临时更易之理。至于免唐易温，事属西南范围。惟唐总代表与孙中山诸君方有宣言否认广州军府，而军府又免唐职，两相抵牾，令人目迷五色。第和议关系全局，必须各方妥洽，乃无阂阻，亟望诸公兼顾并筹，庶可从速解决。"

　　△　吴佩孚致电张作霖、李纯、王占元、陈光远、赵倜等，谓："佩孚佳（9）日早刻安抵郑州。敝军各部队即在直豫之交分布驻扎，借资休整。"

　　△　前海军总长刘冠雄退职返归福建省亲，兹奉徐世昌电召，于 8 日晚偕同美国公使柯兰抵京。是日上午 8 时入总统府向徐世昌报告一切经过情形。

6 月 10 日　苏俄远东共和国代表优林一行抵买卖城,旋即致电北京政府,请发给通行护照,以便赴京接洽。

△　凌晨 2 时,北京东安市场大火,被烧商铺 200 余户,浮摊 100 余处,损失甚巨。

6 月上旬　段芝贵、王怀庆、吴炳湘等 37 人,发表促和宣言,指责谭延闿"背约弃信,越防称兵,糜烂地方,罪无可辞";吁请北京政府"正谭延闿之罪,迅复原防,一面敦促南北代表,本宣言即日开议,以决纠纷"。

△　江苏镇江人力车夫要求人力车公司减低租价,举行同盟罢工。

6 月 11 日　川督刘存厚密电徐世昌,谓:"一、滇军自简阳退却后,因防线太远,已将资阳让出,扼守资中。二、五月敬(24)日,滇军与熊部陈师在荣县、威远激战。陈师败退,荣、威俱被滇军占领。三、黔军由长寿、邻水追击余际唐所部之江防军,连破广安、岳池等县。刘湘分兵攻取重庆,在悦来场、鸳鸯桥一带,被滇军田中谷旅迎击,迭受大创。"

△　护法湘军谭延闿部进占湘潭、宁乡。入夜,湘督张敬尧弃长沙逃奔岳阳。

△　孙中山接见《字林西报》记者谈话时,表示反对损害中国主权的英日同盟续约。

△　法国驻京公使柏卜,向徐世昌呈递国书。次日,美国驻京公使柯兰向徐世昌递交国书。

△　北京政府外交部、财政部与醴陵美国教会签订银元 8.3 万元借款合同,用于支付 1918 年 5 月醴陵教案赔偿费。

6 月 12 日　浙江省长齐耀珊电请辞职,18 日北京国务院复电慰留。

△　上海水木作工人数万因要求增加工资不遂,于是日举行大罢工。

6 月 13 日　林森、吴景濂、王正廷、褚辅成联名致电孙中山、唐绍仪、伍廷芳、唐继尧,谓:"奉江(3)日宣言,仰见不辞危难,力肩艰巨,护法爱国,始终不渝。……至和平固为国人所殷望,而永久和平,仍当求之于法治。故保全法系,正所以巩固国基。倘能重开,深冀体念国民多数之心理,贯彻护法救国之初衷,庶国脉可保,正义能伸。"电请移设军政府,克期成立。

　　△　甘肃督军张广建致电伍廷芳、唐绍仪请速开和议。

　　△　徐世昌令褫去湖南督军兼省长张敬尧本兼各职,暂行留任。

　　△　徐世昌特派湖北督军王占元为两湖巡阅使;吴光新为湖南检阅使。

　　△　吴佩孚自郑州遥电,反对安福系包办上海和会,主张召集国民大会,解决国是。

　　6月14日　驻京日公使小幡酉吉致送山东问题交涉复文,再次催议与北京政府直接交涉。

　　△　靖国联军豫军总司令官王天纵致电唐继尧,谓:"段贼于六月一日召集安福派诸要人,在团河秘密会议。……大要为:吴佩孚撤防,南军乘势进攻;恐有不虞,段督意欲督师南下。"

　　△　徐树铮自库伦电外交部,说明暂不允优林假道来京之原因。21日外交部电复优林无庸来京。

　　△　湘军赵恒惕部占领长沙,并以湖南督军谭延闿名义出示安民。17日谭至长沙。

　　△　北京边防督办处宣布废止《中日军事协定》。

　　6月15日　曹锟、吴佩孚在保定开会,商议对付皖系办法。

　　△　福建督军李厚基致函孙中山,表示:"甚愿竭尽愚诚,以期共济。"

　　6月16日　曹锟致电北京国务院,请免去川粤湘赣四省经略使兼职。

　　△　吴光新致电北京政府辞湖南检阅使职。次日,再电请辞。

　　△　上海杨树浦英商祥太木行小工、木匠、铁匠等700余人,因米价昂贵,要求增加工资不遂,于是日罢工。洋经理答应每人按月贴给米

价洋八角,工人复工。

　　△　苏州杭缎工人万余人,因米价昂贵,生活困难,要求增加工资,举行大罢工。工人和警察发生冲突,由知事派人调停,分别增加工资,工人复工。

　　△　鄂督王占元致电北京政府,告以:"自十四号为始,湘省溃败军队逃武汉者,络绎不绝,无法阻止。惟鄂省现状困难,既乏给养之力,又无遣散之术。情形骚扰,哗变堪虞。……仍请政府妥筹安置,并济巨款,以救危急。"

　　△　参谋本部、陆军部致电张敬尧,谓:"据探岳州有放火抢劫杀伤教士洋商情事。该督职责所在,应即严申纪律,力保岳州地方,并将实情飞电具报。"

　　△　北京新国会因民国九年度预算尚未能提出公决,议决会议延长两个月。

6 月 17 日　孙中山致函李绮庵,告已派徐绍桢为两广各路讨贼军总司令,指挥讨伐桂系。

　　△　川督刘存厚密电徐世昌,报告川中军情。告以滇军顾品珍率队让出资中、内江、自贡,向叙、泸府退却,并通电与唐继尧断绝关系,闻系缓兵之计。滇军集中叙、泸、永川。黔军集中重庆等地,俟援兵大集,再行反攻。

　　△　西北筹边使徐树铮自库伦抵北京,次日向徐世昌陈述外蒙防务,并对湘南事情有所筹划,共谋对付直系方策。

6 月 18 日　陕西省政府与日商东亚兴业株式会社代理大仓组,在汉口签订追加添购铜元机器合同。

　　△　留日学生监督处与日本兴业银行签订日金 45 万元借款合同,以国库券、盐余为担保,用于支付留日学费。

　　△　新任比利时驻京公使艾维兹向徐世昌递交国书。

　　△　顾维钧电告北京政府,对土耳其和约,因中土未曾宣战不能签字,已将此项决定通知和会会长。

6 月 19 日 东三省巡阅使张作霖抵京,调解直皖之争。是晚 8 时访晤靳云鹏,要求靳勿再辞总理职。

△ 徐树铮与安福系主要人物密商,拟以副总统一席作为交换条件,要求张作霖严守中立。次日徐树铮往见张作霖,张托故不见。

△ 徐世昌准驻西班牙兼驻葡萄牙特命全权公使戴陈霖免本兼各职。

△ 徐世昌特派张文生督办苏皖鲁豫四省交界剿匪事宜。

△ 江西财政厅与九江日商台湾银行签订日金 10 万元借款合同,以江西币制公债 20 万元为担保,用于偿还旧债。

6 月 20 日 晚间,徐世昌召见张作霖,咨询对时局之意见。张作霖请徐万勿准靳辞职。21 日,靳云鹏回拜张作霖。同日,张作霖赴团河见段祺瑞。

△ 中国共产党上海发起组成立。陈独秀、李汉俊、俞秀松、施存统、陈公培等人发起成立中共上海发起组,拟定党纲十余条,提出"用劳农专政和生产合作为革命手段",推举陈独秀为书记。

△ 是晚,施存统赴东京,与周佛海联系,旋成立了中共日本小组,陈独秀去信,指定施存统为小组负责人。

△ 上海杨树浦日商纱厂第一、二、三等厂男女工人 4000 余人,因米价昂贵,要求增加工资,举行罢工。日方允照三新厂办法,出售平价米,少数工人上工。多数工人反对平价米,二三千工人相率拥入纱厂,将窗上玻璃千余块,电灯泡千余支,击碎殆尽。捕房闻警前往弹压,罢工持续 10 多天,后经双方协商,折衷解决。

6 月中旬 徐世昌宴请梁士诒、周自齐、梁启超、汪大燮等,商讨时局问题。

△ 上海浦东陆家嘴英美烟草公司园包车间女工 300 余人,因厂方减去贴封条女工工资,工人要求恢复原状未遂,相率同盟罢工。锡包车间女工 3000 人也群起响应。厂方除令长警就近弹压外,又令华人经理磋商解决办法,最后决定,每千包加钱五文。米价以八元一石为定,

如涨洋一元,每人贴洋二角五分,工人复工。

6 月 21 日　贵州督军刘显世 17 日发表废督通电,是日自行解除贵州督军职务,仍以靖国联军副总司令名义收束军队。

6 月 22 日　下午 7 时,张作霖抵保定。曹锟设宴招待,吴佩孚及苏、赣、鲁、豫等七省代表亦参加。席间讨论解决时局问题,提出五项条件,请张作霖带回北京:一、解散安福系;二、靳云鹏复职;三、撤换北方议和总代表王揖唐;四、罢免安福系三总长;五、撤销边防军,改编后归陆军部直辖。次日,张回北京。

△　上海绳索工人因工资菲薄难以生活,举行同盟罢工。后经调解,每日工价以大洋二角计算,事遂解决,工人上工。惟有小部专做沙船缆绳之各工人,尚未解决。

△　前法国总理保罗·潘勒韦(Paul Painlevé)是日抵北京,交换中法教育之计划,并考察中国铁路情形。

△　为湘军骚扰日船舰事,驻京日使向外交部提出抗议;长沙日领事向南军司令部提出四项条件。

6 月 23 日　段祺瑞在团河设宴招待张作霖,段表示自己毫无政治野心,张可取得副总统地位;对保定会议所提解除徐树铮兵权一条,表示有困难。

△　段祺瑞致电孙中山,赞同孙中山等本月 3 日所发表的宣言,表示同意以过去议和条件为基础,重开上海和会。

△　日本对中东铁路提出要求:一、沿线设日本护路军队;二、沿线附设日警;三、如有匪警,须调日军会剿。北京政府予以拒绝。

△　中国邮政总局局长刘符诚、总办铁士兰与英国邮政局总办义林伟在北京签订互换汇票协约。

△　徐世昌令准浦口商埠会办温宗尧免去本职,派周嵩尧帮办浦口商埠事宜。

△　徐世昌任命文年为正白旗蒙古都统。

6 月 24 日　徐世昌令:"张敬汤、张继忠畏葸无能,贻误地方,厥咎甚重,均着即行褫夺军官军职",并派员押解来京候令惩办。"张敬尧调度无方,业经褫夺官职。此次据呈检举,尚能不徇亲私,着从宽暂免置议,以观后效。"

△　徐世昌令山东省长屈映光调京另候任用;特任齐耀珊为山东省长。同日又任沈金鉴为浙江省长。

△　孙中山电复刘显世,对刘实行废督表示嘉许,谓:"废督之议,酝酿数年,徒以积重难返,至辜民望。今唐公(继尧)与执事以身作则,毅然行之,诚所谓德不孤必有邻者。"

6 月 25 日　下午 4 时,北京政府代理国务总理萨镇冰偕同各部总长设宴招待张作霖。

6 月 26 日　段祺瑞坚持己见不肯让步,反要张作霖设法疏通曹锟。是日张声言"不管闲事",并命路局预备专车,作离京姿态,以对段施加压力。段祺瑞不得已,于次日来见张作霖,提出让步条件。

△　湘军赵恒惕占岳阳,张敬尧逃往汉口。

△　川督刘存厚密电徐世昌呈报川战情况。

6 月 27 日　北京政府派出非正式代表团,由陆军中将张斯麟率领,抵达上乌丁斯克。

△　台湾日本总督府公布地方制度,设台北、台中、台南、新竹、高雄五州,台东、花莲港二厅。下设三市、47 郡、155 街庄。

6 月 28 日　京兆尹、步军统领衙门、京师警察厅为湖南变故,京师谣言纷起,出示会衔布告:"此次湖南变故,政府自有正当办法,于京师治安,决不致发生任何关系,更勿庸自起纷扰。兹为杜渐防微起见,不得不为布告。……其或有借端淆乱听闻者,即行严拿究办不贷。"

6 月 29 日　孙中山致函日本陆相田中义一,揭露日本的侵略政策,希望田中"鉴于世界之大势与东亚之安危,一变昔日方针"。

△　孙中山派朱执信前往漳州劝说陈炯明誓师回粤,讨伐桂系。

△　徐世昌以张敬尧"退出湘境,实属咎无可逭",着令"毋庸留任",所部军队交由两湖巡阅使王占元接管,并令张敬尧于交卸后,"迅

即来京听候查办"。

　　△　徐世昌令驻湘第二路总指挥暂编陆军第一师师长张宗昌、陆军第二十师师长范国璋均着"褫夺军官暂留原职,以观后效"。

　　△　徐世昌特任吴光新为湖南督军,暂行兼署湖南省长。

　　△　徐世昌邀请段祺瑞、张作霖至公府举行会谈,对保定所提五项条件提出折衷意见:安福系三总长退出内阁,徐树铮解除西北筹边使和西北边防军总司令,所部改归陆军部直辖。关于内阁问题,靳云鹏既然不肯回任,徐世昌主张改提周树模组阁,靳在新阁中仍任陆军总长。

　　△　中国正式加入国际联合会(即国际联盟)。

　　6 月 30 日　段祺瑞召集安福系重要人物讨论 29 日公府会谈情况。

　　△　下午 3 时,张作霖赴团河见段祺瑞。段称:"调停政局,乃极好之事。惟吴佩孚以一师长干预政事,要挟条件,此风一开,则中央威信扫地。"又称:"你们如果一定要罢免徐树铮,必须同时罢免吴佩孚。"张以段"谢绝调停",声称"即日出京"。

　　△　山东省议会代表郑钦等 17 人上下午两次赴公府求见徐世昌,陈述山东问题之意见,徐均拒不见。

　　△　上海苏、沪、宁、扬帮成衣匠约万余人,要求店主增加工资,举行罢工。经同业开会讨论决定,自 7 月 20 日起,每月工薪五元者加二成,五元以外者加一成。但扬帮成衣店主违背公约,2000 余人继续罢工一星期。双方相持不下,几经磋商,复由中国工会理事长陈国梁调解,"加资一节,自应按照公议"。工人均表赞成,遂陆续复工。

　　△　晨 7 时,江苏青浦县发生抢米风潮,当时由区长李某督率兵力弹压。计被提取白米、蚕豆、黄豆、小麦等 200 余石。

　　△　北京政府财政部与中日实业公司签订日金 62.5 万元借款合同,以国库款、盐税余款为担保,用于代垫中日实业公司所认资金。

　　△　北京政府财政部与中日实业公司签订日金 223.1083 万元借款合同,以国库款、盐税余款为担保,用于垫付满蒙及山东铁路借款、水

灾借款及吉会铁路借款利息。

是月　汉阳铁工厂 800 工人要求增加工资，举行罢工。厂方指挥警察将工人赶出厂外，与工人大起冲突，工人用铁矿石、石灰石、生铁作武器，击败警察后，相率离厂而去。工人停工 24 天，厂方损失巨大，不得不答应每工加钱百文的要求。工人回厂，化铁炉于 6 月 22 日开炉。

△　特种财产局与中法实业银行签订银元 20 万元借款合同，以北京德华银行房产为担保，用于支付政费。

△　美国实验主义哲学家杜威来华讲学，先后在上海、杭州、苏州、无锡、嘉兴等地作有关教育学和哲学问题的讲演。

7　月

7 月 1 日　孙中山命朱执信、廖仲恺至漳州催促陈炯明率师回粤，并许以经济上之援助。

△　北京政府停付俄国庚子赔款。23 日，驻京俄公使库达摄夫向北京政府外交部提出抗议。

△　曹锟、吴佩孚等发表《直军将士告边防军、西北军将士书》，和《直军将士再忠告段军书》，指出南北战争，卖国媚外，国危民痛，"追源祸始，段为戎首，徐为祸水，而安福则助虐者也"。直军为助元首而除段、徐及声讨安福，系为救国。号召北洋军人，遐尔一体，何有皖直之分，外御其侮，内息阋墙，"绝不堕其收买离间术中"。

△　安福系开会，决定请段祺瑞组阁及惩办吴佩孚，作为抵制直系进攻之方针。

△　福州各校教员因官厅不发给教育经费，教员薪俸无着，举行同盟罢课。

△　上海证券物品交易股份有限公司开幕。资本总额 500 万元，营业有价证券、棉花、棉纱、布匹、金银、粮食、油类、皮毛等。理事长虞洽卿，理事闻兰亭、赵士林、盛丕华等六人。此为中国有交易所之始。

△ 广东官煤局与日商三井物产会社签订港币 11.5 万元借款合同,用于支付货价欠款及利息。

7 月 2 日 徐世昌令准国务总理兼陆军总长靳云鹏辞本兼各职;特任卢永祥为浙江督军;松沪护军使一缺着即裁撤,改设松沪镇守使;调任何丰林为松沪镇守使。

△ 上海商界联合会为租界行使印花税问题,开会一致反对。

7 月 3 日 曹锟、张作霖、李纯联名通电,宣布徐树铮卖国媚外六大罪状,并谓"扫清君侧,奠我神京。伏望全国士民,一致声讨"。

△ 段祺瑞密令督理边防军训练处,谓:"据宪兵司令部密报,吴佩孚由第三师各营挑选资深头目百余名,穿着便服赴京畿一带煽惑军队等语。除分行外,合亟密令该处即便密饬严行查拿,如获其人,即以煽惑军队宣布罪状,按律处置,切勿稍涉轻纵,是为至要。"

7 月 4 日 徐世昌特任徐树铮为威远将军,开去西北筹边使及西北边防总司令职,留京供职。西北筹边使着李垣暂行护理;西北边防总司令一缺,着即裁撤,其所辖军队,由陆军部接受办理。

△ 浙督卢永祥致电北京政府,以"松沪地方重要,未便骤事更张"为词,拒绝接受裁撤松沪护军使命令。同日,何丰林致电北京政府不接受松沪镇守使职。

7 月 5 日 段祺瑞以边防督办名义命令边防军紧急动员。

△ 侨俄华工数十万选出代表,开第三次全俄华工大会,议决通电孙中山转全国同胞,提出四事:请求全国同胞团结,大力协助中国青年革命事业;请求我国即行承认劳农共和国,并请我国对于反对俄国之列强勿施以援助;请求我国即派正式全权代表来俄,以结邦交;请求我国对在俄侨民之欲回国者予以便利。

△ 直皖战争前夕,徐树铮迭召旅团长会议讨论对待办法。据步统领衙门军事科搜集情报,谓:"7 月 4 日,据报称,徐筹边使以吴佩孚干预内政,得寸进尺,有非战不能之势。然战则出师无名,不战则势必瓦解。是以迭召所属旅团长会议讨论对待办法,决议数端:一、持镇静

态度以避其锋;二、暂取守势以待动静;三、密令驻洛阳西北军两混成旅牵制吴军;四、密电吴光新调队信阳,遥为声势;五、密令吴光新坚辞湘督任,南军扰鄂侵赣,以分其势;六、遇事请示段督办,以资服从而无遗恨。故近来对于政潮绝不发言,不过暗令军队严为防范。”

△　徐世昌宴请张作霖,对张“奔走京保,勉作调人,颇表感谢”。

7月6日　驻北京西北边防军改称定国军,以段芝贵为总司令,向保定出发,准备与直系曹吴作战。

△　上海江南造船所工人数百名与海军发生冲突,伤毙工匠三名,工人举行罢工。8日,所长请惩办凶手以平民忿,海军当局故判重责军棍数百下,并至各厂示众,工人复工。

△　北军第十六混成旅旅长冯玉祥率部由湖南常德、桃源退至鄂境。湖南境内已无北军。

7月7日　张作霖以调停失败,深夜不辞而别,乘车离京,在军粮城下车,随即宣布“局外中立”。

△　远东共和国代表优林致电北京外交部,促请开议。同日,北京国务院致函外交部,对优林不宜过于拒绝。

7月8日　曹锟急电徐世昌,谓:“顷据确报边防军第一师已下动员令直趋保定。警讯传来,殊深骇异。该军未奉明令,骤尔开拔,无端自由出发,示威压迫,俨如敌对行为。对于保定方面意在开衅,究持何种理由?锟备位畿疆,应负捍卫地方之责,如该军有轨外行动,宜速定对待方针,保境卫民,责无旁贷,惟有仰恳钧座主持,迅示机宜,俾资应付,事机迫切,飞电驰陈,伏候训示遵行。”

△　晨6时,段祺瑞自团河入京,在将军府召集全体阁员及军政人员开联席会议,决定起兵“讨伐”曹、吴,并呈请徐世昌“迅发明令,褫夺曹锟、吴佩孚、曹锳三人官职,交祺瑞拿办”。并称:“兵队现经整备,备齐即发,伏祈当机立断。”

△　张作霖在天津省公署开紧急会议,讨论直皖战争问题,曹锟、吴佩孚及八省同盟均派代表参加。吴佩孚在会上发言分析直皖力量对

比,指出"段派实如瓮中之鳖","一临战地,溃散立见"。曹、张等均表赞同。

△ 长沙滇军旅长鲁子材发出通电,声明不受广东节制。

7 月 9 日 段祺瑞在团河组织定国军总司令部,自任总司令。派徐树铮为总参谋长;段芝贵为第一路司令兼京师戒严总司令;曲同丰为第二路司令兼前敌总司令;魏宗翰为第三路司令。

△ 边防军第三师开赴廊房,边防军第一师与陆军第九师、第十三师、第十五师开赴长辛店、卢沟桥、高碑店一带。

△ 曹锟在天津举行誓师典礼,派吴佩孚为讨贼军前敌总司令。吴宣言"亲率三军,直向神京,驱老段、诛小徐",所部称讨贼军。设大本营于天津,设司令部于高碑店。吴佩孚兼西路总指挥,曹锳为东路总指挥,王承斌为后路总指挥。

△ 徐世昌令开去吴佩孚第三师师长署职,并褫夺陆军中将原官暨所得勋位勋章,交陆军部依法惩办;曹锟"督率无方,应褫职留任,以观后效"。

△ 北京外交团照会北京政府,如果战事危及外侨生命财产,中国政府应负完全责任;北京附近 30 里内,不得有军事行动。

△ 江苏督军李纯令苏常镇守使兼苏军第二师师长朱熙派兵一团进驻昆山。10 日,拆毁黄渡至陆家浜一段路轨,是晚沪宁路火车中断。11 日,上海宣布特别戒严,浙军向南翔集中,战机一触即发。嗣经外交团及地方团体迭向双方劝告,12 日苏、浙两省当局成立"保境安民"公约,13 日南翔沪军、昆山苏军均撤回原防,铁路修复通车。

△ 天津学生联合会召集临时紧急会议,一致认为公开审判被捕天津代表,倘不能得到完满判决时,天津全体学生誓作最后牺牲,与黑暗势力相搏斗,并发出敬告全国父老书。17 日,天津地方审判厅法庭开庭,宣布被捕学生代表五人无罪。到庭欢迎者百余人,并留影纪念。

7 月 10 日 孙中山复电李绮庵,指示讨伐桂系军事事宜,并告以派居正来粤为总司令,黄大伟为参谋长,"望各同志一律称路,不得称军。而各路司令悉听总司令指挥,立功后乃再定等级"。

△　直军全体将士发表宣言,声讨安福系。

△　在沪广州旧国会议员,以参众两院名义宣告国会在滇成立,举孙光廷为参议院临时主席,陈鸿钧为众议院临时主席,代理议长职务,开非常会议。

△　曹锟致函外交使团,列举日本有助段嫌疑,提醒公使团注意。英美各国对于日本久怀不满,日本有所忌惮,虽暗中助段,也不能不表示中立。14 日驻京日使小幡酉吉宣称否认助段。

△　9 日,张作霖由军粮城抵沈阳,是日致电段祺瑞,指斥徐树铮,并称:"誓将亲率师旅,铲除此祸国之障碍,以解吾民之倒悬。"

7 月上旬　上海闸北缫丝女工,因米价昂贵举行同盟罢工。四区署长亲率巡官长警赶来弹压,将为首女工三人拘留。

△　上海杨树浦班达鸡蛋公司工人 500 余人,要求增加工资,全体一律罢工。经过交涉,资方允许每人加工资 1.5 元,工人复工。

△　广州珠江电船公司工人,反对厂商增加工作时间,举行同盟罢工。厂商将为首者 80 余名工人,一律革退。

△　广东潮阳县船户反对民团局抽收苛捐杂税,相率罢工,停止运载。

7 月 11 日　边防军第二师师长马良派兵一旅向德州开拔,以牵制直军后路。

△　张作霖召集吉督鲍贵卿、黑督孙烈臣、奉军总司令张景惠等在奉天省公署开会,决定派第二十七、第二十八两师各出兵一旅入关,并随即下动员令。

△　曹锟电张作霖,希望在对皖战争中得到奉军支持,并联衔发表讨皖通电。同日,张复电表示赞同,告以"弟处已备二十七、八两师步队,兼以马队两旅,当能足用"。并称"愚兄以兵力论,我众彼寡,以公理论,我直彼曲,绝无不胜之理"。

△　上海江苏教育会等八团体通电:"报载边防军有赴保定开战之

说。查边防军系根据军事协约,中有日本士官 200 余人充教练之职。德战终了了,军事协约当然取消,日本士官亦当解雇。今仍以对外之防军,移为内讧,供人之武力,杀吾同胞。国民闻之,既骇且痛,应请协力劝阻,免为朝鲜之续。"

7 月 12 日　曹锟、张作霖、王占元、李纯、陈光远、赵倜、蔡成勋、马福祥、王廷桢联名致电徐世昌,宣告对段祺瑞作战。略谓:"诇倏传警耗,变出非常。合肥方面,以段芝贵为总司令,派边防军直趋保定,昌言与直军宣战,并计定攻苏、攻鄂、攻豫、攻赣,强迫元首,下令讨伐。……诇合肥欲施其一网打尽之计,是以有触即发,为徐树铮之故,为安福部之故,乃不惜包围元首,直接与锟等宣战,总施攻击。"并谓:"迫不得已,惟有秣马厉兵,共伸义忿,纾元首之坐困,拯大局于濒危,扫彼妖气,以靖国难。"

△　吴佩孚等直系将领联名通电对皖系宣战。内云:"元首罢除徐树铮,原为俯从民意。段氏以翦其羽翼,因羞成怒。团河会议,凶焰鸱张,特派徐树铮率军警包围公府,软禁元首,夺出印信,擅发伪令,都门喋血,津保弄兵,谋为不轨。……为拥护元首计,为俯顺舆情计,为保存国民人格计,为培养国家精神计,不得不整饬戎行,诉诸武力,歼厥渠魁,取彼凶残,攘除奸凶,以纾国难。"

△　徐世昌令京外军民长官,对于外人在华生命财产,一律加意保护。

△　直隶省议会、天津总商会通电指责皖系,呼吁停战。

7 月 13 日　段祺瑞发表讨伐曹锟、吴佩孚、曹锳之传檄通电,指斥曹、吴、曹"目无政府,兵胁元首,围困京畿,别有阴谋。……该曹锟等,不惟置若罔闻,且更分投派兵北进,不遗余力。京汉一路已过涿县,京奉一路已过杨村,进窥张庄,于两路之间作捣虚之计。猛越固安,乘夜渡河,暗袭我军,是其直犯京师畿甸,已难姑容。……今尽京畿附近各师旅编定国军,由祺瑞躬亲统率,护卫京师,分路进剿,以安政府而保邦交,锄奸凶而定国是"。

△　吴佩孚出师讨段,通电各省督军、省长,谓:"自古中国,严中外之防,罪莫大于卖国,丑莫重于媚外。穷凶极恶,汉奸为极。段祺瑞再秉国钧,认贼作父。始则盗卖国权,大借日款以残同胞。继则假托参战,广练军队以资敌国。终则导异国之人,用异国之钱,运异国之械,膏吾民之血,绝神黄之裔。实敌国之忠臣,民国之汉奸也。……南北本属一家,直皖岂容二致! 今日之战,为救国而战,为中华民族而战。其幸不辱命,则佩孚等解甲归田,勉告无罪于同胞。其战而死,为国民争人格,死亦有荣无憾。"

△　张作霖通电宣布派兵入关,参加直皖战争,谓:"作霖奉大总统令入都,本爱国保民之素志,抱宁人息事之苦衷。冒暑远征,力疾奔走。哓音瘏口,出为调停,原期暂息争端,借以稍纾国难。……作霖为戴元首,卫我商民,保管我路线,援救我军旅,实逼处此,坐视不能。义愤填膺,忍无可忍。是用派兵入关,扶危定乱。其与我一致者,甚愿引为同胞,其敢于抗我者,即当视为公敌。"

△　鄂西靖国军总司令兼第二军军长黎天才致电唐继尧,请示目前时局进行方针。8月23日,唐继尧复电黎天才,略谓:"自长岳得手,北方突起内讧,此正予我以绝好机会。此间抱定先廓清川局之主旨,根基稳固,然后合三省之实力,号召同志斡旋时局争衡中原。"

△　浙江嘉兴新篁镇贫民1500余人,拥入八家米店。其时该镇绅董周嘉禄家,见势不佳,将门关闭。贫民打墙入内,取去食米100余担,警察前往镇压。15日东栅口镇,突来贫民五六百人,拥入鸿盛米行,县知事、警长亲往弹压,派兵驰往保护。

7月14日　直皖战争开始。是日午后,段祺瑞召集特别军事大会,决定立即对直军下达总攻击令。直皖两军之战区分东西两路。东路在京奉铁路沿线;西路在京汉铁路沿线。皖军东路指挥为徐树铮;西路指挥为段芝贵。直军西路总指挥为吴佩孚;东路总指挥为曹锳。

△　徐世昌令:"自此次明令之后,所有各路军队,均应恪遵命令,一律退驻原防。戮力同心,共维大局,以符本大总统保惠黎元之至意。"

△ 晚 8 时,边防军第一师及陆军第十五师为先锋,向直军第三师进攻,直军退出高碑店。同日,东路边防军在徐树铮指挥下,由梁庄、北极庙一带向直军进攻。双方胜负未决。

△ 黎天才致电唐继尧,谓:"顷据京津探报,皖直两系已决裂,京汉、津浦两路已中断。天才窃谓现在北方情况,直系八督共同联盟,由东北奉吉黑三省结合直豫,达东南之苏赣鄂各省,联成一片,以期制段。……此间风传,直皖两系均竭力与钧座周旋,希图彼此携手,再奠国基。"8 月 23 日,唐继尧复电黎天才,谓:"上月寒电悉。北方战争,现已停止,然地丑德齐,未必遂能相下。我军现只须团结一致,静待机会,以为发展之计。联皖联直,均非手段所必采,但视机会如何。"

△ 江苏督军李纯通电宣布经与浙督商定,实行保境安民宗旨。

7 月 15 日   唐继尧邀请李烈钧、褚辅成至署举行会议,决定将军政府与国会移设重庆。

△ 曹锟致电张作霖及各省督军、省长,告以皖系边防军分路进攻等情,谓:"边防军称兵以来,扰害商民,近仍进行不已。以众大之兵力占据涿州、固安、涞水等处,于寒(14)删(15)两日向高碑店方面分路进攻。东路则占梁庄、北极庙一带,向杨村攻击。炮声猛烈,枪弹如雨。敝军为防御,未即还攻……实为有意开衅。"

△ 湖北省议会致电徐世昌,要求勒令直皖双方弭兵息争。

△ 上海商业公团联合会、上海各路商界总联合会等 144 团体致电李纯、曹锟、吴佩孚及各省督军。谓:"数年来国人受安福党人祸国殃民之毒害,农工商学无日不企望国民年出数万膏血所养之国军起而为民除害。"

△ 梧州公民是日续开第三次公民大会,与会者将近万人,反对展拓商埠。

△ 江苏松江县发生抢米风潮。该处富绅囤米甚多,不零出售,于是乡人愤怒,即将富绅之米一取而光。警长率警前往弹压,乡人愈聚愈众,竟将警察局捣毁。次日,松江平粜局出售烂米,贫民愤怒,将米 700

余石抢走。18 日,县署出示严禁。

△ 李绮庵奉孙中山命策动粤海军"江大"等八舰起义,令攻广州桂军,事败。舰上将兵遂分乘舢板渡登九澳海岛,遭驻岛葡兵开枪射击,13 人死难,23 人被俘,李绮庵等九人乘渔船脱险。

△ 浙江温岭、临海、黄岩、宁海等县,连日风雨大作,灾情奇重,为 60 年来所未有。其中以温岭为最重,溺毙者约有 3000 名之多,总计灾民约达万余人。

△ 直隶省财政厅汪士元与开滦矿务局代表杨嘉立在天津订立《秦皇岛官荒地亩租约》。

7 月 16 日　天津开到日军护路队,强迫直军退出铁路线二英里外,西北边防军乘虚而入,直军放弃杨村,退守北仓。京津铁路因此不能通车。三天两战,直军皆败。

△ 曹锟通电正式宣告对皖系作战,谓:"自今日起,实行围困奸党根据地,必将凶残除尽,以固邦本。"

△ 张作霖、鲍贵卿、孙烈臣致电徐世昌、段祺瑞,明确表示助曹讨段,谓:"奉省获犯姚步瀛等,供认受曾云霈等指使并定国军第三军委任,来奉招匪扰乱地方等情。……群匪就擒,而主谋诸凶,尚复优游京邸,盘踞政权。此次共举义师,拥护元首,讨伐诸奸……即以保护路权,并保护外人之生命财产,用再通电奉陈。"

△ 长江上游总司令、新任湖南督军吴光新在武昌湖北省署被王占元扣留,其驻扎汉口卫队千余人亦被缴械。张敬尧闻讯,连夜仓皇逃离汉口。

△ 广州军政府通电宣布段祺瑞罪状,支持曹吴讨段。

△ 留日台籍学生团体"新民会"在东京创办之《台湾青年》杂志创刊,蔡培火为发行人,林呈禄等为主编。系中日文并载,至民国十一年 2 月 15 日,共出版 18 期,为日本政府禁止发行。

7 月 17 日　直皖战事西战场情形突变。吴佩孚退出高碑店,率领一部直军,绕道向涿州、高碑店之间的松林店进行突击。皖军师长曲同丰及其高级将领战败被俘。直军占领涿州,并向长辛店追击。同日,东战场发生变化,奉军协助直军作战,驻廊坊边防军不战而降,东路总指挥徐树铮逃回北京。

△　张作霖通电各报馆借口在奉天捕获安福系谋乱东三省之代表姚步瀛等 13 人,宣布讨段并加入直军作战。略谓:"作霖此次出师,为民国铢锄奸党,为元首恢复自由,拯近畿数百万人民于水深火热。倘国难不解,党恶不除,誓不重旋乡里。"

△　苏督李纯致电徐世昌,声讨安福系。

△　广州军政府国会联合会议讨伐段祺瑞,决议:"(一)通电全国,讨贼救国;(二)咨请军政府下讨伐令;(三)通电各国公使中立,勿助段祺瑞。"

△　天津领事团派出英美法日四国护路军,率同工程人员修复杨村铁路,京津火车恢复通车。

7 月 18 日　直军第三师第六旅进占琉璃河。同日,西路皖军第十五师第二十九旅旅长张国溶、第三十旅旅长齐宝善在高碑店联名通电停战。至此,西路已无战事。

△　绥远都统蔡成勋通电与直奉联军一起声讨安福系,并派兵参加直皖战争。

△　边防军第二师师长马良派兵由济南开抵禹城、平原,与直军第五混成旅旅长商德全部在德州对垒。是日,边防军第二师攻占德州,由于边防军第一师在涿州大败,马良不敢再进兵。

△　奉吉黑三省议会、教育会、工商会致电各省督军省长,指责皖系派遣姚步瀛等赴奉活动,谓:"惟段、徐等不惟不知悔祸,且愈肆其毒计,不惜鱼肉国民,以求一逞。"

△　中华工业联合会致电徐世昌,要求将段祺瑞、徐树铮依法严惩,以谢国人。

7 月 19 日　段祺瑞致电曹锟、曹锐、张作霖、李纯等自劾乞和,谓:"此次编制定国军,防护京师,盖以振纲饬纪,初非黩武穷兵。乃因德薄能鲜,措置未宜,致召外人之责言,上劳主座之廑念。抚衷内疚,良深悚惶。……现在亟应沥陈自劾,用鲜愆尤。业已呈请主座,准将督办边防事务管理将军府事宜各本职暨陆军上将本官,即予罢免,并将历奉奖授之勋位勋章,一律撤消。定国军名义亦于即日解除,以谢国人。"直皖战争至此结束。

△　徐世昌颁布停战令。责成各路将领迅饬前方各守防线,停止进攻,听候命令解决。

△　靳云鹏、姜桂题、傅良佐、张怀芝等六人受徐世昌委派,赴天津与直奉方面议和。所携段祺瑞同意的四条件为:惩办徐树铮解散边防军,解散安福系及罢免曾毓隽、李思浩、朱深三总长,解散新国会。直隶省长曹锐接见代表,表示"须俟各省公决"。曹扣押傅良佐,并缴械所带武装警卫 170 余人。姜等四人无结果返京,靳赴奉与张作霖磋商。

△　豫督赵倜致电徐世昌、曹锟、张作霖等,讨伐段祺瑞。

△　赣督陈光远致电曹锟、张作霖等讨伐徐树铮,谓:"据谏(16)日第二路总指挥张宗昌等电称:'近因元首命令免其现职,彼果怂恿合肥,行使武力,宣言反抗。一面威胁元首,矫发命令,似此跋扈飞扬,将挟元首以令天下。倒行逆施,愈演愈烈。若不及时歼除,必陷国家于危亡之境'等语。……远治军江右,有捍卫国家之责。兹据各该将领合词电称,自应躬率三军,从诸帅后,共伸挞伐。"

△　陕西省长刘镇华致电各省督军、省长,呼吁直皖双方,勿令河南为战场,谓:"迩来京保风云日趋险恶,中州腹壤,屯集重兵。战衅一起,将以大河南北为黩武之地。镇华忝隶军籍,原属豫人,以服从中央为天职,以保卫桑梓为宿心。……尤望吾豫同乡诸将领暨各机关同声诉吁,协力维持,祛党系派别之见,抒保全乡土之忧,是全豫 3000 万人所叩盼者耳。"

△　江苏督军李纯通电宣布,自 18 日起全省实行临时戒严。

7 月 20 日　曹锟通电正式声明出师宗旨并否认复辟传说。电称:"查各省联军此次义举,纯为救国。"至"复辟一说,尤属无稽之谈"。

△　张勋通电徐世昌及各省督军省长,否认勾结曹锟重谋复辟。声称:"勋年将七十,但得作太平之民,永拜共和之赐,于愿已足,当复何求。"

△　全国学生联合会总会致电驻京日使小幡酉吉,谓:"贵国国民加入段军,业已证实。此举不特有背贵国严守中立之宣言,抑且贻贵国羞。倘不加取缔,敝国国民自有正当办法,以对此等非礼无法之举动,用先忠告,诸维鉴察。"

△　全国学生联合会总会致电驻京使团,谓:"日人加入段军,事实昭然。此不但助长敝国内乱,抑大背国际成例。除由国民直接提出抗议外,望主持公道。"

△　中华工会致电驻京使团,谓:"敝国皖直决裂,原属内争,与外人毫无关系。近有日人借饷助械,指挥边防军,长延战期,祸及中外。且日人炮轰直军,有违万国公法,破坏中立条例,目无公理,徒增我国民之恶感也。用特电请贵公使主持正义,从速向日使严重交涉,以维公理而遏强权。"

△　海军总司令蓝建枢致电徐世昌及各省督军、省长,宣布安福罪状。

7 月中旬　莫荣新与海(海军)、闽、浙三军开军事会议。议定两事:一、以海、闽、浙三军协同攻取厦门、泉州以进窥福州,而驱逐李厚基,定一星期动作;二、预计粤军陈炯明如助李厚基,而攻海、闽、浙各军时,则由桂军袭击陈后方以牵制之。

△　吴淞铁路工厂机工 500 余名,因米价上涨,要求增加工资,举行罢工。

7 月 21 日　徐绍桢等率数千人在江门起义,号称"救粤军",并分五路攻袭广州,掀开讨桂战争序幕。

△　南北海军将校林葆怿、蓝建枢、蒋拯、杜锡珪等通电声讨安福党人罪恶,并称南北实力提携,共济艰难。

△　王占元派直军第十一师师长李奎元进占信阳,吴光新所部两

旅被包围缴械。

　　△　北京政府外交部致电西北筹边使署，告以倘远东共和国代表优林改为商务委员名义，可允其来京。

　　△　驻京日使馆研究中国现状及将来派系趋势，阴谋分五路进兵，其情报内称："到此之时，外人如不实行干涉，更无安静之时日。其时帝国作何样态度，能取优胜之地位，且预测将来，或中日之开仗，日美之开仗，恐或因此而起，然则帝国不得不预备，计乘机进兵于有关各地，以观形势之变迁，图进帝国之利益。进兵区域定五区：第一区长江沿岸；第二区上海；第三区济南、青岛；第四区山海关；第五区北京。"

　　7月22日　湘军总司令谭延闿发表治湘宣言，宣布湖南自治。此为主张联省自治运动之先声。

　　△　徐世昌特派王怀庆督办近畿军队收束事宜。

　　△　察哈尔都统王廷桢率师进驻康庄，与边防军、西北军在居庸关附近发生战事，察军战胜，边防军、西北军被解除武装。26日，察军进占居庸关。

　　△　安徽督军倪嗣冲通电宣布自是日起全省临时戒严。

　　△　山东省议会通电吁请直皖双方停止鲁境作战，撤退在鲁直军。

　　7月23日　直军师旅长、镇守使吴佩孚、曹锳等14人，自琉璃河联名电北京步兵统领王怀庆，提出罢兵六条件：一、边防督办官制取消，边防军解散；二、西北筹边使官制取消，西北军解散；三、段合肥安置汤山，候国民公决；四、徐树铮、曾毓隽、朱深、李思浩、丁士源五人，拿交法庭审办；五、国会停会；六、安福系首领王揖唐及安福系议员追交证书，永褫公权。

　　△　广东省议会致电徐世昌、驻京各国公使，谓："近日内部政争，京畿变起，日公使及外务大臣复宣言严守中立。不料边防军竟调遣入内与直奉军队交战。且昨阅报章，皖军有日本军官加入，败溃之时被获三人。京奉路线直军炮队为日本卫队司令拒却开离，而皖军进占未闻阻止。……恳请主持公理，阻止边防军移供内争，并请驻京日使力践迭

次宣言,俾战祸不至延长。"

△ 新疆省议会致电徐世昌、国务院,声讨段祺瑞、徐树铮,谓:"南北之不能统一,党派之所以纷争,实段祺瑞一人有以激之,而实由徐树铮一人有以使之。……至于边防、西北、定国各军,应一律勒令解散,以息兵争,而除后患。"

△ 直奉两军先头部队开到北京。24 日大队人马陆续开到,进驻南苑、北苑营房,相约不入城。

△ 济南镇守使马良通电阻止直军通过鲁境进攻皖系。

△ 外交团照会北京政府,决议派遣外国军队维持京奉铁路交通,并将天津总站收归英人管理,如中国军队违反 1902 年之公约,便以武力对付。

△ 驻京俄公使库达摄夫抗议停付俄国庚子赔款。

7 月 24 日 北京政府改组。徐世昌令财政总长李思浩、司法总长朱深、交通总长曾毓隽均免本职,派财政次长潘复、司法次长张一鹏分别代理财政、司法部务;特任内务总长田文烈兼署交通总长。

△ 湖南全省国民大会集会声讨安福系,并当场议决五条:一、解散安福系,严办安福系首领段祺瑞、徐树铮、王揖唐、朱深、曾毓隽、李思浩、张敬尧等;二、解散非法国会,剥夺安福议员全体公权;三、取消军事协定,及中日间一切秘密条约;四、不承认非法借款,并清查国家历年财政;五、铲除亲日派。

△ 山东省议会致电北京政府,促令直皖双方息争并撤回在鲁直军。

△ 山东督军兼省长田中玉密电北京政府及曹锟等,表示鲁省实行中立,庶免日本乘机进兵侵占。

△ 徐世昌令准京畿卫戍总司令段芝贵辞职,特派王怀庆兼署京畿卫戍总司令;令准河南省长王印川辞职,特任张凤台为河南省长。

7 月 25 日 奉军搜查安福俱乐部。

7 月 26 日 徐世昌下令撤销本年 7 月 9 日关于曹锟、吴佩孚等处分命令。

　　△　徐世昌令准京师警察总监兼督办京都市政事宜吴炳湘免本兼各职；任命田文烈兼督办京都市政事宜；任命殷鸿寿为京师警察总监。

　　△　徐世昌令漕运局着即裁撤，所有该局事务仍由各主管部办理。

　　△　靳云鹏偕张作霖至天津。是日，张对记者谈话，表示不与吴佩孚接洽，仅与曹锟接洽，谓"吴不过一师长，不应干涉政治。"并电邀曹锟来津举行会议。28 日，曹锟应邀由保定抵天津。

　　△　孙中山为谢彬所著《新疆游记》一书作序，指出"有志之士，当立心做大事，不立心做大官"。

　　△　优林改用商务总代表名义，请发给来京护照。并声明此行宗旨，专为会商两国通商事宜。

　　7 月 27 日　苏督李纯令苏常镇守使勒令苏州安福系之《苏报》停刊。该报经理王伯薇闻讯逃往上海，主笔朱梁任、编辑顾铎亭等被捕判刑。

　　7 月 28 日　徐世昌令准督办边防事务管理将军府事务段祺瑞免本兼各职；准大理院院长姚震免本职，任董康为大理院院长。

　　△　徐世昌令裁撤督办边防事务处，其所辖之边防军着陆军部即日接收，分别遣散。

　　△　徐世昌令撤销西北军名义，并责成陆军部将西北军所辖军队迅速收束，妥为遣散。

　　△　孙中山、唐绍仪、伍廷芳、唐继尧联名致电徐世昌，谓："文等特本国民公意，用再宣言，无论北方内讧如何结束，无论当局者为何派何人，惟我西南护法救国主张，必始终贯彻。北方果有希望统一诚意，必须首先废止中日军事协定，并有宣布废止中日廿一条之表示，然后和议乃可赓续，而国本乃不至动摇。倘有违背护法救国主张，复假借名义以谋个人权利者，不问南北，不问派别，当与国民共讨之。"

　　7 月 29 日　徐世昌令通缉安福系祸首，谓："徐树铮、曾毓隽、段芝贵、丁世源、朱深、王郅隆、梁鸿志、姚震、李思浩、姚国桢等分别褫夺勋位勋章,由步军统领京师警察厅一体严缉,务获依法讯办。"

△ 徐世昌令:"前京师警察厅总监吴炳湘于此次徐树铮等称兵构衅之时,不知远嫌,有背职务,虽经免职,仍着褫夺陆军中将原官暨所得勋位勋章,以示惩儆。"

△ 徐世昌令:"吴光新着先行免去湖南督军暨长江上游总司令各职,交王占元彻查确情核办。所有长江上游总司令一缺,应即裁撤。其所辖军队并由王占元妥为收束以节军费。"

△ 徐世昌特任热河都统姜桂题兼管理将军府事务;特派江庸充修订法律馆总裁。

△ 张作霖、曹锟、靳云鹏及各省代表在天津举行会议。吴佩孚派代表出席。会议决定:一、解散安福国会,另行召集第三次国会;二、请靳云鹏复职;三、取消上海和平会议。

△ 驻京日使对湘省日舰被击案,向北京政府提出八条要求。

7 月 31 日 驻洛阳西北军第一旅旅长宋一勤,闻皖军失败消息后,向商会筹款五万元以充军费,商会未允其请。是日晚全旅哗变,全副武装,肆行抢劫。至 8 月 1 日拂晓,奉军、直军先后到洛,合力痛剿,变兵不支,始向洛阳西南方向窜逃。

是月 北京政府财政部与华俄道胜银行签订银元 20 万元借款合同,以盐税余款为担保,用于京钞兑换准备。

△ 北京政府交通部津浦路局与慎昌洋行签订行化银 1079.2962 万两借款合同,用于购买料款。

8 月

8 月 1 日 吴佩孚通电全国,主张召开国民大会,解决国是。提出大纲八条,其要旨为:定名国民大会;由国民自行召集,不得用官署监督;宗旨取"自决主义",凡统一善后及制定宪法与修改选举法及一切重大问题,均由国民大会公决;会员由全国各县农、工、商、学各会各举一人，为初选所举之人，再由全省合选五分之一为复选，俟各省复选完竣，齐集天津或上海，成立开会；期限以三个月内成立，开会限六个月，即行闭会。并主张将南北新旧国会一律取消，南北议和代表一律裁撤，所有历年纠纷，均由国民公决。

△　川军总司令吕超电请孙中山、唐绍仪、伍廷芳等入川组织政府。

△　冯玉祥致电徐世昌，反对起用复辟罪魁张勋督皖，中有"国家纵乏人才，何至以叛国罪魁复作封疆长官？且张勋如可起用，则讨逆者尽为多事，拥护共和皆为张勋罪人；起用张勋，不啻为张谢罪"等语。

△　甘肃督军张广建致电北京政府，告以前因西藏交涉，曾派员与达赖磋商一切，达赖要求在拉萨或印度开和平会议，并请英国作证。

△　侨美中国国民党在费城召开年会，与会代表50人，代表五万居美华侨。会后列队游行，旗帜上书"吾人必逐日人出山东"、"吾人必逐去广州军阀"等口号。

8月2日　江苏督军李纯、省长齐燮元致电上海军警各机关："顷接院电开：'据上海护军使电称，全国各界联合会虽经解散，暗中仍积极进行……现各代表已分头出去。除随时侦察外，应请密电各省一体注意察查。如尚有各界联合会机关存在，即严行解散，以遏乱萌。'查各界联合会既经解散，所有分布各省支部，自应一律查禁消弭，俾绝根株。希即严饬所属查照办理。"

△　在滇国会议员开两院联合会，议决国会移重庆开会，并请各总裁速将政府各机关随同移往，以应时机。

△　吴佩孚抵天津，会见张作霖，陈述召开国民大会意见，张即表示反对。

△　粤督莫荣新与英领事司拉在广州签订修正合资开采广东煤矿合同之附约，其中规定："广东政府从此承认此约附加于一九二一年四月二十三日合同，由督军省长签押盖印，担保证明。"

8月3日　徐世昌令解散安福俱乐部。令称："政党为共和国家之通例,约法许集会结社之自由,安福俱乐部具有政党性质,自为法律所不禁。年余以来,迭据各省地方团体函电纷陈,历举该部营私误国,请予解散。政府以为党见各有不同,毋庸深究。乃此次徐树铮、曾毓隽等称兵构乱,所有参预密谋,筹济饷款,皆为该部主要党员……是该部实为构乱机关,已属逾越法律范围,断不容其仍行存在。着京师卫戍总司令、步军统领、京师警察厅即将该部机关实行解散。"

△　徐世昌免京兆尹王达职,以王瑚继任。

△　徐世昌令第九师师长魏宗瀚免职,任命陆锦署第九师师长。

△　赴法勤工学生 1000 余人成立留法勤工俭学学生会,分工作、书报、讲演、消息、会务五部。

△　北京政府司法部颁布《民事诉讼执行规则》,凡五章 138 条。

△　北京政府外交部致电西北筹边代使路邦道,发给优林来京护照。

8 月 4 日　徐世昌改派李纯为南北议和北方总代表。同日,北京国务院撤销王揖唐北方总代表职务。

△　徐世昌以近日直皖喋血近畿,下令表示悔祸。称:"假令制驭有方,亦何至有今日之横决?竟使士兵暴骨,商民涂炭,孰使为之,孰令致之,以酿成泯棼之局,反躬循省,疚悔何追!"

△　曹锟、张作霖等为直皖战争结束,否认外传为复辟派已占优胜致电徐世昌,谓:"现在战事已告终结,善后问题次第解决。……近复造作流言谓,我国现状分复辟与共和二派,复辟已占优势,共和派亦将有所行为。蜚语流传,令人不寒而栗。……此等邪说,显系祸国诸奸力竭势穷,为最后图谋破坏之诡计,藉免其天下公敌之罪恶。……锟等为国家安全计,为人民幸福计,始终抱定拥护元首,服从舆论,造成真正共和国家之宗旨。耿耿此心,可质天日,谨抒诚悃,再为声明。"

△　北京政府内务部为徐树铮等逃匿日本使馆事,咨复京畿卫戍司令部,请会商外交、司法两部,向日使馆据理交涉,以便将徐树铮引渡归案讯办。

　　△　吴佩孚由天津抵达郑州,为争取舆论支持,向来访记者宣布四不主义:"一不做督军,二不打内战,三不干政,四不扰民。"

　　△　苏州振亚织物公司工人,因反对资方虐待,举行罢工。

　　8月5日　前美驻京公使芮恩施率美国议员团来华,是日抵上海。在欢迎会上,孙中山发表演说,指出中国问题"解决的关键,就是废除'二十一条款'"。并宣称:"我们革命党,一定打到一个人不剩,或者'二十一条款'废除了,才歇手。"

　　△　曹锟见徐世昌,谈召开国民大会问题,徐表示:"国民程度过浅,且此事为吴子玉(佩孚)一人之主张,各省未必全数赞同,究竟能否实行,尚待研究。"

　　△　徐世昌令免全国经界局总办曾宗鉴职。

　　△　外蒙汗王贝子呼图克图等由张家口至京,是日徐世昌召见,27日返库伦。

　　8月6日　唐继尧致电褚辅成、唐绍仪、孙中山,对国会移渝表示赞同,谓:"顷得两院江(3日)电开示,决议国会移渝开会等因。……尧宣言护法,忝任总裁,对此自应赞同。所望诸公从速赴渝,俾西南正式合法之机关早得成立,国家人民,实多利赖。"

　　△　吴佩孚应曹锟电召至京,同曹锟、张作霖讨论善后问题,提出"先开国民大会,后议内阁问题"。当晚,即离京赴洛阳。15日,曹锟再次电召吴至京,劝吴面见徐世昌,此后吴对总统问题闭口不谈。17日,吴离京赴郑州,决定以洛阳为练兵之地,以扩大直军势力。

　　△　蒋介石由鼓浪屿抵上海,即同廖仲恺谒孙中山,商谈国内大局。

　　8月7日　徐世昌在公府主持召开联席会议,讨论解决时局问题。曹锟、张作霖、靳云鹏、萨镇冰、张怀芝、王怀庆等参加,会上一致同意靳云鹏组阁,因国会不足法定人数,决定由靳先行署理总理。关于国民大会问题,除曹锟未表示反对外,其余各人均持异议。

　　△　徐世昌令:"王揖唐经派充代表职务,至为重要。乃竟勾煽军

警多方图乱,实属大干法纪。除已由国务院撤销总代表外,着即褫夺军官,暨得勋位勋章,由京外各军民长官饬属一体严缉务获,依法惩办。"

△　徐世昌令:"此次徐树铮称兵近畿,甘心助乱,以致士卒伤亡,生灵涂炭,均属罪有应得。曲同丰、陈文运、魏宗瀚、刘询、张树元,着即褫夺军官军职,暨所得勋位勋章,交陆军部惩办。"

△　徐世昌令:"前以安福俱乐部为构乱机关,业有令实行解散。所有籍隶该俱乐部之方枢、光云锦、康士铎、邓万瞻、臧荫松、张宣,或多方构煽赞助奸谋,或淆乱是非,潜图不逞,均属附乱有据,着分别褫夺官职勋章,一律严缉务获惩办。其余该部党员均照前令免予深究。"

△　徐世昌令山东省长齐耀珊迅赴新任,未到任以前由田中玉暂行兼署,屈映光应遵照前令交卸来京另候任用。

△　徐世昌令司法部通饬京外法官,不得列名党籍。令曰:"应责成司法部,通饬京外法官,自奉令之日始,无论何种结合,凡具有政党性质者,概不得列名,其已列名党籍者,即行宣告脱离,仍由部随时考察。"

△　北京政府外交部照会公使团领衔法国公使柏卜,要求转达各国公使将藏匿日使馆之徐树铮等 10 人,引渡归案讯办。

△　在滇旧国会两院议员开联合会议,一致议决罢免岑春煊军政府政务总裁之职。

△　留日福建学生会发出呼吁书,揭露闽督李厚基祸闽罪恶,主张闽人自治,实行省长民选。

△　天津各界联合会通电声明,新国会非法组合,不能代表民意,并助纣为虐,应速解散。

8 月 8 日　徐世昌令:"教育为国家要政,前以经费支绌,亟应设备基金,明令交部筹办。前据教育部呈称,华俄道胜银行股息,原俄专作教育经费,应请明令将此项股本,定为教育基本金。"

△　是日下午,胡适在上海一品香开茶话会,陈独秀、张东荪、沈恩孚、胡汉民、章行严、叶楚伧及学生代表等参加,讨论"力争自由"问题。

8 月 9 日　徐世昌特任靳云鹏署国务总理。

△ 徐世昌派顾维钧为国际联盟代表;任命刘崇杰为驻西班牙特命全权公使兼驻葡萄牙国特命全权公使。

△ 林森、吴景濂、褚辅成致电孙中山、伍廷芳、唐绍仪,谓:"虞(7)日两院联合会,万议员鸿图等提案,岑春煊毁法误国,亟应免去总裁职务案,当付讨论,全体可决。除电西南护法各省外,专此奉闻,并请通告各国公使为盼。"

△ 驻京日公使小幡酉吉复照北京政府和外交部代理部务次长陈箓,拒不同意交出安福罪犯。称:"徐树铮等九人均来本使馆请求收容,已将彼等收容日本兵营内。"

8月10日 协约国及参战各国对土和约签字。因该约规定仍保有列国在土耳其境内之领事裁判权,中国代表未签字。

△ 熊克武退出川省后,向刘存厚乞援,刘率军由汉中进入川境。

8月上旬 美洲华侨电请孙中山讨伐桂系和北洋军阀,并表示"愿竭全力,为公后盾"。

8月11日 徐世昌特任靳云鹏内阁各部总长:颜惠庆署外交总长;张志潭署内务总长;周自齐署财政总长;靳云鹏兼署陆军总长;萨镇冰署海军总长;董康署司法总长;范源濂署教育总长;王乃斌署农商总长;叶恭绰署交通总长。

△ 徐世昌令准内务总长兼署交通总长田文烈免去本兼各职;海军总长萨镇冰免去本职。

△ 岑春煊令桂军进攻福建陈炯明军阵地。桂军以沈鸿英为总司令,下分三路,以桂军刘志陆为中路司令,浙军吕公望为右路司令,靖国军方声涛为左路司令。林葆怿率领海军前往诏安配合作战。

△ 张敬尧之弟张敬汤被王占元逮捕,并于9月11日以煽惑军队、扰乱大局罪名判处死刑。

△ 北京政府财政部汉口造纸厂与三井会社签订洋例银3443两借款合同,用于支付货价。

△ 北京政府教育部、财政部与中法实业银行签订英金7500镑借

款合同,以盐税余款担保,用于支付留欧学费。

8 月 12 日　粤军总司令陈炯明奉孙中山命,在福建漳州公园举行誓师大会,回兵广州,讨伐桂系。以洪兆麟为第一路司令,许崇智为第二路司令,陈炯明兼任第三路司令,即日出发前线,指挥作战。讨桂战争开始。

△　陆荣廷电广州军政府,称:"赞成急谋统一,但护法名不可损,和局尤重法律。"

△　驻近畿奉军三个师,陆续由南苑、廊坊撤防回奉天。

△　日军在吉林东宁拘捕居民 300 人。

△　优林等抵库伦。

8 月 13 日　徐世昌令准外交总长陆徵祥免去本职。

△　张作霖对日本记者发表谈话云:"国民大会是吴佩孚的个人主张,而吴不过别人的倪傀,他的背后有一个美国人和一个英国人。现在中国人民还没有处理国家大事的程度,这件事情绝对没有商量的余地。我已经请曹经略使约束吴佩孚,不要让他再胡闹下去。"

△　驻京法公使柏卜访晤北京政府外交部代理部务次长陈箓,询问苏俄派代表优林等来京事。

△　陆荣廷、岑春煊命令解散陈炯明驻汕头行署。

△　新疆省议会、总商会响应直隶议会、天津总商会 8 月通电,致电徐世昌请依法惩办段祺瑞,以顺民意。

8 月 14 日　徐世昌特任王宠惠为大理院院长。

△　曹锟、张作霖由津入京,商决时局问题。

△　唐继尧急电唐绍仪,谓:"现在皖直情势,已经明了,谋和声浪,又渐回复。顷已正式宣言,主张法律外交两问题仍从原议。此外废督裁兵,实行民治主义。切望一致进行,以免此后大局之纷乱,其余各端已分别电商,仍主和平解决。至于军府国会移渝,昨经决定,并将宣布。协和(李烈钧)上月即已赴渝,尧亦日内出发。"

△　闽督李厚基致电北京政府,呈请辞职。

△ 在云南旧国会开非常会议,补选刘显世为总裁,以继岑春煊之缺。

△ 美国国会议员访华团抵京。团长芮恩施会见徐世昌,表示赞同召开国民大会,以解决时局的主张。

△ 中华民国留日学生总会致函日本外务大臣内田康哉,要求"将不适任之小幡公使撤回,从速将徐树铮罪魁等九名引渡于我国,以顾全两国邦交,以平我五亿公民之公忿"。

8月15日 徐世昌通令告诫京外官署重申优待内外蒙古令:"共和肇造,五族一家,向来中央对于蒙民,无不优加待遇。各蒙古王公喇嘛等,亦多深明大义。故外蒙自治暨呼伦贝尔特别区域,均经先后呈请取消。⋯⋯此后无论京内外官署,对于内外蒙古,均应加意抚绥。所有从前需索欺凌等弊,务当革除净尽,并当崇尚黄教,维持习俗,以顺蒙情,其有关蒙民福利者,尤必悉心筹办、俾图发达。⋯⋯此次改定西北筹边使官制,斟酌现在情形,采取汉蒙参用主义,妥慎厘订,呈候颁行,用示中央廓然大公之旨。"

△ 徐世昌特任陈毅暂署西北筹边使。

△ 《劳动界》周刊创刊。该刊是上海中国共产党发起组创办的第一个以工人群众为对象的通俗的宣传马克思主义的刊物,每星期日出版,由上海新青年社发行。

△ 北京政府财政部与中法实业银行签订 2.56410256 亿法郎借款合同,以期票为担保,用于拨付实业借款第十三期利息及手续费。

8月16日 曹锟致电各省督军、省长宣告对皖系作战,谓:"天祸中国,降此残凶,安福祸国,段、徐两逆种种罪恶,中外共晓。⋯⋯自今日始,实行围困奸党根据地,必将凶残除尽,以固邦本。"

8月17日 在滇旧国会议决国会及军政府移置四川重庆。

△ 李纯致电北京政府;谓:"广东军政府坚持法律问题,不易斡旋。"

△ 粤军收复广东蕉岭、大埔、饶平。

△ 上海商业公团联合会致函驻京日使小幡酉吉,要求:"将徐树铮等罪犯引渡惩治,以伸国法而全邦交。"

△ 徐世昌令准免兼督办京师市政事宜田文烈兼职,任命张志潭兼督办京师市政事宜。

8 月 18 日 徐世昌令准教育部代理部务次长傅岳棻辞职;特任张弧为印制局总裁;任命潘复兼盐务署署长、稽察总所总办。

△ 徐世昌颁发整饬官箴令,不准兼职兼薪,并裁汰冗员。

△ 在滇旧国会议员公请滇省军政学警绅商报各界人士,在讲武学校开会,与会者三四百人。由众议院代议长褚辅成报告国会来滇情形,再申救国护法宗旨,及实行民治要着等等。

△ 新督杨增新咨复交通部检查邮件仍应照旧进行文,内称:"不仅检查邮件一端,而文字之传播最易动人,则检查邮件自必为不可少之手续。此俄乱一日未平,即新疆检查邮件之举一日不能停止之重要原因也。"

△ 驻京美公使柯兰访晤陈箓,劝中国礼遇优林。优林等自库伦启程前往北京。

8 月 19 日 北京政府外交部分电驻英、法、意、比、荷各使,了解各国如何待遇前俄皇政府代表及对俄远东各临时政府之态度,以作参考。

△ 陈炯明所部粤军右路攻占广东梅县。

8 月 20 日 在滇旧国会参议院议长林森、众议院代理议长褚辅成暨全体议员等通电声讨徐世昌,略称:"徐世昌以三朝元老,僭居元首。……卖国密约,徐所签订。军事协定,徐所主持。督团造反,驱逐总统,解散国会,徐实隐为指导。直皖战争,糜烂地方,重苦吾民,徐实从中挑拨。非法国会,全国唾弃,徐犹依为护符。肇乱武夫,罪不容诛,徐更恃为爪牙。种种逆迹,擢发难数。……国会为民国主权所寄,天职所在,讵敢放弃。誓必 除? 此元恶,扫 型? 群凶,并消灭一切非法之举,以贯彻护法救国之初衷。"

△ 徐世昌特任曹锟为直鲁豫巡阅使。同日,令将四川、广东、湖

南、江西四省经略使一缺,即行裁撤。

　　△　徐世昌令从宽免究近畿乱事胁从人等。

　　△　张耀曾、谷钟秀、文群等发表宣言,解散政学会。

　　△　林森、褚辅成发出国会移渝之通告:"国会议员,以川局大定,决议移至重庆开会。……现在北方不法武人,复自开战,扰害人民,危及国本。……定于本月 28 日移至重庆开会。"

　　8 月 21 日　孙中山、唐绍仪、伍廷芳通电:"南中护法,于兹三载。不图奸人内讧,致兆离析,大法未申,嗟痛何似。乃者国会在滇宣言移渝,重建中枢,复欣诸君克仗斧钺,肃奠巴蜀。……文等谨当随诸君后,共奠邦家,以新国命。"

　　△　徐世昌令筹备国会事务局委员梁建章免去本职,遗缺派孙培兼署;派关赓麟兼汉粤川铁路督办。

　　△　徐世昌颁令裁撤全国经界局;停办张恰铁路,并裁撤该路督办一职。

　　△　徐世昌任王耒为国务院法制局局长;唐在章为侨工事务局局长。

　　△　徐世昌令财政部分别拨银二万元赈济陕西旱灾,河南水旱兵灾;拨银三万元赈济山东兵灾。

　　△　北京政府交通部,呈准本国电报加入万国电报公会。

　　8 月 22 日　李根源奉军政府令调防东江,总部驻增城。

　　△　北京政府外交部照会日使小幡酉吉,表示不同意 9 日复照中所述各节,指出中国政府正从事调查各罪犯之罪状,要求不要让各犯逃走,或迁移他地藏匿,以期归案讯办。

　　△　上海社会主义青年团成立。发起人:俞秀松、施存统、叶天底、袁振英、金家凤。俞秀松任书记。

　　8 月 23 日　孙中山电复泸州滇军军长赵又新,谓:"川乱原因,洞见症结。兄以出师为救川救国,探本之论,确切不移,无任佩慰。即望亟行准备,并商告各军一致主张。俟协和到川时,即可实行出兵。……

闻惠州桂军已有内变,不难克复。惠州既得,则广州可传檄定矣。甚望此时冀公(唐继尧)能以一部出击广西,使桂贼首尾受敌,一举歼灭,巩固西南,回戈北指,奠定中原。"

△ 白俄谢米诺夫部将恩琴率众 3000 人,西侵外蒙车臣汗。

8 月 24 日 粤军总司令陈炯明抵汕头,委洪兆麟为镇守使,邹鲁为道尹,姚雨平为潮汕卫戍司令。

8 月 25 日 陈炯明致电孙中山、伍廷芳、唐继尧等报告粤军战况,谓:"敝军哿(20)日克复汕头,马(21)日克复潮安。五日之间,将敌军完全扑灭。……潮梅地方秩序,安宁如常。炯明现驻汕头,并拟即赴前敌督师。"

△ 胡适、蒋梦麟、陶履恭、王徵、张祖训、李大钊、高一涵在《东方杂志》第十卷第十六号上发表《争自由的宣言》。《宣言》分消极与积极两个方面。(A)消极方面:一、废止民国三年三月二日《治安警察条例》;二、废止民国三年十二月四日《出版法》;三、废止民国三年四月二日《报纸条例》;四、废止民国八年《管理印刷业条例》;五、废止民国三年三月三日《预戒条例》;六、不得国会、省议会议决,或市民请求,不得滥行宣布戒严。(B)积极方面:一、下列四种自由,不得在宪法外更设立制限的法律:(1)言论自由;(2)出版自由;(3)集会结社自由;(4)书信秘密自由。二、应实行《人身保护法》,保障人民身体的自由;三、应由无党派关系的公民组织"选举监督团"于选举时实行监督,并公请律师,专调查犯罪证据和管理诉讼事项。

8 月 26 日 孙中山致函陈炯明,对陈部收复潮梅表示慰勉。谓:"粤军讨贼,数日之间,收复潮、梅,神速至此,真令桂贼破胆。扫彼妖孽,还我河山,可预贺也。"

△ 唐继尧、刘显世联名通电,宣布关于收束时局及刷新政治之主张,提出南北和平办法,由正式和会解决;废除督军;实行民治主义。

△ 苏俄远东共和国代表优林等抵北京。

△ 褚其祥致电北京政府,谓:"京畿战争以来,在库王公,勾结俄

人,煽惑活佛,佛为所动。顷据密报,活佛与俄领事借洛夫及在库王公等谋二次独立,于半月前密派蒙人三人赴谢米诺夫处,要求马队来库协助。顷参陆处密电,谓'谢氏军队三千人,已入车臣汗边境'等语。查谢队此举,颇与活佛方面情况暗合,并证以前者活佛托词游幸之事,处处皆属相符。征考以上种种,情节甚为急迫,若不事先防范,外蒙前途,深殊堪虑。"

△ 山东兖州镇守使唐天喜所部第七旅士兵,于是日晚 9 时半哗变,大肆抢劫。商家损失总计 20 余万元。后由田中玉派兵前往镇压。

△ 徐世昌令财政部拨银二万元赈济直隶旱灾。

△ 四川省教职员联合会以教育经费无着,致电川滇黔军政各界,请为维持。

8 月 27 日 徐世昌令督办苏浙太湖水利工程事宜钱能训免去本职,派王清穆继任。

△ 日使小幡酉吉复照北京政府外交部,再次表示拒绝引渡安福系祸首。

△ 广三铁路局与台湾银行签订毫银 30 万元借款合同。

8 月 28 日 孙中山复函四川昌一峰,阐述有关国民大会与解决川、滇政争意见。

△ 北京国务总理靳云鹏接见外报访员,称:"关于国民大会,既缺法律根据,事实上亦难办到。余仍主张依旧选举法召集新国会,畀以制宪权。"

△ 华大商业储蓄银行开幕。总行设上海。办事董事为顾履桂,经理为张文煜,专营商业银行一切事务及储蓄业务。资本总额定 100 万元,先收半数 50 万元。1929 年因受时局影响而停业。

8 月 29 日 湖南教育会、商会联合通电,要求将张敬尧加入祸首一栏,严加惩处。

△ 山东国民大会促进会召开成立大会,与会者 2000 余人,学生占多数。

8 月 30 日　　徐世昌令湖北省长何佩瑢免职,派孙家振署湖北省长。

△　驻京意国公使杜腊酢向北京政府递交国书。

△　北京新国会第三届常会闭会。

△　粤军第二路司令许崇智部占领老隆;次日,占领龙川县。

△　北京政府外交部拟具说帖,主张先问优林是否有代表俄远东全部之资格,然后始作非正式谈判。

△　徐世昌令褫夺吴光新官勋,归案惩办。

8 月 31 日　　徐世昌令:"此次外蒙撤销自治,各扎萨克汗王公等,同心内向,翊赞输忱,允宜普锡褒封,用宏奖励。所有外蒙古各扎萨克汗王公等,无论沿袭前清及得自外蒙者,均照现在封秩晋进一爵。无爵可进者,别封其一子。此外喇嘛等有呼图克图名号者,一体量予加封,用慰倾向之忱。"

△　上海《民国日报》发表美国议员访华团团长芮恩施向靳云鹏提出之建议书:"鄙人今鉴于贵国目前之政治情形,谨对于时局有所建议,伏希贵内阁采择。……当今要务,莫过于由内阁从速发动'国民制宪大会',即请各处速选代表,迅开会议。"

△　靳云鹏致电哲布尊丹巴呼图克图,谓:"外蒙取消自治以来,五族一家,允宜蠲除隔阂,用息流言。谢党入蒙煽惑,实系离间作用,与我不利。务希屏绝此等使者,并不许其逗留蒙境。……遇有为难之事,不妨直达中央。"

△　徐世昌派唐在复为国际联合会全权代表。

△　北京大学在第二院举行第一次授给名誉学位典礼,由校长蔡元培主持授予法国前总理、数学家保罗·潘勒韦(Paul Painlevé)、法国里昂大学校长儒班二氏名誉理学博士。我国大学以学位授予外国人始此。

8 月底　　陈独秀通过由沪返京之张国焘转告李大钊关于建党的意见。中共上海发起组负责苏、浙、皖等省组织发展工作,李大钊"从速在北方发动"，先建北京小组，然后向鲁、晋及津、唐等城市发展。李大钊对此完全赞同。由此，南陈（独秀）北李（大钊）共建中国共产党。

是月　陈道望翻译马克思、恩格斯合著的《共产党宣言》的第一个中文译本，由上海社会主义研究社出版。

△　孙中山为吴宗慈所著《中华民国宪法史前编》作序。指出："宪法者……即人民权利之保障书也。"只要为护法而努力奋斗，则"中华民国宪法，必有正式宣告于海内外之一日"。

△　陈独秀寄《中国社会主义青年团团章》给毛泽东，湖南开始建团。

△　上海日商日华纱厂二场细纱部工人，因反对空锤的新罚金制度举行罢工。双方商议结果，厂方答应以增加赏工一日为施行新制度的条件。

9　月

9月1日　《新青年》杂志第八卷第一期出版。该刊从此期起，成为中国共产党上海发起组的公开机关刊物，大量登载介绍马克思主义及苏俄情况的文章。

△　靳云鹏致电唐绍仪、刘显世、李烈钧，商谈南北议和。

△　湖南中华工会成立，与会者59团体，宗旨为："专为输贯劳动界之知识为前提，务使工人道德增高，职业普及。"

△　闽省教育经费，因常被军人挪用，福州各校教职员生计无法维持，8月31日经教职员联合会决议，从是日起罢课。延至6日，薪俸仍未发出，复决议延至8日为止，并决定如再不发薪，则实行长期罢课。

△　陕西民军司令胡景翼在三原宣布讨伐陕西督军陈树藩。

△　徐世昌授意研究系湘籍阁员范源濂劝告谭延闿赞助和平统一。谭赞成公开议和，反对局部谋和。

△　是日上午，湖北督军署军法会审判处吴光新徒刑15年。5

日,派员将吴押交军法处执行。

9 月 2 日　徐世昌令吉林省长徐鼐霖免职,任鲍贵卿暂行兼署吉林省长;任吴佩孚为直鲁豫巡阅副使。

△　北京学生联合会在北大二院邀请各界召开国民大会筹备会。出席者有北京教育会、女界联合会、北京学生联合会等八团体。10 日,北京学生联合会邀请各报馆、各通讯社代表开会讨论筹备国民大会问题。25 日,各团体在北京大学二院开会,宣告国民大会成立。

△　北京、天津各女校学生 500 余人,派代表四人至教育部提出要求:男子与女子中学课程一律;多设女子补习学校;学校经费与男校平均分配;留学官费名额须男女平分。

△　旅沪广东同乡会、广东善后公会致电谭延闿,敦促湘军讨桂。谓:"桂贼为梗西南,破坏护法,早为天下共弃。今粤军讨桂,旬日以来,所向皆捷,粤人誓不再居陆荣廷、莫荣新征服之下矣。惟湘与粤邻,前此等受桂军荼毒,且狼子野心,几无时不视湘为外府。桂贼不除,湘人亦终不能安枕。……助粤即卫湘。"

△　粤军中路克福建永安;3 日,左路进占平山。

9 月 3 日　川军第二军军长卢师谛以国会已由滇迁渝,电促孙中山、唐绍仪、伍廷芳毋"早莅渝城,俾合法政府迅速成立"。

△　是日至 5 日,浙江台州(今临海)飓风大作,山洪暴发,平地水深四五丈,田庐人畜漂没无遗。各邑被灾人民,共有数十万之多。

9 月 4 日　曹锟、张作霖均于是日出京赴津,与靳云鹏商议时局问题。

△　旅沪广东公民大会李远才等 5842 人致电陆荣廷、莫荣新,历数二人祸粤罪行。略谓:"溯公等入粤四年,语其治绩,舍开番摊,卖鸦片,抽苛捐,破官产,杀人民,毙记者,劫枪炮,掠银币,夺图书,吞钦廉而外,一无所有。……为公等计,宜亟解甲释兵,举粤省军权政权财权还之粤人。……倘仍执迷不悟,则为威廉、段祺瑞之续不远,勿谓秦无人也。"

△ 李烈钧抵渝,代表孙中山筹备召开国会、组织军政府等事宜。

△ 吕超从成都退简阳。次日,杨森、喻培棣、张冲、何光烈等部进入成都。9日,杨森等部占领龙泉驿。

△ 鄂省旅京同乡会在湖广会馆召开大会,到会者千余人,决议六项:"(一)以鄂人治鄂;(二)主张废督以期树民治之基础;(三)推定代表向北京政府轮流请愿;(四)代表每县一人;(五)原赴国务院代表八人,全体加入;(六)一切未解决事件予代表会议以全权。"

9月5日 梁启超、蒋方震创设"讲学社",邀请各国学者来华讲学,每年由教育部补助二万元。

9月6日 孙中山致电唐继尧,嘱调在湘滇军攻桂,谓:"密。感电诵悉。公急于粤事,至抽调在川滇军,合力讨桂,至为感佩。……以现在形势,只令在湘滇军,移师攻之,已足制其死命。请公即日电在湘将领,返旆南征,使彼腹背受敌,粤事既指顾可定,山贼亦不能更为边患。此举关系至重,企速裁夺,立盼好音,以振起西南全局。"

△ 广州重要社团开秘密会议,决定:"(一)对于粤军,暗派代表前往接洽,并致粤人全体欢迎之意;(二)对于桂派,拟上书劝告,履行陆荣廷以广东还诸广东人之宣言;(三)对于粤籍官长,请从速表示态度,勿再猜疑,并责成保护粤中治安。"

△ 朱执信奉孙中山命,运动广州虎门炮台驻军,是日宣布独立。

△ 粤军军长许崇智致电上海孙中山、唐继尧、伍廷芳报捷,谓:"于本月6日完全占领河源县。"

△ 谭延闿向粤桂双方进行调解,主张"干老(陆荣廷)出而主持,以粤事还之粤人,确立粤省自治政府,竞公(陈炯明)爱国爱乡,亦当早息干戈,言归于好"。

△ 谭延闿致电陆荣廷、莫荣新,劝其抛弃武力主义,主张粤人治粤。谓:"延闿之愚,以为今日解决国家问题,必以励行各省自治为急。一切纠纷,可以立断。一切战祸,无自而生,即可于西南各省为之首倡。……以粤事决之粤人,俾确立粤民自治政府。"

9 月 7 日 粤军邓本殷、熊略部克惠阳。

9 月 8 日 旅沪广东公民大会致电广州各团体,请共同驱桂,并以两事相约:"(一)凡粤籍之军官、行政官,如有希荣取宠,为虎作伥,以祸我粤人者,我全粤三千万人民,视为公敌,治以奸细之罪;(二)各行商如贪图折扣,先纳预饷,或筹借款项,或投承杂捐,供莫荣新屠戮粤人之用者,我全粤三千万人民,视为公敌,宣布其所缴之款项,一律无效。"

△ 徐世昌任命王怀庆兼陆军第十三师师长。

△ 新疆省政府与俄国土耳其斯坦政府订立《临时通商条例》,凡10 条,是日,徐世昌核准暂行试办。

9 月 9 日 孙中山、唐绍仪、伍廷芳电促谭延闿出兵广西,捣桂系军阀后路,以收夹攻之效。

△ 孙中山复函甘肃留日同乡会,谓:"救国只有二途,一为护法,一为革命。"而"护法一途,已有步步荆棘之象"。因此,"恐非革命无以成刷新之局"。

△ 广东三水、东莞、宝安、新丰、开平等地民军起事。

△ 鄂省议会召集紧急茶话会,反对孙振家任省长,决定:"孙氏接篆暂不过问。惟接篆后省署与省会往来公文,签署省长孙某者,概不接受,以表示否认,并急电京抗争。"

△ 徐世昌公布《库乌科唐镇抚使暨所属各官署组织暂行条例》。

△ 江苏省教育会、新教育共进社、中华职业教育社等团体,在上海省教育会欢迎前法国总理班乐卫。

9 月 10 日 曹锟、张作霖、李纯、吴佩孚等 31 人,联名复电唐继尧、刘显世上月 26 日通电,希望迅速进行和议,依法改选新国会。

△ 徐世昌特任陈毅为库乌科唐镇抚使;准驻日全权公使刘镜人免去本职,调胡惟德继任。

△ 徐世昌任命郑士琦兼陆军第七混成旅旅长(原任唐天喜辞职)。

9 月 11 日 徐世昌任命王继曾为驻墨西哥特命全权公使兼驻古

巴全特命全权公使。

　　△　徐世昌令速办直鲁豫各省急赈。

　　△　胡适在北京大学始业式上演说，反对新文化的普及运动。略谓："现在实在是没有文化，更没有新文化……现在运动的方向却有两种：（一）是普及；（二）是提高。第一种方向我是不愿加入的，并且不希望大学同学加入，因为普及只是构出几个半生不熟的新名词到处供给别人……我们大学学生要赶紧做学问，打开学问的门径，我希望从此以后，努力做提高的工夫，不可做普及的工夫。"

　　△　《湖南通俗报》在长沙创刊，该报为日刊，由何叔衡主办。

　　9月12日　下午4时，济南工界联合会举行成立大会，警察厅特派巡警数十人临场警戒。工界代表演说，言及工界联合会有组织之必要，促工人自觉。16日午后2时继续开会，由青年会会长林济青演说，题为《世界工界之趋势与中国工界之现状》

　　△　下午1时，武汉各团体在堤口小关帝庙开国民大会筹备会，军警界派员严密监视。临时主席施洋报告开会宗旨，略谓："吾辈皆系国民分子，对于国民大会，应抱定自动自由的精神，谋人群的幸福。"

　　△　川军总司令黄复生通电，谓："顷奉冀（唐继尧）、如（刘显世）两公宥（26）日宣言通电，对于时局，以法律外交两项，国本所关，仍主张由和会正当解决。对于刷新政治根本救国问题，则主张废督裁兵，实行民治。……复生不才，誓必遵守此旨，率履罔愆，诸公明达，德必不孤。"

　　△　粤军与闽督李厚基订立协定，粤军将闽南各地让还李厚基，而以接济臧致平旅军械来粤参战为条件。

　　△　徐世昌令裁撤帮办山东军务缺。

　　△　陕西教育经费支绌，积欠教职员薪水甚巨，教员生活难以维持，宣布停课。

　　9月13日　上海杨树浦三新纱厂4000名工人，要求奖金罢工五天。后经调解结果，每天日夜班所出之纱达15000磅者，即给以特别赏洋。18日，工人全体复工。

△　驻京俄公使库达摄夫训令库伦俄总领事馆停闭。

△　北京政府外交部设立和约研究会。21 日,派王正廷为会长,刘镜人、沈瑞麟为副会长。

△　谭延闿邀集在省官绅开自治会议,提出由省政府、省议会各派10 人起草"湖南自治法"。

△　鄂督王占元通令武汉军警机关,如以后再有结社集会发生,应依照《治安警察法》严令解散。

△　广三铁路局与台湾银行签订毫银四万元借款合同,以广三铁路及省河航政收入为担保。

9 月 14 日　外蒙古库伦代理总务厅长桑宝致电北京政府,报告外蒙王公密谋"复治"原委,略称:"外蒙潜谋复治,莽赖王、哈丹巴格图尔王二人为倡首。昨得确信,即将莽王延到旅部,软禁优待。本日由宝邀往司令部公寓,劝慰相加,继复详询此次密谋原委。据称复治意,肇自活佛亲信之王公喇嘛,因前徐使(徐树铮)遇事强迫,众怨实深,日求左右佛汗许之,共开会四次。与会者当即派员分往乞助乌金斯克红党及谢军,得复赞许。该党又求得为后援,一俟事机成熟,由佛汗正式通告英、美、日及中央,要求赞成此举,继用武力驱逐蒙华官兵,以泄积忿。"

9 月 15 日　徐世昌令准财政部所请,定民国十年 1 月施行所得税条例。

△　长沙《民国日报》、《新湖南报》、《觉民新报》、《大公报》、《湖南日报》、《新民国日报》、《民言报》、《大中国日报》等报记者与《学生周刊》代表等,在学生联合会召开联席会议,讨论恢复报界联合,力争言论自由,要求取消戒严法。17 日,长沙报界联合会成立,并通过简章。

△　旅京广东公会同人,召开紧急会议,议决三事:一、请中央勿助桂压粤;二、声明岑春煊、陆荣廷不能代表粤省;三、不认陆为两广巡阅使。

△　陆荣廷急电陈炯明,表示"愿速弭兵修好"。

9 月 16 日　徐世昌令准安徽督军兼长江巡阅使倪嗣冲免去本兼

各职;特任李纯兼长江巡阅使;特任张文生暂署安徽督军。

　　△　徐世昌令:"兹据财政部呈拟发行公债收毁京钞清理借债各办法,均属切实可行。即责成财政部督率该管理机关认真办理。自经此次整理之后,官商各界对于金融财政亟应合力维持。"

　　△　孙中山复电四川省议会,谓:"西南自桂逆破坏,法统几乎中绝。幸贵省及时戡定,奠我宏基。自应本改造之精神,建民治之极轨。文虽不敏,愿随其后。"

　　△　北京政府外交部发表声明,中俄谈判范围,仅限于商务贸易及保护西伯利亚华侨问题。

　　△　陕西省各县商会代表在西安召集各界开会,讨论驱逐陈树藩。会议决定:一、设立各界联合会,研究反对陈树藩善后办法,实行自治;二、公推代表入都,请北京政府速免陈氏之职;三、如北京政府不顾陕人,庇护陈氏,即停止纳税以为最后之抵制。

　　△　张謇等致电徐世昌,提出"苏人治苏"主张,要求"迅就苏人中择贤任命"为江苏省长。

　　△　浙江旅京同乡田文烈、孙宝琦、王克敏等致电上海各慈善团体,谓:"北五省兵燹之余,旱蝗为害,流离载道;荛目怵怀。据外人调查,灾民竟达二千余万,荒像之烈,前所未有。我江浙人士,特约同各同志发起北省急赈协会。各就心力,先认垫款,切实举办,以补官赈之不及。"

　　△　毛泽东在湖南长沙组织俄罗斯研究会。研究会之简章,谓:"本会以研究俄罗斯一切事情(思想)为宗旨。"

　　9 月 17 日　徐世昌任命陈箓为驻法兰西国特命全权公使。

　　△　北京政府外交总长颜惠庆面晤驻京美使柯兰,谈优林及库达摄夫地位问题。

　　△　广东地方实业银行与台湾银行签订毫银二万元借款合同,以福兴皮革公司全部财产为担保。

　　9 月 18 日　孙中山致电陈炯明,谓:"今日报载民军占鹤山,桂军缴械投降。……彼贼已无与我一拼之心矣。望毅力猛进,以搏最后之五分钟。"

　　△　徐世昌令准江苏省长齐耀琳辞职,派王瑚继任,王瑚所遗京兆尹一缺,任孙振家继任。特任夏寿康为湖北省长。

　　△　上午 9 时,粤事维持会在北京开紧急会议,讨论粤人治粤问题,主张:一、废督以杜客军野心;二、民选省长,恢复自治;三、禁烟赌,除苛捐;四、一切募债借款鬻产,概不承认;五、客军未离粤境以前,停纳粮捐;六、凡海陆军助虐祸粤者粤人视为公敌,凡粤人隶客军者,应即反正;七、付托陈总司令(炯明)暂维全省治安,并将此项主张电达沪、粤各团体。

　　△　北京皖事促进会致电安徽同乡会,请一致反对张文生督皖。安徽旅沪同乡会复电表示支持。

9 月 19 日　徐世昌公布《整理金融短期公债条例》,发行短期公债6000 万元。

　　△　上海电器工界联合会召开第一次理评联席会讨论加薪问题,并于 25 日发表呼吁书,提出设立劳动教育社等要求。

　　△　汉口各团体联合会等 26 团体致电北京政府,欢迎夏寿康长鄂,并促早日莅任。

　　△　东京台湾青年会发起河北、山东、山西、河南、陕西五省饥馑救灾募集救济金运动,台湾募 3450 元,东京募 1193 元,交由中国驻日使馆处理。

9 月 20 日　长沙举行护法战役阵亡将士追悼大会,由谭延闿主祭。

　　△　《新湖北》在上海创刊,并发表出版宣言。该刊为旅沪湖北自治协会主办之月刊。

9 月 21 日　朱执信因调解虎门驻军与东莞民军的冲突,在虎门遇难牺牲。

　　△　熊克武部川军同滇军在成都东门外与龙泉驿之间进行拉锯

战，从 6 日至 18 日，龙泉驿几度易手。是日，滇军战败，放弃龙泉驿。

　　△　徐世昌令桢威将军王廷桢来京供职；任张景惠为察哈尔都统兼第十六师师长。

　　△　万国救济会在天津成立。

　　9 月 22 日　孙中山派蒋介石赴汕头参加讨伐桂系的战争。

　　△　广东讨贼第二军总司令李绮庵通电讨伐桂系，谓："溯自桂贼入寇粤省，凡百施为，无不本其强盗天性，行其暴民政策。视粤二千万方里为附庸，三千万人民为奴隶。……总之桂贼岑春煊、陆荣廷、莫荣新等，祸粤祸国，罪无可逭。庆父不死，鲁难未已。……俟编竣队伍，即直捣羊城，扫平桂贼。"

　　△　安徽合肥屠宰捐极重，屠宰工人生活困难，相率罢业。

　　△　山西国民大会召开成立大会，与会者农、工、商、学各界代表共 20 余团体。

　　△　北京政府外交部通知各地电报局，以后遇有俄国公使馆等来往密电，不再代递。沙俄公使库达摄夫对此事提出抗议。

　　9 月 23 日　徐世昌令："据外交部呈称，比年以来，俄国战团林立，党派纷争，统一民意政府迄未成立，中俄两国正式邦交暂难恢复。原来驻华使领官，久已失其代表国家之资格，无由继续履行其负责之任务，曾将此意面告驻京俄使。应即日明令宣布，将现在驻华之俄国公使、领事等停止待遇。"

　　9 月 24 日　孙中山电复闽督李厚基，希命臧致平师助粤讨桂。

　　△　徐世昌令："督办苏皖鲁豫四省交界剿匪事宜一差，着即裁撤。所有四省剿匪事宜，责成各该省军民长官妥为办理。"

　　△　北京公民要求恢复地方自治，曾于 8 月 16 日呈书内务部。是日，复再次上书内务部，并征求各省各团体意见，以期全国自治早日观成。

　　△　湘军总指挥赵恒惕致电湘军各将领，谓："张逆既去，湘境肃清。战事收束，总指挥一职，无存在之必要。……以后决不敢以此名自

居,致贻陨越。"

　　△　驻京俄公使库达摄夫就停止领事待遇事,向北京政府外交部提出抗议。同日,并照会驻京使团,告以"本人使华之任务业已结束。"

　　△　驻京俄使馆及各地领事馆,自是日起实行取消,

　　△　北京政府外交总长颜惠庆面晤驻京日使小幡酉吉,谈优林来京事。

　　9 月 25 日　北京政府收回天津俄租界。28 日,收回汉口俄租界。

　　9 月 26 日　孙中山致电粤军总司令行营转吴忠信,谓:"长江机会渐趋成熟,皖局尤佳,请兄速回沪助理进行,切勿延迟。"

　　△　广东省警察厅长魏邦平、广惠镇守使李福林在广州对岸河南宣布独立,与陈炯明一致行动。

　　△　徐世昌公布发行《偿还内外短期公债八厘债券》,款额 9600万元。

　　△　《劳动界》第七册刊载上海海军造船所工人所撰《一个工人的宣言》一文。其中写道:"工人的运动,就是比黄河水利还厉害还迅速的一种潮流。将来的社会,要使他变个工人的中国;将来的世界,要使他变个工人的世界。……俄国已经是工人的俄国……这潮流,快到中国来了。我们工人就是这潮流的主人翁,这个潮流的主人翁,就要产生工人的中国。"

　　△　天津各界联合会为向群众宣传国民大会的意义,举办国民大会辩论会,到会者 2000 余人。

　　△　川军刘湘、杨森占资中,滇军败走。28 日,刘湘、杨森占内江。

　　9 月 27 日　苏俄政府发表《第二次对华宣言》,重申:"中俄原有各种条约概为无效,俄国在中国之租借地概行退还,帝俄政府及俄国资产阶级党在中国所侵夺之权利,一并永远无偿退还中国";希望中国政府与沙俄政府断绝关系,中苏恢复正常国交。北京政府仍然置之不理。

　　△　魏邦平宣布独立,致电孙中山、伍廷芳、唐继尧,谓:"此次粤军持粤人治粤宗旨,整队由闽返粤,被桂军抵抗,相持于东江。糜烂地方,

不堪言状。爰率所部及舰队,于沁(27)日陈师珠江,集中鹅潭,占领中流砥柱及车歪炮台各要隘,与福军一致进行。"

△　魏邦平、李福林致函莫荣新,促其"解除兵权,以粤省治权还之粤人,率师回桂,俾息兵祸"。

9 月 28 日　陈炯明致电林葆怿、汤廷光等敦促海军实行讨桂,谓:"虎门独立,魏厅长等继起讨贼,桂亡无日。务请诸公为粤援手……至海军出力人员,事定当有厚报,决不忘义。"

△　陆荣廷自南宁发出勘(28 日)电,表示解决粤局意见。声称愿由粤人选任督军,维持治安,惟陈炯明除外。又谓一俟粤局底定,桂军即当全数调回。

△　驻沪安徽救国代表反对张文生督皖,致电安徽各界谓:"照寒电之主张,速开全省国民大会,进而实行根本改造者。如北庭不收回成命,张氏不知机早退,惟有罢工罢市,抗税抗捐,以与此万恶军阀,相见于正义公理之下。驱逐丑类,争复自由。同人一息尚存,誓与国贼不两立。"

△　广东学生联合会发出通电,欢迎陈炯明回粤,并声明下列政治主张:"(一)惩办岑、莫、温、杨诸祸首;(二)没收各祸首及其他关系人之财产,拨充西南大学及粤省教育实验经费;(三)民选省长;(四)取消第二届伪省议会;(五)恢复民意机关,实行地方自治;(六)废督裁兵;(七)禁绝烟赌,灭除苛捐;(八)军权由陈总司令统率,维持粤省治安。"

△　日、英、美、法四国公使,正式通告北京政府新银行团成立,并附有银行团各项公文及四国公使说明书。

9 月 29 日　孙中山电复李福林、魏邦平,表示嘉勉,谓:"得丽兄(按:魏邦平本字丽堂)沁(27 日)电,为之狂喜,剿除桂孽,还我河山,兄等之功也。闻莫贼尚有要求,缓兵待救,我宜急击勿失。盖为我粤安全及大局计,俱不能容此丑类,以遗后患。……领事团既向莫严重警告,彼必无力无胆与我抗也。"

△　孙中山致电周震鳞,谓:"沁日魏邦平以所部及江防舰队进省,

与海军、李福林联合,限莫贼二十四时退出。闻莫尚抵抗,省垣已有战事。惟湘、赣各军,应早入粤边,吾辈望之如岁,请促其兼程并进。北江空虚已甚,可以顺流而下。此时形势,若只遥为声援,非所望也。”

　　△　徐世昌调任驻美公使顾维钧为特命全权驻英公使,特任驻英公使施肇基为特命全权驻美公使。

　　△　广东省议会推举议长林正煊往见莫荣新,调停粤桂之争。莫表示:“本人决不贪恋权位,也不忍糜烂地方”,要“依陆巡阅使勘电执行”,“任何人都可以接任督军,只有陈炯明不能前来接任”。同日,又同魏邦平、李福林议定,同意用协商方式,解决桂军离粤问题。

9 月 30 日　孙中山、伍廷芳、唐继尧致电林葆怿、汤廷光等,反对调停。谓:“桂贼视我粤地方为彼私产,视我粤人民为彼奴隶。贪淫残暴,无恶不为。……最近粤军回粤,持粤人治粤主义,人民望风归附,而桂贼倾其巢穴,以阻我师。……是以魏、李各军,仗义而起,联同海军,直取省城。志在歼厥罪魁,救民水火,露布传来,天下动色。惟闻莫贼尚有要求,以缓我师而望外救。查莫等罪在不赦,无调和之可言,其余众解除武装,亦不能附有何等条件。一日纵敌,遗患无穷。狼子野心,势难姑息,即我有一部之牺牲,歼灭奸凶,永除祸害,亦当为全粤父老所共谅。为此飞电我军,急击勿失,并布告粤城各界知之。”

　　△　孙中山分函赣湘军将领李明扬、林修梅,促入桂讨贼。

　　△　魏邦平、李福林在海珠召开会议,推举军政府海军次长汤廷光继任广东督军,另电请陈炯明主持粤局。

　　△　驻粤滇军蔡炳寰等在琼州宣布独立,通电表示与粤军一致行动,讨伐桂系。

　　△　徐世昌公布《库乌科唐镇抚使公署编制章程》,凡 33 条;《库乌科唐各理事官公署编制章程》,凡五条;《乌科唐各参赞公署编制章程》,凡八条;《恰克图民政员公署编制章程》,凡七条。

　　△　湖南督军谭延闿通电宣布湖南废除道制,将道署机关一律裁撤。

是月　武汉共产党支部成立。董必武、陈潭秋、刘伯垂、包惠僧、张国恩、郑凯卿六人发起在武昌建立共产党武汉支部,包惠僧任书记。

△　广东十六路民军司令部发布讨伐莫荣新檄文:"慨自桂系入粤,五载于兹。苛政暴民,擢发难数。诚上下数百年以来,凡督粤者,未有狼贪虎视如莫荣新之甚者也。然而天心厌乱,民怨难平,众志成城,无坚不破。观之往事,历历可征。本司令上为国家,下维桑梓,选奉孙大元帅明谕,维持大局。用举义师,收回粤人自治之权,贯彻联省护法之旨。"

△　湘军整编后,成立 12 个防区:第一区司令吴剑学,驻宝庆;第二区司令张辉瓒。驻湘乡;第三区司令谢国光,驻衡阳;第四区司令罗先闿,驻永州;第五区司令刘叙彝,驻洪江;第六区司令李仲麟,驻醴陵;第七区司令陈嘉祐,驻郴州;第八区司令蔡巨猷,驻沅陵;第九区司令田镇藩,驻芷江;第十区司令李韫珩,驻澧县;第十一区司令林支宇,驻常德;第十二区司令萧昌炽,驻平江。

△　日本又召白俄首领谢米诺夫至大连密议,由日本供给款械,令其率残部与蒙匪勾结夺取外蒙。

△　北京政府教育部与华俄道胜银行签订银元 20 万元借款合同,以盐税余款为担保,用于支付政费。

△　北京政府外交部与花旗银行签订银元 30 万元借款合同,用于政费。

△　安徽芜湖学生联合会致电国务院,谓:"吾皖苦军阀祸久矣。皖人为自救计,不达废督目的不已。任何人督皖,皖人皆一律拒绝之。今政府违反皖人公意,忽明令张文生督皖,皖人誓死不能承认。"

10　月

10 月 1 日　孙中山复函川军第六师师长石青阳,告以长江流域形势或有变动。嘱其待命直趋武汉。同日,又致函湘西将领田应诏,促其立即出兵攻入桂林。消灭桂系。

△　孙中山致电谭延闿,谓:"据李国柱来信。曾迭请出兵攻桂。……除由文与唐(继尧)、伍(廷芳)诸公电告魏(邦平)、李(福林)速驱莫贼以安粤局外……迅饬所部,直下北江,驱逐桂贼。"

△　孙中山电陈炯明、许崇智,命长驱进入广州,以定粤局。

△　孙中山致函赵恒惕,促其乘虚进攻广西,谓:"秋风劲爽,秣厉为劳。粤中自粤军鏖战惠州,桂省老巢,调遣一空。甚望贵省所派大军,兼程并进,犁庭扫穴,在此一举。大功之成,不特粤人受赐,国家实利赖之。兹因周君重嵩回湘之便,特托持函,并面为致意。即希察纳为幸。"

△　湖北第一纱厂鄂籍工人反对厂方减少工资。宣布罢工。

△　新银行团通告缩小范围,改为东三省除外,其条款:一、南满路已筑支路及近路矿产均在除外之列;二、吉会、郑洮、开吉、吉长、新奉、四郑均在除外之列;三、现时拟造之洮热路及其支路不在除外之列。

10 月 2 日　居留吉林珲春地区之韩国革命党人朴东明、金永植等会同俄国人及中国人数百名,袭击珲春,并焚毁日本领事馆,日人死 11 名,伤 10 名,被俘 1 名,造成"珲春事件"。

△　外蒙活佛派代表至哈尔滨与日本密订借款合同,向日本特务局借日金 600 万元,限五年偿还,以图克勒图山脉一带森林、矿产作抵。

△　徐世昌下令裁撤长江巡阅使缺,特任李纯为苏皖赣巡阅使;齐燮元为苏皖赣巡阅副使。

△　徐世昌令:"山东、河南、山西、陕西等省灾情綦重,亟应妥筹民食。所有赈粜事宜,着各该省长督饬所属切实筹办。并着派何宗莲前往山东,吴篯孙前往河南,田应璜前往山西,高增爵前往陕西,会办各该省粜赈事宜。"

△　莫荣新邀请广州总商会等团体举行会议,莫提出收束四条件:"(一)东江前方军队除海疆军外,不下二三万人,现尚在战斗中,应如何安置;(二)在东江军队撤移问题,应事先商定,以免误会而保安全;(三)

分驻省城军队及各属防地军队,应如何接防、换防;(四)积欠之军饷,及移动之费用,怎样发给。”

△北京政府交通总长叶恭绰与华俄道胜银行改定中东铁路合同。规定该路以营业性质合办,中国加入管理。将来该路改组,中国政府得派委董事。

△ 北京政府财政部汪士元、北洋保商银行王麟阁与大仓组、台湾银行签订日金 200 万元借款合同,以盐余为担保,用于保商银行资本,一部分转借财政部使用。

10 月 3 日 徐世昌特任张国淦为平政院院长。

△ 徐世昌令准中国红十字会会长吕海寰辞职,派汪大燮继任。

△ 徐世昌任命章祖申为驻瑞典特命全权公使兼驻挪威特命全权公使。

△ 徐世昌令陈毅加陆军上将衔。

△ 《劳动者》创刊。该刊每星期出一册,先由广州《天民报》经售,后由《群报》总经售。

10 月 4 日 广州各团体代表开会讨论莫荣新索取开拔费等问题,议决:一、承认筹款 50 万元为桂军的“送行费”;二、莫荣新先交印,后交款;三、请莫三天内交印。林葆怿允劝莫实行。

10 月 5 日 孙中山就日本对华政策问题函复日人宫崎寅藏,略谓:“此后吾党之患,仍在日本之军阀政策。倘日本仍行其扶旧抑新之手段,则中国之内乱,未有已期也。……深望日本民间同志,有以纠正军阀之方针,不为同洲侵略之举,而为同舟共济之谋。”

△ 旅京广东公会致电陈炯明,反对与桂系妥协,略谓:“现桂系形绌势蹙,风闻以调合之说相话。旅京同乡,深恐公为甘言所动,致令粤人自治,莫竟全功,恳公表示态度。”同日,又致电李根源、林葆怿、申葆藩、魏邦平等同一电。

△ 前琼崖镇守使陆兰清通电宣布独立,反对桂系。

△ 蒋介石抵汕头,电老隆陈炯明提出讨桂作战意见。6 日,蒋介

石赴潮安前敌,加入粤军右翼军。

　　△　日本政府派遣军队万余人,由朝鲜向中国延边及珲春进犯。旋占领珲春及附近各县,肆意屠杀旅居该地的朝鲜人民及当地中国居民,焚毁村庄。

　　10 月 6 日　莫荣新为索取开拨费事,向广州各团体讨价还价,要求地方必须筹出 200 万元,并诡称:“这笔开拨费可以电请中央筹拨,不必由广东人民负担。”

　　△　孙中山致电孙科,嘱传令琼州各军,即渡雷州,会合高、雷、钦、廉地区民军,进攻南宁。

　　△　湖北、湖南、江苏、福建、浙江等省旅京、津人士,在北京中央公园开会,讨论恢复地方自治问题。

　　△　北京欧美同学会开会,成立国际统一救灾会,到会者除中国方面 18 团体外,并有他国国家代表。

　　△　徐世昌公布《修治道路使用土地暂行章程》,共 16 条。

　　10 月 7 日　徐世昌任命张国淦兼文官高等惩戒委员会委员长,王宠惠兼司法官惩戒委员会委员长。

　　△　湖南学生联合会邀请各界开联席会议,讨论湖南自治问题。会间决定“双十节”举行市民游行大会,并公推报界联合会、省教育会、总商会、中华工会、学生联合会、工业总会之代表为筹备员。推举毛泽东、龙兼公为请愿书起草员。

　　△　广东学生联合会致电广州领事团,请勿容留桂系军政人员逃匿领馆。谓:“桂人祸粤,瞬已经年。凡百设施,无不实行其自私自利之策,冀达大广西主义之谋。……以图逍遥法外,再逞凶横,辱国残民。……凡有现任军官政客投请贵领事保护者,均请拒绝。”

　　10 月 8 日　上午 9 时,召集湖南人民宪法会议案之建议人 400 余人,在省教育会开全体大会。首由龙兼公报告开会宗旨,次由大会主席毛泽东报告:“今日应议决事项,最要者为拟定进行办法,及表决选举法及组织法要点。……湖南自治案,本首由湘政府发起,惟仅限于省政府与省议会合同制宪,实带有包办性质,于理论上很说不通。故省议会亦知难而退,然湖南自治问题,总算政府与人民一致表示赞同,故吾等因有此次议案之提出。盖于事实上既做得到,于理论上又说得通。惟进行最宜迅速,不能过迟。"会议最后通过湖南宪法会议选举法及组织法,并定9日向省政府请愿。

△　川军师长杨森、田颂尧、邓锡侯攻占泸州,滇军第二军长赵又新战死,滇军被逐出川境。

△　汤廷光在广州河南士敏土厂接任广东督军。

△　莫荣新所部桂军将领沈鸿英等不承认汤廷光督粤,通电各省谓:"乃闻魏、李两军,忽举督军,强迫交卸……鸿英等统率三军,誓不承认。"

△　日本外务省发表出兵珲春声明书。

△　徐世昌派陈毅兼库伦所属图、车两盟金矿督办。

△　徐世昌令兼任特种财产事务局局长曾彝进准免兼职,派李钦接任。

△　徐世昌令准两淮盐运使段永彬免职,任命赵毓煊署两淮盐运使。

△　徐世昌令吴佩孚、齐燮元各加陆军上将衔。

△　北京政府财政部与中华懋业银行签订银元80万元借款合同,以盐税余款、四年公债105万元、八年公债100万元为担保,用于拨还前债本息。

10月9日　广州各团体代表为桂军开拔费事继续开会,决议"让城费"增加到150万元,不能再增。筹款方法,由省城商店居民各抽租捐一月,主客各半,赌馆捐三月,约40万元;其余向银行借垫,将来设法筹还。各团体代表将此决定面告莫荣新时,莫仍不满所欲,以"你们请放心,我不下命令,我的部下断不敢开炮。你们莫性急,性急办不出好事情来"等语相威胁。

△　驻京日使小幡酉吉照会北京政府外交部,声称日本决定续派

日军赴珲春龙井村平乱。同日,北京政府下令吉林省长官迅即剿办珲春匪乱。

　　△　徐世昌令交通部整顿中东铁路,谓:"此后该路事务,应由交通部率同该督办等,饬华俄各员认真整顿,力图改良。其该路一带公私财产,由东三省军民长官会商主管部妥筹善法,切实保护。"

　　△　徐世昌令:"近据吉林督军电称,据报告本月三日黎明,珲春突来匪徒 300 余名,肆行抢掠,并有毁伤领馆外侨情事。……该地外侨尤应切实保护,勿稍疏虞,是为至要。"

　　△　徐世昌派朱启钤督理印行《四库全书》事宜。

　　△　徐世昌任命毓朗为镶白旗汉军都统。

　　△　共产国际代表维经基与柏烈伟在上海会见吴佩孚的代表白坚武,就中国的现状和未来交换了意见,并介绍了革命俄国的各种组织。

10 月 10 日　湖南长沙各界约万人冒雨游行,旗帜大书"请政府召集人民宪法会议","湖南自治"等语。各团体发布宣言,传单 10 余种。游行队伍齐集总司令部门前,呈递请愿书。彭璜代表全体发言:"今日市民请愿,第一项,系要求司令从速召集湖南人民宪法会议;第二项,系湖南自治不能由省议会及少数人包办;第三项,宪法会议之议员,大县八名,中县六名,小县四名;第四项,湖南宪法,应完全由宪法会议产生。"谭延闿答称:"诸君之意,完全采纳,不日即将实行召集人民宪法会议。"

　　△　下午 1 时,袁家普、方维复等 15 名代表去见谭延闿,面呈请愿书及人民宪法会议之组织与选举各一件。谭答以:"此事愈速愈佳,能如此办理,自属正当。"

　　△　北京政府外交部驳复日本政府出兵珲春声明。指出,中国政府已于 9 日令吉林督军迅平珲春骚乱事件,日本出兵实有背中国主权。

　　△　徐世昌令:"虎威上将勋一位陆军上将直鲁豫巡阅使曹锟,久领畿疆,勤劳卓著。……兹属国庆酬庸,论功行赏,特颁明令,以励殊勋。"

△　徐世昌特任张作霖为镇威上将军；李纯为英威上将军。

△　徐世昌令靳云鹏、王占元、赵倜、陈光远均授为陆军上将。

△　徐世昌特任袁乃宽为秉威将军；特派内务总长张志潭兼赈务处督办；任命黄荣良为驻奥地利特命全权公使。

△　徐世昌令颁给甘肃督军张广建、山西督军阎锡山、福建督军李厚基、新疆督军杨增新八狮军刀各一柄。

△　徐世昌特派刘式训兼外交官、领事官资格审查委员会委员长。

△　中国铁路公司与北京政府订约，将中东铁路交还中国政府管理。

10月11日　北京外交团为北京政府停止俄国使领待遇事照会外交部，谓：“中国政府万不能永远取消俄人按约在中国所享之利益，此不过暂时办法，俟俄国将来政府成立经各国承认时，再行议定一切。”22日，北京政府外交部声称：“查本政府宣布停止俄国使领待遇，实因俄国使领久已失去代表资格，不能行使职权。故不得已，按照他国先例，有此停止待遇之举，以免除事实上之困难。现在适用一切办法，自属暂时，至俄国政府正式成立得中国承认时，再行议定一切。”

△　林葆怿、蓝建枢等联名致电北京政府及广州军政府，宣布南北海军统一。

△　莫荣新通电否认汤廷光督粤，声称决不轻弃职守，提出要求陈炯明退回漳州等四项新条件。

10月12日　孙中山复电湖南省议会，盼督促湘军出师援粤讨桂。

△　苏皖赣巡阅使兼江苏督军李纯自杀。

△　英哲学家罗素应尚志学会、北京大学、新学会、中国公学等四团体之聘，来华讲学，是日抵达上海。

10月13日　孙中山电邀李烈钧由渝赴沪，研究长江方面形势，“决定机宜”。

△　四川省长杨庶堪通电辞职：“庶堪七年(1918)一月蒙军政府委任承乏四川省。……护法之业不成，则国命一日不复，此堪之所以含忍

尸位,凡以此也。……今当解职以去,以谢川人,并即取消前令政务厅长向楚代行之事。"

△ 徐世昌令陆军第二十师师长范国璋着免职来京另候任用;任命阎相文为陆军第二十师师长。

10 月 14 日 重庆旧国会议员因川省武人内讧不已,是日发表告别四川父老宣言,离渝他往。

△ 广州海军全体军官在黄埔公园集议,一致反对南北海军统一。18 日,海军全体官佐质问林葆怿,要求宣布"降北"条件。

△ 代理江苏督军齐燮元发布全省戒严令:"李前督出缺,地方安谧,秩序如常。第恐宵小生心,乘机蠢动。爰于即日起,本省应暂时施行特别戒严,以安人心而平谣诼。仰各该军一体查照办理为要。"

△ 上海公共租界纳税华人会成立。与会会员及来宾约千余人,公推王儒堂(正廷)为主席。王报告开会宗旨:"本会因租界华人不能与西人享受同等之权利,系因租界向来有亏公道之故。"后由陈惠农报告:"华人徒有纳税之义务,不能享受纳税之权利,不平实甚。"并"要求华人参与上海市政,一面停付捐款"。

△ 徐世昌令张文生加陆军上将衔。

△ 是日午后,唐山开滦煤矿因沼气爆炸,工人死者 420 余人,伤者 190 余人,惨状目不忍睹。

10 月 15 日 曹锟、吴佩孚、田文烈、冯玉祥等在保定举行会议。决定:"(一)提倡国民大会速开;(二)请中央遴派议和总代表,以期南北早日统一;(三)推戴王聘卿(士珍)为苏皖赣巡阅使;(四)提倡华界赈济直鲁豫三省灾民;(五)整顿各军旅,严加训练。"

△ 徐世昌令:"据齐耀琳、齐燮元电呈,该巡阅使李纯……神经时复错乱。本月 12 日忽于卧室用手枪自击,伤及右肋乳下,不及疗治,登时出缺。……特任齐燮元代理江苏督军。"

△ 北京外交团照会北京政府,正式承认中国收回俄租界。

△ 英、美、法、日对华新银行团在美正式成立,是日各国代表在协

定上签字。

△　川军刘文辉部占重庆。

10 月 16 日　晨,粤军许崇智第二军克复河源城,桂军李根源、沈鸿英等部溃逃。

△　徐世昌公布《赈务处暂行章程》,派悻宝惠为赈务处座办。

10 月 17 日　北京国务院严禁"复辟"传说,致函内务部,谓:"近有不逞之徒,造作种种谣言,希图煽惑人心,扰乱大局。其最甚者,竟敢语及元首政躬,牵及中国国体,生心害政,殊堪痛恨。……今虽南北尚未统一,而其尊奉共和之心则同。故复辟谬说,虽妇孺皆知,其谬妄实无辩论之余地。……应由京外军民长官转行该管官署,严切查禁。"并希该部"立即转行该管官署一面出示晓谕,一面严拿究办"。

△　桂军 3000 人,由博罗调往石龙。

△　蒋介石抵河源,报告陈炯明、许崇智关于今后作战之计划。

△　徐世昌公《直鲁豫巡阅使署组织令》,凡五条。

△　徐世昌任命王承斌为陆军第二十三师师长;张福来为陆军第二十四师师长;萧耀南为陆军第二十五师师长;曹锳为陆军第二十六师师长。同日,又任命王用中为陆军第十二混成旅长,董政国为陆军第十三混成旅长,彭寿莘为陆军第十四混成旅长,孙岳为陆军第十五混成旅长。

△　北京大学举行第二次授予名誉学位典礼,由蔡元培主持赠予美人杜威以哲学博士;前美国驻京公使芮恩施以法学博士。

△　江苏省教育会等团体邀请英人罗素在上海西门教育会演讲。

△　台湾青年谢文达驾驶老式飞机,在台北上空掠过,成为台湾第一位驾机飞上蓝天的台湾人。

10 月 18 日　旅沪广东公民大会就南北海军宣布统一事致电指责林葆怿"阳作调人,阴为桂系鹰犬",并称:"今桂军祸粤,盗憎主人,城市为空,全省糜烂,未闻公建一言,画一策,而顾通电中外,宣言南北海军统一,试问数年护法,所为何来?"

△　新任秘鲁驻京公使富瑞立向徐世昌递交国书。

10 月 19 日　粤汉铁路机车工人,不愿运送桂系军队,全体罢工,并发表宣言:"如有违抗众议,仍然行车者,誓以炸弹手枪对待。"

△　粤军会议研究作战计划,陈炯明主张攻博罗。

△　曹锟为陈光远推彼为南北议和总代表事,致电北京政府表示推辞,谓:"锟属军人,只知捍卫国家,苟利于国,汤火所不敢辞。至于周旋坛坫,实非所长。……自维驽钝,实属不敢担任。"

△　吉林省议会致电北京政府谓:"日本借口珲春事件,进兵不已。种种要挟,实难忍受。应请中央严重交涉,勿稍退让。"

△　徐世昌派陆徵祥为赈务处会办。

△　徐世昌公布《办赈惩奖暂行条例》、《办赈犯罪惩治暂行条例》。

10 月 20 日　孙中山电促赵恒惕等克期援粤,并电湖南省议会,促湖南当局支持"粤人治粤"之宣言。

△　夜,桂军三四千人弃太尾,焚掠民舍,向惠州逃遁。

△　江苏省议会致电徐世昌,"请政府速颁明令,废置江苏督军,风示天下"。

△　徐世昌令准山东省长齐耀珊免本职;特任田中玉暂行兼署山东省长。

△　北京政府与各国政府在上海签订修改通商进口税则《善后章程》。

△　驻美公使顾维钧与美国特派外交总长柯尔培在华盛顿签订修改通商进口税则补约,共四条。其要者为:"本约所附通商进口税则及章程应自本约互换之日起,在中国与各外国通商各口岸及地方发生完全效力,非经双方订约修改,所有美国人民运货入中国,应照本约所附税则纳税;但订明:美国人民无论何时输纳税项,较之最优待国之人民所输纳者,不得加重或另征。"

△　全国教育会联合会在江苏省教育会开第六次会议,到会代表 32 人,代表 19 省区,议决案 24 条。11 月 10 日闭会。

10月21日　吉林11校学生因日人进兵珲春,在法政学校开紧急会议,议决:"一、通电东三省各团体,请一致力争;二、协同奉黑两省,共派代表,分谒府院及外交部,请当局与日人严重交涉;三、致函本省各学校,请厉行抵制日货,组织演讲团;四、通电留日吉林同乡,请其鼓吹中国留日学生速争外交。"

△　外蒙王公电请北京政府惩办私借日款之喇嘛。

△　皖社开成立大会,安徽政、学、商、绅各界及省议员到会者200余人。首由主席宣布开会宗旨:"欧战停后,国民自决之声风靡世界。……我们组织皖社,原主张自治。现在全国人民,主张自治,即政府亦主张自治,惟自治进行,必须团结。此次组织皖社,即我皖人团结之表现。"

10月22日　粤军在第二十军代理军长蒋介石指挥下,攻克惠州城,夺获大炮10尊,枪3000支,子弹30万枚。桂军余部向博罗退却。

△　广州沙面英领事逐温宗尧出境。

△　北京政府外交部咨复各国驻京公使,说明停止旧俄使领待遇之必要,并声明"俄国领事裁判权当然中止。"

10月23日　孙中山、唐绍仪、伍廷芳、唐继尧致电徐世昌、靳云鹏,谓:"莫荣新困守老城,负隅抗拒。岑、陆计穷力蹙,惧失地盘,先后派遣代表,星夜晋京,促签条件。……求与北方订约。以法律论,七总裁缺其四,广州已无军政府,岑、陆私人签字之条件,直等废纸,绝不生效力。"

△　岑春煊以广州陷入重围,自知无法挽回颓势,是日通电全国,宣布引退。

△　陈炯明在惠州召开军事会议,决定总攻广州。计划右翼军扫除增城之敌,向龙门埔前进,至南村附近集中,进攻广州西北;中央军扫除石龙之敌,沿广九右方前进,集中龙眼洞附近,进攻广州之东;左翼军扫除东莞之敌,沿广九左方前进,至车陂、东圃附近集中,攻广州东南。

△　莫荣新以"现在省城报纸,造谣煽惑,无所不至"为借口,命令

广州宪兵司令谢卓英将省城各报馆全部封闭。至 29 日,广州各报始一律恢复出版。

△ 中华民国学生联合会总会为日本出兵珲春事,向日本政府提出抗议书。

△ 徐世昌派孙多钰督办浦口商埠事宜。

△ 白俄谢米诺夫部将恩琴向库伦进迫,旅长褚其祥连电北京政府告急。

10 月 24 日 曹锟、吴佩孚、王承斌、张福来、萧耀南、阎相文等在保定巡阅使署举行重要会议,讨论要项如下:"(一)废督事件,认为废督一事有缓行之必要;(二)援蒙事件,第一步先应由察绥两区就近出兵;(三)和议事件,桂系既希望原订和约条件,北庭允予提前签字,不妨允其所请,直隶全部将士决定为之后援。"

△ 岑春煊、陆荣廷、林葆怿、温宗尧急电徐世昌、靳云鹏,声明即日辞去总裁,解除军政府职务。同日,岑春煊乞英领事派兵舰保护离开广州。

△ 中华民国学生联合会为珲春事件致电各地学生会,谓:"日人欲实行并吞满蒙久矣。此次竟因俄韩人骚扰珲春一事,乘机派兵数万,将吉林省吉延一带占领。北京政府两次抗议无效,野蛮凶狠,横暴已极。……我们现在要求全国同学一致提起热烈的精神来,一面迫促对外名义上的北京政府,一面直接向国际联盟会表示意见。"

△ 长沙工界各业召开劳动发起会,以"改造物质的生活,增进劳工的知识"为宗旨。旋即发表《湖南劳工会的宣言》。

△ 上海中华全国工界协进会为开滦煤矿沼气爆炸死难工人抚恤问题致电农商部,略谓:"闻该公司拟每名四十元,直视同草菅,请贵部据理力争,以重人命而平众怨。"

10 月 25 日 广州学界 30 余校为驱逐莫荣新离粤,在高师学校开会商定实行罢课,并决定:"莫氏一日未去粤,则各校一日不开课。"各校校长亦皆表示支持。

　△　孙中山电湘军总司令赵恒惕及湘省军界和报馆,嘱竭力声援湘西靖国军总司令林修梅援粤讨桂义举。

　△　广九铁路司机及所有机器工人,为与粤汉铁路工人采取一致行动,一律举行罢工,并宣称桂军不离粤,两铁路不行车。

　△　粤军第一军进占石龙,桂军向增城、东莞退却。

10月26日　白俄谢米诺夫部与蒙匪勾结进袭库伦,团长高在田电告镇抚使陈毅,谓:"库防布置,步兵守御东方,职团守御东营子以北及北面大山。突然二十六〔日〕早二点,敌人乘夜袭攻库伦。以东面为诱敌,其北面为主攻,敌人兵二十余队,炮六尊,机枪七架。……团长见势不敌,库将失守,不得不决一死战。……击毙敌人约数百余,敌势不支,向东北山林退却五十余里。"

　△　莫荣新急电徐世昌、靳云鹏,声明于24日起"率同将士宣布取消自主,粤事应听中央政府主持"。并表示:"为保粤民,减免战祸起见,于中央政府未任专员以前,先率将士让出广州市区。所有维持地方治安事,应由粤民所举之新督负此责任。"

　△　徐世昌派何佩瑢督办湖北官矿事宜。

10月27日　苏、赣、鄂、豫、粤、甘、鲁七省代表等,在北京虎坊桥湖广会馆开七省自治废督联合会,孔庚任主席,宣称该会宗旨在于:"本互助之精神,谋共同之福利;共同之福利维何?即'自治'是。然欲求自治,势必先去为自治障碍之督军。"广东代表发言,痛斥陆荣廷祸粤罪行。

　△　苏俄政府照会北京政府外交部,愿派代表驻华。

　△　孙中山复函鄂西靖国军第一军军长蓝天蔚,指示以全力谋取两广。

　△　蒋介石率粤军攻占增城。

　△　旅京闽人组织的各县联合会举行第二次干事员会,讨论促进地方自治问题。

　△　莫荣新炸毁广州兵工厂后逃离广州,杨永泰通电辞广东省长职。

10 月 28 日 陈炯明派队由东圃、车陂疾趋广州城,并向瘦狗岭、白云山追击。桂军万余人向龙眼洞溃退。

△ 岑春煊、莫荣新逃离广州后,桂军高雷镇守使林俊廷、琼崖滇军将领赵德裕、何福昌等,均先后宣布独立。

△ 孙中山派何成濬赍函赴湘晤湘军总司令谭延闿,希出兵讨桂。函谓:"兹特请何雪竹兄来湘请命,企多得部队,更为粤省援助,使桂乱早日肃清。"

△ 徐世昌以炳威将军、督理陕西军务陆建章"被陷冤死",是日明令昭雪,着即开复原官、勋位及勋章。

△ 江苏省教育会、上海县商会等八团体电徐世昌再请废督,并要求"先将出缺苏督勿予补授"。

△ 扬州棉花店 40 余家弹花工人以薪酬微薄,要求增加工资,未得结果,自本日起一律罢工。

10 月 29 日 洪兆麟及魏邦平、李福林两军入广州,城内桂军向粤汉铁路西村退却,径趋肇庆。同日,粤军总司令陈炯明通电宣布克复广州,向孙中山报捷,并请孙中山同胡汉民回粤主持大局。

△ 孙中山复函蒋介石,促以全力支持陈炯明所部粤军,表示:"我望竞兄(陈炯明)为民国元年前之克强,为民国二年后之英士(陈其美),我即以当时信托克强、英士者信托之。"并赞蒋氏"勇敢诚笃,与执信(朱执信)比,而知兵则又过之"。

△ 河南省立各学校教职员以薪金欠积数月,"山穷水尽,前途绝望",通电宣布自本日起,"暂停职务,以待援救"。

10 月 30 日 徐世昌以岑春煊宣言引退,收束军政府,取消自主,是日颁布命令,宣布南北统一。并"责成国务院暨主管部院,会商各该省军民长官,将一应善后事宜,迅速妥筹办理"。

△ 翟汪电请孙中山赴广州主持大局。广东国会议员谢英伯等亦于同日致电孙中山、伍廷芳、唐绍仪,提出解决粤局四项主张:一、请三总裁即时回粤,主持护法政府,国会议员同时回粤集会,以为护法政府

之后盾；二、督军一职，亟宜乘时废去；三、省长一职，请胡汉民回粤履任视事；四、解散广东省议会。

△　徐世昌令内务部依民国元年《国会选举法》、《参议院议员选举法》、《众议院议员选举法》，"督同各省区长官，将(国会)选举事宜，迅速妥筹办理"。

△　徐世昌公布《修正审理无约国人民民刑事诉讼章程》。

10 月 31 日　孙中山、唐绍仪、伍廷芳、唐继尧通电否认统一。略谓："惟深察北方之用意，实思以伪统一之名义，希图借取外债，以延长其非法政府之命脉。……此次北方宣告，文等绝不承认，内而国民，外而友邦，勿为所欺。北方既毫无诚意，而用此种狡狯无聊之手段，使大局更起纠纷，咎有所在，为此通告中外知之。"

△　孙中山、唐绍仪、伍廷芳及唐继尧之代表王伯群等在上海唐绍仪住宅会议，商谈西南时局问题。并决议：一、任命陈炯明为广东省长兼粤军总司令，统率广东水陆各军；二、免去海军总长兼海军总司令、福建督军林葆怿本兼备职；三、任命汤廷光为海军总长；四、任命林永谟为海军总司令。

△　苏俄外交部为张斯麟举行欢送会，契切林致词，切盼中俄携手解除外力干涉。

△　苏俄外交人民委员契切林致函孙中山，建议苏俄和中国间恢复贸易往来。

△　徐世昌公布《东省特别区域法院编制条例》，凡 13 条。

是月　北京国务院议决以《卿云歌》为国歌，并定十年(1921)7 月 1日施行。11 月 16 日，北京政府教育部将国务会之决定通告各校遵照。

△　新加坡华侨陈嘉庚，认捐 400 万元创办厦门大学，聘请黄炎培、余日章、汪精卫、蔡元培、李登辉、郭秉文、胡敦复七人为筹备委员。

11　月

11 月 1 日　广州军政府任命陈炯明为广东省长兼粤军总司令,管理广东军务,全省所有陆海军均归其节制;免去海军部长兼海军第一舰队司令林葆怿本兼各职;任命汤廷光为海军部长;任命林永谟为海军第一舰队司令兼署理海军总司令。

　△　孙中山致电陈炯明、许崇智,指示速移全军进省,以定粤局,再行处置后方穷寇。

　△　粤军第二军军长许崇智率部进入广州。

　△　粤军总司令陈炯明通电驳斥岑春煊、莫荣新"自称取消军政府"、"自称取消广东自主"之通电。略谓:"岑、莫等之宣言,不过取消其所据之名器,取消其本身之人格,不能损军府和国会之毫末。"

　△　林森、吴景濂、褚辅成通电驳斥徐世昌伪统一令,谓:"……不解此项伪令,容与国法民生,有何关系? 寻其究竟,不过借和平统一之美名,冀骗取大宗外债,以增国民之负担,为武人扩张军备之用,此应与国人共讨者也。今日和平统一障碍,第一为徐世昌,与其所卵翼之督军武人。徐果真爱和平,真谋统一,应即宣告退位。其余问题,依法解决,和平统一即可实现。"

　△　川军前敌各军总司令刘湘、军长但懋辛为驱逐滇黔军出境致电北京政府,声称:"唐继尧一日不去,川滇黔一日不安。冀滇黔明达人士,爱国健儿,共锄奸凶,为三省真诚之携手,以共卫国家。"

　△　上午 11 时,湖南中华工会开成立大会,与会者 59 团体,各界代表 39 人。主席陈家鼐宣称,该会以"专以输贯劳动界之知识为前提,务使工人道德高尚,职业普及"为宗旨。

　△　改造广西同志会致电徐世昌、靳云鹏,否认与岑(春煊)、陆(荣廷)"分赃之和"。略谓:"近闻报载,尊处复与岑、陆两氏,秘密和成,赂金竟达千万,在尊处慷国民之慨,尽可乐为。但于统一前途,有无把握,

吾恐转陷于不可收拾之境,是所谓促和者,适足以促亡耳。顾念前途,能无栗栗。现粤局已解,陆系已倒。其不能代表两粤,彰彰明甚,更何能代表西南。此次分赃之和,不唯滇黔湘粤不承认,即我广西全体人民,亦决不承认。……凡有尊处私与岑、陆所订一切条件,均作无效。"

△　谭延闿通电否认岑春煊、陆荣廷取消自主之宣言,谓:"……军府为各省组合,非二三人所能消灭。各省主义,自然不能以二三人为转移。所有粤中岑、陆、林诸人宣言,当然不能承认,并不发生何等效力。"

△　齐耀琳致电北京政府,促王瑚早日南下就任江苏省长,谓:"耀琳前蒙大总统恩准辞职,即经电催新任省长莅宁,冀释重责。……窃以地方情形而论,苏省关系,似比京兆不同,可否俯将京兆一缺,暂行派代,俾王省长早日南来之处,伏候钧裁。"

△　上午10时,天津华北华洋义赈会,各团体商号30余团体,计万余人,组织游行大会,并代义赈会散发劝捐传单,宣传灾区惨状。

△　宁波救国十人团联合会调查科开紧急会议,首由主席报告开会宗旨:"本科自去年五四成立以来,与学生会协同进行,调查日货,不遗余力。抵制成绩,斐然可观。乃近来因调查少懈,以致一般昧利奸商,日货又复大进特进,非重行整顿不可。"会议决定,会同学生会通告各业,止进日货。

△　下午4时,长沙报界联合会在总商会欢迎杜威等,并讨论湖南制宪问题。谭延闿亦到会。

△　日本岗山第六高等学校留日中国学生,因该校于天长节举行运动会时侮辱中国国徽,向学校当局提出四项要求:"(一)要求此事责任者,向我国国旗表示敬意;(二)口头上向在日留学生道歉;(三)同时呈书面一个,表示悔过意;(四)保证今后不得再有此等事件发生。"学校拒绝接受。3日,该校留日学生全体罢课。

11月2日　列宁接见张斯麟,谓中俄将团结一致,促使帝国主义灭亡。

△　粤军总司令陈炯明由石龙抵广州。

△　孙中山致电闽督李厚基,嘱速令所部援助粤军歼灭东江桂军。

△　广东学生联合会广州分会开评议会,决议:"(一)粤省实行废督及民选县长,不得以武人充当;(二)上书陈总司令,请其实践从前的宣言,赞助废督运动;(三)电请撤退驻校军队并各校从速上课,以期恢复教育原状;(四)定期召集各社团,开会讨论关于废督运动及民选县长事宜。"

△　谭延闿以湘军全体将领名义发表通电:"(一)湘军主张,与西南护法各省一致,一切问题,须由公开和会解决;(二)湘人实行自治,以树联省自治之基。不受何方之干涉,亦不侵略何方。"

△　上午 11 时,云南高等军事学校开学,唐继尧出席演说,勖勉诸生,以保云南军界之光荣。

△　驻直隶河间十一师李奎元部,因欠饷哗变,勒迫商家捐款数千元,并拘留商会会长二人,勒捐一万元。城内之兵把持城门不准人民带物出城,城外之兵四出抢掠,惟冯国璋所设当铺独能幸免。

△　岑春煊、温宗尧、李根源抵沪。

11 月 3 日　孙中山致函林修梅,嘱其:"联络湘中同志,统一湘西。与协和一致行动,并速派人与吕、石、卢联络,团成一片,巩固实力,然后相机解决大局,是为至要。"

△　孙中山致电许崇智,嘱再厉戈矛,迅图扫穴,进而解决大局。略谓:"顷得粤讯,知兄于东(1)日抵省,士气旺盛,至为欣慰!……民国九年粤军战史,第一功当属兄矣。会当把晤,为兄策勋。尚希再厉戈矛,迅图扫穴,出桂人于强盗之手,使两粤联为一气,固我初基,进而解决大局,庶三民主义得有贯彻之日。"

△　孙中山复电曹锟、吴佩孚,主张化兵为工,讽其勿为军阀政蠹。谓:"化兵为工之策,自信为今时救国不二法门。……鬼蜮政蠹之为国人厌弃固矣。军阀窃柄,尤易滥用权威,僭越非望。"

△　驻华法使柏卜照会北京政府外交部,请加入国际著作权公约。

△　蒋介石下令进击清远,次日攻克。

11 月 4 日　孙中山在上海召集中国国民党会议,发表演说,述明修改中国国民党总章及海外总支部章程之意义。指出:"本党章程是在日本东京定的。""那时候都在海外亡命,和在内地办党的情形不同,所以当时章程只对准着海外情形来定的。现在我们既已能够在国内立脚,打算在国内进行党务,那章程自然有多少要修改的地方。"在详述了三民主义、五权宪法之后,说:"现在我们又渐渐恢复了,我们就赶紧在国内扩张起来实行这三民主义、五权宪法。现在为便利起见,把从前的章程,大家来参酌修改。"

△　孙中山致电四川绥定颜德基师长,谓:"……所望急将川局奠定,共出长江,企图远大,则于川于国,两有其利。"

△　孙中山复电翟汪,告以"莫(荣新)氏负固待援,希即协助魏(邦平)、李(福林),迅速扫除,毋谈调停,致滋棘手。"

△　江苏省议会致电徐世昌、靳云鹏,谓:"江苏省长问题,全省民意原主苏人治苏。嗣奉大总统令,以王瑚长苏。苏人为尊重中央威信起见,暂弃主张,委曲求全,当为中央所谅。惟命令发表日久,而王瑚到任无期。近日沪报且传有大总统阻令不来消息。现在本省吏治财政,亟待振刷,究竟王瑚何日到任,应恳迅即电复,以释群疑。"

△　吉林省各团体在省议会开团体联合会,讨论珲春交涉案,决定:"(一)定五日午后二时,各团体各选代表往见交涉署长,偕赴日本驻吉总领事署,商请退兵。(二)电奉张(作霖)吉鲍(贵卿),八条件如已允许,吉林人民誓不承认。(三)由学生联合会搜集日人违法事实,译登外国各报,请主公道。"

△　全国学生联合会总会致函浙江学生联合会,谓:"现在全国教育联合会在上海开会,贵省教育会代表提出了荒谬绝伦的'各学校利用星期讲授经子建议案'。……他们正式和我们宣战了,我们难道由他们侵害,不起反抗吗?……他们不知讨论教育若何普及若何改善的问题,却违反时代的潮流,通过一种万人唾弃的读经案。……我们赶快下全体动员令,和他们分辩一个清楚。"

△ 北京国务院通电各省,征求对新银行团借款意见。谓:"近接驻美顾公使电告,现由银行团交到会议日程,中有数条,对于中国借款讨论,以地丁为担保,……其尤为重要者,调查中国最近情形,如南北统一,裁撤军队,确立宪法,选举国会,下半年之预算案,建设适当财政制度,监督借款用途,综其大要,不寒而栗,……竭诚相告,愿闻谠言。"

△ 徐世昌特派张謇督办吴淞商埠事宜。

△ 广西督军谭浩明通电宣布广西取消自主,一切政令悉听北京政府主持。

11月5日 孙中山、伍廷芳等电质北京国务总理靳云鹏,谓:"奉卅一日尊电,藉悉壹是。……近者岑、莫避审,情急求和。北方不察,竟据以宣言统一,中外各报,咸肆讥评,谓为滑稽,良非无故。……文等之愚,以为欲解南北纠纷,图全国事实上之统一,必自赓续和议,该军事协定乘时取消,各种密约完全废止,法律问题完满解决始。否则求统一而去统一愈远,言和平而破坏和平愈甚,天下其谓之何?辱承明问,敢布区区,言尽于斯。"

△ 陈炯明通电主张和议公开。略谓:"自兹以往,不议和则已,苟议和,则单独之接洽,暧昧之行动,宜绝对禁绝。惟以正式之会议,公开之方法解决一切,方能收快刀斩乱麻之效。南方议和总代表,向由唐总裁担任。倘北方鉴于往事之因循,必知改弦更张,万不容缓。即派遣议和总代表克日来沪,继续议和。"

△ 林森、吴景濂、褚辅成电贺陈炯明回粤,谓:"岑、莫等勾通北廷,破坏护法。凡有血气,罔不痛心。执事仗义回戈,趁除凶憝,师直为壮,逆众溃逃。……国家前途,实深利赖。"

△ 唐继尧通电反对徐世昌统一令,谓:"顷见北京国务院卅日通电,声言据岑西林等漾(23)敬(24)两电,取消西南自主,归附北廷等语。岑等盗窃名义,不能代表西南。"

△ 北京国务院复电江苏省议会,谓:"支电悉。江苏省长王瑚,一俟交卸京兆尹,即行赴苏莅新。现已催孙尹家振,迅速来京接任矣。沪

报所传,并非事实,希即察照。"

△　山东督军田中玉致电北京政府请废除督军,并自请开去鲁督本兼各职,谓:"督军制不适于今,无用异议。卢督首倡,时机未熟。今和平实现,此其时矣。惟废督必惟其实,各省宜一律裁撤,并勿再存留将军、司令名称,师旅统归中央节制。地方治安由省长负责,训练武装警察,并请由山东试办。如有成效,再推行各省。乞迅提交阁议施行,并先开去中玉鲁督本职及署省长兼职。"

△　新疆督军杨增新电令新疆各道尹阻止俄败兵入境,谓:"查中国对于俄人国内战争,向取不干涉主义,无论俄人政策如何,各党胜负如何,中国严守中立,概不与闻。如有俄败兵入境者,不论何党之兵,概行阻止,不许入境。切勿稍涉游移,贻患将来。"

△　北京高师学生开全体大会,讨论珲春事件,决议全体出发讲演。8日下午3时,该校学生800人,分别在天桥、前门、顺治门、骡马市大街、大栅栏一带讲演,被武装军警横加干涉,并将旗子夺去,禁止讲演。

11月6日　孙中山为李纯自杀复函齐燮元,谓:"顷奉手教,暨秀公(李纯)遗书一册。自秀公之死,北方有力者,屡遣人来,谓公自杀,并非实情,中有黑幕,言词之间,竟有所指。今得来函,并影有遗笔数通,以是表彰秀公而镇靖人心,诚不可少。惟遗书笔迹已见报章多日,何以北使纷驰沪上,造谤不休,想必有人欲攫取地盘而先陷当局者以莫须有之罪。世情崄巇,殊可慨叹!执事镇抚一方,责望綦重,而北方政出多门,更有人为之奔走捣乱,此恐非语言文字所能释谤而止纷。夫当非常之事变,要有非常之干略,彼人诪张为幻,且挟居高临下之势,不审执事何以应之?文好直言,既有所知,即无隐讳。"

△　孙中山复函蒋道日等,批准国民党古巴分部改为支部,并对侨胞为粤军讨桂捐款三万元表示感谢。

△　唐继尧、刘显世、李烈钧就北京政府宣布和平统一问题,电复靳云鹏予以驳斥:"……顾尧等虽夙爱和平统一,而尤不能不斤斤焉注

意国本。国本不立,而苟焉以从命,则所谓和平统一者,特一时耳。暮四朝三,岂非多事。故尧等宥(26)电宣言,亦经斟酌情势,衡量事实,已信于国家大计,颇能为根本解决。而真事之统一,永久之和平,非是不能巩固基础也。"

　　△　汤廷光宣布解除粤督职务,发表《敬告全粤父老昆弟书》,谓:"廷光受事伊始,早有宣言,谓当俟陈总司令返节粤垣,立行交替。现谨于本日,将督军省长印信,概行移交接管。"

　　△　徐世昌特派王宠惠为法权讨论委员会委员长,张一鹏为副委员长。

　　△　苏、鄂、豫、鲁、甘、赣、川、闽、粤、皖、晋、桂等十五省区代表在北京开自治联合大会,宣告各省区自治联合会成立。

　　△　张东荪在上海《时事新报》发表《由内地旅行而得之又一教训》一文,挑起了社会主义论战。

11 月 7 日　　徐世昌在北京召开统一善后事宜筹备会议,全体阁员出席,岑春煊亦派代表参加,决定由国务院设立筹备统一善后会议事务处,办理统一善后事宜。

　　△　唐绍仪复电靳云鹏,谓:"承西南公意,叠次宣言,均以军事协约,即行废止,法律效力,完全恢复,为和议条件之要素。……仪于和平统一,素所愿闻,惟夙昔主张,则罔敢或渝。"

　　△　法教育会第十五届赴法勤工俭学学生周恩来等 197 人,乘法轮"保尔到斯号"启程赴法。

　　△　中华机械工会在长沙成立,选举童锡洲为正会长,萧开桢、周文质为副会长。

　　△　沈恩孚、黄炎培等以报载张謇"又保齐燮元督苏,显违全省公意",电张询问真相。同时致电北京政府就苏省废督事"再进忠告"。

　　△　中国共产党上海发起组创办《共产党》月刊。李达主编。陈独秀撰写发刊词《短言》,明确宣布:用阶级斗争的手段,使"一切生产工具归生产劳动者所有,一切权利归劳动者执掌,这是我们的信条"。

　　△　《劳动音》周刊创刊。该刊为北京共产党组织指导工人运动的通俗读物,主要编辑人有邓中夏等。

　　11月8日　西南联军总副司令唐继尧、刘显世通电宣布将滇黔留川军队撤回边境。谓:"川黔滇三省因地理历史之关系,宜有相资互助之精神。频年国家多事,滇黔军暂留川中,以待国是有定,良非得已。而对于川中同志,亦靡不尽力扶持。至于川人治川,宣言已久,非特川人所应相谅,且为天下之所共闻。何嫌何疑,而屡施其排斥之计,且加以侵略之名。继尧等深悉夫人心之变迁,难贵有为,而军事之收束,所不容缓,已将滇黔留川军队撤回边境,实行裁汰改编,以符本年八月宥(26日)电之宣言。惟恐外间不明真相,特将数年来滇黔对于川省经过事实,为国人一详述之。"

　　△　沈恩孚、黄炎培致电徐世昌、靳云鹏,谓:"废督之请,全国一致,未见明令。苏省财源,为军人攫取殆尽。……倘苏省督缺复补,是显与苏人公意为敌。……现中央方宣布统一,岂可再为军人助长权力,以致作茧自缚。用特再进忠告,乞赐鉴纳。"

　　△　下午2时,山东省议会致电北京政府,以田中玉既自请废督,"则政府似无所再用其顾虑"。

　　△　湘军总司令谭延闿、师长赵恒惕等以全体湘军名义,发布"郑重宣言",宣布"湘人实行自治,以树联省自治之基,不受何方之干涉,亦不侵略何方"。

　　△　全国教育会致电北京政府,要求裁兵废督实行法治。同日并通电各省,略谓:"学校经费不足养兵,被祸省区,全陷于无教育状态。……为今之计,非速裁兵不足救国家之困;非速废督不足止祸乱之源;非速厉行自治,整顿选举,不足培元气,固国基。……切望同心一力,协请废督裁兵,复自治,严选举,以谋真正统一。"

　　11月9日　孙中山与唐绍仪、伍廷芳联名致电西南各省各军,宣布桂系和岑春煊等破坏护法的罪状,号召西南各省各军坚持护法救国主张。谓:护法各省"宜本真正之民意,革故取新,推广平民教育,振兴农工实业,整理地方财政,发展道路交通,裁撤无用军队,实行地方自治……联合一致,以树全国之模范。"

△　孙中山在上海中国国民党会议上解释"训政"意义。指出,本来政治主权在人民,现在人民有一种专制积威造下来的奴隶性,还不晓得自己去站那主人的地位。"只好用强迫的手段,迫着他们来做主人,教他练习练习,这就是我用训政的意思"。

△　孙中山修正和公布《中国国民党总章》,凡 18 条,规定"本党以三民主义为宗旨";"本党以创立五权宪法为目的"。

11 月 10 日　陈炯明通电就广东省长职,并布告主张废除督军。

△　林葆怿以军政府名义"与统一宗旨相背驰",通电离粤。

△　刘显世致电孙中山、唐绍仪、伍廷芳,谓:"组公(谭延闿)东(1日)电悉。岑电取消西南自主,已为骇怪;北廷据以宣布统一,尤为滑稽。此间对于时局之主张,已于唐(继尧)公于宥电宣言,自当抱定此旨,贯彻初衷,特电奉闻。"

△　贵州护法军第一混成旅旅长卢焘在贵阳发动兵变,逼走省长兼靖国联军副总司令刘显世。15 日出任代理黔军总司令。

△　各省区自治联合会致电田中玉,对田自请废督事请其"始终一致,言行相符,立即实行"。

△　东三省巡阅使张作霖因日军久据珲春未撤,特派于冲汉赴日交涉。

△　驻华日公使小幡西吉向北京政府提出珲春撤兵条件四项,并声明将来延吉方面若再发生类似事件,日本仍可出兵。

△　北京政府教育部致函各学校,要求对珲春事件,务取镇静态度。

△　留日学生总会发表《敬告全国同胞书》,主张全国各地应自省而县,组织临时外交后援会,监督政府行动,以为外交声援并厉行排斥劣货,断绝贸易关系,禁止对日输出。

11 月 11 日　江苏教育会、上海县商会等五团体电促北京政府实行废督,谓:"全国人心,痛督军攫取财权,拥兵肆虐,一致请废。……恳请从速明令实行,一以遵从全国人心。"

　　△　徐世昌公布《赈灾公债条例》。

　　△　苏维埃俄罗斯共和国东方部长杨森致中国政府通牒:"因为蒙古边疆中国军事当局的要求,俄罗斯共和国政府,深愿派兵入蒙,一同扫除谢党……俄罗斯共和国既以保持他国主权为职志,当即停止派兵,并希望中国当局,速以严厉手段,将谢党一律扫除。"

　　△　夜,驻河南许昌军队哗变,抢劫天平街中国银行七八万元;德记、李正乾等六家商铺八九万元;盐店四五万元。至晨 3 时许,始行散走。

　　11 月 12 日　唐继尧、刘显世致电孙中山、唐绍仪、伍廷芳,对北京政府统一通电表示反对,并认为:"自和会成立以来,中外瞩目,虽进行稍有障碍,而南北代表职责,依然存在,只能亟图恢复,岂可因噎废食,别图苟和之方?故继尧、显世本救国初志,又经于八月宥日通电,宣明宗旨,仍主由正式和会解决,以及废督裁兵,实行民治等。……若徒以一二不负责任之言,遂谓西南已归统一,则继尧等爱国护法,始终不渝。此等暧昧苟且之行为,断难承认。"

　　△　谭延闿通电各县,立即召集各公团会议,征求对省议会制定"宪法会议组织法"之意见事,限三日答复。15 日,湖南各界联合会反对"宪法会议组织法"之起草权与议决权归省议会,并揭露谭之限期三日"征求民意"是欺人之谈。

　　△　北京政府外交部与日公使小幡西吉关于上年 11 月 16 日福州事件交涉换文结案,结果是:一、日本政府以公文道歉;二、日本政府给受伤人恤金 1300 元;三、津贴顺记饭馆 800 元。其处分犯人及善后事宜,俟两国政府查明后办理。

　　△　东三省旅京学生 17 校约千余人,为珲春事件举行游行示威。游行学生手执白旗,上书"力救珲春"、"抵制日货"等字样。

　　△　奉天省议会为北京政府征求各省对新银行团借款意见事,以

此项借款不利于国,致复北京政府表示反对。

　　△　蒋介石抵上海,向孙中山报告广东情形,旋返奉化原籍。

　　△　连横所著《台湾通史》出版。全书共 36 卷、88 篇、600 余万字。该书自台湾开辟至被日本占领前,凡经营、职官、户役、田赋及商务、工艺、风俗等有关情事,一一纂录。书之年限上自隋大业元年(605),止于清光绪二十一年(1895),计 1290 年。

11 月 13 日　刘显世通电解除贵州军民两政职务,谓:"所有靖国联军副司令,着即撤废。至兼理省长一职,察全黔民意,主由民选。……所有省长职务,由政务厅长代理。"

　　△　河南自治改进会成立,次日议决四项办法:"(一)实行排除自治之障碍物;(二)提倡平民政治;(三)于各县设立自治会;(四)于京、津、沪、汉、开封等处,办理提倡之报馆。"

　　△　四川在京议员、学生成立"四川自治期成会",从事废督裁兵运动。20 日,该会开会通过周鸿昌、何恩枢等 130 余人提出的政治主张,作为该会宗旨,并决定编辑《四川自治旬刊》,宣传废督裁兵和民主自治的主张,以及各省自治运动的消息。

　　△　湖南各界联合会在长沙青年会开评议干事两部联席会,议决下列事项:注重通俗演讲,发刊报纸,兴办补习学校,促成同业组合会,而以贯彻自治为旨归。

　　△　夜,驻湘北平江之十二区司令萧昌炽所部士兵哗变。变兵围攻司令部,将萧昌炽(谭延闿派)拘留,次日将萧杀害,推营长于应祥(程潜派)为司令官,实行倒谭。

11 月 14 日　北京国务院设立筹办统一善后会议事务处。

　　△宁波学生联合会致电靳云鹏,谓:"迩来珲春风云日紧,日人戎骑四布,阳借保护之名,阴遂觊觎之实。非我种类,逼处边陲。全国人士,谁不忿慨。执事领袖全国,岂忍大好江山,一旦沦亡耶? ……务希大展经纶,猛勇交涉,解除军事协定,撤退珲春日兵,以慰国人之望。"

　　△　苏州东乡农民联合浒关第六、第七镇乡民,因抗租将黄埭警所

捣毁,并将前往弹压的县知事温某围住不放。后经温某答应将前次拘押乡民释放,至豁免租米,允俟回苏后再行商定,乡民始散。

11月15日　孙中山电促唐继尧向桂边出兵,桂定则西南可固。谓:"歌(5日)电奉悉。……惟滇、桂密迩,可与粤成犄角之势,旋师稍息,尚望转向桂边,并图犁扫。桂定,则滇、粤脉络灵通,西南可成强固之局。彼盗国者虽百方控纵,莫能破我中权矣。希图利之。"

　△　驻英公使施肇基致电北京政府外交部,谓:"报载莫斯科无线电称,'中国军队请莫斯科政府共同出兵攻击谢米诺夫。……一俟击散,即当退回'。实情究竟如何? 盼速电复。"

　△　粤军占领肇庆。

　△　国际联盟在日内瓦举行第一届大会,北京政府派顾维钧、唐在复代表出席。

　△　海外国民党同志恳亲大会在广州亚洲酒店召开。出席者有陈炯明、邓铿、洪兆麟、邹鲁、孙科、冯自由、谢英伯等。陈炯明、孙科在会上演说。

　△　贵州省议会、农会、总商会、教育会、工界联合会等团体通电,谓:"黔省自护国、护法以迄今日,军民两政全系刘显世一人主持。……现刘省长决意辞职,已由各界公推前云南省长任可澄接任省长,维持治安。……自今以始,吾黔惟本此真确民治,自动自决,立自治之规模,谋人民之福利。谨此宣布。"

11月16日　下午3时,北京政府外交部复照驻华日使,要求日本即日撤退珲春日军,并拒绝日方所提将来仍可出兵之要求。日使旋即请外交部"将派往珲春替代日兵之华军数目、种别及何日启程,驻扎何地一并复示,以便日军计划退兵"。

　△　陕西靖国军总副司令于右任、张钫通电反对北京政府之统一令,并声明以下各项主张:"(一)成立真正之民治政府;(二)解决国事,必由公开之和会;(三)助成各省之人民自治;(四)民党应化除意见,为主义上之大结合。"

△　陈毅电告北京政府要求援兵,谓:"敌于歌(5)日退据白彦皋地方,积储粮草,待援反攻。……查此项俄匪,既经蒙人勾引入境,默察现在情形,非达目的不已。且蒙心已变,一发难收……此项匪类,实非寻常可比。盖皆含有政治性质,未可等闲视也。……现弹药款项粮草三者,均已罗掘将穷。接济不来,后援阻碍,孤城悬处,业至内无粮草,外无救兵。况毅只身空拳,何以挽此危局?"

△　北京政府外交部布告外国人士在各地设立专门以上学校,得援大学专门学校法令呈核办理。

△　驻京日公使小幡酉吉照会北京政府外交部,声明徐树铮由日本兵营逃走。

11 月 17 日　徐世昌令内务部着该管官署暨各省区民政长官,切实筹备地方自治;同日,徐世昌又令内务部筹备国会选举。

△　贵州代总司令卢焘、混成旅长胡瑛等致电唐继尧,谓:"现刘(显世)副帅决意归里,无术挽留,准于铣日出省。省长一席,已由各界公推志清担任,联军副司令昨奉副帅令着即撤废。……焘等公同议决,黔军总司令部,自 11 月 18 日为始,直接联军总司令部统归钧座直接指挥。"

△　粤军占领廉州。

△　北京各省区自治联合会召开联合大会,决定推举代表要求政府废督裁兵,并发表宣言。

△　下午 2 时,北京中等学校以上学生 2.3 万余人,为珲春事件,齐集天安门,举行示威大游行。游行学生手执白旗,除上书"力争外交"、"大家起来"、"抵制劣货"等口号外,并有"总理卖国,总长卖国,督军也卖国;山东失败,福建失败,珲春快失败"一联。

11 月 18 日　孙中山致函加拿大、古巴、墨西哥和旧金山等地华侨,告以进军广西及新政之设施,需款甚多,劝助军饷。

△　天津各界联合会举行评议会决定:关于徐树铮从日使馆逃脱事,应电请政府向日本力争,并将其余各祸首悉数引渡。

△　驻京日公使小幡酉吉照会北京政府外交部，允撤退驻珲春日军。

△　北京外交团复照北京政府外交部，声称："遇有关涉俄人民刑各案件，应归其本国法庭按照该国法律审理，与其各国人民一律，此系俄人由条约所赋予之最重利权。"29日，外交部予以驳复，略称："俄侨民刑事件，按照条约，固应归领事裁判，但俄国领事既经停止待遇，已无能行使此项职权之人员。所有在华俄侨民刑事件之职权，自不能不暂时由中国执行。"

11月19日　北京政府外交部为徐树铮逃出日使馆事，电令驻日公使胡惟德向日本政府提出抗议："（一）徐树铮逃后，发生行动及影响，均日本负责；（二）日武官有纵逃形迹，应予处分；（三）向中国道歉；（四）余八人应速引渡，防再逃。"

△　上海学生致电各省各界联合会、省议会、学生联合会，谓："日使借口政治犯，容留安福罪魁，迭经我国抗议，乃欺我极弱，竟自一再拒绝。乃者徐树铮忽尔出走，显系故意放纵，其包藏祸心，助我内乱，已昭然若揭。请一致抗议，并促北廷引渡余犯。"

△　北京政府致牒日使署，要求撤退中东铁路一带之日兵，谓："其他协约国军队退离西伯利亚，并声明中政府现准备担负保卫铁路与边界之责任。铁路事务，现正在整顿中，日本已不再有驻扎卫兵于该路之必要。"

△　孙中山公布《中国国民党规约》，凡六章30条。

△　陈炯明召集驻广州全体军官开禁赌会议。

△　王士珍应徐世昌之召入京。

11月20日　鄂军蓝天蔚等致电孙中山、唐绍仪、伍廷芳，表示不承认北京政府之统一令。谓："密奉十月卅一日通电，敬悉北方假托岑、莫之谰言，遽下统一之伪令，诪张为幻，一至于斯。……蔚等待罪戎行，只知护法。如北方苟遵成约，由上海和会言和，自当固守原防，静待解决。……彼非法政府所下伪令，不独我护法靖国各军不能承认，外而友邦,内而国民,想不至为彼所欺蔽也。"

△　广东全省学生代表 4000 余人,在高师学校开欢迎粤军凯旋大会。陈炯明偕同洪兆麟、黄强、邓铿出席,并发表演说,提出改造广东,实行禁赌,要求军政、民政、财政之统一等项主张。

△　北京各省区自治联合会代表朱和中等八人到公府请愿,陈述二事:"(一)说明自治联合会之组织,及裁兵废督实行自治之主张;(二)田中玉自请废督,应请照准实行。"总统府秘书长吴籍孙当允转达,各代表辞出。并至江西会馆开会,讨论下一步应付办法,结果决定将本日请愿情形,通电各省区地方团体查照,一面筹备二次向北京政府请愿。

△　上海劝学所开国语讨论会,教育部特派员到会,市立各校教员 70 余人参加。

11 月中旬　全国各界联合会电请河南督军赵倜维持豫省教育,谓:"此闻汴中各校,因当局停发经费,教职员不免枵腹,遂全行停课。摧残教育,贻害青年,莫此为甚。……尚望公等憬然反省,迅维教育现状,俾得渐图发展。"

△　中国留日学生总会忠告北京政府,迅即废督裁兵,谓:"废督裁兵,国人请求声浪,亦即高且嘶矣,而犹迟迟不见诸命令者,岂以为督不可废,兵不可裁乎。……窃以为今日欲图民治实现,国基巩固,舍废督裁兵外,无他挽救之术。万望我政府当机立断,勿再迟疑,受少数之牵制,背全国之公意。"

△　孙中山答《字林西报》记者问,声明:北方政府统一命令和缔借外债,决不承认。并谓:此次返粤"当竭力以民治主义,改革广东,如上海、香港然"。"吾人当竭力整理护法各省之政治,俾人民蒙其福利,而得有为他省之模范也"。

11 月 21 日　陆荣廷通电退出粤境,谓:"荣廷顾念邻交,不忍地方糜烂,当通电莫督,主张退让,交还督印,退出省区。……所有驻粤各军,现在已经一律调出粤境,此后粤省地方治安,即由粤人负责。桂省自收回军队,以后自当酌量改编,极力收束。……嗣后一切政争党系,概不与闻"。自 8 月 12 日开始讨桂战争至此结束。

△ 上海机器工会在上海公学开成立大会,到会者约千余人。入会会员有造船厂、电灯厂、厚生铁厂、东洋纱厂等 370 多人,孙中山、陈独秀到会演说。孙中山指出:"欲贯彻民生主义,非在官僚手中夺回民权不可。"

△ 黄爱、庞人铨在湖南长沙发起组织"湖南劳动工会",是日在长沙教育会坪开成立大会,与会者有印刷、缝纫、刺绣、机械、翻砂、纺织、染色、矿工等代表。该会以"改造物质生活,增进劳工的知识"为宗旨。

△ 王尽美、邓恩铭在山东济南成立励新学会。学会以新思潮互相砥砺为宗旨,会务主要是发行报章和举行学术讲演。学会会员主要来自省立一师、一中和育英中学的师生。12 月 15 日出版会刊《励新》半月刊。

11 月 22 日 黔省代理总司令卢焘通电:"黔省追随西南各省之后,宣布护法,历有年所。现联军副司令刘公(显世)辞职归里,所有全省陆军部整理事宜,交由黔军总司令继续担任。现在护法事业,尚未了结,本军对于大局计划,仍与西南护法各省一致主张,决不至有所变更。"

△ 上海各区商界联合会为反对增加印花税及所得税问题,开联席会议,决定征求全体商界意见,并将商民痛苦转达北京政府,同时向省议会请愿。

11 月 23 日 孙中山致电陈炯明,告以:"桂军之退,万不可掉以轻心,测其用意,必为集中大力先将魏(邦平)、李(福林)击灭,然后对付粤军。粤军久战疲劳,不堪再遭失利。……务望促臧(致平)师全部速来为要,盖非此粤局必难遽定。"

△ 谭延闿通电宣布:"自本日起,将湖南督军一职,永远废除,公推赵总指挥恒惕继任湖南总司令。延闿即于是日解除湖南总司令职务。至省长一职,筹办自治,促成制宪,关系至重,亦非菲材所敢久窃,

并咨省议会声明辞职,希望选举临时省长,以开民选之先声,俟省宪法制定,再行改选。"

　　△　赵恒惕通电:"本日谭督应召集军政商学各界及各公团,宣布军民分治,废除督军,民选省长主旨,并郑重声明,即解除军民两政职任。总司令一职,交恒惕接任。省长一职,向议会辞卸。另举临时省长,树各省民治之先声。……恒惕庸弩,曷能堪此重寄。惟念全湘治安,关系甚大,暂以师长职权,会同在省高级军官处理军事,一面电商全省军事长官,公推军界中声誉崇隆者,出任总职。主持得人,恒仍愿竭绵薄,促成民治。"

　　△　湖南陆军第六区司令李仲麟等率全体官兵,通电反对谭延闿,谓:"谭公巧(18 日)电,辞去总司令一职,未始非最近之觉悟。但吾湘之患,不仅在军政一端……麟等血战数年,志在卫护桑梓,奠定国家,岂忍以保全个人权位,危及湘局,危及西南。故敢本爱人以德之训,拟请谭公速自审度,借息群喙。"

　　△　湘籍国会议员周震鳞等致电孙中山、伍廷芳、唐绍仪,略谓:"谭延闿态度不明,政章失当。湘局与护法大局,岌岌可危。湘军迫于公义,湘民激于众怒,覃(13)日于应祥起兵平江,诛谭党萧昌炽。……伏乞电令赵恒惕为湖南总司令、林支宇为湖南省长,湘民幸甚。"

　　△　是日下午,长沙《民言报》被谭延闿勒令停刊。旋该报发表停刊宣言:"本报为代表舆论,监督政府起见,迭贡责言,以期觉悟。……此本月十九日本报所以有《谭延闿可以跑了》社论一则。孰意谭氏不自反省,大肆淫威,严饬省会警厅,勒令本报停刊。"

　　△　徐世昌公布"众议院议员选举日期令",规定各省众议员初选日期为民国十年三月一日,复选日期为同年四月一日。

　　△　徐世昌令准青海甘边屯垦使蒯寿枢辞职。

　　△　是日午刻,广州学生暨拒赌会、拒赌同志团、工商等界三万余人举行禁赌大游行,并赴省长公署请愿。陈炯明表示于 12 月 1 日公布禁赌命令。

△　开封学生因争珲春交涉,厉行抵制日货。大纶与永和商号私运日货,被学生查获,按例公罚,大纶商号拒不受罚,致起冲突。军警祖护奸商,借口扰乱市面,殴打学生,拿捕代表,并将开封学生会、国货维持会封闭。

11 月 24 日　湘西援桂总司令林修梅致电孙中山、唐绍仪、伍廷芳、唐继尧,谓:"湘桂壤地密迩,出兵较易。……兹值西南各军同声讨桂之际,湘军既属护法范围,岂能独辞其责。诸公西南砥柱,言重九鼎,务望电促谭公(延闿),力顾大局,克日就近出师,扫除桂贼。匪惟西南大局之幸,实亦湘人自卫之策也。"

△　唐继尧召集云南军政各界要人,在联部开谈话会,首由唐讲演此次关闭自治之理由,并郑重宣言二事:一、主张正义;二、坚持废督裁兵。应再宣布者:一、团结内部;二否认伪统一令;三、维持本省治安。

△　留沪护法各省各军代表通电挽留刘显世,谓:"读刘副帅元(13日)电,卸去军民两政,不胜触望。……时局正艰,讵宜听其远引,且总裁暨副司令两职,重关西南大局,不仅一省问题。除由同人等联电挽留,尚望诸公一致敦劝,俾竟护法大业。无任盼祷。"

△　桂军败回梧州后,颇多骚扰。梧埠各界联电吁恳谭浩明,迅将各军调离梧埠。

△　河南赵倜、张凤台等否认以郑州商埠抵借日债,谓:"现吾豫财政奇艰,商同议会借款,曾有此计划。惟以商埠抵借日款,并无此事。"

△　驻保定东关外之十一师军队,全体哗变,抢劫住户商号。曹锟派军队前往夹攻,擒获变兵两连,逃跑 70 余人。

11 月 25 日　孙中山偕伍廷芳、唐绍仪等由沪赴粤,同日,孙中山致电谭延闿、赵恒惕,告以"现已走赴粤,重组军府,共策进行"。

△　赵恒惕通电就湘军总司令职。同日,湖南省议会通过林支宇为临时省长。

△　王占元反对夏寿康接任湖北省长,向北京政府提出辞职,以此要挟。

△ 青岛屠商 85 家,因内捐勒索太重,营业困难,要求减税,是日罢市。

△ 徐世昌派王景春会办东省铁路公司事宜。

11 月 26 日 上午 11 时,徐世昌宴请王士珍商谈维持时局问题,陪宴者为靳云鹏、姜桂题、张怀芝、张志潭、周自齐、田文烈、王怀庆等。

△ 徐世昌任命色特那穆巴勒珠尔为唐努乌梁海盟长。

△ 陕督陈树藩致电北京政府陈述实行废督四大理由,并称:"夫所谓宜废督者,乃督军之制度,非督军之名称。若存其实而易其名,其为实也如故。……如虑施行有滞,请自陕始。"

11 月 27 日 成都资属中学及储才学校学生在少城公园赛球,遭在场操练的靖川军第六路士兵两连殴打,二人重伤,四人被拘于营房。是夜,各校学生 2000 余人,手持火把,到刘存厚司令部请愿,不得结果。29 日,中学以上学生一律罢课。30 日,小学生亦一致罢课。同日,各校教职员联合会代表五人,至刘存厚司令部进最后之忠告,并限刘于 12 月 1 日 12 时以书面答复学生之要求:"(一)惩办肇事军官,解散士兵;(二)抚恤赔偿受伤学生;(三)公共体育游戏场,永禁军队下操。"如无圆满答复,学生即于 1 日游行警告。

△ 谭延闿被迫由长沙去上海。

△ 北京教职员联合会在高师附中开全体大会,首由主席马叙伦报告前次代表与专门校长接洽情形。全体一致决议,先致书专门学校校长团,提出最后警告:"本月三十日以前,教育部如不补发积欠薪金,各校教职员即于一日全体辞职。"

△ 苏俄政府以白俄恩琴败退,库伦形势缓和,声明暂不出兵。

11 月 28 日 下午 5 时,孙中山、唐绍仪、伍廷芳偕同唐继尧之代表乘专车抵广州。当晚孙中山在省署宴会上发表演说,指出:"吾国必须统一,惟以民治为统一方法,然后可期永久。……吾辈此次归来,即本斯旨,于广东实行建设,以树全国之模范,而立和平统一之基础。"

△ 北京政府派赴苏俄之代表张斯麟转来苏俄政府对北京政府提

出之正式声明八款:"(一)凡旧俄帝制政府与中国订立一切条约,劳农
政府均愿根本废弃;所有从前获得各种之权利,亦愿交还中国;(二)劳
农政府愿与中华民国在最短期间内,恢复通商贸易;(三)劳农政府愿中
国政府禁止旧党在领土内为反对劳农之行动,遇有此种事实,请即解除
其武装,交由俄国处置;(四)劳农政府对于中国政府与旧俄帝制时所派
遣之外交官断绝关系,极表满意,嗣后仍望坚持斯旨;(五)劳农政府愿
将在中国领土内之治外法权完全撤废,留华俄人绝对服从中国法律;
(六)劳农政府愿放弃庚子事件所得赔款;(七)劳农政府愿将中东铁路
交还于中国,但关于直接利用,由中俄两国及远东共和国代表特别协议
之;(八)劳农政府愿中俄两国互相派遣外交官,并设置领事。"

　　△　李仲麟致电赵恒惕、林支宇,谓:"麟意湘中政局,遇事当求公
开,用人一端,尤须平慎。贤者能者,虽仇必录。贪者黩者,纵亲必除。
不假阴私,庶自治理。……惟望顺应潮流,刷新庶政,本民治之精神,谋
根本上之解决。并应迅制省宪,树联省自治之基。由湖南推及全国,是
我三湘无上之荣誉,无量之幸福,皆由二公实肇造之。"

　　△　江苏公民监视选举团是日通告成立。12月1日,该团致电江
苏60县教育会、商会、农会,谓:"历届选举,黑幕重重,代表不良,遗羞
全省。本届选举,为日已近。同人等痛定思痛,以为根本救济,非从监
视选举不可。以是集合江南北各县同志,组织江苏公民监视选举团,为
各县倡。"

　　△　《越声》创刊。该刊为绍兴旅杭学生同乡会主办,以"联络乡
谊,交换知识"为宗旨。

　　11月29日　孙中山、伍廷芳、唐绍仪等通电宣布恢复军政府,并
重开第一次政务会议,选定各部部长:内务部长孙中山兼任;财政部长
唐绍仪;交通部长唐继尧;陆军部长陈炯明;外交部长伍廷芳;司法部长
徐谦;参谋部长李烈钧。

　　△　下午1时许,孙中山视察广州军事要地观音山。

　　△　北京政府外交总长颜惠庆接见苏俄远东共和国代表优林,商

订中俄通商办法。

　　△　湖南临时省长林支宇通电就职,谓:"谭前省长主张民选省长,坚请辞职。支宇经本省议会选举为湖南临时省长,与辞不获。业于本日宣誓就职,一俟正式省长选出,即行辞职。"

　　△　国会议员高振霄等 117 人致电刘显世,谓:"读元日通电,裁撤联军副司令一职,不胜失望。……特此联电挽留。务恳仍任联军副司令,与唐公共策大计,早就总裁之职,以西南局势,冀达护法目的。"

　　△　夜半,驻宜昌十八师与十三混成旅士兵,因欠饷数月,突然哗变。变兵四出焚烧抢劫,历两日之久。商号全被劫,外商亦受损害。经商会出面与军队协议,由中国银行拨款 10 万元,分配给十八师与十三混成旅,始告结束。此次全城损失约达 2000 万元。

　　11 月 30 日　中俄举行第一次非正式会谈。中国方面出席者为刘境人、朱鹤翔,远东共和国方面为优林及随员柯尚宁等。北京政府提出四项前提条件,待得有确实担保后,再行商议商务经济问题。北京政府关于缔结商约之四项前提条件:"(一)在中国领土内,不为任何政治行为之鼓吹;(二)赔偿中国侨俄人民因俄国政变所受之损失;(三)担任保护现居远东各地华侨之生命财产,并予一切便利;(四)中国人民在新疆边地及后贝加尔湖地方,曾遇种种可憾情事,应明白处理,并须遏止此种情事重行发生。"优林表示承诺。

　　△　远东共和国驻华代表团致北京政府外交部正式宣言:一、废除不平等条约;二、恢复两国领事制度;三、拒绝道胜银行要求;四、发展两国商业;五、恢复邦交,作为中俄谈判基础。

　　△　孙中山复电陈炯明,指出:"此后战略宜大变更:集中全力,速趋省城为上策;集中全力,以扑灭麻子为中策;缩短战线,握要固守,以保势力,而待援军亦为一策;惟不忍舍去地土,与敌相持,分薄兵力,则为下策。"

　　△　广东各界开会筹商 12 月 1 日庆祝禁赌事宜。

　　△　旅沪湖北公民大会汪鸿鸞等 213 人致电徐世昌、靳云鹏,指责

鄂督王占元拒绝省长夏寿康到任,谓:"天祸中国,督军跋扈。武人干政,请饷增兵,借示要挟。吾鄂夏省长奉中央命令长鄂,人民方庆得人,乃王督始则请假辞职,迫胁中央。继则于夏省长到鄂时,令各军官反对,以示拒绝。应请中央维持威信,速电王督上奉政令,下顾民情。"

　　△　孙中山在军政府主持召开重要会议。议决重组军政府后的事宜,并讨论西南有关政局的重要问题。

　　△　徐世昌派魏宸组为国际联合会全权代表。

　　△　中华民国学生联合会总会致电豫督赵倜,谓:"此次河南学界因争珲春交涉,厉行抵制劣货。事不为商界所谅,致演罢市风潮。执事调节无方,复滥下戒严令,明纵军警,摧残学界。在学生手无缚鸡之力,奚事妄逞威权,此中岂具有难言之隐,得无畏豫学界提倡裁兵废督,清理财政,将不利于己,而故欲向学界行示威运动,虚声恫吓耶。自治自决,已成时代潮流,万难遏止。尚恳执事痛自反省,从速取消戒严,恢复学生自由,俾得发挥真正之民意。"

　　△　济南国货研究会及学生联合会,为志兴成商号私贩日货,议决罚款 10000 元,并以此款捐赈。

　　△　福建财政厅与台湾银行签订《福建省财政厅借款追加契约》,按原借款契约规定,增加担保。

　　是月　陈独秀主持上海共产党发起组起草了《中国共产党宣言》,《宣言》内容包括:一、共产主义者的理想;二、共产主义者的目的;三、阶级斗争的最近状态。《宣言》阐明无产阶级要建立一个没有经济剥削、没有政治压迫、没有阶级的共产主义社会为党的最高纲领。《宣言》阐明了共产主义者的目的是按照上述理想,"创造一个新的社会"。为此,要引导无产阶级去向资产阶级斗争,并获得政权,像俄国 1917 年革命那样。《宣言》阐明了无产阶级斗争必然导致无产阶级专政及无产阶级国际主义的原则。《宣言》没有对外发表,仅作为内部收纳党员的标准。

　　△　陈独秀以中央局书记名义,向各支部发出《中央局通告》,要求上海、北京、广州、武汉、长沙五区于明年 7 月开大会前,各发展党员 30

人,组成区执行委员会,"以便开大会时能够依党纲成立正式中央执行委员会"。

△ 北京共产党组织改名为"中国共产党北京支部",李大钊任书记。该组织于本年 10 月由李大钊、张申府、张国焘三人发起,罗章龙、刘仁静、黄凌霜、陈德荣、张伯根参加。

△ 孙中山于 20 日前后在上海会见共产国际使者维经斯基。是为共产国际使者同孙中山首次会见。会见时,孙中山询问了俄国革命的情况,以及如何同俄罗斯建立联系的问题;并告知几天之后,他将返回广州。

△ 北京政府交通部京绥路局与三井会社签订日金 14.7 万元、美金 1.9 万元借款合同,用于支付订购机车附件价款及运费。

△ 北京政府审计院、财政部与华俄道胜银行签订借款合同。审计院、财政部各借银元 30 万元,以盐税余款为担保,用于审计院经费。

12 月

12 月 1 日　中华民国军政府启用新印布告:"军政府新刊印信一颗,文曰:'中华民国军政府'。已于本年 12 月 1 日启用。所有从前之军政印,即行作废,此令。特此布告。"

△ 孙中山、唐绍仪、伍廷芳、唐继尧通电发布军政府建设方针宣言,略谓:"今当以护法诸省为基础,厉行地方自治,普及平民教育,利便交通,发展实业,统筹民食,刷新吏治,整理财政,废督裁兵。"

△ 《新青年》八卷四期出版,《关于社会主义的讨论》专栏汇辑张东荪、陈望道等人文章,及陈独秀与张东荪来往信件共 13 篇,就中国发展道路开展了讨论。

△ 陈炯明在广东省长公署举行禁赌庆祝典礼,各界除举行大游行外,并于是晚举行提灯游行。

△ 广东省长公署颁发第三号布告:"赌博之祸,甚于洪水猛兽,而

吾粤赌风之盛,尤甲于天下。……现省会十二月一日起,各县自文到之日起,无论何项赌博,悉予禁绝。自禁以后,如有再行犯者,概以军法从事。"

△　驻日本公使胡惟德向日皇递交国书。日皇因病,特令皇太子代为接见。

△　赵倜在开封下戒严令,禁止开会。3 日晚,学生在某校秘密开会,决定:"(一)学生全体自首;(二)征收学生特别捐;(三)反诉商会;(四)促职教员赶组教育会向北京电告一切。"5 日,警察将国货维持会封闭。6 日,又将学生联合会封闭。11 日,军警闯入学校,强迫学生离校,并宣布解散学校令,违者以过激党论处。

△　徐世昌令:"前于停止驻华俄公使领事待遇令内,曾剀切声明,凡侨居华境俄国安分人民,仍应照旧切实保护。惟恐各地方奉行不力,拊循安集,或有未周。用再严申诰诫,着责成各地方军民长官督饬军警,对于侨居境内俄国人民,务当照旧切实保护,一体妥为待遇,用副本大总统保护外侨之至意。"

△　北京政府财政部与日本东亚兴业株式会社签订日金 300 万元借款合同,以财政部提交八年公债票 300 万元、国库券 100 万元为担保。

△　北京政府财政部与中法实业银行签订行化银 15 万两借款合同,以期票为担保。

12 月 2 日　孙中山、唐绍仪、伍廷芳、唐继尧复电贵阳卢焘代总司令等,谓:"诸君出任艰巨,对于大局计划,仍与西南护法各省一致主张,甚为佩慰。望即本此决心,共策进行。"

△　江苏省议会议决废止茧行条例案后,江宁缎业机工闻讯,痛切剥肤,即几次去议会请愿,并陈述意见,俱无结果。是日,机工数千人至省议会请愿。某议员厉声斥责工人请愿为"胡闹"。各机工遂群起鼓噪,一时秩序大乱。嗣由缎业各董事恳求官厅维持秩序,遂由江宁县长代表省长当众宣布,决定维持原案,始各散归。

△ 湖南醴陵张智通电:"智自奉孙总裁命,同周道腴先生回湘组织援粤军队。时因谭延闿把持湘政,与桂系狼狈为奸。阳许智以援粤湘军游击司令之名,而暗中则遇事牵制,不使有发展之余地。……现在粤局敉平,湘事安谧。智不欲多树旗帜,为湘省增重负担,用将所部即日收束,还粤复命。尚望湘省诸公,本孙、伍、唐各总裁之主张,与护法初衷,不相违背。"

12 月 3 日 赵恒惕致电孙中山、唐绍仪、伍廷芳,推荐程潜"出任长陆军",谓:"现在军府成立在即,陆军部长一职,总握军事中枢,关系极为重要。……程公潜自湖南起义,转战千里,恢复长、岳,功在当时。倘以之出长陆军,必能胜任愉快。敬恳诸公酌裁,予以特任。"8 日,孙中山复电谓:"拟任程君为陆军次长。"13 日,赵恒惕再电复孙中山谓:"程颂云潜兄,刚健笃实,晓畅军机。承畀陆军次长,为事择人,诚为恰当。"

△ 徐世昌任命王士珍为苏皖赣巡阅使;任命齐燮元署江苏督军;任命何丰林为松沪护军使。

△ 湖北旅京同乡会在湖广会馆特开紧急会议,决议五项:"(一)暂设省公署于汉口;(二)设立省参事会;(三)速设全省自治筹备处;(四)组织会议制的选举事务所;(五)设立财政委员会。"并一致决议要求解散孙传芳所属一师,更以孙传芳纵兵殃民之罪状,通电全国。

12 月 4 日 广州军政府续开政务会议,研究刷新吏治、实行建设等问题。

△ 下午 3 时,各省区自治联合会于北京江西会馆开全体大会,鄂、苏、赣、闽、皖、晋、川、察、绥、京等十余省区之代表与会,讨论湖北、河南、江苏、安徽、江西等省提出之紧急事件。最后决议三条办法:"(一)通电全国,说明北政府故违民意之详情;(二)函请王士珍勿庸到任;(三)用书面向北政府请愿。"

△ 江苏省教育会、上海县商会等八团体致电徐世昌,请速予各省以自治实权,并将巡阅使、督军等职次第裁撤,以从民意。

△　东三省旅京学生代表祁大鹏等四人,为珲春事件赴外交部求见总长,不得要领,乃改赴靳云鹏私宅。靳派杨湘代见,代表提出质问六条,请靳逐条答复。

△　湖南总司令赵恒惕通令:"近查各军,间有无知之徒,被奸人所构煽,借名索饷,滋生事端。……其积欠饷项,亦令各部队速即清查,限两月内造册呈报,以便分期补发。……责成各该长官切实训诫,务令人人共晓,众志成城。嗣后不致再有闹饷之事发生。"

△　陕西靖国军第四路司令岳维峻,因陈树藩造谣离间,诬其变节投北,特发通电辟谣:"自伪统一令下后,维峻随总司令于公通电表示,决不承认,当为海内所公见。……近阅报纸,陈树藩电达北廷,肆行诬蔑。谓峻将率队往归,陕局由伊收束云云。……诚恐蜚语流传,乱人耳目,谨布胸臆,诸维亮察。"

12 月 5 日　天津各界联合会致电北京国务院,要求"即日讨论合法军治,使一国军人直辖于中央陆军部;所有督军、巡阅使、镇守使、护军使、总司令等名目,一概取消"。

△　江苏省议会致电北京国务院、内务部,谓:"本会猝被暴徒捣毁,昨先陈大略。……二日近午,忽有数百人聚集距本会南首里许之鼓楼地方请愿。……午后一时许,忽来千余人。为首者手持请愿白旗,一方闯入会,守卫长率守卫拦阻无效。续来数百人高声喝打,将议场桌椅玻璃窗悉行打毁,逢人便殴。计议员施文熙、孔昭时等十人,秘书处职员黄端履等五人,均被围住撕殴。旋将诸人房去,由本会直曳至城南三坊巷缎业公所。"

△　上午 10 时,苏、皖、赣三省代表在各省区自治联合会事务所开联席会议,反对北京政府任命王士珍为苏皖赣巡阅使,议决:"(一)不承认苏皖赣巡阅使之命令;(二)通电苏皖赣三省各公团,若政府不收回成命,三省人民,应速起自决;(三)以书面劝告王士珍坚辞到底。"

△　张振武所部之第五团,因欠饷哗变,整队进入长沙,把守各城门,禁止出入,分队向各机关索饷,并包围财政厅。6 日上午,将讲武堂

（即总司令部驻地）打毁一空。下午，三旅补充团团长郭步高，率领多营闯入总司令部，驱逐部内各职员，赵恒惕并被监视。7 日，各公团开紧急会议，由淮商公所拨洋五万元，先发 11 月欠饷，商请两团退出长沙。

△　第一届全国银行公会联合会在上海开幕。

12 月 6 日　广州军政府发表宣言，指出："北方频年行动，最有害于国者三：一、利用军阀盗窃政权；二、以善后赈灾等为名，欲欺骗新银行团，而未经得国民承认之借款，擅加国民之负担；三、宣布伪统一令，自认非法，而又以无国法上地位之机关，擅令各省举行伪国会选举。凡此三者，苟有其一，已足破坏和平，陷国家于危境。本政府仍盼北方速行屏除军阀。停止借款，取消伪令，庶可相见以诚，继续开会，为正当之解决，以符人民之希望。"

△　中华工商研究会因北京政府通令加征赈税，各业万难负担，致电北京政府农商部请收回成命。

△　广州军政府下令裁撤广东各道道尹。

△　北京政府教育部委派邓萃英兼代国立北京高等师范学校校长。

△　京师警察厅与中华汇业银行签订银元 2.5 万元借款合同，以八年公债票为担保，用于偿付财政部担保北洋银行欠款、警察服装价款。

12 月 7 日　贵州省议会全体议员致电孙中山、伍廷芳、唐继尧、唐绍仪，表示不承认北京政府之统一令。

△　湖北旅京同乡会揭发鄂督王占元指使部属孙传芳以武装威胁鄂人，不准夏寿康接印长鄂代电："此次鄂人治鄂之请，特简夏寿康为本籍省长。王占元坚不同意，迭电请假以事挟制。漾（23）日下午六时，竟由王督部下暂编第一师师长孙传芳派营长王铸民至省长寓内肆行要挟。声言不准接印，速自为计。否则大兵一到不可测也等语。旋出孙传芳等公函内称，军气激昂，于执事不利，请缓到任。"

12 月 8 日　旅沪安徽自治协会致电北京政府，请收回王士珍苏皖赣巡阅使成命。

　　△　甘肃旅沪同乡会通电本省各机关团体并致电宁夏护军使马福祥,主张废督,实行自治。

　　△　徐世昌令裁撤帮办江苏军务缺。

12月9日　广州军政府海军部长汤廷光通电就职。

12月10日　川军前敌各军总司令刘湘邀集川军各军师长在重庆开会,提出四川自治主张,决定分电刘存厚、熊克武征询意见,以期速解川局。

　　△　徐世昌派董士恩兼东省特别区警察总管理处处长。

　　△　上海总商会、县商会致电北京政府,请收回加征赈捐成命。

12月11日　曹锟、张作霖等北方将领联名致电唐继尧、刘显世,磋商统一问题。称:沪上和会,因事实分歧,此后只有意见之商榷,不必更拘形式,善后之事,自宜使国人共见共闻。

　　△　各省区自治联合会在京开全体大会,由四川省议会代表报告川省最近形势,河南学生代表报告赵倜蹂躏学生详情,湖北代表报告地方糜烂,王占元不能维持治安情形。全体主张分省推定代表,并定于13日前往府院质问。

　　△　旅沪各省区自治联合会开成立会。会后公布联合会宣言与简章。简章规定:本会以实行各省区自治,废除妨害自治之督军及类似督军等制度为宗旨。

　　△　北京学生联合会在燕京大学开茶话会,招待外国记者,宣传该会对我国内政、外交问题之主张。

　　△　甘肃宁夏护军使马福祥电复甘肃旅沪同乡会,谓:"甘事纠纷,至今未决。废督一举,极表同情。兹卢(永祥)、田(中玉)、陈(陈树潘)三督通电主张,均经复电赞成。惟中央俯顺舆情,早罢张督(张广建),俾得实行自治。诸君关怀桑梓,尚祈共同进行,是所企盼。"

12月12日　孙中山由广州前往韶关,沿途视察并收编民军。旋即返广州。

△ 江苏全省商会联合会致电北京政府财政部、农商部,请克日明令取消加征赈捐案。

△ 广东公民陈其等数百人,控告《国华报》、《大同报》、《国是报》、《新报》等捏造事实,登载反对粤军之广告,暗助桂系,显犯有附逆之罪,请严予惩办。是日,粤警察传讯该报等,并由司法当局提出诉讼。

△ 旅京江苏同乡会在该省会馆召开紧急大会,讨论下列各项:一、省议会被打问题;二、废督废巡阅使;三、苏警察归苏人自办;四、省会移置苏州;五、请求苏省议会迅速通过自治法案。

△ 川军将领刘湘、但懋辛、刘成勋等通电主张四川独立自治,反对川督刘存厚。

△ 上海银行公会以据闻天津造币厂有抵押日款之说,致电北京政府财政部询问究竟。

△ 上午 10 时,上海经济研究会在总商会开临时干事会,与会者马寅初、刘南陔、盛丕华等,公推马寅初为临时主席,商讨进行方法及草订会章。

12 月 13 日 上午 9 时,各省区自治联合会代表朱和中等七人,赴新华门请见徐世昌,要求废督裁兵,徐称病不见。

△ 全国各界联合会通电揭露闽督李厚基、陕督陈树藩逼民种烟,按亩勒税罪行,请各报馆各团体一致声讨。

△ 优林致函北京政府外交总长颜惠庆,承认中国提出之四项条件(按:指 11 月 30 日中俄第一次非正式会议,中方所提缔结商约四项条件),并希早日开议。

12 月 14 日 北京政府外交部为徐树铮潜逃事件,再次照会日本公使小幡酉吉,要求引渡安福系祸首段芝贵等八人,如再脱逃,日使应负全责。

△ 全国学生联合会指斥赵倜镇压学生,摧残河南教育,呼吁全国各界一致主张,驱逐赵倜。

12 月 15 日 中国当选为国际联合会行政院非常任理事。

　　△　孙中山就"自由贸易"问题发表意见,指出:"目下之税则,徒助励外货之输入,损中国之出口家,以利外商而已。"指斥"海关仅为外国入口家经营,以遏制华商为务"。

　　△　《评论之评论》是日创刊,其宣言声称:"'评论'是打破旧藩篱,创造新生命底唯一锁钥。"该刊为北京大学法科学生主办的刊物,由上海大东图书局发行。

　　△　中暹减税交涉结束。暹罗(今泰国)政府对于我国侨商征收重税,经北京政府外交部责成驻暹领事严重抗争,暹政府已允为减轻,计:一、入境人头税,全免;二、农税,每年每亩加课 30 铢,减为年课 10 铢;三、营业税,旧年课十分之一,减为年课二十分之一。

　　12 月 16 日　甘肃海原地区发生强烈地震。震级达 8.5 级,震中烈度达 12 度,地震持续了十余分钟,波及二万多平方公里,90 多个县都有人在地震中伤亡。据各县报告,地震区内人民,共死亡 23.4117 万人,约占该地区人口三分之一。灾后人民"无衣、无食、无住、流离惨状,目不忍睹,耳不忍闻……一旦失所,复值严寒,忍冻忍饥,瑟瑟露宿,匍匐扶伤,哭声遍野,不特饿殍,亦将僵毙。牲畜死亡散失,狼狗亦群出吃人"。海原大地震是人类有记录以来三次大地震之一(另两次为智利、墨西哥大地震)。

　　△　应广东省长陈炯明之聘,陈独秀离沪赴广州,任广东全省教育委员会委员长,中共上海发起组书记一职由李汉俊代理(1921 年 2 月起由李达代理)。《新青年》由陈望道、李达、李汉俊负责编辑。

　　△　江西省议会致电徐世昌、靳云鹏,再次提出去戚(扬)拒丁(乃扬),赣人治赣要求。

　　△　熊克武通电赞成四川独立自治,刘存厚反对。

　　△　顾维钧在国际联盟会提出,对"鲁案"声明于下届国际联盟开会时商议。

　　△　顾维钧电告北京政府,国际联盟对于中国提议取消各国在华邮局一案,业已完全通过。

△　全国各界联合会致电赵倜,声讨其"串通北廷"断送河南以及解散学校、蹂躏学生之罪行。

△　北京政府交通部与英国福公司签订清孟铁路英金 8.9962 万镑借款合同,以本支路轨道及收入为担保,用于建筑清化至孟县铁路支线费用。

△　北京政府农商部推行新制度量衡,订定于各省实业厅下附设官督商办之度量衡制造局等四项办法。

12 月 17 日　湖南水口山矿工 5000 余名,因矿主拖欠工资,生活无着,全体停工。19 日开全体大会,商议维持办法,全场议决:一、急向衡州等处商借谷米维持生活;二、公推代表赴省告急。

△　上午 9 时至下午 4 时半,北京 37 校学生 3000 多名,为旱灾纪念日沿街劝赈,售卖纪念章,并散发传单为灾民呼救。

12 月 18 日　北京政府外交部将与优林谈判经过及准备开议情形,密呈徐世昌。

△　北京政府财政部原定于民国十年 1 月施行之所得税条例,因各省商会纷纷要求展缓,是日通令各省财政厅,暂缓于民国十年 4 月实行。

△　江西省议员龙钦海等致电旅京江西会馆同乡会,告以:"本会本日提出省长民选,及弹劾省长戚扬两案,均依法通过。"

12 月 19 日　河南全省学生会豫西总分会在洛阳商场开公民大会,与会者 2000 余人。首由学生理事报告,继由公民代表发言,谓:"此次赵倜摧残教育,盗卖郑州,实全省之公敌,应将学生二次请愿团,改为公民二次请愿团。"当即表决,办法有四:"(一)二次致电政府,请严惩赵、张;(二)致电曹、张两使,责其渎职;(三)组织全省公民二次请愿团;(四)由各界推出代表二人,速组国民自治团,决于阴历十年元月一日起,实行罢工罢税。"

△　江西旅京学生联合会开会讨论赣省自治问题,要求政府速去省长戚扬,选举赣人中最贤明者长赣。

△　广东各界联合会召集会议,通过议案三条:"(一)请愿出师援桂;(二)要求外交团,将关余照前交回南方政府;(三)不承认莫荣新、杨永泰等未经人民同意及合法省会通过,私自押与外国银行之公产及赋税等等。"

△　李烈钧所部滇军从四川退出后,拟假道湘省入粤,连日与湘军在晃州、芷江等处接战。是日,李军占沅陵。

△　江西总工会筹备处开会议决向省议会请愿严禁米谷出口,以维工人生计,并于次日将请愿书呈送省议会。

△　中国派往参加万国丝业博览会的代表团,乘"俄国皇后号"船启程赴美。

12月20日　广州军政府政务会会议通过《官吏任职宣誓条例》,共四条。规定官吏"不得营私舞弊,滥受贿赂"。定于1921年元旦起实行。

△　旅沪改造广西同志会,为陆荣廷在桂成立国会选举事务所事致电徐世昌、靳云鹏,声明:"此等非民意之机关,他日所产议员当然无效。"

△　江西省议会通过民选省长、弹劾戚扬两案后,督军陈光远是日召集军政官员会议,竟指省议会为"非法会议",声称:"以后如有非法行为,无论何人,不得瞻徇情面。"

12月21日　孙中山致函吴忠信,告军事发展计划,"首在攻桂,次则进取武汉,以窥长江,而定中原"。并望其声援。

△　北京国务院致电江西省长戚扬,指斥"该省议会擅倡民选之议,实为逾越权限。似此非法行动,自不能发生效力"。

△　吉林督军鲍贵卿、吉林官银号与朝鲜银行签订小洋200万元借款合同,以官银号不动产、吉林电灯厂财产及收入为担保,用于救济市面金融。

△　奉天各学生团,为要求早日解决珲春事件,全体罢课。是日学生出发游行示威,被学校当局阻止,回校后军警严密监视,把守校门,次

日虽系冬节放假,仍不准外出。

　　△　厦门暨南总局教育会、总商会等团体致电华侨联合会,谓:"英属新加坡等处居留政府,颁布学校注册条例,不日实行,目的专在摧残华侨教育,经该属侨胞请求取消无效。……金恳协力电请政府,严向英使交涉取消,并恳各团体各报馆鼓吹民气,以作侨胞后盾。"

　　12 月 22 日　上海南北两商会讨论赈税问题。各商界一致拒绝,要求两商会再电国务院,赶速收回成命。否则一致停止营业。

　　12 月 23 日　河南旅京学生在北京大学开全体大会,决定自本日起向府院请愿,并提出下列七项要求:"(一)撤惩赵倜、张凤台、龙敏修、柴得贵;(二)请饬河南军民两长即刻恢复教育原状;(三)即刻取消戒严令及逮捕令,并抚恤受伤学生;(四)保证河南教育经费永远独立;(五)保证河南永远不得再借外债;(六)惩办滋事奸商;(七)速筹废督裁兵办法。"

　　12 月 24 日　中日庙街交涉结束:一、由驻日公使胡惟德向日本政府道歉;二、前尼港中国海军司令向日军总司令道歉;三、负轰击之责任者,应加惩治;四、以三万元抚恤误毙日侨家属。

　　△　北京政府教育部公布国音字典,并发布训令,说明国音系以普通音为根据,不含北京土音。

　　△　徐世昌为中国当选为国际联合会非常任理事,通令全国,勖勉国民"化除畛域,力图统一"。

　　△　吉林省议会与各界代表四人,为力争珲春案出发赴北京请愿,行至长春,被官厅逮捕。

　　△　赵恒惕以有重要军事相商为由,电召李仲麟等来长沙,当日深夜将李枪杀,其第四团团长瞿维藏亦被枪决。赵恒惕旋于 26 日通电宣布李、瞿"拥兵自恣,屡违节度,蓄意倡乱,破坏湘局……勾结军队,约期举事"罪状。

　　12 月 25 日　徐世昌特派顾维钧为中华民国国际联合会行政院代表。

△　《新安徽》是日创刊。该刊由旅沪皖人所主办,鼓吹安徽自治。

12 月 26 日　松沪护军使何丰林为上海商界反对附征赈捐致电北京政府,请"查照该商会等屡次电呈,暂将上海一埠附征赈捐,缓予施行"。

△　星期通俗讲演会在上海开成立大会,该会以"利用星期日作通俗演讲,以启国民常识"为宗旨。

△　旅京福建学生联合会在北京大学开成立大会,通过会章,并讨论日本在厦设警问题,议决四项办法:"(一)电厦门各团体先起抗争,以奋起全国之响应;(二)请闽省学生会在京代表共同鼓吹;(三)发行印刷品,引起国人之注意;(四)函请上海福建同乡会一致行动。"

12 月 27 日　张作霖在使署召集文武要员 40 余人开政务大会,讨论:一、援鄂问题;二、编旅问题;三、珲春问题;四、吉防问题;五、学潮问题;六、警务问题。

△　甘肃宁夏护军使马福祥、甘边宁海镇守使马麒等致电北京政府,声明与甘督张广建脱离关系,要求迅免张氏,另简贤能长甘。

△　上海各路商界总联合会致电江苏省议会,要求省议会"咨请行政官厅,禁发出口护照,严查囤积居奇,以维民食而除大害"。

△　黎元洪致电湖北旅京同乡会,反对王占元加发湖北官票 1000 万串,另增常年军费 400 万余元。

12 月 28 日　徐世昌任命溥良为正红旗汉军都统。

△　广东财政厅与台湾银行签订毫银 30 万元借款合同,以旧军械局官地及东堤日字空地为担保,用于付息垫款。

12 月 29 日　徐世昌令:"据谭浩明李静诚电呈:'军府业经撤销,责任解除。特率全省文武官吏,宣言取消自主,一切政令悉候中央主持。并据耀武上将军陆荣廷电呈,军府收束,国是大定,亟盼从容措理,郅治观成。'……所有该省善后事宜,即着遵照前令,悉心妥筹办理。"

△　北京国务院为据步军统领王怀庆呈请饬订专条,从严取缔过激党煽惑劳工事,令内务部查核办理。

△　粤汉路工程部工人因欠薪举行罢工。

△　南洋英属新加坡等地华侨,为力争取消学校注册条例,公推回国请愿之代表余佩皋于 27 日到上海,是晚 8 时在青年会演说,呼吁政府提起国际交涉,并希同胞协助进行,并说明此条例将于明年 1 月 18 日实行,请政府先电英政府缓行,再图正式取消。

△　徐世昌特派陆荣廷督办粤边防务,谭浩明为广西督军;李静诚为广西省长;调任唐在复为驻意大利特命全权公使;调任王广圻为驻荷兰特命全权公使。

12 月 30 日　孙中山任命谭延闿为湘军总司令。

△　徐世昌令四川省长张澜开缺,另候任用;特任熊克武为四川省长;任命刘湘为重庆护军使。

△　徐世昌任命田颂尧为陆军第二十一师师长,唐廷牧为陆军第二十二师师长。

12 月 31 日　徐世昌特任蔡成勋为甘肃督军兼署省长。蔡成勋未到任以前,由陆洪涛暂行护理督军,陈闿护省长。

△　徐世昌任马福祥为绥远都统。

△　驻英中国使馆否认库伦中国官吏曾请苏俄政府出兵助剿白俄恩琴。

△　北京政府向苏俄政府抗议,否认曾请其出兵援助库伦。

△　北京政府财政部与中法实业银行签订法金 5622.4566 万法郎借款合同,以期票为担保,用于支付实业借款息款。

△　留美学生监督处与美京银行签订美金六万元借款合同,以期票为担保,用于支付留美学费。

是月　北京政府教育部、财政部与华俄道胜银行分别签订借款合同,教育部借银元 100 万元,财政部借银元 22 万元,以盐税余款为担保,用于政费。

△　北京政府代表与美国克荻士公司代表签订飞机借款合同,借美金 200 万元,以政府允发无记名八厘国库券为担保,用于修建飞机

库、工厂、航空学校管理等。

　　△　北京政府财政部汉口造纸厂与慎昌洋行签订关平银 27.7166 万两借款合同,用于支付购料价款。

　　△　天津大丰机器面粉有限公司设立,董事倪道杰、赵德珍、王保新,资本银 80 万元。

　　△　浙江第一印刷公司工人创办《曲江工潮》。该刊以"革新旧工业,研究新艺术,图谋工界福利,增进工人知识"为宗旨。

　　△　上海印刷工会在中共上海发起组领导下成立,工人入工会者 1600 多人。该会出版刊物《友世画报》。

　　是年　陕、豫、冀、鲁、晋五省大旱,灾民 2000 万人,死亡 50 万人,灾区共达 317 县。

　　△　到本年为止,中国资本主义近代工业已有 1759 家,工人 55.7622 万名。

1921 年(民国十年)

1 月

1 月 1 日 广州军政府在广州举行南京临时政府成立九周年纪念大会。广东省军政各界要人、国会议员、知名人士及群众 1000 多人与会。军政府总裁孙中山发表演说,指出:"此次军府回粤,其责任固在继续护法,但余观察现在大势,护法断不能解决根本问题。"主张"仿南京政府办法在广东设立一正式政府,以为对内对外之总机关"。

△ 广东各界在广州举行禁赌、援桂及提倡国货游行,各团体数万人参加。群众手举旗帜,沿途散发传单,要求禁赌、出兵援桂、否认桂系军阀借款、令外交团交回关余。午后 1 时,队伍过军政府,各团体推举代表 100 多人,谒军政府各总裁,呈递各界联合会请愿书。当由孙中山、伍廷芳予以优礼接见。孙中山表示:"余可完全答应,但诸君亦须合力相助乃可。"

△ 北京政府总统徐世昌令准两广巡阅使龙济光辞职,特任为隆威上将军。

△ 徐世昌令内务部组织地方行政会议,由各省及省议会各派一人赴京,讨论地方自治办法。

△ 徐世昌令财政部拨银六万元赈济直隶、山东、河南、山西、陕西

等省旱灾,浙江、湖南两省水灾,甘肃等西北地区震灾。

　　△　上海城厢内外闸北一带,各大商铺张灯结彩,庆祝元旦,除悬挂国旗外,并悬出白旗,上书"尊重约法,反对苛税",抗议北京政府假赈灾为名,实行加征赈捐、印花加贴及所得税。同时,天津、杭州、宁波、江苏及江西等地商人也纷起反对苛捐杂税。

　　△　中国共产党北京支部派邓中夏到长辛店机车厂创办长辛店劳动补习学校,于是日正式开学。补习学校分日校、夜校两部分。日校招收工人子弟入学,一般工人在夜校学习。同时,上海共产主义小组亦在纱厂集中地区小沙渡组织劳工半日学校。

　　△　袁玉冰、邵秀峰等八人在南昌发起组织鄱阳湖社(后改称改造社),发表宣言提出以改造社会为宗旨,主张"打破一切威权和阶级制度"、"劳工神圣",出版《新江西季刊》。1922 年在南昌中等以上学校发展社员,有方志敏等 100 多人参加,后又向各县发展。其后,大部分社员参加中国共产党和社会主义青年团。

　　△　《国有铁路客车运输通则》、《货车运输通则》、《货车运输负责通则》、《统一使用公制度量衡表》等四种章则,开始在国有铁路一体施行。是为国有铁路客货运输制度和办法趋向统一之始。

　　△　北京、浦口间开行直达特别快车,是为各路间开行直达列车之始。

　　1 月 2 日　广州非常国会参议院议长林森抵广州,次日电请众议院议长吴景濂偕在沪同人来粤开会。

　　△　中华民国学生联合总会就南洋华侨教育事,致电北京政府教育部、外交部及驻京英使艾斯敦,谓英在南洋群岛提出学校注册条例,"无异限制华人学校之发达",要求将该条例暂缓施行。4 日,华侨联合会开紧急会议,商定办法,吁请北京政府向英国交涉。

　　△　北京大学罗素学说研究会邀请来华讲学的英国哲学家罗素、柏克莱讲演。罗素在讲演中宣称社会主义不能行于今日之中国,资本主义为必经之阶段。嗣后,罗素亦在各处做同样内容之演讲。

1 月 3 日 中国国民党广州特设办事处成立。孙中山派张继为干事长,周震鳞为总务科主任,田桐为党务科主任,黄复生为财务科主任,邓家彦为宣传科主任。

△ 晨,蓝天蔚率鄂西民军 3000 余人猛攻高店子,当地驻军败退。王占元急调孙传芳率队堵击。民军终因众寡不敌,械饷两缺,于是月下旬退入湘境。

△ 厦门商民为反对福建督军李厚基增收柴米捐,全城罢市。至次日下午经道尹、知事及商会劝解始开店营业。5 日各中小学校一律罢课,以示声援。

△ 留英学生 1000 余人致电北京政府,告以英日联盟又有赓续之议,所订条约涉及我国之处,未得我国同意,有损国体,亟须反对。

1 月 4 日 孙中山、伍廷芳、唐绍仪、王伯群联名电促吴景濂速偕留沪议员来粤开会。到次日止,已有 15 省议员到粤。

△ 海拉尔流行鼠疫。自上年 11 月以来,患者达 200 人,其中死亡者 62 人,除 24 人系死于他症外,余 38 人确系死于鼠疫。北京政府交通部决定自是日起,海拉尔东西三站间停售车票。同时海站戏馆、旅舍也一律歇业。

△ 美国大通银行在上海设分行,美籍经理澳尔文劳杰司,华人经理张颂周。

1 月 5 日 广州军政府召开政务会议,议决废止袁世凯公布之《惩治盗匪法案》,旋于 8 日由司法部通令废止。

△ 上海《民国日报》、《申报》、《时报》自是日起连载华北五省灾区惨状:元旦前后有千万灾民无衣无食,冻饿而死;豫北灾民约有千余万,豫北、豫西平均每日约死五六千人之多;豫省陕县、渑池两县人民食柿蒂、柿树皮、荆条子、石粉,"老人食不下咽,小儿屎不下肛"。直隶受灾 80 余县,灾民以食蒺藜、草根充饥,直隶顺德灾民某妇烹食幼子。另据驻京美使克兰估计,去年华北灾情惨重,每日死者达万人。

1 月 6 日 孙中山、伍廷芳、唐绍仪、唐继尧发表第二次宣言,表示愿与北京政府继续议和。

△ 白俄阿年阔夫匪部700余人在新疆古城举行暴乱。经我驻军协力堵御,匪部不支,被迫解除武装,一半遣送甘肃敦煌安置,一半留新疆安置。按:阿年阔夫系沙俄七河省陆军少将,上年为苏俄红军击溃,率残部逃入我国新疆各地,先后为新疆督军杨增新派兵解除武装,多数资遣返回俄境,所余不愿返回者被安置于古城等地。

1月7日 孙中山致电蒋介石,促速来粤襄助援桂军事。

△ 徐世昌下令裁撤苏皖赣巡阅副使一缺。

△ 徐世昌令裁撤宁夏护军使一缺;任命马鸿宾为宁夏镇守使。

△ 靖国联军总司令唐继尧与美商慎昌洋行签订《云南矿山借款合同》,借款2000万元,拟组织明兴公司由美商开采矿产。因滇人反对未成。

1月8日 甘肃督军张广建特派古朗仓、李仲连等先后赴藏,与达赖喇嘛接洽,说明汉满蒙藏回本属一家,合之则足以抵外,分之则为人所弃,并宣示北京政府对藏之诚意。达赖闻之极为感动,因于日前委派喇嘛洛桑庚丁为代表赴甘答礼,陈述达赖对北京政府怀柔之意极表满足,并代述达赖内向诚意。有关西藏地方问题拟即直接派员赴京开议,无须外人作证。划地方区界一事如欲提前解决,请北京政府正式备文通知达赖即可和衷商办等语。是日张广建将详情电告中央,请示办法。

△ 四川陆军第二军军长兼前敌各军总司令刘湘、第一军军长但懋辛联名通电宣布:"在中华民国合法统一政府未成立以前,川省完全自治",依据"川省人民公意制定省自治根本法,行使一切政权"。12日,熊克武通电拒绝接受北京政府任为四川省长之命令。21日,刘湘、但懋辛等又通电反对北京政府任命四川督军、省长,重申川省自治。

△ 湘军总司令赵恒惕派员到鄂会见王占元,商谈湖南取消独立条件。是日,王占元致电北京政府,告以赵恒惕可取消自主,惟以拨饷300万为条件,并须授赵为湘督。赵恒惕、林支宇旋于11日致电军政府,力辟投北谣言,谓"提倡民治","山河可移,此志不移"。

△ 北京政府交通部与美商无线电联合公司在北京签订中美《无线电台借款协定》，借款美金 462 万元。后于 9 月 19 日中美双方又签订《无线电台修正协定》，承造上海无线电台及哈尔滨、上海、北京、广东分台。借款美金 650 万元，年利八厘，期限 10 年。借款期间合组中美无线电管理公司经营；借款清偿后收归国有。无线电台协定签字后，驻京日、英公使接连提出"抗议"，外交部在驻京美使的坚持下，以并无抵触英、日优先权之点复之。

△ 吉林省当局与驻珲春日本军官商定日军继续撤退暂行办法四项。嗣接延(吉)、珲(春)五县公民报告，日兵昼撤，夜绕道复回原处，仅将表面军事设备解除，设警尤着着进行。

△ 北京政府教育部以勤工俭学生在法谋工困难，通令各地暂行停送学生赴法。

△ 北京政府国务会议决定，哈尔滨戊通航业公司改为官办，收归国有。

1 月 9 日 白俄恩琴率领白俄及蒙匪 3000 余人，在参谋长山田(日人)策划下，使用日本供给的枪炮，再度大举进犯我国外蒙古地方。是日，褚其祥率第二十五混成旅在煤窑南同敌人展开激烈战斗，同时急电援库总司令张景惠速派援军。

△ 北京政府东省铁路督办宋小濂与远东共和国交通部长沙托夫在满洲里签订《东省铁路与俄国贝加尔路临时交通办法》，规定先通货车。

△ 旅京江西同乡 1000 余人在江西会馆召开大会，主张"赣人治赣"，并决定致电赣省督军陈光远、省长戚扬及省议会。11 日，江西省议会亦开会商讨"赣人治赣"，议决致电大总统、国务院，要求"选择赣人贤者，迅速任命为本省省长"。13 日，旅京赣人代表在南昌邀集省公团领袖开茶话会，与会者一致表示赞同"赣贤长赣"。14 日，省总商会、农会、总工会、自治促进会、各县联合会、教育会、学生联合会分别举行集会，要求"迅择赣人贤者简任，以慰众望"。

△　经济研究会在上海开成立会,推徐沧水为主席,马寅初、徐沧水、杨端六等为干事。

1月10日　湖南省议会通过《省自治法筹备简章》。21日,湘军总司令赵恒惕与省长林支宇通电宣告湖南筹备自治。

△　国民大会策进会第一届各省区代表会在上海开幕。会议通过办事简章、组织法草案及宣言书,通告全国同胞郑重声明,欲救中国全在国民自决,欲求自决全在国民大会,事贵全国努力,非一部分所可胜任。于28日闭会。

△　京汉铁路与湘鄂轮渡联运在武昌举行开通典礼。

1月11日　广州军政府政务会议决定,护法诸省之赈灾附加税直接交军政府,以救济西南历年受害灾民,并以此通告税务司。

△　徐世昌批准川边镇守使陈遐龄改编川边陆军一师。

△　北京外交团照会北京政府外交部,以俄公使库达摄夫即将离京,所有俄使馆保管事宜公推驻京荷公使欧登科代表外交团管理一切。

△　北京政府海军部与英商亨得利乔公司签订129.72万英镑《水面飞机借款合同》,用于购买105架水面飞机。是日,由公司先交付垫款40万镑与海军部。

△　白俄谢米诺夫抵奉天。下午访张作霖,晚乘车赴旅顺,到后即拜访日本关东厅以下各衙署。

△　吉林督军鲍贵卿向日本正金银行借款200万元,利息五厘,以官银号作担保,并于是日电请北京政府备案。

1月12日　广州非常国会参众两院开联席会议,到全国20省两院议员200余人,讨论组织正式政府及选举总统问题,席间对于总统选举意见分歧;决议组织审查委员会审查议员资格。

△　北京政府财政部发行民国九年赈灾公债400万元,实际应募额仅216万余元,以各省货物税及关税附加税10%为担保。

△　广西靖国军在班香甫率领起事后进展迅速,是日约会龙州民

军同时起事,占领养利,击毙陆荣廷部守军 300 余人。旋即往攻慈溪,相持数日后于 21 日占领慈溪,乘胜前进,攻下龙州,于月底逼近南宁。各地民军纷起响应。

△　四川督军熊克武通电主张自治,不承认北京政府所授四川省长之任命。谓:今川省已由反对联军统治,进而反对军治,且更进而反对特殊阶级。希望政府速自忏悔,并主张各省自制省自治根本法。

△　驻京俄使库达摄夫因北京政府停止俄使待遇而离任。

1 月 13 日　广州军政府任命孙洪伊、张继为顾问。

△　湖北督军王占元电告北京政府称,鄂湘实行联防,援湘即以固鄂,请不必责湘取消自主,先饬支援。

△　湖南省议会讨论军费问题,请林支宇出席说明实况。议员谭奎炯质问:湘军六万人不过编为五师,照军制计算,年仅需银 700 万元,何以要 1600 万元之巨? 林无言以答,只好表示无法核实开支,惟有包办,应需实数候再同总司令会商后再行确定。

△　北京政府交通部训令京汉、京奉、京绥、津浦路局及工程局,谓川汉铁路暂从缓办,先修粤汉铁路湘鄂线之株洲至衡州(今衡阳)段,全部工程需时三年,即从本年 5 月起由部指定京汉月拨现洋 13 万元,津浦、京奉各月拨现洋 12 万元,京绥月拨现洋三万元,交湘鄂工程局作为工程费用。

△　徐世昌以西北地震,陕、甘两省灾情綦重,是日,令该两省长官筹款急赈灾民。

△　北京政府交通部因各省偷运粮食出口致使米价暴涨,饬沪杭甬、京奉、津浦、沪宁各路局认真查禁。

1 月 14 日　白俄恩琴率所部日、俄、蒙、藏兵 5000 人,分三路大举进攻库伦,驻蒙守军褚其祥第二十五混成旅奋力抵抗,伤亡官兵 450 人。褚急电北京政府请速予增援。

△　北京政府外交部与远东共和国通商谈判,因西伯利亚华侨生命财产及赔偿问题未达成协议,谈判破裂。次日,外交部将远东共和国

代表优林送部文书全部退还。

△　徐世昌下令裁撤河南暂编陆军第一师,调该师师长成慎为将军府将军;将该师改为河南陆军步兵第一、第二两旅,派岳宪玉、柴得贵分任旅长。

△　南洋华侨代表余佩皋赴北京政府外交部,要求向英政府进行交涉,暂缓施行英属地华侨学校注册条例。18日,外交总长颜惠庆派刁作谦与艾斯敦磋商此事,艾斯敦允电呈本国政府。

1月15日　延吉、珲春等五县代表抵京,上书总统府、国务院及外交部,痛陈延属五县人民受日军奸淫、枪杀、活埋、火烧、腰斩等蹂躏惨状,财产损失2000万元,人民伤亡将及万人,"请政府提出严重抗议,撤退日军,赔偿损失"。21日,吉林旅京同乡会又具呈府、院及外交部,再次"请政府提出严重抗议",表示"全吉七百万人誓为政府后盾"。

△　北京政府交通部与国内银行团签订600万元《购车借款合同》,作为京汉、津浦、京绥、沪杭甬四路购买机车车辆费用。此为国内银行投资铁路之始。

△　北京政府财政部与中华汇业银行签订404.75万日元《电信林矿借款息垫合同》,以盐余库券为担保,作为拨付电信林矿借款利息之用。

△　日本政府决定在延吉、珲春留驻日军两个大队,其余日军即日撤退。

1月16日　前贵州督军刘显世在昆明宣布就任军政府总裁。

△　北京政府内务部经国务会议批准,设立著作及出版物研究会,专门搜集研究著作及出版物,以防止新思潮之传播。同时北京军警当局对外来邮电及印刷品进行检查,稍有涉及新思潮的电讯及印刷品即予扣留、没收。

△　国会在京议员在中央公园开新年恳亲会,呼吁北京政府恢复国会。

1月17日　旧历年关将临,各地军阀向北京政府索饷之电络绎不绝,仅是日就有曹锟、冯玉祥、鲍贵卿、张文生及驻陕第四混成旅等数起。至 21 日达到高潮,各地索饷电达 40 余封。北京政府无法应付,只复曹锟一电。

△ 驻京日使小幡酉吉就珲春交涉事,向北京政府外交部提出赔偿、道歉等四项要求,当经北京外交部拒绝。

1 月 18 日 驻京英、美、法、日四国公使照会北京政府外交部,正式通告新四国银行团成立。

△ 暂编陆军第一师师长张宗昌率兵自是日起在江西高安、宜春、上高、万载、宜丰、新余、萍乡等县闹饷,大肆掠夺,断绝交通,到处劫财。

1 月 19 日 北京政府财政部与汇丰、汇理、正金、花旗四银行签订 400 万元《赈灾借款合同》,以关税附加一成作担保,作为直隶、山东、山西、河南、陕西五省旱灾救济费用,并由银行团派人监督借款用途。

△ 下午 1 时,北京中法实业银行发生挤兑风潮。先由外国侨民开端,继之我国商民亦纷纷持票兑现。到是日营业终了时,共支出现洋数万余元。

△ 王占元索饷无着,北京政府允其就地筹款。王遂提出以造币厂余利作担保,募集地方公债 200 万元,是日咨交省议会通过。

1 月 20 日 新疆省议会及少数民族王公致电北京政府,反对熊希龄与英人合办新疆石油有限公司。是日,北京政府国务会议议决,此案尚未批准,尽可中止。

△ 赣督陈光远急电北京政府,谓张宗昌借筹饷为名纵部勒索人民,势将激成变乱,请速将该师调离赣省。

1 月 21 日 广州军政府发布命令:"凡在军政府所属各省之海关,须从二月一日起,服从军政府之训令,听其管辖";并于 28 日通告广州沙面各国领事,声明军政府决定收回海关管理权。香港英当局闻讯,竟派兵前往粤海关恫吓。

△ 川军第二军军长兼前敌总指挥刘湘、第一军军长但懋辛、第三军军长刘成勋等联名通电,否认北京政府以熊克武为四川省长、刘湘为

重庆护军使及杨森等九人为镇守使之任命。

1月22日 广州军政府发布命令,废止《治安警察条例》。

△ 徐世昌任命王金镜为将军府将军。

△ 上海会审公廨以伍廷芳现离租界为由,注销去年公廨谕令上海汇丰银行停止支付伍廷芳以私人名义存该行的广东关税余款的规定,将此案交北京政府办理。

△ 孙中山接日人和田三郎来电,催促速派驻日代表赴日。

1月23日 法国各地工厂、学校勤工俭学学生派代表齐集巴黎华侨协社开会,讨论解决勤工生生活困难问题。会间,代表们邀请驻法公使、华法教育会会长、留欧学生监督等人到会予以帮助,无结果。会议议决请北京政府每年津贴每人 4000 法郎,为期四年等三项办法,于 26日闭会。

△ 孙中山致词祝贺菲律宾华侨集资兴建的碧瑶爱国学校落成。

1月24日 孙中山函告加拿大陈树人有关广东经济近况,并指示致公堂成员入党办法。

△ 《商报》在上海创刊,汤节之任总理。

1月25日 湖南成立省宪法起草委员会,彭兆璜为主任,王正廷、蒋百里、石醉六、李剑农等 13 人为委员。

△ 库乌科唐镇抚使陈毅急电北京政府报告后地失守,库伦粮绝,军心商况顿起恐慌,白俄蒙匪有克日会攻库伦之说,请迅电授库总司令张景惠速饬各援军星驰前进。但张托辞天寒不能急进,按兵不动。

1月26日 徐世昌特派张勋督办热河林垦事宜。任命发表,全国舆论大哗。次日,沪西商界联合会通电反对,谓:"勋非昔日通缉之罪人乎?缉之不得,赦之;赦之不已,又用之。刑赏儿戏,几无法律可凭。我不知政府不惜牺牲一国之法律,以殉张勋,何独对于勋之厚也。"接着有上海学生联合会、天津各界联合会、江苏七个团体等纷起反对。张勋慑于舆论亦不敢就职,徐世昌只好准其辞职。

△ 驻京外交使团电令广州领事通知伍廷芳,不准干预海关行政。

　△　直隶省署与中英公司签订 1000 万元《沧石铁路借款合同》,规定年息七厘,限期 20 年,以沧石铁路担保。

　1 月 27 日　中国国民党交通部在广州开成立大会,军政各界数百人与会。孙中山发表演说,指出:"北方政府实在不是民国政府。我等要造成真正民国,还要将辛亥革命未了的事业,做个成功。"并强调:"对于国家之改造与进步,尚须有卓绝之党人,负完全责任,运用机能,指挥群众。法俄等国,莫不皆然。吾党宜勉之。"

　△　中日两国军事代表正式签字取消 1918 年签订的《陆军共同防敌军事协定》《海军共同防敌军事协定》。次日,北京政府外交部与驻京日使小幡酉吉相互换文,声明该两项协定"自本日起完全失其效力"。

　△　北京政府外交部向远东共和国提出签订通商条约的五项先决条件:一、废弃帝俄时所有特权;二、废除 1881 年所订陆路通商条约;三、先订暂行通商条例;四、未订正约前两国领事只用贸易保护官名义;五、通商草约依据新疆局部商约十条商定。是日送交优林。

　△　陈光远、戚扬在南昌督署召集省议会、商会、农会、教育会会长及官绅 30 余人开茶话会,商讨对张宗昌师对策。议决联名通电北京政府及各省宣布张的罪状,同时由陈、戚明命张师即日解散。

　△　中华民国学生联合总会就自治发表通告,谓"比者时髦官政客,辄戴一假面具,以加入自治运动。第彼辈之所谓自治,在以甲省之官僚政客宰割甲省,乙省之官僚政客宰割乙省";并表示对于真正的自治"吾人亟宜促进地方自治之实现"。

　△　前清礼亲王诚堃等致函北京国务院总理靳云鹏,要求参议院议员增设满洲议员专额五六名,"俾驻京宗室觉罗八旗数万人民得与闻政治"。国务院将原函抄送内务部查核办理。2 月 21 日内务部致函清皇室内务府,谓"本届国会选举系依照元年八月公布之国会组织法及参议院议员选举法、众议院议员选举法办理,各项法文未有满洲议员专额,行政机关对于各项法文无权增益"。

　△　驻京荷兰公使欧登科函告外交部,谓德国归还庚子年劫去之

观象台天文仪器已运至天津。当由外交、教育两部派员赴津接收。

1月28日　叶荃在云南寻甸召集李永和等旅长开会,密商袭取昆明,推翻唐继尧。会后李入省向唐告密。是日,叶荃所属靖国联军第八军在寻甸以闹饷为名举行兵变。叶荃率部攻昆明,抵达杨林板桥即与唐军遭遇,激战数日,叶军败退,唐军尾追,至2月1日将叶军全部击溃。

△　陈光远所部赣军与张宗昌师在高安开战。北京国务院急电双方劝阻,并允拨借盐款10万元交张宗昌发饷。

△　陆军第十六混成旅欠饷达十阅月,是日探悉京汉路局由汉口运解部款20万元,车经信阳,冯玉祥派兵截留充饷。同时电陈北京政府声明不得已苦衷,请准将所借京汉路局之款由欠饷项内扣还。

△　代理黔军总司令卢焘等通电宣布贵州实行自治。

△　北京政府交通部将东省铁路沿线俄国邮务局全部收回。

1月30日　中国国民党广东省支部成立。孙中山出席成立大会,并发表演说,阐发三民主义原理。指出:"第一,民族主义,非推翻满族主权便了,须使各民族都平等。第二,民权主义,须人民有普遍选举、立法、免官之权。第三,民生主义,须趁此资本家、地主不多之际,行资产国有制,借机器以兴实业,普利一般人民,消灭阶级战争。"

△　林献堂等178人向日本帝国议会提出第一次台湾议会设置请愿案。其要旨为:"兹请议制定以台湾住民所公选之议员组织设置台湾议会,并付与施行于台湾之特别法律,及台湾预算之协赞权之法律。"

1月31日　北京政府国务会议议决对俄方针,并致电张作霖。谓现在俄国旧党几于全灭,对于新党当有非正式的联络,对俄军入境应行拒绝,对谢米诺夫等只要无妨害我主权之行为,仍暂保持旧日态度。

△　陆荣廷密电北京政府将广西军队改编为边防军,是日,徐世昌特派陆荣廷督办广西边防军务,所有该省边防军队悉归训练调遣。

是月　北京政府财政部公布《所得税分别先后征收税目》、《所得税条例施行细则》、《所得税调查及审查委员会议事规程》、《所得税征收规则》、《所得税款储拨章程》，决定所得税自公布之日起实行。

△　孙中山派李章达到远东共和国阿穆尔省考察。

△　黑龙江省议员马清濂等提出索还沙俄强占之江东六十四屯议案，经全体议决咨文省公署，再由省署咨文北京国务院提出严重交涉。

△　广东财政厅长廖仲恺定自是月起统一省库财政，厉行整顿各项赋税。预计收入总额，比较民国八九年可增加一倍。每月预算收入：赋税 30 万元、盐税 70 万元、烟酒 25 万元、杂捐 25 万元、厘金 30 万元，综计 210 万元。

△　广东设立全省教育委员会，以推动学校教育，发展社会教育为宗旨。汪精卫、金曾澄为正、副会长，陈独秀、戴季陶、许崇清为政务委员。

△　沈雁冰、郑振铎、孙伏园等在北京发起成立文学研究会，"以研究介绍世界文学、整理中国旧文学、创造新文学为宗旨"。后移到上海。参加研究会的前后共有 170 多人。出版刊物有《小说月报》、《文学周报》、《文学旬刊》等。

△　赵恒惕将湘军二师五旅及 12 个地方军区改编为二师一旅及九个混成旅，把各军区司令改为旅长和镇守使。

△　王蕴侯与日人大仓喜八郎等集资 500 万日元，在吉林省城创办兴林造纸股份有限公司。

△　周善培、朱庆澜等集资 150 万元，在江苏盐城县伍祐场创办泰和盐垦股份有限公司。

△　傅紫庭、胡养新等集资 30 万元，在江西九江创办利丰面粉股份有限公司。

△　龚心湛、傅增湘等集资 25 万元，在山东烟台创办通益精盐股份有限公司。

△　卫燕平、崔召和、吴石公等集资 10 万元，在北京创办武学书局。

2　月

2月1日　晨6时，俄蒙匪1000余人，以一部向大毛笃庆防军驻地，以大部越向后方小毛笃庆褚旅防地，同时施行攻击。防军不支，大毛笃庆即时失陷。匪遂分兵以一部约300余人，由鲁布桑和沙基喇嘛率领，经汗山东南山巅，由南山口窜入，顺河套西至佛宫，与驻守兵二连激战。驻军因寡不敌众，内外夹攻，死亡殆尽。匪遂将博克多哲布尊丹巴呼图克图裹胁而去，送到库伦城外的满楚什里寺，让活佛发号命令，胁迫蒙古人向当地驻军进攻。

△　湖南造币厂及湖南总商会与日本三井洋行签订《一百二十万元借款合同》，以米输出120万包及水口山亚铅矿砂三万吨为担保。

2月2日　徐世昌令准航空事务处改为航空署，9日公布《航空署组织条例》，于18日正式成立。

△　优林通牒北京政府外交部，否认远东共和国禁止华商贸易及侵犯华侨利益，并对北京政府允许白俄在中国活动、扣留俄国定购粮食及自由处置华境俄国财产等事提出质问。

△　中英公司代表达维森致函北京政府交通部，声称依据津浦暨沪杭甬铁路合同，中国银行团借款购车优先权应属于华中铁路有限公司及中英公司。

2月3日　库伦失陷。恩琴白军及蒙匪猛犯库伦，以主力急攻东北面防兵，乌里雅苏台沟之褚旅防线不支，高在田团亦因之发生误会，乃同向二里半滩急退。原驻东营子之高团接济营亦同时纷纷退却。商人等随之而退，秩序大乱。东面敌人适于此时猛攻而入，东营子遂失守。此时南山匪徒亦乘虚潜下，枪声四起，公署竟当炮火之中心。库乌科唐镇抚使陈毅犹传令褚旅急图反攻，而各军乘乱奔溃，大势已不可为。陈毅等官员及商民冒弹而撤，退向恰克图。褚旅退往后地。未及撤离的商民及受伤官兵约3000余人，均惨遭残杀。在商行的屋梁上、大门上、系马柱上，被绞死的中国人悬尸累累，触目皆是。

△ 北京政府派遣办理总领事事务陈广平抵莫斯科，直到 3 月 31 日始受苏俄政府正式接待。

△ 张宗昌受其部属团长王康福逼迫离赣，张师除王康福团外完全溃散。旋陈光远密电北京政府，报告张宗昌潜逃，并密保王康福升任旅长。

2 月 4 日 孙宝琦等发起组织全国急募赈款大会，推徐世昌为名誉会长。

2 月 5 日 徐世昌令设立东省特别区市政管理局，派滨江道尹董士恩兼局长，马忠骏兼副局长。

△ 桂军游击第二十五营因欠饷在梧州哗变，营长廖汝龙被击毙，全营携械四出，沿途抢掠商店 30 余家。桂平镇守使韦荣昌闻讯派队追击，捕获变兵 23 名。

2 月 6 日 徐世昌公布《蒙藏世爵世职暨喇嘛惩戒会条例》。

△ 戚扬就英舰"乌的克"驶至江西内河鸡笼山停泊一事致电九江英领，请转告该舰长即日退出，并报告外交部请向驻京英使交涉。

△ 蒋介石抵广州晋谒孙中山。

2 月 7 日 滇军军长顾品珍借回家省亲之名，密率所部由宣威县出发进逼云南省城，是日行至距昆明百里的杨林口。唐继尧因讨叶荃大军未回，即宣布裁撤靖国联军总司令部，次日仓皇出走。9 日，顾品珍入城，以滇军总司令名义维持秩序。

2 月 8 日 航空署飞机数架列队飞翔于北京上空，在总统府、国务院和航空署上空做低式之飞行及飞行技术表演。

2 月 9 日 浙督卢永祥致电请北京政府缓行国会选举。14 日，赣督陈光远、闽督李厚基、陕督陈树藩均通电支持。15 日，鄂督王占元亦通电赞成缓办选举，"借促统一"。旋粤军总司令陈炯明致电卢永祥，反对"北廷饰词统一，非法办理选举"。

△ 外蒙活佛博克多哲布尊丹巴呼图克图在库伦再次宣布独立，

以俄人恩琴为总司令,日人山田为参谋长。

2月10日 广州军政府下令通缉岑春煊、陆荣廷、莫荣新、李根源、温宗尧、杨永泰等人。

△ 广州军政府外交部长伍廷芳致电驻华各国外交团,要求照拨前派与军政府之南方关税13%,"若不交款,必派人接粤税关"。次日,外交团允交付关余于军政府,但因美使忽接美政府反对训令,事又搁浅。

△ 四川省议会通电宣布,川省正积极实行自治及废督、裁兵、民选省长四项主张。

△ 广西桂林、柳城各处民军在柳州举事,进攻来宾等县,于次日晨占领来宾。

△ 日本驻台湾总督田健治郎邀集林献堂等四人到总督府东京出张所,声明不容有脱离日本而为自治体之台湾议会设置。

2月11日 北京政府外交部电令驻莫斯科总领事陈广平,将中国政府对苏俄1920年9月通牒(即《第二次对华宣言》)复文送交苏俄政府,表示同意"循此次宣言书中提示之程序,以与贵国直接开议";并望善待我国侨民,建立恢复两国友好关系之基础。

△ 在华日本商业会议所(即商会)在上海召开联合会议,上海、大连、奉天、天津、汉口、青岛、北京、济南各商业会议所和实业商会代表30人出席,日驻沪总领事山崎亦列席。讨论设置对华贸易统一机关、组织对华投资团、设立中日合办之大银行、兴办教育机关及慈善医院等50余件议案。会议于14日结束。

△ 广东援桂部署就绪,决定陈炯明督师,任命蒋介石为总参谋。

△ 陈光远致电北京政府交通部,谓张宗昌部缴械遣散已办妥,请饬京汉、津浦各路备车运送士兵回籍。

△ 上海新青年社出售《阶级斗争》、《到自由之路》等书籍画报,法捕房以"言词激烈,有违租界章程"为由,强行封闭。

△ 侨鲁日人侵占胶县民田,乡民联名呈诉督、省两署,经交涉员抗争,日驻济领事允每亩给洋50元了案。

2月12日 吴淞商埠局设立,张謇为督办。

2月13日 北京政府参陆处就库伦失陷召开会议,决定由奉天、黑龙江出兵两师,由车臣汗盟径捣库伦。当即致电张作霖、曹锟等,同时电令陈毅、张景惠克日归复。此后参陆处接连开会议决收复库伦,但张作霖仍按兵不动。

△ 云南省开军事会议,顾品珍、罗佩金及省议会议长等 20 余人出席。议决对北方坚主护法,积极拥护军政府,坚持自治方针及设立军事参议会,采公开主义解决一切问题等。

△ 广州军政府决定讨桂,从高雷、钦廉、肇、梧四路出兵。

△ 陆军第二十三师四十五旅八十九团二营士兵索饷未果,在保定东关哗变。变兵群拥出营,先割断电线,抢掠南关会成、永德顺粮栈等共 11 家,损失四万元。师长王承斌率队镇压,变兵往西南溃逃。

△ 广东省议会批准广东省政府发行善后公债 500 万元,作建设费用,由省银行发行。

△ 北京国务院管理特种财产事务局与日本东洋拓殖会社签订《三百万元借款合同》,以武昌、汉口前德商工厂等为担保,作为接管前德商经营的各工厂经营费用。

△ 《劳动与妇女》周刊在广州创刊,编辑和撰稿人先后有沈玄庐、陈独秀、谭鸣谦(即谭平山)、陈公博等人。第十一期后停刊。

2月14日 广州军政府开政务会议,讨论收回海关管理权问题,孙中山表示应组织正式政府,以利对外交涉。

△ 陈光远致电北京政府,谓张宗昌逃汉,请下令遣散仍驻赣境及赣边之残部。旋又电北京政府,以粤防吃紧为由,请准将张残部扩充为师归其节制,并索款 50 万元。

△ 北京政府电驻英公使顾维钧转告苏俄驻英大使,如苏俄保证其代表团来华不准传布与中国社会不相容之主义,免除在俄经商华侨一切强迫服役并赔偿华侨所受损失等四项先决条件,即可允准苏俄派遣代表团来华。

2月15日　陈炯明依据《广州市暂行条例》，委任孙科为市长，并委任蔡增基为财政局长，魏邦平为公安局长，程天固为工务局长，许崇清为教育局长，黄垣为公用局长，胡宣明为卫生局长。是日，孙科宣告就职，广州市政厅正式成立。

△　东省特别区市政管理局正式接收哈尔滨各机关，改悬中国国旗。前一日董士恩曾分访驻哈各国领事，声明中国将继续尊重1914年之英俄协约，是日又以同样内容正式照会各国领事。

2月16日　上海《民国日报》报道丝市之回顾，略谓去年为出口商最不幸之年，尤以丝茶为最。查去年出口华丝，自6月至11月止共计11105担。其中白丝计4242担，黄丝计6863担；较前年同期，计白丝减少7141担，黄丝减少2990担。

2月17日　北京政府电令江苏省长查禁载有"过激党"宣传文字之书刊。24日，内务部通电各省区严防"过激党"及无政府主义印件。

△　孙中山在广州接见上海《字林西报》驻北京记者解尔般脱，谈与陈炯明的关系、广州税关及联合段祺瑞等问题。关于联段，孙谓段保证愿向日本提出取消"二十一条"要求及由此发生之各种协约，故"自愿与段谋和而共同行动"。

△　徐世昌任丁锦为航空署署长；又任程廷恒督办呼伦贝尔善后事宜，准钟毓辞职。

△　香港英当局应北京政府财政部之请，判决继续禁汇丰银行提拨伍廷芳名下存款，至中国审判衙门判决后为止。

△　上海《民国日报》报道疲弱已极之去年茶市，谓到货共有绿茶路庄16.2万箱，熙春2.5万箱，平水12.5万箱，红茶祁门6.1万箱，宁州1.25万箱，两湖4万箱。比之前年绿茶到货已减少6.6万箱，红茶到货减少12.5万箱，乃销路极疲；即此数万箱尚未销脱半数，绿茶销去50%，红茶则仅30%而已。

△　张勋抵京谋援库总司令，19日谒徐世昌密谈。

2月18日　广州军政府改组广州市政府，由军政府直辖，任命孙科为市政厅厅长,不受省长管辖。

△ 刘湘、但懋辛、刘成勋等通电宣布川督刘存厚罪状,同时率军分四路向成都进发,川战又起。20 日占资州、内江,刘存厚部邓锡侯不战而退。21 日刘存厚退至绵阳,并宣布下野。25 日,刘存厚通电宣称,顺应川人"自治"主张,解督军本职。

△ 湘西王育寅所部起兵反对赵恒惕,赵派省军分途进击,王部力穷受抚。各路司令开前方军务会议,决定由旅长唐生智收编王部。是日,督令王部由澧城移驻临澧接受改编,并由李抱冰派兵入城维持秩序。

△ 优林面谒外交次长刘式训,谓库伦为恩琴所据,对俄华皆不利,本政府拟派兵入库,扑灭此祸根,愿向中国政府声明:一、不受报酬;二、不需交换条件;三、不生条约关系;四、事竣完全退出蒙古,不留一兵。当经刘式训谢绝。

△ 广州军政府聘林修梅为顾问。

△ 滇军总司令顾品珍致电广州军政府,表示尊重国法,服从民意。

2 月 19 日 北京国务会议通过财政部拟定之《整理内国公债办法》。会后,周自齐、叶恭绰至银行公会发表国内公债整理意见。谓自 1912 年至 1920 年公债发行总额已达 3.15 亿余元,政府急图补救,通过整理案。其整理办法规定:民元年、八年公债,均照四折计算,分十年抽还;民五年公债则俟三、四年公债抽后,相继抽签还本付息;其余七年长期整理金融公债等,悉照旧办理。

△ 北京政府参陆办公处下令查禁北京、天津、上海、青岛、哈尔滨等地俄国共产党设立之机关,并通告各地取缔共产党之宣传。

2 月 20 日 广州军政府在广州举行粤军阵亡将士追悼会,各界 1000 余人与会。孙中山主祭,并送挽联:"杀敌致果,杀身成仁;为民请命,为国捐躯。"

△ 广东省教育会召集广州市中等以上学校教职员、学生举行宣传大演讲,孙中山演讲阐述三民主义。指出,民族主义,"必先恢复主

权,与列强平等";民权主义,"实行直接民主制";"民生主义,就是社会主义"。并谓:"兄弟做学生时代,早已觉中国政府腐败,想出一种治国之法,思有以替代之,其法维何,即五权宪法是也。"

△　甘肃灵州(今宁夏回族自治区灵武县)地震,城堞均被震落,城内房屋大部倒塌,地流黑水,人民死伤惨重。此次地震波及惠安堡、韦州、平安、镇戎(今予旺堡)、海城(今海原)等地。

△　华北五省大旱灾,全国赈捐大募集,于是日起在北京、天津、上海、汉口、济南、开封、太原同时举行,至28日结束。

2月21日　徐世昌特任赵从蕃为江西省长,赵未到任以前由杨庆鋆暂行护理,着原任戚扬进京另候任用。又任兜钦为正红旗汉军都统。

△　外蒙成立"自治"政府,活佛博克多哲布尊丹巴呼图克图重登大汗宝座,册封恩琴为亲王。恩琴成为蒙古的实际统治者。

△　国际联盟行政院会议在巴黎举行。次日,我国代表顾维钧被举为修改国际联盟盟约委员会委员。

2月22日　北京政府参陆处决议分四路援库:一、东路由张景惠亲往督战;二、北路黑龙江孙烈臣调一旅,绕由贝加尔至恰克图进攻;三、南路由曹锟指调冯玉祥全旅由张家口乘汽车开往防线;四、西南路新疆杨增新调军队由科布多前进。曹、张接电令后要索巨费而不愿出兵。

△　徐世昌任命龙体乾为将军府将军。

△　北京政府以俄国远东共和临时政府,已移建于赤塔,为应时势之要求,是日令将驻俄国领事馆升作总领事馆。

△　甘肃平罗县(今宁夏回族自治区平罗县)发生强烈地震,地陷,出黑水无数,该县及邻邑共压毙1.6万余人。

2月23日　苏俄代理外交人民委员加拉罕照会北京政府,询问中国是否预备接待苏俄代表,限两星期内答复,否则即请北京政府驻苏俄总领事陈广平离境。此照会由北京政府驻英公使顾维钧代转。

△　夜、赵荣华及王汝勤两部士兵在湖北沙市哗变。变兵四处抢

劫,烧焚店房,大火直至次日天明始熄,被烧者数百家,损失 50 万元以上。

△　北京政府交通部公布《国有铁路货物联运审查会章程》,又公布《修正全国铁路线路审查会章程》。

2 月 24 日　全美国民党恳亲大会致电孙中山、唐绍仪及国会,恳请"国会选举总统,成立政府,以为对内对外之中心"。同时加拿大、墨西哥等地华侨亦纷电国会,请选举总统。

2 月 25 日　全粤海陆军同袍社在广州东园开大会,孙中山发表演说,指出:"粤军回粤,只做到第一步,尚非完全成功",号召军人"赞助组织政府"。

△　全国急募赈款大会定是日至 27 日三天在北京太和殿、中和殿、保和殿、中央公园、天坛、先农坛、午门历史博物馆开游览会,汇集中西各优美技术,发售游览券借以助赈。

△　北京政府航空署在北京历史博物馆举行意国赠送飞机接收典礼。按:1920 年 5 月,意大利飞行家马西罗、发尔林两人用该机作罗马、北京飞航,意国航空总署将此机赠与中国留为纪念。

2 月 26 日　徐世昌令所有直、鲁、豫等省赈粜粮石免税展限至本年 2 月底止,并着财政部饬属严密稽查奸商借端影射,希图渔利。

△　沧石铁路实行以工代赈办法招募灾民筑路。是日,北京政府交通部派员在石家庄设立沧石路工处,正式开工。

2 月 27 日　全国各界联合会就库伦失陷通电各省、各团体,强烈谴责北京政府"有意断送领土",呼吁推翻与白俄及日本互相勾结之北廷,督促爱国军人指日北上收复库伦,并责成远东共和国政府自行扫荡白党,然后撤师返俄。

2 月 28 日　留法勤工学生因资斧断绝,是日在蔡和森、向警予带领下聚集 400 余人,至巴黎驻法使馆要求津贴。驻法公使陈箓口头应允立刻将全体勤工学生送进学校读书及每人每月由公使馆领出 400 法郎为生活费,维持三个月,至于善后办法须等北京政府回电后再作安排。勤工学生要求有更切实的保证,双方引起争执。法国警察出面干涉,用枪柄、警棍殴打学生并威迫学生退出中国使馆。

△　广州青年会定是日为"华北救灾日",全市男女学生总动员,组成 3000 多人到街头募集赈款。

△　蒙古国民党在托洛依茨郭萨甫斯克召开第一次党员大会。有托洛依茨郭萨甫斯克的党员和各旗的代表 17 人出席。会议讨论关于党的当前任务,关于建立军队领导机关等问题,决定由苏赫巴托尔等五人组成军队司令部。3 月 1 日召开第二次党员大会,有 21 人出席,大会批准国民党的政纲,并选出党的中央委员会委员。

是月　赵恒惕派欧阳振声为代表赴四川同刘湘磋商"联省自治"及川湘联防问题,后刘湘亦派代表来湘。西南及长江流域各地方军阀皆纷纷打出联省自治的旗号,喧闹一时。

△　留法勤工俭学会周恩来、李富春、赵世炎、陈延年、李维汉、蔡和森、向警予等在巴黎成立中国少年共产党。后经与国内共产党中央联系,改为社会主义青年团。出版《少年》周刊(油印)。在该刊第二期上,周恩来以伍豪的笔名,发表《共产主义与中国》一文。

△　陈独秀致函赵世炎,嘱其与张申府联系,在巴黎组织共产党支部。

△　河南省东南一带白朗余部集合五六千人举事,号"黑狼"。赵倜急电曹锟求援,曹调驻郑州的张福来二十四师、驻顺德的萧耀南二十五师前往镇压。

△　鄂西施南县一带农民数千人举事,头扎红巾,自称"神兵",反对军阀残暴统治。王占元令孙传芳率兵镇压,"神兵"被迫退至四川。

△　陈子彝、蔡裕焜等创办上海杂粮油饼交易所,资本 200 万元,经纪人规定 100 名,实为 54 名。交易物品有米、谷、杂粮、油饼各货。交易方法分现期买卖、定期买卖、约期买卖三种。

△　本年到期之外债有 1.5 亿元,其中日本即占 1.4 亿元。北京政府财政部因无款可还,拟定将利息转为借款再行订结展期合同;派日籍军事顾问坂西利八郎少将回国同日本政府磋商,最后日本政府允展

期一年。

△ 菲律宾议会通过《簿记条例法案》,规定登记账簿须用法定文字(英文、西班牙文、菲岛土话)及违例处分办法,定 11 月 1 日实行。菲岛华商纷起反对,并选派代表向美国政府及菲律宾总督提出抗议。同时国内华侨联合会及各民众团体亦起而声援,北京政府外交部亦向美国政府提出交涉。菲律宾议会被迫决定延缓至 1923 年施行。

3 月

3 月 1 日 各省众议院议员初选定于是日举行,但仅有奉天、江苏、吉林三省届时举行。各地选举中违法舞弊事件层出不穷,民众纷起告发。4 月 15 日,上海地方审判厅被迫判决上海众议院议员初选无效。

△ 徐世昌令准财政部将全国农工银行筹备处改为全国农工银行事务局,并派王世澄为该局局长。

△ 关税加征赈捐于是日开始。征数照该货所纳税银十分之一,征期以扣足 12 个月为限,限满即行停止。

△ 湖北督军王占元约集川、滇、黔、桂、湘、赣等省代表召开联防会议,订立联防条约。

△ 北京政府外交部认可美国增设张家口领事馆。

3 月 2 日 徐世昌公布《东省特别区域清理俄人旧案处章程》,凡 18 条。

△ 北京政府外交部训令驻英公使顾维钧,谓苏俄"派一非正式代表来京接洽一切,本部并不拒绝,惟如有所商,先在英京接洽大概,然后派员,似较妥协"。又谓:驻伊尔库茨克领馆"去岁被地方封闭,现且将代理领事薛镛监视",请与驻英代表交涉,"将领馆即速启封,并优待薛领"。

3 月 3 日 徐世昌令财政部会同内国公债局,"按照三、四年公债暨七年短期公债办法"认真办理。财政部随即拟定整理内国公债详细办法,于是月 30 日呈准施行。

△　浙江督军卢永祥再次通电,以举办国会选举有碍统一,主张缓办。旋李厚基、陈树藩、王占元以及卢焘、顾品珍、赵恒惕亦纷纷通电,反对举办国会选举。

△　北京政府财政总长周自齐、币制局总裁张弧与国内银行团签订《上海造币厂二百五十万元借款合同》,用于造币厂购地建厂及购置机器。财政部为此发行特种国库券 250 万元,由银行团发售。

△　徐世昌令内务部预备春丁祀孔事宜,并派国务总理靳云鹏恭代行礼。

△　上海法租界全体电车工人举行罢工,要求增加工资。经四天斗争,取得胜利,工人每人工资加一至二成,疾病给予半资,工伤给予全资。

3 月 4 日　孙中山、唐绍仪、伍廷芳电邀唐继尧来广州。9 日,唐继尧自香港到广州晤孙中山,孙中山劝唐留粤参加军政府。

△　珲春案发生以来,驻百草沟、局子街等处日军诬当地商民、垦户为"胡匪",肆意搜捕拷打。是日延吉、珲春民众代表赴北京国务院请愿,要求日军退出该地。

△　北京政府电复陈毅,谓远东共和国自愿无条件援助无须拒绝,必须拟定防御线及区域,并作为临时协定;但应拒绝共同出兵。

△　广州军政府政务会议议决设立宣传委员会,委徐谦、胡汉民、汪精卫等七人为宣传员。

△　广东省议会通过《县长选举暂行条例》。

△　开滦煤矿 1000 余工人举行罢工,要求增加工资。矿务处派保安队镇压,工人被迫复工。

△　东省铁路督办宋小濂致电北京政府,谓"迩来江省满洲里、海拉尔、扎兰诺尔各处鼠疫甚炽","哈尔滨及满、海、博扎、昂昂溪、满沟、安达、对青山八站均已设所防疫,实行检查。长春、二道沟亦经停车检

验"。自开办防疫起至 5 月 31 日止,共发现患者 2809 人,送医 988 人,死亡 1827 人。

3 月 5 日　徐世昌公布《物品交易所条例》,凡八章 48 条。

△　北京政府交通部咨内务部,谓九年份本部直辖各路局查获烟土各案,计京汉路 55 起,京绥路 15 起,津浦路八起,正太路三起,共计 81 起。

△　鄂西"神兵"乘船向四川进发,是日抵万县。上岸时,在城外向民众宣言,"神兵"专为讨伐军队,保护良民。万县川军龟缩城内,至次日晨始出城攻打"神兵"。两军激烈战斗,"神兵"败。7 日"神兵"发起进攻,又不利,遂乘船向上游驶去。是役"神兵"死 700 余人,川军死 90 余人。

3 月 6 日　中国国民党本部特设驻粤办事处在广州开成立会,孙中山出席并发表演讲,论述三民主义的内容,指出:"民族主义,应废汉满蒙回藏五族名称,成一新中华民族";"民权主义,应实现选举、罢官、创制、复决四权";把民生主义的实施归结为解决土地和资本两大问题。

△　北京政府外交部要求日使先撤延属日军两连及散驻汪清、和龙诸县警察。8 日,驻京日使小幡酉吉访颜惠庆,谓奉东京训令,延、珲日军 3 月底撤尽,但警察不撤。24 日,日本政府正式通知外交部,延、珲日军"撤尽",暂留警察,后仍未撤。

△　北京政府电令黑龙江督军孙烈臣,谓白俄谢米诺夫将攻击新党,必影响我国边境,速于海参崴、双城子等处设防。

△　广东各界一万多人在广州东园开国民大会,要求收回关余,一致通过提取关余决议案,并呈请军政府与国会选举总统。

△　旅京湖北同乡痛心沙市兵变,举孔庚等 10 人为代表赴府、院请愿,要求撤换王占元。次日旅京、津湖北同乡在天津召开紧急会议,议决:一、将王占元在鄂七年吞没军饷之证据宣布全国;二、将屡次兵变人民受祸惨状调查清楚,一面向北京政府控诉,一面通告各地鄂人;三、直电北京政府,请求撤换王占元。14 日,旅沪湖北同乡亦电北京大总

统、国务院,要求撤王占元。

　△　香港中华海员工业联合总会成立,有会员 2000 余人,领导人为苏兆征、林伟民。是为中国最早的现代工会组织之一。

　3月7日　白俄谢米诺夫的代表福列查斯基等人在北京车站就捕。前驻京俄使馆参议格拉卫等运动驻京公使团要求释放。3 月 24 日,北京政府外交部特向使团声明:此次中国政府为执行国家主权,故将认为可疑之俄人暂为拘留,以便监视其行动,一俟适当时机即行释放。

　△　黑龙江省署全权委员钟毓与远东共和国政府全权代表亮宾克夫在满洲里签订《中华民国黑龙江省与远东共和国开通边界条件》,规定边界往来及铁路交通为中华民国黑龙江省与远东共和国毗连关系,不与国际通商问题相涉。同日又签订《会订东赤两路开通车辆条件》,规定次日为货车开行之第一日,以后每星期暂通往返货车各二次,客车各一次。

　△　丹麦新任驻京公使欧恩施向徐世昌呈递国书。

　△　林支宇因各界反对政府包办"省宪"及不堪军人排斥,向湖南省议会辞临时省长,携眷乘轮赴汉。

　3月8日　驻英公使顾维钧奉北京政府外交部指示,邀请苏俄驻英代表克拉辛商谈,面致外交部《答复俄劳农政府宣言稿》副本及备忘录一件,并对加拉罕 2 月 23 日之照会提出口头抗议。同时电陈广平就近同苏俄政府接洽。

　△　徐世昌特派夏寿康督办京东河工事宜;特任刘承恩为湖北省长。夏寿康卸职后,宣言决不复出。

　△　徐世昌派王宠惠为修改国际联盟盟约研究会委员。

　△　前清端王载漪由新疆潜回北京。3 月 27 日,驻京公使团提出抗议,要求北京政府仍将载漪解回原戍。北京政府以载漪来京治病为由复公使团,后于 9 月 12 日方送回新疆。

　△　北京政府外交部以库伦不靖,内外蒙均在军事范围以内,特电

各省停发外人游历该地护照。

　　△　津浦铁路局致电北京政府交通部,谓昨接美医士柯德仁函告桑园及吴桥县境发现疫症。交通部当即发出通告:自 9 日起停售杨柳青至桑梓店各站客票。嗣于 4 月 4 日疫症减杀,自沧州以北德州以南先恢复售票。至 5 月 9 日方全部恢复售票照常通车。

　　3 月 9 日　北京政府循张作霖之请,将珲春交涉案移至奉天办理。是日,颜惠庆面商小幡酉吉,小幡表示同意。15 日,外交部致电张作霖,谓珲春案日使前次态度视此案极重,近则又以此为"地方问题","由贵使与赤冢领事便可全权解决",政府对于此案,只求"事实便利,不失主权",在奉在京并无成见。22 日珲春案卷全部移奉。

　　3 月 10 日　北京政府交通部将北京铁路管理学校、北京邮电学校、上海工业专门学校、唐山工业专门学校合并成立交通大学。校部及经济部各科设北京,理工各科分设上海、唐山,另设附属中学及特别班。严修、唐文治、张謇、梁士诒、叶恭绰、徐世章等 17 人为董事。3 月 24日,徐世昌派叶恭绰为校长。9 月 1 日正式开学。

　　△　徐世昌公布《证券交易所课税条例》,凡四条。

　　△　北京政府与法国政府在上海合办之通惠工商学院正式开学,该校以培养工商及铁道建筑人才为宗旨。

　　3 月 11 日　大股白俄蒙匪围攻叩林,我军奋起抵抗,经三昼夜激烈战斗,于是日失守,援库副司令邹芬退乌得。白俄蒙匪继续侵犯,于13 日攻陷乌得。

　　△　顾维钧致电北京政府外交部,谓英政府已同意我国在印度设立领事,现正选择地点筹建领馆。

　　3 月 12 日　徐世昌特任孙烈臣调署吉林督军暂行兼署省长,准鲍贵卿辞职;又特任吴俊陞署黑龙江督军兼署省长。旋于 20 日特任鲍贵卿为霆威将军。

　　△　孙中山在广州与日人宫崎滔天、萱野长知谈话,指出三民主义没有更改的必要,并期待此一主义得以贯彻实行。

　　△　顾维钧致函北京政府外交部称：近日英国《每日捷报》等迭次载称"中国面粉不合卫生"，因访英外部商请由英政府自行解释。旋由英上议院议员克洛福男爵在院中演说，谓中国面粉"由政府之卫生部等选派专门人员详加查验，群谓并无不合卫生之质，深望一般人民不为该报所惑"。按：欧战以还欧洲食品缺乏，中国面粉价廉物美得以畅销。欧战后，英国面粉生产恢复，报纸乃捏造此项谣言来破坏中国面粉输入英国。从此，中国面粉在英国销路大减。

　　△　广东省财政厅公布本年度预算收入计3158万元，较去年决算增加143万元，其中尚少收赌捐1140万元。

　　△　美国总统哈定吁请美国人竭力救济中国饥荒。

　　3月13日　徐世昌公布《修正有奖实业债券条例》，凡14条。该《条例》称，政府为筹办兴办银行、兴办煤铁各矿、兴办纱丝茶糖等厂及其他重要生利事业，"特由农商部发行债券募集有奖实业债金，以二千万元为定额，名曰'农商部有奖实业债券'"。

　　△　北京政府外交、内务两部会订《俄侨注册办法》，凡五条，公布实行。

　　△　上海联合急募赈款大会是日开始，至19日结束。19日，上海各校学生约5000人，分200余队在城厢内外及各马路分途劝募，总共募得大洋7846元，小洋8.1622万角，铜元20.305万枚。此外，尚有童子军及约翰、复旦、同济各学校所收捐款未计算在内。

　　△　蒙古人民革命党在托洛依茨郭萨甫斯克召开会议，决定成立临时蒙古革命政府，以苏赫一巴托尔、乔巴山等七人组成。

　　3月14日　北京大学、高等工业专门学校、农业专门学校全体教职员以政府积欠经费至三个半月及对于将来经费亦无确实办法，被迫举行同盟罢工。次日，法政专门学校、医学专门学校、高等师范学校、女子高等师范学校、美术专门学校教职员亦加入同盟罢工。八校教职员强烈要求在铁路收入项下指拨专款，作为学校经费及发放教职员欠薪。

　　△　远东共和国代表优林向北京政府外交部表示，中俄通商后，将

黑龙江江东六十四屯归还中国。

3 月 15 日　徐世昌以陆军第十一师兵变劫掠,下令取消该师建制,并褫夺师长李奎元、团长李式白、营长高文珊等人官勋。

△　北京大学等北京国立专门以上八校教职员在美术专门学校开联席会议,决定成立八校教职员联合会,举马叙伦为主席。

△　徐世昌派靳云鹏至北京孔庙,代行"春丁祀孔"礼。

3 月 16 日　孙中山与军政府总裁唐绍仪、伍廷芳、唐继尧、刘显世联名通电,否认北京非法国会选出的徐世昌总统。

△　全国各界联合会通电支持北京八校罢工,同时北京八校学生开全体紧急会议,支持教职员罢工。19 日,北京学生联合会通电全国,呼吁援助北京八校教职员罢工。22 日,北京学生联合会及旅杭北京学生致电徐世昌、靳云鹏,要求北京政府议决在盐余、关余或铁路邮电收入项下每月拨定 20 万元,充八校教育基金。

△　中国与荷兰领事条约期满,北京政府外交部决定依照旧有条约继续订定。

△　下午 5 时,前黔军总司令王文华在上海一品香旅社门口被袁祖铭收买刺客刺毙,旋黔军总司令卢焘通电拿办袁祖铭。

3 月 17 日　北京八校教职员代表马叙伦、陈世璋、姚憾赴府、院及教育部公呈北京八校教职员停职宣言,并交涉教育经费。

△　全国各界联合会致电北京政府,反对授张作霖以全权办理珲春案,要求日本迅速撤退军警。21 日,东三省旅京学生联合会派赵柿霖、孟传文、孙玉岗为代表会同延吉、珲春五县公民代表张斌、温锡璋等至外交部,责问移奉交涉一事。颜惠庆秘书熊垓代见,"否认"移奉交涉。

△　山东省议会致电北京政府,反对山东问题直接交涉。

△　唐山洋灰公司工人与厂外凿石工人共 2000 余人举行联合罢工,要求增加工资,资方被迫同意工人要求后始复工。

△　北京政府外交部收到苏俄代理外交人民委员加拉罕来电,提

议中俄开始交涉,互派领事。

3月18日　恰克图弃守。思琴部蒙古国民军及改穿蒙古服装的俄军3000余人,由托洛依茨郭萨甫斯克向恰克图进攻,迫令北京政府驻军缴械。恰克图防军及警备队败退,恰城于上午11时失陷。原退驻以不齐的库伦防军即向北增援,在距恰城五里迤南沃滂的小山上,架炮向恰城射击,下午1时将恰城收复。但因仅剩空城,无粮无草,仍自动弃守,退走满洲里。

3月19日　陕督陈树藩率兵自西安向渭河进发,攻打渭河以北的郭坚所部民军。两军经一个多月战斗,陈军大败,退回西安。

△　徐世昌任陈炳焜为广西护军使。

△　粤军总司令陈炯明电广西督军谭浩明,抗议桂军犯边,提出各守边防,不相侵犯。

△　午后4时21分,香港发生剧烈地震。

3月20日　孙中山在广东省教育会演讲《五权宪法》,略谓:"各国宪法只分三权,没有五权。五权宪法是兄弟所创。"为什么要创立五权宪法呢? 那是觉得美国的三权宪法"不完备的地方很多,而且流弊亦不少",故改创五权宪法加以"补救"。又谓:"五权宪法,分立法、司法、行政、弹劾、考试五权,各个独立。"末谓:"甚望省议会诸君议决通过,要求在广州的国会,制定五权宪法,作个治国的根本法。"出席会议听讲的有2000余人。

△　湖南省宪法起草委员会在长沙岳麓书院开会,起草《省宪法草案》、《省长选举法草案》、《省议会组织法草案》、《省议会议员选举法草案》、《县议会议员选举法草案》、《法院编制法草案》计六种,于20日闭会。

△　徐世昌任命鲍贵卿为霆威将军。

3月21日　北京各界联合会在北京大学第二院开会,并上书府、院,痛斥北京政府弃蒙,希望"征调爱国军士会师北伐,以冀复国土而全责任"。

3 月 22 日　徐世昌派夏诒霆为参加秘鲁共和国成立一百周年纪念专使。

△　北京外交团接受北京政府外交部要求,决定将广州军政府总裁伍廷芳存入汇丰银行的 250 万两"关余"交北京政府。

3 月 23 日　北京政府赈务处财政委员会决定以赈灾借款 384 万元交华洋义赈团体,分六大区散放:国际统一救灾会负责京兆、热河及直隶西部等处,赈款计 76 万元;华北华洋义赈会负责直隶东部等处,赈款计 72 万元;山东灾赈公会负责山东等处,赈款计 54 万元;河南灾区救济会负责河南等处,赈款计 88 万元;山西旱赈救济会负责山西等处,赈款计 40 万元;陕西华洋义赈会负责陕西等处,赈款计 54 万元。

△　广州军政府聘徐绍桢、林森为顾问。

△　徐世昌以法权讨论委员会委员长王宠惠充修改国际联合会盟约委员研究会委员,是日派法权讨论委员会副委员长江庸兼代法权讨论委员会委员长。

△　徐世昌派叶恭绰为交通大学校长。

3 月 24 日　孙中山在黄埔检阅海军陆战队,并发表演说,指出:"军队的灵魂是主义。有主义的军队,是人民和国家的保障。"

△　徐世昌下令取消湖北暂编第一师建制,恢复陆军第二十一混成旅建制,任命王都庆为旅长。又任命孙传芳为陆军第十八师师长,令准原任王懋赏辞职。后于 31 日又任命王懋赏为将军府将军。

△　北京国务院通电各省催办选举,限于 4 月完成。浙江省复电主张暂行缓办,于是未选各省亦相率缓办。

△　远东共和国宪法会议致书中国政府及人民,盼恢复正当商业,订结条约,承认远东共和国。4 月 2 日,优林将该书亲自递交北京政府外交部。

3 月 25 日　恩琴俄蒙军攻陷乌里雅苏台及科布多,许多蒙古王公及蒙族人民退避新疆。

△　李云书、洪益三等在上海创办之民新银行正式开幕。资本总

额 150 万元,先收 37.5 万元,经营信托及商业银行业务。1922 年 6 月因受交易所风潮影响停业。

　　△　天津各校教职员因欠薪全体辞职。

　　3 月 26 日　广东省议会通过《市自治条例》。

　　△　徐世昌派张志潭至北京关岳庙,代行"春戊祀典"礼。

　　△　北京政府交通部津浦铁路局与日商三井会社签订美金 102 万元借款合同,用以订购 300 辆高边敞车及货车。

　　△　远东共和国政府派出军队 4500 名侵入我国蒙古恰克图,进攻白俄军队。

　　3 月 27 日　张作霖通电京、津、沪各警厅,否认帝制运动,命向各报馆更正复辟谣传。嗣于 4 月 3 日徐世昌通令各省严查复辟谣言。

　　3 月 28 日　北京政府外交部及航空署就日本飞航学校飞行演习途经我国领空,拟定《临时限制办法》九条,经国务会议通过。

　　3 月 29 日　孙中山就选举总统事发表谈话,谓:"此次费无数力,始得回粤。如不举总统,西南无发展之望。我今次回粤,具破釜沉舟与粤共存亡之意。"

　　△　孙中山电催蒋介石来粤筹划西征。

　　△　北京政府教育总长范源濂在国务会议上提出筹付北京八校教育经费问题,议决由交通部、盐务署自 3 月份起每月分筹 25 万元交付教育部;其从前积欠之 60 万元,分作数期陆续付还。同时由教育部劝令罢课各校职员克日恢复原状。次日,范召集八校教职员代表宣布阁议内容。下午,八校教职员召开联席会议讨论阁议。教职员以阁议尚未言及教育基金,表示不满。

　　△　徐世昌批准交通部为京绥铁路展筑绥远至包头镇路线发行短期公债 500 万元,以充工费。

　　△　徐世昌公布《官吏犯脏治罪条例》,凡七条。

　　3 月 30 日　广州 1000 余名妇女集会要求男女平权,提出"男女平等"、"还我选举权"等口号。会后列队游行赴省议会、省署、军政府请愿。此前亦有湖南女界联合会代表陈俶等致函省宪起草委员会,要求规定女子应有公权,男女教育平等,禁止买卖人口。

△ 北京政府财政部与中法实业银行签订法金 2500 万法郎借款合同,作为拨付实业借款第 14 期利息之用。

△ 北京政府交通部京汉铁路局与美商巴尔德威机车厂签订美金 165 万借款合同,作为订购 30 辆机车费用。

3 月 31 日 徐世昌任命李垣暂行代理库乌科唐镇抚使,下令褫夺陈毅官职、勋位、勋章;又特任孙烈臣兼东省铁路护路军总司令。

△ 顾维钧在伦敦会晤苏俄驻英代表克拉辛,转达北京政府外交部意旨,以交通梗阻保护难周为词,盼苏俄暂缓派代表来北京。

△ 鄂西靖国联军总司令蓝天蔚为孙传芳部所败,退入四川,被川军但懋辛捕获,押至重庆,是日自戕。

△ 徐世昌批准教育部编订的国乐、国歌正谱及燕乐、军乐各谱。

是 月 湖南第一纱厂竣工试车,有纱锭四万枚,每天可出纱 140 余包。是月华实公司正式接收。

△ 孙中山在广州会见苏俄代表阿列格谢夫,交谈相互合作关系以及发动革命运动等问题。

△ 青岛埠岸及大小港等处火车、轮船 1000 余名装卸工举行罢工,水陆交通停顿。日本驻青岛当局调军警弹压,捕去工人代表十数人。

△ 长沙基督徒青年会借办理平民教育为名,在长沙开办平民学校,并在各小学及祠庙附设平民学校 200 余所,以美人兰安石为平民学校总校长,并邀晏阳初来长沙讲平民教育,实际上以宗教教育为主要课程。1923 年为长沙民众封闭。

△ 王克敏等在天津创办裕大纱厂,资本额定 300 万元,先收 150 万元,全部纱锭有三万枚,是月先行部分开车。直至 1923 年始全部开齐。

△ 姚锡丹、杜少如等在崇明创办大通纺织公司,资本 64 万元,纱

锭 1.08 万枚。

△ 史量才、徐采丞等在上海创办民生纱厂,资本 50 万两,纱锭 8500 枚,用废花纺制粗纱。

△ 许松春在上海创办永予纱厂,资本 40 万两,纱锭 1.2 万枚。

△ 张东甫、洪筱之等集资 40 万元创办东兴盐垦股份有限公司,设本公司于江苏东台,分公司于上海、扬州。

△ 杨树康等创办典业银行,资本 25 万,总行设江苏松江。1926 年在上海设分行。

△ 王泽宽等集资 20 万元,在直隶保定创办乾义机器面粉两合公司。

△ 周钟岳、刘瞻汉等集资 20 万元,在江苏武进创办恒丰机制面粉股份有限公司。

4 月

4 月 1 日 徐世昌下发说帖一件,称:"劳农党在广东之举动各节,似应与俄新党代表接洽,侦察虚实,设法阻禁,以弭乱源。"是日,此项说帖,由署内务总长张志潭密咨外交部查照办理。

△ 北京政府交通部邮政总局为纪念中国创办邮政二十五周年,在全国各地邮局发行纪念邮票。按:我国邮政自 1896 年 3 月 20 日经清政府总理各国事务衙门奏准开办后,至是年底全国各省区大小邮局、所总计 1.1032 万处,邮路 73.83 万里,邮务人员 3.1958 万名。是年发行邮票约计票面价值 8800 万元。

△ 北京政府因财政艰窘,于国务院设置减政委员会,由各部次长等 25 人组成,以郭则沄为会长。该委员会依据国务总理靳云鹏关于中央军费每月不得超过 300 万元、政费每月不得超过 200 万元的规定,拟定减政办法六条。

△ 北京政府蒙藏院在北京雍和宫举行法物展览会,为期五日。

复于 6 日延会一日。嗣因中外人士要求参观者仍络绎不绝,于 13 日起又续行展延十日,至 22 日始闭会。

　　△　赴欧全权专使顾维钧电告外交部,国际联合理事会通过鸦片禁绝案,并指定英法中荷四国为执行委员。

　　△　日军在青岛台西镇设立无线电台,山东交涉员因屡经抗议无效,电请北京政府外交部向驻京日使交涉。

　　4 月 2 日　广州国会非常会议议决取消军政府,改总裁制为总统制。

　　△　广州军政府特任顾品珍为云南总司令,卢焘为贵州总司令。

　　△　贵州总司令卢焘、省长任可澄通电响应联省自治运动,并组织省宪法会议,表示与湖南取一致行动。

　　△　赴欧全权专使顾维钧致电北京政府缩减军备。谓国际联盟开会,欧美各国均以缩减军备为第一要义,中国亦当趁此时机与各国取同一态度,将现有军备就各省地域大小,实行缩减。

　　△　北京各界联合会开联席会议,商议库伦问题,一致谴责北京政府有意弃蒙。议决三项办法:一、警告曹锟、张作霖促其速行援救;二、派艾达天代表本会忠告蒙古各王公勿受奸人愚弄,玩误自身;三、派代表往谒徐世昌、靳云鹏,质问对库伦究竟有无办法,促其限期速派援蒙军队收复失地。

　　△　北京政府航空署在北京南苑机场举行航空游览,是日正式开始售票载客,先每周三次,后改为两次,至 5 月始停止。

　　4 月 3 日　全川自治联合会在重庆开成立大会,全省百余县派代表参加,通过吴玉章起草的《全川自治联合会宣言》和十二条纲领。

　　△　徐世昌下令严禁复辟谣言,略谓:"近日竟有复辟谣言,腾载报章,传播京外,殊堪诧异。"声称:"遇有此等造谣生事之人,立即缉拿究办,尽法惩治,勿稍宽纵。"

　　4 月 4 日　广州国会非常会议开会,议员周震鳞等提出立即选举总统,组织正式政府。会议议决设立建国政府,并通过克日北伐案。

△　孙中山、唐继尧宴国会议员,孙中山发表演说,指出:"外交团将'关余'交北京政府,不啻对西南宣告死刑,我人不皆成土匪? 救济方法,惟有快选总统。"大多数议员表示赞同。

△　中东铁路督办宋小濂致电北京政府,略谓,二月三日,库伦失守后,难民二万余人拟由俄境赴哈尔滨。该难民在俄行将绝粮,请即给予援助。

4月5日　援库副司令邹芬急电北京政府,谓援军杳无音信,此间人困马疲,饷弹两缺,白俄蒙匪乘机进攻,若再延迟,内蒙亦恐危险。

△　孙中山电蒋介石、张静江、胡汉民、戴季陶、廖仲恺,告以国会昨日决议"设立建国政府,并通过克日北伐案",希速来广州商筹大计。

4月6日　南洋华侨陈嘉庚创办厦门大学。开办基金 800 万元,陈担负一半,余由南洋华侨捐助,聘邓芝园为校长,招收学生 300 名。校址选定厦门演武亭,校舍未落成前,先在集美学校开学。是日上午在集美学校举行开校式,3000 余人与会。下午请杜威讲演《入学之旨趣》,杜威夫人讲演《女子教育之必要》。

△　湖南省议会开临时会议,举赵恒惕为临时省长。

△　广州市政厅公布《广州市施行义务教育暂行规程》及《第一期义务教育计划书》。

△　北京政府交通部电令各电报局,凡有非法团体拍发含有鼓动情词之电报者一律查禁。

△　我国有线电报加入万国电报公会。

4月7日　广州国会召开非常会议,通过周震鳞等人提出的《中华民国政府组织大纲》。丁象谦当即依据组织大纲第二条,动议选举非常大总统,多数议员附议。大会随即采记名投票法进行选举,出席议员220 名,孙中山以 218 票当选为中华民国非常大总统。选毕,粤省各军均向孙中山祝贺,市民结队游行,燃放爆竹,以示庆祝。

△　北京政府教育部训令北京八校,谓教育经费交通部已允特别协助,旧欠亦分批发还,望各校即日复课。

△　全国急募赈款大会报告,全国各地已募捐 241.9234 万元,全部交给国际统一救灾总会赴各灾区散发。

△　北京八校教职员以交涉经费无望,欠薪发放无期,通电宣布全体辞职,并告全国说明辞职理由。北京政府教育总长范源濂、次长王章祜因无法维持,亦先后引咎辞职。

△　赵恒惕以所谓"湖南各界"名义致电广东,反对选举总统。次日,赵恒惕又致电广州参众两院,声明不承认"非法选出"的总统。赵旋即以湘军全体军官名义通电反对。19 日,赵恒惕又拍十万火急电致孙中山及国会,谓国会不足法定人数,选举总统违法。

△　日本内阁会议决定撤退延吉、珲春日军。是日,日公使小幡西吉照会北京政府外交部,宣布延吉、珲春领事馆及分馆所在地之日军亦一律撤退。

4 月 9 日　外蒙活佛特使牛福厚持活佛意见书抵京,要求北京政府以恰克图条约为根据,订立条约承认蒙古属于中国,给汉族商人以贸易上之便利。但不许北京政府在蒙古地方驻军。

△　北京政府教育部公布《教会中等学校请求立案办法》。

4 月 10 日　广州国会非常会议发表宣言,指出成立正式政府的必要,说明选举孙中山为大总统的原委,并敦请孙中山就职,建立正式政府。

△　天津各界联合会致电北京国务院,支持北京八校教职员总辞职,要求政府速筹教育基金,解决教育风潮。此后,江苏教育会、北京各界联合会、山东学生联合会、安徽学生联合会等亦致电政府,要求立即照发北京八校教育基金。

4 月 11 日　海外华侨得悉孙中山当选总统,纷纷拍电祝贺,迄是日止,收到纽约、加拿大、澳洲、菲律宾等华侨团体 200 余封电报。

△　下午 7 时,驻京领袖公使、西班牙公使白斯德在京病故。驻京葡萄牙公使符礼德被推为代理领袖公使。

4 月 12 日　北京八校全体学生 2000 余人赴国务院、总统府请愿,手执"读书运动"白旗,要求北京政府在最短期间内发放教育经费。同时北京各中等学校教职员以召开联席会议、赴院请愿、联呈政府等方式,声援八校教职员罢工。

　　△　甘肃平凉、固原(今宁夏回族自治区固原县)、隆德(今宁夏回族自治区隆德县)各属又有大地震,每小时一二次,至13日尚未停止。会宁亦震。六盘山崩裂30余处,附近一带田庐、人民、牲畜损失无数,较前数月地震灾情尤重。

　　△　北京政府外交部派唐在复参加在荷兰召开的万国禁烟会。

　　△　广东省政府颁布男女同校令。

　　4月13日　孙中山假广东省财政厅开茶话会招待国会议员,并发表演说,二百数十名议员与会。孙中山指出:"国民望真共和,已如饥渴,吾人应竭力以应其要求";"总统已经选出,正式政府即日成立",希望大家"少做官,多做事"。

　　△　滇军总司令顾品珍等电贺孙中山当选总统。

　　△　北京政府交通部通告,距沟帮子25华里之罗家屯及高家屯两村发现疫症,已死亡20余人,决定将附近之双羊店等十站及营口支路沟帮子等五站暂停售票搭客。后于5月13日疫情停止蔓延,恢复售票。

　　△　北京八校向北京国务院提出两项要求:一、八校每月经费20万元,须由交通部收入项下拨付;二、从前积欠限三次发清。

　　4月14日　陈炯明暨粤军全体电贺孙中山当选大总统,略谓:"我公手建民国,肇造共和,全国人民,夙深景仰。今复当选,快惬人心。谨为我国前途贺。"

　　△　北京政府国务会议议决,八校教育经费按照颁定预算发给,先发3月份一个月,自4月份起暂由财政部就交通部协济款内按期拨付,其积欠经费先发一个月,其余分六期拨付,并饬教育部传示各校促令上课。

　　4月15日　孙中山电复国会议员,表示:"所有设施,当依人民之授权及国会之付托,以为准绳,务期振法治精神,成强国政府。"

　　△　北京八校校长向北京政府教育部具呈辞职,同时八校教职员派代表赴部,索取欠薪。

　　4 月 16 日　张作霖偕陆军第二十七师师长张作相、二十八师师长汲金纯抵天津。下午曹锟亦到天津。18 日,北京国务总理靳云鹏乘专车抵津,晤曹、张谈内阁改组问题,曹、张即通电各省表示维持靳内阁,靳即回北京。

　　△　原河南第一师师长成慎潜赴彰德(今安阳),伙同该地河南第一旅一团长孙会友率部举行兵变,反对豫督赵倜。赵急调军队进攻,吴佩孚亦派兵助攻。20 日成、孙兵败出走。后于 5 月 3 日徐世昌下令褫夺成慎将军府将军官职及勋章。按:彰德兵变首领成、孙同吴佩孚暗中早有勾结,此次发动意在夺取赵倜地盘。嗣因形势不利,吴又改变手段派兵援赵。

　　△　北京政府外交部就远东共和国宪法会议宣言以非正式公文复优林,表示充分谅解之意,俟远东共和国政府有正式请求,通商谈判即可正式开始。

　　△　苏俄驻英代表克拉辛致函顾维钧,再次要求与我国通商,重申派遣代表来华,愿予陈广平一切外交官特权。次日,顾维钧电告北京政府外交部。20 日,顾维钧复函克拉辛,说明中国政府立场,允苏俄政府直接派员来京。

　　△　北京政府交通部与英国政府签订《国际邮汇改进办法》,规定自是日起山东济南、威海卫、潍县、烟台四处与英国伦敦及爱尔兰直接通邮。

　　4 月 17 日　徐世昌就各省筹备裁兵 30 万以上事,是日电令各省长官就地筹借巨款设立大小工厂,安置复原回籍之士兵入厂做工。此电实则一纸空文,各省既未裁兵,又未办工厂。

　　4 月 18 日　孙中山对广州工人发表演说,指出民生主义应恢复工人人格及增进工界幸福。

△　孙中山电召蒋介石,望速来粤助理军事。

△　北京政府交通部京绥铁路局局长陈世华与日本东亚兴业会社代表桔三郎签订《京绥铁路绥包公债借款契约》,借日金 300 万元,作为建设绥远至包头干线工务费之用。

4 月 19 日　孙中山电复陈炯明,表示当选总统,责不容辞。

△　东省铁路四站原沙俄官兵 8000 余人宣布独立,归附谢米诺夫。吉林督军孙烈臣饬令延边驻军一体严防。

△　北京各中等学校为声援八校教职员,举行罢课。

4 月 20 日　广州国会开非常会议,通过国会宣言,谓:"民国之事,惟热心民国者方足与议,非遗孽废僚所能为役。今根据大纲选举总统,倘有犯顺效逆,当与众弃之。"

△　北京政府外交部正式接待远东共和国代表优林。此后,凡交涉重大问题皆由颜惠庆与优林直接商洽。同时,苏俄政府声明与各国均采取直接交涉,优林无权代表苏俄政府。

△　新疆督军杨增新电告北京政府,谓盘据古城之白俄阿年阔夫在三十里墩地方,埋藏子弹 12 包,机关枪快枪 13 包及刺刀、马刀、炸弹等物,经我驻军搜出,已将阿年阔夫逮捕解省监视。

△　北京政府交通部京绥铁路局与美商芝加哥泰康洋行签订美金 232.5 万元借款合同,以京绥路局营业进项作担保,以支付订购 600 辆货车价款。

4 月 21 日　陈炯明依据《县自治暂行条例》、《县长选举暂行条例》及《县议会议员选举暂行条例》,是日委定全省 94 县之县自治选举监督,令各县选举事宜按照条例程序妥速办理。各县随即先后举办选举,并将选出的县长报请委任。

△　北京政府国务会议采纳八校教职员要求,议定处理清还教育积欠经费办法三项:一、京师教育经费于一星期内先发 3 月份一个月。自 4 月份起由财政部就交通部协济政费项下每月按期拨付 22 万元,作为北京八校、北京师范及公立各中小学校经费;二、教育部向财政部额

领之款以向来额领之数为准,由财政部筹定拨付;三、上年 12 月起至本年 2 月止,八校及中等各校积欠经费 40 余万元,先发一个月,其余分为三期,于 4、5、6 三个月各付一期。教育部即召集各校长会议,宣布阁议原委及三项办法,次日八校教职员开会讨论,多表赞成。

　　△　赵恒惕公布《湖南省宪法》草案。

　　△　徐世昌批准外交部恢复元年官制。

　　△　徐世昌批准内务部厘订《废止限制药用鸦片、吗啡等品营业章程》,规定凡含有鸦片、吗啡及其他类毒品之丸散等药,一体禁运禁贩。

　　△　北京政府财政部会同内务、农商、交通各部及税务处就防止粮食由东三省出洋事,议决办法五条。

　　△　北京政府交通部发行定期支付券 500 万元,委托北京中、交两银行发行,月息 1.2 分,期限 16 个月,以京汉、京绥两路余利担保,交财政部作为军政费用。按:交通部事先曾据财政部函称,该部历年积亏极巨,预计本年 3 月至 12 月底收支相抵,至少约不敷 1700 万元之谱,要求交通部予以援助俾度难关。

4 月 22 日　　北京外交团以广州非常国会选举总统影响外国商务为由,特电粤领事声明否认。

　　△　北京政府交通部与中英公司签订借款英金 50 万镑、天津通用银 200 万元借款合同,用于京奉铁路由唐山至山海关添设双轨。

　　△　湖南省宪法审查委员会开谈话会,制定审查规则,自后继续开审查会,直至 8 月下旬始将草案修正完毕。

　　△　徐世昌批准开山东济宁为商埠。

4 月 23 日　　粤军第一、第二两师排长以上军官在广州东园开恳亲会。孙中山出席并发表演说,指出:“军人宜以卫国卫民为天职,要发挥爱国思想,不可以兵为做官发财的业务。”

　　△　朱启钤代表徐世昌在巴黎接受巴黎大学赠与名誉博士学位。

　　△　北京政府交通部与美国西方电器公司及日本电气会社签订《中国电气公司资金十万美元借款合同》,以中国电器公司股票 1250

张,计美金 12.5 万元为担保,作为 1917 年 10 月 20 日交通部与美国西方电器公司及日本电气会社合办中国电器公司之中方股金。

4 月 24 日　孙中山在广东省财政厅欢宴海、陆军军官及警官并发表演说,指出:"军人有成无败的事业,惟有革命";"军人能顺应潮流以革命,则得人民之助,必成功矣。"

△　湖南全省灾荒。湖南连年用兵,去年又遭灾歉收,加之谭延闿、赵恒惕将谷米 150 万担外运以裕军费,致今春全省各地即呈荒象。全湘 72 县,无县不荒,无县不穷。贫民采葛挖菜,其惨状较之北五省旱灾有过之无不及。是日醴陵北田区饥民蜂起,聚集二万余人,老弱蜂拥轨道,哀求附车运往他处觅食。此后,新化、安化等地灾民亦不断逃往各地。5 月间,安化饥民领照逃食外地者二三万人。老弱妇幼未能出境者,即靠苦菜、蕨根、蒿子、竹笋充饥,饿毙者时有所闻。据华洋义赈会统计,全省饥民近 200 万人。

4 月 25 日　孙中山发表英文本《实业计划》序,希望"国际共同发展中国实业"。强调指出:"发展之权,操之在我则存,操之在人则亡。此后中国存亡之关键,则在此事业发展之一事也。"

△　北京国务总理靳云鹏邀请曹锟、张作霖、王占元等在天津举行会议(通称天津会议),商议内阁局部改组、武力"讨伐"南方及奉直两系军阀势力范围等问题,至 5 月 4 日结束。

△　陆荣廷积极布置图粤,陈炳焜率桂军集中梧州。是日,陆荣廷声言分五路攻粤,先入粤者即任粤督。

△　哈尔滨道胜银行在哈尔滨发行钞票至 20 余万元之多,花旗银行亦擅出纸币,严重影响财政金融。是日,东省铁路督办宋小濂电告北京政府交通部,一律严禁外国银行在哈尔滨发行钞票。

4 月 26 日　优林赴北京政府外交部访俄事委员会会长刘境人,磋商商约谈判手续。

4 月 27 日　曹锟、张作霖、王占元、陆荣廷、卢永祥、吴佩孚等 33 人联名通电,反对广州非常国会另拟政府组织大纲,选举孙中山为总统。旋卢永祥致电曹锟、王占元,对曹等代签此电表示不满。

　　△　北京政府交通部向日本东亚兴业公司借款 300 万元,修建京绥铁路绥远至包头之延长路段。

　　4 月 28 日　孙中山在广州与苏俄报界记者代表谈当选总统后的国内情况,指出:"中国人民对连续不断的纷争和内战早已厌倦,并深恶痛绝。他们坚决要求停止这种纷争,使中国成为一个统一、完整的国家。"

　　△　天津会议讨论财政问题,直隶省长曹锐同靳云鹏发生冲突,靳声言辞职。次日,经王占元斡旋,由曹锟、张作霖、王占元通电拥护靳内阁,始了事。

　　△　吉林省长孙烈臣就日本强行设警情形致电北京政府外交部,谓顷据延吉陶道尹有电称,阻设日警案已三次照会,日领迄置不答。"近据侦报,日本又在大都沟埠内及局子街埠外、县署前街添设日警派出所之举",请部向日驻京公使提出严重抗议。嗣于 5 月 27 日及 30 日又两次致电内务部,再次请咨外交部向日驻京公使严重交涉。

　　△　北京政府外交部呈准北京政府驻古巴公使由兼任改为专任。

　　4 月 29 日　湖北官钱局将 200 万张纸张恶劣印刷不明,已报请作废的新式小票擅自动用,以致商民发生纠葛,是日省议会通过查办官钱局案。

　　△　北京政府财政部与中法实业银行签订 20.2772 万元借款合同,作为偿还前值卫粮饷总局马翰文欠发第十五、第十六两师欠饷之用。

　　4 月 30 日　北京国务会议接受北京八校教职员关于教育经费议定办法之修正意见,决定照议定办法即日发给两个月经费,同时饬教育部慰留各校长照常任事。同日,教职员联席会议认为满意,决定复职。

　　△　北京政府外交部依据万国邮政大会《关于客邮撤废的决议》,致函英、美、法、意、日五国驻京公使,请其遵照决议将在华邮局一律撤销;同时分电我国驻英、美、法、意、日五国公使,饬向驻在国催促,终无结果。

　△　北京政府交通部批准哈尔滨邮局与远东共和国邮政在满洲里及绥芬河两处互换邮件。

　△　优林偕阿格辽夫至北京政府外交部晤刘镜人、朱鹤翔，递送《中俄通商协定草案》。

　△　北京政府交通部津浦铁路局与上海怡和洋行签订 10.7785 万英镑借款合同，作为浦口站电机及电料价款之用。

　是月　中国联合军由恰克图南下反攻库伦，白俄蒙匪节节败退，联合军于是月 21 日前后逼近库伦。白俄蒙匪向中国军诈降，将联合军迎入库伦后，乘联合军不备发动突然袭击。联合军总司令张庆川及官兵多名被俘，收复库伦计划遂告失败。

　△　北京政府外交部电召驻英公使顾维钧、驻美公使施肇基、驻荷公使唐在礼、驻意公使王广圻、驻瑞士公使汪荣宝、驻巴西公使夏贻霆，于暑期回国述职。

　△　北京政府侨工局发表调查报告称：我国人民在欧战中，因战争死亡者已有 1800 余人，其生命、财产、工资、遗族等损失合计已达 3000 万元之谱，实为我国战时损失最大最要之项。

　△　京奉铁路锦（州）朝（阳）支线动工。自锦州经义县、金岭寺至朝阳，长 134.4 公里。其中锦州经金岭寺至北票煤矿支线，长 112.6 公里，于 1927 年通车。

　△　李厚基在福建省 14 个县派军队勒令农民栽种罂粟，征收烟苗税，每亩自三元至 18 元不等，总共收税 67 万元。另姜桂题在热河各县勒令农民种烟苗，每亩收费六七元，作为毅军军费。

　△　大日本纺织株式会社在上海创办大康纱厂，纱锭 5.808 万枚，线锭 7600 枚，是月完工开车。又在青岛创办大康纱厂，有纱锭 4.3548 万枚，线锭 6900 枚，布机 1204 台，于 10 月完工开车。

　△　叶恭绰在热河朝阳（今辽宁朝阳）创办北票煤矿公司，资本总额 500 万元，内京奉铁路局官股 200 万元，商股 300 万元。叶自任董事长，丁文江任总经理。

　　△　廖仲和、叶崇禄等集资 120 万元在厦门创办厦门商业银行。

　　△　李云书、简照南等集资 10 万元创办南洋贸易股份有限公司，轮运本国土产出口及欧美货物进口，设总公司于上海，分公司于美国纽约。

　　△　南满铁道株式会社敷设长崎、大连间海底电信线。

　　3 月—4 月　陈独秀与谭平山、谭植棠、陈公博等酝酿建立广东共产党。陈独秀说："北京、上海各地已有共产主义集团的组织，名称就叫'共产党'。我的意见，广东也应该建立一个共产党的组织。"广东共产党就此成立，初由陈独秀任书记，后由谭平山继任，谭植棠任宣传委员，陈公博任组织委员；确定以《广东群报》为机关报。

5　月

　　5 月 1 日　长辛店 1000 余铁路工人举行纪念五一劳动节大会，天津、保定等地工人亦派代表参加。大会通过成立工人俱乐部等决议。会后游行示威，工人高呼"劳动万岁！""五一节万岁！""八小时工作！"等口号。5 日，长辛店工人俱乐部（即工会）正式成立。

　　△　上海十几个劳工团体在法租界发起筹备五一纪念大会，筹备活动为法捕房察觉。淞沪护军使通令各军警戒严，是日派警察和士兵荷枪实弹在各大马路梭巡，并在公共体育场架设机关枪，如临大敌。筹备处临时决定分杨树浦、车袋角两处集会。届时杨树浦会场有万余工人，车袋角会场有数千工人。工人高呼"劳动万岁！"口号，提出八小时工作、八小时教育、八小时休息的要求。表示不达目的决不罢休。

　　△　广州各工团 3000 余工人举行庆祝五一游行，工人抬着"劳动神圣"大标语，提出"不劳动者不得衣食住"、"八小时工作"等口号，沿途散发传单。

　　△　京绥铁路丰台至绥远城（今呼和浩特），干线长 1213 里，支线长 122 里，全路竣工，通行工程列车，发售客货票。按：该路为我国自办

之铁路,自前清光绪三十一年(1905年)兴工修筑,始由詹天佑总司其事,继由邝孙谋、陈西林二人负责修筑,历时10余年始修成。

　　△　北京政府财政部发行整理六厘公债5439.2228万元,以关税剩余为担保,用于整理、掉换民国元年发行之六厘公债。6月间复追加发行六厘公债2560万元。

　　△　全国银行公会联合会在天津召开第二次会议,决议建议北京政府废两改元,改铸旧币,停止滥铸铜元。北京政府未予采纳。

　　△　上海商务印书馆为提倡国语教育,训练内地国语教员,特举办国语讲习所。是日举行开学式,参加学员70余人。

　　5月2日　桂林民军廖大鸣等数千人起事,占乐平。陈炳焜调梧州驻军前往镇压。

　　△　北京政府内务部训令京兆尹孙振家、京师警察厅总监殷鸿寿,谓直、鲁、豫、晋、陕等省区"灾民幼女多有被人掠买转入娼寮情事",应由地方、铁路各警察从严查究。

　　5月3日　北京八校教职员决定自是日起暂先留职,惟声明尚有善后问题数端,一俟北京政府解决后,即行回复职务。

　　△　陈树藩部再次进攻聚集渭河以北的郭坚所部民军,又战败,其弟陈树滋毙命。

　　5月4日　孙中山与唐绍仪、伍廷芳、唐继尧、刘显世联名通电,宣布:"中华民国大总统已定五月五日就职,正式政府成立,军政府即应于是日取消,所有军政府政务总裁职务,是日应解除。"

　　△　北京政府内务部在北京故宫中和殿召开地方行政会议,章宗元、边守靖为正、副会长,总统府代表、各部总长及直隶、奉天、吉林、黑龙江、湖北、江苏等14省代表与会。会议审订《县自治法施行细则》、《县议会议员选举规则》、《市自治法案》、《乡自治法案》等。25日,江苏省议会致电北京政府,否认地方行政会议,撤回代表,后安徽、陕西两省亦相继撤回代表。会议于6月8日匆遽闭会。

　　△　北京政府内务部咨各省区规定发给护照办法,谓"嗣后除本部

派员因公出差或运输本部官有物及其他必要情形由部发给护照,暨其他官署向有发给护照特例仍从其特例外,其余护照在京概由京师警察厅,在外概由各警察厅、局、所核准发给"。

△ 北京政府外交部就《中俄通商协定草案》事复函优林,允议通商;并于 9 日又将《致远东共和国宪法会议书》交优林,再次表示开始接洽商约事宜。

△ 北京学生联合会不顾警察干涉,在高等师范学校开会纪念五四运动二周年。

△ 山东省议会揭露山东财政败坏真相,谓教育经费拖欠四五月,几酿成罢课风潮;河工因欠款坐视堤防溃决;司法监狱欠款几至饿毙囚犯;士兵薪饷月需十余万元,仍经常无着。除向省长田中玉提出质问外,并电请总统、国务院严予申斥。

5 月 5 日 中华民国正式政府在广州成立。孙中山在广州国会宣誓就任非常大总统,发表就职宣言。略谓:"际兹拨乱返治之始,事业万端,所望全国人才,各尽所能,协力合作,共谋国家文化之进步。文誓竭志尽诚以救民国,破除障碍,促成统一,巩固共和基础。凡我同人,幸共鉴之。"旋至北校场检阅军队。广州全市 20 万人执旗游行,晚间举行提灯大会,以示祝贺。

△ 孙中山发表对外宣言,表示:"列强及其人民依条约、契约及成例,正当取得之合法权利,当尊重之。"对国内天然利源的开发"抱开放门户主义,欢迎外国之资本及技术",希望各国承认广州政府"为中华民国惟一之政府"。

△ 孙中山致函美国总统哈定,希望美国承认并支持新政府。略谓:"中国人民咸认美国是民主之母,与自由正义的拥护者,值此中国危急存亡之秋,民主之胜利与否,端视美国对华之政策而定,故而盼望美国重申门户开放之精神,维护中国独立自主的地位,予新政府承认及支持。"此函托马素于 6 月 6 日带往美国,面交美国国务院。美国务院未能转达,亦未作任何反应。

△　孙中山致电徐世昌，指斥徐为"承平时一俗吏"，"名为受人拥戴，实则供人傀儡"，促其"即日引退，以谢国人"。

△　陈炯明通电揭露陆荣廷侵犯广东阴谋，表示决心自卫。27日再次通电，揭发陆荣廷侵粤阴谋。

△　靳云鹏回京，张作霖、曹锟、王占元应徐世昌邀，亦相继入京。

△　香港英当局禁止中国同胞祝贺孙中山就任大总统。5月13日，广州政府外交部向驻粤英领事提出抗议。26日，香港总督向广州政府道歉。

△　全国道路建设会在上海开成立大会，推张謇为名誉主席，王正廷为主席，内设测量、演讲、赛会、会计四股。

5月6日　孙中山设总统府于广州观音山（今越秀山）南麓，组织政府，任命伍廷芳为外交总长，唐绍仪为财政总长，陈炯明为内务总长兼陆军总长，汤廷光为海军总长，徐谦为大理院院长，李烈钧为参谋总长，徐绍桢为总统府参军长，马君武为总统府秘书长。

△　孙中山在总统府召开军事、财政会议，议决：军事方面，将粤军民军混合改编为十个师作为国军；财政方面，发行纪念券200万元，十年公债券100万元，再由侨商及内地资本家筹集国民捐100万元。

△　孙中山为纪念黄花岗七十二烈士殉国十周年，亲往黄花岗致祭，广州各团体、机关、学校亦派代表参加。

△　北京政府就日本擅自派八名军事联络员分驻珲春、六道沟、头道沟三处事，令外交部向驻京日使交涉。

5月7日　孙中山任命陈炯明为广东省长兼粤军总司令，顾品珍为滇军总司令，卢焘为黔军总司令，赵恒惕为湘军总司令。

△　北京政府外交部公布《修正外交部官制草案》，令所属各厅、司职掌暂照修正官制草案办理；同时裁撤编译处，添设条约司，所有编译事宜归并条约司办理。

5月8日　北京政府外交部派王正廷任海牙常设公断法院公断员。

5 月 9 日 经孙中山一再电召,蒋介石于是日自奉化启程赴粤;5 月 24 日又以母病回奉化。

△ 陆荣廷、陈炳焜增兵梧州,准备攻粤。粤军叶举、黄大伟、魏邦平、熊略等部亦向西江增防。

△ 京师市政公所督办张志潭与中法实业银行代表赛利尔签订《北京电车合同》,借款 200 万元作为北京电车股份有限公司官商合办的官股。

5 月 10 日 徐世昌在总统府召集靳云鹏、曹锟、张作霖、王占元开联席会议,决定内阁部分改组,分别发给曹、张、王三人军费,通电各省促办选举,并划定三个势力范围:张作霖管辖东三省、内蒙三特别区,主持征蒙事宜,指挥热、绥、察各军;曹锟管辖直、鲁、豫、陕、甘,陕督更换,以二十师师长阎相文担任;王占元管辖长江及湘、川、滇、黔,并助陆荣廷攻粤,会议于 24 日结束。

△ 驻京日使小幡酉吉致函北京政府外交部,要求中日两国警察会巡中日国境,并拟定办法草案 15 条。

△ 李定庵、钱汝雯等在上海创办上宝农工银行,是日开业。资本额定 30 万元,实收 15.8 万元。1925 年 11 月因巨款被窃,宣告停业。

5 月 11 日 川军将领举刘湘为川军总司令兼省长,逼走熊克武。徐世昌以川乱为名,令刘存厚进攻成都。

△ 陈炯明请辞陆军、内务两部长兼职。

5 月 12 日 赵恒惕受陆荣廷、陈炳焜、谭浩明之托,向陈炯明提出缔结两粤互不侵犯协定,为陈所拒。

△ 北京政府币制局电令南京、安徽、湖北、湖南各造币厂,即日停铸铜元,并查禁轻质铜元。

△ 开滦煤矿工人罢工,反对矿局擅自增募保安队千余名下矿监视。矿局勾结官府,进行武力镇压,罢工持续三天后失败。

5 月 13 日 徐世昌特任杨庆銮署江西省长,令准原省长赵从蕃休假;又令准王士珍辞苏皖赣巡阅使职。

　　△　颜惠庆与优林会谈,商谈《中俄通商协定草案》及东省铁路问题。

　　△　日本内阁就满蒙政策作出决定,认为必须确保并努力扩大日本在满蒙的既得权益。同日,日内阁决定撤退胶济铁路沿线的驻兵。

　　△　中日合办的大东银行在北京设立,资本250万元。

　　5月14日　北京靳云鹏内阁第三次改组。徐世昌特任靳云鹏为国务总理,颜惠庆为外交总长,齐耀珊为内务总长,李士伟为财政总长,蔡成勋为陆军总长,李鼎新为海军总长,董康为司法总长,范源濂为教育总长,王迺斌为农商总长,张志潭为交通总长。署国务总理兼陆军总长靳云鹏、署外交总长颜惠庆、署内务总长张志潭、署财政总长周自齐、署海军总长萨镇冰、署司法总长董康、署教育总长范源濂、署农商总长王迺斌、署交通总长叶恭绰均准免署职。

　　△　白俄诺马阔夫部3000余人由斋桑地区越界窜入新疆塔城,旋与原在塔城之白俄巴奇赤旧部合流,队伍扩充至万人,并在塔城地区残酷地烧杀抢掠。塔城地方当局一面劝令白俄解除武装,一面报告杨增新,28日杨电告北京政府请示办法。按:白俄巴奇赤部于1920年窜入新疆,被解除武装后安置于塔城。

　　5月15日　靖川军第四军军长邓锡侯通电宣布自19日起解除军长职务,所属靖川军第一、第十一师暨兼领第六师等部队,交由川军联合办事处处理。

　　△　北京八校校长以北京政府未履行发放教育经费诺言,再度提出辞职。

　　5月16日　广州国民大会通电痛斥曹锟、张作霖、王占元等32人发出的通电,声明"公举中山先生为中华民国大总统,国是大定,统一可期"。

　　△　川边镇守使陈遐龄电北京政府告急,谓藏人近分两路进犯,一由泥马宗趋雅江,一由康定属之甲埂霸直趋康定。

　　△　黑龙江督军吴俊陞电告北京政府,白俄谢米诺夫在满洲里组

织政府,请速定办法,指示进行。

△　日本首相原敬在东京召集殖民事务大会(通称东方会议),与会者有内阁阁员、朝鲜总督斋藤、关东厅长官山县、海参崴派遣军总司令官立法、关东军司令官河合、驻青岛日军司令官由比、驻台湾日军司令官福田、驻京公使小幡、驻奉天总领事赤冢等。会议决定:山东问题坚持中日直接交涉,同张作霖保持亲善以经营满蒙,"满铁"贷款给东省铁路以取得"满铁"车辆进入长春、哈尔滨,并在上述地区扶植日本势力等侵华方针,于 25 日结束。

5 月 17 日　日本内阁就对张作霖的政策作出决定:对于张作霖在东三省充实内政、军备的措施给予援助,但反对张作霖把势力伸进关内及中央政权,当日并将此决定通知东方会议。

5 月 18 日　远东共和国代表优林离北京返赤塔,其职务由阿格辽夫代理。优林旋出任远东共和国外交部长。

5 月 19 日　北京国务会议以北京八校迄未开课为借口,推翻 4 月 30 日议决案,决定将职员薪资暂行停发,由财政、交通两部查照前议储款以待,俟各校开课再行照发,同时饬教育部转知各校督促上课。

△　北京政府设防灾委员会,徐世昌派陆徵祥、恽宝惠为正、副会长。

△　广州中华民国正式政府与日商太平洋公司在上海签订 800 万元军械借款合同,以全粤矿山开采权为担保。北京政府外交部旋即向驻京日使声明此合同无效。

△　唐山、内丘、任县、巨鹿、平乡五县灾情奇重,灾童饿死 1.2377 万人,被贩卖 5057 人,代价 1 元至 10 元,或 40 元至 50 元不等。

5 月 20 日　中德复交。北京政府外交总长颜惠庆与德国政府代表卜尔熙谈判中德协约事,经 50 余次非正式会议完成草案,是日在北京正式签订《中德协约》,决定恢复两国外交及商务关系,并附声明两件:一为德国"凡因与中国订立一八九八年三月六日之条约及其他一切关于山东省之文件而获得之一切权利、产业权、特权抛弃之";一为德国取消在华的协定关税权及领事裁判权,承担《凡尔赛条约》对于中国应尽的义务。

　　△　徐世昌公布《修正管理寺庙条例》,凡五章24条。

　　△　浙江省宪期成会在省教育会开成立会。

　　5月21日　徐世昌令准赤峰交涉员改为热河交涉员,嗣于5月28日以张翼廷充任。

　　5月22日　北京八校教职员发布第二次《全体辞职宣言书》和《敬告国人书》。同时八校学生代表开联席会议,议决派代表赴国务院请愿,挽留八校教职员。嗣于26日北京各中小学生以八校教育经费关系到北京教育界全体,议决全体罢课予以声援。

　　△　南洋华侨代表余佩皋、廖衡致电北京政府外交、教育两部及驻英公使,谓"接新加坡电,学校注册条例六月一日实行,恳速挽救"。同时,中华民国学生联合总会亦发电各地学生会,请求声援,迅速制止6月1日实行注册条例。

　　5月23日　广东省财政厅及广东烟税承包商有成公司与华南银行及台湾银行签订毫银20万元借款合同、毫银40万元借款合同、毫银三万元借款合同。

　　5月24日　川边镇守使陈遐龄以川省内讧未已,川边地方行政亦均独立,呈请北京政府依照四川省众议院名额划分若干名,由川边自行依法选举。

　　△　北京政府交通部为添设京奉铁路唐(山)榆(山海关)段双轨,向中英公司借款50万镑,年息八厘,以京奉路余利担保。

　　5月25日　徐世昌特任阎相文署陕西督军,调陈树藩为祥威将军;周登皞暂行护理绥远都统。

　　△　靳云鹏召集在京蒙古王公会议商讨征蒙问题,议决先由在京蒙古王公派代表回库伦劝令活佛绝俄,服从中央政府,否则大张讨伐。次日,徐世昌在总统府宴请蒙古王公,徐世昌、靳云鹏、张作霖均发表讲话,表示要平定蒙古叛乱。

△　北京政府外交部就日本准备在大连物产交易所改用日币金本位一事,电令奉天交涉员向驻奉天日领交涉。

△　驻京法使馆代办慕古海就中俄关系问题访北京政府外交部,颜惠庆告以中国在莫斯科仅派有办理总领事事务之陈广平一员,至于苏俄政府如派代表来京,须承认先决条件,视为非正式之代表。嗣于 8 月 24 日驻京英使馆参议克来佛亦访外交部,提出同样询问。

5 月 26 日　孙中山在广州与全国各界联合会代表周某谈话,希望共同贯彻革命主张,"以救垂亡之中国"。

△　徐世昌、靳云鹏密电陆荣廷,表示对粤不另发命令,倘发明令势必承认广州政府为交战团体,授陆全权处置。

5 月 27 日　陈树藩致电北京政府,谓奉命免职,自当部署回京,"惟七年军饷政费皆由地方挪借,计欠七百十五万,自应即日垫款,请拨付"。国务院电复,谓"欠饷当归垫,希与曹使、阎新任直接电商,仰即一面交代,一面将饷册送京,以凭核发"。

5 月 28 日　孙中山命陈炯明率部出驻肇庆,以趋梧州。又命许崇智由北江入桂夹击,李烈钧率赣、滇军,谷正伦率黔军齐向桂林,并约湘军同时攻桂。

△　中意合办震义银行在北京开业,资本总额 1000 万元,收足 250 万元,总董张勋,总裁刘文揆。

5 月 29 日　徐世昌令准王章祐辞职,任马邻翼署教育次长;在教育总长范源濂未到任以前由马暂行代理部务。

△　晨,北京八校教职员数十人至教育部静坐,要求发还欠薪,至晚无结果而归。次日又继续往教育部坐索。

5 月 30 日　徐世昌颁布征蒙令,谓"此次库伦事变,实由少数外蒙莠徒勾结旧俄军官,劫持活佛,进扰蒙境,肆掠廛市,残杀商民"。本大总统"决定大计,整肃师旅,迅图戡定,兹特派东三省巡阅使张作霖兼充蒙疆经略使,所有一切剿抚计划,付以全权,便宜行事。……各该特别区都统,应一并归该经略使指挥节制,以一事权。至于后方策应,诸待援济,并应由直鲁豫巡阅使曹锟,两湖巡阅使王占元,随时会商妥筹办理。"

△　远东运动会在上海开幕,中国、日本、菲律宾三国参加。中国运动员 124 人,夺得足球、篮球、队球三个锦标,比赛结果菲律宾名列第一,中国第二,日本第三,于 6 月 4 日闭幕。

△　陈树藩致电北京国务院,谓俟新任到陕,即遵令交卸。同时陕军全体旅、团长张宝麟等致电北京政府,声称拥护陈树藩,请收回阎相文督陕令,"否则全体将士,誓死不承认"。

△　驻京日使小幡酉吉在东京东亚同文会发表演说,谓青岛距日本门司只有 270 英里,为日本赴中国之最捷径,日本欲图中国,宁放弃满蒙及西伯利亚,决不可放弃青岛及山东。并强调说:"予以为此后对华政策以借文化宣传为第一步,效果必巨。"

5 月 31 日　徐世昌通令禁烟,责成各省军民长官确实督察,并遴派大员分赴各省查勘,务使一律肃清。

△　北京各界联合会召集学生联合会、女界联合会、报界联合会、北京教育会等八团体代表 20 余人假政法专门学校开紧急会议,讨论维持国内教育办法,决定举行北京市民维持国内教育大会。

△　北京政府财政次长朱延昱、交通总长张志潭与南满铁道株式会社社长野村龙太郎签订《四洮铁路日金一千二百五十万元短期借款》,以偿还原借款,年利 9.5 厘,期限一年。

是月　粤军参谋长邓铿贯彻禁烟、禁赌法令,派专员到各地督促查禁。是月在广州晏公街缉获约 200 多担烟土,悉数押赴燕塘焚烧。

△　北京政府外交部通电沿海各省,谓巴西近年实业凋敝,华工失业者不下二万余人,望劝阻工人赴巴。

△　据环球中国学生会游学招待部调查,中国学生在美国研究专科者几千人,所学之学科有 60 余种。

△　贵州省上年先遭蝗、旱两灾,继以水灾,禾稼无收。入春以来,冰雹间作,全省 81 县,被灾者已达半数。有 21 县受灾最重。16 县次

之。灾区广袤 3000 余里,饥民多至 300 余万。卖子鬻妻,不供一饱,流离载途,死亡相藉。

6　月

6 月 2 日　安庆中等以上各学校教员及学生,以省议会十年度教育经费屡搁不议,是日下午,各校学生代表方乐周等 10 人,赴省议会请愿被逐。省立一师、一中等校学生闻讯,结队前往抗议。皖南镇守使马联甲和凤阳关监督倪道烺下令毒打学生,当场打伤、刺伤学生 40 余人。姜高琦身受七刀,胸腹颈项洞穿,抢救无效,7 月 1 日身亡。周肇基被殴,遍体鳞伤,亦于次年死亡。适法专校长光升到议会,见此惨状,即怒斥马联甲屠杀学生罪行,也被打。全城舆论大哗。

△　北京八校及中小学生代表梁铎等 18 人,就教育经费事赴国务院请愿,要求履行 4 月 30 日阁议三项办法。因拒不得入,守候一昼夜。

△　北京政府外交部议定解决中德间债票办法两项:一、凡国民与国民间、政府与国民间之债权券票另定办法;二、凡政府与政府间之债权券票,自断交、宣战之日起无效。

6 月 3 日　上午 9 时许,北京高等师范学校附属中学学生 40 余名列队赴天安门,随后高等师范学校及其附属小学学生、女子高等师范学校、京兆第一、第二中学、医学专门学校、美术专门学校、法政专门学校、北京大学等 15 校四五百名学生陆续到天安门集中,向北京政府请愿,无结果。各校学生又转赴教育部请愿,其时北京八校教职员马叙伦等亦在部坐索欠薪,于是邀马叙伦至新华门一同请愿。靳云鹏拒不接待,教员、学生据理诘问,同卫兵发生冲突,卫兵用枪柄、刺刀击伤师生。北大校长蒋梦麟、教授马叙伦、李大钊等十余人亦被殴伤,造成"六三事件"。各界民众闻讯,愤怒异常。次日,北京各报一致谴斥军警横暴。北京各校教职员、学生分发传单,促市民起来维持教育,并通电全国请速为声援。

　　△　安庆各界在教育会集会,学生会代表报告"六二惨案"经过,会议议决派代表质问省长聂宪藩。同时各校学生一律罢课,发表宣言,要求惩办马联甲等人。省城各界为支持学生运动,举行罢工、罢市。嗣于11日安庆学生会、上海安徽六公团、南京安徽同学会等代表在安庆开联席会议,议决惩办凶手马联甲等四项办法。惨案发生后,芜湖、合肥、宣城、凤阳等地学生罢课声援。省政府被迫答应教育经费由原来的70多万元增加到150余万元,将"六二案件"交地方法院审理,后又转到省法院审理,终无结果。

　　△　张作霖派蒙藏院总裁贡桑诺尔布等三人为外蒙绥抚使,副总裁达寿等二人为外蒙宣慰使,赴蒙古劝谕蒙族同胞内向。

　　△　苏俄外交人民委员齐契林接见陈广平,口头承诺北京政府所提先决条件,表示即派非正式代表赴北京。次日,陈广平电告北京政府外交部。

6月4日　浙江督军卢永祥通电北京政府及各省区,主张各省制定省宪。谓:"先以省宪定自治之基础,继以国宪保统一之旧观。改弦更张,斯入正本清源之道。"旋赵恒惕、卢焘、陈炯明、刘湘、顾品珍、陈树藩先后复电响应。19日,徐世昌、靳云鹏分别派遣吴炳湘、鲍贵卿先后赴浙疏通卢永祥,30日,卢永祥通电所属,主张从速制定省宪。

　　△　北京国务院连发两电致各省区,一为说明"六三事件"的经过,一为公布北京教育风潮的始末。电报诬称八校教职员"破坏教育,破坏秩序"。

　　△　晚12时,陆军第十八师第二十一混成旅一团在湖北宜昌哗变,反对王占元克扣军饷。变兵四出抢掠,中国银行分行、大来洋行、安地洋行及大商铺、货栈多被毁,海关亦被掠。房屋焚毁千余家,毙者多至千人,损失1000万元以上。旋经第十八师师长孙传芳、第二十一混成旅旅长王都庆督队弹压,同时英、日、法、美亦派舰开往宜昌镇压,变兵溃散。

　　△　各省区自治联合会及自治同志会分别召开紧急会议,讨论援

助北京八校教职员办法。次日,全国报界联合会议决派员慰问受伤之教员、学生,并呼吁全国声援。此后,山东各校联合会、山东学生联合会、山东省教育会、江苏省教育会、山西省议会、杭州教职员学生联席会、上海复旦大学等校全体教职员等团体及个人纷纷致电北京政府,要求速定办法,明令宣示以安人心而维教育。

6 月 5 日　靳云鹏指使京师地检厅起诉,指控八校教员梁铎、马叙伦等妨害公务及公安,应依法讯办。八校教职员亦向京师地检厅控告靳云鹏破坏教育。

△　北京政府外交部就日本侨民擅自在厦门组织警备队事,向驻厦日领交涉。日领允撤去警备队。

△　北京警察厅禁止民众在天安门召开国民大会,是日在全城张贴禁止开会布告,断绝天安门交通,中央公园暂停售票,并派警察看守各校校门,阻止学生赴会,致国民大会无法召开。

△　北京政府教育部次长马邻翼呈请北京国务院严惩罢课学生,允许校长辞职,提前放暑假,改聘教员。

△　吉林绥芬河及黑龙江满洲里两站之苏俄海关,经我方一再要求撤除,已得远东共和国允许,饬令各该海关照办。惟各海关以扩充、修筑俄境税关为由,呈请展缓至 9 月底迁出。当由吉黑当局允许批准。

△　陆军第八师之一部士兵因索欠饷未遂,在湖北沙市哗变,放火抢劫,地方损失甚大。

6 月 6 日　川军混成旅旅长以上将领在重庆开会,推举刘湘为川军总司令兼省长,并于 24 日将此事通电全国。7 月 2 日,刘湘在重庆通电就职,发表宣言主张川省自治,同时取消川军联合办事处。

△　徐世昌特任陆洪涛为甘肃督军。

△　北京、上海、湖南、济南等地各界、各团体纷纷通电反对英日续盟,谓此项盟约内容与中国之安宁大有妨害,若任其续订,必将助长日本对华之侵略行为,而扰乱远东之和平。

△　北京 46 所小学教职员代表开会,声援八校师生,要求北京政

府确定维持教育办法,否则辞职。

6月7日　孙中山致电北京八校教职员,指出:在北京政府下,"决无教育发展希望,况复摧残至此",欢迎全体来粤,共商进行。

△　援库副司令邹芬以白俄蒙匪猖獗,锡盟已陷八旗,张家口危急,急电北京政府请示办法。

△　晚11时,第二师第二十一旅一团同关押的宜昌变兵一起在武昌哗变。变兵纵火抢劫,城内商店损失甚巨。银行、官钱局、造币厂亦被焚毁。武昌长街等处繁盛地方顿变焦土,大火至9日始熄。王占元派督署卫队团长刘国全带队弹压,黎明时变兵始分道回营。江中停泊的日本、英国和美国兵舰,全部生火待发。8日,王占元发出通电,诡言此次兵变系受安福党人煽惑。

△　北京公使团复函北京政府外交部,表示绝不资助粤省。

6月8日　王占元假意让宜昌、武昌哗变的1200余名士兵回籍,每人发给二个月薪饷,并允许自由携带抢来物品,于是日下午备专车30节护送,同时密电第四旅旅长刘佐龙中途枪杀。晚8时火车到孝感站突然停车,9时起埋伏在车站的第四旅即开枪扫射,至次日早10时止除在混乱中走脱数十人外,大部分惨遭杀害。京汉铁路因之一度堵塞,至晚方恢复原状。

△　陆荣廷以广西省议会名义通电主张实行自治。

△　驻京美使馆代办芮德克向北京政府外交部提出抗议,谓宜昌六阅月中两次兵变,显系王占元不能约束部下,至令外人蒙祸,政府当负全责。同时英、日两使亦提出同样抗议。

6月9日　旅京湖北同乡近千人以鄂省兵变事在湖广会馆开紧急会议,推孔庚为主席,议决四项办法:一、请鄂籍各要人正式控告王占元;二、派代表向北京政府阐述兵变惨状,要求迅速撤换王占元;三、通电全国说明兵祸情形;四、通电号召湖北全省各界以罢工、罢课、罢税为驱王之武器。

6月10日　山东武定、东昌间汽车路建成,全长1200余里。按:

该路为美国红十字会出资 50 万元,用以工代赈办法招募灾民修建。

6 月 11 日　徐世昌命令王占元妥筹抚恤宜昌、武昌两次兵变受害之商民;查明此次兵变该管师旅长职名,呈候严惩;其肇事在场各犯即着该管长官严缉务获,依法惩办;并严令各路军队随地堵截,缉拿归案办理。

△　马叙伦在首善医院绝食,抗议北京政府摧残教育,虐待教职员、学生,指出在刀刺枪打之后,复以医院为囹圄,断绝交通,严重监守,待受伤的教职员俨同已决之死囚。北京教育界纷起声援。北京政府被迫于 14 日撤退首善医院监视的军警,劝令受伤教职员出院,于是马叙伦始进食,并迁往法国医院医治。

△　徐世昌令财政总长李士伟未到任以前,由财政次长潘复代理部务。

△　聂云台、王正廷、吴善卿等在上海创办华丰纺织公司,资本 100 万两,纱锭 1.5 万锭,雇佣工人 1200 余名,是日正式开工。后因经营失败于 1924 年由日华纺织公司承租,1926 年租期满后又由日华纺织公司承购。

6 月 12 日　东三省巡阅使兼蒙疆经略使张作霖致电北京政府,谓外蒙匪势既成,对内蒙影响极巨,嗣后宜采三种办法:一、劝慰两蒙王公,解除外患;二、严剿余匪,谋去枝节;三、先按和平手续,电令活佛投顺,如其不悟,再兴干戈,以示怀柔而息边患。

△　陈树藩致电北京政府,谓已预备卸任,新督到即交替,惟欠饷如何迄不得复,如再搪塞,将不堪设想。同时陈树藩又以陕西全体军官名义电北京政府,谓陕境安危,悉视陈去留为转移,务请收回成命;否则取必要手段,相当对付,惟力是视,不知其他。

△　奉天南满铁道西奉天窑业会社、大陆窑业会社、满洲窑业会社、大连建材会社、朝日炼瓦工场、松茂工业部土地建物株式会社、沈阳窑业公益炼瓦工场等各窑厂之华工 3000 余人,举行同盟罢工,要求增加工资。

6月13日　桂系军阀陆荣廷谋重得广东地盘,勾结直系,集大军于梧州,是日下达总攻击令,分三路进犯广东。

△　芜湖农业、女师、商业、工读、职业、教会等学校及各中小学生3000多人举行示威游行。队前有旗一面,上书"杀死学生姜高琦之血衣",有二人高举血衣随行,沿途散发传单及演说,谴责议会与军阀勾结枪杀学生。

△　北京政府电令驻赤塔总领事管尚平向远东共和国政府质询华船在黑龙江航行问题。旋据远东共和国政府口头复称:远东共和国政府实无不许华船在黑龙江左岸两个俄国口岸间航行的禁令。又于8月26日复照,谓对于中国轮船并无拘留不准放行等情节。

6月14日　孙中山收到苏俄外交人民委员齐契林于去年10月31日自莫斯科所发来函,赞扬中国之奋斗,建议恢复中俄商业关系,中俄建立友好合作关系。此为孙中山首次正式收到的苏俄政府来函。

△　徐世昌下令改延珲镇守使为延吉镇守使,以张九卿充任。

△　旅湘湖北同乡在长沙湖北会馆开驱王(占元)大会,议决三项办法:一、发出三封通电:致电广州政府、护法各省及本省各县,历诉王占元祸鄂罪状,请求援助逐王;致电北京政府,请速撤王;致电湖北全省各团体实行罢税、罢业,合力驱王;二、推举吴醒汉、张华甫、夏斗寅、顾永鉴四人为代表,向湘省政府求援;三、组织委员会主持今后进行事宜。

△　广州一万多机器工人举行罢工,要求增加工资,粤汉、广九、广三等铁路机工起而声援。罢工坚持三天。经地方当局出面调停,厂主同意增加工资20%—50%。

6月15日　北京国务院就北京教育风潮再次通电各省区,谓少数教职员借端煽动包围新华门,击伤马(邻翼)次长,种种不法行为,业经构成刑事罪名,自应断之法律解决。

△　武昌1000余受兵变祸之灾民集会,要求省政府赔偿、抚恤、"办团"(意指组织商团自卫)三事。王占元对"办团"坚持不允。

△　浙江省宪法起草委员会成立,举王正廷为委员长。

　　△　苏俄外交人民委员齐契林照会北京政府,谓恩琴之攻击已引起广大军事动作,使俄军不得不越入蒙古境内反击恩琴,俟目的一经达到,蒙占境内之俄军即行撤退。6 月 27 日,克拉辛致函顾维钧转达苏俄政府再次会剿恩琴要求并提出中、俄及蒙古地方组织委员会,以期解决中国中央政府与蒙古地方之间一切关系之主张。同时苏俄派遣大批红军和远东共和国红军组成联合军侵入我国外蒙古。

　　△　日本关东厅不顾奉天地方当局的反对,竟令大连物产交易所改用日币金本位。

　　6 月 16 日　粤军与桂军陈炳焜部战于广西灵山,粤军大获胜利。

　　△　徐世昌派唐在复为签订中国、波斯条约全权代表,并令就近在意京办理。

　　△　张作霖不就蒙疆经略使,通电吉、黑、新、热、察、绥等省区,告以凡关蒙边军事,直接与国务院协商。靳云鹏电恳张作霖从速就职。

　　△　旅京安徽同乡 1000 余人开会,声讨马联甲惨杀安徽学生,议决要求北京政府惩办马联甲,并通电全国请予声援。

　　△　宜昌人民举行市民大会,议决仿照烟台华洋联合董事会办法,组织万国商团,实行武装自卫。

　　△　广西省长李静诚因军人索款甚急,无法应付,黄夜潜逃。

　　6 月 17 日　徐世昌以上海商场铜元充斥,价格跌落,饬币制局令湘、皖、赣、宁各造币厂暂行停铸。

　　△　北京政府外交部致电顾维钧,告以俟苏俄正式书面承诺中国所提条件,方可允其派非正式代表来京;召回陈广平,改派郑延禧办理总领事事务,前往莫斯科照料华侨。顾维钧即将外交部意旨转达克拉辛,27 日克拉辛复函顾维钧,对中国所提条件表示异议,并谓华工在俄享有充分之平等与自由。

　　△　北京政府外交部对大连物产交易所实施金建制度一事,向驻京日使提出书面抗议。谓该金建制度扰乱我国东三省金融,驱逐反对金建的我国巨商李子明,违背条约,希即取消。

6月18日　孙中山下令讨伐广西军阀陆荣廷。

△　徐世昌公布《县自治实施细则》,凡 21 条;《县议会议员选举规则》,凡 56 条。

6月19日　夜,驻湖北武穴卢金山第三旅第六团一营在富池口哗变,营长出面阻止,当被击毙,并抢劫征收局、煤矿局及各大商店,损失近 20 万元。旋即分窜鄂东广济、蕲春各地。次日,王占元派鄂军团长谢超带队弹压,并令"江利"舰协剿,始告平息。

6月20日　孙中山任命陈炯明为援桂军总司令。率所部粤军出肇庆,进攻梧州;令许崇智为第一路总指挥,率黄大伟等部由北江入桂,攻击贺县、怀集;委魏邦平为第二路总指挥,叶举为第三路总指挥,会攻梧州;命翁式亮为第四路总指挥,黄志恒为第五路总指挥,何国亮为第六路总指挥,分别出高、雷、钦、廉,合击桂军;由李烈钧率滇赣两军(朱培德、杨益谦等部)向桂林进攻;令谷正伦率黔军攻柳州。实行全线出击,以梧州为主战场,"荡平群寇"。第二次粤桂战争爆发。

△　陈炯明通电讨伐广西军阀,谓"桂贼无状,先开兵衅","炯明将大率三军保障乡土,歼除桂贼,以拯救桂人";同时,以广东省长兼粤军总司令名义发布出师布告,随即亲自出发视师,设行营于肇庆。

6月21日　国会非常会议在广州开会,议决反对英日盟约中侵及中国国权案。

△　粤军海陆空三军 80 余万人,全力进攻梧州。

△　旅京、津湖北同乡 900 余人在北京湖广会馆开驱王(占元)大会,会后赴新华门请愿撤免王占元。

△　第五次广东教育会议在广州召开,全省 400 名著名教育家参加会议。议决将教育行政与省政府脱离关系,设立教育委员会专司其事,为独立机关,不受政治上之干涉;教育经费亦特别规定,不得拨作他用。提议施行全省普及教育,增加小学经费,添设师范学校等项措施,于 30 日结束。

△　驻汉口领事团以宜昌、武昌兵变侨商损失甚巨,向王占元提出

三项要求：一、侨民居地附近二十里内，不得驻扎军队；二、赔偿损失，抚恤受伤教士；三、增加领事馆卫兵一中队。

6 月 22 日 谭浩明派代表向孙中山乞和，表示愿驱逐陈炳焜，恢复自主。孙中山告以欲和须陆（荣廷）、谭（浩明）、陈（炳焜）一律解兵，完全由桂民自治。

△ 广东各界在广州教育会开国民大会，决心以全力作援桂军后盾。

△ 北京国务总理靳云鹏召集临时阁议，讨论鄂陕问题，议决鄂督王占元之地位决不更动；陈树藩所提要求，交新任陕督阎相文处理。

△ 京绥铁路机务工人为要求加薪举行罢工，并派代表向北京政府交通部接洽。旋交通部派路政司长王景春调解，路局同意加薪，25 日始照常开车。

△ 第三国际在莫斯科举行第二次大会，中国共产主义小组派张太雷参加，于 7 月 12 日闭幕。

6 月 23 日 孙中山致电蒋介石（时守母丧），促来粤助战。

△ 桂军师长刘震寰通电宣布独立，与陆荣廷脱离关系，25 日率所部步兵四营、机关枪一连攻梧州。

△ 徐世昌公布《省参事会条例》，凡 18 条。《条例》规定省设省参事会，由省长及参事员 12 人组成，以省长为会长，筹划关于地方应行兴革及一切行政事项。

△ 孙中山颁布《各部官制通则》，凡 10 条；《修正总统府财政委员会条例》，凡六条；《总统府秘书处官制》，凡 14 条。

△ 北京政府司法部设立文官普通惩戒委员会，由司法次长余绍宋兼充委员长。

6 月 24 日 徐世昌下令处分鄂省武（昌）、宜（昌）兵变各负责官佐，免去宋大霈、孟昭月旅长本职，孙建屏、穆思棠、王锡黄、彭德铨团长本职，此外团附、营长以下各员着湖北督军王占元详细查明汇呈惩办。26 日，王占元拘捕营长以下军官 14 名。27 日将贾世珍等六名枪决。

△　熊克武以考察湖南制宪为名到达长沙,与赵恒惕秘密接洽川湘两省共同出兵"援鄂"。

△　驻美公使施肇基在美国华盛顿发表演说,反对日英同盟。

6月25日　孙中山颁布《侨工事务局暂行条例》,凡10条;《财政部官制》,凡八条。同日,又任命内务次长吕东伊代理部务,陆军次长程潜代理部务。

△　蒙古"临时政府"就苏俄红军侵入蒙古向蒙民发布告示,称:"苏俄红军是支持我们国民军的","它力求消灭强盗匪帮","红军消灭了恩琴之后,就会撤回俄国。我们特此通告居民安居乐业,不用担心和怀疑。"

△　北京八校学生代表开联席会议,决议控诉靳云鹏,罢课期内各校组织学术讲习会,邀集各团体开茶话会请求援助。

6月26日　粤军经数日剧战并得刘震寰部配合,于是日上午9时占领梧州。梧州为广西门户,粤军既克,已成破竹之势,各处桂军急谋自保,纷纷与陆荣廷脱离关系。次日粤军将总司令部移至梧州。

△　广州各界三万人举行援桂大巡行。入晚得梧州克复之确报后,商民欢呼,举市若狂,西关、长堤、双门各繁华街道,均燃放鞭炮,至夜半犹未息。

△　下午,北京八校教职员在女子高等师范学校招待全国报界,有53家报社记者出席。教职员表示:同人于"六三"以前,只争教育经费;"六三"以后,则并争教育人格。教育经费乃教育之生命,人格系教育之精神,两事缺一不可。此后即经费问题解决,若人格问题未决,同人必不承认。要求舆论界予以支持。

△　上海各团体5000多人开国民大会,反对英日续盟。原定在公共体育场举行,因军警阻挠,改在地检厅前开会。决定三项办法:一、致电英政府请其取消;二、致电顾维钧公使请为力争;三、致电北京政府表示与之决裂。

△　旅沪广东同乡在上海广肇公所集会,抗议日轮"小川丸"载运

北京政府陆军部助桂攻粤的银元、军火经上海运往广东钦、廉一带,并以上海广肇公所和上海粤侨商业联合会名义致电北京政府,请其迅即电饬该轮停航。

△　徐世昌派王宠惠为国际联盟全权代表,令准原任魏宸组辞职。

△　北京政府财政部与日本兴业、朝鲜、台湾三银行签订日金537.6167 万元借款合同,作为支付满蒙、吉会、山东铁路借款利息。

6 月 27 日　孙中山以梧州已克,令陈炯明率部荡平陆荣廷、陈炳焜等,扶植广西人民使得完全自治,并慰劳前敌各军。

△　山东省议会通电主张各省制定省宪。

6 月 28 日　驻粤美领事首次正式觐见孙中山,畅谈中美两国邦交。后美领事复到外交部拜访伍廷芳、伍朝枢。

△　孙中山任柏文蔚为总统府顾问。

△　陆荣廷急电北京政府,要求速接济饷械。靳云鹏复电,告以先拨款 20 万元,械弹已由沪兵工厂拨运。

△　山东学界为援助京、皖学界,举行罢课,发出宣言,称:"罢课目的,不仅是要求教育经费,还要求提高平民的觉悟,宣布政府的阴谋,运动平民自己起来办教育。"

△　南京 4000 多鞋匠举行罢工,要求增加工资。罢工坚持四天,店主被迫答应增加工资。

△　陈箓电告北京政府外交部,称:接法外交部照会,上议院已通过退还中国庚子赔款,拨充中国留法学生教育经费,自 1922 年 1 月起实行。

△　王占元派杨文恺、周英杰赴北京,要求取缔旅京湖北同乡驱王运动,并请准予动用汉口"关余"三个月,作为兵灾善后费。

6 月 29 日　北京政府财政部与中意震义银行签订 1200 万吕耳(折合银元 108.12 万元)借款合同,作为拨付内债本息及陆、海军军费。

6 月 30 日　孙中山在广东省第五次教育大会闭幕式上演说教育与政治的关系,指出"教育家必须提倡政治,实行改良政治","政治良好,则教育不成问题矣"。

　　△　徐世昌任命张鸿绪为保定军官学校校长。

　　△　北京政府外交部致电顾维钧,饬将复苏俄电文转达克拉辛,谓"恩琴勾结蒙匪,盘踞库伦,中央业已特命东三省张巡阅使兼充蒙疆经略使前往痛剿",6月15日来电所称,"因与恩琴作战计划不得不经过蒙境各节,惟事关领土主权,中国政府殊难承认"。

　　△　黔军谷正伦部攻占广西柳江。

　　△　北京政府海军部呈准设海界委员会,讨论划定领海界线事宜。

　　△　浙江省督军卢永祥通电所属,省选应否停缓,"应听人民之决诸公论",至制定省宪"实为不可稍缓之事","尤期望其早日有成"。

　　△　留法学生总会、旅法华工会等五团体在巴黎哲人厅召开第一次拒款大会,通过宣言反对朱启钤、吴鼎昌与法国政府商议秘密借款。

　　是月　唐保谦、蔡兼三等在无锡创办庆丰纱厂,资本80万元,纱锭1.48万枚,经过几次扩展,于1934年又添办漂染整理部,遂成为自纺、自织、漂染整理的完备工厂。

　　△　机制面粉上海贸易所改组为中国机制面粉上海交易所,实收资本50万元,规定经纪人55名,其交易物品为机制面粉及麸皮二种。开幕以后,营业逐年兴旺,1937年抗战爆发遂告停业。

　　△　龚心铭、施善畦等集资30万元创办祥新机器面粉股份有限公司,设总公司于上海,分公司于上海、南京、浙江、安徽。

　　△　南满洲铁道株式会社开设大连至长春间特别快车,开始运行。

7 月

　　7月1日　北京政府外交总长颜惠庆与德意志共和国政府总代表卜尔熙在外交部互换照会,彼此申明《中德协约》自是日起生效。

　　△　中法实业银行总行在巴黎倒闭,北京、天津、上海、汉口、香港等地分行亦相继停业。该行于1912年成立,专在中国经营实业投资,

因第一次世界大战后法郎暴落而陷于停顿。该行发行钞票为数甚巨，人心因之恐慌。经北京政府财政部与全国银行公会协商，决定所有中法实业银行发行，印有北京、天津、上海、汉口之钞票，自 13 日起由中国各银行暂行垫款代兑。

△ 北京南苑机场举行北京济南航线开航典礼，同时办理航空客运及航空邮件。

△ 王占元以禁止"乱党机关"为名，取缔武汉各地民众组织的自卫团体。是日至 10 日，在武汉取缔的自卫团体有 50 余个，捕杀 70 余人。后又通电缉拿 90 余人。

△ 北京政府教育部通咨各省，施行经国务会议决定的"虞舜卿云歌"为国歌及新谱。6 日，教育部复呈准施行国歌正谱及燕乐、军乐谱各篇。

△ 华北银号改组为华北银行，扩充资本为 100 万元，总董张弧，总理张勋，设总行于北京，在天津、上海、汉口、济南设分行。

△ 荣宗敬、穆藕初等创办上海华商纱布交易所，额定资本 300 万元，实收半数。经纪人数定棉花、棉纱各 80 名，棉布 20 名。交易物品为棉花、棉纱、棉布三种。交易方法专取竞争买卖，每日前后两市，各做四盘。定期交易至多以六个月为限。

7 月 2 日 赵恒惕在长沙召开军事会议，决定出兵协助广东，讨伐桂系军阀，援助桂人自治。派第三混成旅旅长谢国光为援桂总司令，第六混成旅旅长罗光闿为前锋总指挥，第七混成旅旅长陈嘉祐为中路司令，宪兵营司令王德清为兵站总监。5 日，赵恒惕、宋鹤庚、鲁涤平、田应诏、蔡巨猷、谢国光等发出援桂通电。

△ 旅京湖北同乡 500 余人在湖广会馆集会声讨王占元。会后派殷鸿寿等为代表赴国务院请愿，要求撤去王占元。靳云鹏仅以"可告总统"相敷衍。8 日，旅京湖北同乡复开会推定代表李继膺等 10 人，于 11 日再赴总统府请愿。徐世昌不见，代表露宿新华门。12 日晨，徐被迫接见，以"王占元固应免职，但责任内阁，予实无罢王权，可向总理请示

办法"等语推卸责任。后湖北同乡代表复更番至徐世昌住宅。徐派人答称,撤王事已交院速办,望与靳接洽。代表又到国务院请愿,虽据答复已在办理,实则互相推诿。

△　蒙古"自治政府"内务部发出告示,附有活佛博克多哲布尊丹巴呼图克图汗教令,称:"近有一部分蒙古人,因尚未得知中央政权业已恢复,白匪军队及葛明(按:指北京政府驻军)已被驱逐出境的消息,竟赴北邻求援。""这样,他们就将违反教令了。""如你们赞同我的愿望,希即放下武器来归,当请你们协助国家和宗教事业。"

△　北京政府交通部以部款奇绌,发行第二期支付券 300 万元。

7 月 3 日　孙中山复函廖仲恺、胡汉民,告《外交政策》一书编写情况,略谓:"文所著之《外交政策》一册,乃《国家建设》全书之一也。……至于此书之思想及线路,一言以蔽之,求恢复我国家以前之一切丧失土地和主权,和恢复人民自由平等而已。"后由于入桂督师,这一著述计划未能实现。

△　孙中山任命刘震寰为广西陆军第一师师长。

△　徐世昌公布《市自治制》,凡八章 78 条;《乡自治制》,凡 33 条。6 日,靳云鹏借词自治制已公布,通令制止各省制宪。

△　上海各界召开国民大会,发表对外宣言,列举北京政府种种罪恶,大声疾呼"北京政府为腐败官僚武人之结晶体","吾人痛恨北京政府达于极点,将联合全国农工商学各界,为争自由与自治而战,无论若何牺牲在所不惜"。

△　旅京江西同乡 500 余人在江西会馆开会,推欧阳武为主席,议决驱逐省长杨庆鋆五项办法,并致电省各公团请取一致行动。后派代表赴国务院请愿,要求撤换杨庆鋆。无结果。

7 月 4 日　粤军光复高州、化州等地。次日粤军高大伟部进驻高州,邓铿部克复阳山,沈鸿英军大挫退连山。粤军三路入桂。

△　阎相文第二十师、冯玉祥第十六混成旅所部直军,向陈树藩军发动总攻击。

△　盐业银行总经理吴鼎昌及朱启钤拟向法国借款三亿法郎,是日陈炯明通电反对。

7 月 5 日　南洋侨商黄奕柱与史量才等创办的中南银行在上海正式开业,资本 2000 万元,先收 500 万元,聘胡笔江为总经理,设总行于上海,在各地设分行。此为侨商组织银行之首创,资本之雄厚亦为商业银行所仅见。

△　广州各界召开国民大会,抗议日轮"小川丸"运输济桂军械。议决三项办法:一、忠告驻粤日领事,阻止"小川丸"运输济桂军械;二、请广州政府外交部严重交涉;三、进行抵制日货的宣传。

7 月 6 日　陈炯明通电就任粤湘滇赣黔五省征桂联军总司令。

△　北京政府电复苏俄,谢绝苏俄出兵外蒙,谓中俄国际关系现尚未能恢复,故无协定之可能。

△　苏俄和远东共和国红军以及蒙古军侵犯库伦。参加的部队有第五骑兵师、斯列钦第一骑兵旅、第一〇三旅、第三十五骑兵团、戚丁金的部队和蒙古军。是日苏军和蒙古军的先头部队侵入库伦。8 日,蒙古人民革命党、地方临时政府和蒙古军的领导人进入库伦。苏赫巴托尔召集王公、上层喇嘛和各部部长开会,宣布临时政府决定推举活佛博克多哲布尊丹巴呼图克图汗为立宪君主。

7 月 7 日　阎相文第二十师占领西安,陈树藩向咸阳方向退却,阎通电到省接任视事。

△　徐世昌以中德邦交业经恢复,协商条款亦已批准互换,下令取消前颁之《禁止与敌通商条例》。

△　熊克武离湘,同日并密电但懋辛,告以已与赵恒惕商定川湘各出五混成旅援鄂。赵经熊游说,始决定援鄂。

△　江苏督军齐燮元以安福党人张春霆及王兰亭、李海亭、金光灼、朱琨甫、卢剑龙六人在江淮一带勾结土匪煽军图乱,经捕获后是日在南京枪决。

7 月 8 日　孙中山致函廖仲恺,指出:"至今民国建元,十年于兹,中国犹未富强如列强者,皆以不实行予之救国计划而已。予近日拟著一书(按:指《国防计划》),以为宣传,使我国全国国民了解予之救国计划也。"

△ 孙中山颁布《陆军部官制》,凡九条。

△ 远东共和国炮舰一艘在松花江口,以我国"杭州号"汽船载有军队为由开炮轰击,至使三人死亡,八人受伤。旋北京政府提出抗议,要求赔偿、惩凶。优林答复对"杭州"轮损失表示歉忱,愿负责赔偿。

△ 远东共和国政府催订中俄商约,表示愿将沙俄帝国主义侵占我国黑龙江江东六十四屯全部归还。

7月9日 松沪护军使何丰林在旅沪广东同乡的请求下,扣留济桂军械。是日北京国务院电令何丰林放行。何复电称,各团体坚持扣留,无法起运。

△ 各省区自治联合会通电促制省宪。

7月10日 徐世昌公布《民事公断暂行条例》,凡33条。

△ 桂军右翼总司令沈鸿英在贺县通电宣布自治,声明与陆荣廷脱离关系,所部42营改称救桂军,与粤军一致行动,旋又叛变进据桂林,粤军回师平之。

△ 日外相内田康哉向北京政府驻日公使胡维德要求,赔偿湖北兵变对日侨之损害。

△ 中葡澳门划界交涉,北京政府外交部议定办法三条:一、认为租地非属地;二、以元年所划界为准;三、所有青州及扩充各地,一律收回。当即电知驻葡公使刘崇杰向葡政府交涉,葡对于首条不肯承认。

7月11日 美国总统哈定倡议召集华盛顿会议(又称太平洋会议),讨论裁军暨太平洋及远东问题。倡议发出后,即得到英、法、意三国赞同,惟日本至7月26日始正式照会美国同意参加,但提出太平洋及远东问题之讨论,"凡问题之关于任何特殊国家者或已成为既定事实者,当审慎免除其加入"。按:1920年美国否决巴黎和约,拒绝参加国际联盟,外交上各种问题遂成悬案。是年5月,美参议员波拉提出限制海军军备案,旋经国会正式通过,授权哈定总统召集国际军备限制会议。英国亦因英日续盟问题,向美国提议国际协商,于是华盛顿会议遂酝酿成熟。

△ "蒙古人民革命政府"在库伦成立,仍以博克多哲布尊丹巴呼图克图汗为元首,以鲍阮为内阁总理兼外交部长,丹尚为财政部长,苏赫巴托尔为军政部长兼总司令,马克索尔任司法部长。

△ 长江江水大涨,为近年所罕见,据水准标所示,已涨至 50.6 英尺,流速每小时八海里。是日,宜昌东门外岸堤崩塌,淹没沿岸土地一万多亩,损失甚巨。沙市下游发水,沙市与上海之电报因之中断。

7 月 12 日 孙中山任刘湘为川军总司令,管理全省军务兼四川省长。

△ 徐世昌以丁锦出洋考察,任潘榘楹署航空署长。

△ 北京政府教育部通令京师学务局及各省教育厅,速设女子中学,或于相当学校附设女子中学部,惟男女同校未便照准。

△ 驻京美代办芮德克奉美政府训令,邀请中国参加华盛顿会议。北京政府当即表示赞同。

7 月 13 日 范源濂、张国淦、张一麐、傅增湘、汪大燮出任调解北京教育风潮之职,在中央公园董事室与八校校长、教职员、学生代表蒋梦麟、王兆荣、何玉书接洽。范源濂以书面正式提出经北京政府承认的解决教育风潮五项办法:一、讼案听法院处理;二、政府为解释"六三"新华门不幸事件,系出于一时误会,派员向教育界慰问;三、受伤者医药费照实数由教育部支给;四、政府筹拨价值 200 万元之证券存放银行,为京师学款之准备金,其银行存拨归教育部执管;五、八校临时费用由教育部依八年度预算,照历年支款办法付给。14 日起,八校校长、教职员、学生分别开会讨论五项提议,到 20 日表示认可。

△ 北京政府教育部通令各省,推广蒙养园,并拟订二项办法:一、女子师范学校应附设保姆科;二、除女子师范学校及女子师范讲习所应附设蒙养园外,每县至少须设蒙养园一所。

7 月 14 日　孙中山致电李烈钧,告以沈鸿英部开往桂林、柳州、庆远一带,惟其人反复无常,万难深信。若滇、黔军到达桂、柳、庆时,嘱其尽可相机处置桂军沈鸿英部。

△　北京政府电促张作霖,谓赤塔出兵有难以遏止之势,倘外蒙入于新党之手,实非国家前途之福;"务请迅派大军征蒙,俾免贻外人以可乘之机"。

△　陆荣廷急电徐世昌、靳云鹏,请速下讨粤令,并饬闽、赣出兵支援,否则桂省难以支持。

△　北京政府农商部通令,取缔上海不合法之交易所。

7 月 15 日　孙中山颁布《内务部官制》,凡 15 条。

△　菲律宾参议院议长等 10 人由香港来粤谒见孙中山,表示新中国前途极有希望。

△　广西护军使陈炳焜解职,即日离邕,所有军事统归督军谭浩明办理,并于次日通电宣布。

△　中国国民党广西支部在梧州设立。

△　北京国务会议通过发行十年八厘公债 3000 万元,用以整理内外债,并设基金管理处,于 18 日明令公布。

△　邓家彦在梧州创办《新广西日报》。

7 月 16 日　粤军克复浔州(今桂平),柳州镇守使贲克昭宣告独立。

△　巴西新任驻华公使阿林助向徐世昌递交国书。

△　松沪护军使何丰林就"小川丸"军火事复函广肇公所,谓事关人民公意,"鄙人无不竭力维持"。

△　陆荣廷致电北京政府辞职,靳云鹏复电慰留,并以援助不力致歉。

△　北京政府外交部特派奉天交涉员关海清与南满铁道株式会社奉天公所长镰田弥助签订《中日合办抚奉送电所合同》,规定中日合办抚奉送电所,供给奉天"满铁"用地内及现有各燃户并日本各工厂之灯

光、动力用电。送电所建筑费用由满铁会社负担；建筑电柱用地由奉天政府设法，务令地户归送电所租用。所得纯益作四六分配，中方得十之四，日方得十之六。

△ 北京政府财政部、农商部合办之农商银行在北京创立，齐耀珊为总裁，资本总额 1000 万元。

7 月 17 日 6 月以来黄河流域大雨连绵，黄河上下游均出现险情。是日，上游黄花寺民堰被狂浪激刷，全堰浸透。次日，水又增涨尺许，大堰遂决 40 余丈。河水建瓴而下，堰内村舍田基悉被淹没。19 日，下游公家道口水势漫堤，堤亦被冲决；中游杨庄石埽坝亦多陷失。

7 月 18 日 湖北督军王占元在武昌召集鄂、赣、桂、湘、黔、蜀、滇七省联防会议，决定劝告两广停战及赣、鄂、川、黔四省援助湖南赵恒惕，解除李烈钧军之武装。

7 月 19 日 黄河利津宫家坝因暴雨昼夜不停，河水漫溢堤顶，抢护无料，于是日黎明溃决成灾。口门刷宽 300 余丈，水深约三丈余，口门水势占全溜十分之八。此次被灾区域有利津 210 余村、沾化 80 余村、滨县 50 余村，约计面积 5400 方里。所有灾民除稍有力者迁徙不计外，其无家可归、露宿大堤者约六万余人，公私急赈仅数万元，远远不足以应急需，淹死、饿死、病死者不可胜数。

△ 陆荣廷通电宣布解除广西边防督办职务，赞成自治，即日退出南宁，退往龙州。声称由龙州镇守使黄培桂兼理军民两职，维护省垣秩序。

△ 西北各地商会代表在北京总商会开会，决议抵制京绥路货捐，于是日起停运货物，至捐局撤销为止。8 月 1 日，察哈尔都统张景惠致电北京政府，谓"顺从民意，暂将捐局封闭"。

7 月 20 日 赵恒惕以欢迎蒋作宾为名，召集湘军营长以上军官会议，决定出兵两师援鄂，任宋鹤庚、鲁涤平为援鄂正、副司令，并饬财政厅长杨丙兼充兵站总监。

△ 孙中山派廖仲恺、何香凝赴梧州劳军。

△　新疆督军杨增新电告北京政府称,白俄诺马阔夫、巴赤奇残部败窜我国边境,占领阿尔泰城,阿山道尹周务学抗击白俄,誓死报国,自戕死难。旋徐世昌命令杨增新派员前往致祭,生平事迹宣付国史馆立传,并准入祀忠烈祠。

△　上海英美烟厂老厂工人因反对洋监工虐待工人和要求增加工资举行罢工。26日,新厂工人继起罢工。8月5日,罢工工人举行游行示威,散发传单,高喊"劳工神圣"、"争工人的人权"、"增加工资、减少工时"等口号。4000多工人坚持罢工20余日。8月10日经劳资双方谈判,厂方被迫同意撤换监工,工人每人至少加资五分,立即释放工人代表等八项条件。

△　远东共和国政府训令驻京代表阿格辽夫就白俄谢米诺夫及恩琴等在我国边境活动事,向北京政府外交部提出六点质问,并声明远东共和国为军事上及政治上之必要,不得不出兵进击,一俟目的达到,立将军队撤退。

7月21日　赵恒惕下援鄂总动员令,任宋鹤庚为第一军军长兼总指挥,鲁涤平为第二军军长兼中路司令,夏斗寅为前锋司令,赵钺为左翼司令,叶开鑫为右翼司令,调集军队四万人向湖北挺进。

△　王占元密电靳云鹏,告以赵恒惕决心图鄂,已发动员令,进逼鄂境。旋又拍电诘问赵恒惕。

△　粤军攻占广西贵县,桂军将领秦步衢在桂林宣布独立。谭浩明退走。

△　北京政府财政部上海造币厂与美商茂生洋行签订美金64.8828万元借款合同,作为订购机器价款及栈租保险等费。

7月22日　徐世昌特任蒋拯兼署海军代理总司令,并授为海军中将;特任兰建枢为澄威将军。

△　徐世昌公布《民事诉讼法草案》及施行条例,凡六编755条。决定自9月1日起先在东省特别区域施行。

△　旅湘湖北同乡1.5万人集会,通过《湖北自治临时约法》,并依

据《临时自治约法》公举蒋作宾为湖北临时省总监。

△　王占元召开特别紧急会议,布置鄂军防守事宜。

△　夜,驻四川巫溪县城防军全连哗变,击毙连长李远芳,直扑县署,将枪弹、银钱、衣物等项搜索一空,同时将盐税局、邮政局及团局劫掠。随后向鄂境逃窜。

△　阿富汗遣使来华至新疆,要求与我国局部(新疆)通商。北京政府电新疆督军杨增新相机办理。

7 月 23 日　中国共产党第一次全国代表大会在上海召开。毛泽东、何叔衡、董必武、陈潭秋、王尽美、邓恩铭、张国焘、刘仁静、李达、李汉俊、包惠僧、陈公博、周佛海 13 人代表全国 57 名党员出席。张国焘任主席并报告会议筹备经过及会议讨论事项。共产国际代表马林、尼科尔斯基与会并讲话。

△　湖北督军王占元发布讨伐令,以通城、崇阳、蒲圻、嘉鱼、监利、石首等处为战时警备区域,饬该地军事长官刘跃龙严重防备;又以鄂军第二混成旅及十八师之部分,编成一混成旅配于各要隘,以示迎击湘军之势。同时又电请赵倜、陈光远及曹锟、吴佩孚等出兵援鄂。

△　张作霖在奉天召集军事会议,讨论援鄂征蒙问题,决定征蒙延期。次日电令驻京、津之征蒙军中止开拔,并电知黑、吉、热、察、绥各处征蒙军司令,嘱暂候令,再定行止。

△　远东共和国代表优林抵奉天访张作霖,会商库伦问题。张作霖抗议远东共和国未经中国政府同意出兵库伦,并要求迅速将库伦交还中国。优林表示同意,至于交还办法日后在满洲里商议。次日晚,优林离奉赴京。

△　浙江省宪法会议正式开会,该会议由省议会议员及各县一名代表组成。

△　北京政府交通部津浦铁路局与天津仁记洋行签订行化银322.4084 万两借款合同,作为订购 53 辆全钢车价款。

△　王湘泉等发起创办的浙江储蓄银行在杭州开业,资本 50 万

元。后改名为浙江商业储蓄银行。

7月24日 中国共产党第一次全国代表大会举行第二次会议,各地代表报告本地区党团组织成立经过,开展活动的情况,及进行工作的方法和经验。会议推张国焘等三人起草党的纲领及决议。

△ 赵恒惕致电王占元声明误会,谓"敝部受人煽惑,局部发动,未及制止,比日即饬令撤退"。同时赵派参谋长唐一斌为代表来鄂见王占元,共商继续联防。王占元复电表示"执事如能约束所部,占元决不为已甚"。26日,赵又致电王占元,谓旅湘鄂籍党人已尽数监视,请照常通车;王复电照准,但须俟路轨修复方可通行。

△ 北京政府履行范源濂等所提出解决教育风潮五项提议,是日派王芝祥在尚志学会举行教育界慰问会。会后,王芝祥又赴法国医院慰问马叙伦。同时,财政部以盐余200万元作担保,印发证券20张,每张10万元交教育部作八校教育经费之准备金。

△ 驻京英公使艾斯敦向北京政府提出禁烟觉书,要求北京政府遵照《中英禁烟条约》,禁止陕西、甘肃、新疆、福建、湖南、云南、贵州、吉林、黑龙江、川边各省区种植罂粟。

△ 驻通城的刘跃龙所部士兵哗变,城内外各殷实商店、居民被抢一空,随即持枪及金银财物投湘军阵地。

△ 徐世昌任命魏宸组为驻德意志国特命全权公使。

7月25日 蒋作宾在长沙就任湖北省自治政府临时总监,发表讨王(占元)通电,略谓:"七年痛祸,四境为枯,罪迹昭彰,中外共恫。……不仅吾鄂罪人,实全国祸首,凡我中华国民,人人得而诛之。"同时,湖北自治军及各团体代表孔庚等致电北京外交团、汉口领事团知照。

△ 曹锟在保定召集直系军阀开会,认为此次鄂省变动与北洋全局有极大关系,决定出死力救援。计划分五路出兵:靳云鹗所部一混成旅为第一路,萧耀南之二十五师为第二路,第三路为宏威军赵杰之一混成旅,第四路为鲁军张克瑶之一旅,第五路为吴佩孚统帅之第三师。前方统辖四路之总司令以萧耀南充任。是日,曹锟派萧耀南率二十五师、

靳云鹗率第八旅南下援鄂。同时吴佩孚致电北京政府,表示愿自动救鄂。

△　优林抵北京,27 日赴北京政府外交部访颜惠庆,要求谒见徐世昌,被拒。复与颜惠庆商谈商约、东省铁路及交还库伦问题,无结果。8 月 1 日离京。

△　黄河上游伊庄、张庄、陈屯三处,是日先后开决,漫水直灌全堤夹河,由陶城埠泄入正河。自寿张直至陶城埠四十里远近一片汪洋,尽成泽国,田舍庐墓悉被漂没。

7 月 26 日　川军将领推刘湘为援鄂军总司令,决定调二万大军攻打宜昌。是日,刘湘宣誓就职,宣称此行系援助鄂人驱王,既非广州政府之命令,亦非含有占领鄂境之意,俟王占元离鄂,扶助组织自治政府后,川军与湘军同时撤退。

△　赵恒惕召集全省少校以上军官在长沙湘军总部举行援鄂誓师典礼。

△　赵恒惕致电王占元,劝其"顺应民心,敝屣高位"。王复电称,"现复再电中央,力申前请,一俟有人接替,当即释戈解甲,归老田园"。29 日,赵再电王,劝其"即日正式宣布去职,还政鄂人;并将戒备一律撤销,使全国共仰高风"。

△　北京政府农商部训令江苏实业厅、上海交涉员,谓对未经呈部核准,遽行设立筹备处,遍登广告之合众晚市物券等 20 个交易所,依照现行法令应从速分别严禁。

7 月 27 日　是日至 29 日,中国共产党第一次全国代表大会举行第三、第四、第五次会议,讨论起草小组提出的会议文件。与会代表就党的性质、纲领和组织原则等主要问题,取得基本一致的意见。

△　北京政府派公府顾问周骏乘专车到鄂,指授对湘方略,并请王占元勿萌退志。旋又派将军府将军刘鼎臣来鄂与王协商鄂边防务。

△　张作霖致电王占元询问援军是否足敷分配,如尚嫌单薄,即调奉军来鄂协助。

△　靳云鹗旅到汉阳,进驻汉阳兵工厂。29日晚,萧耀南的二十五师到汉口,分驻刘家庙、谌家矶。

△　北京政府以英日续盟殊与我国主权及国际地位有关,电令驻日公使胡维德向日政府正式提出抗议。

△　湖南岳阳、新宁、芷江、衡山电告旱灾。次日,宝庆、安化亦电告旱灾。据华洋义赈会统计,报告旱灾者,全省有50余县之多。收获多者三四成,少者只一二成,尤以湘西为最。每县灾民少者五六万,多者三四十万。

7月28日　孙中山任命马君武为广西省长,谢持为总统府秘书长。

△　赵恒惕下达对鄂军的总攻击令,湘军分三路向鄂军进攻。午后3时,湘军中路夏斗寅部同鄂军宋大霈部在羊楼司枫树岭开战,湘鄂战争爆发。

△　王占元在督军署召集会议,商议维持武汉治安办法。议决四项:一、通告领事团勿留党人;二、悬赏侦缉谋乱机关;三、派军队搜缉潜藏痞棍;四、军警联防。同时决定自次日起武汉三镇特别戒严,检查往来邮电,派员监视武汉电话局。

△　王占元委孙传芳为前敌总司令,是晚孙传芳赴前线督战。

△　北京八校校长蒋梦麟、邓萃英、熊崇煦、王家驹、吴宗栻、俞同奎、张黻卿、邓锦通电复职,谓自是日恢复原状,校务照常进行,提前于九月一日开课,并即将招生。次日八校教职员亦宣言复职,至此,北京教育风潮解决。

△　徐世昌批准陆军部添设绥海镇守使,以石得山充任。

7月29日　孙中山任命陈炯明全权办理广西军事善后事宜。

△　北京政府开军事会议,决议分五路出兵援鄂,先以萧耀南为统辖四路总司令。次日,徐世昌正式电令萧耀南为援鄂总司令。

△　浙江督军卢永祥通电所属,谓各属人民对于省宪、省选问题争执益烈,暂将省议会复选展缓数月。

7 月 30 日　湘鄂两军大战于羊楼司。鄂军七十二团团长潘守贞夜袭湘军,夏斗寅佯退十里,及至朱鹤镇,左右伏兵齐起,潘中弹受伤,士兵死 300 余人,余众缴械投降。鄂军受此大挫,退走 80 里,羊楼司险要已失,赵李桥险要亦不能守,鄂军大本营移驻蒲圻县城。

　　△　王占元电令孙传芳为新(堤)嘉(鱼)蒲(圻)通(城)警备总司令,蒲通镇守使刘跃龙为左路司令,第二十一混成旅旅长王都庆为右路司令,第十一师第四旅旅长张俊峰为后路司令,第二师八团团长穆恩棠为游击总司令;并令前线各军一律改取攻势,于 31 日实施对湘总攻击。

　　△　中国共产党第一次全国代表大会举行第六次会议,因受法租界暗探的侦察干扰,被迫休会,商定易地继续开会。

　　△　徐世昌批准陆军部添设洮辽镇守使,以阚朝玺充任。

7 月 31 日　中国共产党第一次全国代表大会在嘉兴南湖游船上续开第七次会议。大会通过《中国共产党的第一个党纲》,《纲领》规定:"(一)我党定名为'中国共产党'。""(二)我党纲领如下:1.以无产阶级革命军队推翻资产阶级,由劳动阶级重建国家,直到消灭阶级差别;2.采用无产阶级专政,以达到阶级斗争的目的——消灭阶级;3.废除资本私有制,没收一切生产资料,如机器、土地、厂房、半成品等,归社会所有;4.联合第三国际。(三)我党采取苏维埃的形式,把工农劳动者和士兵组织起来,宣传共产主义……"。通过《关于当前实际工作的决议》;选举陈独秀、张国焘、李达组成中央局,陈独秀为中央局书记。下午 6 时,中共"一大"闭幕。

　　△　湘军复向羊楼洞、赵李桥等处进攻,经一昼夜激战,将两要隘占领。

是月　郭沫若在日本东京发起组织创造社,成仿吾、郁达夫等参加。该社为文艺作家自由结合的团体,出版文艺刊物和文艺丛书。1926 年 4 月 1 日成立出版部,9 月 6 日被松沪警察厅查封。后乃继续出版文艺书刊,至 1929 年 2 月 7 日为国民政府封闭。

　　△　北京工人周刊社出版《工人周刊》,介绍国内外劳动消息,宣传

工人组织工会的意义和作用。

△　北京政府交通部京绥铁路局与美国钢铁公司、泰康洋行签订美金 76.5315 万元借款合同及美金 42.78 万元借款合同,作为购买 1400 吨钢轨及 31 万根枕木之用。

△　北京政府财政部上海造币厂与美商华昌公司签订美金 40.8545 万元借款合同,作为订购机器价款及栈租保险等费。

△　张嘉璈、陈仪、黄溯初、徐寄顾等在上海创办通易信托公司,额定资本 250 万元,实收 136 万元。

8 月

8 月 1 日　徐世昌特使朱启钤抵达东京,次日向内田康哉递交徐世昌关于山东问题的亲笔信。

△　萧耀南到鄂后,要求王占元支给两个月军饷及补给 3000 支来福枪。王占元由鄂省支给该师军饷 17.5 万元,并由汉厂补助该师快枪 3000 枝。萧耀南本无意助王作战,至此不得不勉为一行,定 3 日上午开拔一旅赴前敌。靳云鹗见萧发动,亦将驻汉阳第二团开往前方助战。

△　北京八校向中国银行领 6 月份经费无着,次日复往亦无着。旋据财政次长潘复答称,教育经费本筹定,已经鄂事挪用。教职员闻之极愤慨。

△　福建督军兼省长李厚基与日商林熊祥签订《福建省整理借款契约》,借日金 200 万元,以全省茶税收入及闽侯县酒捐等为担保,作为整理各项零星借款之用。

8 月 2 日　徐世昌通令各省区印花税款拨充十年公债基金,嗣后各省区长官务当协力维持,不得率请截留,以昭信用。

△　徐世昌任命王景岐为驻比利时特命全权公使。

△　湘军左翼孔庚、唐荣旸部,由华容县属焦山攻占石首县属之调弦口。旋又进据塔市驿扼河而守。后复进击公安、石首二县,连连获胜。

△ 鄂籍国会议员刘英在汉口法租界为巡捕逮捕,解送湖北督军署。王占元以图谋不轨罪名,于 4 日晨在军法处枪杀。6 日旅沪湖北同乡闻讯大哗,致电王占元质问;9 日旅沪湖北自治协商会开会,议决致函法国政府、国会及驻京法使,抗议汉口法领事违反国际公例,引渡政治犯,致使刘英被害。

△ 王占元发出紧急通电,表示决心坚守防地,"俟我增援队伍开到,即行进攻"。

△ 优林再度抵奉。次日,张作霖同优林磋商交还库伦问题。优林提出交还库伦三项条件:一、承认远东共和国政府;二、会剿在东省铁路一带活动的白俄;三、远东共和国认为华军有实力接防蒙古时,乃撤退军队。张作霖对此表示不满,拒绝正式谈判。优林在奉逗留两旬,无结果,于 23 日晚前往大连。

△ 粤军克复柳州。

△ 江西督军陈光远电告北京政府称,赣西镇守使方本仁宣告独立,已派兵前往弹压,请予免职,改派萧安国充任。

8 月 3 日 湘鄂两军经一天的休整,鄂军加入近畿二师三旅六团,在赵李桥一带向湘军发起攻击。是日因大雨之后,北风颇劲,湘军作战不易,其势已稍逊;兼以鄂南有孙传芳在前督战,应战较为勇猛。激战五六小时,湘军军火不济,向后退却三四十里,赵李桥、霸王山等要隘均被鄂军夺回,湘军扼守羊楼司待援。

△ 沈鸿英通电取消救桂军总司令名义,暂称广西陆军第二军军长。

8 月 4 日 粤军占领南宁,陆荣廷等逃往龙州,第二次粤桂战争结束。

△ 湘军右翼以金华衮作前锋,叶开鑫为后应发起进攻,剧战竟日,占领湖北通城。未几,通山、崇阳二县亦悉被湘军攻占。崇通镇守使刘跃龙所部之第二混成旅全部被歼灭。8 日,刘携残部百余人返武昌。

△　曹锟以鄂事危急,除加派二十四师一旅开拔赴援外,是日急电北京政府,请再由陆军部抽调一旅赴鄂协助。并以直军南下,直、豫"土匪蠢动",特令驻正定第十二旅开赴彰德,第十四旅填驻正定,借资镇慑。

△　汉口各团体推70余名代表到刘家庙萧耀南行辕,请其维持治安,萧表示武汉治安万无危险。

△　顾维钧会晤克拉辛,商谈苏俄代表来华问题,谈判历时两个多月,未获具体协议。其间苏方屡向陈广平要求签发伊凤阁(北京大学俄文教习)、雪门(商务代表)来华之护照,为陈所拒。

△　日驻济南领事吉田茂访颜惠庆谈华盛顿会议问题,表示愿将山东问题在华盛顿会议以前解决,颜未作具体答复。

△　上海三新纱厂4000余工人要求增加工资举行罢工。罢工持续三天,7日,厂总办盛毓麟被迫同意每工增加工资三分及每两星期增加两日偿工。

8月5日　王占元急电北京政府请求辞职,同时嘱省官钱局局长郭干卿将从前未经毁去之旧票重新使用,并派人将署中所有现款、行李一律护送运津,计有银钱箱160口,衣物箱80口,行李百余件。还令工厂赶造大木箱百余口准备装载各种古董、玩器、书画等。按:王占元在鄂七年,搜刮了1000多万元,分储各外国银行。

△　靳云鹏电询张作霖对鄂事之意见,张复电声明王占元既无维持鄂局能力,中央自可罢免,继任人选请就近与曹使磋商。并表示无论以何人为鄂督,决不过问。

△　孙中山致函各地国民党同志,筹集款项兴建朱执信坟场及建筑纪念图书馆。

△　孙中山复函荷马里夫人,告知驱逐桂系军阀的斗争已取得巨大成就,并盼望她能来广州,"帮助我国妇女从事实业工作"。

△　湘鄂两军复行接战。湘军由总指挥宋鹤庚亲在羊楼司督队进攻,夏斗寅亦亲到前线指挥。鄂方守军已成强弩之末,虽有赵李桥高山

险隘与精利枪炮,亦不耐攻击,即行退去,是役湘军进追数十里,前所失地均已恢复。鄂军退至荼庵岭,头道防线已迫近蒲圻。

　　△　徐世昌批准将陆军第十六混成旅改编为陆军第十一师,任命冯玉祥为师长。

　　△　夜,上海大风,浦江船只倾覆,闸北旧房屋倒塌多处。风雨持续数天未息,潮水大涨,溢出马路。天津路、浙江路一带水深二尺,浦东一带水深三尺,四乡田禾受损非浅。此次风雨大潮,为数年来所未见。

　　△　横贯曲阜、滋阳、泗水、邹县、滕县的泗河,因伏雨暴注,水满平槽,是日金口堤决口淹没村庄 60 余处,为民国以来未有之泗水水灾。

8 月 6 日　　王占元获悉鄂军全线溃退,召开军政联席会宣布辞职,同时致电北京政府,谓"萧总司令按兵不动,靳旅不受调遣",前线鄂军因援军不肯前进,纷纷向后撤退,大局不堪收拾,"占元保境有责,回天乏术。请查照前电任命萧耀南为湖北督军"。

　　△　北京政府电复王占元,嘱其暂维现状;同时密电萧耀南令其布置一切。萧耀南即率师移驻武昌楚望台、两湖书院等处。

　　△　湘军乘胜猛攻鄂军,时适大雨滂沱,路滑泥湿,鄂军大挫,弃荼庵岭败走。

　　△　北京国务会议决定组织渔业委员会,由海军、农商、交通、财政四部派员组成,征收渔业税充海军经费。

　　△　胶济线张店一带之河水因大雨漫溢,马尚河之铁桥受损。次日,青岛开往济南之火车被阻于张店车站。

8 月 7 日　　靳云鹏命蔡成勋往保定同曹锟商定以萧耀南继任鄂督,以吴佩孚为两湖巡阅使。

　　△　湘军中路进攻湖北蒲圻,经数小时激战,鄂军炮兵连长翟连辉先遁,所有炮兵亦弃械逃。鄂军步兵见炮兵败退,失斗志,节节退却。荆港铺、韩家山及东西两路要塞音峰岭、紫金山相继失守,下午 3 时湘军占领蒲圻。

　　△　萧耀南接曹锟自保定来电,令赴前方布置一切,即赴督署见王

占元,旋偕豫军旅长赵杰率卫队乘车赴蒲圻。是晚萧师九十七团进驻贺胜桥,次日续开两团赴前线。豫军亦开赴前线助战,直军第二十四师亦有一团到汉。

　　△　旅京湖北同乡在湖广会馆开会,公推李继膺为主席,讨论鄂事,议决通电全国要求双方停战。

　　△　中国证券交易所在上海正式开幕,理事长陆叔同。

　　8月8日　湘军中路左翼发动猛攻,连陷沔阳、嘉鱼;鄂军第二十一混成旅王都庆所部退至离省60里之金口。夏斗寅率所部攻鄂军,又胜于中伙铺,鄂军退守汀泗桥。夏又令湘军各持白刃浮河而渡,自率敢死队随后督战。鄂军以势不支,退驻离桥五里,以待援兵。湘军得汀泗桥后已疲惫,且援鄂之直军又源源而来,乃宣告停战。

　　△　黎元洪、周树模、熊希龄、张国淦、陈宧、饶汉祥等电劝湘鄂双方停战议和。

　　△　西班牙新任驻京公使铎斯芬德斯向徐世昌递交国书。

　　△　韩芸根、杜家坤、刘鸿生等创办上海煤业银行,资本额定80万元,实收半数。1931年修正章程,资本改为40万元。

　　8月9日　徐世昌令免王占元两湖巡阅使、湖北督军本兼各职;特任吴佩孚为两湖巡阅使,萧耀南为湖北督军,孙传芳为长江上游总司令。

　　△　蒋作宾召集旅湘各界人士会议,抗议北京政府对吴佩孚、萧耀南之任命,次日并发出抗议通电,谓"凡以巡阅、督军名义奉北庭命令而来者,皆为吾鄂之公敌,自治之蟊贼,誓必扑灭之而后已"。

　　△　湖北省议会、自治公会、全省自治筹备处、各界联合会、学生联合会等七团体通电,反对北京政府之任命,谓此次鄂人实力去王之主张"在联合自治,目的在废督裁兵","去虎进狼,鄂人至愚,何能忍受。……无论何人,有肆行侵略瓜分地盘之野心者,吾民虽弱,仍以王贼视之,纵牺牲至如何地步,誓必完全达到目的而后已"。

　　△　萧耀南召集各军将领开军事会议,决定前线鄂军一律后撤,由

援军接防。由于大队未集,暂在汀泗桥扼守。划分防区如下:一、以靳旅为中路,守汀泗桥前线;二、以豫军赵旅为右翼,守铁道以北;三、以四十九旅为左翼,守铁道以南。此外二十五师除留一团保卫汉阳兵工厂外,全部开驻汀泗桥迤北,作为后援。

△　四川军阀派胡济舟为援鄂司令,率军由川入鄂,是日与施宜镇守使赵荣华所部第一团交战,占领湖北建始县。

8 月 10 日　广州国会非常会议通过田维纲等 50 余名议员提出的北伐请愿案,并咨请孙中山宣布徐世昌罪状,明令出师讨伐,以谋国家统一。

△　湘直两军发生冲突,此为湘直之第一战。湘军从中伙铺分三路向汀泗桥进攻。靳旅势不能支,纷纷退却,并纵火焚毁辎重,汀泗桥全镇亦付一炬。湘军进据汀泗桥后方 15 里,靳旅退至咸宁县城。

△　萧耀南派代表见湘鄂联军总司令蒋作宾谋和。蒋提出条件:一、王占元旧部一概撤离鄂境;二、直军不得进驻鄂省;三、组织联省自治,并表示如萧接受此三项条件,可承认萧为湖北督军。萧耀南接到条件后,表示决计与顽强之南军一战。

△　苏俄外交人民委员齐契林向蒙古地方当局保证:俄军暂不自蒙古撤退。

△　叶恭绰发起成立华盛顿会议讨论会。

△　黄磋玖等在上海创办日夜银行,资本 50 万元,以适应交易所日市、晚市、夜市的需要。1930 年 2 月及 5 月又设立两分行。黄病故后,于 1931 年 1 月 19 日停业。

8 月 11 日　赵恒惕通电主张召开国民大会,草拟各省宪法,于各省宪法制定后,再仿美国之例,制定中华民国之宪法。

△　晨,武汉各军警长官至督军署,向王占元告别。王当即离署赴文昌门,乘"楚振"舰经浦口转天津。

△　武汉民众在黄鹤楼开公民大会,通过议案要求没收王占元私人产业,以偿兵乱时民间之损失;并要求真正自治,军人不得干政。

　　△　美国总统哈定正式邀请中、日、英、法、意五国参加在华盛顿召开之华盛顿会议。

　　△　太平洋教育会议在夏威夷召开,北京政府派蔡元培等五人出席。会议就各国交换学生及教员等问题通过 17 项议案,于 19 日闭会。

　　△　北京政府外交部以东省铁路权业已收回,审判厅、警察局亦已次第成立,下令撤销中东铁路交涉局,所有案卷移交吉林交涉员管理。

　　△　吴佩孚下令扣留京汉铁路汉口至郑州段之营业收入充作军费,并派军队到各站强制执行。

　　△　大中银号改组为大成银行,资本额定 100 万元,先收 50 万元,设总行于北京,分行于上海、天津。

　　8 月 12 日　孙中山以中华民国正式政府总统府秘书长马君武为广西省长,陈炯明为广西善后督办;任命谢持为总统府秘书长。

　　△　徐世昌特任蒋拯为海军总司令。

　　△　北京政府向国际联盟提出取消上海会审公廨说帖。

　　△　晚,吴佩孚率第三师、第二十四师及鲁军混成旅计三万人抵汉口刘家庙车站,声称对湖北治安负全部责任,次日乘车赴咸宁视察前线,并重新部署兵力。

　　△　苏、皖、鲁、晋等 11 省区新当选的众议院旅京议员朱五丹、蔡培、王文渊、王执中等发表宣言,呼吁迅行召集新国会,速定国宪,厉行民治;同时通电新当选议员于中秋节前"齐集京师,商榷一切"。

　　△　驻京日公使小幡酉吉访颜惠庆,对"鲁案"进行非正式之讨论。

　　△　苏俄红军侵入我国外蒙古追击白俄匪军,占领三音诺颜,白俄匪军西走唐努乌梁海。

　　8 月 13 日　吴佩孚在武昌督军署召集武汉各文武官吏及议会、商会、各团体代表 200 余人开会,议决:一、由武汉各团体致电赵恒惕、蒋作宾等,要求停战;二、电请京、津两湖要人从中调解;三、萧、吴两人及议会、商会各派代表二人赴湘接洽;四、在汉口召开和平会议。

　　△　汉口各团体联合会分电各方面,请速停战议和,并请北京政府令准各省自治,以遏止战机。

　　△　陕西督军阎相文诱捕民军将领郭坚,并以"啸聚土匪久为民害"之罪名,是日在西安将郭枪杀。

　　△　留法勤工俭学生及旅法华工又在巴黎哲人厅召开第二次拒款大会,驻法公使陈箓派一等秘书王曾思出席。王态度蛮横,遭到痛殴,被迫代表陈箓签署反对中法借款声明。

　　8 月 14 日　萧耀南召集武汉官商会议,声言:"吴巡阅使此来,力任调停,如湘省不加谅解,决以武力解决;尚有四师人数,当陆续到鄂。请当地商会筹借三百万元,以京汉铁路南段收入为担保,行息分半,六个月清偿。"会后,商会董事纷纷逃匿。

　　△　徐世昌任命刁作谦为驻古巴特命全权公使。

　　△　邹鲁等在广州发起组织太平洋问题讨论会。

　　△　湖北襄河王家营新堤因去年修溃堤时减料偷工,工程草率,遇连日大雨,河水猛涨,于是日复溃。钟祥、京山、天门、潜江、汉川、沔阳、夏口、襄阳、应城、云梦、黄陂、孝感 12 县遭灾,除田庐牲畜不计外,人民淹毙当不下数千,往往全家无一得免。受灾最重的钟、京、潜、天四县,灾民以树皮草根为食,老弱转于沟壑,壮者散之四方。

　　8 月 15 日　孙中山下令驻桂各军均归陈炯明全权节制,民政由马君武治理,各军不得干涉民政,务须切实扶植桂民自治。

　　△　孙中山致电各省军政长官,告知拟在粤召开联省政府代表会议,届时请派代表出席。

　　△　山东南馆陶(今河北馆陶)王占元家乡卫队一营哗变。变兵首将营长赵启胜击毙,蜂拥而出,挨户搜劫。劫后变兵向西逃逸。

　　△　徐世昌会见日公使小幡酉吉,谈山东问题。

　　△　北京政府教育部职员因欠薪达五个月,是日召开全体会议,决定停止办公。

　　△　吴佩孚自前线视察回汉口,下令禁止市民召开国民大会。

8月16日　北京政府外交部电令驻美公使施肇基照会美国政府，对美邀请中国参加华盛顿会议表示接受。

△　吴佩孚扣留湖南谈判代表萧光礼，并提出两项条件：一、湘军完全退出湖北；二、惩办湘军师长宋鹤庚、鲁涤平；并表示任命蒋作宾为湖北省长的问题，可由北京政府考虑。

△　广州二万多土木建筑工人举行总罢工，要求增加工资，经过10天的斗争胜利结束。

8月17日　湘直两方同下总攻击令，两军在咸宁、汀泗桥、官埠桥等处进行激烈的争夺战。吴佩孚亲往官埠桥督战，令海、陆军向前夹攻。湘军无军舰掩护，势不能敌，大咀、宝塔州、嘉鱼均被直军占领，新堤至夜间亦被攻下。

△　直军进攻金口以上之湘军，吴佩孚密令将下沙湖口之江堤决口，水淹湘军。湘军窥知，退守高皁，但该地居民一千六七百户尽淹没，溺毙3000余人。时值秋收，损失财产在数百万以上。不久，直军进攻簰州不克，吴佩孚再次密令将簰州北首横堤决口。江水骤至，湘军被迫撤退，人民不及迁避，又淹没老幼男女3000余人，所有堤内房屋、牲畜、禾苗、谷米均被冲走，受害人民怨声载道。

△　马君武宣布治桂方针：一、禁赌；二、裁兵；将桂军改编为二师；三、自治，于梧州试行市政，将来省议会亦移梧州。

△　苏俄红军攻击恩琴，占领我国外蒙古科布多。

△　农商银行由财政、农商两部合办，以齐耀珊、高凌霨为正副总裁，上月16日在北京开创立会，设总管理处于北京，是日北京分行先行开幕。资本总额1000万元，已收足四分之一，承办银行各种业务并有发行纸币及代理金库事务之特权。

△　北京政府交通部与中英公司续订川粤铁路湘鄂段85万元借款合同，充作湘鄂段购置车辆及其他一切开支之用。

△　中华职业教育社发起组织全国职业学校联合会，是日在上海开成立会，到22校代表，通过《简章》八条。

△ 津浦路局因滁州以北铁路被水淹没,路轨冲毁 60 余里,决定是日停车。

8 月 18 日 陈炯明电卢永祥,响应 6 月 4 日各省自定省宪之通电,并请其领衔通电全国,召集各省派代表到沪开会,制定宪法。

△ 川鄂开战。援鄂川军占领巴东,旋直下攻占秭归,前锋逼近宜昌,施宜镇守使、十八混成旅旅长赵荣华退守宜昌。

△ 徐世昌令责成外交总长颜惠庆筹备太平洋会议一切事宜。

△ 美国务卿休士向日本政府表示愿意斡旋山东问题。

8 月 19 日 萧耀南在督署召集武汉绅商政学各界要人开会,商议对于鄂事和战之办法。萧表示同意自治,但时机未成熟,不能遽然做到。与会者一致主张湘鄂两军应早日停战,其议和条件可请有声望之第三者疏通。

△ 直军在汀泗桥发动三面反攻,激战六小时,湘军因大炮缺乏,弹药不济,于傍晚退过中伙铺。

△ 孙中山发布命令裁撤南宁、桂林等六道道尹。

△ 赣军李明扬部占领全州,沈鸿英军退入湖南边境。21 日,赣军追击沈军至黄沙河,沈军复向永州逃窜。

△ 优林秘书葛雷带行李前往车站,经路警查出宣传文件多种被扣留。远东共和国代表团为此提出抗议,要求释放。后于 10 月 3 日由刘镜人与阿格辽夫签订《中赤解决行李协定》,乃告结束。

△ 徐世昌批准京汉路局续募 400 万元短期借款。

△ 国立北京高等师范附属中学呈拟于下学年添设女子部,招收女生一班。是日,北京政府教育部准予试办(本年广东省立中学亦开始招收女生,为中学男女同校之始)。

△ 北京八校教职员组织太平洋问题研究会,推蔡元培、蒋梦麟为正、副会长,推李大钊、胡适、谭熙鸿为干事。

8 月 20 日 直军进攻白螺矶,湘军全力迎战,两军均不下万余人,自拂晓至日中剧战数小时不分胜负。次日拂晓又继续战斗,至午间湘军不支,纷向城陵矶退却,直军占领白螺矶。

　　△　湖南省宪法审查会正式开会审查《湖南省宪法草案》,经三读通过。其附属之《省长选举法》、《省议会议员选举法》、《省议会组织法》、《县议会议员选举法》、《法院编制法》五种,亦一律修正通过,于9月9日闭会。

　　△　广州非常国会议员凌钺、张凤九致函国会同人,宣布陈炯明罪状。略谓:"本日各报内载陈炯明巧电(即民国十年八月十八日),请浙督卢永祥领衔通电全国,召集各省区代表到沪制定宪法等语","要知我国会集会广州,原为西南宣誓护法,昭信中外,曾几何时,陈炯明口血未干,狼心突起,以护法始,以毁法终,阴险狡诈,反复无常,胆大妄为,目无法纪……特专函请速发通告开会,议决查办。"

　　△　陈耀垣等在广州发起组织中央筹饷会,所有筹捐款项专供广州政府北伐及统一国政之用。

　　△　中国科学社在北京清华园举行全国科学大会。

　　8月21日　倪道烺通过"公益维持会",出巨款包办选举,选出倪系清一色的108个省议员,迫聂宪藩下令召集第三届省议会。聂不敢而辞职。倪又以40万元贿买靳云鹏,任命其老师李兆珍为省长。是日,徐世昌令准聂宪藩辞职,特任李兆珍为安徽省长。

　　△　滇、黔、湘、赣各军攻克桂林。

　　△　张作霖以兵士不服水土为词,电请撤回全部征蒙军队。

　　8月22日　孙中山在广州召集国务会议,否认北京政府发行十年公债。

　　△　华盛顿会议讨论会在广州成立,举汪精卫、邹鲁为正、副会长,伍廷芳为名誉会长。

　　△　黄磋玖等又集资100万元,在上海创办上海夜市物券交易所。

　　8月23日　湘直两军各有三万人在汀泗桥、中伙铺间官塘驿激战,吴佩孚亲往督战。战至次日,直军大败,靳云鹗旅全部溃散,直军第三、第二十四、第二十五师与第十三混成旅及豫军第一旅等均受重创。

吴佩孚处决后退一营长,亲率卫队二连督队再次反攻,并令前敌军士手执刺刀砍刀冲锋,湘军不支,退保蒲圻。是役双方死伤者在四五千人以上。后吴佩孚收买湘军旅长葛豪为内应,再次发动进攻,湘军因受内外夹攻,于 28 日从蒲圻、嘉鱼等地退却。

　　△　蒋作宾通电痛斥吴佩孚决堤杀人,残忍已极,表示不驱公敌,决不罢兵。旋于 27 日旅湘湖北自治协会、改造湖北同志会、湖北公民会等纷纷通电,控诉"吴佩孚决金口堤及簰州横堤以灌南军,南军死者数百人,居民溺毙者五六千人,财产损失巨万以上,被灾区域纵横约数百里"。

　　△　陕西督军阎相文因军队索饷,无法应付,夜半服毒自杀身亡。

8 月 24 日　北京各公团代表在中央公园开茶话会,讨论华盛顿会议代表问题,主张代表不由南北两政府选定,而由国民外交大会研究代表人选及提案。

　　△　葡萄牙驻京公使符礼德以领袖公使名义就湖北武、宜兵变事照会北京政府外交部,提出条件三款:一、汉口租界不准有反对现政府政策之华人居住;二、宜昌官吏应负保护外侨完全责任;三、兵变军官逃入汉口租界决不容留。

　　△　晚,驻湖北孝感原属王占元旧部之第一混成旅部分士兵哗变,变兵乘车北去,在萧家港、花园、广水等地抢劫,并拆毁广水、萧家港一带铁轨,经萧耀南派兵弹压,变兵向云梦、德安、信阳等地溃窜。

8 月 25 日　孙中山在广州召开国务会议,商讨华盛顿会议事,决定发表国务会议宣言,主张出席华盛顿会议之中国代表应由广州合法政府委派,不承认北京政府所派代表。

　　△　徐世昌特任冯玉祥署陕西督军。

　　△　留法勤工俭学生参加拒款运动,法国政府以学生参与政治活动,停止资助。是日,驻法公使陈箓电告北京政府,遣送一批学生返国。

　　△　安徽学生联合会通电,宣告"倪(道烺)、马(联甲)运动李兆珍长皖,学生等誓死力拒"。旋驻沪安徽救国代表团、改造安徽同志会、芜

湖总商会等团体及个人纷纷通电,反对李兆珍长皖。

△　恩琴在海拉尔为苏俄捕获,旋解往尼古拉夫斯克,经该地法院判处死刑,于 9 月 5 日执行。

8 月 26 日　徐世昌令准农商部取缔上海私设各交易所。

△　赴欧专使顾维钧向国际联盟提出说帖,请求代为转达分得庚子赔款之各国政府,退还部分庚款,以为中国留学经费。

8 月 27 日　广州政府严申烟禁,各级官厅认真奉行,缴获烟土 10 余万两,是日上午 10 时在东校场当众焚毁,至次日始全部焚尽。

△　徐世昌令派王继曾为庆祝墨西哥百年共和纪念专使。

△　北京八校教职员联席会议议决,经费未发清之前,招生及上课延期。京师公立小学校亦因经费无着,延长假期。

△　夜,江西星子县白鹿洞被人纵火,全部被焚。白鹿洞为南宋朱熹讲学之所,藏有图书 100 余万卷,价值当在百万元以上。星子县及全省各界人士开会,要求北京政府查办此案。经调查此纵火案系省教育厅第三科科长王经畲、星子县图书馆馆长梁亦谦、馆员胡亨所为。王经畲于是年夏奉命东渡日本考察教育,私将藏书售与日人,得 20 万元。回国后,即将此书秘密运出。后伙同梁、胡纵火焚毁白鹿洞,以图灭迹。

△　优林第三次来京,访北京政府外交次长刘式训及刘镜人,谈东省铁路问题。刘式训驳斥优林关于合办东省铁路的要求,告以该路在中国土地上,应完全归中国办理,另定发行债票办法,以偿清俄人。30日,优林再访刘式训,谈商约开议问题,无结果,于 9 日离京赴大连返赤塔。

8 月 28 日　孙中山函复苏俄外交人民委员齐契林,陈述中国近情及通商问题,告之广州已建立正式政府,表示革命党的北伐事业一定完成。信中热切表示:"我非常注意你们的事业,特别是你们苏维埃底组织、你们军队和教育底组织。"最后向列宁以及所有致力完成为人类的自由事业而尽了最大的努力的朋友们致敬。

△　吴佩孚对岳州(岳阳)发动总攻击,令张福来督同海、陆军陷城

陵矶,逼岳州。驻守岳州湘军因闻嘉鱼、蒲圻败退,军心动摇,全师退却,岳州于是日午后 3 时为直军攻陷。

　　△　徐世昌任命孙传芳为陆军第二师师长。

　　△　华盛顿会议后援同志会在北京成立,举黎元洪为理事长,周树模、张謇、陆徵祥、梁启超等 25 人为理事,罗文幹、张一鹏等 68 人为干事。

8 月 29 日　孙中山发表文告,反对北京政府滥发公债,谓:"伪廷徐世昌命令所发行之民国十年公债及其一切公债,未经合法国会通过者均无效。将来统一之后,政府不负偿还之责。"

　　△　吴佩孚抵岳州,即召张福来、杜锡珪及各旅长开会,并致书赵恒惕约休战二日。

　　△　沈鸿英率所部离桂入湘,就任湖南援鄂第二路军司令,是日通电声明,嗣后一切进行,均听赵总司令命令,不干预政事,所有桂事亦概不过问。31 日,陈炯明电赵恒惕,令将沈鸿英缴械。赵复电谓沈现为援鄂前驱,将功赎罪。

8 月 30 日　广州政府驻美国代表马素电告广州总统府称,美国务卿表示美曾通知北京政府,华盛顿会议中国代表必南北兼派,北京政府回电称南方唐绍仪可充代表。是日,广州总统府发表通告,声明对于华盛顿会议代表"并未与北廷有一字商量"。

　　△　吴佩孚在岳州召集萧耀南、杜锡珪、张福来及各师旅长和湘军代表叶开鑫、王首斌开会,商讨湘直和议问题。订立四项协定:一、岳州、平江、湘阴均归直军驻防;二、维持赵恒惕地位;三、许湘省自治;四、湘鄂继续联防。并决定自 9 月 1 日起续停战七日。

　　△　徐世昌晋授吴佩孚勋一位。

　　△　徐世昌任卢金山为陆军第十八师师长。

　　△　赴欧专使顾维钧被国际联盟推举为行政会会长。

　　△　上午 10 时,青海西宁地震,房屋动摇,门窗裂声如狂风作势。次日及后日又发生地震,损失极重。

是月 中国劳动组合书记部机关报《劳动周刊》在上海创刊,为我国工会最早的一个刊物。发刊词指出:周刊"是专门本着中国劳动组合书记部的宗旨,为劳动者说话,并鼓吹劳动组合主义",希望"扩大解放全人类的声浪,促进解放全人类的事业实现"。1922年6月9日,上海公共租界工部局以"煽动邮务工人罢工"罪名,勒令停刊。

△ 毛泽东在长沙船山学社创办湖南自修大学。1923年4月又以自修大学名义,创办《新时代》月刊和附设补习学校。1923年11月,赵恒惕以"自修大学所倡学说不正,有关治安"为词,下令封闭。

△ 孙中山复函国会非常会议,告知关于选派代表出席华盛顿会议事,政府正在筹备进行。

△ 北京政府发表4月至今收支情况:收入450万元,支出840万元,财政赤字近400万元。

△ 陈光远与奸商龚梅生等合组天昌米谷公司,偷运贩卖米谷给日本牟取暴利。消息外泄,激起群众愤怒。各校学生上街演讲,散发传单,揭露军阀唯利是图。南浔铁路工人、沿江码头工人拒绝为天昌公司搬运,天昌公司因此倒闭。

△ 皖北18县5月以来,连阴雨数十日,江河水飞涨,致成数十年未有之奇灾。据父老传闻,水量较清同治五年(1867)大出三尺有余。田稼淹尽,房屋冲倒,人畜漂流,灾民百万。

△ 浙省中旬以来迭经骤雨狂风,鄞县、慈溪、奉化、绍兴、余姚、上虞、新昌、临海等县塘堤溃决,山洪暴发,人畜田庐多被冲没。其间受灾尤烈者为鄞县之鄞江桥,仅梓村一处人口150人,死伤即达117人之多。房屋倒塌殆尽,道路桥梁大半断绝,其他各村,类此者亦有。

△ 苏省入夏以来,淫雨连绵。伏秋盛汛,淮、黄横决,中旬以后飓风暴雨,滨江沿运各县平地水深数尺,庐舍倾颓,哀鸿遍野,被灾至50余县之多。

△ 陕西扶风等县入夏以来,冰雹成灾,又值苦雨兼旬,山洪暴发,河渠冲溢。洋县等18县受灾尤重,人畜田庐漂没无数。

9　月

9 月 1 日　赵恒惕乘英轮抵岳州（岳阳），同吴佩孚在英舰议和，缔结暂时休战办法九条，湘军自鄂撤退，湘军援鄂之战结束。

△　川军三路进攻宜昌，驻守宜昌之直军被包围，战斗持续两昼夜，直军不支，萧耀南急调驻沙市之一团及十一师一旅赴援。日、英、美三国领事以保护侨民为借口，派水兵登陆。直军托三国领事出面调停，川军遂停止攻城。

△　中国共产党中央委员会在上海创办人民出版社，出版理论书籍。到 1922 年 9 月，共出版了《共产党宣言》、《国家与革命》、《哥达纲领批判》、《雇佣劳动与资本》等 15 种。1923 年与新青年社合并。

△　北京政府交通部发行 600 万元八厘短期购车公债，委托经募车债银行团代为经理，是日起开始募集，至 30 日截止。

△　中易信托公司是日在上海开幕，为我国信托公司之第一家，资本 800 万元，经理洪盛仑。

△　浙江鄞县东乡潘火桥蔡氏旅沪族人，以蔡氏宗祠惇叙堂堂名创办惇叙储蓄银行，资本额定 10 万元，实收 4.36 万元，资本薄弱为内国银行所仅见，是日开幕。嗣于 1930 年 6 月 1 日改称惇叙商业储蓄银行。

9 月 2 日　张绍曾承吴佩孚意旨在汉口发出通电，主张在庐山召开国是会议，分国民会议与国军会议两种，并拟定办法草案 14 条。直系军阀吴佩孚、陈光远、萧耀南、齐燮元、孙传芳、杜锡珪等，以及赵恒惕纷纷通电表示赞成，其余实力派多持旁观。吴佩孚派人运动各省赞成，无应者，会议终未召开。

9 月 3 日　张作霖再辞蒙疆经略使，并派督署参谋长乔赓云赴京，将经略使印缴呈公府。徐世昌、靳云鹏磋商慰留办法，决定满足张作霖对热河的要求，委汲金纯为热河都统，调姜桂题为陆军检阅使。同时电劝张作霖速行就职,出兵复蒙。

9月4日　曹锟在保定召开军事会议,曹锐、边守靖、吴毓麟等参加,吴佩孚派专员与会。会议商讨湘省局势、军费及防御南方问题,决定直军驻防于湘、鄂、赣三省:第三、第二十五师及靳云鹗、董政国两混成旅驻湘,第二十三、第二十六师及豫军一团驻鄂西,第二十四师及鲁军一旅驻赣。

△　徐世昌特任张文生为安徽督军,齐燮元为江苏督军。

△　旅沪国会议员杭辛斋等84人通电,谴责吴佩孚以召开庐山会议"欺骗全国,实谋割据,以扩地盘"。同时,中华民国学生联合总会、全国各界联合会、旅沪赣民自治促进会、旅沪川湘鄂公民等亦纷纷通电,反对召开庐山会议。

△　孙中山致函马君武,介绍陈楚楠赴广西考察农业。

△　美国哥伦比亚大学师范学院院长孟禄博士应中国教育团体之邀,来华调查中国各地教育状况,是日抵沪。旋赴北京、太原、开封、南京、苏州、广州等地调查讲学,于1922年1月7日离沪返美。

△　薛文泰、秦祖泽等在上海创办中国棉业银行,资本总额100万元,先收一半。1927年因时局变化,于3月13日经股东会议决解散,所有存款如数发还。

△　湖北自治军总部(设于长沙)撤销,蒋作宾偕孔庚离湘赴粤。

9月5日　孙中山就华盛顿会议代表资格问题发表宣言,指出:"远东问题,实以中国为枢纽。"而"本政府职权,由法律所赋予,为中华民国正式政府"。"将来华盛顿会议,苟非本政府所派之代表列席与会,则关于中国之议决案概不承认,亦不发生效力"。

△　孙中山致函美国国务院告知只有中国南方合法正式政府有权派代表出席华盛顿会议,北方非法政府无派遣代表之权。此函由驻美代表马素转递美国务院。

△　国际联盟第二届大会在日内瓦开幕。主席顾维钧致开会辞,谓今年会员已由41国增至48国。本届议事日程为组织国际法庭、选

举审判员、缩减军备及修正规章,于 10 月 5 日闭幕。

9 月 6 日　孙中山在广州总统府宴请各军将领 200 余人,以奖援桂之功,勉以北伐;并发表演说,指出:"统一中国,非出兵北伐不为功。"又谓:"粤处偏安,只能苟且图存,而非久安长治,能出兵则可以统一中国。"

△　孙中山特派周震鳞为湖南劳军使。

9 月 7 日　驻京日公使小幡酉吉为直接交涉山东问题照会北京政府外交部,提出《山东善后处置案》(即"鲁案"第一次节略)九条,表示日本归还胶州湾租借地,中国将租借地辟为商埠,并于山东省内适当都市自行开为商埠;山东铁路、矿山中日合办;山东铁路延长线(指济顺、高徐两铁路线)之权利及烟潍铁路优先权让与四国新银行团经营等。15日,外交部将此案全文交各报社发表。

9 月 8 日　北京国务会议,颜惠庆报告日公使提出"鲁案"经过,主张发表往来文件,视全国舆论再定迎拒办法。其他阁员主张通电各省区长官及法团征求意见,取决多数。

△　徐世昌任命赵杰为河南暂编陆军第一师师长,阎治堂为第二师师长。

△　驻华英、法、日三使向北京政府外交部抗议东三省截留盐税,请予禁止。

9 月 9 日　非常国会在广州发出通电,宣布吴佩孚罪状,反对庐山"国是会议"。

△　浙江省宪法会议制订《中华民国浙江省宪法》,凡 18 章 158 条及《中华民国浙江省宪法施行法》,凡 23 条,于 7 日经省宪法审查会三读通过,是日正式公布,后终未实行。

△　北京政府在美国旧金山设立公断处,以处理华侨间之纠纷。

△　庐山"国是会议"筹备处在汉口成立。

△　北京政府交通部为京绥铁路须扩充营业资产,发行短期债款500 万元,月息八厘。

△ 新任驻京墨西哥公使巴拉斯向徐世昌呈递国书。

9月10日 外蒙王公公举车臣汗王部属扎萨克郡王多尔齐为代表,请愿内向。多尔齐往呼伦贝尔向都统贵福表示:"上年库伦被俄旧党巴龙攻陷,蒙民受害非浅,今者俄新党又占库伦,蒙民等对于俄国新旧党之举动,概不赞成,仍愿归附中央,永受保护。"贵福即将详情电达黑督吴俊陞请示办法。旋活佛又派蒙员抵齐齐哈尔谒吴俊陞商蒙事,吴请其赴奉与张作霖接洽。

△ 安庆各团体民众齐集江岸,反对李兆珍就任安徽省长,预备李兆珍到时阻其登岸,至深夜始散;次日又如此,一直坚持到13日。

△ 天津26个团体联名电请北京政府拒绝"鲁案"直接交涉。旋中华学生联合总会、上海工商研究会、中国工会、四川同乡会、中华民国全国各界联合会、留日学生救国团等纷纷发出通电,反对直接交涉。北京学生上街演讲,山东各界召开大会,强烈要求日本将青岛及所占山东权利无条件交还中国。

△ 赵恒惕就实行裁兵事通电所属征求意见,旋得赞同,于9月20日特通令所属酌量改编。但湖南各地方军阀仍置之不理,裁兵有名无实。

△ 徐世昌公布《县自治法》施行日期及施行区域;又公布"县自治法施行日期及施行区域令:《县自治法》自民国十年十月一日于浙江省所属各县施行"。

△ 徐世昌任命毅军军统姜桂题为陆军检阅使;任命汲金纯为热河都统。

△ 吴佩孚、陈光远、萧耀南等通电赞成召开庐山"国是会议"。

△ 北京政府财政部接受银行公会提议,裁撤全国印花机关,将印花票交邮局办理。

△ 李祖恩、魏伯桢等在北京创办信中贸易公司,资本50万元,经办各种货物进出口,兼营存款、放款及国内外汇兑,买卖各种公债股票及有价证券。

9 月上旬　孙中山会见来广州之北京大学校长蒋梦麟,指出华盛顿会议是前巴黎和平会议的变相。

9 月 11 日　徐世昌派靳云鹏至北京孔庙代行"秋丁祀孔"礼。

△　湖南各界发起裁兵运动,反对赵恒惕恢复溃散各军,主张裁减军费。14 日,湖南各公团发出裁兵通电。

9 月 12 日　新疆督军代表刘希曾与苏俄西伯利亚驻军革命委员会代表波戈金在塔城缔结《关于俄罗斯苏维埃联邦社会主义共和国红军开入中华民国国境以剿灭阿尔泰区白匪部队之协议》,规定苏军自行自斋桑城地区实行攻击动作,中国军队负责防卫布伦托海地区及乌伦古河以东之后方;苏军自其开入中国领土之日起,一个月内由中国无偿供给粮食,军事行动结束后,苏军立即撤离中国国境。

△　美国新任驻京公使舒尔曼向徐世昌递交国书。

△　舒尔曼赴北京政府外交部,递送华盛顿会议议事日程。18 日,舒尔曼再赴外交部,声明所送华盛顿会议日程系试拟非确定,可酌商变更。

△　张作霖在奉天召集蒙古王公会议,议定宣抚办法。决定派宣慰使达寿会同各王公分途赴蒙宣抚;并拟定外蒙官制,专案呈请中央添设各族辅佐员,由汉蒙人员分任其职。

△　吴佩孚与赵恒惕和谈结束,是日正式签订和约。其内容为:一、岳州、湘阴为直军驻地,唯行政权仍属湘省;二、保留赵恒惕湖南总司令名义;三、承认湖南自治,如发生事变时,得由直军援助。

△　川军第二次进攻宜昌,川军援军唐式遵、张冲汉等部队由夔下驶,复由南沱溪分路反攻宜昌,鄂军节节退却,宜昌几不能守。直至次日晚,直军增援部队陆续到达加入防线,堵住川军进攻。至 15 日,吴佩孚率所部主力军赶到,始将川军击退。

9 月 13 日　蒋介石自沪抵粤,与孙中山、廖仲恺等议商出师北伐之事。

△　徐世昌下令添设潼关镇守使,以张锡元充任。

△ 安庆数千群众在招商码头迎官厅示威,反对省长李兆珍到皖。李不敢登岸,于夜间扮成贩夫改乘小船,暗由小南门登岸,入省署接印。

9月14日 王宠惠被举为国际法庭副审判员。

△ 奉天日本侨民在十间房一带举行祭祀活动,沿街挂七、五、三绳。我国人民以其用麻绳藁白纸有伤我国风俗习惯,由交涉署向日领提出请其撤去,日领不允。是晚,日人抬出樽神舆游街,并厉声叱责,足蹴观众,引起纠纷。日人遂唤日警及宪兵队数百名殴打群众,我国人民百余人受伤,但驻奉日领赤冢竟先向奉省当局提出抗议。

△ 孙中山以大总统名义发出布告,反对北京政府滥发国库券。

9月15日 北京八校七月份教育经费经潘复约定于旧历中秋节前发出,到期又无着落。是日,教职员往教育部坐索,至夜始散。次日晨续往,仍无结果。后经校长团居中调停,马邻翼向财政部交涉,始得向中国、交通两银行各借5.5万元,先发半数。

△ 华盛顿会议协会在上海总商会开会,议决本协会九个团体公推余日章、蒋梦麟两人为出席华盛顿会议国民代表。余、蒋于10月15日启程赴华盛顿。

△ 吴佩孚率直军主力赶至宜昌增援,以第二十四师师长张福来为总司令,第八师师长王汝勤为左翼司令,第三旅旅长卢金山为右翼司令,与川军激战,将川军击退。

9月16日 驻澳门葡萄牙海军在银坑越界干涉中国国防军缉盗,竟先行开炮。中国军队反击,伤葡萄牙水兵四名。

△ 北京政府驻英、法、德、奥、荷、瑞典、瑞士、意大利、西班牙九国公使,以太平洋问题为列强争端之中心,中国实首当其冲,是日联名致电国内,劝告息争,使现在用兵各省,立即停战,"商议统一治国方法,一致对外,以为后盾"。

△ 徐世昌特派田中玉督办宫家坝黄河决口堵合事宜。

9月17日 北京国务总理靳云鹏呈请辞职。

△ 卢永祥致电张绍曾,谓2日通电仍有第三政府及党派操纵嫌

疑。次日,张复电称,统一政府乃指国宪成立后,依法成立之政府而言,非第三非法政府可比,并告以赴沪、杭时再议。

△　安徽各界成立安徽公民拒李大会,发表第一次宣言,表示"誓死不承认李兆珍为安徽省长",同时致李兆珍觉书,限即日出城,不得逗留。19 日又发表第二次宣言,谓"本会愤李贼之凶残,慨皖祸之日亟,业经宣言绝不承认李兆珍为安徽省长,并一致主张拼死驱逐,期于实现皖贤长皖,自救皖危"。

△　北京政府陆军部调毅军驻北通州,促姜桂题速离热河。

△　远东共和国擅在齐齐哈尔设立领事馆,吴俊陞电告北京政府请示办法。

9 月 18 日　孙中山与美国民治社驻芝加哥记者金斯莱会见,谈论中美关系等问题。

△　陈树藩联合川军由汉中分三路攻陕,东路出蓝田之阳峪口,中路出长安正南之子午谷,西路出宝鸡之南天门,同时派人联络陕中旧部以为内应。

9 月 19 日　北京政府外交部以华盛顿会议日程将中国与委任统治地并列殊非平等,是日一面通知美驻华公使舒尔曼要求改拟,一面电致施肇基令向美国政府详细声明否认之理由,并试拟华盛顿会议议事日程对案六条。

△　徐世昌下令添设安泰镇守使,以张奎武充任。

△　京绥铁路举行通车典礼。全路干线 1213 里,支路 122 里,历时 16 年修成。

△　江、浙、皖水灾义赈会是日在上海仁济善堂开成立会,推何丰林为名誉会长,朱葆三为会长,史量才、徐静仁为副会长,叶慎斋为坐办。22 日致电北京江、浙、皖同乡,谓"本年江、浙、皖三省,惨遭水灾,灾区之广,灾民之多,为东南数十年来所未有",望"俯赐赞助,共策进行"。

△　北京协和医院举行新屋开幕礼,颜惠庆代表总统致祝词,约

翰·洛克菲勒(美国石油大王之子)叙述协和医院成立之由来,谓北京协和医学校及其所附设之医院,原系英美六大教会所合办,现由洛克菲勒投资兴办。

9月20日 孙中山下令重申禁种、禁吸、禁运鸦片。

△ 孙中山任王伯群为贵州省长,王未到任前着卢焘兼署。

△ 北京各界联合会、国民外交协会、太平洋问题讨论会、华盛顿会议中国后援会、北京教育会、北京学生联合会、全国报界联合会、国民外交共进会、留学同志会等20余团体,发起成立北京各团体国民外交联合会。联合会《规约》规定,"以集合国民公意对于外交问题为一致之主张为宗旨"。旋致电上海华盛顿会议协会、全国各界联合会、中华学生联合总会、上海总商会、广州太平洋问题讨论会、汉口各团体联合会、各省区议会、教育会等,倡议在上海组织全国国民外交联合大会。

△ 安庆全城各界举行罢市、罢工、罢课、游行,驱逐李兆珍。次日,商民、学生数千人拥至省署驱李,李嗾使卫队开枪行凶,打伤多人。同时芜湖亦全城罢市,商团组织巡街,各中学校学生1000余人举行联合大游行,一致驱李。

△ 里昂中法大学开办,吴敬恒带新生100余人抵法。留法勤工俭学生闻讯,于是日推举代表116名赴里昂,要求吴敬恒从速解决勤工俭学生求学问题。里昂政府以扰乱治安为名,令警察将勤工俭学生送入炮台拘禁。至10月10日,值当"国庆",群情愤激,绝食一天,以示抗议。10月13日,里昂政府以勤工俭学生屡次扰乱,且违犯警章,押解学生赴马赛强迫回国。

9月21日 冯玉祥同于右任达成协定,改编靖国军。是日,陕西靖国军总指挥胡景翼召集靖国军所驻地区三原、泾阳等县公民开国民大会,商定并宣布取消靖国军。旋冯玉祥推于右任为陕西自治筹备会会长,并呈报徐世昌任命胡景翼为陕西陆军第一师师长。

△ 冯玉祥在西安督署以宴请为名杀张飞生,同时乘夜包围张飞生队伍,击毙100名,俘虏200名,其余600名逃往汉中投陈树藩。

△ 菲律宾总督伍德将军来中国游历,于是晚抵北京,旋赴朝鲜、日本等处游历。

9 月 22 日 孙中山召集国务会议,提议铸造中华民国国玺及中华民国陆海军大元帅印,获一致通过。

△ 安徽省长李兆珍在安庆数千民众抗议声中,化装从旁门溜出省署,各商店即日恢复营业。次日,各界数千人举行庆贺逐李成功大游行。

△ 北京政府内务部致电安徽、江苏、浙江、山东、湖北五省长谓,本年五省霪雨成灾,业经本部呈奉明令拨帑赈恤,"务希先就各省地方速先筹济,以惠灾黎"。

△ 北京政府财政部与加拿大联合会银行签订加金 300 万元借款合同。同日又与英商费克斯公司(汇丰银行)签订 120 万银元借款合同,作为行政经费及支付借款利息之用。

△ 天津八家纱庄钱号,每家筹款 25 万元,总计 200 万元,创办北洋商业第一纱厂,于是日开工,吉士篯、黄献忱为正、副经理,拥有纱锭 2.5 万枚,工人 1600 名。后因亏赔,于 1930 年 11 月由新记公司租办,改称北洋新记纱厂。

△ 日本政府将成都日本领事馆升格为总领事馆。

9 月 23 日 孙中山在广州总统府会见南洋学界代表廖衡,表示支持华侨教育,指出:"摧残侨民教育,无异摧残我国内教育,现政府誓与华侨同其祸福,据理力争,不为强暴所屈";同时饬外交部向英国交涉,保护南洋华侨教育。

△ 驻京日公使小幡酉吉至北京政府外交部催答"鲁案",胁以倘再迟延,日本惟有公表其所处地位,将来由中国负一切责任。颜惠庆答以"值内阁动摇,阁议难决,所以迟未答复"。

△ 宜昌直军借海军重炮及机关枪三路轰击川军,激战至 25 日,川军不支,由南津关、安庙、磨子山等处退驻南沱溪。直军继续追击,川军于 10 月中旬先后退出秭归、兴山、巴东等县。

　　△　全国银行公会联合会在天津召开大会,北京、天津、上海、汉口、哈尔滨、浙江、江西、南京、济南等地18名代表及北京政府财政部三名代表与会。会议发表对外宣言,阐明对华盛顿会议的观点,并就四国借款、铁路、币制等问题作出决议,最后推举冯耿光、沈步洲、罗鸿年三人为银行公会联合会出席华盛顿会议代表。

　　△　山西平辽公路完工,自平定县之阳泉镇,经昔阳、和顺两县至辽县,计长240余里。

　　9月25日　徐世昌在总统府召集联席会议,除靳云鹏、王迺斌外,阁员均与会。议决三项:一、决定阁事仍留靳云鹏主持;二、华盛顿会议代表以颜惠庆为首席,余为顾维钧、施肇基、王宠惠;三、"鲁案"据民意驳复。

　　△　安庆各界民众万余人齐集公共体育场,庆祝驱李运动胜利。会后举行盛大游行并散发传单,此为安庆自五四运动以来所未有之盛况。

　　△　湖南省议会商议湘鄂议和条款,以条款内容于湘省自治实多妨碍被否决,是日将否决理由咨复赵恒惕。

　　△　白俄谢米诺夫来沪,公共租界工部局派人保护,日本驻沪领事亦派兵前往戒备。

　　9月26日　张作霖在奉天召开军事会议,吉林、黑龙江两督军、总参谋长及各旅长均出席。会议决定:一、拥护靳云鹏内阁,惟对于财政易人问题仍主贯彻;二、西北各省督军、省长由张、曹两人保荐,请政府照前次名单分别任命;三、长江军事由直军担任,但奉军亦应出相当兵力,以资协助;四、将蒙古经略使改为蒙藏经略使。

　　△　广州政府对澳门交涉取强硬态度,谢绝第三国调停,并派两艘鱼雷艇前往澳门。同时,广东国民外交后援会召集各界代表会议,一致抗议葡萄牙侵犯主权,誓为政府后盾。

　　△　北京政府驻墨西哥国全权公使王继曾与墨外交总长巴尼签订《暂行修改中墨一八九九年条约之协定》,在答复其照会中指出:中墨两国政府商定,所有两国于1899年12月14日在华盛顿签订《中墨友好

通商行船条约》之有效期间,应展限至两缔约国将来按照两国宪法所规定之手续,商定对于该约确定及正式之修改之日为止。在墨西哥国政府禁止外国工人入境期内,两缔约国各禁其本国工人入他一缔约国境内。

△ 北京政府财政部库藏司司长陈威以事赴中国银行,适有毅军军需官持财政部支票索饷无着,与陈威发生冲突,将陈殴伤。次日,财政部全体员工停止办公,以示抗议。后由毅军统领姜桂题出面向陈道歉,徐世昌下令陆军部查办,遂告结束。

9 月 27 日 孙中山任路孝忱为总统府参军,准李国柱辞职。

9 月 28 日 徐世昌令添设豫西镇守使,以丁香玲充任。

△ 济南学生联合会联合各团体在省议会召开大会,800 余人与会。议决电北京政府反对"鲁案"直接交涉,会后学生上街宣传,演讲反对"鲁案"直接交涉之宗旨。

△ 北京政府内务部为孔子诞节发表通告:所有文武各机关、各团体均应照章放假庆祝,悬旗结彩,并准各项人员前往孔庙自由行礼。

△ 优林第四次来京,磋商解决车站检查扣留行李事件及谈判蒙古和东省铁路等问题。

△ 北京政府外交部就日美两国敷设野普尔岛、上海间海底电线事提出抗议,声明此问题如无中国之允诺,即宣布无效。

9 月 29 日 徐世昌特任许世英为安徽省长,准李兆珍免本职。

△ 北京政府出席华盛顿会议代表团第一批代表及随员 70 人,由北京启程转上海搭船赴美。

△ 徐世昌批准《国际法庭规约议定书》及《国际法庭规约》,10 月 9 日全文公布。

△ 香港客系同人赖际熙、李瑞琴、黄茂林等 136 人,假西环太白楼召集客家代表大会,决定成立客属团体,定名为"旅港崇正工商总会",公举赖际熙为临时会长,李瑞琴、黄茂林为副会长,吴稘畴等六人起草会章。民国十五年(1926 年)6 月 20 日,举行全体同人常年总叙

会,通过修改之会章,正名为"崇正总会"。

9月30日　新疆督军杨增新派军队与苏俄军队会剿白俄诺马阔夫、巴赤奇残部,自是月中旬起,在布尔津一带接战三次,擒毙白俄千余人,余众纷纷窜散,是日遂将阿尔泰全区克复。

△　粤军攻占广西龙州,陆荣廷逃往越南。至此,广西全省完全成为广州政府管辖领域。

△　孙中山委任苏福为中国国民党麻厘柏板支部正部长。

是月　孙中山为准备北伐,批准组织中央筹饷会,并致电海外同志,望"合力共进,踊跃捐输,以助成统一"。

△　南京东南大学正式成立,是月开学,设文理、教育、农、工四科于南京,设商科于上海。北京政府教育部委郭秉文为校长。1923年,南京高等师范并入该校。

△　秋,四川汉源县地震。马驿坊西四里朱家湾有200方丈之地陷落,此外场东亦有陷落。

10　月

10月1日　广州政府就澳门事件向驻粤葡领提出四项要求:一、葡舰先开炮,应向我国道歉;二、惩办肇事军官;三、葡萄牙各种船只不得驶过银坑湾仔华界;四、澳门须定期禁赌。

△　孙中山复函章太炎,告知正筹备北伐出师计划,望以正谊之力,阻止北京政府的卖国殃民行为。

△　广州执信学校开学,孙中山亲临致词,称赞朱执信是"革命实行家,又为文学家"。

△　甘肃第三届省议会开会,选举杨思为议长,叶祺为副议长。同日,黑龙江第三届省议会选出梁声德为议长,潘万超、高家骧为副议长。

△　武昌高等师范学校师生因学校经费无着,是日北上赴京请愿,并为此致电各报馆。3日到达北京,即与北京政府教育部交涉,无结

果。6 日整队游行请愿,行至教育部门口被警察阻拦,殴伤 20 余人。10 日,高师师生赴院请愿,又被阻。北京学生联合会、全国教育会相继开会并发通电予以声援。后教育部会同财政部商妥,并取得湖北当局承认,以 10 万元印花税票为担保品,自明年 1 月起,按月拨 1.5 万元作该校经费,风潮遂解决。师生于 11 月 14 日乘车回鄂。

△ 北京政府外交部俄文专修馆改为外交部俄文法政专门学校,派夏维松署理校长。

△ 日本关东厅强行在大连实行金建制度后,奉省总商会与钱业决议,停止奉票对日金买卖之行市,以示抵制。又决定对于日本无论何种商业交易,均改为奉票来往。次日,总商会发表 11 条之排斥金票宣传文,呼吁各商号抵制金建。

△ 江西省长杨庆鋆承陈光远之意,决定是日起实行盐斤加价,每斤盐于售价内加洋七厘。又将知事、财政局长两种差缺分等出售,购一等缺每年纳 8000 元、二等 6000 元、三等 4000 元,卖官鬻爵,以充私囊。

△ 天津证券粮食花纱皮毛交易所开幕,理事长曹秉权。同日,广州交易所亦开幕。

10 月 2 日 孙中山饬令海军派舰前往澳门近海警戒。

△ 徐世昌派孙宝琦为防灾委员会会长,令准陆徵祥辞职。

△ 徐世昌派蔡成勋至北京关岳庙代行"秋戊祀典"礼。

△ 华盛顿会议外交商榷会在上海成立,有 29 个团体参加,推喻育之为主席。该会以商榷关于中华民国在华盛顿会议之正确主张及行动为宗旨。

10 月 3 日 孙中山在广州接见韩国临时政府专使、韩国国务总理兼外交总长申圭植,表示北伐完成后当全力援助韩国的独立运动。

△ 陈炯明自龙州凯旋南宁。孙中山派邹鲁赴南宁催促陈炯明回粤,以商定出师北伐事。

△ 孙中山委任洪兆麟、许崇智、李烈钧分别为北伐前敌一、二、三路司令。

　△　颜惠庆与优林在北京就扣留行李、归还外蒙、东省铁路等问题举行第一次会谈。扣留行李一案双方已谅解,北京政府同意发还。归还外蒙问题,颜惠庆要优林表明态度,优林当即声称:"远东共和国政府承认中国对于蒙古之主权,并可撤去现在蒙古之俄国军队";同时请北京政府派员赴满洲里具体接洽。至于东省铁路,颜惠庆坚持应完全归还,由中国自行管理。优林表示原则上可不表反对,但应予远东共和国种种经济上优越待遇。

　△　北京政府财政部与哈连忒公司订立借款 1500 万法郎合同,利息一分八厘,以盐余为担保;又向汇理银行借款 300 万元,以盐余为担保,利息一分八厘。

　△　晚 9 时,孙传芳第十八师一部分士兵在沙市哗变,焚抢兼施,后窜入豫南新野等县,经豫、鄂两省军队合剿,始弃械逃走。

10 月 4 日　孙中山以中国国民党总理身份任命张继为中国国民党北京执行部部长。

　△　徐世昌批准外交部派张煜全为赴美参与华盛顿会议代表团专门委员,刁作谦为秘书长,曹云祥为帮办秘书长。

　△　陈独秀来沪就医,于是日为法捕房逮捕,并将积存之《新青年》杂志及印刷品多种一并搜去。后法租界公堂以陈独秀著作为"危险文字",有"扰乱社会治安之虞",罚洋 100 元,查抄书籍一并销毁。

　△　广州在野各名流及团体发起成立中韩协会,嗣于 11 月 1 日通电全世界各社团,陈述协会缘起。

　△　国民党人方刚正等在汉口组织湖北国民第一军,希图大举,旋被警厅破获逮捕,是日方刚正等三人被杀害。

　△　美驻华公使舒尔曼照会北京政府外交部,华盛顿会议议事日程增加太平洋之电气交通一项。

　△　颜惠庆与优林举行第二次会谈,就海参崴政变、大连会议、黑龙江航行问题、接待苏俄代表办法等,广泛交换意见,中东路问题,尤为讨论重点,双方争执不下。

10 月 5 日　北京政府外交部将"鲁案"复文分送驻京各使馆,适小幡酉吉赴外交部,当即面交。小幡不肯接受,抗辩许久始悻悻携去,仍言非正式收受。次日,外交部公开发表"鲁案"复文,对日所提《山东善后处置案》逐条驳斥,并声明中国政府保留将来遇适当机会谋解决此问题之自由。

△　出席华盛顿会议代表团 57 人,自上海启程赴美。

△　孙中山发布宽免与释放罪犯命令。

△　日驻奉天总领事赤冢以禁止金建乃妨害自由通商,有碍日中国交,向张作霖提出抗议。张作霖全盘接受日本无理要求,发出布告:一、取消奉天总商会散布之金票排斥宣传,今后再不许有此种行动;二、中国交易所之商品买卖,从素来之习惯,无论何种货币,均可随意,不准限制;三、关于金建问题,今后不准议论。

△　全国商会联合会在上海总商会开会,直、鄂、湘、晋、豫、皖、川、滇、闽、赣、鲁、浙、苏 13 省代表 80 余人与会。推聂云台为主席,讨论华盛顿会议及南北统一等问题,10 日闭会。

△　颜惠庆与优林举行第三次会谈,仍以讨论中东路及蒙古两事为主。次日晨,优林出京,在沈阳与张作霖接洽关于东三省与俄边备问题,无结果。旋即返赤塔。

10 月 6 日　徐世昌特委施肇基、顾维钧、王宠惠、伍朝枢为参与华盛顿会议全权代表。伍朝枢拒绝接受未赴会。

△　徐世昌特任潘龄皋为甘肃省长。

△　全国教育联合会在上海开会,闽、苏、赣、湘、吉、鲁、粤、浙、鄂以及北京、济南等地代表与会,讨论华盛顿会议及国内教育问题,11 日闭会。

△　国际赈俄委员会在比利时布鲁塞尔开会,英、美、法、德等 17国出席,北京政府派许毓章参加。

10 月 7 日　徐世昌任吴新田为陆军第七师师长。

△　晚,陕西宜川强烈地震,七郎山之石窟、宝塔均被震倒。同时

洛川中部(黄陵)亦发生地震,并有地声,震后三日内仍有小震。

10月8日　孙中山向国会提出北伐案,经国会非常会议通过,陈炯明反对。孙中山乃令陈先返广州,主持后方接济。

△　孙中山特任柏文蔚为长江上游招讨使。

△　山东各界联合会开成立大会,商议对华盛顿会议之意见,并推定徐树人、王者垫二人为该省加入华盛顿会议代表,拟随同北京政府代表参与华盛顿会议。

△　美洲华侨恳亲大会在积彩召开,美国、加拿大、墨西哥、古巴等国家共300余名华侨代表参加,美国各埠、各团体亦派100余名代表参加,推举林光汉为会长。会议议定全体美洲华侨赞助广州政府,请求美国政府予以承认,并邀请广州政府派代表列席华盛顿会议。同时致电孙中山声明侨民愿为后盾,请坚持北伐,扫清妖孽。并决定组织华盛顿会议后援会,于11日闭会。开会期间,举行大巡游会,代表们手持中、美国旗及各种大旗,上书"孙逸仙总统为中国国民所爱戴"、"吾中国国民不承认北京政府"、"广州政府应有代表列席太平洋会议"等中、英文字样,并沿街散发广州政府列席华盛顿会议之十二点理由之英文传单。

10月9日　北京政府外交部呈请徐世昌公布《国际法庭规约议定书》及《国际法庭规约》。

10月10日　孙中山在广州总统府庆祝国庆,后赴北校场阅兵,军民结队游行庆祝国庆。

△　毛泽东与何叔衡、易礼容在长沙创建中国共产党湖南支部。嗣后,以支部为基础,建立中国共产党湘区委员会,毛泽东任书记。

△　孙中山为《实业计划》中文本作序,全书完成,是日在国内由上海民智书局出版。

△　曹锟、张作霖、吴佩孚等联电赞成庐山"国是会议",声称将来集会议成,可得多数之民意。

△　北京政府因财政困难,无法筹足赴美华盛顿会议经费,特电令苏、浙、鲁、豫等省协助经费。

　　△　潘龄皋至兰州接任甘肃省长;兰州各公团召开驱潘大会,会后围潘宅。14 日,甘肃省议会致电北京政府,谓本日省议会开议,人民聚集 1.25 万余人,要求本会呈请罢斥,请俯顺舆情,另简贤员。

　　△　湖南学生联合会和各公团组织数万名学生、工人和市民在长沙举行游街会,庆祝"双十节"。学生们要求裁减军队,并散发裁兵传单。赵恒惕以"学生侮辱士兵"为词,令士兵殴打学生,在水风井、小吴门、经武门、贡院街一带,打伤学生数十人。次日,又禁止学生上街宣传,并围打工业学校学生,教职员亦被打伤。12 日,一师、雅礼、明德等校学生又被殴打,长沙八校被迫停课。赵恒惕复下令禁止学生集会,裁兵运动遂被镇压下去。

　　△　中国报界代表许建屏、董显光、钱伯涵、王天木、王伯衡、黄宪昭等,出席于檀香山召开之世界报界第二次大会。按:世界报界联合会于 1915 年 7 月在美国旧金山成立。

　　△　张嘉乐纠集悍匪数千人,数月来窜扰湘西辰溪县温和、中协和、雍和各乡,焚杀淫掠,无所不为,纵横数十里已成丘墟。是日,张嘉乐又统带悍匪千余人,从雍和、温和出发攻打县城。激战两小时,匪始败窜。次日,又在距城 15 里雍和乡境内,伏击防军,抢商船八只,被劫财物约计 10 余万元。后窜入芷江、麻阳、辰溪三县毗连之地及木叶溪等处盘据。

　　△　钱琳叔、于谨怀、江上达等创办常州纺织公司,于是日开工,资本 60 万元,置纱锭 1.8 万枚。

　　△　徐葆三、王启宇等在上海创办振泰纱厂,于是日开工,资本 10 万两,纱锭二万枚。

　　10 月 11 日　孙中山在广州总统府会见美国石油大王之子约翰·洛克菲勒。

　　△　徐世昌授冯玉祥、萧耀南陆军上将衔。

　　△　北京政府交通部训令各路局,严密查禁私自运售鸦片、吗啡等物品,以绝来源而消隐患。

△　北京大学在第二院举行开学典礼。校长蔡元培发表演说,指出:"要研究高深学问须具有两种精神:一种是活泼进取的精神,一种是坚忍耐劳的精神。"胡适也在会上发言,说:"以后中国的前途有许多的风潮,诸位要打定主意,不管国亡了,天倒了,我们只管研究我们的学问。"

△　日本在奉天召集在华中学校长会议,决定组织日华联合教育会,奖励派遣留学生及在普通教育之学校教以他国之现代语等,以配合日本对中国之国策。

10 月 12 日　粤汉铁路湘鄂段 800 多名职工举行罢工,要求增加工资和改善生活待遇。粤汉路局总管英人卡墨客尔不允,并将为首的工人解雇。工人坚持斗争,后经湖北督军署和江汉关调停,承认工人的要求,于 17 日客货车始照常运行。

△　全国商会联合会和全国教育联合会在上海召开联席会议,直、苏、鲁、浙、川、闽等 17 省区代表 70 余人与会。会议就华盛顿会议问题发表对外宣言和对内宣言,并推举余日章、蒋梦麟为代表,赴美宣传民意。17 日闭会。

△　徐世昌公布《邮政条例》,凡 47 条,规定各民局必须于条例颁行三个月内向邮局挂号。按:民局为我国邮政开办以前已存在的私立信局。

△　徐世昌授李鼎新为海军上将。

△　徐世昌特派驻西班牙公使刘崇杰出席万国邮政会议,签署《万国邮政公约》。

△　国立北京高师校长邓萃英因出席华盛顿会议提出辞职,北京政府教育部聘李建勋继任。

10 月 13 日　孙中山出席国会非常会议,报告财政情况及将来方针,并说明出巡桂省原因,决定出巡期间由伍廷芳代理总统职务。

△　北京政府财政部与美国芝加哥银行协理阿卜脱在北京签订《中美烟酒借款草约》,借美金 1600 万元,用以偿还烟酒借款美金 1100

万元及利息等。此项借款由于徐、靳之间争夺佣金及全国各方面的一致反对未能实现。阿卜脱回国,旧欠托史蒂芬交涉。

　　△　优林返国途经哈尔滨对记者发表谈话,谓中国和远东共和国商约必得圆满结果,蒙古问题可望解决,远东共和国政府已正式命令撤退在蒙之俄军。

　　△　上午 11 时,广州西关同兴街万祥店起火,延及靖远、荣阳、德兴、永安等街,至下午 4 时余才熄,统计此次共焚去铺屋 200 余,损失总计 300 万以上,为民国四年以后之最大火灾。

　　10 月 14 日　山西督军阎锡山派代表谒孙中山,表示山西省拥护新政府。

　　△　甘肃省议会开会,民众聚集一万余人,要求议会呈请罢斥省长潘龄皋,另简贤员。旋省议会决定停会一年,以示拒潘。

　　10 月 15 日　下午 5 时,孙中山由广州天字码头乘"宝璧"炮舰出巡广西梧州,各界一万多人热烈欢送。

　　△　蒋作宾抵广州,向孙中山报告驱王占元之经过。

　　△　徐世昌以杨增新在新疆古城粉碎白俄败兵暴动以及即时规复阿山全境有功,特授予勋一位。

　　△　徐世昌派汪荣宝为国际保工会委员。

　　△　北京政府外交部电令顾维钧,准苏俄代表来京,顾维钧即通知克拉辛。10 月 24 日,苏俄派巴意开斯为全权代表,自莫斯科启程赴北京。

　　△　宋鹤庚部士兵因欠饷及反对整编,在长沙附近之大托铺哗变,持枪抢劫,商民受害甚烈,经赵恒惕派卫队一营前往弹压始平息。

　　△　中央信托公司由上海绍兴帮 30 家钱庄联合发起,于是日在上海正式成立,资本总额 1200 万元,实收 300 万元,推田时霖为董事长,田祈原、王晓籁、孙铁卿、魏海涛等 18 人为董事。1935 年改名中一信托公司。

　　△　广州总统府代理参军长林修梅在广州病逝。11 月 2 日孙中

山追赠陆军上将衔。

10 月 16 日 江西省财政会议因入不敷出积成巨亏,决定自是日起向各属丁漕下滩派金融善后借款,每地丁一两,带征银元三角;米折一石,带征银元五角;无论新赋旧欠,一律带征至 1927 年底,自 1928 年起,即于所征丁米款内分年筹还。各县征解借款之数拨归各县,以为地方自治经费。

△ 旅美华侨数千人在纽约城厅公园开公民大会,要求允准广州政府列席华盛顿会议,并为此致电美国务卿休士。会后整队游行,道路交通半为所阻,约历一小时之久,观者盈千累万。

△ 驻防奉天东边道之第三营在通化县松树镇哗变,四出抢掠,商民损失甚巨。

10 月 17 日 孙中山抵梧州,18 日由梧州向南宁进发。

△ 刘存厚乘川军在鄂西败退,运动旧部赖心辉等反对刘湘,是日赖心辉所部川军在资州、简州宣告独立。

△ 全国商教联席会议通过在上海组织国是会议案,并通电各省区议会、商会、农会、教育会等团体征求同意。

△ 徐世昌授予陆洪涛上将衔。

△ "台湾文化协会"成立,举林献堂为会长,有会员 1000 余人。

10 月 18 日 徐世昌就鲁、皖、苏、浙、鄂、陕等省水灾发布命令,派各该省省长督办本省赈抚事宜。旋于 28 日又令加派各该省督军督办本省赈务,随时会同省长切筹办理。

△ 徐世昌指令照准司法部设立特种司法事务委员会,处理通商口岸特别区域之"关系外人司法事务"。

△ 徐世昌任命张广建为正黄旗汉军都统。

10 月 19 日 冯耿光、曹汝霖代表银行界谒见徐世昌,表示非财政公开将不再垫款,并希望财政有确定具体之计划。

△ 驻京日公使小幡酉吉奉日本政府训令,再度向北京政府外交部提出山东问题通牒(即"鲁案"第二次节略),促北京政府速与直接交

涉。次日此项通牒全文由小幡公布,日本政府亦在东京同时发表。

△ 徐世昌授森丕勒诺尔布为辅国公。

10 月 20 日 北京国务总理靳云鹏辞职事经徐世昌慰留后,是日通电各省区声明暂行视事,同时仍呈请徐世昌改组内阁,谓"身疾暂时维持,仍恳恩施择贤继任,俾得开缺调理"。

△ 蒙古王公 20 余人在库伦召集会议,表示反对蒙古新政府。

△ 北京政府外交部邀集朝野人士在外交楼商议"鲁案"问题,多数意见认为"鲁案"即使提出华盛顿会议,恐未必有利。北京外交联合会议决反对"鲁案"直接交涉,北京各团体联合会议决"鲁案"提交华盛顿会议。天津 26 个团体亦电请府院拒绝直接交涉,并电全国一体拒绝。

△ 国际妇女劳工大会在日内瓦开会,中国基督教妇女青年会江婉贞代表中国出席。

10 月中旬 孙中山致函邓宝珊,劝其奋力振作,"陕靖国诸君万不可稍自暴弃,功亏一篑"。

10 月 21 日 徐世昌特派齐耀珊兼赈务处督办,嗣于 29 日公布《赈务处暂行条例》。

△ 夜,新安武军二路第三营因积欠军饷,在皖北定远县哗变。

10 月 22 日 湖南劳工会机关报《劳工周刊》创刊,主笔庞人铨。1922 年 1 月,该刊与湖南劳工会均被赵恒惕强行封闭。

△ 北京政府华盛顿会议代表团高等顾问周自齐、屈映光、唐在礼及总税务司安格联等离京赴美。

10 月 23 日 孙中山抵南宁与陈炯明商北伐问题,反复说明北伐的迫切意义,表示此次决心讨贼,义无反顾,倘北伐不能,亦不回粤,希陈勿再阻挠。并与之商酌出发桂林之饷项。此饷已筹三四百万元,但大军出动,子弹之供给,米粮之储备,每月须请接济。陈允惟力是视。但孙中山至桂林半载,未见陈一粟一弹之补助。

△ 广东省总工会成立,会员达数万人。

△ 国际律师协会在北京中央公园开成立会,菲律宾代表九人,朝鲜 21 人,日本 78 人,美国四人,苏俄五人以及我国代表百余人与会。该会以主张正义、拥护人权为宗旨,举日人增岛为会长。

△ 广州政府驻美国代表马素致电陈炯明,请其说明与吴佩孚携手之真相。是日,陈炯明电饬省署复电马素,谓西报所载粤事及同吴佩孚携手之说,实属谣言。

△ 库伦活佛博克多哲布尊丹巴呼图克图派代表章嘉,向张作霖陈述库伦受俄党挟制之情形及活佛倾心内向之诚意,并言此后绝对与俄人断绝关系,服从中央治化,同时提出十项条件。张作霖即派遣左参赞李垣将此十条呈递北京政府。

△ 北京政府财政部与上海隆记洋行签订法金 30 万法郎借款合同,作为政府行政费用。

△ 成都省立各校因经费无着,举行罢课。

△ 前清两江总督周馥病故。

10 月 24 日 上海英美烟厂机车车间 500 余工人举行罢工,反对总管张文元无故开除和欺侮工人,罢工风潮蔓延全厂。26 日,新、旧两厂一万余工人全体罢工,迫使厂方接受撤换张文元等六项要求,罢工始结束。

10 月 25 日 吴佩孚电张绍曾速邀已赞同庐山会议之各省选派代表,开会筹备进行事宜。

△ 归国华侨组织北伐决死团,并发表宣言支持孙中山北伐。

△ 中国参加国际联盟之国际劳工组织大会代表,与各国代表在日内瓦订立《工业工人每周应有一日休息之公约》等四种国际劳工公约。

10 月 26 日 孙中山在南宁作关于广西善后方针的演讲,指出:"现时已将强盗扫除,自今日起,广西者真广西人之广西,而非强盗之广西;真中华民国公有之广西,而非私人所据之广西矣。""强盗与民国不能并容。今既驱之,即当共绝其根株,勿许再有第二次强盗治桂出现"。

△　江苏省议会议决发起组织全国省议会联合会,为华盛顿会议后援,为此通电各省征求同意。

△　日本中华取引市场株式会社和中华金银取引市场株式会社邀集日本纺织联合会干事及各棉业家,集资 3000 万日元,创办中国棉花股份公司,专以投资中国棉花种植业及其他农作物,操纵棉花产销。

△　"俄国灾荒赈济会"在北京开成立会,政、商、学、教(会)各界及中外慈善家百余人到会,选举熊希龄为董事长,蔡元培、齐耀珊等八人为副董事长,徐世昌、黎元洪为名誉会长,曹锟、张作霖等 35 人为名誉副会长。通过《俄国灾荒赈济会临时章程》,凡 13 条。

10 月 27 日　全国教育联合会第七届大会在广州举行,17 个省区派出代表 35 人参加,举汪精卫为主席。会议讨论改革学制系统、经费独立、援助华侨教育等案,于 11 月 7 日闭会。

△　徐世昌任命胡景翼为暂编陕西陆军第一师师长。

△　李烈钧部在衡州(衡阳)与沈鸿英部接战,沈部溃败,是日晚李部完全占领衡州。

△　近代资产阶级改良主义者严复在福州病逝。

△　吴佩孚由宜昌乘舰回武汉,当日并通电全国,声称:"川湘鄂战事之缘起,率由政客党人酿之,川湘战争之责任,当由政客党人负之。"

10 月 28 日　徐世昌特任高凌霨为财政总长,令准李士伟辞职。

△　日本在山东胶济铁路沿线以换防为借口增派军队,山东督军田中玉派员密查确实,饬交涉员向驻济日领抗议,同时致电北京政府。是日,外交部电令驻日公使胡维德向日本政府交涉。

△　张作霖以吴佩孚截留京汉路收入之例,截留奉站北路收入充饷。

10 月 29 日　孙中山从南宁返梧州。孙中山留梧期间曾对梧州国民党员发表演讲,指出:"革命主义未行,革命目的未达,仅有民国之名,而无民国之实"的原因,在于党员"感于革命军起,革命党消之论",要求"大家要向革命军起,革命党成的主义,一力做去",强调"应以主义维持国家,不应再持武力"。

△　北京政府外交部发表1920年中国和约研究会所拟提交国际联盟之《山东问题标准案》,以澄清日本第二次"鲁案"节略中"中国当局曾示以山东问题解决案"一语。

△　上海《民国日报》报道:日本自民国八年至今,利用案悬未决之机会,将在山东之各种事业尽力扩充。青岛一隅,商店栉比,工厂林立,各种会社已增至数十处,间接直接之投资已超过八亿元。

10 月 30 日　江西第三届省议会选举戴秉清为议长,11 月 2 日选欧阳华、李凝均为副议长。

△　中国参加华盛顿会议代表团抵达华盛顿。

10 月 31 日　唐继尧由粤入桂经柳州回滇,驻桂滇军总指挥杨益谦私自率队往护。广州政府参谋总长李烈钧是日下令撤滇黔赣联军第二路总指挥杨益谦职,任朱培德为滇军总司令,并派朱率部招回杨部。孙中山得讯于 11 月 1 日致电李烈钧,批准撤销杨益谦及加委滇军各长官,并予嘉勉。

△　孙中山命令李福林率部赴韶州。同日,复电李烈钧,告知即将出发桂林。

△　广州政府参谋部收到特别报告,内称:陈炯明将与吴佩孚图政治上之结合,以解决中国南北分歧之局面,陈炯明将派陈觉民赴鄂接洽一切。

△　全国商会联合会干事会公布全国厘卡数目:江苏 58 处,江西 47 处,云南 44 处,贵州 44 处,福建 45 处,甘肃 43 处,山西 42 处,浙江 42 处,安徽 42 处,奉天 34 处,陕西 30 处,河南 32 处,黑龙江 31 处,湖南 34 处,广西 30 处,吉林 20 处,四川 20 处,湖北 25 处,广东 29 处,直隶 15 处,新疆 11 处,山东 10 处;以上 22 省,计 728 处。其余各省,尚未调查确数。

是月　马林在上海会见孙中山代表张继,建议国民党选派代表参加远东劳动人民代表大会,并表示希望与国民党建立联系。国民党邀请马林于 12 月去桂林访问孙中山。

△ 京奉铁路大虎山至八道壕煤矿支线动工，长 29.3 公里，于 1922 年 12 月 19 日完工通车。

△ 日人丰田佐吉等在上海创办丰田纱厂，于是日开车。资本 1000 万日元，收足 500 万日元，纱锭 2.5 万枚。1932 年另于厂之东侧设立第二厂。

11　月

11 月 1 日　孙中山复函章太炎，告以即将督师北伐，望发说论遏止北廷卖国殃民之行动。谓："他日收效之宏，当不让辛亥。"

△ 甘肃省督署将收容在敦煌的白俄 300 余，自是日起每名给川资六两，分批解送回国。

△ 徐世昌以蒙哈人民人生艰难，复罹兵劫，着财政部拨一万元，交由新疆省长遴委妥员，分赴各区，核实散放。

△ 赴欧专员顾维钧业已赴美参与太平洋会议，国际联合会中国代表一席由唐在复代。

△ 叶恭绰等发起成立敦煌经籍辑存会。

11 月 2 日　徐世昌令驻美国公使施肇基、驻英国公使顾维钧加全权大使衔。

△ 徐世昌特任财政总长高凌霨兼盐务署、币制局督办。

△ 北京国务院委任李垣办理接收库伦事宜。

11 月 3 日　北京政府外交部将答复驻京日使"鲁案"第二次节略送交日本公使馆，指出："胶济铁路建筑在中国领土之内，本系公司承办性质，并有中国之资本……且护路警察权完全属诸中国，日本占据该路毫无军事上之必要。当时中国曾屡次抗议，日军实无占据该路之理由。"山东境内日军"自应从速撤退，所有铁路警备事宜，自有中国警察负其责任"。次日，外交部将复文非正式发表。

　　△　广东香山县(今中山市)民众万余人在前山福善堂开大会,商议对抗葡萄牙办法,决定自5日起,停止供给澳门食物和闭绝水道。

　　△　沈鸿英残部2000余人在湘东被赵恒惕围剿,败退入赣西。同日,北京政府参陆处电令赣督陈光远收留沈鸿英部,饷由陆军部发。

　　△　李瑞九等创办的惠工银行在上海开幕,资本总额100万元,先收四分之一。1922年1月又开办储蓄业务,嗣于1923年2月3日因内部周转不灵而停业。

　　11月4日　孙中山委任朱培德为滇军总司令。

　　△　吴佩孚在汉口召集长江联防会议,萧耀南、杜锡珪及苏、皖、赣、湘各省代表出席,议决鄂、湘、赣、皖、苏五省为联防区域,实行攻守同盟,以对抗广州政府北伐。

　　△　北京政府赈务处分电直、豫、鲁、皖、苏、浙、鄂、陕及湘、川、甘各省督军、省长,请调查各县被灾情形,列表克期送处,"并请先将贵省赈抚大概情形摘要电复"。

　　11月5日　孙中山派汪精卫、伍朝枢赴香港向唐继尧借款,并邀唐赴梧州会商出兵北伐事宜。

　　△　云南省议会暨各团体致电孙中山,请遏止滇省内争,谓"继尧图滇心切","一面煽惑驻桂滇军三路回滇,一面勾结土匪吴学显扰乱滇省内部,作内外夹攻之计",望"消遏祸萌,力维大局"。

　　△　颜惠庆致电施肇基令其告诫团员,对美新闻界谈话勿表示对日激烈言论。

　　△　苏俄与外蒙地方当局签订《苏蒙友好条约》,凡13条,规定互相遣使设领,"承认蒙古人民革命政府为蒙古惟一合法政府"。

　　△　美驻京公使舒尔曼接美国国务卿休士电称,如中国对前两次烟酒借款及湖广铁路券息不履行债务,中国在美之财政及信用即将毁灭;且美政府将视北京政府为不复具有执行中国政府职务之资格,并令其将此电转送北京政府。

　　11月6日　孙中山致电奉化蒋介石,"余拟于十五日与汝为(许崇智）往桂林，请节哀速来，臂助一切"。

△　孙中山委任丁惟汾为中国国民党山东主盟人。

△　徐世昌下令整顿盐政，严防走私漏税。

△　安徽泗县知事王以骧、赈灾分会会长沈廷杰等电告泗县灾情：泗县全区皆成泽国，淹毙 1019 人，牲畜 7.0605 万头，计灾区面积 1.05005 万方里，冲荡田地 3.7199 万顷，房屋 20.5799 万间，受灾者 7100 多户，人口 36.6 万余人。

11 月 7 日　陈炯明自广西梧州回到广州。

△　列宁收到孙中山 8 月 28 日来函后致函齐契林，指示应与孙中山建立紧密联系，并经常通信联络。

△　徐世昌任命王汝勤为勤威将军，赵玉珂为贞威将军，王承斌为彦威将军，张宗昌为将军府将军。

△　徐世昌通令各省，重申禁烟。

11 月 8 日　广州国会非常会议议决否认北京政府发行之非法国库券。

△　施肇基等急电北京政府外交部，谓："芝加哥银行借款 500 万到期不还，美人异常重视。某国（按：指日本）乘此宣传中国财政将破产。不亟设法保全信用，太会（按：华盛顿会议）必受极大打击。"

△　美国务卿休士电舒尔曼转北京政府外交部，芝加哥银行借款失信用，将影响中国在华盛顿会议之地位。

△　江西督军陈光远致电北京政府称，孙中山北伐以邓铿、赖世璜等三师集中韶州攻赣。邓部已开到南雄，扣留民船运兵，并派军官至黄坑等处察勘地势，赣南防务异常紧急。

11 月 9 日　陈炯明在广州头门悬榜发表委任 68 县民选县长：南海李宝祥、东莞邓寄芳、顺德周之复、香山吴铁城、新会陈永惠、台山刘裁甫、三水陈剑虹、清远陈守仁、宝安何恩明等。

△　广东汕头 300 余名缝纫工人举行罢工，要求增加工资，每日 10 小时工作制，每月休息三天。资方被迫接受工人要求，于 13 日复工。

△　晚,陆军第十八师三十五旅第十连 100 余名士兵因索欠饷未得,在湖北武穴哗变,商店及居民被抢甚多,损失三四十万元左右。

11 月 10 日　广东交涉员李锦纶谒陈炯明,报告澳门事件交涉经过情形,并请示办法。陈面嘱李锦纶对于日前照会葡领四项要求,一定坚持到底,不可稍让。

△　梁士诒应徐世昌组阁之请,是日离香港北上,12 日抵上海,月底入京。

△　广州日报社社长谢英伯与流亡中国之朝鲜人金晋镛等,在广州发起组织中韩互助社,推谢英伯为社长。

11 月 11 日　全国国民外交联合大会在上海开成立大会。该会由北京各团体国民外交联合会发起,全国各地 118 个团体 300 余名代表与会,通过致美国总统哈定及华盛顿会议各国代表团电。

△　北京各团体国民外交联合会与太平洋问题各团体联合会在北京中央公园开联席大会,通过对华盛顿会议中国提案之意见:要求废除"二十一条",日本立即无条件交还胶州湾及在山东省侵占之土地、铁路、矿山以及关税自主。

△　广三铁路工人因反对铁路当局无故开除职员举行罢工。斗争持续 10 天,广东省政府被迫接受工人要求始复工。

11 月 12 日　华盛顿会议(亦称太平洋会议)在华盛顿开幕。该会由美国政府发起,先邀请中国、英国、法国、意大利、日本参加,其后荷兰、葡萄牙以有属岛在太平洋,比利时以有经济利益在中国之故,均被邀参加。会议商讨限制军备暨远东及太平洋问题,推美国务卿休士为大会主席。美总统哈定发表演说,说明美国倡议该会之宗旨及期望。大会下设太平洋及远东问题总委员会和限制军备问题总委员会。北京政府全权代表施肇基、顾维钧、王宠惠出席。

△　孙中山以许崇智因病不能督师北伐,委任蒋介石代理粤军第二军军长职务。

△　徐世昌任命张永成为将军府将军。

△　徐世昌批准将布伦托海县佐改为县治。

△　吴佩孚委张福来为湘鄂赣三省联防总司令。

△　山东巨野、定陶间聚匪千余人，扯起宣统十三年旗帜，肆行掠夺。曹州镇守使派一营军队往剿，为匪所败，营长被击毙。山东督军田中玉又派两团往剿。次日，北京国务会议讨论山东匪情，决定大举扑灭，立电田中玉执行，始将匪徒击溃。

△　朱吟江、顾吉生、金西林等创办嘉定商业银行，是日开幕，设总行于嘉定，办事处于上海，资本 10 万元。1924 年增资为 20 万元。

11 月 14 日　徐世昌公布《刑事诉讼条例》，共八编 514 条及《刑事诉讼条例及施行条例》，共 13 条；并规定此条例自次年 1 月 1 日起先就东省特别法院区域执行；又将前次公布之《民事诉讼法草案》改称《民事诉讼条例》。

△　北京政府教育部全体员工因薪水积欠七个月，屡向次长马邻翼催促无效，于是日起一律停止办公。19 日，北京高、地、审、检四厅推事、检察官 200 余名因三个月未发薪水，呈递总请假书。

△　蒋作宾、孔庚致电张绍曾，称"卿本佳人，何以从贼"，驳斥召开庐山"国是会议"之主张。

△　孙中山就北伐军事作部署，拟定北伐部队 10 万人，从六个方面集结统编。

△　华盛顿会议开第二次全体大会，太平洋及远东问题委员会提议，由九国全权代表组织太平洋及远东问题总委员会讨论远东问题；其下设置各种分委员会，探讨各种特殊问题。限制军备委员会亦提议，由英、美、法、意、日五国全权代表组织限制军备问题总委员会，其下附设各种分委员会。会议决定各种问题先由分委员会报告于总委员会加以讨论，然后提到全体大会讨论正式通过。

11 月 15 日　孙中山由梧州出发赴桂林，组织大本营筹备北伐。

△　广州非常国会召开会议，通过宣布徐世昌、吴佩孚祸国殃民罪状。

　　△　孙中山致电广州国会非常会议,对该会通电反对北京政府滥发国库券表示赞许。

　　△　北京中国银行、交通银行发生挤兑风潮。先是流传中、交两行信用不稳,外国在华银行、商店拒收两行钞票,于是各企业及市民纷纷持钞到两行兑换。人群川流不息,两行至深夜始闭门,次日挤兑更甚。仅两日两行共兑五六十万元。北京政府及银行界要人迭开会议,讨论救济办法。决定拨关余 700 万元,作为偿还两行公债还本付息之垫款;各商号、银行一律收存中、交钞票,作为现金定期存款,风潮因之缓和。北京中行于 12 月 1 日恢复原状。挤兑风潮并波及天津、济南、开封、汉口等地,旋皆平息。惟开封中、交两分行因现款一时无从调集,两行经理及官钱局局长面请军政两长出示停止兑现两个月。

　　△　北京政府财政部与中华汇业银行签订 115.2508 万元之林矿借款息垫合同,以盐税余款作担保,作为支付 1918 年吉、黑两省林矿借款利息。

　　11 月 16 日　太平洋及远东问题总委员会开第一次会议,北京政府代表旋肇基将芮恩施、蓝辛两顾问草订的内容非常空泛的所谓各国尊重中国领土完整、主权独立、门户开放、机会均等、废除不平等条约等十项一般原则提出大会讨论,各国代表及舆论对之甚为冷淡,而日本代表团闻之则如释重负。19 日,开第二次会议,各国代表亦以空言相应。21 日,开第三次会议,美国代表路德另提四项原则作为修正案,经各国代表略加修改即经表决通过。此四项原则中仅包括十项原则中第二条之全部及第一条之上半,后此决议案并入所谓《九国公约》。

　　△　苏俄《消息报》发表文章赞扬孙中山是“中国的激进分子”,同时批评吴佩孚投入世界反动分子和中国反革命的怀抱。

　　△　施宜镇守使赵荣华率队进攻鄂北建始,川军败退,赵乘胜进攻旋南。22 日迫近施城,先将五凤山炮台占领,至 24 日夜施南川军由南门退走。

　　11 月 17 日　陇海铁路机务处工人举行罢工,反对比籍总管若里裁人减薪及虐待工人。20 日全路数万工人起而响应,提出撤免若里职务,不准裁人减薪,每月休息两天,增加工资等项要求。斗争坚持 10 天,28 日路局被迫承认工人的要求条件,始复工。

△ 刘湘通电指责吴佩孚利用湘鄂用兵巧取武汉,其假面尽露后反归罪政客党人,应速辞去巡阅使职务,退兵北返,还政鄂民,否则对国事无发言资格。并称川军救邻义无反顾。旋但懋辛、唐式遵、李树勋、喻培棣等亦通电痛斥吴佩孚。

△ 陕西靖国军总司令于右任在高陵召集靖国军及陈树藩代表开会,决定团结反击冯玉祥部直军进攻。

11 月 18 日　美国前国务卿蓝辛致电广州政府外交部长伍廷芳,询解决南北之条件。伍廷芳复电开列二项条件:一、完全取消中日“二十一条”及其他相类似条约;二、徐世昌应去非法总统职。蓝辛即此电呈美国政府并转北京政府。

△ 顾品珍电告孙中山称,已任范石生为北伐先遣军总司令,杨希闵为北伐第一路司令,杨蓁为第二路司令,金汉鼎为第三路司令,正集中出发;并称将亲自率师北伐,省政交政务厅厅长刘祖式代理。

△ 北京政府致电直、鲁、豫、苏、皖省,凡有匪患之区,着各长官迅予剿除,并责成县知事筹办民团,以卫地方。

11 月 19 日　阿格辽夫赴北京政府外交部,声称远东共和国军队已自蒙古撤退,满洲里会议已无举行之必要;至于库伦、恰克图的苏军撤兵问题,中国政府应同苏俄政府商洽。

△ 厦门英商太古洋行于七八月间曾在海后滩擅自兴工筑桥,经厦门交涉员向英领事提出抗议后,太古洋行被迫停工。近该洋行又复兴工,群众得讯,异常愤怒。是日,有人将造桥监工朱一毛殴伤,太古洋行即煽动工人持械登岸,肆意寻衅,并将工地附近的居民林在兴等两人抓走殴打私禁。驻厦英领事复令英舰上的水兵登岸示威。11 月 27 日,北京政府外交部就此事向驻京英使提出抗议。但太古洋行仍置之不理,继续建造栈桥,以致厦门民众大动公愤,于 12 月决定三项抵制办

法:一、不乘太古之船;二、客货不装太古之轮;三、不代太古轮装卸货物。英使被迫同意撤退军舰,全案移北京谈判。

11 月 20 日　曹锟召集保定会议。吴佩孚、高凌霨、张景惠及各省代表葛豪、郑士琦等 37 人出席。议决同张作霖携手共御南方;川湘赣防守由吴佩孚负责;直省实行亩捐,鄂省增加货税,截留京汉、陇海两路收入,以裕军需;对国会问题持旁观态度等,于 26 日闭会。

△　施肇曾、朱启钤、曹汝霖、章宗祥等创办震华制造电气机械厂,是日在北京开创立会,资本 150 万元,决定在江苏设厂营业。

11 月 21 日　北京政府外交部照会驻京领袖公使及英、法、意各公使,请转饬驻沪领事将不合法律之交易所一律禁止营业,对于未来之交易所亦请严加限制。

△　陈树藩宣布陕人治陕,移兵子午谷,继续发动进攻,于 28 日占领邠州。

△　山西汾军公路落成,举行通车典礼。此路以工代赈修筑,由汾阳经离石至军渡。

11 月 22 日　孙中山北伐途经昭平,在昭平各界欢迎会上发表演说,谓民国应"为全国国民所公有;民国之政治,为国民所共理;民国之权利,为国民所共享,此方为真正之民国"。并指出:"诸君既为广西之主人,更当尽主人之责。诸君今日当先尽之责,莫若开辟道路,切不可以无钱卸责,只须全体人民出力可也。"强调指出道路开辟,"一切工场、实业可以振兴,教育可以普及,盗贼可以潜消"。

△　孙中山复电广州政府财政部长廖仲恺及汪精卫,嘱与蒋介石同为代表,与徐树铮磋商军事,南北一致,以定中国。

△　北京政府外交部公布中国代表在华盛顿会议所提"十项原则"之提案。

△　下午 7 时,王汝勤第八师某团一部士兵因欠饷在湖北宜都哗变。

11 月 23 日　顾维钧在华盛顿会议第五次远东问题总委员会上正

式提出"关税自主案",此为北京政府第一次事实提案。此案提出中国
有自行规定及区分本国税率之完全自由。议案一经提出,即遭到英、
美、法、日等国反对,尤以日、英两国为最。会议六次,于 1922 年 1 月 3
日美国代表路德提出修正办法,最后始通过决议:有关各国立即派员在
上海召开修正税则会议,切实执行值百抽五,满四年后得一修正,此后
每七年修正一次。顾维钧提出保留案声明:"将来遇适当机会,再求考
虑自主权问题。"后大会据此决议制定《中国关税条约》,并于 1922 年 2
月 6 日正式签字。

　　△　下午 5 时,留法勤工俭学生蔡和森、陈毅等被法国政府强制遣
送回国,乘"波尔特加号"船抵沪。原为 104 人,途经新加坡、香港等地
上岸者有罗学瓒等 27 人,抵沪者只 77 人。学生在马赛登船后,即在法
国军官监视下,行动不自由;各人均只带随身衣服,困惫万分。过新加
坡时,侨商胡文虎给予经济上资助,侨商林秉祥预电香港,俟船过港时
各赠卫生衣裤一套。过西贡时,华侨商会又给予赠资,国民党西贡支部
亦殷勤招待,并电粤、港嘱为照顾。船泊码头后,上海交涉署科员沈世
成、环球中国学生会代表朱少章登舟慰问。晚间回国学生组织被迫归
国留法勤工俭学生团,举陈毅、喻正衡、金满城、马素征四人至《民国日
报》馆介绍被迫回国经过,谴责法国政府以宣传共产主义罪名强迫遣
送。嗣于 30 日回国学生邀请各界开茶话会,提出请各界致电质问法国
政府及北京政府,抗议强制遣送。

11 月 24 日　北京政府外交部照会阿格辽夫,再次抗议远东共和
国政府擅自派兵侵入库伦、恰克图。指出:事前既未得中国之许可,又
无若何之通告,此种举动,不独有损中国主权,且违万国公法,不顾国际
信用。并促其速派代表赴满洲里与中国接洽交还库、恰事宜。远东共
和国政府未作答复,因而满洲里会议未能举行。

　　△　徐世昌公布,定于明年(1922)4 月 1 日起,于京兆特别区所属
各县实施自治法。

　　△　潘龄皋电辞甘肃省长。

11 月 25 日 王宠惠在华盛顿会议远东问题总委员会上提出撤销领事裁判权案。美国代表休士认为有调查中国司法之必要,将本案移交于领事裁判问题分委员会讨论。11 月 29 日,分委员会提出组织一委员会调查中国司法状况之决议,提交总委员会通过。

△ 施肇基在华盛顿会议远东问题总委员会上提出裁撤各国在华邮局案,除日本代表声明须候本国政府训示外,其他各国代表皆赞同。后委员会制成议决案经 1922 年 2 月 1 日大会通过。

△ 北京各团体国民外交联合会与太平洋会议各团体联席会议发起第二次国民大会,是日下午在中央公园开会,到四五千人。王玉圃主席,钟少梅、张维城、詹连芳等讲话,一致反对中日两国在华府直接交涉,山东应该无条件归还中国,并主张取消"二十一条款",撤销亲日派所订借款合同的权利。

△ 孙中山委任北伐军各军司令等职,并下令各军首领齐集桂林开预备会议,研究会师北伐问题。

△ 徐世昌特派汪荣宝为全权代表签署国际交通新约。

△ 北京八校因 7 月份下半月所欠之经费和 10 月份经费至今分文未发,11 月份亦到期无着,加之教部罢工,部长辞职,异常窘困,殊难维持。各校长于是日特呈北京政府速拨经费,并请任命教育长官。

△ 休士、巴尔福、加藤友三郎于华盛顿会议外,举行关于山东问题秘密谈判。休士、巴尔福向加藤表示"将尽力使此问题不提上会议议程",加藤对此深表感谢,并希望美英两国能促使中国同意和日本于会外直接解决山东问题。日、英、美三国遂就山东问题达成秘密协定。

11 月 26 日 刘湘在重庆召开军事会议,决定以但懋辛为前敌总司令,大举反攻鄂西,并电商赵恒惕合攻宜、岳。

△ 奉天总商会会长鲁棨琴与日商业会所石田武亥就取消大连金建案举行谈判,达成协议:中日双方交易,无论何时买卖何种货物均须以奉票为本位,惟买卖上一切货币,因三省情形不同,各地过去有惯例者,即按照惯例办理。

11 月 27 日 孙中山偕许崇智抵平乐,下令各军在桂林集中。

△ 舒尔曼晤颜惠庆商中日山东问题,颜惠庆表示愿受英、美调停。

△ 陈树藩旧部张宝麟所部之第五、第六两团,向第七师吴新田部进攻,旋败退。吴军即进据东河桥、秦岭等处。同日暂编陕西第一师第一旅旅长岳维峻率所部分三路进攻邠县,与陈旧部郭金榜所部激战两昼夜,郭以兵力单弱退守邠城。

11 月 28 日 施肇基在华盛顿会议远东问题总委员会上提出撤退外国驻华军警案。日代表埴原提出反对,并声明日本驻山东等地之军队皆出一时之不得已,至警察仅在于保护及管理本国侨民。旋肇基提出驳议。后经总委员会议定,由各国驻华代表调查翔实再行酌办,并制定议决案于次年 2 月 1 日经大会通过。按此时各国在华驻军约近万人,以日军为最多,约有 4500 人,其中 2700 人驻山东。驻华美军共1504 人,法军 1214 人,英军 1044 人,荷兰军队 78 人,意大利军队 31人。此外,南满一带驻日警约 1800 人,亦无条约根据。同日施肇基又提出裁撤外国无线电台案,各国代表对此颇有争论,后由总委员会制定议决案,经大会于 2 月 1 日通过。北京政府代表团声明:不承认或容许任何外国在中国建设或经营无线电台之权利。

△ 进攻鄂西的川军退驻巫山。

△ 沈鸿英所部桂军在赣省无法立脚,由赣西窜入湘东,是日到达浏阳,要求给棉衣饷银后投降。赵恒惕以该军无理要求,决定以武力解散,于 30 日发动进攻,沈军败退。

△ 王正廷、穆藕初、黄炎培等在上海创办中华劝工银行,于是日开业,资本 50 万元,分设商业、储蓄两部。1930 年资本增为 100 万元。

11 月 29 日 孙中山途经阳朔,在群众欢迎会上发表演讲,勉励当地人民实行三民主义,完成此次北伐之功,以建立真正的民国。

△ 北京政府外交部向驻京英公使艾斯敦抗议驻新疆莎车英领事诱劝我国人民加入英籍,侵犯我国主权。

　　△　广州政府外交部长伍廷芳电华盛顿会议,表示广州政府对国是之态度:一、须撤回承认徐世昌之统治权,应承认广州政府;二、列强不宜干涉中国内政;三、中国与列强及列强相互间之外交,宜取开放政策。

　　△　云南代理省长刘祖武电请孙中山早定北伐大计,并表示愿效前驱。

　　△　北京政府全权代表汪荣宝在西班牙巴塞罗那签订《国际新交通公约》六种。

　　11 月 30 日　北京政府代表团欲将山东问题在华盛顿会议解决,英美两国循日本之意出面"调停",建议中日会外谈判解决,北京政府被迫同意。是日,华盛顿会议远东问题总委员会开会,施肇基提出"鲁案"。主席休士正式宣告:"鲁案"久悬实为中日两国之困难问题,今约同英国分向中日两国间力任调停,旋商定会外谈判。除中日两国全权代表外,美国派东方股长马克漠及外交参事培尔,英国派代表朱尔典及东方股长兰朴生共同列席,并约定将谈判结果报告大会。

　　△　华盛顿中国国民代表团接国内来电,谓不日有绝大运动发生,积极反对直接交涉,誓不承认此亡国举动。接电后,国民代表团又在华盛顿作最后阻止,终于失败,即于是日晚发表宣言,反对中日直接交涉,并电告留美学生华会后援会。后援会当晚亦发表宣言,绝对不承认山东及"二十一条"问题直接交涉,同时派出多人连夜赴华盛顿,联合各方面设法阻止。次日下午,后援会集会华盛顿、巴尔的摩、费城、纽约学生,齐赴华盛顿会议代表总部,表示反对直接交涉。

　　是月　热河都统汲金纯与日本朝鲜银行签订日金 100 万元借款合同,以热河烟酒税作担保,作为整理热河兴业银行及财政费用。

　　△　上海金业公会改组为上海金业交易所,实收资本 150 万元,经纪人名额为 138 人。交易物品计为:国内矿金、各国金块及金币、标金、赤金四种,而实际上市物品仅有标金一种。标金以上海通行九七八成色为标准,每平七条,以此为买卖单位。标金市价之涨跌,与外汇银价

互为因果。当投机活跃之时,金业交易所之标金行市,具有影响世界银市及外汇之势力。

△　方寿颐、薛醴泉、贝润生等发起创办豫康纱厂,设无锡,资本 80 万元,置纱锭 1.4 万枚,是月先行开纺 5000 枚。

12　月

12 月 1 日　华盛顿中国留美学生赴北京政府代表团办公处,劝阻代表中止参加中日山东问题会外谈判。顾维钧、王宠惠声称:"不能伤英美感情",加以拒绝。学生怒斥顾、王为卖国贼。

△　第一次山东问题中日会谈于华盛顿大亚美利加馆举行,北京政府代表顾维钧、施肇基、王宠惠,日本代表加藤、埴原、出渊、休士、巴尔福亦出席。美国马克漠、培尔,英国朱尔典、兰朴生列席。首由休士致词,继由中日两国代表致答词:加藤声明山东问题只牵涉全省土地千分之五与长二百九十里之铁路,与其附属之矿产,并不关系山东全省;施肇基声明山东问题为中国重大问题,希望早日解决。次日,进行第二次会议,决定山东问题之讨论以事实为根据。施肇基提出各事实案计 11 件进行谈判。

△　汉口租界数千名人力车夫因反对车行每乘加租 200 文举行罢工。4 日工人开大会,集议组织工会,并要求将车租由 900 文减为 600 文。7 日,工人手持白旗游行示威,在法租界同法巡捕发生冲突。后经汉口总商会等出面调停,于 21 日达成协议,同意车夫成立工会,车租照原价并免租金三日,工人始复工。

12 月 2 日　孙中山抵良丰。次日,良丰各界开欢迎会,孙发表演说,表示北伐胜算可操,决不延滞。

△　广东省宪法草案审查完竣。宪法草案凡 15 章 135 条。

12 月 3 日　徐世昌因府院之间关系恶化及财政穷困,通电辞职。5 日齐燮元、赵倜等致电挽留,9 日张作霖致电徐世昌劝勿辞职。

△ 顾维钧在华盛顿会议远东问题总委员会上提出废止各国在华租借地案。日本代表埴原声明,日本对于旅顺、大连皆由日本牺牲许多生命财产,取自其他强国;又因领土接近,故日本在该地有关经济命脉及国家安全之生死利益,实无意放弃。英国代表巴尔福亦反对退还租借地,法国先同意后又反复,于是废止租借地案无结果。

△ 夜,新疆援库军营长宋金山带领全营在新疆古城哗变,击毙参谋长杨式中,并强迫附近马、步、炮各营乘夜用梯登城,占据古城之满城。次日,又猛攻汉城。经古城司令杨应宽督饬所部竭力抵抗,变兵败退。

△ 烟潍汽车路基工竣,北京政府交通部请山东省长招商购车营业。

12月4日 孙中山抵桂林,设大本营于桂王府,整军北伐。桂林各界举行提灯会,燃放焰火,热烈欢迎。7日,桂林军政学各界76个团体开会欢迎孙中山。孙中山发表演说,指出:"三民主义就是民族主义、民权主义、民生主义。这三个主义,和美国大总统林肯说的'民有'、'民治'、'民享'三层意思完全是相通的。""本大总统观察世界的大势,默想本国的情形,以为实行民族革命、民权革命,必须兼顾民生主义,才可以免将来的经济革命,这便是防患于未然",号召到会各界人士建设三民主义的新中国。

△ 北京政府驻外各使馆五六个月经费未发,纷电催索,外交部复电令暂自行设法。

△ 鲁迅以巴人署名的小说《阿Q正传》开始在北京《晨报》副刊连载,至次年2月12日止,共登九期。

12月5日 北京国务会议决定铁路运粮赴水灾区域酌减运费办法:灾区以内五谷粮食免除运费,灾区以外收费二成。惟沪宁、陇海两路则按五折收费。

△ 四川省议会通过省宪法会议组织草案,并于7日选定刘成勋、邓锡侯、但懋辛、向楚、石青阳、曾金森、肖德明七人为省宪法会议筹备

处筹备员。

△ 唐继尧应孙中山之邀由香港到梧州,并电告孙中山即行来桂林相晤。

△ 海军大批军舰赴鄂助吴,现留守长江者,尚有"楚有"、"江利"、"拱辰"、"湖鄂"、"江元"、"江复"、"楚谦"、"江鲲"、"烈字"、"江犀"、"永安"、"建中"12 艘,因欠饷窘状已极。第二舰队司令杜锡珪是日特急电萧耀南,谓"全军积欠饷粮,已一年有奇,循兹以往,深恐军心愤激,抚慰无从",请就近拨款协助。

△ 中国留美学生在华盛顿举行游行示威,反对中日直接交涉。每人手执小旗,上书"无条件交还山东"、"勿与日本直接谈判"等字样。

△ 美国旧金山商会游华团 130 余人,由亚斯宅率领到达广州参观访问。旋赴上海等地参观。

12 月 6 日 杭州中等以上学校学生游行反对"鲁案"直接交涉,学生手持白旗,写"外交后援"、"国民速起"、"力争青岛"、"不用劣货"等字样。同日,北京学生联合会推代表谒颜惠庆,请电美阻止"鲁案"直接交涉;北京各团体联合开会,警告颜惠庆直接交涉违反民意。

12 月 7 日 华盛顿会议北京政府代表刁作谦、王宠惠、施肇基、顾维钧等因"鲁案"交涉困难,电北京政府外交部请辞全权代表职务。北京政府外交部于 8 日、9 日、10 日三日连电慰留。

△ 德国新任驻京公使博郯向徐世昌递交国书。

△ 陈树藩通电就西北自治军总司令,并电请西北各省会师北伐。

△ 顾维钧在华盛顿会议远东问题总委员会上声明,日本于 1915 年所提"二十一条"中关于旅顺、大连租借地之 99 年展期要求应属无效。

12 月 8 日 顾维钧在华盛顿会议远东问题总委员会上提出各国不得相互对华订约案。英国代表巴尔福反对,谓此等建议足以限制各国订约之主权。后经英国代表盖德士提出修正案,作为各国对中国原则之一,经总委员会通过。

△　上海召开国民大会,学生及商界四五万人参加,会后游行示威,要求取消"二十一条",否认华盛顿会议决议。

△　孙中山任命刘震寰为广西陆军第一师师长。

△　徐世昌任命米振标为将军府将军。

12月9日　孙中山在桂林学界欢迎会上发表演说,指出人民的"学问和思想都要经过一番革命",就是要把"知之非艰,行之维难"的思想变成"知之维艰,行之非艰"的观念。

△　桂林500余名公民代表在总商会商议请愿事宜,议决迁省桂林、振兴实业、统一民政与财政、收复广西银行以维金融等13项。会后赴大总统行辕请愿,孙中山亲自接受请愿书,随即演讲:"方今之政府,乃中华民国人民之政府。政府受制人民之下,无异于人民之公仆。人民所请愿之事,政府当尽力为人民办之。"最后希望到会代表随时与政府共同出力。言毕,全体公民代表大呼:"新广西万岁!""孙大总统万岁!"

△　唐继尧自梧州赴柳州准备回滇。孙中山曾派胡汉民到梧劝唐赴桂林就大本营参谋长职,为唐所拒。

△　靳云鹏向张作霖"控告"全国烟酒事务署督办张寿龄,张作霖电请罢斥张寿龄。是日,徐世昌不得已准张寿龄以"病"辞职,任汪士元为全国烟酒事务署督办。

△　据北京报纸报道,北京政府财政困难,财政总长高凌霨因部中债户如云,不敢常在部办事,暂以私邸为办公机关。高以库空如洗,派员四出磋商借款,因无抵押甚少成就。现各处索款急于星火,鄂督一日间有数电催饷,奉天方面连日亦电索甚急。而各机关之索薪风潮,近日又有加无已。国务院秘书厅亦欠新三月,厅中各科人员已集会要求财政部速拨款发欠薪,否则惟有总请假。至素称阔部之交通部,前月薪俸尚无着落。惟闻张志潭又将京绥路资产债凭证100万元提出,向某银行抵押50万元,作为发薪等项急用。

△　孙中山训令外交部长伍廷芳,通电反对徐世昌与日本直接交

涉山东问题。

△ 驻日公使胡惟德电北京政府教育部,谓留日学生因经费无着,旅馆下逐客令,群趋使馆。嗣向侨商凑借三万元,并由何恩傅、张作相资助 15000 元,得暂息风潮。

12 月 10 日 孙中山在桂林对滇、赣、粤三军官佐千余人讲述"军人精神教育",指出这次北伐是件非常的革命事业,是要"扫除中国一切政治上、社会上旧染之污,而再造一个庄严华丽之新民国"。认为苏俄军人有主义、有目的,所以能与农工联合而造成新国家。并表示相信"吾国今日之军人,倘亦具有主义及目的的决心,改造新中国,其效果必在俄国之上"。

△ 孙中山电令南宁广西省长马君武注意整顿吏治,绥抚地方,"务令间阎获享安宁之福,民治得有发展之机"。

△ 济南召开国民大会,24 个团体之六七十名代表及数百公民参加。会议决定致电华盛顿会议主席请主持公道,速将"鲁案"提大会公决;致电山东代表转中国国民代表团,请其就近监督;并致电北京政府,诘问"鲁案"为何不提大会而由中日直接交涉;同时电请南北各省商学各团体一致力争,以救危亡。会后复举行游行示威,并由各校组织讲演团,沿街演说及散发传单。

△ 黑龙江省讷河省日昨突来 800 余名马贼,该县驻屯官军一中队前往迎敌,众寡悬殊,为匪所败。马贼乘胜追击官军,除生擒外悉数击毙,县城陷落,知县衙门、各公署悉被焚烧,并将县署内全部犯人释放编入马贼团;又架巨户 30 余名勒限往赎。仅五小时,该城全成焦土,商民死者惨不忍睹。次晨,吴俊陞派兵往剿,马贼已远扬而逃。

△ 全国铁路协会成立,举王正廷为会长。

△ 华盛顿会议开第四次全体大会,宣布美、英、法、日四国协约成立。四国代表于 13 日在美国国务院前厅签字。

△ 华盛顿会议远东问题总委员会通过《关于在中国之领事裁判权议决案》,决议由美、英、法、日等八国政府组织一委员会调查在中国

领事裁判权以及中国司法状况,提出方案建议各国逐渐或用他种方法放弃各该国之领事裁判权。

△　苏俄全权代表巴伊开斯抵哈尔滨,对报社记者发表谈话,称在外蒙问题上"苏俄从未怀有任何侵略意图","一旦在外蒙古敌视苏俄的组织所造成的威胁解除,吾人之军队即行撤退,自不待言"。

12月11日　湖南省宪法经全省人民总投票通过,于是日举行授受典礼,省宪法筹备处将省宪法送达省政府。

△　北京政府外交部公布中日"鲁案"交涉经过,略谓此次"鲁案"提交大会,"英美两国以大会待决问题正多,此案可由英美居间商榷,俾得从速解决"。政府详加审度英美两国主张,"未便置之不理"。而"此次英美出任调停,以提出大会为发端之始,以大会公认为解决之终;每次会谈均有英美代表之参预;即议而不协,仍以大会讨论为后盾,实与我国向来之希望尚无抵触"。

△　北京政府接驻法、意各公使电告,华侨对"鲁案"直接交涉表示强烈反对。

12月12日　王宠惠在华盛顿会议远东问题总委员会上提出废除列强在华势力范围案。后由于日本反对及英国的两面手法,此案遂被搁置。同日,华盛顿会议通过撤销在华客邮案,其实行之期不得逾1923年1月1日。

△　法国新任驻京公使傅乐猷向徐世昌递交国书。

△　苏俄代表巴伊开斯抵北京,16日访颜惠庆作首次之会晤,并面递证书。20日,北京政府外交部递还巴伊开斯证书,表示承认仿照优林前例,予以非正式接待。

△　张作霖抵天津,曹锐亲至车站迎接,住恒记德军衣庄。次日,靳云鹏亦到津,与张面商内阁问题,于15日返京。

△　刘湘代表张梓芳至宜昌与孙传芳会商川鄂议和事宜。19日,刘湘电令援鄂川军撤回川境。

△　下午2时,北京大学、中国大学、燕京大学、交通大学、民国

大学及中大附中、山东中学等 34 校学生及北京女界联合会会员共万余人,在中央公园开国民大会,并游行示威。学生们手持大、小旗帜,上书"宁可退出华会,不得苟且交涉"、"争领土"、"我们的外交,全靠民意",沿途齐呼"山东问题,国民快起"。队伍行至外交部时,高呼"尊重民意,力争外交"。公推何玉书等四人进见颜惠庆,提出尊重民意、无条件归还山东、"鲁案"提交大会解决等四项要求,颜惠庆表示应允。学生高呼口号后,乃将警告外交当局之旗帜,插于园中之冬青树上,整队而回。

△ 京绥铁路局职员反对局长陈世华欺压及索取欠薪,举行罢工。京绥路张家口、大同等站工人起而响应。经北京政府交通部派员解决,撤换局长,允发欠薪,始于 18 日复工。

12 月 13 日 孙中山致电云南顾品珍,勉其率师北伐。

△ 湖南省政府以财政奇绌,咨请省议会提征十一年田赋。议会决定于 1922 年 1 月 1 日实行,并议决附带条件数款。

△ 济南中等以上学校为反对日本侵略山东,决定停课 10 日。各校学生走出校门,分为上街演讲及调查日货二组进行活动。

△ 北京八校经费又无着,只能坚持至月底,高师将断炊。各校长急呈徐世昌、靳云鹏,请速设法维持。

△ 上海中华女界联合会出版《妇女声》月刊,以宣传被压迫阶级的解放,促醒女子加入劳动运动为宗旨。

12 月 14 日 王宠惠在华盛顿会议远东问题总委员会上提出取消日本侵略中国之"二十一条"。日本代表埴原反对"在大会内讨论",会议主席休士宣布停会,此案遂被搁置(按:"二十一条"虽经国内民众强烈要求取消并经在华盛顿国民代表等催促,但北京政府代表团不但无提出之勇气,且无此要求。后美国代表休士忽示意北京政府代表团可以提出,因此时日代表对海军比率持延宕政策,故美国以中国提出取消"二十一条"案来迫日本承认海军比率)。

△ 黑龙江省议会致电北京政府,告以日人在满蒙殖民计划,并请

电出席华盛顿会议代表施、顾、王三人力争"鲁案",并不得承认日人在满蒙享有特殊地位。

　　△　　张作霖到北京,次日见徐世昌表示愿对于政治上发生之风潮及各方面的意见进行斡旋,绝不使政局再见动摇。

　　△　　浙江绍兴、萧山两县农民因连年歉收及不堪地主重额课租之苦,于秋间组织农民协会。是日绍属九湾村农民单和澜等因要求减租,同地主周仁寿发生争执,周受伤控告于县署,县署出票传讯。17日,单和澜集各村农民千余人向绍城进发,绍城戒严司令官盛开弟下令闭城不准进入。18日盛开弟乘各村农民协会会长在萧属衙前村开会之时,派兵百余人包围东岳庙,将单和澜等三人抓走,并击伤农民三人,农民减租斗争遭失败。

　　△　　由上海开往香港的招商局"广利"轮驶到汕头海面时,被乔装乘客的海盗劫持,肆意行劫,击毙一乘客,财产损失不下12万元。直到16日晚,海盗截三艇将赃物载走。

12月15日　　孙中山就北京政府与日本直接谈判山东问题事发表文告,斥徐世昌等出卖国家,表示将"竭力主张无条件收回山东一切权利,废除二十一条",并号召举国上下对徐世昌及其党羽,"共起诛之";同时训令外交部通电全国。

　　△　　粤军总司令部、广东省长公署发表会衔布告,重申烟赌禁令。

12月16日　　汉口举行游行大会反对"鲁案"直接交涉,36个团体代表及各校学生近万人参加。大会通电反对直接交涉,要求取消"二十一条",收回丧失权利。学生手执小旗,上书"废除二十一条"、"反对'鲁案'直接交涉"、"收回胶济铁路"、"主张国际平等",并沿途散发传单。

　　△　　驻京英公使艾斯敦接英政府电,撤厦门水兵,海后滩案移北京谈判。

12月17日　　孙中山、伍廷芳向美国政府发出警告:勿因海军减吨案以中国实权为牺牲;日本与北京代表所议妨害中国主权之条件,正式政府代表全国民意概不承认。

△　徐世昌派吴籍孙商请梁士诒组阁。次日,梁士诒对人言,以前组阁机会均谢绝,现政局已濒末路,非至愚何必自苦。若有法解决时局,或不惜牺牲;若责以维持现状,则谨谢不敏。

△　徐世昌令改黑龙江省奇克治局为县治,又令在吉林省乌株河镇、苇沙河镇添设治局。

△　英驻日大使爱理鹗发表英日同盟终结的声明,26 日内田亦作同样声明。

12 月 18 日　徐世昌令准国务总理靳云鹏辞职,特任颜惠庆暂行代理国务总理,颜惠庆表示只代理一周为限。

△　徐世昌公布《侨务局组织条例》,以郭则沄为总裁。

△　下午 6 时,多伦驻军五营因索饷哗变,持枪抢掠后满载回营。次日破晓复欲出行抢,当经镇守使李荣殿极力劝告,允速筹饷,始暂告平息。

△　中国留日学生假东京青年会开全体大会,誓死力争"鲁案"。广东学生郑苍生演说时,就演说席铺案之白布,断指血书:"护我主权,保我圣地,头可断,血可流,此心不可移。此心不移。大中华民国万岁!"会后在东京游行示威,并到驻日使馆质问外交实情。

△　天津召开市民大会,60 余团体 10 万余人参加,公推李实忱为主席。大会议决反对华盛顿会议之会外交涉、取消"二十一条"、无条件收回山东权利、满蒙领土完整四项要求,并为此电知华盛顿会议国民代表团,会后举行游行示威。

△　北京公立各小学因经费积欠三月,经集议向学务局请求发薪,迄无确实答复,至是日已无法支撑,遂全体联名发表宣言,提前放假。

12 月 19 日　孙中山下令自 1922 年 1 月 16 日起停征海关、常关及邮电等附加赈捐。

△　曹锟抵北京,次日入府见徐世昌,面商内阁问题,对梁士诒组阁不加反对。

△　梁士诒见徐世昌,允组阁。

△ 广东省议会通过省宪法草案,并将草案交省署另组宪法研究会研究。

△ 华盛顿会议两湖协进会在汉口六渡桥开湖北国民外交大会,五万余人与会,通过反对四国协约、取消"二十一条"要求,会后举行盛大游行示威。

△ 新银行团拉门德发表宣言,否认银团希图管理中国财政之说;并谓银团之责任,除保证供给之款仅允中国政府建设用途外,其余力避担负任何责任。

12 月 20 日 徐世昌宴请曹锟、张作霖,商讨内阁事宜。

△ 北京各团体外交联合会在中央公园召开国民外交大会,2000余人与会,推王玉圃为主席,园内四处张贴"国家兴亡,匹夫有责。华府会议,消息紧迫。同胞速起,共谋救国"之警语。大会表示坚决反对中日直接交涉,并散发《中华国民答复日本国民书》、《北京各团体国民外交联合会宣言》等传单。

△ 华盛顿中日"鲁案"直接交涉,经过 17 次谈判,是日因胶济路问题意见分歧,中止谈判。

△ 广东全省美术展览会在广州开幕,全省有 45 个县的美术协会参加。展出的绘画、雕刻、刺绣展品共 1860 件,其中以梅县、普宁、香山、兴宁四县为最,每县有一百二三十件之多。此外省内外个人或团体送来的绘画、刺绣各 1000 余件,雕刻 500 余件。

12 月 21 日 驻京英公使艾斯敦访颜惠庆,询苏俄代表巴伊开斯在外交上之地位。颜惠庆告以巴伊开斯在外交上并无正式地位,其来京系为磋商交还库伦之手续,并讨论东省铁路问题。

△ 北京政府教育部开全体职员大会,决定通电全国声明北京政府摧残教育之罪,并上呈府、院全体辞职及索还欠薪。

12 月 22 日 段祺瑞派徐树铮抵粤。孙中山电派廖仲恺、汪精卫、蒋介石为代表,与徐商洽共同打击直系之军事计划。

△ 孙中山在桂林召开国事会议,议决有关北伐问题。

△　蒋介石奉孙中山电召自奉化赴桂林,是日抵广州。

△　刘湘派代表张梓芳与长江上游总司令孙传芳在宜昌签订《川鄂联防草约》,约定各守边境会同剿匪,川盐销鄂收入现款由两省平均分配。

△　留法勤工俭学生又一批被迫回国,是日抵沪,共 29 人,内有女生向警予。

△　上海《民国日报》调查北京各机关欠薪情况:参谋部 22 个月,蒙藏院七个月,教育部本部七个月,各校两个半月,海军部六个月,平政院六个月,经济调查局五个月,陆军部本部五个月,咨议差遣 12 个月,总统府四个月,国务院三个月,财政部三个月,内务部三个月,农商部三个月,审计院三个月,司法部三个月,大理院三个月,航空署三个月,警察厅官吏两个月,交通部一个月,京汉路局一个月。

12 月 23 日　孙中山在桂林会见经李大钊介绍前来的共产国际代表马林,双方进行多次商谈。马林叙述十月革命的情况,提出关于中国革命问题的两项建议:要建立一个能联合各阶层,尤其是工农群众的政党;要有革命的武装核心,应先创办军官学校以培养革命骨干。孙中山深表赞同。

△　孙中山特任蒋作宾、吕超、孔庚、石青阳、陈少白为大本营参议,严鸣德为大本营咨议。同日,任命粤军第七独立旅旅长吴忠信兼任大本营宪兵司令。

△　广州排字印刷工人罢工,要求加薪五成,是日各报自行休刊。旋经陈炯明调解,报界允加薪四成。27 日,各报照常出版,惟印刷店未开业。

△　旅京第一届国会议员发表宣言,主张完成省宪,促进自治。旋卢永祥、赵恒惕、刘湘、刘成勋等先后复电赞成。

△　北京政府华盛顿会议代表团秘书长刁作谦赴古巴任驻古巴公使,北京政府外交部派尹鹤龄为代理秘书长。

△　新教育共进社、新教育杂志社、实际教育调查社合并,改组为

中华教育改进社,推蔡元培、范源濂、黄炎培、汪精卫、熊希龄、张伯苓等九人为董事。

12月24日 徐世昌特任梁士诒为国务总理。

△ 徐世昌令增设驻巴拿马公使,派刁作谦兼任。

△ 广州国会非常会议议决,反对北京政府加征田赋及"鲁案"中日直接交涉。

△ 日本政府决定中止胶济铁路谈判,于是中日两国华盛顿谈判休会。

12月25日 徐世昌任命梁士诒内阁各部总长:颜惠庆为外交总长,高凌霨为内务总长,张弧为财政总长,鲍贵卿为陆军总长,李鼎新为海军总长,王宠惠为司法总长(未到任以前由董康署理),黄炎培为教育总长(未到任以前由齐耀珊兼署),齐耀珊为农商总长,叶恭绰为交通总长。同日,徐世昌令准颜惠庆、齐耀珊、高凌霨、蔡成勋、李鼎新、董康、范源濂、王迺斌、张志潭分别辞去靳阁外交、内务、财政、陆军、海军、司法、教育、农商、交通各总长职。

△ 湖南第一纱厂工人为反对华盛顿会议发起工界示威运动,是日在长沙湖南教育会前坪举行,与会工人团体二十几个、工人数千名。会议主席黄爱,总指挥庞人铨。首由黄爱作报告,讲述华盛顿会议由来和工界反对华盛顿会议理由以及工人应有的觉悟。随后通过致华盛顿会议北京政府代表电。会后游行示威,当队伍行至日本及美国领事馆时,工人高呼:"反对华盛顿会议!""反对国际资本!""劳工万岁!"

12月27日 梁士诒召集内阁会议,研究财政问题。梁言财政支绌,半缘兵费之负担,半缘机关人员之浮费,需裁员。张弧首告财政部当首先提倡。是夜,张弧招集二三参事,审查全部人员名单,决定将税务征收检查处、德华银行清理处、德奥债务清算处、财政金融讨论会、全国所得税处、清理档案处、编纂处等七个机关裁撤,裁汰冗员400余人。

△ 北京国务会议议决,"鲁案"由出席华盛顿会议三代表在华盛

顿赓续办理。

　　△　梁士诒与张作霖在北京签订《交通银行借款合同》，奉天向交通银行贷款 400 万元，作为交行钞票的兑现基金，利息一分五厘，以交行官股作抵，并允由奉天派一人监察业务。

　　△　徐世昌特任董康为大理院院长。

　　△　驻京日公使小幡西吉奉日本国政府训令，向北京政府外交部提出关于华盛顿会议"鲁案"交涉之劝告，要求北京政府勿坚持无条件收回山东之意见。

　　△　陈树藩所部被直军第七师吴新田击败，退往广元，依附川军。

12 月 28 日　梁士诒会见外报记者，称新内阁外交方针及对内政策，均仍靳内阁之旧。

　　△　驻京日公使小幡西吉借庆贺梁士诒新内阁成立访梁，密谈胶济铁路事。同日，北京政府外交总长颜惠庆电施肇基、顾维钧、王宠惠三代表，告以"本日小幡谒内阁切询胶路办法，梁揆（按：即梁士诒）答以定借日款自办"。

　　△　朱培德部滇军在桂林加入国民党，以示决心北伐，决不回滇。

　　△　北京八校校长及京师学务局局长赴国务院谒梁士诒。法专校长王家驹首即声明辞职，并将辞职呈交与梁士诒；次请补发积欠两个半月。梁士诒极力慰留，并表示正竭力设法，在阳历年内当筹发一个月以资维持，至明年 1 月起，当设法按月照发。

12 月 29 日　梁士诒宴国内银行界人士，谈财政及借款问题，无结果。

　　△　滇军总司令顾品珍电孙中山，告以"各路动员已准备完竣，准予下月初旬次第开拔北伐"。

12 月 30 日　广州政府大理院发布通缉徐世昌、梁士诒命令，谓："梁士诒为帝制罪魁，前经通缉，久已匿迹销声。乃近复敢在北京受徐世昌之命，组织国务院。查徐世昌与梁士诒均属从前袁世凯叛国称帝之谋臣，兹复沆瀣一气，公相号召，叛乱民国，罪证确凿，自应严拿治罪，以彰国法。"

12月31日 驻京日公使小幡酉吉再访梁士诒询问胶济路办法,梁士诒答将借日款自办,其一切细目由华盛顿会议商定。北京政府外交部又将此内容训令施肇基、顾维钧、王宠惠三代表。施、顾、王迫于当时形势,决定不照训令仍照前政策进行。

△ 全国各界联合会宣布徐世昌四大罪,指出:"徐世昌为民治之障碍,早已电请新政府申罪致讨,庆父不死,鲁难未已。"

△ 曹锟离京回保定,旋张作霖亦离京回奉。

△ 北京政府狂借内外债,所欠债额,至是月止,为15.8885亿元。以四亿人计,每人已平均负担四元之债务。就中长期外债10.4669亿元,短期外债1032万元,内国公债2.6322亿元,所欠内国各银行、银号、公司短期借款8999万元,欠各处经费、所发库券4443万元。而所入各款惟盐余为可恃,盐余除去各项开支、外债利息及公债担保金外,月余仅约300万元。但短期外债与内国银行短期借款及垫款,总数已达2.345亿元。此种短期借款,利息轻者八厘,重者1.8分,平均以1.5分计,已月需347万余元。盐余付息,已不足47万元。

是月 孙中山为《黄花岗烈士事略》撰序,指出此次北伐,责任比十年前倍重,因此应本诸先烈的牺牲精神艰苦奋斗。

△ 孙中山为澳洲美利滨中国国民党分部建筑物落成及恳亲会写训词,指出:"作革命事业必须彻底,如半途而中止,必养痈而贻患。……非俟澄清中原,我革命党人决无图卸仔肩之时。"

△ 驻京美公使舒尔曼到顺承王府拜会张作霖,旋张作霖到东交民巷美国公使馆回拜。同时到日本公使馆、英国公使馆、法国公使馆访各国公使。当张作霖访英驻京公使艾斯敦时,艾斯敦即提出:贵经略使入京,一手改组内阁,不免有"武人干政"的名声;贵国政府正要裁兵,贵经略使却极力招兵,不合民心,而且奉省军队在京畿一带驻扎,名声很不好。

△ 各地军阀借种烟以筹饷敛财,热绥两区较为严重。热河自

1917 年姜桂题任都统即令民间种烟,而以今年为尤甚。计今年一年间所得,已不下 500 余万元。此种种烟,镇守使、师长、旅长、团长、营长等均各有份地,地之多寡以位置大小定之。兵士则从中渔利,略有分润。烟税约分三等,一等 14 元一亩,二等 12 元一亩,三等 10 元一亩。收税方法,单据上不书明烟税而系写因烟被罚款若干。绥远都统蔡成勋任内以兵饷缺乏为辞,令种洋烟,河套南北、包头东西以及武川、河口一带比比皆是,烟税所得亦不下数百万。

　　△　法商汇源银行成立,以经营有价证券投资为主要业务,设上海。

　　是年　孙中山决定以青天白日满地红旗为国旗,取消红、黄、蓝、白、黑五色旗为国旗,并于 1922 年 1 月 1 日在桂林大本营举行升旗典礼。

　　△　据北京政府交通部邮政总局非正式之户籍调查,北京及 23 个省区(缺蒙古、绥远、西藏、台湾)总计人口 4.36094953 亿人。

　　△　北京政府交通部京汉铁路局与比利时商业公司签订比金 1201.6 万法郎借款合同,作为订购客车 60 辆之用。

　　△　荣宗敬、荣德生在无锡集股创办申新纺织公司第三厂,是年工厂落成开工,有纱锭一万多枚,布机数百台。后连续扩展,至 1937 年已有纱锭七万枚,布机 1478 台,日产 20 支纱 175 件,12 磅细布 3000 匹。时为无锡规模最大的纺织厂。

　　△　潮州商人陈玉亭等在上海创办伟通纺织公司,资本 120 万元,纱锭 1.5 万枚。1931 年 2 月,陈以投机失败,公司宣告清理停工。同年 11 月,陈与永安纺织公司合资重开,改称伟通合记股份有限公司。1933 年陈将所占半数股份也让给永安纺织公司,遂改为永安纺织公司第五厂。

　　△　穆杼斋、穆藕初等在上海创办恒大纱厂,资本 50 万元,纱锭一万枚。1928 年由陈子馨、荣宗敬等租办,改名恒大隆记纱厂。1930 年由陈子馨等收买,改称恒大新记纱厂。